古代帝範文獻薈要解題

伍

天津師範大學馬克思主義學院學術文庫

主編　翟雙萍　周延良

學苑出版社

本册目録

大明武宗毅皇帝寶訓……二二六八

孝宗敬皇帝寶訓序

我

皇考孝宗敬皇帝寶訓九十卷總若干條蓋取諸實錄所

紀

宸謨聖政之深切著明者彙次成編以示繼述之大於戲

惟我

皇考御天下十有八年德配天地而功贊化育凡禮樂法度紀綱文物巍然煥然著在天下故之臣民固有目者所共覩有耳者所共聞也至於憂勤之念存於心而篤恭之妙自化成乎天下蓋一時紀錄者所不能與而亦豈訓辭所能盡哉然堯舜禹湯文武之治卓乎數千載之上而數千載之下如親見之亦不過即典謨誓誥數篇以求其道而究其心則所以仰窺我

皇考之心者亦不能外此書而他適矣彼漢唐宋以下之英君誼辟亦豈無典訓以貽子孫而無道德以為之本雜利以小其用故嗣而求之者咸泯然無聞焉是惡可同日語哉予沖人嗣大歷服四年于茲蓋寤寐面受

嚴訓親承

德意而躬享篤恭化成之治所謂訓則有本而用則不離矣顧於聖神功化之妙尚未敢以自信舉之懼或過也安之懼或惰也急懼或前而緩懼或後也焉於是而有所未至特何以仰追

鴻烈而臣休古昔帝王之盛乎用是益增繼揚蓋於　朝夕佩服持循而漸有得焉庶幾由周成之嗣守以馴至於虞舜之協帝夏禹之祗承者在是而後之人所以衍萬世無疆之休者亦於是乎在矣故既序實錄之首復於是書以著纂輯之意云

正德四年四月二十一日

大明孝宗敬皇帝寶訓目録

大明孝宗敬皇帝寶訓目録終

大明孝宗敬皇帝寶訓卷之一

光祿大夫柱國少傅兼太子太傅禮部尚書武英殿大學士臣呂本輯校
南京禮部祠祭清吏司郎中臣陳治本
南京兵部職方清吏司主事臣宋錦閲
南京工部虞衡清吏司郎中臣呂懷書

敬天

○弘治元年五月丁丑内閣大學士劉吉等言天人感應之際其理甚微其機甚著蓋災異之來有因人事差失而感召者亦有人事未形而其幾先見天出災異以爲之朕兆者惟在人君察識而審圖之修德以禳除之語云天心仁愛人君又云妖不勝德此之謂也洪惟

皇上即位未及一年
聖心純正天理渾然
聖政日新人欲罔開且又孝養
兩宮撫愛諸弟和睦
皇后肅清宮禁宜乎和氣致祥而無異也夫何近日
天壽山雨雹損壞各
陵明樓香殿獸角海馬飛儀等件清寧宮後夜間有火墜起落二次皆非常之變也考之載籍雨雹者陰脅陽之象又曰人君惡聞其過抑賢用邪則雹雨俱信讒則雹下毀瓦又曰火者南方揚光輝爲明者也王者南面嚮明而治若賢佞分別官人有序率由舊章敬重功勳殊

剔𢍰廢則火得其性矣若乃信道不篤或耀虛偽讒夫
昌邪勝正則火失其性矣火失其性而妖見勢所必至
然以今日人事驗之讒邪屏跡異端斥逐冗官沙汰貪
黷停止賞罰不濫用度節省在廷文武羣臣亦皆知畏
法無敢放肆者於前災異皆無其應若以
陛下今日之心行今日之政長久而不變二三年間天道
不感應陰陽不和順者未之有也臣等所深慮者但恐
人事未見先有其幾天出災異以告
陛下欲
陛下察識而審圖之脩德以禳除之耳伏願繼今以後常
加脩省深思遠慮防微杜漸如於決斷政事必問

祖宗成憲何如合乎成憲者行之不合乎成憲勿行何也
不合成憲者恐有附下罔上之私故不可行也於待左
右及用人必先論其心行何如忠實純良者任之矯偽
作聰明者勿任何也矯偽作聰明者恐將後日辯言亂
政之漸故不可任也於聽言納諫之際必詳究其言之
所為何如果出於為公而無他故者從之或不出於公
而顛倒是非者勿從何也顛倒是非者即係讒言或以
賢為不肖以不肖為賢足以惑亂
聖聽故不可從也凡此皆防微杜漸之實以至於凡有以
害壹玩褻犬馬聲色投間抵隙阿諛順從取悅
聖心者一切屏逐勿令親近則

聖心日益高明天心日益和順而未然之災患異常之妖
孽宜有不消弭者哉伏乞
聖明留意
上曰朕不德布政不均譴見於
天惟賴君臣同心各修厥職庶災異可弭卿等所言法
祖宗慎用人遠讒佞誠切時弊當即體而行之卿等亦宜
同加敬慎庶幾天意可回也
○弘治二年七月癸亥早朝畢
上勅諭禮部曰近日京城雨水為災南京又奏大風雷雨
水之異朕當檢身飭行祗謹天戒爾文武百官其各加
修省勉圖報稱政事有缺失當舉行改正者皆斟酌精

當以聞
○弘治三年十月乙丑兵部尚書馬文升奏犧牲所大祀
牛羊豕每牲各混同一處糞穢不除互相舐觸皮毛傷
損太常寺官又乏提督之嚴其豕多抽分所得飼養歲
方往往瘦小不能稱
聖天子敬
天地事
祖宗之誠孝乞勅所司預買送養備用
上命太常寺堂上官嚴督官軍加意飼養毋怠
○弘治六年四月辛酉
上以去冬無雪至于是月不雨勅諭文武羣臣曰朕以涼

德纘承
祖宗鴻業宵旰靡寧圖爲治理乃者
天道弗順自去冬迄今亢旱踰時田苗枯槁民庶驚惶朕
甚憂懼已嘗齋心禱祈及遣官祭天下神祇而連日狂
風屢作雨澤少降揆厥所由豈朕與爾文武羣臣交脩
之道猶有所未至耶自今事關朕躬者朕當究循而行
之爾等與朕共理天事休戚惟均亦各宜痛加脩省革
其背公徇私之弊警其因循怠惰之習固其廉慎不渝
之節凡軍民利病時政得失有可以興革爾文武羣臣
并科道仍條奏來聞務臻實效毋事虛文用佐朕之不
逮庶人事脩而
天意可回故諭
皇明寶訓　弘治一卷　四
○十二月丙戌禮部尚書倪岳等奏明年正月初七日大
祀
天地前期三日以孟春享
太廟値大祀齋戒之始宜免行飲福受胙禮
上曰廟享固重事而祀
天尤重今既値郊齋暫免飲福受胙庶爲得禮其如議行
之
○弘治八年四月戊寅太常寺以
郊廟山川社稷壇及先師孔子廟祭服樂器俱歲久敝壞
乞命所司脩治之
上曰禮莫大於祀天而樂廢壞不稱心甚怏然其祀
天中和樂特令御用監製造其餘祭服樂器皆令工部造
辦如式用副朕敬神之意
○弘治十六年正月乙亥內閣大學士劉健等言今日早
太監陳寬等傳示
聖意以
郊祀重事欲待二月另擇吉日親行大禮臣等仰見
皇上敬
天之誠純篤如此
上帝監臨必加顯佑伏惟
聖躬至重必須倍臻康泰乃可親事從權改卜於禮亦宜
皇明寶訓　弘治一卷　五
上從之乃以二月十一日舉行
郊祀禮云
○十二月辛丑吏科給事中許天錫奏
皇上嗣大歷服以來恭默體道兢虔事
天每當
郊祀之期殫致精明之德又恪遵成憲誓戒百官頃年以
來文武官員自受戒之後往往放肆惰慢瀆精禋臣
竊懼之今王春在邇大禮將興乞勅禮部嚴加禁約違
者罪之仍行南京諸司一體齋戒約禮部覆奏從之
法祖
○弘治元年五月丁卯南京刑科給事中周紘等言

皇明祖訓乃
太祖高皇帝貽謀家法誠國家萬世之成規伏望
陛下常在心目若首章之要曰人之姦良固爲難識知其
良而不能用知其姦而不能去則誤國自此始持守之
要曰朝堂決政衆論稱善即當施行或燕閒之際一人
之言尤加審察故權謀與決皆出於已慎國政之要曰
廣耳目不偏聽所以防壅蔽而通下情
陛下試思所以察姦良謹持守慎國政者果不違於
祖訓歟宮中府中裁處萬幾一以
祖訓而省察焉則
陛下之心即

高皇帝之心
陛下之法即
皇高帝之法而天下無難處之事矣且君臣上下分雖相
懸而元首股肱一體無間今常參者舊例之朝儀面奏
者有司之細事其得奉清閒侍左右委託腹心運籌帷
帷不過近習便佞而已伏聞我
祖宗列聖延見臣僚無間朝夕或於大誥首著君臣同遊
之篇或於燕飲命賦醉學士之歌或召對便殿從容賜
坐或同遊內苑相與賦詩真有都俞吁咈氣象所以百
二十年來天下治安民享其福伏望
陛下萬幾之暇命內閣府部大臣及文學近侍等臣以時

請對更番上直凡政治之得失軍民之利病從容咨訪
而與裁決則不惟君臣上下情意交孚無偏聽壅蔽之
患而群臣心術邪正才識短長舉不能逃藻鑑之下矣
上納之
○弘治三年八月丁亥禮部覆奏南京守備官請增
奉先殿每日供獻品物謂
德懿熙仁四廟品物定自
太祖
高廟品物定自
太宗豈儉適宜奠獻增損若謂朝廷盡祀先之禮欲其豐
盛雖竭天下之奉亦何所不可致而其中牲口雜羞不

過鵝鴨羔鮮其儉約如此蓋欲以儉德示
聖子神孫俾萬世守之以爲家法臣下豈敢擅議增減但
南京光祿寺所支生料數少恐爲厨役之累乞量爲增
給
上以爲然令間日增鵝一鷄二
○十二月戊辰禮科給事中王綸言人君一身萬化之原
養之不可不周保之不可不至
皇明祖訓有曰凡吾平日持身之道無優伶近狎之失無
酣歌夜飲之歡正宮無自縱之權妃嬪無寵恣之專此
我
太祖正心保身之道伏望

皇上遠宗帝王近守家法則精神内固而萬壽無疆矣自
古人君未有不以勤而興以逸而廢者
皇明祖訓有曰察情觀變慮患防危如履淵氷心膽爲之
不寧曉朝畢而入 覩星存而出此我
太祖勤身勵行之道伏望
皇上丙枕不寐平旦有爲視朝不至於太遲裁處不專於
左右則内無失德外無失政而庶績咸熙矣下禮部議
上從之
○弘治六年閏五月乙卯禮科左給事中夏昂奏適者
皇上昧爽臨朝早決幾務凡臣下言事即令所司看詳次
第舉行又節省光祿寺供用等物皆勤儉之盛德但一

皇明寶訓 弘治一卷 八

日二日萬幾惟常懷於目而不忘斯有警於心而不替
竊觀我
聖祖嘗取古帝王嘉言善行書寘殿廡伏望
皇上以
聖祖爲法命翰林儒臣歷考前代帝王以至我
祖宗勤儉德政或爲銘爲箴或爲說爲文或直録其事務
在明白書之屏閒寘之便殿以警於朝夕
上納之
○弘治十五年十二月己酉
上以
祖宗制度散見不一無所會粹乃命儒臣以

皇明祖訓及諸司職掌等諸書因革損益之大若會粹成
編名曰大明會典欲梓行天下親製文序其首曰朕惟
自古帝王君臨天下必有一代之典以成四海之治雖
其間損益沿革未免或異要之不越乎一天理之所寓
也純乎天理則垂之萬世而無弊雜以人爲雖施之一
時而有違蓋有不可易言者唐虞之時堯舜至聖雖因
事制法凡儀文度數之間天理之當然無乎不在故稽
之而博厚發之而高明巍然煥然不可尚已三王之聖
禹湯文武視堯舜固不能無間而典制疏備純乎是理
則同是以雍熙泰和之盛同歸於治非後世之所能及
也自秦而下世之稱治者曰漢曰唐曰宋其間賢君屢

皇明寶訓 弘治一卷 九

作亦號小康但典制之行因陋就簡雜以人爲而未盡
天理故宋儒歐陽氏謂其治出於二其不能古若也夫
豈無所自哉洪惟我
太祖高皇帝以至聖之德驅胡元而有天下凡一政之舉
一令之行必集群儒而議之遵古法酌時宜或損或益
燦然天理之敷布
神謨聖斷高出千古即近代積習之陋一洗而盡焉我
太宗文皇帝
仁宗昭皇帝
宣宗章皇帝
英宗睿皇帝

憲宗純皇帝
聖聖相承先後一心雖因時損益而率由是道百有餘年
之太平端有在矣朕祗承天序即位以來夙夜孜孜仰
紹
先烈而累朝典制散見疊出未會于一乃勅儒臣發中秘
所藏諸司職掌等諸書參以有司之籍册凡事關禮度
者悉分館編輯之百司庶府以序而列官各領其屬而
事皆歸於職名曰大明會典輯成來進總一百八十卷
朕閒閱之提綱挈領分條析目如日月之麗天而羣星
隨布我
聖祖

神宗百有餘年之典制斟酌古今足法萬世者會粹無遺
特命工鋟梓以頒示中外俾自是而世守之不還於異
說不急於近利由朝廷以及天下諸凡舉措無巨細精
粗咸當乎理而得其宜積之既深持之既久則我國家
博厚高明之業雍熙太和之治可以並隆虞夏軼王代而
垂之無窮必將有賴於是焉遂書以為序
○弘治十七年三月壬戌
孝肅皇太后崩內閣大學士劉健等題臣等竊惟事莫大
於送終禮莫重於祀享謹者
大行聖德慈仁壽太皇太后鸞馭上升
山陵伊邇祀享之禮宜預講求查得成化四年間

慈懿皇太后崩逝之日羣臣會議有
二后並配之文竊聞當時
先帝還天下難處之事羣臣為委曲將順之詞或者猶不
能無疑焉然奏議雖成於當時而奉行則始於今日仰
惟
皇上承
宗祧之重為綱常之主所宜至詳至慎而不可少有忽焉
者也伏望特勅禮部集議稽本朝
祖宗之廟制質古先聖王之訓典務合大公允歸至當俾
行之於今而無憾垂之萬世而有光臣等不勝至願
上命禮部會多官稽考典制詳議奏聞禮部乃會皇親公

侯駙馬伯五府六部都察院通政司大理寺翰林院詹事
府左右春坊司經局六科十三道等衙門議謂
宗廟之禮乃天下之公義非子孫得以私之萬古綱常有
不可易者自古昔以來殷周七廟父昭子穆各有配座
一帝一后禮之正儀義陰陽相配之禮也下至春秋以
魯隱之國而書考仲子之宮胡安國傳云孟子入惠公
之廟仲子無祭享之所以此觀之春秋之世去先王之
世未遠魯秉周禮先王之制猶有存者祖廟無二配故
也先王之制槩可見已伏覩
憲宗純皇帝成化四年勅諭羣臣有曰朕心終不自安敢
篤覲我

先帝之至情以重違
慈意不得已而勉從羣臣並配之義羣臣欲推以濟事亦
不得已進此議也揆正禮而區處適宜仁至義盡足以
上副
先帝在天之遺志猶有待於今日稽之周禮有祀先妣之
文疏云姜嫄也是則太母特立廟以祀不失尊崇之禮
自周然矣詩所謂閟宮是矣唐宋禮制無常初正終亂
固無足言但其間推尊太后不配食祖廟者則別立殿
以享之亦得閟宮之義至我國朝
祖宗太廟之建一遵古典損益得中迄今已逾
九廟廟皆有配其配無二宏規遠模成憲已定又於禁廷

內建
奉先殿得以朝夕供薦孝思之情委曲詳盡仰惟
皇上繼統動率舊章而舉無不宜茲遇
大行聖慈仁壽太皇太后上仙朝夕不離喪次悲哀動乎
中外傳之萬方誰不仰感
聖孝之無已也但孝心無窮而禮有限節享祀之禮當歸
於至當所有奉安神主宜於
奉先殿之外相應處所建一新廟如詩之閟宮宋之別殿
歲時薦享一依
太廟奉先殿之儀祀事而且近禮勤而且便隆名徽號仍
稱

太皇太后極其尊崇永受萬年之享則情義兩盡罔極之
恩以酧顯祖之道以著而大孝之實垂諸萬世無彊矣
上曰祀享重事禮當詳慎卿等稽考古典及
祖宗廟制既已明白都准議特建廟奉享仍稱
太皇太后以伸朕尊親之意俾世子孫遵守宗奉永為定
制

聖學

○弘治元年二月辛酉
上將開經筵命少傅兼太子太師吏部尚書謹身殿大學
士劉吉等會聚講讀官以聞賜勅諭勉之曰朕嗣守鴻
業君主萬民夙夜惓惓思所以荅

上天之眷訓
祖宗之托務廣聰納以濟世隆平然非講學則何所資以
成其功況經筵盛事累朝舉行朕何敢緩兹將以三月
十二日御經筵命爾太傅兼太子太師英國公張懋與
少傅兼太子太師吏部尚書謹身殿大學士劉吉知經
筵事禮部尚書兼文淵閣大學士徐溥禮部右侍郎兼
翰林院學士劉健同知經筵事禮部右侍郎倪岳詹事
府少詹事兼翰林院侍讀學士汪諧程敏政太常寺少
卿兼翰林院侍讀傅瀚陸釴周經國子監祭酒費誾左
春坊左庶子兼翰林院侍讀學士李傑左春坊左庶子
兼翰林院侍讀張昇謝遷吳寬右春坊右庶子兼翰林

院侍講董越王臣兼經筵官吉濬啟政鈛經筵日侍講
讀翰林院等衙門儒臣分直侍講夫明衆理所以立致
治之本學古訓所以為明理之要卿等其尚篤於輔導
吾於啓沃毋曲說以徇好毋隱詞以昧義必使言究乎
理理契乎心朕當舉而措之行事俾治功底成民被休
澤宜惟遂朕仰承
上天
祖宗眷托之願而卿等引君當道之責亦無愧焉欽哉故
諭
〇三月癸酉
上視學行釋奠禮御彝倫堂授經於講官祭酒司業賜之

坐講祭酒費閣講商書説命惟天聰明一節司業劉震
講周易乾卦大人者與天地合其德一節講畢
上宣諭師生曰六經載聖人之道講明體行務臻實效爾
師生其勉之
〇弘治三年三月丁巳戶科給事中屈伸言古昔帝王無
日非講學之時無往非講學之地賈誼所謂帝入五學
者今已無其制矣所賴以助成
聖學涵養
聖心者不過月有經筵日有直講而已奈何一歲之中以
大寒大暑而輟講者凡四五月一月之中能擧行其禮
亦僅十之二三儒臣接見之時少而宮闈遊處之時多

儒臣開導之言寡而左右引誘之言衆是不免孟軻氏
之一暴十寒之喻矣伏望
皇上時御經筵日臨直講聞於耳而思之心得於心而見
之行體貼擴充以成
聖學以斷大政天下幸甚
上曰帝王之學以養心為要經筵日講所以涵養此心誠
不可以寒暑輟所言良是日講近已有定期矣所司其
知之
〇弘治十六年五月己丑
上諭內閣儒臣曰通鑑綱目并續編深切治道朕欲便於
觀覽爾等擬取節要撰次一本仍分卷帙陸續進呈覽

日司禮監傳旨欲自三王五帝以來歷代事跡通為一
書且命名曰歷代通鑑纂要
〇弘治十七年九月丁巳
上召大學士劉健等至煖閣諭以邊事少頃又曰昨令李
榮來説日講時講官陳善閉邪陳字解作陳説未明止
作敷陳乃可耳健等因奏曰昨李榮又言以善道啓沃
他他字不是誠知
聖諭
上曰他字也不妨昨偶言及此意以為不若啓沃之更好
然不必深計大抵講書須要明白透徹直言無諱道理
皆書中原有非是纂出若説不盡也無進益且論思輔

尊之職皆所當言可傳與講官不必顧忌昨所講却似
有顧忌耳是日
天顔甚悦似有為昨日所傳未的恐因此有所觀望故特
示詳悉如此
聖孝
○成化二十三年十月己卯
上諭禮部臣曰朕以涼德獲嗣丕基哀疚之中凡内而尊
崇大禮外而撫綏大猷次第舉行痛惟朕
生母恭恪莊僖淑妃鞠育劬勞恩深罔極今賴
三靈之佑託于億兆臣民之上奉養莫逮風木之感實切
于衷矧議政之初

聖慈仁壽太皇太后
皇太后聖旨咸謂
母妃獨遺名位式昭慶源因命輔臣考據春秋大義前代
明君典禮定典乃請于
二聖欽遵官奉冊寶詣
陵園尊為
皇太后用垂隆名于永世朕
皇考梓宮發引有期預啓祔葬庶少罄孝忱於萬一爾禮
部具儀擇日以聞
○壬辰追尊
聖母淑妃為
孝穆慈慧恭恪莊僖崇天承聖皇太后遣官詣
陵園行恭上冊寶拜祭告禮其冊文曰
孝子皇帝臣　謹再拜稽首言臣聞德莫厚於追遠
孝莫大於顯親允懷鞠育之仁爰敦追崇之典宜昭懿
範式展孝思仰惟
皇妣恭恪莊僖淑妃天資温惠坤德柔嘉體道思齊美溢
于彤管令聞正動儀乎紫庭孝敬嘉於
聖慈賢淑聞於
先帝茂膺多福夢占懷日之祥誕育沖人序膺承
天之統恩施罔極德報無由奈淑命之靡融心傷陟屺顧
天下之可養詩蓼莪觀漢家尭母之門增宋室真皇

之慟擬遵舊典升祔
茂陵惟尊稱莫大逮於生前斯美謚宜加於身後爰涓吉
日特舉縟儀　遣大臣賫奉
冊寶上徽號曰
孝穆慈慧恭恪莊僖崇天承聖皇太后伏惟
懿靈如存膺茲盛典陟降左右上從
聖考於九天默佑本支益衍
皇圖於萬世嗚呼哀哉臣　稽首頓首謹言
○十一月丁未
聖母孝穆皇太后既祔葬
茂陵

上勑諭禮部曰
皇妣孝穆慈慧恭恪莊僖崇天承聖皇太后祔葬畢日宜
有奉享
神主之禮爾禮部其會文武大臣議處來聞於是禮部會
同太傅兼太子太師英國公等官張懋等議得周禮春
官大司樂之職歌中呂舞大濩以享先妣謂姜嫄也至
宋則元德懿德二皇太后俱有別廟之享章獻章懿二
皇太后遂有奉慈之建茲者恭遇
孝穆皇太后祔葬
茂陵所有
神主宜於

奉先殿傍近宮室改為別廟以禮安奉歲時祭享悉如
太廟
奉先殿之儀仍乞勑奉還官於祔葬畢暫奉
神主于
茂陵獻殿以伺二十四日
憲宗純皇帝祔
廟禮畢啓行於二十六日入城得旨
奉先殿傍近無宮室堪改別廟爾還再議來聞禮部復會
官議
孝穆皇太后祔葬畢日
神主宜暫建別廟奉享庶合古制但

奉先殿既無傍近宮室堪以改作合當於享
憲宗純皇帝几筵之右別設幄殿一所以事奉享仍乞勑
內官監相度相應吉地營建別廟完日奉遷
神主享祀如儀
上曰親終當祭以禮爾等既考論明白准議乃定奉安
神主之殿曰
奉祀殿
○弘治二年十一月丁卯
上以
孝穆皇太后宗支訪求未得乃勑總督兩廣軍務兼理巡
撫都御史秦紘曰朕奉

祖宗丕圖君臨天下夙夜惓惓所不敢忘者
皇母孝穆皇太后劬勞罔極之恩無能為報去歲嘗命內
外官員於廣東賀縣尋訪
母后宗親加之恩典用以上慰
聖母在天之靈下以少紓朕風木之愴不料訪察非真以
致今歲廣東連山縣民李福自陳的派而紀貴紀旺以
僮人冒認事下該部覆奏令廷臣會審情詞俱有可疑
朕誠不能為懷特差科道官再加體訪乃聞有懼罪審
遣竄細去彼打點彌買蠻里老親隣人等欲令顛倒是
非混亂真假者果若此則的派何由可得彼小人情弊
安能逭其罪哉茲事最重朕以御風憲大臣素秉公直

特專委託勅至卿即差的當土人於連山賀縣及湖廣
江華縣崇池鄉等處密切體訪仍出榜於三處地曉諭
鄉村鎮市土獞人等有能灼知
聖母孝穆皇太后宗姓源流明白真正者許從實開報審
究來歷果有根據即為奏聞重加陞賞體訪之際如有
似前扶同欺罔冒緣回護以假為真以真為假者必重
罪之其有委細之人即解京處治使小人之計不行斯
為允當夫孝有不及而推本悖親以盡區區之心者此
朕之不得已也卿其體斯至意毋怠毋忽庶無負於委
託欽哉故勅
○弘治三年八月庚寅戶部會官上議曰

孝穆皇太后宗親在昔兵燹之餘人民奔竄歲月悠遠往
事已無踪跡求之恐愈久愈鑿況前日已誤信李父貴
等濫授官爵今日豈容再誤請做
太祖高皇帝即宿州為
孝慈高后父徐王立廟事例為
孝穆皇太后父母定擬封號立祠于廣西附郭地方春秋
遣布政司官致祭即以沒入李父貴等資產田八十畝
為奉祭之資似為得宜
上曰
孝穆皇太后早棄朕躬朕每念及此戚然如割初謂宗親
尚可求訪致留受百狀有所不恤今卿等既謂歲久無

從物色請如封立廟歲時致祭以仰慰
聖母在天之靈是或一道耶
皇祖既有故事朕心雖不忍又奚能違其悉准所議
○弘治八年正月丙申以
太皇太后聖體未安免慶成宴頒胙于文武官之該宴者
○三月壬辰
太皇太后以
聖體康復詔諭
皇帝曰粤自
英皇厭代予正位長樂
憲宗皇帝克盡子道以天下養二十四年無異一日孝心

篤至天下所無足以表儀萬民垂法後世予觀所著孝
順事實諸書所載罕有其比暨
皇帝嗣位實能繼述先志敦尚彝倫奉養之禮至隆至厚
乃去年七月予偶嬰瘍疾
皇帝夜起視
天春郊廟齋問安視膳寢食靡遑頃者醫藥奏功食飲如
舊老年病體竟底康寧以昔校今父子一道
天地所臨
祖宗攸鑒徵諸孝治必有休祥予心嘉焉是用宣之于辭
以表誠孝故諭
上乃奉表稱謝表文曰伏以

慈顏康豫傾回海宇之春
聖訓昭宣載覩月星之象恩沾九陛勸動六宮恭惟
聖祖母太皇太后陛下化同坤育道配乾剛承
烈祖之宏休澤延嗣續籙
先皇之盛德養極尊親顧慈孝之相成實邦家之共戴方
御期頤之福偶違旦夕之和臣心切問安職當嘗藥屢
成罷宴敢同臣下之娛密禱輸誠冀獲
神明之佑此子孫之常分何繼述之可言比者
九廟降祥
重闈協慶乃歸功于定省復示寵于褒嘉臣俯念眇躬劬
勞未報仰承曲諭懋禮交拜敢不警惕搬誠勉圖聖孝
皇明寶訓〇■弘治一卷　二十二
占千年之龜筮預兆嘉祥捧萬歲之觴觴盡陛壽祉無
任欣躍懇悰之至謹奉表稱謝以聞蓋
太皇太后不豫時感
上誠孝謂天下之物皆
皇帝所有無以為報故託之文辭以彰
聖孝且命副藏內閣傳之無窮而
上仰念
慈德具禮申謝
祖孫之間慈孝兼至誠可為萬世法也
〇弘治十一年十月乙亥晚刻
上遣太監蕭敬召內閣臣于左順門宣旨曰昨夜清寧宮

失火朕奉侍
聖祖母欲旦不寐今尚不離左右欲暫免朝參可乎時大
學士劉健有事于西山李東陽謝遷對曰宮闈大變
太皇太后聖心震驚
皇上問安視膳誠孝方切事在從宜即宣鴻臚寺免朝一
日可也敬復奏乃命免朝
〇弘治十二年十二月乙亥
上奉迎
太皇太后還居清寧宮是日
太皇太后誥諭
皇帝曰予惟自古聖帝明王以孝治天下者必有以隆國
皇明寶訓■弘治一卷　二十三
家之慶綿宗社之休歷考載籍昭然可見我朝
列聖相承世隆孝德彰示表儀
皇帝聖孝自天克惇
先烈以自即位以來于事天下之養蓋已有年尊奉之隆承
順之篤在昔罕比乃去年十月回祿為變清寧宮災
皇帝祇懼震驚不遑寢食躬率
皇后皇太子視膳問安勤劬之誠達於顏面孝敬之德
格于神人是以中外臣民皆能上體至意奔走服役新
宮重建不日告成奉予還居意甚安適予嘉
皇帝之孝不能自已爰敘茲美用宣于懷自今伊始其必
諸祥協應百福攸同壽曆萬年子孫千億以益弘無疆

之祚是予願也故諭
○弘治十七年三月壬戌
聖慈仁壽太皇太后崩
上朝夕不離喪次悲哀動中外越五日文武百官請
上初七日視朝
上批答曰朕哀痛方切未能視朝所請不允次日再請
上批答曰朕朝夕喪次未忍暫離卿等乃累疏懇請謹遵
遺詔初八日視朝至日
上服縗服御西角門二十七日服滿二十八日百官易烏
紗帽黑角帶青圓領皂靴侍朝
上仍白翼善冠白袍腰絰御西角門視事俱不鳴鐘鼓當
皇明寶訓　弘治一卷　二十四
中實行三年之喪蓋
上天性純孝初至東宮進學時講官以文華大訓進講
上輒起立俟講畢乃復坐其事
太皇太后奉養尤極尊隆有疾親侍湯藥憂形于色事
皇太后亦然視古帝王之孝實無所愧云
○四月庚申
上傳旨諭禮部臣曰朕服制雖遵
遺詔中心哀痛未忍盡從古典每月朔望日暫免陞殿百
官常服於奉天門朝參遇節免宴百官勿著紅衣凡大
節免行慶賀禮各王府拜南京及在外各衙門預行文
知之不必差官赴京

教太子
○弘治五年三月丁丑
上命皇太子名　賜勅諭之曰朕惟君天下莫先乎德
而德明惟明尤君道之所重故書稱堯曰光被四表曰
贊大人以繼明照于四方此之謂也咨爾元子皇后所
生天資秀發日表英奇福慶誕鍾統承攸屬茲特賜名
曰　夫懸象著明莫大乎日月爾當顧名思義明於
庶物察於人倫全所得天賦之正理而無或蔽極所存
心體之高明而無或累擴而充之嚮明之地惟德以居
文明之治惟德以成惟德以昭格上下神祇惟德以丕
顯丕承謨烈允若時則四海雖廣兆民雖衆無不在於
皇明寶訓　弘治一卷　二十五
照臨之下而朕之主器永為得人
祖宗萬萬年大明之基業足以傳嗣而有光矣爾惟欽哉
服此明訓
○弘治七年正月壬辰太子少保兵部尚書馬文升上疏
言自古帝王之君天下未嘗不以教太子為先務
皇上敬
天勤民法
祖圖治眷生元良宗祧有託此誠國家萬年無疆之休也
臣聞皇太子姿表異常質性聰睿今良知良能未有所
誘早教豫養正惟其時伏望選擇醇謹老成頗知書史
宫人保抱扶持於凡言語必教之眞正而非禮褻狎之

語不使之聞於耳於凡行步必教之端莊而非禮邪僻
之事不使之接於目教之不忍教之有儀以養其仁義
之心教之恭肅教之分別以養其禮智之心如內庭之
曲宴鍾鼓司之承應不使之觀元宵之鰲山端午之龍
舟不使之見以至佛老之教尤不宜口誦其言目觀其
像以惑其心志一二年以後又嚴敕東宮老成內臣先
教之誦習孝經使知孝弟之道出於天性與夫上天之
所當畏
祖宗之所當尊百姓之所當愛財物之所當惜至其八歲
教之誦詩讀書使知窮理正心修己治人之道及設立
官僚之時仍敕內閣會同各衙門堂上官慎選名實相

符才德老成學問該博之士以充其任浮躁淺露心術
不端者不使之與自此日出春宮講論經書涵養德性
與凡世事委曲在所周知人物賢否在所當辯如此則
內外輔導咸得其人而
皇太子之德將有日進而人不及知者矣臣叨任六卿之
重去歲又蒙加太子少保正係東宮輔導之官受任以
來夙夜惶懼顧無以圖報萬一因讀文王世子篇及宋
儒真德秀所進大學衍義之說而有感焉不勝犬馬惓
惓之愚敢以此為獻
上嘉納之
○六月丙寅南京廣西道監察御史郭維言人主垂無窮

之統其本惟在於太子而太子之善則又在於輔臣稽
諸往古益輔啓以衍夏祚四百餘年伊尹輔太甲以衍
商祚六百餘年周公輔成王以衍周祚八百餘年秦非
不愛其子非不欲享國如三代然以李斯趙高為輔其
平昔所以教之者皆致亡之道也尚何能保有其國哉
漢昭帝年方十四即能辯霍光之讒然終不能為漢賢
王非以輔之者不學無術之人乎今
皇太子聰明異常正選擇輔佐之時臣愚以為師傅講
讀之官必須擇取平昔孝行彰聞忠藎著稱嚴毅方正
學術無偏者為之其侍御僕從之臣亦必擇取平昔忠
樸端愨威儀謹恪慈祥篤實者為之其輕浮淺露險邪

忌刻之徒一切勿用則前後左右罔非正人自然可以
涵養氣質薰陶德性異日堯舜之德雍熙之治皆自此
出矣奏入
上命所司議禮部議謂維所言與兵部尚書馬文升前所
言之意合皆深得古昔教養太子之遺意我朝
列聖繼統率循此道故建儲之後出閣之際必慎選名德
以充講讀輔導之任凡左右僕從之職亦皆遴選以充
彝典具在皆可舉行伏惟
聖明監帝王之法遵
祖宗之制博求其人以專其任
宗社之休生民之福端繫於此

上曰愼選端人輔導皇儲各官所言誠國家要務爾禮部
其記之侍皇太子出閣以聞
○弘治十五年十二月壬子建昌伯張延齡奏皇太子正位
東宮已經十載宜勅隨侍儒臣朝夕輔翼諭以善道益
其見聞日與講論修身治平之道禮樂教化之端取其
善以為法惡以為戒誠能緝熙睿學他日推諸政事不
患天下之不治矣
上曰輔養儲德誠為重事皇太子年漸長成正宜及時進
學卿言具見忠愛今後輔導等官務宜逐日進講毋得
虛曠歲月
○弘治十八年五月庚寅

上不豫召內閣大學士劉健等至乾清宮
御榻前面諭有曰東宮聰明但年幼可常常請他出來讀
書輔導他做箇好人
○辛卯
上召皇太子至榻前面諭曰朕不豫皇帝與東宮做禮儀悉依
先帝遺典祭用素羞東宮務遵守
祖宗成法孝奉
兩宮進學修德用賢使能毋怠毋荒永保貞吉
諭宗室
○弘治元年二月甲辰晉王知烊奏世子奇源以母妃
處莊懿禮部覆奏

上不許與王書曰承諭世子先因母妃患病躬侍湯藥徒
步禱神及後薨逝欲於安葬畢日廬墓以終喪制且又
慮叔祖年高侍養有缺不忍離則此可見其孝心純至
宗室有此良足嘉尚但古人有云附於身附於棺必誠
必信謂世子於送終之禮必已盡心而無遺悔矣古人
又云事親者左右就養無方今叔祖春秋已高世子正
當朝夕侍奉不離左右況宗藩繼序所繫尤重豈可輕
身久處於外乎茲特令世子送葬掩壙之後即循常道
回府侍養至於三年之內居處之奉服食之制哀思之
誠則在世子自盡其心如此則送死事生兩得其道不
惟於

祖訓無違而於宗族化導風俗歸厚實不又有光乎叔祖
其知之
○十月丁未先是晉府永和王奇消卒其祿米當截日住
支至是晉王鍾鉉為之奏乞全支以給喪事并贍給遺
孤戶部覆奏
上曰山西地方艱難其民力竭矣王所奏雖重為親親計
然如吾民何㸚王府班祿之制
祖訓具在朕不敢違其令以十月終住支
○弘治二年二月辛卯晉府送所選儀賓赴京禮部言內
二人年尚幼宜送本府教授處讀書三年待其長成方
許成婚且請限以年歲通行禁約

上曰今後各王府選擇儀賓須年及十五以上人物長成
者始許具奏成婚如以幼小不稱之人朦朧選奏其長
史教授等官俱治以罪
○三月壬戌詔克崇王見澤來朝王自以之國年久欲援
襄王例來朝
太皇太后禮部言王國地方災傷宜慎守封疆未可輕動
恐貽他患
上曰王朕至親欲許朝見
太后因得叙親親之誼卿等既以地方藩屏為重義難獨
違其貽書止之
○六月戊申徽王見沛奏欲照德王例往祭中嶽嵩山之

神
上曰王藩屏為重且中嶽不在封内未可輕動因貽書止
之
○九月丙子徽王見沛奏河南左布政使徐恪擅笞本府
承奉司吏請治以罪
上以
祖訓條章并諸司職掌俱無承奉司吏與貽書諭王及各
王知之
○弘治六年五月丁丑魯府鎮國將軍陽鑅陽𨨗請辭常
祿以賑饑民
上曰陽鑅等所奏誠義舉然常祿不必辭其降勑獎諭之

○弘治八年三月己丑德王以其妃劉氏墳奏請自往墳
所看視及令世子祐榕春秋祭掃
上曰
皇祖訓戒子孫惓惓以謹出入為言墳所離國城遠豈宜
數往令叔王暨妃宜止往視一次每歲春令世子祭掃
○弘治十一年四月辛卯雍王祐㰘乞裁革衡州府稅課
司及衡陽縣河泊所原設官吏而以二處歲辦課鈔則
本府管業供祀下戶部議謂親王歲祿萬石足給公私
之費而二衙門稅課例充本處文武官折俸此
祖宗成憲萬世不可改者宜勿許
上曰自今諸額辦錢糧衙門各王府不得請求著為令

○弘治十六年十月壬子給申懿王妃項氏養贍未歲一
千石王無子又無旁支承繼故特優賜之
○弘治十七年二月甲寅賜晉王知烊書院額曰養德仍
賜以五經四書性理大全等書從王請也
○五月己未魯府鎮國將軍陽鑅奏天下疆宇如舊而人
口增加地產之外更無餘利凡宗支之費養贍報功之
典與夫廩祿軍國之用皆出於民將來供應無窮何以
處分乞勑所司著令凡宗支請求地土及一應出辦於
民者俱杜絕之
上曰各王府再不許分外陳乞田地課程等項若奸頑之
徒投獻撥置而承奉長史等官不能以道匡輔者均罪

之

褒宗室

○弘治七年五月甲午代府靈丘王教授謝謙以王長子成鍛儒雅篤王存日日再問安無間風雨寒暑王有疾親嘗湯藥衣不解帶每籲天願以身代及王薨哀毀穨絕良久方蘇水漿不入口者四日寢苫枕塊未嘗少離喪次徒跣送塟行四十餘里晝結廬墓側有野獸如虎旋繞墓域後已毋命不得已乃歸請賜勑褒嘉或表以坊牌俾宗室知勸

上賜勑奬諭之曰爾以朝廷懿親克敦孝行比教授謝謙等具述其事來奏朕覧之良用嘉悅惟國家以孝治天

下凡臣民有孝行者必命有司旌異況宗室乎是用致書褒奬且以風勵諸藩同修美德爾尚移孝為忠益盡夾輔之功均享承平之福豈不美乎故諭

○弘治十一年五月巳巳山西平陽府知府杜忠奏晋府西河靖恭王之子鎮國將軍鍾鎔鍾鉄俱有孝行幼喪父慟哭不食母妃蕭氏力勸乃止事母尤孝每食兄弟常侍側遇時物不奉不敢先嘗母嘗病兄弟焚香籲天乞以身代病果愈十年疾復作兄弟日夜侍疾衣不解帶湯藥必親嘗乃進及卒哀毀不食者三日將殯霢霂連朔殯出而霽道路觀者數萬人皆以為孝感所致嗣是守墓負土日夜號哭不還欲終喪庶母王夫人百方勸之乃還仍散衣革儀哭奠如初喪請旌表以為宗室勸禮部議謂宗室無立碑旌表例請如例賜勑奬諭從之

○弘治十五年五月丙戌楚府長史司以世子榮滅孝行聞

上致書楚王曰世子榮滅天性至孝母妃周氏遘疾朝夕籲天求以身代居喪哀毀塟時多雨祈晴即應奉終既至生事尤周侍寢問安承顏養志內外傳播人無間言夫孝者百行之本忠君使衆恒必由之況宗室懿親四方其訓風化所繫良亦匪輕用是致書叔祖其以朕意特諭世子量加褒奬以勵將來俾益懋孝誠永有令譽

惟叔祖亮之

○弘治十八年三月庚子周府輔國將軍同鈒請辭祿米三之二以助邊餉或留為賑貧之用戶部覆議謂同鈒念及民貧邊虛欲辭常祿志節可嘉比之他府常祿之外累乞增賜者大有不侔班祿定制歲有常祿義不當辭宜降勑旌奬用彰令舉閑支祿米如故更通行各王府俾之互相勸勉以勵廉退之節長清儉之風從之

厚宗室

○弘治六年五月壬午代府庶人成鏊以輔國將軍坐罪革職八年無口糧至是疏毋妻妾子女并已六人請照庶人口糧例支給養贍戶部言六人歲得總數多於奉

國中尉是有罪者與無事等請用幼子女例人月給米一石歲絹一匹

上不從命照例給之

○弘治十五年四月甲子秀懷王之女順義郡主為其子周鳳乞官兵部執不可

上以王無後郡主又嘗育於宮中與他郡主不同特官鳳為錦衣衛所鎮撫不為例

專請制

○弘治元年九月壬午刑部尚書何喬新奏舊制提人勘事所遣人員必齎精微批文赴所在官司比號相符然後行事所司仍具由回奏有不同者執送京師比

祖宗防微杜漸之深意也而京城內外提人乃用駕帖既不合符真偽莫辨倘有姦人矯命誰則拒之請自今遣官出外仍給批文以防姦偽

上曰提人勘事必給精微批文以防奸究乃

祖宗舊制不可不遵所司有如例行之應給批時毋得稽誤

○弘治八年十月庚申禮部尚書倪岳等言永樂宣德間遣各王府規制儉約近來務極宏麗傷財害民乞勑內官監今後凡造王府悉遵永樂宣德間式樣畫圖務從儉約以恤民困

上曰既永樂宣德間王府規制皆

祖宗所定誠宜遵奉所司其備查以聞

○弘治十年十二月丁亥南京欽天監主簿諸昇奏曆法有差乞命大臣為總裁選通曉天文曆理之人改定曆法禮部覆奏國初更定大統曆頒行天下其法至精至密百餘年來凡以推步測候頒朔授時鮮聞有失若必欲更改歲差求合天度事體重大有非臣下所敢議者況私習天文律有明禁以故通曉曆法者亦未易見又昇所奏亦自有訛桀請治其罪

上曰曆法事重不必輕易更改諸昇姑宥之

○弘治十二年四月庚寅先是以內臺官奏撥錦衣衛餘丁百人執灑掃役人月給糧一石光祿寺仍日給直米

八合戶部尚書周經等奏以為不可

上以業已准行不允辛復之言

祖宗設立內臺典以內官職專占候不惟欲知災祥之便又以關防外臺之欺其地至密所以看守灑掃皆不使外人得預獨與各監局異者蓋防微杜漸為久遠之慮也況私習天文律有明禁今一旦增入外人名為看守灑掃自典守者論之似為便利誠恐日復一日往來稔熟奸者設心以潛伺愚者騰口以妄言鼓惑衆聽致誤大事未免追究倡議之人故與其鈐束於後孰若痛絕於初與其愛惜成命於一時孰若慎重成憲於萬世況京操餘丁勞苦萬狀止支糧四斗今內臺應役有何勤

苦而廩食乃加厚至此恐失京操者之心異日或此例
陳請太倉之粟廩費何有止極伏望收回成命仍禁自
今不得違例奏請庶事體允當
上曰內臺禁密之地誠不宜外人出入卿等所言有理餘
丁俱革回原衛當差
厚勳臣
○弘治十三年三月乙卯朔勅忠勇伯蔣信永樂中累功
受封子善襲爵而卒無嗣有旨給其母夫人王氏養贍
米月十石原賜莊田仍與其子孫耕種至是王氏亦當
家人姚信等以信前賜誥券盔甲等物進繳因請仍存
莊田以供祭祀

上命所司量給之
○弘治五年八月庚戌勅定國公徐永寧祿米歲支本色
千五百石折色千石成化初以父病閑住各減其半至
是其妻叙先世功伐以請命與全支不為例
○弘治十六年十月癸卯南和伯方壽祥以馬政廢弛停
祿米壽祥奏本年祿已預支乞免追戶部議以明年照
數補償上特命蠲之
議禮
○弘治二十三年十一月丁未
上勅諭禮部曰朕惟古者天子九廟而祖功宗德百世不
祧其他則以次祧遷有常制焉恭惟我

太祖高皇帝混一區宇肇正綱常追祀
德懿熙仁四祖同殿異位情文且稱
列聖相承昭穆有序至于
皇祖考英宗睿皇帝九廟已備茲者
皇考繼天凝道誠明仁敬崇文肅武宏德聖孝純皇帝山
陵將畢升祔有期當定祧遷之制朕惟
皇妣孝穆慈惠恭恪莊僖崇天承聖皇太后祔葬日宜
有奉享
神主之禮爾禮部其會文武大臣并詹事府國子監翰林
院堂上左右春坊司經局及科道掌印官詳稽古制斟
酌情文議處來聞務遵典禮足垂萬世用成朕尊

祖敬
親之大孝欽哉故諭
○弘治元年三月戊辰太子太保吏部尚書王恕言臣近
陳愚見謂
皇上視學釋奠先師孔子當奠幣用樂爵當三獻分獻官
當陪拜奉旨分獻官拜禮唯行其餘仍舊臣竊又以為
我朝
列聖即位之後所行之禮有一行而不再舉者惟耕耤田
及視學二事然耕耤田有奠幣三獻齋戒省牲之禮何
獨於視學釋奠而乃不然乎昔
太宗文皇帝將視太學命禮部詳議禮儀尚書鄭賜言宋

制謁孔子服釋袍再拜
太宗曰見先師禮不可簡必服皮弁行四拜禮其事載諸
五倫書人以為
太宗尊師重道之意超越前古今
陛下釋奠先師而禮比先農則載諸史冊傳之萬世豈不
為盛事哉命復下禮部會議於是禮部及詹事府國子
監翰林院春坊等官言禮記凡學釋奠釋菜皆祭之略
者故以行禮而行釋奠則無幣差厚於釋菜之意卽今
天子視學所行是也以報功而行釋奠則有幣卽今二丁
所行是也三代之禮無所於考漢祀孔子未行釋奠唐
制天子北面跪祭周廣順二年車駕幸曲阜始拜奠祠

前宋大中祥符元年幸曲阜謁文宣廟始釋袍再拜至
我朝
太宗皇帝視學躬行一奠四拜之禮尊師重道蔑以加矣
列聖相承率循無改至成化元年始加牲用樂雖極尊崇
之禮然既非釋奠之正又非釋菜之全卒致紛紛實由
於此此則所謂有其舉之莫之敢廢者矣今欲言奠帛
三獻之禮必須讀祝飲福受胙始為全備原無舊典固
難擅行其欲比依先農之祀又係大明集禮所載洪武
舊制亦難擅改宜但於視學之前致齋一日至期加幣
一樂設而不作餘仍其舊
上曰尊先師當以禮成化初既有所舉今惟加幣用太牢

改分獻為分奠其餘儀物俱從永樂年例行
○十月戊申禮部奏去歲
憲宗皇帝神主升祔
懿祖皇帝神主奉祧而歲暮之祫當合毀廟之主而祭之
安奉于
德宗皇帝室內以俟後殿之成今者始行歲暮祫祭宜遣
官祭告至期更奏祫祭事宜行翰林院改撰祝文及令
太常寺至期陳設
懿祖皇帝御座於
太廟正殿之左
熙祖皇帝之上衣冠等物同時陳設祭畢仍舊安奉為
常典從之

○弘治十六年八月癸卯吏部尚書馬文昇言臣伏聞宣
德間有旨
仁祖忌辰諸司悉免奏事自
太祖至
仁宗生忌俱輟朝一日其後不知始於何時
仁祖忌辰照常奏事惟
太祖至
憲宗忌辰百官淺淡服色黑角帶朝廷亦出視朝鳴鐘鼓
奏事與親王及文武一品官病故輟朝事例反有不同
且與古禮未合又與

宣宗勅旨有違臣切思之自
仁宗至
憲宗世有遠近服有隆殺臣愚欲自
仁祖忌辰至
英宗睿皇帝生辰日照舊視朝鳴鐘鼓百官淺淡服色黑
角帶奏事若遇
憲宗皇帝
孝穆皇太后忌日
皇上於
奉先等殿祭祀畢回宮不出視朝着淺淡服進素膳淵默
以居不預他事成如

宣宗聖旨自
太祖至
憲宗生忌照例俱輟朝一日若遇
憲宗皇帝
孝穆皇太后忌日仍如臣前所擬而行
上令禮部稽考古禮詳議以聞禮部謂古禮經傳所載忌
日謂親死之日則死日為忌而非謂生辰也其曰忌日
不用不以此日為他事也曰忌日不樂是不可舉吉事
也是則此日當專意於哀思父母其餘一切事務皆當
不舉也文升所奏固為有見但本有
先朝事例迄今見行不敢更易伏乞

聖明裁斷
上曰
列聖忌辰已有旨淺淡服色視事矣

定樂

○弘治九年二月壬子太常寺奏釋奠先師孔子已准用
天子之禮增為八佾之舞惟樂器之數尚用諸侯之制
以為未稱請增文廟樂器人數為七十二人如天子之
制禮部因請行移所司如數置造仍通行天下并南京
國子監一體遵行
上曰文廟祭祀用天子之禮而舞已加八佾樂器乃尚仍
諸侯之舊則尊崇未至而情文亦有未備所言良是即

如擬行之以副朕崇奉先師之意
弘治十五年六月乙丑禮部覆奏吏部尚書馬文升訪
名儒以正雅樂事謂我
太祖皇帝嘗命儒臣考正八音修造樂器重定樂章其樂
歌之詞多自裁定但迄今百三十餘年樂音不復校正
中間容有舛訛當釐正者近聞
皇上命太常寺知音官於內府造大祀樂器以純金為鐘
以兩玉為磬其敵
天尊
祖之意至矣但是堯舜作樂以來鐘必用青銅磬必用靈
璧石若用純金而玉為鐘磬恐其聲不可合衆音而不

足以感格神明且今大常之官恐亦不足以當製作協律之任請如文升所言特勅禮部移文天下諸司博求中外臣工及山林畎畝有精曉音樂者以禮起送赴京禮部仍會同太常寺再加講論以求至當然後相與造樂器正樂音庶聖祖所定之樂可復於今日可傳於後世矣

上嘉納之

興學

○弘治元年三月癸酉

上視學行釋奠禮御彝倫堂祭酒司業賜之坐講

明日祭酒費誾率學官監生上表謝恩

上御奉天殿受之賜祭酒司業并三氏子孫及學官監生襲衣寶鈔等物有差又明日祭酒復率學官監生謝恩

上賜勅勉勵之曰朕惟自古帝王本綱常以致治必以學校為前務焉學校所以明人倫也孔子述經垂教莫先乎此我

祖宗奄有寰宇建學育材文教誕敷治化光洽肆朕纘統之初聿遵成憲擇日視學祗謁先師孔子退御彝倫堂聽講經書固以勸勵師生夫治本於道道載於經書所當講明而體行者舍綱常何以哉朕躬行圖治惟古帝王是期爾師生其亦以古之賢才自勵於經必究精微之奥於綱常倫理必盡其允蹈之功蘊之為德行措之為事業大足以尊主庇民次足以修政立事因俾濟濟之詠專美有周則我明治化將與唐虞於變時雍休匹矣欽哉故諭

○弘治八年十月庚午太子太保兵部尚書馬文升奏近年小民罔知禮義風俗日澆子詈其父弟毆其兄恬不為異窺其所由社學久廢人不讀書以致於斯宜修舉社學慎選教讀之人凡民弟子俱令入社學讀孝經小學并大誥俾知孝弟之道與當代之法禮部覆奏修舉社學已有著令請仍行各提學官舉行無致廢弛從之

○弘治十七年五月壬寅禮部覆奏監察御史何天衢言各處儒學生員多虛廩廩祿其起送歲貢者或虛應故

事請令巡按監察御史會同提學官三年一次通考在學生員列為上中下三等廩膳不諳文理者追糧為民其每歲應貢生員不許以衰老殘疾者起送違者治罪

上曰今後各處提學官敢有仍循情姑息將衰老殘疾并不堪教養之人濫容在學及起送充貢者一體參究黜罷

崇儒

○弘治三年五月己卯命河南孟縣建唐昌黎伯韓愈祠春秋致祭并修理墳墓從知縣巫儀奏也

○弘治六年十一月乙卯巡撫河南都御史徐恪奏宋范文正公仲淹并其子忠宣公純仁墓皆在河南府城東

南萬安山下爲傍近寺僧領祀事元末裔孫國儁及廷
方自蘇再至展掃時守臣郭文弼等聞之乃爲春秋致
祭迨入國朝守土之臣襲而行之然未經奏請秩在祀
典臣按仲淹爲人剛大清純學問得於聖賢論説本於
仁義勲業德望之盛一時罕見異時大儒朱熹亦謂傑
出之才爲第一流人物後之君子有志世用者莫不以
爲冠冕比之純仁世濟忠直秉道不回今其丘壠依然
而歲時香火之奉顧於山僧野寺是賴此豈
聖明崇賢勵士之意哉
皇上即位以來嘉獎直言内外皆向風而趨固將比休隆
古不特乎變曆之制然宋史所稱感激論事奮不顧身

爲一時士大夫風節之倡如仲淹者亦宜表章顯白以
助清化且仲淹肄業從政之地如蘇州慶陽等處既皆
有祀其體魄所藏之處不可獨缺乞命河南府於墓所
建祠春秋致祭以子純仁配享永載祀典以風曉士類
上以崇祀先賢事關風化命所司議行之
○弘治九年二月丁卯巡撫四川右副都御史馮俊奏故
翰林學士承宋濂當
太祖高皇帝創業之初抱道隱處應徵而出日侍左右啓
沃之功居多命輔儲貳導迪之績尤著當時大述作多
經其手筆大議論咸賴以贊畫
太祖獨以眞儒目之後致仕以孫愼坐法謫四川茂州比

至夔州卒距今百有餘年沉淪幽壤聞者傷悼乞勑禮
部集議復其舊官顯加贈謚仍命有司春秋祭於塋所
禮部議謂濂一代儒宗今不敢別議贈謚請仍依原學
士承旨職事令有司就於塋新祠堂内春秋祭祀從之
○十二月己卯刑科給事中楊廉上疏言故禮部左侍郎
兼翰林院學士謚文清薛瑄發藏闡講性理諸書卽其
其所爲詩文一意於宋諸儒之學晚年造詣益高進退
之際大節尤偉所著讀書録皆積年致思之所得有益
學者乞行山西平陽府建祠賜額有司每歲春秋祀之
仍下山東章丘縣取所刻讀書録板本於國子監俾六
儒諸生皆得摹印玩味倘

聖明萬幾之暇幸賜覽觀則於
聖學不無小補禮部覆奏
上曰薛瑄以性理之學繼宋諸儒後實我朝名儒卿等奏
欲建祠秩祀并刊行文集悉准行其祠額特名正學
○弘治十三年二月庚子宋儒程顥十八代孫翰林院五
經博士繼祖以二程祠堂日久傾壞兼逼近繫河恐致
衝損乞賜地改建又守墳人役有司不肯全給并宋時
原給贍墳地土多被人據占内亦有爲繫河所淹没塋
去而税存者乞賜處分以稱
聖朝崇重先賢之意禮部覆奏請行令河南有司如繼祖
所奏

上曰河南程氏有功于道學甚大繼祖所奏宜令所司量
處以稱朕追崇先賢之意
○弘治十七年閏四月丁卯以重建闕里文廟成特命太
子太保戶部尚書兼謹身殿大學士李東陽往祭賜之
勅曰比因闕里文廟燬於回祿爰命有司重建厥功既
成茲遣卿往彼祭告夫先師道德萬世之所宗仰新廟
庭一代之盛典以故禋告之禮特委輔弼之臣卿其精
白一心寅恭將事務期聖靈昭格以副朕隆師重道之
懷事畢即星馳回京欽哉故勅
○丁亥
上御製重建闕里孔子廟碑文曰朕惟古之聖賢功德及

人天下後世立廟以祀者多矣然內而京師外而郡邑
及其故鄉廟不有廟自天子至於郡邑長吏通得祀之
而致其嚴且敬則惟孔子為然蓋孔子天縱之聖生當
周季聖賢道否之日而不得其位以行乃歷考上古以
來聖人之君天下者曰堯曰舜曰禹湯文武已行之迹
并其至言要論定為六經以垂法後世自是凡有天下
之君遵之則治違之則否蓋有不能易者真萬世帝王
之師也故自漢祖過魯之祀之後多為之立廟治及唐
宋英明願治之君屢作益遵而信之孔子之廟遂徧天
下爵號王公禮視諸侯而加隆焉雖金元入主中國綱
常掃地之時亦未嘗或廢蓋天理民彝之在人有不能
自泯也哉
聖祖高皇帝以至神大聖汛掃胡元植綱常於淪斁之餘
武功方戢即遣人詣闕里祀孔子風示天下規度可謂
宏遠矣
列聖相承益嚴祀事逮
皇考憲宗純皇帝詔增廟之舞佾為八籩豆為十二禮樂
盡同於天子褒崇之典至是蓋無以加我朝百有餘年
之太平端有自哉闕里有廟建自前代規制尤盛弘治
己未六月燬於火朕聞之惕然特賜山東巡撫巡按暨
布政按察司官聚財庀工為之重建越五年甲子正月
上畢巡撫右副都御史徐源巡按監察御史陳璚以其

狀來上宏深壯麗視舊規有加朕懷乃睠觀道內閣輔
臣太子太保戶部尚書兼謹身殿大學士李東陽往告
後具顛末為文俾勒之廟碑用昭我
祖宗以來尊師重道之意并繫之詩曰聖人之生天豈偶
然命之大君俾贊化權二帝三皇君焉克聖繼天立極
道形於政大化既洽至治斯成巍巍蕩蕩渾乎難名周
政不綱道隨時降孔子聖人而不得位乃揩羣聖乃定
六經萬世之師於焉足徵自漢而下數千餘歲褒與代
加有隆無替於皇我
祖居正體元六經是師阜爾化原
列聖相承先後一揆逮及朕躬思弘前軌廟貌載崇祀事

孔徑經言典訓彌謹彌敦俗化成治日升川至斯道之
光允垂萬世

大明孝宗敬皇帝寶訓卷之二

光祿大夫柱國少傅兼太子太傅禮部尚書武英殿大學士臣呂　本總校
南京禮部祠祭清吏司郎中臣陳紹本
南京兵部職方清吏司主事臣朱　錦校閱
南京工部虞衡清吏司郎中臣呂胤昌

接大臣

○弘治十年三月甲子經筵畢
上遣太監韋泰至內閣召大學士徐溥劉健李東陽謝遷至文華殿御偏前
上出各衙門題奏本曰與先生輩商量溥等每本擬定批辭乃錄與片紙以進
上覽畢親批本面或更定三二字删去一二句皆應手疾書略無疑滯有山西巡撫官本
上曰此欲提問一副總兵何如溥等對曰此事輕副總兵恐不必提止提都指揮以下三人可也
上曰然並情事重小官亦不可不提耳又禮部本擬一是字
上曰天下事亦大還看本內事情因取本閱之則曰是只須一是字足矣又一本健奏曰此本事多臣等將下細看擬奏
上曰就此商量豈不好又指餘本曰此皆常事不過該衙門知道耳因命左右而退蓋自即位以來宣召顧問實

自此始云
○弘治十三年五月丙辰命保國公朱暉鎮遠侯顧溥提
督三千營惠安伯張偉提督神機營溥仍提督團營新寧
伯譚祐仍提督團營罷提督神機營是日
上復召內閣大學士劉健李東陽謝遷至平臺出兵部推
舉各官疏遞名訪問面賜裁決仍命司禮監具紙筆親
手書勅付兵部行之
○弘治十七年六月辛巳有自虜中逃回者報虜有異謀
內閣具揭帖請會同司禮監及兵部尚書照成化年例
於左順門擇審是日
上朝退召大學士劉健李東陽至煖閣

上曰虜情譎詐可審切擇審大通事且勿使近前又曰邊
關糧草須與劉大夏說用心整理皆應曰諾健奏曰京
營總兵須要得人
上曰往年如陳韶王鏞輩已退二三人矣健曰須用曾經
戰陣者
上曰未必要經戰陣但要有謀畧耳東陽曰
聖諭甚當有謀畧與經戰陣者須兼用乃可耳但京營官
軍有名無實前年選聽征一萬及再選一萬便不能及
數矣
上曰軍士須管軍官撫䘏不可剝削東陽對曰誠如
聖諭但近年官軍做工太多既累身力又陪錢使用外衛
輪班皆過期不至正爲此耳
上曰宣德以前軍士皆不做工內官監自有匠人東陽對
曰
皇上明見朝廷養軍本以拱衛京畿豈爲工役今後工程
乞爲減省養其銳氣庶緩急有濟
上曰然又曰薊州上強盜十分猖獗可令劉大夏設法擒捕
北山又有靠山王者據險爲惡輦轂近地不可不除此
患東陽曰昨兵部奏差指揮三人領官軍五百正謂此
上強盜而一應諸賊併在其中矣
上曰先生輩是腹心大臣有事須說如昨日所進揭帖不
說時如何得知健等皆諾而退於是引自虜中回者審

之皆能漢語一人云聞有議者欲內犯三人云朶顏衛
頭目阿兒乞蠻領三百人往北虜通和小王子與一小
女寄養似有誘引入寇之跡各具揭帖以聞
○弘治十七年七月癸巳命工部左侍郎李燧大理寺右
少卿吳一貫通政司左參議叢蘭經畧邊關燧等陛辭
日
上朝退召至煖閣面諭曰邊關重事爾等往須用心整理
官軍少處即爲增補官員不職者奏來處治務圖經久
不可虛應故事勅內該載不盡者聽爾斟便宜行事各
賜白金二十兩綵段二表裏鈔二千貫而出
○甲午時內閣奉旨擬差戶部右侍郎顧佐

上召大學士劉健等指佐名曰最當差幹事力量頗弱恐
不能了此健等對曰戶部尚書葉淇行取尚未至左侍
郎王儼可用但見署印故臣等擬差右侍郎
上曰王儼既掌印須留管家當顧佐亦不必動凡有事三
人商議乃得停當可再推有才力者不必拘定戶部又
曰各關可止用一人恐官多民擾皆對曰各關相隔甚
遠非一人可了巡關監察御史亦是二人今若差郎中
二人亦可耳退擬管倉戶部右侍郎陳清刑部右侍郎
李士實以進而內批特用左副都御史閔仲宇通政使
司右參議熊偉各賜勅遣之
○癸卯

皇明寶訓　弘治二卷　四

上召大學士劉健等至煖閣諭曰劉宇在大同儘用心近
又慮及潮河川難守欲行令鑿品字窖及以所製鐵子
砲送與備用亦是為國可量與恩典以勵人心皆奏曰
未知
聖意是何恩典
上曰可與賞賜皆應曰諾
上又曰鑿窖製砲是劉宇獨奏今雖獨賞吳江陸闓亦曾
用心防禦辛苦可併賞且降勅奬勵之又曰遼東張天
祥事亦是大獄今欲令明白今天祥雖死張斌尚坐死
罪昨張洪又訴究抑健等皆對曰此事乃御史樊奏請
司會勘張洪訴本又該都察院覆奏令御史審勘矣

上袖出東廠緝事揭帖云已令人密訪其情如此當時御
史王獻臣止憑一指揮告誘殺情詞吳一貫等亦不曾
親詣止憑參政楊翀等勘報事多不實今欲將一干人
犯提解來京令三法司錦衣衛於午門前會問方見端
的因以揭帖付健云將去整理健等退復言都察院本
既以批出東廠揭帖又不可施行須待會勘至日再議
次日太監陳寬蕭敬等於左順門傳旨令為施行健等
再奏曰臣等非敢故違但成命已出猝然改命恐非事
體且此事干證皆在彼處恐勞人動衆耳
上曰此乃大獄雖千人亦須來若事不明白邊將誰肯效
死賞罰事重朕不敢私但欲得其情實若果係撲殺會

皇明寶訓　弘治二卷　五

功啓釁豈可縱之若果被誣須為伸雪
○弘治十七年八月丙子早朝畢
上起立召吏部尚書馬文升左侍郎焦芳左都御史戴珊
右都御史史琳退至煖閣前面諭曰明年春天下官員
朝覲卿等宜預先訪察務秉至公以行黜陟御史開報
賢否揭帖不可盡信往年嘗有奏擾者卿等仍須用心
斟酌期於至當
上又謂文升曰卿聽得否蓋以文升年老重聽又復申諭
之文升對曰
陛下留心政務
宗社蒼生之福也

上命左右扶丈升下階而出自是每有政務時召諸大臣面諭因事論事從容詳悉動數十百言不能悉記衆延接者皆感激奮勵宣召之際下至羣臣百執事莫不傾耳注目以爲一代之盛典云

○弘治十八年二月戊辰

上早朝畢召户兵工三部臣於奉天門面諭之曰方今生齒漸繁而民間户口及軍伍匠役日就耗損此皆官司不能撫卹無清理無方以致逃亡流移脱漏埋没其弊非一爾該部又不能悉心究治因仍苟且徒事虚文可謂慢事矣宜各從長議處以聞

○四月辛未

上召大學士劉健等至煖閣諭曰户部覆奏處置流民事推起復侍郎何鑑何以不會吏部健等對曰凡係本部承行事從前亦間有徑推者

上曰此前人不是吏部銓衡之職推舉人才乃其職掌若使會推他日不稱亦無後詞皆奏曰然則通行會議否

上曰處置流民是户部事不須再會惟所推官須會吏部耳

上在位久益明習國事覽章數百言動中節會有不能悉記者議事之召訖于是日不閲月而

大漸之命至矣嗚呼痛哉

○五月庚寅

上大漸晚刻遣司禮監太監戴義召内閣大學士劉健李東陽謝遷甚急至乾清宮東煖閣御榻前

上燕服坐龍牀御榻上健等入至牀上榻前叩頭問安

上曰熱甚不可耐命左右取水以布拭舌既乃曰朕嗣祖宗大統一十八年今年三十六歲乃得此疾殆不能起

健等跪奏曰

皇上偶違和何以遽言及此臣等仰觀

聖體神氣充溢萬壽無疆幸寛以調理

上自序即位始末甚詳欲有所紀錄於是太監扶安李璋捧紙及硯義執朱筆跪于榻前陳寛蕭敬李榮跪于牀下

上命義書于片紙曰朕昔侍

太皇太后宫闈及長家

先皇厚恩選配昌國公張巒女爲后於弘治四年九月二

○十四日誕生皇子　册立爲皇太子正位東宫年已長成主器婚配不可久虚禮宜擇配可於今年舉行皆逐句宣授間有改易槩然成章書記

上執健手又曰先生輩輔導辛苦朕備知之又曰東宫聰明但年尚幼先生輩可常常請他出來讀書輔導他做箇好人健等皆飲泣對曰

東宫天性睿智今年儘勤學望

皇上寛心少慮以膺萬福語久

上音漸清及復告諭若不忍釋前後數百言不能悉記謹
識其大者如此時距
升遐僅一日而
聖諭諄切神思不亂蓋
聖性之涵養有素故始終之際一得其正云

優大臣

○弘治二年四月辛丑命太子太保吏部尚書王恕免午
朝九大風雨雪日早朝亦免之以恕耆疏衰老乞致仕
也

○弘治四年正月乙未戶部尚書李敏乞歸養疾
上曰古者人君之待臣下病則予告至于大臣又命醫賜
藥恩禮尤厚蓋以君臣一體其情有不容已者卿今有
疾宜在任調理不必求去太醫院即遣醫往視之

○弘治五年五月辛巳致仕太子少保禮部尚書耿裕上
疏言浙西水旱相仍民窮盜起請行賑恤之政
上曰卿雖致仕年老尚能為國憂民忠愛可嘉浙江布
政司其具羊酒綵叚即其家慰勞之

○八月己亥內閣大學士丘濬復上疏乞致仕
上曰朕惓卿重任當勉圖盡職豈可累以疾求退今後凡
大風雨雪日俱免早朝

○弘治十一年七月癸亥少師兼太子太師吏部尚書華
蓋殿大學士徐溥復以老疾乞致仕

上曰卿宿望重臣方隆倚任而屢以疾辭情甚懇切特兹
俞允仍賜給驛遣官一員送回有司月給米五石歲撥
夫八名應用復官其一子為中書舍人

○弘治十五年十一月丁丑賜內閣大學士劉健李東陽
謝遷玉帶各一束大紅織金衣三襲詹事兼學士等官
吳寬等各帶一束大紅衣二襲三品以下各視品級適
加服色以東宮講讀勞也

○弘治十六年二月乙巳賜大學士劉健李東陽謝遷大
紅蟒衣各一襲內閣之賜蟒衣自此始

○弘治十六年十一月壬辰掌國子監事禮部右侍郎謝
鐸奏臣祖母趙氏守節四十餘年未蒙旌表而歿請以
本身應得誥命移為旌表之恩禮部覆奏
上曰趙氏准與旌表鐸應得誥命仍給之

○弘治十七年十二月辛未吏部尚書馬文升乞致仕
上曰卿耆宿重臣方隆委任累乞休致已有旨不允考察
在邇正宜盡心供職不必固辭大寒暑風雨免朝參

慎用人

○弘治元年三月乙丑命吏兵二部各疏兩京五府六部
都察院等衙門堂上官及在外鎮守巡撫三司知府并
分守守備官俱大書職名註其年籍歷任署節粘於文
華殿壁以便觀覽自是以後二部每季各具揭帖以進
有陞遷或事故去任者則揭去舊名以新除者補之

○七月辛卯兵部郎中陸容言近御馬監太監李良等乞陞都指揮王欽梁宏為都督僉事臣曾論其不可未蒙俞允續因科道論諫將欽等革職大小臣僚無不稱快然不立法以為善後計則異日小人貪冒干進近臣招權鬻柄其乞陞傳陞之途又將有甚於今者乞將臣先以所言著為定令凡賢才之屈在下位者照舊薦舉小之皆求乞陞者如法禁革所司不能奉公守法致有濫進者聽言官指實糾之以尊國體以正百官下吏兵二部覆奏今後文武大小官員有缺須從本部銓選推舉果有大材屈在下僚聽在廷大臣及在外撫按等官薦用更不許營求陞職其內外書辦等官有缺亦不許

奏乞量陞違者參送法司不分原官有無俱發為民保坐舉者以罪若本部容情不參致有濫進聽言官糾劾
上是其言命今後一應人員不許營求內外權要冒濫陞職違者重罪之

○弘治十七年五月丙午勅吏部都察院曰三年一次朝覲考察天下諸司官員甄別賢否明示黜陟此
祖宗法古圖治之盛典也比年以來考察之後紛議奏訴紛紜蓋因巡撫巡按官員開報考語多不得實而爾等詢訪稽察亦欠周詳勤敏有為廉直自持者或被屈抑貪黷無狀夤緣結納者或得薦為以致人無勸懲士風日壞夫生民之休戚係於有司之賢否有司之不得其人則民被其害而愁苦怨嗟之聲上干和氣即今四方災異迭見水旱相仍率由於此朕方祗畏天戒兼正庶官在京者係已有所處其在外諸司官員明年正旦適當朝覲考察之期宜預行各巡撫巡按官將所屬司府州縣等衙門官員或才行卓異政績彰聞或貪酷害民老懦不職等項逐一從公開報爾等仍廣詢博訪備細參詳明白具奏黜陟若撫按官員仍前徇情率意開報不公指實參究併示黜罰爾等受茲重託宜精白一心秉持公道毋或有所偏徇務俾賢否精別黜陟大明庶幾澤被生民上回天意爾等其欽承之

儲材

○弘治元年十二月丁巳兵部覆議禮科給事中王綸兵部郎中陸容言請令公侯伯都督應襲子孫十五歲以上三十歲以下者俱入國子監讀書皆為朝廷儲養將材之意然都督以下子孫已有例作養於武學惟公侯伯駙馬子孫宜如其言令國子監依監生讀書作課講書習禮成法行各家專官教之每歲閏月一赴監考校文事閏月一赴教場操練武藝若在閑公侯伯駙馬讀書并欲乞
聖明每季御武英殿則請自
聖裁
上曰公侯駙馬伯子孫令讀書習禮將來朝廷庶幾得世

臣之用宜悉如所奏行在閒侯伯駙馬隨採其仍議處
以聞御殿詢訪朕自處置
○弘治六年四月甲辰大學士徐溥等言比給事中徐昂
建議欲選新進士改庶吉士入翰林院讀書惟庶吉士
之選自永樂二年以來或間科一選或連科屢選或數
科不選或合三科同選初無定限每科選用或內閣自
選或禮部選送或會吏部同選或限年歲或拘地方或
採譽望或就廷試卷中查出或別出題考試亦無定制
自古帝王皆以文章關乎氣運而儲才於館閣以教養
之本朝所以儲養之者自及第進士之外止有庶吉士
一途凡華國之文與輔世之佐咸有賴於斯然而或選

或否則有才者未必皆選而所選者又未必皆才若更
拘於地方年歲則是已成之才或棄而不用而所教者
又未必皆有成請自今已後立為定制一次開科一次
選用待新進士分撥各衙門辦事之後俾其中有志學
古者各錄其平日所作文字如論策詩賦序記之類限
十五篇以上於一月之內赴禮部呈獻禮部閱試訖編
號封送翰林院考訂其中詞藻文理有可取者按號行
取本部仍將各人試卷記號糊名封送照例於東閣前
出題考試其所試之卷與所投之文相稱即收以預選
若其詞意鈎棘而詭僻者不在取例中間有年二十五
以下果有過人資質雖無宿搆文字能於此一月之間

有新作五篇以上亦許投試若果筆路頗通其學可進
亦在備選之數每科不必多選所選不過二十人每選
不必多留所留不過三五輩如此則所選者多是已爽
之才有所論撰便堪供事將來成就必有足賴者如是
則預列者無徇私之弊不預者息造言之謗臣等皆出
此途引進後賢儲之館閣以報國厚恩乃其職也疏入
上納之命今後內閣仍同吏禮二部考選

明賞罰

○弘治元年二月己亥兵部奏凡擒獲妖言者自成化十
四年奏准以後止給賞不陞然例前得陞者至今世襲
則過於冗濫例後有功者全不得陞又無以示勸宜量

為斟酌其已陞者承襲時人文到部并優給曾經減革
者須斟當時所獲如情罪深重已正典刑者准承襲一
輩以後照例減革其罪不至死者止還原舊職役不得
承襲繼今報功者亦宜論其所獲情犯重輕以為陞賞
應襲者俱照前例
上曰擒捕妖言本以止亂但人利陞官多肆媒孽未免濫
及無辜不可不禁承襲者照今擬行以後擒獲妖言者
止照十四年給賞
○弘治二年五月壬戌修築盧溝橋成內官監太監李瑒
乞陞文思院副使潘俊等官吏部尚書王恕言官匠營
造乃其職分成化初年以前修河築隄並無陞官事例

至十九年以後修築盧溝橋決口恭順夫人大慈恩寺
殿宇始濫陞匠官并欽天監太醫院等衙門官日增月
益大壞名器比因科道之言一切罷去識者以為太平
盛事今一旦復濫陞如舊人其謂何比者營
先帝山陵所役軍匠至四萬人亦未有陞職者此役較之
山陵不及三分之一顧欲長濫陞官甚失輕重之序況修
城等役今方並興若俱照例其為冗濫又復如前日矣
豈不為新政之累
上從其言命給賞有差
○弘治十年二月庚寅巡撫鳳陽等處都察院左副都御
史李蕙奏致仕六安州知州劉鎰河南羅山縣人前在

州四年積預備倉糧餘十萬石後致仕適連歲荒歉州
民賴倉糧存濟者甚衆請畧加旌異
上曰鎰雖致仕餘惠在民其仍進階奉政大夫以勸為民
牧者
選將材
○弘治元年三月戊子兵部會官議上監察御史陳璧所
奏選將實兵事謂兩京坐營把總等官及羣臣原保舉
將材官共五百六十餘員分為三等一等百二十一員
二等二百九十五員三等六十八員今皆缺隨才具奏
任用宜黜退者八十四員請令帶俸復原職
上曰各官雖已經評議至舉用時仍令官推選毋得濫授

○弘治十五年八月丙寅吏科給事中李祿奏今之將帥
多出閥閱兵事武藝無所師資一旦付以重柄恐不勝
任乞擇文職大臣通兵書者專任教養之責下兵部以
武臣子弟內有武學外有府衛州縣學各有師儒訓誨
又以部官憲臣提督閱試但恐奉行者未至不必更設
官專理
上是之止令提調等官嚴以教之務得其才不可視為故
事
惜人才
○弘治六年正月己丑吏部都察院會同考察天下布按
二司及府州縣等官年老有疾并罷輭不謹貪酷才力

不及者共一千四百員又雜職一千一百三十五員請
如例罷黜并調用
上曰諸考退官俱照舊例行其方面知府仍指陳老疾等
項實跡以聞毋虛文泛言以致枉人府州以下有到任
未及三年者亦通查具奏既而尚書王恕等各開具上
請且言府州以下官勤慎盡職者固多貪鄙無用者不
少貪鄙無用者留一日則民受一日之殃若必待三年
而後黜之於彼則固當感激於民則未免怨嗟昔人有
言一家哭何如一路哭此殃民誤事官雖年淺亦不可
不黜也
上曰人才難得事貴得實人貴改過

祖宗愛惜人才九百官考滿初任再任有平常不稱者俱
令復職必待九年然後黜降令或因一人無根之言而
遂革其積勤所得之官使之泯然不敢伸理是豈治世
所宜有爾等皆因襲舊弊不能改正今姑從所開具者
處之其方面知府年老未滿六十有疾不妨治事素行
不謹在歷任之先及見任不謹罷輭無為非本官訪有
實跡或有巡撫巡按只是一處開報并其餘官員到任
未及二年非老疾貪酷顯著俱留治事今後朝覲之年
先期行文布按二司考合屬巡撫巡按考方面年終具
奏行下該衙門立案待來朝日從公詳審考察如有不
公許其伸理其科道官必待吏部考察後有失當者方
許指名糾劾

皇明實訓　弘治二卷　十六

〇弘治八年三月庚子巡撫山東都御史熊翀巡按御史
王㰅奏例考察請黜老疾不謹并有疾罷輭等官沂州
知州孫昌等九員吏部覆請如所奏命老疾不謹者准
致仕閑住其有疾未老并罷輭者仍查到任年月久近
以聞吏部因具上各官歷任年月
上曰到任未及二年者姑留辦事人才能否須歷任稍久
方見今後有如此奏黜者本部其酌量再奏
〇四月壬戌六科十三道各上疏言我朝朝覲考察其法
最為精盡蓋委之巡撫巡按俾報其貪否又參之布按
三司及直隸州郡之長俾究其實吏部都察院又酌其

歲報殿最以為朝覲去留之據如有不當者則朝野得
以非之科道得以劾之其不才者豈容幸免而才能者
亦豈致冤抑近弘治六年朝覲吏部既會都察院考察
繼奉
聖旨今後三年朝覲先期行文布按二司考合屬巡撫巡
按考方面年終具奏行部院立案待來朝日從公詳審
考察如有不公許其伸理臣等伏讀明詔誠有以知
皇上愛惜人才慎重黜陟之意但人心巧偽所宜深慮如
止委二司考合屬則恐未足以盡訪察之公如部院將
所奏立案施行復恐致泄漏疎虞之弊如許考退者復
從行伸理攻訐則羣邪横議之門何以塞之明年朝覲

皇明實訓　弘治二卷　十七

又當考察乞一依弘治三年以前故事而加之以至公
至審行之天下幸甚吏部及都察院因奉旨會議覆奏
上曰人才固不可輕進尤不可輕退苟不得其真所損多
矣今後考察黜退官員務從公詢訪必得實跡不可輕
信偏聽以致枉人
〇弘治九年正月戊申吏科都給事中李源監察御史吳
裕等上疏言近日吏部考黜不職官員有漏網者如府
尹冀綺及按察使等官趙鶴齡等十人之不謹知府喬
縉等二人之老疾亦宜黜退吏部覆會都察院具各官
歷年考語以聞
上以各官考語無不謹貪酷字俱留辦事

○弘治十年七月庚子巡撫山東都御史熊翀及巡按御史王一言奏例考察老疾不謹等官按察司副使廖中等三十八員命老疾者致仕素行不謹冠帶閑住有疾并罷軟者吏部仍查其到任年月久近開奏吏部奏

上曰人才能否須歷任稍久方見到任未及二年者仍留辦事今後冬處有奏來黜退者爾吏部仍酌量覆奏於是吏部復奏留兗州府檢校蔣義等四員從之

杜幸進

○弘治元年六月戊午降提督勇士中軍都督府都督僉事王欽張宏為都指揮僉事先是欽宏因太監李良乞陞前職科道官交章劾奏已得旨欽等職領禁兵雖間

皇明寶訓　弘治二卷　十八

其餘成命已定不可復易至是科道官復上奏以為天下治亂之機在於人主之好惡好惡之端在於謹始伏惟

皇上登崇俊乂廣開言路可謂有其始矣夫何王欽張宏奔競無耻百計營謀以驟得擢用則於維新之政未免有傷且禁兵重任都督重職必文武兼備德器老成者方可委付今欽宏皆鄙俗武夫豈堪是任伏望收回成命以杜幸進之門則名器不濫矣

上曰朝廷用人多是推舉王欽等既不應驟陞革去都督仍令照舊管事

○弘治三年十二月癸酉匠官杜宏等四十人先以販賣石等罪為科道所劾發邊遠充軍為民或調衛至是復假託求復用兵部執不可

上曰杜宏等造作奇巧多盜內府庫物又濫陞官職罪宜死已從輕處治今復敢營求取用不許

○弘治四年二月辛亥吏部左侍郎彭韶言比多有無功之人買緣請謁授以千百戶等官甚至有乞恩承襲都指揮者不特武職文職亦有之或以修城微勞而陞匠官或以傳奉飛章而遷良醫又有中書考滿超陞三級者伏望

陛下重視名器愛惜廩祿勿為小官為可與勿謂雜流為無害嚴加杜絕庶與釐正庶幾少救其弊

皇明寶訓　弘治二卷　十九

上曰爵位名器國家所重誠不宜太濫今爾所言朕已知之矣

求言

○成化二十三年九月壬寅

上即位頒詔于天下曰給事中御史職當言路凡朝廷政事得失天下軍民利害許直言無隱文武官員貪暴姦邪者許指陳實跡糾劾

○弘治元年三月辛卯壽州知州劉槩奏謂國之言猶身之脉言路通則天下安塞則天下危凡默默固寵者乃佞臣不忠之利非社稷之福古之有天下聖不諱愚存不諱亡而汲汲以求言者為是故也臣願凡百缺失利

病許諸人皆得直言至於臺諫之職宜加寵重聽其彈
劾糾察或有小過宜優容以壯直氣復時御便殿召博
通經術之士講論當世之務蓋直言不諱之路廣則骨
鯁謇諤之士充滿班行盡忠如趨利論政如訴寃有過
必知有讒必見上下情洽而朝廷清明矣
上納之
○弘治十年三月辛亥禮部奏適者山西陝西天鳴地震
星隕京師去冬烜燠無雪火災疊見今春狂風陰霾日
精無光山東以南亢陽為虐二麥無成請通行內外諸
司省躬思咎勉盡職務仍遣大臣祭告
天地

社稷山川及在外諸司各禱于封內山川
上曰兩京文武羣臣并科道官宜體朕心同加修省事有
當言者直言無隱在外鎮巡三司等官令一體遵行其
在京大小不職科道官具實奏聞在外者巡按御史具
實奏處
○弘治十一年十月丁亥以清寧宮災勅諭文武羣臣朕
惟天道人事相為流通感應之機捷於影響甚可畏也
適者
上天示戒災異頻仍乃弘治十一年十月十二日清寧宮
災中夜達旦朕心驚懼寢食靡寧慮有愆違上干和氣
循省數日莫究所由茲特齋心竭誠遣官祭告

天地
太廟
社稷山川爾文武羣臣有官守言責皆與朕共天職者宜
各省躬思咎去垢滌污殫心効力毋得因循怠玩若罔
聞知凡百司弊政姦貪驕猾及一應軍民利病皆直切
指陳無有所隱以助朕勵精之治答
上天仁愛之心綿國家億萬載隆長之作欽哉故諭
聽言
○弘治元年閏正月庚午吏部右侍郎楊守陳言孟子曰
我非堯舜之道不敢以陳於王前夫堯舜之道一精
於一執中堯舜之得於內者深詢岳達聽堯舜之資于
外者博

陛下儼然端拱朗誦經書未嘗降一辭問儒臣亦肅然進
退畧陳訓詁未嘗進一詳說則理欲危微之辨何由而
明知行精一之功何由而盡臣恐得於內者未如堯舜
之深也今
陛下朝時之所接見者惟大臣之風儀至於君子小人之
情狀小官遠臣之才貌何由識之退朝之所閱覽者惟
百官之題奏至於諸司之條例羣吏之情弊何見之宮
中之聽信者惟內臣之詞說至於千官百職之正論六
軍萬姓之煩言何由聞之臣恐資於外者未如堯舜之
博也伏望

陛下遵用
祖宗舊制仍開大小經筵以講學常御早午二朝以聽政
其大經筵及早朝即如舊儀若小講則必擇端介博雅
之儒臣侍班進講凡所未明曲加解喻而於義理政事
興亡治亂必一一講之精而無疑乃可行之篤而無僻
凡經史及
祖宗典訓百官題奏皆聚之文華後殿日輪內閣大臣一
人講官二人居前殿之右廂或有奇與即令解對
陛下必御文華殿之時多處乾清宮之時少使欲寡而心
清惑少而理明則其得於內者深而出治之本立矣至
若午朝則

陛下御文華門各堂上并六科皆侍其御史郎中等官有
事已具本者皆進揭帖畧節至是口奏
陛下詢其事情條例而裁決之凡鎮巡方面及府衛正官
有自任來見者皆條列地方之事畧節口奏
陛下令諸司承旨而議行有辭赴任者隨其地方職業而
戒諭之若有大政則召內閣及府部大臣於文華殿會
議必人人盡其謀事事求其當其餘章疏止召內閣面
議可否其各官奏對之餘及辭見之際
陛下亦俯降詞色而於時政人才民瘼土俗無一不詢無
一不知使賢才常集於目前視聽不偏於左右則資於
外者博而致治之綱舉矣若但如近世日講視朝虛應
故事凡百章奏皆付內監條旨批答則未有本不立而
末能茂綱不舉而目能張者也
上曰所言皆朝廷切務朕當舉行
○弘治二年四月乙未兵科都給事中夏昶等言致仕都
督同知袁彬近嘗為其子都指揮勲奏乞任用科道交
章劾奏已得旨令勲錦衣衛帶俸不許管事今甫一歲
彬復為辯布求進用乞斥絕之
上曰既汝等累有論列袁勲令帶俸如故
○弘治四年十二月甲子內閣大學士丘濬言禮經有之
事君必資其言拜自獻其身以成其信此古昔明君賢
相所以交相孚契於初進之始委任責成於既用之日

卒能踐其言以成治功也臣所進大學衍義補一書實
自幼殫力竭神以成者今蒙
明主不棄進臣內閣預聞機務正臣書遭逢施用之日也
請即是以為先資而循以臣一身自頂至踵以為九重
之獻此書鑿鑿乎皆古人已行之實事非若鄭康成之
訓經義泛濫無益王安石之假經言紛更變亂其中所
載雖皆前代之事而於今日急先要務尤加意焉臣年
踰七十鐘鳴漏盡所餘無幾時否則將有後時之悔請
擇書中切要之語今日可行者芟繁會綴以為奏章酌
量先後次序陸續上獻乞賜御札會同內閣二三儒臣
斟酌處置擬為詔旨傳出該部施行或有窒礙或姑留

侯後時或發下再加研審臣決不敢護短求勝果於必
行掠取一已虛名以誤國家大計
上曰謨猷入告乃大臣職任卿究心當世之務久矣今將
有言其即具疏以聞朕將采而行之
○弘治七年六月癸亥工部奏近有旨令各處訪取善擊
造銅鼓者惟銅鼓出於西南夷所制非朝廷之上所宜
用今各處災傷方徵歛減膳之時豈宜役造制外之器
以駭人心而累
聖德命已之
○弘治八年十月丁丑占城國王古來奏其國累被安南
侵地殺人不已因遣從子沙古性請闕請命大臣往為

皇明寶訓　弘治二卷　二十四

講解詞甚哀下廷臣集議謂故事無遣大臣為外夷講
和者請下兩廣守臣移文安南諭令敦睦隣好返其侵
地彙諭古來撫綏人民脩飭武備為自立之計事定令
兩國各具實以聞議上
上意欲遣官大學士徐溥等言春秋傳曰王者不治夷狄
蓋馭夷之法與治內不同安南雖奉正朔修職貢終是
外夷恃險負固違越侵紀之事往往有之累朝
列聖大度兼包不以為意若占城尤小而疏今若降勅遣
官遠至其國徒掉口舌難施威力海島茫茫無從勘驗
彼豈能翻然改悔舉數十年之利一旦棄之小必掩遣
飾非大或執迷抗令致虧國體貽患地方當此之時何

以為處若置而不問則損威愈多若問罪興師則後患
愈大況今國計之虛實何如兵馬之強弱何如而欲費
不貲之財涉不毛之地為無益之舉尤不可也益夷狄
相攻乃其常性今占城名號如故朝貢如故境土侵奪
有無誠僞尚未可知情雖可矜理難盡許但令有司行
文諭之足矣何必上廑
聖慮特為遣官況朝廷大事未有不詢於衆臣者今衆口
一辭以為未可臣等居密勿之地膺腹心之託若不為
皇上言之萬一事有乖張咎莫能贖所以不避煩瀆者實
為
宗社生民計非敢苟同於衆也如時勢可為事理無害臣

皇明寶訓　弘治二卷　二十五

等自當贊
皇上行之何敢故為此遁耳之言哉
上嘉納之遂從衆議
○十二月甲寅内閣大學士徐溥等奏近司禮監傳示
聖諭遣出祭三清樂章令臣等改補進呈臣等謹按天子
祀天地天者至尊無對盡天下之物不足以報其德惟
誠意可以格之故禮以少為貴物以簡為誠祭不逾南
郊時不過孟春牲不過一牛書曰黷於祭祀時謂弗欽
禮煩則亂事神則難正此謂也漢祀五帝儒者尚非之
以為天止一天豈有五帝況三清者乃道家邪妄之說
謂一天之上有三大帝至以周時柱下史李耳當之是

以人鬼而加于天之上理之所必無者也若夫樂器之
清濁樂音之高下制度節奏毫釐之際不容少差差則
反以召禍況製為時俗詞曲以享神明褻尤甚以此獲
福又豈有是理哉我朝
天地合祭祭用正月皆
太祖所親定樂器樂章皆
太祖所親製足以傳之萬世當此之時豈有三清之祭俗
曲之音今所造出樂章雖云出于永樂大典蓋是書之
作博采兼收欲以盡天下之事初未聞以此施之朝廷
見諸行事以為後世法也
陛下純誠至孝嗣統守成一以

太祖為法以上追二帝三王之盛不宜以瀆禮事
天臣等讀儒書窮聖道道家邪妄之說未嘗究心至于鄙
褻詞曲尤所不習不當以非道事
陛下所達日憂惶不敢奉命若實不願
陛下為此舉也近數月來凡奉中旨處分其合理者皆當
仰承德意不敢違越間於民情有干治體相礙亦不敢
苟且應命以誤
陛下未免封還執奏至再至三迹似違忤情實忠愛似此
者多非但樂章一事而已疏入
上嘉納之
○弘治十年二月甲戌內閣大學士徐溥等奏臣等伏覩
陛下臨御之初講學修德敬
天勤民無所不至天下之人皆以為堯舜之治可指日而
俟也近年以來視朝漸遲臣等已嘗屢言不敢瀆論內
殿奏事舊制每日二次若有緊急事情不時聞奏今止
一次遂以為常批答之出動經累日各衙門題奏本或
稽留數月或竟不發出事多壅滯不得即行且本朝
列聖時常面召儒臣咨議政事今朝參之外不得一望
天顏所以通達下情者惟在奏章又不以時斷決其於政
體當為有礙至於經筵日講所以明義理是非之端陳
古今治亂之迹成就君德裨益治道惟在於此今每歲
進講不過數日校之初政似有不同臣等切聞人君之

心必有繫正士既踈則邪說得以乘間而入向來頗聞
有以修齋設醮燒丹煉藥之說進者夫齋醮之事乃異
端惑世求利之術聖王之所必禁至若燒煉之事其害
尤慘蓋金石之藥性多酷烈一入腸腑為禍百端今龍
虎山上清宮神樂觀祖師殿及內府番經廠皆焚燬無
遺神如有靈何不自保
天厭其偽亦已甚明況依方而煉計日而待所成者何丹
所驗者何藥如其無效則
聖明所照亦可以洞悟矣若親儒臣明正道行善政自足
以感召嘉祥培益
聖壽永享和平之福何假於彼異端之說哉唐相李絳有

言襄先於事可以無憂事至而憂無益於事今承平日
久溺於宴安自目前觀之似乎無事然工役繁興科派
疊出財穀耗竭兵馬羸弱生民困窮日甚一日愁歎之
聲上干和氣四方報災異殆無虛月將然之患誠為
可憂
陛下深居九重而言路之臣皆畏罪隱默臣等若復不言
誰肯為
陛下言者伏願
陛下嚴早朝之節復奏事之期勤講學之功優接下之禮
遠邪佞之人斥誣罔之說則
聖德日新聖政日理億萬年太平之業可保無虞矣奏入

上嘉納之時李廣以修煉服食之說進中外以為憂而無
敢言者故溥等及之
○弘治十三年五月丁卯五府六部等衙門奏近者欽天
監奏彗星雲南奏地震遼東奏虜情
皇上因禮部之言下詔修省臣等會議條陳十八事曰早
視朝勤聽政汰冗員節財用省差遣處莊田清鹽法申
禁例修武備壯軍威恤官軍止織造恤邊民停改造惜
供應黜異端警驕惰防詐偽伏望
皇上一一體而行之
上曰卿等所言切中時弊早視朝勤聽政朕自有處置汰
冗員節財用省差遣處莊田清鹽法止織造恤邊民停

改造黜異端各衙門查奏定奪其餘俱准行
○弘治十七年五月乙卯內閣大學士李東陽還自闕里
上疏言臣備員內閣叨任腹心左右輔導乃其常職比
者欽承使命遠涉川陸有所聞見不敢緘默謹披瀝肝
膽為
陛下言之臣自四月以來經過衛河天津一過遇天時亢
旱風霾屢作夏麥枯死秋田未種運舟不至客船稀少
曳纜之夫身無完衣荷鋤之人面有菜色極目四望可
為寒心臨清濟寧等處盜賊縱橫殺人劫財者在在而
是傳聞青州劫奪尤甚各該地方官員隨捕隨發各處
回賊百十成羣白晝公行出沒無忌又聞南來人言淮

揚蘇杭十分狼狽或掘食死人或賤賣生口流移搶掠
各自逃生運糧官軍般擱剝淺踉牽萬倍人心惶惶無
知所措以至江南浙東荒歉之地方數千里朝廷雖差
官賑濟減耗折糧析東補西得不償失且民戶消耗軍
伍空虛官軍無旬月之儲倉糧有累年之欠夫東南為
財賦所出一歲之荒已至於此北地貧薄素無積蓄今
年再歉則將何以堪之國家承平富庶百有餘年一時
之荒已不堪處設有不測又將何以處之言及於斯可
為痛哭臣本庸愚生長都邑曩於成化年間省祭原籍
公幹南京再經此地始知民生愁苦之狀郡縣凋敝之
由以今校昔十倍於前則臣雖久處官曹日理章疏備

有不得其詳者仰惟
陛下聰明睿智卓冠羣倫而居於九重之上深宮之內小
臣百執事知之而不敢言言之而不敢盡細微幽隱之
故豈得而盡聞之亦豈得而盡信之哉臣常訪之道路
詢之官吏皆言糧草稅課歲無嘗額而冗食太衆國用
無經差役頻繁科派重疊木植顏料凡百之物歲無虛
月內府錢糧交納使用更無紀極京城修造前後相仍
做工軍士累力陪錢每遇班操寧死不赴勢家巨室田
連州縣徵科過度請乞無厭親王之國供億之費每至
二三十萬修齋設醮開山取礦作無益以害有益者間
復有之加以貪官酷吏肆虐為姦民力困窮嗟怨交作

天災疊降固有由然他如游手之徒號稱皇親名目附
搭鹽船聲言各處馬頭起蓋店房網羅商稅緣國家建
都于北仰給南方商賈輦轂大非細故織造內官繼使
挐小採打閘河官吏起捉買賣居民騷擾動地又臣所
目擊者在途如此則彼可知若此之類未易枚舉臣聞
天下之患常在於上下之情不通今閭閻之情郡縣不
得而知也郡縣之情廟堂不得而知也廟堂之情九重
亦不得而知也是皆始於容隱而成於蒙蔽容隱之端
甚小而蒙蔽之禍甚深大壞極弊皆由於此臣既盡知
而不盡言恐
陛下終不得而知也臣竊以為今日之民生疲弊已深而
國家之匱乏已極若事事而蠲之則不可盡免時時而
賑之則不可勝給臣請以所見論之節用度如開河徵
節一分則上有一分之益廣儲蓄如源泉然積一分則
下有一分之利惟在
聖心一轉移之間而已臣在山東伏聞
陛下以災異屢見戒飭羣臣痛加修省又特降綸音令各
衙門開查弊政遠近歡動歌頌
聖明以為太平之幾端在於此臣竊念往時詔旨頻降章
疏屢陳而事關內府貴戚每為掣肘如去年戶部等衙
門後府等衙門今年兵部等衙門會奏事件及吏兵二
部查奏傳奉乞恩各一本皆經時閱歲不賜施行臣恐

今次所開又成故紙如
聖諭所謂虛應故事者則民情何時而慰天變何時而弭
乎伏望
陛下廓離照之明奮乾綱之斷查照前項節次奉本催督
今次開具事情凡民情時弊有當興當革者詳加採擇
期在必行尤望躬行節儉力省浮費惜無名之賞停
無益之工作以先天下以慰生民則變歉成豐化災為
福可以延
宗社萬萬年無疆之休矣臣樊理無狀補遺闕功凡臣所
陳弊政皆臣之責除別疏自劾外謹具此以聞
上曰卿所言深切時弊足見憂國至意事當行者所司查

議明白開具聞奏
褒忠節
○弘治二年十二月辛卯致仕應天府府尹于冕奏乞賜
謚其父謙并移祠宇於祖塋賜與祠額祭文事下禮部
覆奏謂古今忠義之臣能為國家建大議決大事而成
非常之功者生則有旌擢之恩沒則有褒恤之典非特
酬其一時之功實以為後來人臣之勸也故少保兵部
尚書于謙當正統十四年虜寇犯順中外危懼而能奮
其忠義衛安
宗社一時修武備靖疆域之功固多其間斥和議立國當
宜功尤大已用言者准令立祠致祭今冕奏年老無嗣

恐後頹廢乞憫其情懇令有司移杭民所建祠宇於墳
所賜與祠額祭文加增一祭春秋行禮仍如詔書例給
夫守視復其雜徭
上曰謙能安
社稷以遏寇畧其定國捍患之績大矣中罹權奸之害
先帝已嘗詔雪優加褒恤然不使之廟食於後猶未足為
國敦忠者勸其祠額可賜曰旌功加贈特進光祿大夫
柱國謚忠愍
○弘治三年十月辛亥直隸安慶府知府徐傑等奏郡治
東有祠祀元封幽國公謚忠宣余闕而守臣韓建不與
焉臣考余闕所著大節堂記有曰宗正郎中韓建守安
慶其政清靖盜來攻者十有一次大小百餘戰皆敗之
闕在道聞城陷比至乃完問諸故老皆曰韓君完我郡
治西至懷寧潛山大湖賴建以為根本而無叛意東至
於池及姑孰數郡賴建以為藩屏而無死傷之禍闕至
與建併力殲之盜乃去因名其燕事曰大節堂復考元
史并闕死節本末皆書總官韓建舉家被殺建方卧疾
罵賊不屈賊執之以去不知所終臣竊以為建在當時
力攻固守其大節如被執之際病不可為且罵賊求死
其不屈如此且建守於前闕繼於後實為一體而建精
忠大節與闕亦相頡頏闕在先朝久列祀典建獨漠然
似非表忠勸德之義禮部覆奏謂宜於闕祠內增設建

神主一體祔享令本府歲時一體致祭從之
○弘治五年十二月辛丑禮部覆奏戶科給事中王璽所
陳褒忠節事謂宋季四川合州守臣王堅張珏當北虜
猖獗時先後保障有功堅後遷寧遠節度使益勵臣節
珏遷制置使城陷竟不屈而死乞建祠秩祀以彰忠節
請下所司覆實於本州鄉賢祠祔祭從之
○弘治六年三月己巳故廣西布政司叅議馬鉉征古田
獞僮為賊所殺其子效才上疏乞贈父官并量加錄用
吏部覆奏
上曰國家於死事之臣必加褒恤其遇敵禦寇死於鋒刃
者尤可憫悼馬鉉可特贈布政司右叅政賜以誥命遣

官諭祭仍令其子放才為國子監生以為後勸
致
○弘治七年三月辛亥刑科給事中林霄成化中奉詔使
暹羅殁於其國至是其子菲援例乞讀書國子監以自
致
上曰以死勤事古人所恤林霄奉使殁於萬里外情亦可
憫其子菲奏欲送監讀書非尋常濫乞恩澤者比特允
之
○弘治九年十二月己丑廵撫甘肅都御史許進等言故
伏羌伯毛忠自永樂至成化間躬歷行陣累立奇功由
百戶歷陞指揮都督充參將副總兵鎮守甘肅嘗於鎮
番古浪等處擒斬番寇涼州城外征剿達賊錫封伯爵

後叛賊滿四等作亂忠統軍征剿與姪孫毛鐸等奮勇
先登一門三人同死鋒鏑臣嘗聞其涼州之戰與敵晝
夜相持矢盡力疲士卒皆謂必死而忠感激諭衆殊死
血戰卒全師而還西賊歎服降者甚衆至於石城之戰
尤能奮勇奪險身死之後賊亦剿平向日隨戰老卒備
悉其情每時言及無不流涕凡遇調發出境皆相聚叩
靈乞庇今見
聖朝賜立忠義坊表無不歆呼稱嘆獨廟祀一事未蒙舉
行乞於甘州城東建祠一所仍以忠義為名行令所司
春秋致祭庶死者得以慰安生者有所激勸禮部覆奏
上曰毛忠既有功於甘州又一門三人同死鋒鏑可即其
地建祠祀之其祠額可名武勇
○弘治十年九月丁未巡按四川監察御史榮華以蜀漢
北地王諶為國死節無愧于昭烈之廟乞令仍舊封號
春秋陪享于昭烈之廟從之
○弘治十二年正月庚寅浙江錢塘縣民岳華奏其十三
世祖宋武穆王飛墓田在杭州西湖者為僧永言等所
侵占禮部請移文究治禁約
上曰飛在宋室忠烈可嘉墓田准令有司究治理之
○弘治十五年四月乙巳廣東布政司左布政使周孟言
宋丞相文天祥嘗胡元侵擾君臣播遷致仕家居應詔
勤王開督府而召英雄集鄉兵以圖興復一時慕忠效

義之士趨時賞等四十餘人亦皆奔赴助順上下一心
具載史冊今天祥已秩祀典而時賞等未獲表章乞下
江西廬陵縣為天祥建忠義廟配諸賢于左右有司歲
春秋致祭庶以為事君者勸禮部覆奏從之
○辛未國子監監生裴春奏宋丞相江萬里立朝為義相
賈似道所忌出知福州遂致仕家居嘗勉文天祥以世
道之責後元兵陷饒州萬里及其子鎬并左右數人俱
不忍負國饒投止水池以死乞下有司秩于祀典以為
節義之勸禮部覆奏請令江西巡撫等官立祀于饒州
府本府官春秋致祭從之
○七月乙酉廣東布政司左參議劉信嘗討黎賊死於鋒

鏑未死之先已陞廣西右參政至是事聞命加贈嘉議
大夫賜誥命遣官諭祭仍錄其子景宗為國子監生并
給驛歸其喪于四川南溪縣
○弘治十六年四月壬寅先是巡按江西監察御史王哲
言吉安府廬陵縣舊有忠節祠祀宋名臣歐陽脩楊邦
乂胡銓周必大楊萬里文天祥我朝祭酒李時勉侍講
劉球知府劉子輔竊見郡人鍾同由進士任監察御史
當景泰時潛移國本率先倡義乞復
皇儲遂下之獄備受刑慘以死及
英廟復辟追贈大理寺左寺丞
憲廟登極復官其子賜諡恭愍惟祀典尚缺乞勑有司同

祀於忠節祠以慰忠魂下禮部議以為同堅守名義忠
節一嘉祔祭之舉良是顧立祠致祭所以慰忠魂而勵
後世外有徇情濫收者宜令各布政司官查覈應否具
奏裁處命鍾同准祔祭各處鄉賢祠有徇情濫收者咸
具實以聞

報功

○弘治六年二月甲寅吏部奏詔查訪開國功臣常遇春
玄孫復李文忠玄孫璿鄧愈五世孫炳湯和六世孫紹
宗皆其的派奏上
上曰報功之典古今所重我
皇祖佐命元勳皆已配享廟庭獨其子孫乃泯滅無聞朕
用惻然特下詔求之今既得復等可令為世襲指揮使
各銓註附近祖塋衛分以便祭祀
○弘治十五年七月戊寅錄開國功臣前誠意伯劉基九
世孫瑜為浙江處州衛指揮使仍世襲從給事中吳仕
偉言也

表節義

○弘治四年五月甲申巡撫雲南都御史王詔奏昔者元
運既終惟雲南遺孽梁王弗庭
高皇帝不欲動兵遠征洪武五年遣翰林待制王褘往諭
之不聽明年竟被害至八年復遣刑部尚書吳雲往諭
以天命大義俾圖歸順時梁王使其徒鐵知院等二十

餘人使漠北為我軍所獲械至京
上釋之命與雲偕至雲南沙塘口鐵知院等謀曰吾輩使
不達中道被執罪必不免乃百方說雲欲令胡服髡髮
詐為元使又逼令易制書詔梁王雲誓死弗從鐵知院
等知不可奪殺之梁王聞其事遣人具棺收雲骸骨瘞
給孤寺臣惟雲仗節死義與待制王褘後先相望正統
間褘以子孫請於朝獲賜贈謚秩祭顯名天下雲在永
樂間雖曾蒙恩歸葬於江夏之金口且錄其子瓛為交
阯知縣後子孫湮微復無人為衆乞依唐張巡許遠雙
節故事請加雲贈謚與褘同享一祠庶於風化有關人
心知勸禮部議以為宜

上曰吳雲死節既同王褘准復贈資政大夫刑部尚書謚
忠節改祠額為二忠祠
○弘治六年七月戊申廣東歸善縣民吳宗益及其弟宗
義皆好施頻出私財助有司賑濟得授其父冠帶宗義
卒其子璋又能承父志歲歉以白金千餘兩送官賑貸
更捨私地為義塚設義學三延師以訓鄉人子弟歲時
資給之水鄉民無屋者與之船病者授藥死者給棺塟
仙諸橋觀潭道路多所修築守臣疏上其事
上曰旌別淑慝所以使民知為善而不為惡也故古之士
有一節一行者無不褒表於世吳宗益等既有善可嘉
宜特旌為孝義之門俾民皆知所勸

○九月丁酉雲南孟璉長官司土官舍人刁派羅死其妻
招曩伍年二十五守節二十八年無玷雲南都指揮使
司奏其事禮部覆奏以為宜出常例不俟覈實即與旌
表以順夷情
上曰朕以天下為家方思弘名教以變夷俗其有趨於禮
義者烏不可加獎勵孟璉刁派羅妻招曩伍貞節既可
嘉宜即令所司顯其門閭庶使遠夷益知嚮化
○弘治七年八月辛巳雲南蒙化府土官知府左銘奏稱
祖母張氏自其祖父剛死後守節無玷乞賜旌表以勵
夷俗下雲南布政司覈勘知所奏禮部仍議行風憲官
覈實

上曰夷方節婦誠所難得張氏守節實迹所司既已勘實
即與旌表以勵其俗不必再覈
○弘治十三年正月己卯江西吉安府知府張本奏永新
縣有譚節婦者宋宗室女元兵入城婦從其家俱匿縣
學中兵至殺其舅姑與夫執婦欲污之婦哭罵不從遂
并其子皆死血漬於禮殿間八磚上宛然婦人抱嬰兒
狀沙磨火煅其狀益顯請修葺舊祠春秋致祭以勵風
俗禮部覆奏從之賜祠額曰貞烈
○五月乙卯旌表浙江寧海縣故民王三尚之妻陳氏貞
烈之墓初陳年十五歸三尚生二男一女僑居臨海正
統五年三尚採薪歸猝罹虎患陳持門柱追虎至山前

奪擊之虎逸去乃負三尚歸而死鄉里哀之為助錢以
塟陳孀居寒餓鄉豪郭子素逼欲娶之陳紿以俟撤靈
几乃可因設祭哀慟復紿其二男各以事出竟抱幼女
赴裏巖潭上置女潭側遂投潭中死守臣高其行為修
墓立祠至是縣以白于巡按監察御史吳一貫閱實具
疏以聞
上嘉之故有是命
○八月甲午廣東按察司僉事徐紘奏臣謹按宋史載楊
太后赴海以歿今其故址在新會縣西南七十里夫宋
社稷將遷天下莫能救太后以一婦人乃能以身徇國
提二弱子倚任二三大臣託孤寄命為宗社計卒與國

俱存亡其功烈明著如此今世子匹夫匹婦有一節一
行之懿者猶蒙朝廷嘉獎或録用其子孫或表異門閭
或爲立廟致祭矧如太后者而可泯滅不祀乎先年按
察司僉事陶魯奏立大忠祠以祀其臣信國公文天祥
丞相陸秀夫太傅張世傑巳蒙俞允近布政司右布政
使劉大夏始議立廟於大忠祠之上以祀太后而事不
果乞下所司秩之祀典從之
○弘治十八年三月乙未協守延綏副總兵曹雄言故山
東布政司左參政李裔及故刑部員外郎孔琦歷官清
謹身殁之後妻子不能自存乞量加優卹以勵臣節命
陝西西安府歲給食米贍其家

正風俗

○弘治元年閏正月庚辰都察院左都御史馬文升等言
近年風俗奢僭溪害治道請申明
太祖舊制通行在京巡城各在外巡按御史究治命出榜
禁約違者治之
○弘治二年四月丙辰僧録司左善世周吉祥等奏比壽
州僧告知州劉槩擅拆毁寺觀乞治槩罪且請令天下
諸僧道司免行拆毁禮部覆奏槩所行非妄宜坐吉祥
等以故違禁例阻撓新政之罪
上曰近年僧道不守清規傷敗風化及私創寺觀費耗錢
糧者甚多朝廷累有禁約周吉祥何爲輒便奏擾法當
究治姑貸之
○弘治十年七月戊申先是巡視東城監察御史程文以
鄭村壩軍餘劉普善妄稱天仙玉女託夢於巳令蓋造
殿宇各處男女聽其誘惑爭趨禮拜布施錢物請賜禁
治命都察院揭榜嚴禁之旣捕獲都察院請治以左道
惑衆之罪
上曰普善挾左道惑衆有壞風俗卽宜禁止但愚民無知
姑從輕處治恐杖而遣之

斥異端

○弘治元年正月乙丑都察院左都御史馬文升等言嶽
鎮海瀆等祠廟皆有前太監陳喜及奸人鄧常恩所造

石函周遭有符篆中貯泥金書道經及金銀錢寶石五
穀似爲厭鎭之術者又有
先帝遣陳喜致祭祝文其文不知何人所撰皆刻之石本
廟故事凡改元之初及水旱災傷則致祭嶽鎭海瀆之
神例命翰林院撰文分遣朝廷以往未聞用外官撰文
内臣往祭之況石函厭鎭世無此理今常恩等巳正憲
典其石函石碑尚存於寧以妖術惑人自言得聚寶盆
于桃花洞知州程觀信之事聞俱坐斬旣遇赦寧除戍
邊遠都察院以天下妄言惑衆如寧者尚多請出榜禁
約故有是命
○弘治十七年二月戊申時有旨朝陽門外建延壽塔命

內閣撰勑令太監李榮李興督其事內閣大學士劉健
等言臣等仰惟
陛下聖明不意有此舉揩聞命驚惶夜不能寐竊念佛老
鬼神之事無益於世有損於民臣等已嘗累陳不敢多
瀆今舉其明且切者言之前代人主信佛者無如梁武
帝而餓死臺城宗社傾覆信道者無如宋徽宗而身被
拘囚幾千虜地本欲求福反以致禍史冊所載非臣等
所敢妄言在
祖宗朝僧道有定員寺觀有定額不過姑存其教未嘗妨
政害民所以治天下者惟堯舜周孔之道而已今寺觀
相望僧道成羣齋醮不時賞賚無算竭天下之財疲天

下之力勢窮理極無以復加夫以
天縱聖明洞見物理乃空府藏而不惜竭民膏而不恤者
蓋為其能祈福消災庇民護國也近年以來災異迭見
南畿浙江湖廣陝西諸處大旱人民失所江西各處盜
賊縱橫廣西土官侵占地方四川番夷擾害邊境達賊
在套侵圖寇掠禍患之多難以枚舉不知其所祈者何
福所消者何災護國庇民
先帝聖德恐不能無損乞令所在有司毀之凡內中所貯
者各令進繳以滅其跡抑以杜將來之漸從之
〇十一月甲申妖僧繼曉伏誅曉湖廣江夏縣人姓黃氏
成化中以星命之術因太監梁芳以進大見親幸賞賚

甚厚賜太監蔡忠第以居後移居都督馬俊宅請賜額
于門曰輔教寺屢進邪說有人所不得聞音陞國師因
以創寺請遂許購民居百餘家以成之所居前後多買
婦女羣小多附之求進及回湖廣以黃帕裹其一臂謂
嘗經
御手所執也至是刑部擬曉罪死妻子流二千里以嘗經
赦請發為民大理寺審允有旨令科道官看詳都給事
中陳璚監察御史魏璋等交奏曉罪大惡極刑部所擬
不當併請正芳引進邪人之罪
上命斬曉于市妻子為奴財產入官芳既充軍貼貸死命
南京守備官重杖之八十仍充役刑部大理寺令自陳

狀於是尚書新等請罪詔堂上官俸一月該司屬官兩
月
〇弘治六年十月辛未先是詔取番僧領占竹等禮部及
科道交章劾之不聽工科給事中柴昇復極論其蠱政
惑世之害乞正其罪以雪衆憤既而科道等官論列不
已
上曰領占竹妄誕欺罔夤緣來京其罷行取之命
〇弘治十二年二月戊申嚴左道惑衆之禁先是解州吏
李其功何在今日者造為延壽之名上惑
聖聽而
陛下信其游說輒與施行嘗聞堯舜之壽皆逾百歲當時

未有僧道未有塔寺不知誰與延之
陛下德合天道政協民心則和氣致祥
聖子神孫自可享萬萬歲無疆之壽何假於僧道塔寺之
力哉若建塔造寺果可以祈國家之福延
君上之壽則臣等雖家出資財身就工役亦且為之何暇
與之校論是非稱量利害但決知其無是理爾
祖宗朝間有塔寺之舉但當時官有餘財民有餘力雖終
無益亦未大損今內庫急缺段匹太倉銀數漸少光祿
寺行價累年賒欠各邊糧草所在空虛災傷地方餓死
盈途逃亡相繼賑濟官員束手無措尤為窘急而塔寺
之費動以數萬若省修建之財為賑濟之用即可以活

數百萬生靈之命豈非祈福延壽一大功德哉且民之
病遠在天下
陛下恐不得而聞軍之病近在目前乃
陛下所親見今班操官軍歲少一歲正以各項工役累力
倍錢寧犯官刑苟逃性命朝廷屈法容恕差官催督尚
未肯來若又聞此大役則今歲春班到者益少堂堂京
營無人操備設有不測
陛下誰與守哉臣等每思弊政之來不能力救懲懼交并
今事關撰述若苟為承順以上累
聖聽下妨治化則臣等身自壞之誤國之罪雖萬死不足
贖矣伏望

陛下大奮乾剛特收成命將前項塔寺即為停止其勑書
免令臣等撰擬
宗社幸甚生民幸甚時府部大臣及科道等官亦交章請
罷其役
上曰卿等言是其即停止之

大明孝宗敬皇帝寶訓卷之二終

大明孝宗敬皇帝寶訓卷之三

光禄大夫柱國少傅兼太子太傅禮部尚書武英殿大學士臣呂　本謹校
南京禮部祠祭清吏司郎中臣陳治本
南京兵部職方清吏司主事臣宋　錦謹閲
南京工部虞衡清吏司郎中臣呂胤昌

仁政

○弘治三年五月丙寅山西潞州衛并沁州守禦千户所屯田被水災不及三分例不免糧

上以其民飢困方發倉賑濟不可復徵特免之

九月丙辰巡撫順天等府都御史徐懷奏順天府先年賑濟糧銀例當追徵還官但今年雖頗收而民猶不足若一槩追徵必有逼勒之苦乞令衣食稍給之家徵十之五其次徵三之一極貧者暫為停徵庶小民可以蘇息

上曰賑濟所以救民民尚不給又復追徵是重困之其即如擬行務使貧民稍得寬恤以俟來年再議

○弘治六年十一月庚申順天府府尹黄傑言畿内地方水旱相因貧民流移來京城者以萬計晝丐夜露多轉溝壑乞收入養濟院全活必衆實發政施仁之首事也

户部議以在京養濟院狹小豈能容此例應給粮遣還但隆寒之時恐在道失所宜命順天府籍其名于官大者人給粮三斗小者半之俟春煖仍送回俾所在官司

賑濟撫之

○弘治十二年七月戊寅故事軍官卒無嗣者其母給俸五石母亡妻存給米二石金吾左衛千户舍人王宗本嬰卒子璽優給亦卒宗妻李氏乞給米兵部議宗及璽俱未襲官於宗不得稱故官妻於璽不得稱故官母但守節年久又係優給舍人之母請月給米一石終其身

從之

○九月壬戌應天府上元縣老人周斌奏京城中人之家凡有死亡多無葬地不免火焚其鰥寡貧難者遂至委棄溝壑道路穢氣上干致生灾變切恐天下皆有此患乞行各處有司買地官為封記扁曰義塚如有無地無依之人亡者令所在都保相助置為衣棺葬於其內庶鰥寡貧難者不至死無所歸工部覆奏謂先是監察御史王相言京城之外原有漏澤園被人占種乞差官立牆垣明揭門額該管衙門各委吏役人等看守本部已奉旨查理欲行南京工部并各布政司及直隸府州縣舊有漏澤園者重增修飾無者即於本處城外選擇空地創造或名漏澤園或名義塚葬埋無地無依之人使死有所歸庶免致傷和氣

上曰小民貧難孤鰥死無所歸朕甚憫念所議是其亟行天下各該衙門一體舉行不許虚應故事

○弘治十五年四月壬寅朔命順天府賑恤都城内外民

之孤寡殘疾及貧難無依者從戶部奏也
○七月辛卯命延綏鎮巡等官於沿邊各衛設立養濟院
漏澤園各一所從工部左侍郎李鐩請也
○弘治十六年十月乙未戶部言湖廣山東蘇松等處災
傷不減於浙江淮揚等處乞勑各巡撫巡按官各令所
屬將預備倉粮并在庫官錢及贓罰紙價鹽引等項銀
兩自今冬至來年麥熟止按月驗口給賑仍停止遠年
逋欠不急物料以蘇民困
上從之命即勑各巡撫巡按官用心賑恤無致失所
○弘治十八年五月丁亥先是
上以久旱憂切於心欲降勑諭須寬恤十五事一內外重

皇明寶訓　弘治三卷　三

囚情可矜疑者令問刑衙門奏讞一內外緝獲強盜妖
言姦細多有貪功罔利及羅織之徒誣陷重罪令問刑
衙門從公研審如有冤枉即與辯理一監追贓物因犯
有年久家產盡絕者查奏發落一做工未滿因犯例該
發遣者俱免做工一京營官軍俱免做工不急工程悉
皆停止外衛上班違限官軍五月內到者俱免罰班問
罪一逃亡匠役俱許自首免罪弘治十七年以前災傷
地方失班人匠俱免罰工一京邊騎操及各處孳牧寄
養馬疋倒失虧欠買補追陪未完者量為寬免一各處
稅粮并額辦坐派物料弘治十六年以前小民拖欠者
量為寬免一各衙門科派物件具奏減免一各處解納

錢粮內外管事人員需索使用以致上納不敷重復徵
解令該部申明禁治一近來冗食數多該部查議裁減
一各處欽賞莊田有自收子粒管莊人等分外需索違
民逃竄今後令有司徵收送用一南京運送馬槽馬稭
等物勞擾軍民悉皆停止令在京造用一各王府及鎮
守等官貢獻方物勞擾道路除舊例外悉皆停止一各
處盜賊有因飢寒失業嘯聚為非者所司出榜曉諭許
其自首免罪一內外府州縣養濟院令戶部及巡撫巡
按官申明舊例乞食貧民嚴督所司收養已令內閣視
草會
上不豫不果頒

皇明寶訓　弘治三卷　四

今上追念
先帝遺志乃載入登極詔及恭上
兩宮尊號詔內行之

恤民

○弘治三年十一月甲辰內閣大學士劉吉等言邇者玄
象示戒妖星出於天津考之載籍妖星見為兵為飢為
水旱死亡之徵今天下連年風雨不調南直隸河南山
西陝西旱北直隸蝗蟲四川湖廣皆滯收倘明年再似
今年閭閻無豐稔之樂盜賊萌竊發之機中原有事河
道阻塞京城百萬生靈必致驚惶禍亂之作亦不難也
惟望

皇上深思
祖宗創業之艱難今日守成之不易兢兢業業常如即位
之初奢侈用度一切裁省游觀玩樂一切不行左右讒
言一切勿聽異端經教一切勿作惟留心經史講求治
道以古二帝三王自期庶幾人心懽悅
天意可回臣等又思近來工役繁興軍民困苦如沙河橋
自成化十四年被水衝壞止用木橋往來亦便何必動
衆改造見今天氣極寒軍士不得休息又如江西磁器
內府所收計亦足用今又無故差內官燒造未免擾人
南海子牆垣自有海户可以修築今勞動軍士將及經
年未見畢工其他差官勘事等項尤為繁瑣不能悉言

乞將沙河橋南海子做工軍士盡放休息燒造磁器內
官停止不差是亦弭災修省之一端也
上曰災變疊見朕深憂懼思圖消復惟在恤民今卿等言
天寒軍士久勞工役及燒造內官騷擾地方誠宜停止
其令金山口沙河橋南海子及王府做工官軍人等俱
與休息江西燒造磁器內官不必差庶副朕畏天恤民
之意
○弘治四年八月庚戌工部尚書賈俊言蘇松浙江近被
水患民不聊生而頃者織造叚之令至於再三其數不
下數萬以瘡痍未起之民加煩重不堪之役誠可憫惜
乞暫令停免

上曰諸府既有水災今次所派叚疋羅紗姑令停織俟明
年秋熟後陸續織造供用
○弘治八年正月癸丑初永樂間因征北虜獲羊萬餘令
順天府所屬州縣分牧歲辦羊毛價銀九百六十餘兩
輸司設監供用謂之長生羊毛弘治間府尹黄傑言歲
久羊已無存牧養人户坐是亦多逃絶其價皆見存户
賠納民甚苦之已得旨除豁不復追徵至是司設監復
以前令為言事下所司看詳工部具前旨以請
上曰羊亡毛存是無名之徵也況已有前旨其悉除之
○弘治九年六月庚寅浙江山陰蕭山二縣同日大雨山
崩水湧漂廬舍二千餘間死者三百餘人事聞

上命量免被災人户徭役其渰没人口者給米二石漂損
廬舍者一石
○弘治十年九月乙巳時山東濟兖青登萊五府水災青
濟二府蟲災蓬萊黄二縣瘟疫命所司賑卹之溺死人
口之家給米二石漂流房屋頭畜之家一石瘟死之家
量給之其死亡盡絶及貧不能葬者給以掩埋之費
○弘治十二年八月乙卯工部覆奏監察御史張綸所言
乞將畿內坐派物料量派各處及罷不急工作夫畿內
之民固當愛惜但在外州縣出辦亦不為少已派者再
難更改待後凡有添辦另為斟酌處置況工作不息添
辦不止內府各該衙門年例成造雖有常規而數目漸

加近年愈甚雖本部多方經畫終是不敷乞行内外衙
門凡有得已工程不許奏請興造及年例合用木植顔
料大要以分數為率畿内府分比之在外量為從輕應
畿民得遂安養之業
上曰畿内重地百姓尤宜優恤凡百物料准如議從輕坐
派
○弘治十三年二月壬寅有盗八十餘人剽刼襄陽安陸
等府州民不寧居兵部以聞
上曰逆賊嘯聚流刼赤子何辜宜令所司盡心督捕期於
必獲不可視常玩愒違者以失機罪罪之
○弘治十四年閏七月戊戌南北直隸山西山東河南等
皇明寶訓 弘治三卷 七
處以水災告户部請令所司各舉行荒政以恤民患
上曰各處以傷重大人民艱苦其速勑廵撫廵按官用
心賑恤毋致失所
○十一月癸巳吏部尚書馬文升言直隸山東河南等處
災請行恤典并簡命臣僚以便宜賑濟因嚴捕盗賊停
止科差以蘇民困以固邦本
上曰地方災傷人民艱窘誠如卿所言該部即推能幹堂
上官二員會同各該廵撫等官用心賑恤毋致失所其
餘災傷地方奏内開具未盡者仍通查以聞户部覆奏
謂刑部左侍郎何鑑大理寺右寺丞吴一貫可分任其
事又鳳陽等府山西等處亦報災傷乃文升奏所未及

者并請量行恤典
上從之命鑑一貫各奉勑以行其餘有災處行令各廵撫
等官加意設法賑恤毋得虚應故事
○弘治十六年四月癸丑禮部以遼東火災之異請加脩
省
上曰遼東災異非常即勑鎮廵等官痛加脩省利弊可興
革者具實以聞被火之家盡心賑恤毋致失所
○弘治十七年正月癸亥江西南昌新淦二縣火焚南昌
軍民居一百五十五家新淦焚公署四所軍民居一千
餘家鎮廵等官以聞
上曰江西災異非常鎮廵等官其痛加脩省撫安軍民以
皇明寶訓 弘治三卷 八
靖地方
○弘治十八年四月戊寅户部奉旨會吏部推處置流民
官仍謂侍郎何鑑可用并議上合行事宜謂流民安土
重遷若一槩發還人情不堪宜令移文原籍查各寓在
見有人戸當而户丁不缺者仍許寓彼而以軍匠為籍
依例幫貼倘原籍丁盡無人應役者即將附籍應之人
頂補若軍係遠方及烟瘴衛分以水土不服為辭者編
發附近衛所
上從之命鑑兼都察院左僉都御史以行賜之勑田湖廣
荆襄鄖陽德安黄州及河南南陽開封河南汝寧陜西
漢中西安商洛等府州縣地土空曠各處逃亡流移服

漏理沒等項人民多往彼處潛住先年因無名籍管束致生事端嘗專差官處置安集方得寧妥經今年久陸續流移潛住比昔尤多惟恐又成將來之患今特命爾前去會同各該撫治巡撫都御史督同撫民守巡等官查照先年都御史原傑等節次奏准及今户部議准事理從長計處設法清查先出榜曉諭令未經附籍情願還鄉及係軍匠等役在逃者發回復業着伍着役若住成家業不願還鄉及雖係軍匠等籍自願仍當祖遺户役不失者俱給與户由編入里甲量寬户役以示優恤仍行移原籍官司查考貫址的實若不肯附籍又不還鄉仍前躲避潛住者照例編發充軍先年附籍人户或

有朋比影射者一體清查改正其地里廣遠去處或添設官司管束或該增置里社及一應可興可革事宜勑內該載未盡者悉聽爾便宜處置卑設撫民条議副使等官有闒茸不勝任者具奏罷黜或起送別用并其餘司府州縣官員俱聽選擇差委若有推姦避事欺公玩法及逃捕等項人員乘機挾詐騷擾地方勢豪頑猾之徒隱蔽流民阻撓公法者俱從究治應奏請者指實參奏爾受茲重托務在計慮周密處置得宜使民有定居籍無漏報毋或循常襲故徒具虛文有孤委任故勑

恤軍士

○弘治七年十二月己卯勑甘肅鎮巡等官賑恤甘肅等處邊軍之被寇掠者勑曰甘州地方孤懸河外四鄰胡虜屏蔽關中捍禦西域非他鎮比所在衞所軍士止靠孳牧度日近聞虜酋小王子人馬潛住賀蘭山後節入甘凉永昌莊浪等處搶掠去歲六七月間搶去頭畜十萬之上今歲九月前後又二次入境搶掠頭畜約十萬有餘人口不知其數其全家擄去若官軍陣亡者亦多以此軍士之家十分艱難不能存生必須賑恤安養方保無虞勑至爾等即從公計議行令彼處分巡收糧布按二司官員將被賊搶掠之家盡數查出逐一研審中間若係十分艱難者支給官庫錢糧量加賑濟果有無牛具種子者亦量給與務令得所毋致逃移處置畢日

通將賑濟過貧軍姓名并用過錢粮等項數目造册奏繳以憑查考爾等其欽承之故勑

○弘治十年二月癸酉初户部主事鄧明奏天津等八衞官軍歲採秋青草殊爲未便命給事中甯舉同户部委官查勘具奏大意謂採草官軍歲費行粮八千石而其家又自有餘丁津貼之費所採草歲止百四十萬束且多鹻地惡草馬不堪食謂之三十束止得銀六七分使費無益宜自今歲始令官軍各回原衞直以草場地二千八百八十餘頃給民耕種酌徵租銀三分歲以十月觧部俟官軍該關草時每束給銀伍釐令買草飼馬户部覆奏謂其言可行且請令今所給民地如遇水旱無

本處民田災傷免而通州崇教鳴玉花園草場地亦令
委官丈量撥付居民佃種認徵銀四分以充草價其原
設官攢人等盡行裁革得旨興濟等縣草場既籍草不
多徒費人力若令民佃種收租以爲飼馬之助則軍既
得休民亦得養而飼馬亦得實惠是一舉而三得矣并
所擬通州一帶草場事宜俱准行
○弘治十二年十月丙寅兵部尚書馬文升等奏近年興
作太繁軍士疲於工役凋敝日甚而南京武職寬衣大
袖清談恣肆武備日弛請禁止之
上曰軍士疲憊武備廢弛誠如卿等所言此後團營官軍
再不許奏撥上工各營提督并南京守備等官務加撫
恤操練毋得因循怠忽

○弘治十三年三月丁巳巡撫宣府都御史雍泰奏邊軍
貧不能娶者多亦有既娶而典賣者乞命所司給與賞
財令聘娶收贖戶部覆奏宜行所司覈實奏報給與聘
財典賣者官爲收贖從之
○弘治十四年四月辛亥遼東鎮夷堡火官軍人等死者
七百二十人傷者四十七人粮料草束器械燼燬無餘
守臣以聞兵部請修德政以弭災異并勅各守臣盡撫
綏防禦之道
上曰各邊災變非常其勅鎮巡等官痛加修省撫恤軍民
整飭邊備毋視常怠玩

○弘治十五年七月丁酉河南宣武等衛京操官軍以本
地災傷乞如例放回兵部言其災不甚重不宜放免
上曰京操軍甚艱苦各營提督官務爲存恤仍嚴禁把總
號頭官毋得私役違者重罪之
○弘治十六年六月己酉兵部請優恤直隸及河南山東
各衛所官軍
上曰京操官軍實爲艱苦兵部即通行內外該管官司嚴
禁役占寬恤家口務使得沾實惠毋虛應故事
○弘治十八年三月辛亥河南陳州衛軍士奏訴不支月
粮已踰二年
上曰衛所軍士艱窘特甚所資者惟此月粮何爲二年之
上不得支領其令巡撫官查究以聞

○己酉兵部奉旨議上處置軍伍事宜謂律例窩藏逃軍
者充軍今未聞有充發之人鄰里不首者問罪今未見
行連坐之法以故清解雖多不獲實用及到營衛其弊
尤多且律例逃軍十名以上該管官遞減俸級而今逃
亡之軍何止於十名私役五名以上該管官遞降一級
而今降級之例惟行於屬職輩數之下且如此況四方
乎今欲清查天下之軍伍必須推究利弊之源流
上曰軍伍逃亡數多實由統領人員掊尅凌轢及有司都
里人等容隱埋沒弊病多端所致兵部即備查減俸級
充軍等項律例申明禁約其清軍官有虛應故事者毋

年終仍從公核實以聞

重農

○弘治元年二月癸卯戶部尚書李敏言天下之勞苦者莫如農夫今

皇上躬耕耤田若不親見其事則稼穡之艱難何由而知乞勅禮部於耕耤儀注內增上中下農夫各十人服常服執農器引見行禮然後令其終畝或賜食賜布以慰其勞尤見重農之意

上曰朕正欲觀農夫艱苦其終畝農人只常服從事仍人賜布一匹

荒政

○弘治三年二月甲午戶部以水旱災請免直隸淮安府弘治二年分秋糧米九萬六千七百餘石草二十六萬七千三百四十餘包揚州府米豆共四萬八千五百四十餘石草八萬七千四百八十餘包鳳陽府米七萬四千九百三十餘石草一十五萬四千一百餘包湖廣鄖陽府夏稅麥三千二百八十餘石襄陽府麥二萬二千七百七十餘石荊州府麥七千八百五十石鄖陽及襄陽二衛麥共三千六百六十二石河南南陽府麥四萬三千一百二十餘石絲二萬五千三百五十餘兩南陽衛所屬三千戶所并守禦鄧州唐縣二千戶所麥八千六百一十餘石

上曰國賦固有定法然歲有豐凶凶歲義當損上益下若必欲一槩取盈倉廩則實矣如病民何奏中所擬甚當朕意悉從之仍諭有司使貧民各沾實惠

○弘治四年正月乙未巡撫遼東都御史徐貫言遼東去歲被災開原尤甚今春夏之交愈加艱窘請運瀋陽衛預備倉糧五千石遼陽定陽左等衛預備倉糧二萬石輸之開原以備賑濟鐵嶺汎河懿路等處亦發倉賑之仍請減價糴遼陽海州等處預備倉糧三萬石以紓目前之急俟歲稔糴補

上命如議行之

○弘治五年七月戊戌戶部言舊例凡災三分以下者稅

糧不免三分以上遞減之比順天府所屬州縣以旱歲覈實數告聞有不當免者但京畿民困尤宜加恤今年夏稅請照數悉與蠲免從之

○弘治十六年九月丁丑南京守備太監傅容等奏應天及鳳廬二府并滁和二州大旱災重民窮盜發欲將南京戶部所收水兌餘米差官給賑戶部議請如奏

上命選部屬及府州縣正佐有風力者領其事務令飢窘軍民均沾實惠毋縱下人夤緣作弊虛費錢糧

○弘治十七年二月丙午巡撫直隸都御史張縉以地方災傷請以淮揚廬鳳四府并徐州弘治十七年兌軍糧米十五萬五千石折收銀兩存留本處以備賑濟俟三

年後補選
上曰旣地方災重飢民死亡數多兑運粮米准如數存留
此後亦不必補選
水利
○弘治二年五月庚申河南守臣奏河決開封黃沙岡蘇
村野場至洛棠堤蓮池高門岡王馬頭紅船灣六處又
決埽頭五處入沁河所經郡縣多被害而汴梁尤甚
上曰黃河衝決民居蕩析朕深憫念其即行巡撫官督所
司役五萬人脩築務使河復故道不爲民害以副朝廷
捄災恤患之意
○九月庚辰改南京兵部左侍郎白昂爲户部左侍郎脩

治河道賜之勅曰近聞河南黃河泛溢自金龍等口分
爲二股流經北直隸山東地方入于張秋運河所過閒
塵閭有淹没堤岸多被衝塌若不趁時預先整理明年
夏秋大水必至潰決旁出有妨漕運所係非輕今以爾
曾監督工程績效著聞特改前職馳驛會同山東河南
北直隸巡撫都御史督同三處分巡分守并知府等官
自上源決口至于運河一帶經行地方逐一踏看明白
從長計議修築疏濬應改圖者從便改圖各照地方量
起軍民人夫趁時興工務要隨在有益各爲經久不可
虛應故事仍須禁約所司毋得指此妄加科派騷擾地
方凡用工軍夫皆須撫恤周備毋令下人逼迫剥害違

者輕則聽爾量加懲治重則送各該按察司及問刑衙
門問理爾爲朝廷重臣受茲委託尤須晝夜用心躬親
勤勞博采衆長相機行事務使軍民不擾工程易集斯
爲爾能事完之日爾即回京仍將修過緣由并用過工
料數目造册奏繳以憑查考故勅
○弘治九年四月庚子巡按直隸監察御史鄧章言高郵
湖爲運河喉襟之地而自杭家閘迄於張家鎮凡三十
餘里其堤面故甎爲風濤所嚙屢修輙壞勞費無算宜
易以石庶幾可久而新修康濟河西岸亦須預爲甃築
以免衝決之虞河之北閘仍宜北遷五里庶使舟行可
盡避湖面之險事下工部請如所擬以淮揚廬鳳等府

贖罪米價并兩淮運司餘鹽價銀萬八千兩爲買石之
費工匠日食則移文儀淮批驗鹽引所并淮揚鈔關勸
借商船米給之事畢即止
上從之仍諭令甃築期於堅固經久不得虛費物力
鹽法
○弘治元年七月己丑命户部左侍郎李嗣工部右侍郎
彭韶俱兼都察院右僉都御史清理鹽法嗣兩淮韶兩
浙俱賜之勅曰近聞運司鹽課逾年虧欠客商往往不
肯報中原其所以皆因始則買窩中納多費資本及到
支鹽之處又被官貰官賣長蘆夾帶及官豪勢要有力
之家挨撑一時無鹽支給守候年久只得借債買鹽抵

充官課照引發賣盤費又加數倍此客商受虧之弊也
其塩課虧欠亦由各場竈丁多缺有司不即僉補山場
草蕩多被豪勢占據倉廒鍋盤年久損壞不能修治竈
丁艱窘無所賑恤而又總催人等倚恃豪滑客商到場
勒要財物不然任其自買全不為理竈丁所煎塩課又
強收私家潛賣與人或答應勢要比較之際不過虛出
通関申繳上司此塩課不完之弊也由是官塩不足私
塩盛行加之運司姑息逢迎御史因循不理塩法既壞
邉儲欲充難矣今特命爾督同巡塩御史并運司官親
歷各場查盤清理禁革姦弊除官賣官賣長蘆央等已
有詔條禁止外其餘但有官豪勢要頂名報中嘱託有

司多買私塩裝載大包強挾搬賣等弊悉照近日奏行
事理逐一查出人拏問罪塩没入官不許容情縱放虧
欠塩課務將總催人等責限杖併追完總催中間有積
年豪滑不懼法度凌虐竈丁侵欺塩課者正身連當房
家屬牢固觧京問發充軍家下房產并直錢物件悉准
折易塩補課竈丁有缺督令有司僉補山場草蕩踏勘
不許占據倉廒鍋盤損壞措置物料修理竈丁艱窘設
法賑濟客商應給塩者即便給與不許所司刁蹬各該
行塩地方有别省塩越界來賣及塩徒興販私塩者行
令所在官司嚴加緝補一應割剩并還官塩斤悉作正
課挨次給與守支客商每年所收塩課務查見實數完

足毋令似前虛出通関申繳此外有該載不盡之事爾
爾便宜處置軍民職官有犯并運司各場官吏人等有
貪婪作弊者除三品奏請其餘就便拏問如律運司場
官果有廉能守法公道行事者亦量加奬勸爾為朝廷
大臣受兹委託必須盡心竭力使塩法興舉姦弊革除
商賈疏通邉儲給足斯為稱任如或纖毫怠慢公道不
彰官職名隳責亦難辭爾其欽承之故諭
○弘治十六年九月癸巳都察院右僉都御史王璟上塩
法事宜一謂各邉開中塩引有多出課額之外商人無
從関支者例令親自具奏改與見年有塩之數仍令每
引增銀一錢五分於人情不便宜令運司將各年塩課

查報在部今後止將實在之數開中先致額外遠派其
見今應遠派者聽運司改與勿令增價覲奏一謂舊例
商人中塩至場未支而死者許妻子具奏行原籍及運
司覈實方得代支餘人不許而山陝遼東路遠者待報
又難今宜不拘故商妻子但係父母祖孫同居兄弟俱
准代支仍免其具奏止於巡塩御史告行運司覈實支
給通行各處巡塩御史如例行之一謂先是漕運衙門
議擬漕運官軍回船每人許帶食塩不及五十斤者勿
罪遂致私販公行塩法阻壞今宜罷前例運軍食塩止
許旋買旋用一謂各場收塩課官吏總催秤和混土者
請問發附近衛所充軍分管官不辨驗者連坐一謂權

例南京諸司食塩分派儀真淮安二批驗所儀真者便
而淮安者遠隔數湖獨爲艱瓜今後乞將淮安批驗所
塩令綱甲船户裝至儀真緫貯以待諸司支領户部覆
奏從之

兵政

○弘治元年六月戊辰命都察院左都御史馬文升提督
團營操練先是鴻臚寺右少卿李燧奏京營操練宜以
文武大臣協同提督項年以來止用武職總兵而文臣
不與乞與文職大臣内簡命一員往任其事或遇有警
即同征剿則文武相資而戎務有備矣事下廷議列銜
以請

上命文升涖其事賜之勅曰朕惟國家費糧賞以養軍士
無非爲衛國安民之計先因五軍三千神機三大營官
軍有名無實占役數多曾命内外官員會同清理揀選
精壯官軍十二萬分爲十二營操練每營用内外官各
一員坐營管操既又重加揀選補換茲命爾同太監傅
恭李良太傅兼太子太師保國公朱永太保兼太子太
傅襄城侯李瑾通行提督務令各營官軍時常操練馬
匹如法餵養器械必須整齊武藝必須精熟使人人可
以臨陣應敵折衝禦侮不至如往時虚應故事乃爲盡
職然欲得其勇力在養其鋭氣爾等尤須加意撫恤不
許該管官員科擾占役其坐營管操内外官并把總以

下官敢有不遵號令者聽爾等恭奏拏問如役占軍士
五名以下者降一級五名以上者降二級馬匹私借騎
用及撥與騎坐者五匹以下降一級五匹以上降二級
俱仍發邊遠立功提督官若容情故縱或被人舉發或
朝廷緝訪得出一體治罪軍士缺伍聽於三大營選撥
其三大營太監總兵官仍自照舊操練所留官軍以壯
威武每月兩次赴十二營與爾等會操試驗遇有調發
公同計議不得自分彼此爾等受朝廷簡命宜竭志盡
誠持廉秉公以强兵衛民安夏攘夷爲己任毋因循以
度日毋姑息以循情毋舉措乖方以賈怨惟兵强馬壯
武備脩舉斯爾等之能不然惟爾弗任其欽承朕命毋

怠故諭

○弘治三年六月己丑虜營大同境外將入寇又言入貢
守臣以聞
上命新寧伯譚祐選軍馬萬二千練習以待馬步軍各賜
賚有差既而虜知有備遁去守臣因言本鎮有急舊常
調延綏遊兵策應然待奏而後行恐緩不及事請預勅
延綏守臣自今如遇虜勢緊急先發後聞
上曰延綏大同接境宜互相應援今後果值虜勢緊急准
先調發然後奏聞所司其預勅延綏守臣知之

○弘治十三年六月乙未
上諭兵部臣曰京營軍士缺伍數多爾等累奏查選尚未

舉行其計處以聞兵部尚書馬文升等奏請臣等竊惟
京營軍馬拱護宸極張皇國威內防姦宄外服四夷兵
政之大莫切於此歷年既久不能無弊團營軍士一十
二萬逃亡事故者固多而各營未補者亦衆本部嘗以
秋班未選累疏上陳值工作迭興各供差役未遂施行
茲者北虜寇邊上㕃
聖慮特降綸音即令已命本部右侍郎楊謐并科道官通
行查選三大營軍士以備領馬以實營伍候點選畢通
行取送團營以補原少之數仍候秋班官軍到日奏請
內外官員再行查選
上曰待秋班官軍到日仍會官查選務使營伍充足毋虛

應故事
○弘治十五年五月己亥大同守臣奏虜擁衆在邊諸將
所調宣府延綏遊擊兵存留策應宣府守臣亦奏本鎮
有警欲將調去大同官軍掣回戰守而延綏守臣又奏
本鎮人馬不敷要將前調去大同寧夏遊奇等兵各准
一半放回兵部覆奏謂各邊賊情緩急難以遙度請各
行大同宣府延綏寧夏鎮巡等官審時度勢設策周防
前項官軍可掣則掣可調則調勿懷嫉妒致悞邊計
上是之命各邊鎮巡官遇有別鎮徵調即督發應援不許
託故占恡致誤事機
○十二月壬寅先是巡撫寧夏都御史王珣請發陝西軍

民五萬於花馬池增修營堡調腹裏一衛官軍防守別
命監察御史一人巡視都御史史琳亦請於常州增設
一衛發慶陽等衛官軍及新募之兵一萬人使常駐其
地戶部員外郎徐鏈時督糧寧夏亦請於花馬池興武
營之中設一營移兵住守仍增設兵備副使一員或移
環慶兵備副使往鎮之事皆下總制尚書秦紘勘報至
是紘奏前地止可脩堡以便駐劄增墩以備瞭望調兵
設官皆不可且近於花馬池之西墾田一萬頃募人屯
種以漸徵之每一頃可得粟五石使之且耕且守依堅
城以為家將使食足而兵強矣兵部請如紘議
上從之仍命紘如近日勑旨用心計處及時脩築免貽後

患不許虛應故事
○弘治十七年七月壬辰
上召大學士劉健李東陽謝遷至煖閣出大同鎮巡官本
言虜賊拆墩殺軍延綏遊奇兵累調未至乞為增兵補
馬情詞甚急
上曰我邊墩臺賊乃敢空拆墩軍皆我赤子乃敢殺傷彼
殺者苦何可言朕當與做主京營已選聽征二萬須再
選一萬整理齊備定委領軍名目即日啟行健等對曰
皇上重念赤子一言誠
宗社之福京軍亦須整點但未宜輕動
上屢申前諭健對曰大同亦不曾請兵

上指其奏曰臣等拘於新例不敢上請天兵東陽對曰用
兵事須令兵部議處
上曰兵部既有新例亦不敢擅自開例請兵須是朝廷行
之耳遷奏曰邊事固急京師尤重居重馭輕亦須内顧
家常
上猶未釋東陽曰近日北虜與朵顔交通潮河川古北口
地方甚為可慮今聞賊在大同稍遠欲從東行正不知
何處侵犯若彼聲西擊東而我軍出大同未免顧彼失
此須少待其定徐議所向耳
上曰此議固是今亦未敢出軍但須預備停當待報乃行
免致臨期失措皆對曰

聖慮甚當退乃擬選京軍三萬令兵部推委領軍官以聞
上復召兵部尚書劉大夏
面諭出師之意大夏力言京軍不可輕動與内閣議同師
乃不出

馬政

○弘治二年八月辛卯太僕寺卿王霽言馬政十事一國
初設行太僕寺及苑馬寺於邊方當時每寺馬不下二
三萬匹未嘗仰給京師自正統後馬政日弛邊方用馬
不仰給於京師必買於民間今太僕所儲馬價有限
邊方仰給無窮謂宜行陝西遼東山西各巡撫官嚴督
苑馬寺行太僕寺如意牧養以復舊制仍設法收買種

馬以圖蕃息庶各邊有馬而京儲不致妄費一金吾左
等七十四衛所舊制牧馬皆有草場地土當時各衛馬
以萬計凡有征操多取給焉近年馬政大壞所存十無
二三宜行分管寺丞等官隨衛所大小給與數群兼同
舊馬如法牧養若衛所不聽約束参奏住俸年終照例
決罰庶官軍知警而舊政可復一順天府所屬二十七
州縣寄養備用馬匹其人戶丁多者或得空閑力乏者
強令牧養所以驃壯馬匹漸致瘦損物故宜令分管寺
丞等官審定上中下戶上戶或養馬三四匹中戶次之
下戶或二戶共養一匹貧難者優免給俵之際仍視縣
之大小為差庶人心悅服而每年一審法令可久一各

處孳牧新收者少物故者多上下相蒙彼此姑息亦坐
分管寺丞權輕故耳謂宜稍加優借各州縣掌印并管
馬官各置簿事若許年終奏請住俸仍具賢否揭帖報
吏部他日據以黜陟其寺丞中間才行超卓者但過二
考一體旌擢庶委任重而人知所警勸一順天所屬皆
有備用孳牧之馬請選留其良者以備征操汰其老病
漂沙者別用仍三年一選庶馬得實用民免陪償之苦
一國初令馬甲養馬餘戶助以芻豆後各家輪養致用
心不專馬多物故宜命所司擇殷實之家為馬甲餘戶
以芻豆助之如馬瘦損專責之馬甲其倒死者馬甲償
其七餘戶償其三庶責任專而人知懼一各府州縣凡

使客經過輒令民以官馬迎送馬斃則責民陪償深爲
可憫宜行所司嚴加禁約有借用者提問參奏庶上下
知所愛惜而馬無虧耗一法司贓罰官馬其良馬多爲
權豪威倖買去老病者乃寄養于民至倒死亦要追陪
請今後止許賣其老弱瘦損者價送內府供用庶不累
及貧民一南北直隸陝西遼東等處俱有牧馬草場歲
月漸遠多爲京右侵占請兩京各委科道官陝西等處
各行巡按御史閱實原額四至樹封墩植榆柳立界至
以專牧放如侵占之家已成水陸田地卒難更改者令
照例起租還有倒死量支津貼一孳牧馬匹貴乎適均
各府所屬州縣有馬多而人戶少者勞逸不均宜行分

管寺丞懐來年同各屬正官并管馬官酌量以馬多地
方派與馬少地方領養下兵部覆奏從之
○弘治十五年十二月庚子戶兵二部覆議監察御史王
紹所奏禁商茶以通番馬事謂洪武永樂間茶馬之法
三年一次官運保寧府等處茶於西寧等茶馬司易馬
後此例不行仍取漢中等處民納茶及巡獲私茶用歲
遣行人等官巡視成化始專差監察御史當時易馬歲
以萬計加之寺監所牧足給邊用近年以來十不及一
蓋緣私茶之禁不行而召商報中之弊復有以啟之請
自今停開中之例嚴私販之禁仍以民間所納并巡獲
私茶與番馬及時互市陝西苑馬寺比年馬政廢弛尤

宜擇人整理庶幾馬漸蕃盛而邊方足用
上曰茶馬備邊重事所差御史務用心巡理足先年之數
此後勿再召商中茶其苑馬寺牧馬事宜兵部即議處
來奏
○丙辰兵部尚書劉大夏等奉旨議上在外寺監牧馬事
宜謂近年各卿佐缺多用謫遷及有過累者府衛下
寮多易視之故各官自待亦輕政務因以廢弛宜稍更
其制今後各行太僕苑馬寺官缺少卿則於布按二司
參議僉事內推補卿則於參政副使及本寺少卿內推
補如職務修舉則視太僕卿佐陞任其監苑庶官亦請
於北人素知牧馬者任之則官皆得人而政可舉矣

上從之命自後寺監官如有成效一體不次擢用
○辛丑陞南京太常寺卿楊一清爲都察院左副都御史
督理陝西馬政賜之勅曰陝西設立寺監衙門職專牧
馬先年邊方所用馬匹全藉於此近來官不得人馬政
廢弛殆盡今特命爾前去彼處督同行太僕寺苑馬寺
官專理馬政爾須查照兵部奏准事理考究國初成法
親歷各監苑督委都布按三司能幹官員踏看牧馬草
場果有侵占者即令退還查照養馬軍人果有逃亡者
即令撥補見在種兒騍馬實在若干設法增添務足原
額倒死虧折馬駒隨宜追補量爲分豁布置已定責令
該管官員用心牧養官軍騎操之數亦令該管官員如

法點視比較毋致倒失虧欠爾仍不時往來提調稽考各寺監等官有闒茸不職者爾即具奏黜罷或起送別用另選才能以充任使其有盡心職務功績昭著者具奏旌擢其西寧等處各茶馬司茶易番馬甚濟國用近來亦漸虧耗今併以付爾爾須一新舊規務令茶課充盈私販息絕番人樂歸官市番馬實充厩牧凡牧馬易馬事宜利有當興弊有當革勅内該載未盡者悉聽爾便宜區處事體重大者奏來定奪巡撫巡按等衙門不得干預爾職寺監官員惟爾所統不許各衙門凌轢都布按三司而下官員但事關馬政俱聽爾約束委用敢有故違侵撓及權豪勢要之人欺公玩法沮壞馬政應

拏問者徑自拏問應奏請者指實參奏夫勝任既久之後更新興舉責任實重且艱朝廷以爾才望素優存體國特茲命爾須不憚勤勞悉心經理務俾馬匹蕃息邊方足用以復國初之盛以濟戎務之急尚有顯擢以旌爾能如或績效弗彰有孤委任責亦難逭爾惟欽哉

欽諭

○弘治十七年二月辛丑督理馬政都御史楊一清奏陝西苑監多缺城堡官無窩所卒無營聚馬亦露牧原野遂至耗損今相度各監苑地勢其長樂廣寧等十四營舊無城堡宜創築開城黑水十八營城堡湮蔽宜增修仍各於其内置厩以養馬連屋以聚卒建衙以寓官兵

部覆奏

上從之即令一清及時提督整理務期完固

脩省

○弘治元年四月壬戌禮部尚書周洪謨等言

天壽山雷電風雹各

陵樓殿廚亭并各監廳屋瓦獸角擊碎甚多臣等以為災

不於他所而于

祖宗陵寢之地不於他時而於

茂陵工完之初伏望

陛下廷訪名德講求治理詰致災之由究弭災之道仍勅

兩京文武群臣同加脩省

上曰天示災異朕當循省脩德爾文武群臣亦當奉法脩職使政平人和寃抑得伸用回天意毋故怠玩自罹憲典有負委任

○弘治三年十二月辛亥以彗星見勅諭文武群臣曰朕

嗣承

祖宗大統三年于茲雖夙夜孜孜勉圖化理而績效未著心恒歉然茲者上天垂戒彗星見於天津朕甚憂之循省咎徵莫測所自豈朕德涼薄行事乖違天特示異以警之歟抑亦政多缺失軍民困苦朕與爾文武群臣究脩之道未至而恩澤不下數歟惟事關朕躬者朕已齋沐告天省己脩德期消變異而爾等食朕之祿實同休

廠不可不痛加警省今各宜修舉職業毋或因循懈惰
慎持節操毋或背公徇私凡軍民利病時政得失可以
興革張弛者爾文武大臣并科道官仍條奏來聞務在
切實可行於國有益庶幾上下協盡交修之道而人心
悅慰天意可回矣其勉之慎之
○乙卯臘節以修省免宴
○壬戌六部等衙門尚書等官王恕等以星變奉詔言經
筵講學乞不問寒暑各寺觀齋醮西天廠誦經供應費
財害民元宵燈火筵宴及保聖等夫人歲祀乞各裁減
停止畜養獅子等獸飼以生羊有傷仁心甚為無益續
進番僧剳印番經既費民財又傷禮教乞放遣停止增

設松潘巡撫大臣京通倉監守內臣添差催儹緞匹部
屬織造內臣俱為民病乞取回京南海子等處修造工
役光祿寺歲用獸炭採辦乞暫停止各處地方災傷外
衛京操軍士上班違限者乞宥其罪南北風土異宜逃
亡軍士誤清解原衛者乞互易編發順天等府寄養馬
歲二萬匹乞減其半仍量收馬價以紓民困京營騎操
馬乞照舊例歲止給草料兩月夏四月止給料一半畿
內皇莊并公侯等莊田乞每畝止令納細粮五升或粗
粮一斗各處倉廠耗粮虧欠乞量免追陪守支三年以
上者石追一升二年以下者石追升半法司問刑乞令
止依律例不許妄加叅語羅織人罪所司緝訪妖言強
盜人命重情多有寬抑乞令法司各與辯理不許拘於
成案畏禍不辯枷號罪人或致死亡乞暫宥之止問應
得罪名塩法壅塞商人不至乞為疏通鎮守等官頭目
數多乞照例查革光祿寺軍廚千名錦衣衛近選者實
幼丁五十名俱乞革還著役
上曰經筵講學朕當自勉供應品物今已裁減元宵燈火
筵宴即令罷之保聖夫人等祭祀太常寺查議來奏獅
子等獸止餧生肉不用活羊看守人役減半番僧除原
存留外餘查數開奏各處添設內官及織造官員俱不
動軍廚并尚膳監幼丁問刑叅語亦仍舊軍廚月粮各
減二年其餘如議行之

○弘治四年正月癸未以修省免賜上元節宴
○辛卯以修省免慶成宴賜分獻陪祀及該宴官胙
○弘治六年八月乙亥禮部尚書倪岳等言曰者雷電交
作雨雹驟至大如彈丸小如栗叢平地壅積人皆驚駭
如此災異不於他所而於京畿之內不於他時而於秋
成之際春秋書大雨雹傳曰聖人在上無雹雖有不為
災書大言為災也況今年自春及秋亢旱為災蝗蟲大
作而河南山東并直隸大名等府俱各霪雨過時河流
潰溢田禾渰沒人民不免流移實在臣等不職所致然
竊念
上天仁愛所以儆告於

皇上者亦未必興意伏望仰荅天心益加寅畏深求致災之由如恤民矣而或征求之未息寬刑矣而或枉抑之未伸節財矣而或侈費之未除任賢矣而或倖門之未杜

聖學勤矣而或未免於作輟言路闢矣而或未盡于聽納或諛邪肆行或群小冗進凡此有遠乎天意無一不可以致災仍勑兩京文武群臣協力祇承痛加脩省庶天意可回和氣協應

上曰卿等言是弭災之道朕當自行文武群臣各宜痛加脩省勉圖職務用回天意毋視常怠玩

○弘治六年十二月庚辰

上以災異叠見命禮部諭各處鎮巡軍民有司等官痛加脩省懲戒貪暴賑恤困窮防禦賊寇撫安軍民以弭災變

○弘治十四年七月甲寅江西南城縣夜空中有火間而復合流光下墜長十丈餘隱隱有聲燬軍民廬舍三千二百餘間倉廩穀三萬九千二百餘石男婦死者三十三人守臣以聞

上曰江西火災異常其令鎮巡等官痛加脩省用心賑恤切視常怠玩

○弘治十四年八月戊申時直隷池州寧國安慶太平四府大水蛟起渰死人畜漂流房屋衝没田畝巡撫等官以聞且引咎自責禮部覆議謂畿輔之地災變若此非獨撫按等官之責抑臣等實有罪焉乞通勑群臣痛加修省興利革弊以紓民困尤望

陛下益盡敬天之實以弭災變

上曰畿輔重地災变非常朕心祇懼爾兩京文武群臣其同加修省勉盡職業以回天意勿忽

○弘治十七年五月戊申先是吏部奉詔陳革弊事宜內請戒飭兩京各衙門并在外撫按三司等衙門官員令痛加脩省以消災變有旨令再查議停當以聞吏部覆奏謂

祖宗以來凡遇災異屢行戒飭之典伏乞循而行之

上曰在京及在外官員已嘗有旨戒飭矣爾等職思百務有不職者具實奏聞毋徒事虛文

節財用

○弘治二年七月癸酉工部尚書賈俊等因災異言八事一各王府郡王及郡縣主等建造府第例俱給價令宗室自營將有不勝其給者况各府自有祿米莊田請此後房價視原數止給其半一各王府第舍儀仗非甚敝壞者請令自行修葺不許輒奏勞費財力一內府各監局近來派辦物料較之常數有加至五六倍者請勑所司樽節減省一近來營造頗多此後在京內外衙門九倉庫城池橋梁道路損壞有必不得已者請量加修葺

其墻垣廨舍當脩葺者各衙門自行區畫一本部稽考
尹兒灣楊村南北摇河五厰歲辦蘆葦供用屬武功衛
委官管理近來奸弊滋多請止令本部管閘主事代領
一天下軍衛歲造軍器皆令巡按分巡分守官檢括果
有貯積多餘處所自弘治三年為始停免二年其支過
物料貯庫俻後來成造之用一各監局軍民匠多通同
識字人等作弊妄開見役者作逃數往往行勾擾害請
此後犯者均治以罪一災傷處所其住坐及輪班匠失
班者自弘治二年七月為始請容令自首住坐者送原
衙門收充輪班者免其罰役
上從其議仍令移文內外衙門務為撙節財費減省工役

以甦民困
○弘治三年六月己亥禮部覆奏戶科給事中鄭宗仁等
所陳節供應一事謂四時節令宴賞及齋醮等費日增
于前宜從節省命尚膳監光祿寺供應止照弘治元年
例行以後增加者悉從減省
○弘治五年二月庚午巡按陝西監察御史張文言頃者
司禮監傳出帖子令甘肅二處守臣如所降圖式織彩
粧絨氈毯數百事竊惟古之哲王有惜百金之費者
今織造材物非一方所能辦集而募工創肆所費不貲
矧陝西歲歉民病星變地震之異往往有之正省身脩
行之日可更以華靡為事乎夫朝廷之事必由有司而
達於天下今帖子出於內監則工部之設似為無用宜
暫停所織以其價銀賑業飢民或第織十數事則一方
之民可以少安工部覆奏謂文言可從命減所織之半
○弘治六年十月丙寅命免造明年上元燈火工部奏各
處災傷故也
○弘治十五年九月戊子光祿寺內外官員人等每日酒
飯及西華門等處所畜鳥獸料食數目以聞
上即其疏逐節御批其上凡一百二十餘事有仍舊者有
減半者有停止者有減十之三四者有事完停止者有
事完仍舊者西華門鷹犬不堪者縱放之御馬監山猴
食減半乾明門虎去之雞鴿等食減三之一山羊及羯

羯羊減半送外羊房雞兔盡放之南海子中猫之不堪
者亦縱放之西安門大鴿送雜鴿房食亦減三之一其
仍舊存養者食亦量減之
○十月癸卯工部奏近太監李興請辦元宵燈火物料有
旨令減半造用民已受賜但今
上天示戒如盡賜停免亦修省之一端也從之
○弘治十六年十一月甲戌工部奏各布政司及南北直
隸多災傷兩廣雲貴四川福建以買興供億且各處造
作頻繁民不堪命乞將今年修理器皿明年成造烟火
等物料暫且停免候年豐仍舊派辦
上曰各處災傷重大人民艱窘派辦修理器皿烟火等料

物俱暫停免
○弘治十七年二月甲寅戶部議覆吏部尚書馬文升所
奏恤民困事謂光祿寺厨料近年會派數多令後乞減
十分之二其供用庫黃白蠟茶葉之類亦請減免
上曰歲荒民貧朕實痛心各衙門支用物料務從節約不
許濫派妄費
謹貢獻
○弘治元年八月戊戌巡撫甘肅都御史羅明言甘肅鎮
守分守內外官近因有傳奉不次之擢競尚貢獻各遣
人於所屬邊衛派取方物名以採辦其實扣除軍士月
粮馬價或巧取番人犬馬珍奇等物以充又起膳乳等

房僉派厨役造辦酥油等物及起運之時沿途騷擾不
可勝言
皇上嗣登大寶已有停免之詔柰何守臣不体
聖心仍蹈積弊焉年例進貢未蒙停免乞一切罷之以甦
邊困
上曰甘肅邊地艱難進貢事俱遵詔例停免禮部移文使
知之
弘治二年四月辛丑初湖廣無歲進魚鮓例成化七年
鎮守太監始進之二千五百斤後增至二萬一百二十
二斤用船至十一二艘至是禮部以巡撫等協灾之奏
請止令有司歲數進獻

上命鎮守內官造辦如成化七年之數船止用二艘科擾
需索為害者罪之
卻珍異
○弘治元年七月戊子巡按雲南監察御史何儁言
陛下即位以來節冗費去珍玩又詔天下毋得違例貢獻
今鎮守太監王舉欲貢金廂寶石帽頂不宜受之以玷
新政
上曰進貢事舉已禁止何得妄為禮部即諭止之仍通行
各鎮守官毋得違犯
○十月庚戌代王以海青來獻內閣大學士劉吉等以為
不當受

上深納之與王書曰朕以涼德嗣承大統深惟
祖宗創業之難夙夜憂勤惟恐弗堪負荷所賴親王宗室
勉竭忠蓋匡輔不逮庶少缺失茲者叔祖遣人以海青
來獻固出盛意但海青為物不過以供田獵之用朕萬
幾之暇惟留心經史講求政治盤遊田獵何敢經意況
前詔書已有止貢之例叔祖何不察而有此舉乎詩不
云乎人之好我示我周行禮記云私惠不歸德君子不
自留焉今特歸還所獻海青尊書以報或有忠言讜論
時致裨益是所望也惟叔祖亮之
○弘治五年九月壬申虎剌撒國回回怕魯灣等從撒
至京貢玻瓈瑪瑙等方物

上郤之命給口粮脚力遣還
○弘治十七年正月甲申南京吏科給事中陳伯獻奏近
聞福建尋訪鸂鶒竹雞白畫眉紫山鵲等禽鳥今四方
灾異疊見水旱相仍乃求此珍異之物恐非聖德事乞
停止以蘇民困
上曰此等禽鳥未嘗行文往取給事中既有此奏其即停
止之
恤刑
○弘治四年二月己巳勅刑部都察院大理寺曰朕惟刑
以輔治用之貴得其平刑平則善有所勸惡有所懲而
人心服天道和不平則不足以勸善懲惡而人心不服

天道乖違灾變之來誠有不能免焉曩因天道示異嘗
勅天下諸司審録重囚發遣過情可矜疑及准辯者奏
欽數十百人雖曰勿拘成案原問官亦不坐罪此特廣
仁愛之意欲全民命爾其間實有訊鞫不真失入于罪
者然亦有無可矜疑而強為出脫者要之皆非大中至
正之道茲當萬物發生之時朕體
天地好生之德以為刑者民命所係與其寬之於終孰若
謹之於始故特戒勅爾等各加敬慎仍行南京三法司
及天下問刑衙門今後問刑之際務必存心以仁恕持
法以公平察辭辨色詳審其情罪所當重者重之以懲
惡毋務姑息而不顧縱惡長姦之非罪所當輕者輕之
以宥過毋專苛刻而致有抑鬱稱冤之嘆其或證驗無
憑情隱難明者尤當加意推究毋或傳致於一時而貽
不坐罪於他日如此庶不背古聖人欽恤之訓而於朕
刑期無刑之治亦有裨益焉爾等其欽承之毋怠故諭
○弘治五年七月壬午刑部尚書彭韶等以鴻臚寺少卿
李鐩請刪定問刑條例議曰刑書所載有限天下之情
無窮故有情輕罪重亦有情重罪輕往往取自
上裁斟酌損益著為事例蓋此例行於在京法司者多而
行於在外者少故在外問刑多至輕重失宜宜選屬官
彙萃前後奏准事例分類編集會官裁定成編通行內
外與大明律兼用庶事例有定情罪無遺從之

○弘治七年三月丁酉禮科都給事中呂獻等言每歲初
夏例縱釋繫囚笞杖輕犯多從宥免徒流以下減等發
落重囚情可矜疑者具奏定奪正所以長民命而壽國
脈也但此例獨行兩京而未及天下乞勅三法司議擬
南北直隸則巡按官督同諸郡邑官各布政司則鎮巡
官會同三司官各准兩京例每於四月審囚庶俾獄有
稱平之訟桎梏無橫死之冤户科給事中王綸亦以為
言謂近年在外官多有貪酷不仁圖小利而故勘平人
逞私忿而非法凌虐有因考訊而死者則搜求細事誣
曰因公因久禁而死者則虛補文移號為有病乞勅法
司申明條例情可矜疑者即為平反不拘成案仍行天

下問刑官不許仍蹈前非如有致死者雖曰因公亦必
原其情之輕重脫或有病亦必究其事之大小如或任
情故違即以其罪罪之
上命法司議處開奏法司議謂舊例在外罪囚五年一差
官審錄今欲不拘此例每年四月以後各處撫按等官
會審八月以東類奏其有酷刑官請降調違遠法外刑
人至死者除名為民
上曰酷刑官員其令巡撫等官嚴加訪察依法問擬奏來
處治不許輕縱會審差官仍照舊例行
○弘治九年八月己亥管理遵化鐵冶工部主事王鉉奏
炒鐵囚犯皆罪不至死而經遭官夫人等多方凌虐逼
皇明寶訓　弘治三卷　卅九
取財物卒至喪生請嚴加禁止其貧乏無依者多斃于
凍餒請月給口粮三斗工部覆奏
上曰囚犯罪不至死而防夫人等乃以求索故斃之甚非
朝廷好生之意其依擬行之
○弘治十三年二月庚寅三法司奉詔看詳歷年問刑條
例定經久可行者條其奏請
上以獄事至重下諸司大臣同議之議上二百七十九條
請通行天下永為常法
上從之內禁濫報邊功私騎宮馬黃船販鬻私貨漕船附
帶挾要貨物及鎮守等官頭目非奏帶者不得報功皇
城守衛官旗故縱直軍十名以上降級六條命再議以
聞衆復奏謂此六條禁例乃累朝所定且
皇上即位之初嘗申明者今不可輕變以撓成法從之
○弘治十七年二月甲午兵科給事中潘鐸奏故事每歲
會審錄重囚往以一日竣事然人命至重今該審之囚
衆多如拘以一日則不得從容詳審銜冤地下者能保
其必無乎哉
太宗文皇帝因刑部等衙門大辟囚三百餘人覆實請決
乃召府部及六科諭之曰三百餘人未必皆得其情若
有不實則死者銜冤爾等更審之一日不盡則二日三
日雖十日何害此哉
祖宗好生之仁萬世所當遵也乞令今後會審不必拘以
皇明寶訓　弘治三卷　四十
一日務在從容研審使無冤枉法司覆奏從之
正法
○弘治元年閏正月丁卯初太監梁芳等以獻珎玩得寵
一時後宮器用以珎寶相尚京師上下亦然物價騰踴
一珠至數十金市者皆集以取富於是指揮使張紀指
揮僉事任義千户馮宇沈達百户楊春所鎮撫徐昌袁
凱與賈人馮謙王通李祥王智夏線兒等日求採供獻
至是言官劾奏下獄
上曰紀等交結內侍進獻珎玩盜支內府財物數多雖遇
赦難依常例紀義宇達俱發遼東鐵嶺衛春等六人撥
口外開平衛俱永遠充軍昌凱革職調永寧衛

○九月癸亥民有吕景山等四人坐竊盜拒捕殺人罪死
以遇赦下法司議都御史馬文升等奏詔書強盜不宥
所以戒兇強而律竊盜拒捕殺人與強盜等情犯頗重
而幸遇霈恩釋之則失于太輕誅之則似乎太重請宥
其死而遣之戍邊
上曰宥過無大刑故無小律所以懲姦詔書所以赦過景
山等竊盜罪雖可原而拒捕殺人實出于故與過不同
不當以詔例免其依律誅之
○十一月己巳時有盜入貢夷人馬者捕獲
上命依榜例處決户部尚書李敏言盜馬之人律非徒罪
况夷人已去無所示信乞令所司械繫群盜滇之歲月

待夷人再來殺之未晚若三歲之後夷人不至則亦姑
依律治之庶信可全而刑不濫
上曰朝廷法令布于衆觀所以示大信于天下盜夷馬若
寘之極刑已有成憲今群盜故犯處死何疑乃欲計夷
人在否而變更其法于信安在敏為大臣不知大體巧
言諫阻法當究治姑宥之
○乙亥南京刑部郎中鄒儒為廣西洛容驛驛丞儒以騎
馬誤入舊內西右門為守備官所奏刑部問擬贖徒還
職得旨降遠邊叙用吏部擬降雲南姚州知州
上曰
太祖舊內之門鄒儒騎馬擅入本當重治姑從輕降邊遠

叙用例該授以雜職爾等何為輒擬知州顯有市恩要
衆之意其具實回奏吏部以舊例降雜職者御批有雜
職字鄒儒因無雜職字故擬知州具奏分析得旨爾等
職掌銓選邊遠叙用者即係雜職何為不審及令陳狀
又不輸服本當逮問姑宥之堂上官仍各罰俸一月文
選司官各二月吏部乃擬降儒驛丞從之
○弘治二年九月辛酉户部奏今歲各皇親公侯駙馬伯
等莊田乞照附近民田被災分數為收租之數不許過
取厲民
上曰皇親及公侯等官歲有常祿豈可復與百姓爭利奏
中所擬悉准施行如有過取者必論以法

○弘治三年閏九月己丑內閣大學士劉吉等奏南京刑
部問擬銅銃者
聖意以為發落似輕臣等再三商論又檢大明律盜軍器
條內開若盜應禁軍器者與私有罪同及私藏應禁軍
器條內開凡民間私有火筒火砲之類應禁軍器者一
件杖八十每一件加一等罪止杖一百流三千里今石
榮盜銅銃刑部依常人盜倉庫錢粮問擬絞罪做工五
年滿日着役已是加重李景春李景和趙鑑乃知情接
買之人刑部依棄毀軍器律論又稱比附律條可見不
是正律亦為加重臣等以為此等因人情犯深重宜再
加重以戒將來以此擬將石榮曰人枷號兩月滿日押

發廣西烟瘴地面永遠充軍荷蒙俞允事已施行臣等
又思去歲南京盜庫之人與此不同彼係偷盜內府財
物律該處斬況又有偷盜十數次者及放火燒毀官庫
以致城內遠近人心驚疑情犯尤重所以擇其甚者處
決人心皆服仰惟
皇上聖德寬仁凡事遵守
祖宗法度而行今此數人律不該死法司擬斷明白臣等
上可斟酌加重示戒豈敢故違
祖宗之制不體
皇上愛民欽恤之仁輒便重擬處決若殺之不當致傷天
地之和感召水旱兵戈之災咎將何逭其石榮等發遣
皇明寶訓 卷 弘治三卷 四十三
止依前擬為是奏上從之
○弘治六年十一月庚申荊廢人見濡之殺都昌王見譯
也內使宋貴實預謀已而避之法司擬貴為從不加功
應贖杖徒送司禮監發遣後以弓箭王山事再犯不應
依律勿論奏上有旨令覆問法司仍從前擬且謂貴罪
犯深重事出非常非有司所敢擅議
上以宋貴導助見濡戕害同氣豈可謂從不加功前已失
刑再犯他罪亦不可例以勿論特命斬之而詰法司以
失刑於是刑部大理寺皆上章待罪命而各罰其屬官
俸一月
○弘治七年二月辛酉巡按河南監察御史徐昇奏山陝

人孫勝曹等三十人三五為群遇丐者以衣食誘之
為傭隨其所至令守舍給炊爨勝曹等遊行市門視有
富商巨家輒持貨與之貿易論直高卑則以言激其怒
相毆罵隨號呼而去夜則殺丐者舁至其門群哭之揚
言欲訟于官其人懼出財物以求解乃復舁去焚之名
曰賑苦惱于前後殺數十人乞重其罪都察院覆奏
上曰人命至重此輩乃以為貨殖姦巧橫出所殺者至數
十人罪難輕貸其為首者凌遲處死為從者斬並梟首
示衆仍榜示天下知之
○弘治九年二月丙寅寧府鍾陵王覲錐有罪革歲祿三
之一先是新建民凌勝自宮以入王府王令至淮安買
皇明寶訓 卷 弘治三卷 四十四
妾李氏至王獨嬖之宮中呼為李妃妃陳氏遂失寵有
妾李氏者生子三歲淮安李氏妒之譖于王杖之百拳
其兩手而絕其飲食令諸宮守之其子餓死于別室李
氏悲啼則又杖之百夜欲自盡守者恐罪及己乃群聚
而逃又有南昌衛軍餘謝祖為王行貨於外買一舞女
為妾因納之王女病復還之祖祖妻不能容則又納于
王亦在守者之列事覺鎮巡等官具實以聞
上以王盜收妾媵致令嫉妒不和醜聲外彰又餓死幼男
有失父道本當重治姑從輕革祿米三之一仍賜勅切
責之祖杖一百并家屬發邊衛充軍勝杖八十發原籍
當差宮人逃者給親完聚

○三月庚子錦衣衛都指揮僉事陳雲先以馬紀事違例受詞下獄法司覆奏雲在衛時有民人劉福張鐸相毆福自殺幼女以害鐸又逼其母自盡既而恐鐸稱冤因屬雲捕之鐸自刎不殊乃擒其姊夫趙達誣以為盜禁錮于獄雲罪應贖杖還職

上以雲亂法受賕久禁平人雖居近侍務原衛帶俸差操

○閏三月乙丑浙江杭州前衛指揮僉事王楷督捕盜賊妝有罪者數人為爪牙道遇三人同舟販薪誣以為盜搒掠幾死遂執往他民家詐取銀數十兩解官名盜贓時又銳其三之一未幾販薪者死巡按監察御史馮玘奏之楷恐重得罪乃賂吏人竄販薪者名姓盜籍中因

誣奏玘求賂事下復巡按御史吳瀚訊鞫獄上坐楷監守自盜例應口外為民并劾指揮使成傑知情不舉按察使閻仲宇失於覺察

上以楷貪酷害民逼死無辜情犯深重命追其理銀給死者之家併妻子徙邊衛永遠充軍仲宇與傑姑免究

○四月丁亥妖僧張金峰不知何許人初游方至陝西朝邑縣以藥餌符水惑衆縣官逐之乃往終南山聚徒數十人自稱釋迦佛出世其徒行安行興等各有名號裂布帛為旗祭以嬰孩剃日為二十四諸天大會誘男婦燒香喫以狂藥令自起拜舞欲歸則呪虎當路不能去有雷栢川者不肯飲藥乘夜逃歸亦不敢首官等行遣貿薪炭者多被逼脅不從則見殺或支解之懸於樹前後被殺者凡若干人民居被燬者凡若干家守臣調兵捕之金峰與行興等拒捕死守臣以聞刑部言行安等五人在獄罪應凌遲處死

上命再審無冤即依律處決以栢川知情不首併家屬械發口外充軍守臣捕賊有功賜勅勞之

卒姦弊

○弘治九年九月丁未兵部奏京城九門守視軍士每門原設二百餘人指揮千百戶領之後添設守門內官數多軍士多被私役存者不過羸弱五六十人各鋪柝聲不聞器械亦各敝壞不可陳列且城河之水來自西湖

常須盈滿亦可助險比因濱湖之家引水灌田以致殘涸乞令本部及工部各差官一員通查九門器械守衛修麓補缺仍委本部點城官一一點閱若軍士失伍數多守門官俱遠問其指揮少軍三十名千戶以上者調外衛差操仍乞定守門內官員數不得增設軍伴除正數外有私役罷斥之并禁西湖瀕河人家不得引水灌溉違者治罪

上曰京城門禁事體甚重但承平既久積弊多端因循玩愒不可不及時整備守門內官每門不得過四員餘悉如所擬而行

○弘治十七年二月庚申監察御史王士昭奏京城設鋪

甲火夫以防火盜比年以來為勢豪所役財匱於供應
力疲於奔走乞下所司痛革其弊兵部覆奏
上曰京城火甲實多負累艱苦敢有仍前借倩私役需索
科擾者法司具實以聞
○閏四月庚辰司禮監太監陳寬傳旨近來內外衙門弊
政多端罪民受害以致上干和氣深切朕懷緊要革弊
事宜各衙門便查議明白開具以聞
○弘治十八年二月甲子先是有旨差科道官查御馬監
軍旗勇士之詭冒者太監寧瑾奏止之
上為改命司禮監太監一員同瑾等查處給事中張弘至
以為言兵部以執奏請如初旨

上曰查理禁兵誠為重事爾等既有此奏可仍差堂上官
一員同原差科道官從實清查具奏處置
禁請託
○弘治元年二月丙辰太監覃昌傳旨諭在京諸司朝廷
政事
祖宗俱有成憲今後府部等衙門務須遵守毋得互相囑
託有虧公道如內外官敢有寫帖子囑託者內官遞入
送東廠外官送錦衣衛奏來處治若容隱不奏者事發
俱治以重罪
恤遠人
○弘治元年八月己未迤北伯顏猛可王遣使臣知院桶

哈等來朝貢方物賜宴并狐裘金織衣綵段及四伯顏
猛可王綵段等物正使桶哈既被賜其副使滿脫干來
得大通事傷銘為之乞恩
上復命以狐裘金織衣各一事與之
○弘治二年五月甲戌錦衣衛夷匠阮清等其先安南人
永樂中以能製火銃短鎗神箭及刻絲袞龍袍服被充
軍匠月給米一石後以例減五斗至是清等自是夷人
無家不贍詔仍與一石
○弘治三年四月癸卯禮部覆議琉球國中山王尚真所
奏一謂本國來貢人員近止許二十五人赴京物多人
少恐致疏失宜更增五人以順其情一謂本國貢船抵

岸所在有司止給口糧百五十名其餘多未得給亦宜
增給二十名議上從之
○弘治五年九月癸酉朝鮮國陪臣韓堰以來貢病卒于
館
上愍其遠來客死命有司給館致祭仍傳送其喪以歸
○弘治七年九月壬子朝鮮國海南夷十一人以捕魚為
颶風漂其舟至福建漳州府時無譯者莫知其所自來
福建守臣送至京大通事譯審乃得其實
上命給之衣食候其國進貢陪臣還日歸之
○弘治八年二月甲戌廣西上思州頭目黃政齋弘治七
年冬至節表箋過期始至且不由本布政司類進禮部

請治其罪
上曰思州去京師道里甚遠進表黨過期蓋不由布政司
類進不為無罪但念其遠人其特宥之
○弘治十六年十月辛丑先是琉球國王遣使人吳詩等
乘舟之滿剌加國遇風舟覆詩等一百五十二人漂至
海南登岸為邏卒所獲廣東守臣以聞
上命送詩等於福建守臣處給粮養贍候本國進貢使臣
去日歸之
馭夷狄
○弘治元年六月丁酉兵科給事中夏祚等以北虜將入
貢上疏言今送虜外稱納貢而內蓄奸謀恐譯字通事

官并虜中走回人等貪其賄賂以中國事情告之為害
非淺乞勅兵部榜諭從之兵部尚書余子俊復奏以為
虜使來京中間未必無人恐彼窺知所奏全文以為待
之欠厚而傷其向化之心但乞榜示京師軍民不許欺
侮且聽其公平貿易為便已得旨祚等遂劾子俊柔懦
不振故違前旨偏執自用
上曰虜情叵測固宜防範而開市貿易亦是舊例但毋令
私交漏泄事情而已即行禁約所司其知之
○弘治四年七月壬寅甘肅鎮守等官奏罕東等衛頭目
剌麻朶兒只等劫西番𠊨阿族部落掠其頭畜以歸事
下兵部覆奏謂罕東劫掠西番越我邊境不知畏忌漸

不可長請勅鎮巡等官遣人往諭罕東等從違利害并
以此意徧告西番諸族自今更不得搆怨啟釁
上曰罕東劫掠西番越我邊境不可不為之制其如議行
之
○弘治六年四月乙亥土魯番速壇阿黑麻率兵夜襲哈
密城哈密死者百餘人竄降者各半安順王陝巴及其
都督阿木郎據大土剌以守大土剌華言大土臺也圍
之三日不能得阿木郎遣調乜克兎剌二部兵為援皆
敗土魯番遂殺阿木郎竟執陝巴以去令其酋長牙蘭
據哈密移書甘肅守臣謂本國既獻哈密城池阿木郎
復謀導野乜克力人馬至其國中抄掠朝廷所賜衣幣

亦被尅減故為此報復之舉陝巴亦遣人奏其事是時
土魯番貢使撒剌巴失等二十七人還未出境寫亦滿
速兒等三十九人尚在京師於是甘肅鎮巡等官奏言
阿木郎之禍固其自取但阿黑麻往年擅自興師攻破
哈密朝廷曲加恩齎正宜感恩効順縱阿木郎有過當
姑念哈密恢復未久止可具奏請治其罪乃敢擅攻城
池所移番文僭稱偽號言涉不遜乞命將選兵剿除酋
長牙蘭等直抵土魯番擒斬阿黑麻取陝巴回衛若欲
姑事包容則請降勅遣使齎諭阿黑麻令送回陝巴當
宥其罪事下兵部集廷臣議謂哈密乃
太宗創建為中國藩屏陝巴又

皇上所錫封有興滅繼絕之義今既被劫去不宜置之不問守臣所畫二策前策乃討罪之舉請姑俟徐圖後策爲柔遠之方時勢所宜諭而不從加兵未晚今土魯番貢使在京師速爲發遣與還未出境者令甘肅守臣就彼拘留仍請勅本番貢使擇三二人齎示阿黑麻諭以禍福俟其回報上請仍移文守臣各條練所部軍馬以備緩急及諭赤斤罕東等衛頭目使互相應援若哈密夷衆挈家來奔即送苦峪令都督奄克孛剌管束量給粮種耕種以俟克復毋再散布肅州坐耗邊儲重貽後患其貢使寫亦滿速兒等見在京者亦令通事諭以拘留之意奏入

皇明寶訓 弘治十年春 五十一

上曰阿黑麻包藏禍心已非一日朝廷念哈密乃
祖宗所立欲繼其絕曲爲寬貸今阿黑麻屢惡不悛悖逆
天道妄自尊大奸情盡露本當興師勦除爾群臣既如此處置悉准所議寫勅切責并勅甘肅鎮巡等官嚴督沿邊城堡將士用心隄備然邊方事重兵難遙度爾等仍會舉文武大臣二人領勅親臨其地會同鎮巡等官酌量事勢講求安內制外方略來上以爲經久之計賜阿黑麻勅曰比得甘肅鎮巡等官具奏知哈密都督阿木郎兩次引領野乜克力人馬搶爾部下牛羊等畜又赴落爾貢賜以致爾親領部落將哈密城池占據殺死阿木郎擄去陝巴以報彼引虜劫掠之讎阿木郎固有罪矣然彼小人愚蠢無知爾乃大家世族識道理曉達順豈可爲此當念阿木郎爲朝廷官職受命守城將其作惡情由遣人具奏或赴愬甘肅守臣俾爲轉達朝廷必有大法度治之追還所掠頭畜慰安既死亡魂爾乃擅興動衆公肆殺戮將獻還城池仍復占據同宗骨肉自行繫縶如此所爲信義安在奏至廷議文武群臣莫不扼腕忿怒咸謂
祖宗待遇西番夷恩德如天百年以來未有一族一人敢行悖逆今土魯番父子一次虜哈密王母一次殺罕慎
朝廷以不治治之曲爲含容尚不知悔今又殺阿木郎擄陝巴屢惡不悛罪在不赦逆天悖理非人所爲若不

皇明寶訓 弘治三年春 五十二

興兵問罪何以壓服天下番夷合辭請發大兵出關征勦并起集爾仇家敵國直抵巢穴明正爾罪然後牢閉關門題絕貢路使諸番再不得朝廷賞賜通中國貨財西番一帶必皆歸怨於爾無地容身朝廷念爾土魯番自祖父以來時來朝貢已非一世爾今雖有占城殺人之罪而前亦有歸城還印之功不忍輕絕特降勅諭使爾知之我國家富有四海哈密之在中國有之不加益無之不加損但念我
祖宗受
天明命爲萬邦華夷主永樂初年立哈密之祖脫脫爲忠順王八九十年傳位數世一旦乃爲爾所害略不動心

豈上天立君之意哉且朝廷之待哈密亦如待土魯番
土魯番設若不幸亦如哈密為人所滅絕朝廷亦坐視
而不顧乎爾宜知此意勅書到日即釋放陝巴送還哈
密舊城俾其照舊管理朕不念舊惡聽爾遣使通貢如
故嗚呼天道昭然順之者存逆之者亡爾其改過自新
毋自作孽保爾先人之業為爾子孫之計其尚思之毋
貽後悔故諭
○弘治七年八月甲申大通事錦衣衛帶俸指揮僉事王
英奏遠壇阿黑麻復刼奪哈密城池臣聞罕東左衛居
哈密之南野也乞里居哈密之東北皆其唇齒之地皆
與阿黑麻有讎是其四鄰親信皆有離心今宜降勅獎

勞罕東赤斤蒙古使之盡心圖報毋為阿黑麻所誘密
約合攻以除土魯番之患是以夷攻夷也又迤西各國
進貢皆藉互市圖利今各國使臣在途但下令不許進
貢則各國汎其得利之路必與阿黑麻為讎不能久占
哈密矣章下兵部覆奏謂以夷攻夷雖馭戎一計但夷
性不常或借幸而成功彼必恃功邀索何以應之為國
遠慮當精近效宜但如前會議侍郎張海所處事宜勅
諭甘州守臣整兵操練仍傳諭罕東赤斤諸番皆養威
畜銳以俟調遣不可輕率貽悔庶得安攘之道
上曰中國馭戎當存大體其如兵部議行之
○弘治十七年正月庚寅巡撫貴州都御史劉洪奏所屬
土番族類漸蕃混處無別乞以百家姓編為字號賜之
漢姓兵部覆請
上曰華夏自有定分可隨其土俗稱呼定與姓氏不必用
百家姓

大明孝宗敬皇帝寶訓卷之三

大明武宗毅皇帝寶訓序

朕惟實錄以備紀載寶訓以昭典則一代之制存焉不
可以或廢也我
皇兄武宗承天達道英肅睿哲昭德顯功宏文思孝毅皇
帝纘承大業臨御天下十有七年凡所舉措巨細若否
昭然具在朕受
遺詔入正大統爰稽故實命館閣儒臣倣古義例悉心纂
集既為實錄而珍襲之又於紀載之中取其言行政事
有足法者得一百五十一條類為寶訓十卷以詔來裔
於戲是固一代之制也而可泯乎抑嘗聞之自昔帝王
率有典謨以垂大訓中世令主道雖有間而法令條格

未嘗不備亦未嘗不足以範當時式來裔也我朝
列聖寶彝總之遺無不至法無不立以為子孫臣民之寶
者蓋世而同符矣仰惟
皇兄御祚以來
祖宗之法罔不率由惟英武之資奮勵之志則有不可羈
者故壯出觀兵則心存雪恥南巡問罪則義在除殘舉
措入於彀中奸宄喋於機上有燭奸之明而不蔽於近
有獨斷之力而不眩以情此亦可謂恢廓大度雄才英
畧之君也朕嗣厥服方崇古訓守遺矩以匡不逮顧於
斯可無述耶因併為序揭諸簡端庶幾存古之法以附
於我
祖宗列聖之後子孫臣民永以為鑒用畢朕孜孜承之
意云
嘉靖四年六月十二日

大明武宗毅皇帝寶訓目錄

大明武宗毅皇帝寶訓目錄終

大明武宗毅皇帝寶訓卷之一

光祿大夫柱國少傅兼太子太傅禮部尚書武英殿大學士臣呂　本校

南京禮部祠祭清吏司郎中臣陳治本

南京兵部職方清吏司主事臣宋　儀望

南京工部虞衡清吏司郎中臣呂胤昌

聖孝

○弘治十八年六月甲子勑諭禮部曰自昔聖帝明王治天下必先盡尊親之道以惇化原此天地之常經古今所不能易者恭惟我

聖祖母皇太后坤德之懿克配

皇祖仁慈義後自

皇考以肇子一人

聖母皇后淑德貞順表正宮闈誕育眇躬劬勞備至兩宮恩德莫罄名言朕初嗣丕基圖報允切稽諸訓典厥有彝章宜各極尊稱均隆至養茲將恭上

聖祖母尊號曰

太皇太后

聖母尊號曰

皇太后爾禮部其擇日具儀以聞

○十月乙丑以

孝宗敬皇帝梓宮安厝

山陵命駙馬都尉蔡震護喪賜之勑曰茲

皇考梓宮卽遠朕以嗣守
宗社祇循舊章不敢有違爾爲國戚特遣營喪凡
山陵道途祭奠及一應喪事皆以屬爾必欽必愼用副朕
意復勅英國公張懋曰凡防護及執役官旗軍校夫匠
人等俱宜遵守法度不許沿途傷人田苗及縱放驢馬
作踐亦毋得假以炊飯等項名色擅到人家攪擾及搶
掠柴草等物如違輕則聽爾量情懲治重則奏聞區處
爾須竭誠効力盡心管理勿或須臾怠忽有負委任爾
其欽之愼之
○正德元年二月乙卯巡撫都御史王璟請革皇庄未有
俞旨其在眞定等府寧晉等縣者太監夏綬請歲加營

場之稅又欲勿聽小民爭訟其在靜海永清隆平等縣
者少監傳琢等請遣官覆勘覈實以便管理小河之在
寧晉庄前者太監張峻等又欲稅往來客貨皆從之時
又以庄田之故差官校齎駕帖逮捕民曾堂等二百餘
人璟及都給事中張文監察御史葉永秀等皆疏言其
不便戶部初集廷臣議謂千百頃瑣瑣之利恐不足以
孝養
兩宮請革皇庄之名通給小民領種有旨令再議於是尚
書韓文等覆題謂畿民當加存恤若謂庄田以奉養
兩宮不可給散小民則宜移文巡撫官覈實召人佃種畝
徵銀三分解部輸內庫進用其管庄內官悉召還庶地
方得免侵漁之害
上曰卿等意在爲國爲民所言良是但朕奉順
慈闈事非得已管庄各留內官一人校尉十人餘悉召還
子粒如擬徵銀不許分毫多取沿途往來廚傳俱止勿
給散有仍前生事爲民害者令巡按御史具實以聞
○正德五年十一月丙辰勅諭禮部朕爲天子之孝尊親
爲大蓋非徒養以天下亦有顯揚之道焉朕生不逮
皇祖鑒逮
皇考嗣有大業天下之養備於
兩宮乃於卽位之初恭上
尊號而徽稱未蓋中心歉焉比以太監張永奉命出師平

定叛亂奏除姦賊朕用宣布政化以成太和凡我臣民
欣欣望治仰惟
列聖眷佑圖報無由亦惟我
聖祖母太皇太后保護之恩
聖母皇太后鞠育之勞至深至厚爰據舊章告諸
郊廟
社稷各益徽稱以彰
聖德以稱朕尊
親之意爾禮部其擇日具儀以聞
聖學
○弘治十八年十月己卯大學士劉健等言人君之治天

下必先講學明理正心脩德然後可以裁決政務哉
臣民故
累朝列聖嗣位之初必大開經筵每月三次令翰林春坊
講說經史公卿大臣分班環聽又於每日專令儒臣講
讀使工夫接續聞見開廣百有餘年太平功業皆由此
致仰惟
皇上昔在春宮日勤講學竞舜孔子之道固以得其大綱
先帝顧命臣等惓惓以進講為念向來
梓宮在殯
聖孝方殷萬幾之外不遑他務臣等竊恐
聖心未有所繫深以為憂今

山陵事畢祔廟禮成即欵請開經筵但殿宇高廣天氣向
寒且事體重大禮儀繁盛倉猝之間似難舉事欲姑俟
明年又恐曠日持久有誤
聖學伏覩
先帝初年日講常至歲暮不輟臣等疑於十一月初二日
為始伏乞
聖明遵照
先朝事例每日御文華殿煖閣令臣等兩次進講則
聖學可成太平可致實
宗社萬年無疆之慶除經筵事宜俟明春別請今將日講
儀注條上一伏覩

皇上在春宮講讀論語尚書各未終卷今合於每日接續
講讀先讀論語五遍次讀尚書五遍講官各隨即講明
講畢各官皆退一講讀後
皇上裁決政務有暇即看字體隨
聖意寫字一幅不拘多寡俟午講時臣等恭看進呈一近
午初時講大學衍義歷代通鑑纂要講畢各退一每日
各官講讀畢或
聖心於書義有疑即問臣等再用直解務求明白
上曰朕以哀疚故久輟講今閣卿等述
先帝顧命知講學誠不可緩其如期舉行
〇正德元年正月戊戌命太師兼太子太師英國公張懋

少師兼太子太師吏部尚書華蓋殿大學士劉健知經
筵事少傅兼太子太傅户部尚書謹身殿大學士李東
陽少傅兼太子太傅禮部尚書武英殿大學士謝遷同
知經筵事賜之勑曰朕聞帝王之道具在經典非講學
無以明肆經筵之設其來尚矣我
祖宗列聖相承尤惓惓焉朕以眇躬嗣承丕緒永惟負荷
之艱夙夜兢兢其何敢暇逸兹將以二月初一日御經
筵命爾懋爾健知經筵事爾東陽爾遷同知經筵事禮
部右侍郎王華詹事府少詹事兼翰林院學士劉機江
瀾楊廷和太常寺少卿兼翰林院侍講學士楊時楊國
子監祭酒張澯翰林院學士劉忠白鉞劉春太常寺少

卿兼翰林院侍讀費宏左春坊左庶子兼翰林院侍讀
毛澄左諭德兼翰林院侍講毛紀傅珪右春坊右諭德
兼翰林院侍講蔣冕翰林院侍讀羅玘修撰石瑤兼經
筵官健東陽遷并機廷和鉞宋日侍講讀翰林院等衙
門儒臣分直侍讀夫君以講學修德為要臣以責難陳
善為忠卿等其尚稽於古訓啓心沃盧凡理欲消長之
幾政治得失之故世道興衰之迹明白開陳以格朕志
毋有所隱務俾正學日新臻于至理斯朕得以仰副
上天之眷命與
祖宗之付托而卿等引君當道亦與有無窮之休欽哉

謹天戒

○弘治十八年八月辛巳六科給事中周璽等十三道御
史狄明等以淫雨為灾各上疏言天變不虛咎在欺蔽
通者侍郎李温等通賄權奸累劾不去主事王綸奉勑
覈實功次為太監苗逵力阻裁減添設內臣有司請如
詔而不行清理內庫錢粮已議會官而終委之司禮監
指揮田忠等督工
山陵縱軍避役兵部執奏竟獲宥免請寘諸欺蔽者于法
以消天變掌欽天監事少卿吳昊亦言自五月至今恒
雨其占為上慢下暴號令無時與玩狎不恭之人又為
天子居喪不宜弋獵無度奢侈繁興百姓愁怨之應俱
下禮部議謂宜納璽等言請自今防微慮患親賢遠奸

肆與臨朝恭儉率下謹大喪則極哀慟大政則勿輕庶
災沴漸息天意可回
上曰災異叠見實由人事乖違事關朕躬者自當警飭爾
中外文武群臣宜同加修省勉圖報稱凡政務所當興
革者諸司其條具以聞務切時弊毋事虛文
○九月丙戌禮科都給事中周璽言日者雷雨方霽星變
繼作皆陽微陰盛之象請親君子遠小人修政事擯奸
狀絕近倖之侵權黜姦貪之蠹國延訪輔臣及九卿以
求理亂之幾務盡修省之實
上曰星變事重所司即看詳以聞禮部覆奏人君之心與
天流通願

陛下引咎責躬總攬乾綱敬修人事如璽所言仍卜日遣
官祭告
天地
宗廟
社稷使精誠感格上下交通則和氣充塞星變可消
上是之乃命英國公張懋駙馬都尉蔡震惠安伯張偉分
行祭告
○正德元年三月丁未南京東安門皇牆脊瓦并大報恩
寺塔以雷震而損守備太監傅容等脫修葺皇牆乃奏
欲并修寺塔工部議根本重地雷震禁垣其災非他所
可比天心示戒

祖宗之靈恐非弗寧若復修理寺塔興土木之工勞軍民
之力非所以答天戒也願已之
上是其言詔南京災變非常朕心祗懼其令守備等官同
加修省以回天意
○六月庚午禮部尚書張昇等言天人一理人事失於下
則天變應於上茲有風雷雨雹非常之變內震西中門
柱脊外傷
天地壇門獸樹木夫西中門乃禁密要途
天地壇乃明禋重地而風雷乃天之號令也於此震驚其
可忽乎詩云敬天之怒無敢戲豫敬天之渝無敢馳驅
戲豫若鷹犬弋獵歌舞遊宴之類馳驅若騎射馳騁出

入無時之類是已帝舜曰勅天之命惟時惟幾惟時則
無時而不戒勅何暇於戲豫惟幾則無事而不戒勅何
暇於馳驅伏望謹詩人戲豫馳驅之戒法大舜惟時惟
幾之勤端居內省講學修德親賢遠奸審於舉措朝夕
精思何以致此且今府藏空虛生民困苦亟宜措財恤
下不可濫賞輕費請廣開言路俯賜優容仍勅諸司同
加修省振舉職務撫輯軍民沿邊守臣訓練軍馬修飭
武備謹防姦宄保固封疆庶人事盡而天變可回矣
上曰然災變非常深用恐懼事關朕躬者自當體行兩內
外文武臣工宜同心痛加修省以回天意利病之當興
革者所司其詳具以聞務切時弊毋事虛文

○十二月丙辰禮部奏明年元旦有朝會宴賞之禮今
孝宗皇帝未踰大祥又當日食宜免稱賀
上曰三朝日食災變非常朕心驚惧何以賀為諸禮其悉
免之
○正德五年三月辛未詔令春不雨風霾累日朕念愚民
犯法者多情可憫惻自正德五年三月十六日以前姦
竄強盜私鹽除正犯外親屬寄主鄰佑連坐發遣充軍
擺站者法司即稽其數兵部亟移文各處軍衛有司釋
之三法司錦衣衛見問未結并已結未遣者皆免發遣
枷號者即與開枷依律問擬徒流以下者减等皆罪無
干証者盡釋之強盜正犯通行審實監候如有冤枉

抑情可矜疑者具奏定奪其餘充軍者兵部還會法司
開具以聞內外逃軍自文書到日為始限三箇月以裏
自首免罪於是大學士李東陽等奏伏蒙
皇上以久旱風霾雨降綸音命羣臣致齋祭告
天地
社稷山川仍勅兵部法司鞫獄有罪之人多從寬貸臣等
聞命欣躍至於感泣中外傳播歡聲動地所以安人心
回天意者端在於此臣等不能盡言啓沃先事開陳負
聖心開悟輒有一二仰干
咎念愧已非一日幸覩
天聽王府逃校與逃軍同窩主鄰佑連累發遣充軍擺站

并見未問結已問結未發遣者乞照例釋放傾使銀
昀造印信舉放私債較之強盜有間除正犯外窩主窩
佑亦乞敌免仍將傾使低銀正犯止照本律問罪犯罪
充軍正犯已故家屬該發遣隨住者查有親男照例發
遣無子婦人一慨家屬乞免發遣已發遣者并行釋放
死罪重囚奏訴三次者本犯乞免加罪家屬免充軍婦
人無夫者免配遣軍凡犯罪家產没官除謀叛以上重
罪外其餘近例該没官者盡免没官兩法司錦衣衛見
監死罪重囚除強盜已有旨其餘乞照近年熱本事例
開奏定奪南京見監并枷號輕重罪囚亦照在京近來
恩例一體施行文武官罰米逋限者實官貧不係故意

遷延者乞再限三月仍免加倍上納各處獲盜數多中
間不無板指寬柳見問并緝獲者乞令各該捕盜等官
用心嚴審務見贓仗失主并同行上盜之人明白擬奏
如或輕信妄拿濫及無辜命圖陞職免罪者事發之日
罪有所歸再照正德年間問罪條例近該給事中屈銓
奏准頒行乞令三法司議擬歸一請自
上裁永為遵守
上批答曰卿等所言皆有裨於治道具見為國至意朕當
悉從而行之
()正德六年七月丙辰
上諭禮部臣曰寧夏底定皆
天地百神眷佑所致未伸告謝適者四方災旱相仍盜賊
蠭起荼毒生靈朕心惕然禮部其擇日遣官祭告於是
遣英國公張懋新寧伯譚祐會昌侯孫銘祭告
天地
宗廟
社稷山川禮部右侍郎李遜學祭告
天壽山之神其鍾山之神及天下嶽鎮海瀆俱令守臣祭
告
○正德七年五月甲辰巡按雲南監察御史張羽言雲南
地震甚於他省郡縣官多不得人雖嘗按治其罪而荒
裔之外吏政尚同乞勅巡撫三司等官痛加修省以弭

災異禮部尚書傅珪等覆以古之帝王遇災而懼故能
轉禍為福今歲天鼓鳴流星見陰霾四起天雨黃沙大
災異常盜賊猖獗而且地屢震不特雲南一方而已前
此嘗發綸音修省及今和氣未臻災變滋甚宜推羽言
通行在京文武衙門并在外鎮巡司府等官令其思黽
勉盡職業其有利可興弊可革者開具上陳尤望
皇上祗畏天心克謹天戒思所以感召之由行所以消復
之實順養天和講求聖學延訪民隱撙節財用早朝以
警勵人心深居以察識時變不作無益而害有益不急
遠慮而發通言俾省部臺諫各盡其職則上下交修而
天意回矣得旨天變示戒文武百官其同加修省在外

者仍移文諭之
○正德九年正月壬午以乾清宮災
上服淺淡色服御奉天門視朝文武羣臣行奉慰禮是日
敬寶座不設遂降勅諭羣臣曰朕恭承
天命嗣守
祖宗成業夙夜孜孜勉圖治理乃者乾清宮災朕心警惕
莫知攸措殆以敬
天事神之禮有未能盡
祖宗列聖之法有未能守用舍或有未當刑罰或有未公
征歛太重有傷民財工役繁興有勞民力讒捷並進而
直言不聞賄賂公行而政體悠謬姦貪弄法而職業多

未能修撫劉失宜而盜賊尚未見息有一於此皆足以
傷和致災靜言思之悔悟方切爾文武羣臣受朕委任
義均休戚其各協力祗承痛加修省事關朕躬及時政
闕失軍民利病宜直言無隱庶俾朕有所警懼以答
上天仁愛譴告之意故諭
○二月戊申永平等府旱潦相仍民茹草根樹皮且盡至
有闔室餓死者巡撫都御史王倬以聞且請差官賑濟
戶部議覆
上曰畿甸之民至此朕心惻然其令俾發所在倉庫賑之
仍輸通州糧十萬石減價糶散一應歲賦亟勘報蠲免
諸救荒事宜悉聽施行

○正德十二年五月己亥夜火隕於都察院獄旋轉久之
始滅都御史王璟以聞詔曰火隕獄中無乃刑罰失中
與爾璟宜率厥屬修省明慎用刑毋致冤抑以弭災變
仍申飭巡警撲防火災毋忽
英斷
○正德五年八月甲午太監張永還自寧夏奏劉瑾不
法十七事
上出永奏示內閣遂降旨曰朕嗣承大業務期法
祖保民以安天下委劉瑾以腹心整理庶務瑾乃不體朕
心蒙蔽專擅變亂成憲肆行酷虐使官員軍民無不受
害愁嘆之聲有干和氣朕深悔焉瑾降奉御令鳳陽閒

住文武官員順從賊黨多非得已令皆貸之各處新查
屯田丈冊即令燒燬照舊徵收巡捕巡鹽查盤等項新
設官員俱革去法司問擬囚犯但有新例俱改正照舊
制行凡瑾所行有虧國體者法司即會衆官一一條具
奏革瑾所當坐罪名從重議擬以聞及籍其家金銀累
數百萬其他寶貨不可勝計又得偽璽一牙牌五百扇
中所置刀二及衣甲弓弩之屬
上大怒曰瑾果反乃以付獄於是六科給事中謝訥十三
道御史賀泰等瑾罪
上令法司錦衣衛執瑾於午門前會多官鞫訊皆謂瑾罪
大惡極反形已具當寘重典獄

上命徇於市凌遲三日不必覆奏仍以招情并奏決圖狀
榜示天下行刑之日仇家每以一錢易一臠有得而生
啖之者海內聞之莫不踴躍相賀瑾竊柄五年驕横無
上生殺予奪皆自己出
累朝成憲變易殆盡自古宦官肆虐未有如瑾之甚者
上信任既久威柄已移一旦震怒去之不疑卒能正其誅
由
上之英斷也
○正德六年八月甲申提督軍務侍郎陸完師出涿州怨
排賊在固安
上召大學士李東陽楊廷和梁儲至左順門內
皇明寶訓　正德一卷　十四
上南向立問曰賊在東而師乃西出恐緩不及事欲令兵
部追還完等今東如何東陽對曰甚當且行未遠一二
日內可至賊船至水套自來送死官軍併力擒之甚易
但恐人心不齊向來累失事機正坐於此今官軍在北
宜亟勅東南諸將隄備
上曰張俊等皆在南料亦無害奏畢
上復諭東陽等曰先生用心命賜羊酒而退
○正德十四年五月丙辰遣太監賴義駙馬都尉崔元都
御史顏頤壽往江西宣諭寧王宸濠先是御史蕭淮奏
宸濠不遵
祖訓陵轢官府虐害忠貞招納亡命掠殺亡辜者數百人

沒富民資產萬數西山牧馬幾萬匹南康私船亦有千
艘酷虐遍於江西而流毒及於他省所遣旗校及內使
接踵京師或潛住終年不知所營何事且羣姦為之黨
者如致仕都御史李士實儀賓顏官祥指揮葛江王信
引禮丁璜內使陳賢壽 山熊壽涂欽梁偉義官倪慶虛
孔章徐紀趙七謝培省祭官黃海秦梁舍人李顯忠校
尉宣五火信樂工秦榮皆入府晝夜密謀又招致建昌
賊首凌十一閔廿四等以為羽翼不早制之臣恐將來
之患有不可勝言者乞勅錦衣衛逮其黨至京誅之其
潛住京師者緝捕重治所占田產皆給還軍民仍革其
護衛一裁以法鎮守太監畢真同惡相濟巡撫都御史
皇明寶訓　正德一卷　十五
孫燧巡按御史林潮不能糾正反為獻諛宜究其罪原
任江西副使李夢陽僉事李淳王圭參政白金參議王
春附勢助虐宜削奪其官為民左布政使鄭岳充軍副
使胡世寧因忤濠得罪者宜亟起用朱寧見之持其疏
還家數日匿於
上前詆淮妄言離間宜罪
上曰虐甯久當見之果誣淮將焉往
上遂以淮奏示內閣大學士楊廷和等令議處廷和曰宜如
宣宗處趙府故事遣貴近勲戚大臣各一人持書以往宣諭
皇上保全宗室至意令王改過自新庶彰朝廷親〻之仁
而犯法亦不廢矣

上以為然會六科十三道徐之鸞沈灼等交論其事
上復遣司禮監官召皇親駙馬文武諸大臣於左順門諭
令集議皆如廷和言於是勅義等賫書往諭畧曰叔祖
在宗室中屬尊望重朝廷所以禮待者視他宗室不同
但府中事多啓物議流傳道路不無可疑往者典寶副
閻順等奏諸不法朕未遽信近言官所奏亦與順圖存
廷群臣咸謂
宗社大計宜存遠慮朕念至親且不深究然隱忍不言彼
此懷疑亦非兩全之道昔我
高祖考宣宗皇帝嘗因趙府有煩言特遣駙馬袁容等賫
書戒諭即惕然改悔獻還護衛至今永享富貴朕今亦

為叔祖計遣太監賴義等賫書來告可做此意以原革
護衛并屯田獻還所奪官民田土亦皆復其故主賊首
如凌十一等及其黨散遣歸鄉諸撥置者俱不許在府
出入朕亦俯從寬典並不深究則朝廷與宗室兩盡其
道永享太平之福矣此朕至情
天地
祖宗寔所共鑒叔祖其圖之
〇十一月丁巳命廠管朱寧于臨清初寧與宸濠通謀事
頗洩深自掩覆
上之南征也已留寧居守寧恐離
上左右為人所發乃私來扈從及

駕發京師既出正陽門始傳旨令寧俱南江彬素與寧寵
至臨清進閘止寧董皇店役遂白其通濠狀
上大怒曰我固疑之黠奴乃敢爾時將渡淮遂令即所在
拘繫之又密遣人至京收其妻子并籍其家貲
駕還與諸從濠逆者俱俘以入竟磔于市妻子沒官
聽察
〇正德元年九月辛卯大學士劉健李東陽謝遷以太監
崔杲奏乞引鹽工部為之請勅遂上言
祖宗舊制鹽法本以備邊近年奏討數多成法盡壞
先帝深知其弊特令該部查處臣等親承面命議擬施行
而

龍馭忽升事功未就恭遇
皇上渙頒明詔痛革弊端特令大臣分投清理天下傳誦
稱為
聖明奈何清理之使方行織造之命隨下生財之源既塞
蠹財之弊復生臣等若坐視不言依阿順旨不惟負
先帝面託之重亦且虧
皇上新政之明前勅决不敢撰寫况太監崔杲奏討引鹽
不過變賣銀兩若戶部支與價銀尤為省徑若仍給引
鹽聽其支賣必夾帶數多向來作弊射利之人因而附
搭則鹽法之壞愈甚於前清理之官俱為虛設東南困
敝之民恐生不測西北兵荒之急何以應之臣等之愚

有不止此伏望収回成命止照該部原擬給與價銀鹽
造則供用不乏鹽法可行於是五府九卿科道等官亦
上疏論其不可時
上意未決猶欲全與鹽引乃於日講罷召健等復至暖閣
問曰昨差承運庫太監王瓚崔杲往南京浙江織造瓚
等乞長蘆一萬二千引戶部止與六千引半與價銀今
可全與之健等同奏曰如是已足用矣
上曰既與半價何不全與引鹽健等對曰戶部亦是為朝
廷撙節用度
上曰該部既欲節用何不留此半價卻以引鹽與之聽其
變賣不亦兩便乎健等曰價銀有限不若引鹽之費為

多
上曰何故東陽對曰鹽引數有夾帶如引一命便夾帶數
十引以此私鹽壅滯官鹽不行
先帝臨終銳意整理鹽法正今日急務也不可不為遠慮
上曰若有夾帶事覺朝廷自有法度處之東陽對曰此輩
若得明旨即於船上張揭黃旗書寫欽賜皇鹽字樣勢
焰烜赫州縣驛遞官吏酬應少誤即加笞辱亦隱忍受
之至於鹽商竈戶雖凌虐萬狀誰敢呼冤所以不若禁
之於始健等亦共言之
上正色曰天下事豈專是內官壞了譬如十箇人中也僅
有三四箇好人壞事者十常六七先生輩亦自知之知

是者言之至再蓋是時已有先入之說矣
上復謂曰此事務要全行健等奏曰容臣等再議因叩頭
出至殿中司禮監官追達
聖意亦答曰已奏過再議監官遽回奏云先生輩已承行
矣健等至閣復上疏極言自古帝王以從諫為聖拒諫
為失國家治亂常必由之顧順旨之言易入逆耳之言
難受故治日常少亂日常多臣等每以此說進於
陛下誠欲
陛下為聖德之君天下成至治之世也今文武公卿臺諫
合詞伏闕皆謂鹽法不可壞而
聖意堅執排羣議而行之就使織造有益姦弊不生然上

虧朝廷納諫之明下失羣臣守法之義所得幾何而所
損者不可勝計矣此雖一事關係甚重臣等豈不知順
旨者有寵逆耳者獲罪若貪位戀祿殃民誤國則不獨
為
陛下之罪人抑亦為天下之罪人萬世之罪人矣區區犬
馬之誠猶望
陛下廓天地之量開日月之明俯納羣言仍從初議以光
聖德天下幸甚若以臣等迂愚不能仰承
上意則乞別選賢能以充任使將臣等放歸田里以免曠
職之愆
上曰昨聞卿等面奏今復覽疏朕心已悟引鹽不必全與

可夫與十分之五餘如議與價銀
〇正德十四年九月戊戌
上南巡至臨清山東諸鎮巡官皆從越三日傳令進宴宴
具草署
上視之笑曰假我何甚竟不怒及宴都御史王珝獻觴步
綫
上目之神周因林珝謂
上意不測明日復宴都御史龔弘趨進自言姓名蓋恐
上誤以為珝也江彬從旁厲聲叱之龔併罪兩人
上不為動時太監黎鑑家人有以科歛得罪者鑑俱悉所
有以獻復取償于有司珝不可鑑以頭觸之遂相鬬爭

鑑沮愬于
上
上曰此心汝有求不遂耳巡撫何敢輒辱汝也鑑語塞而
退蓋
上巡幸所至事每有容且聽察不為左右所惑類此
聽納
〇正德元年正月甲午大學士劉健李東陽謝遷疏言竊
見去年
聖駕看牲及時享
太廟內官內使隨從數多今年大祀
郊壇從者又多數倍臣等歷事

累朝見帶刀披甲等項內官甚少聞宣德正統以前尤少
祖宗深意蓋以敬
天事神為重不敢過為奢擅且執事給役自有定額廩食
供給亦有常限不可過為冗濫故也今察
大社耕耤田幸太學等禮在過
社稷先農壇地方窄狹文武羣臣守衛執事自有該用人
數國子監先師廟庭不過數丈出入門巷不過數尺太
學師徒數十百人伺候行禮填塞擠雜尚恐不容若增
添內侍置之何地乞勑司禮監查照正統以前舊制定
為名數不使仍前混雜廢國體清肅人無竊議臣等又
見每日常朝

駕過文華殿隨從之數漸亦增多內府各監局題本僉書
官姓名或至七八十人或至百數十人伏覩
先朝每遇登極之初必一簡選今則但聞陞擢不計年資
品級新舊累積賢否混淆光祿寺傳辦卓面日逐加增
已至七八十卓承運等庫關出賞賜各該衙門役使人
匠不知幾何蟒龍玉帶內府乘馬不論其數耗竭財用
壞亂名器未及一年已至於此仰惟
皇上春秋鼎盛將隆億萬載無窮之祚此後何以處之況
自春詔書查革冗濫文武官員俱曾革去數百各門倉
庫及各處分守守備等項內官照舊不動恐非朝廷大
公至正之道臣等固嘗論奏奉旨准行因循至今其弊

愈甚臣等謬膺顧命叨任腹心日夜憂惶莫知所措不
敢不昧死盡言尤望
皇上大奮乾剛特施睿斷將前項冗官通行裁革非分賞
賜服色盡行追還使制度光復於
祖宗詔令不失於天下實
社稷之福蒼生之幸也
上嘉納之曰隨從內使朕今有處分矣
○二月癸酉大學士劉健李東陽謝遷復上疏言臣等俱
以愚庸遭遇
先帝委以腹心臨終顧命惓惓以
陛下爲托臣等痛心刻骨誓以死報恭惟即位之初詔書
皇明寶訓　正德十卷　卅二
一下天下延頸嚮望太平而朝令夕改迄無寧日百官
庶府做效成風非惟廢格不行抑且變易殆盡建言者
以爲多言幹事者以爲生事累章執奏則謂之再擬查
革弊政則爲之紛更憂在於民生國計則若罔聞知事
涉於近幸貴戚則牢不可破以一二人之私恩壞百年
之定制而不顧以一二人之邪說違滿朝之公論而不
恤臣等切居重地徒擁虛銜或旨從中出略不預聞或
有所議擬徑行改易似此之類不能備舉臣等心知不
可義所當言累有論列多不見允比爲戶兵等部議處
鹽法功次等事具本上陳甚言利害拱俟數日未蒙批
答若以臣等言是則宜俯賜施行臣等言非則亦明加

斥責而乃留中不報視之若無使臣等趨向不明進退
無據深憂極慮寢食弗寧亦知內告外順人情之常但
知政出多門咎歸臣等捫心反顧無以自明展轉於衷
殆非獲已嘗聞宋儒朱熹有曰一日立乎其位則一日
業乎其官一日不得乎其官則不敢一日立乎其位今
勢窮理極已至於斯若謾顧命之名而不盡輔導之實
因循玩愒竊祿苟容則既負
先帝又負
陛下不獨取譏當世亦將貽笑方來用是共瀝愚誠上塵
天聽伏乞
聖明矜察特允退休別選賢能代茲重任少逭分毫之罪
皇明寶訓　正德一卷　卅三
幸延犬馬之年則
陛下優待舊臣之心勵精新政之義兩盡而無遺矣
上曰卿等切切爲治之心朕已知悉所言事待斟酌行其
悉心輔導如故
○戶部覆議都給事中鄒軒等所言裕民止盜事其一謂
貴戚藉所賜莊田侵奪民產蓋長寧伯周彧賜田之在
景州東光境內者實係民人高崇等世業往年爲奸民
擧告投獻中貴遂以賜彧而崇懇焉遂至錦衣衛鞫問
已明宜令踏勘官從公斷理勿畏勢以虐民仍通行諸
貴近戚曾受獻者俱遵詔旨亟以還民其一謂內府各
監局各庫各倉場及各門內官內使人等每緣收納錢

粮刻削無厭
先帝晚年洞察民隱嘗特降明旨嚴加戒諭令儌玩偷怙
不知畏敬諸所解納百方巧取粟米布絹之價往往倍
於時估民甚苦之宜重刻戒諭之旨於諸司懸布永示
遵守其一謂庄田子粒貪暴者違例自收蓋公侯田土
及牧馬草場畝徵銀三分令佃户自赴有司上納而後
聽業主領用實慮管庄之人貪暴自恣逼民逃竄也今
宜令撫按官重加榜諭或違例致民失業者業主有司
體究問其一謂征稅不經甚至屠宰皆納官錢蓋京城
各門宣課司近聞日進供用庫猪肉丁字庫羊皮又歲
時一再進送瓜果俱非舊制宜盡行革罷若張家灣盧
皇明寶訓　正德一卷　廿四
溝橋二司經過客貨非在彼發賣者宜令徑赴宣課司
報稅毋得重征其崇文門分司五百貫以上例該起條
者宜如原稅之數勿令加倍各門大小車輛及驢騾負
載諸貨宜悉聽巡視御史等官照例收取正稅不許守
門內官仍前干與分外過取其一謂珍寶應禁而不之
禁蓋近內承運庫太監龍綬等奏請寶藏庫寶石西珠
無可用者欲本部區處進納臣等嘗集府部羣臣詳議
時方凋敝未能致此難得之物況
皇上新服厥命正宜屏絶奇玩以培養儉德宜勅所司還
諸內庫所藏取足成冠婚之禮而止不必過求傷用敢
有黄綠采奏焚燬

上聽者查照先年處置梁方例重加究治奏入
上是之曰
先帝所頒戒諭之旨其令諸司翻刊懸布遵行有故違者
罪無赦時廷臣集議還綬等所奏留中將一月矣至是
亦得旨不必買辦
○四月癸丑五府六部等衙門英國公張懋等言自古人
君未有不以憂勤而興驕佚而壞者益之戒舜曰罔遊
于逸罔淫於樂成王初政周公作無逸以訓之誠見夫
廢興之機於此乎係不可以不慎也
太祖高皇帝間關百戰以有天下深慮後世溺於宴安故
皇明祖訓首謂守成之君常存敬畏以
皇明寶訓　正德一卷　廿五
祖宗憂天下為心則能永受
天之眷顧若生怠慢禍必加焉貽謀之遠蓋與益周公異
世而同符也仰惟
皇上嗣位以來日御經筵躬親庶政求治之心恒惧不逮
邇者忽聞燕閒之際留心騎射甚至羣小雜沓徑出掖
門遊觀苑囿縱情逸樂臣等不勝驚惧昔漢文帝從霸
陵欲西馳下峻阪其臣袁盎諫曰聖主不乘危不徼倖
今騁六龍馳不測山有如馬驚車敗陛下縱自輕奈高
廟太后何宋孝宗嘗親鞍馬其臣薛季宣諫曰鞍馬之
事雖陛下所以習勞振武至於衛之害積于細微銜橜
之危起於所忽則不可不慎夫家累千金坐不垂堂蓋

謂所托者重也
陛下負託之重豈但千金之子而乃自捐端拱之安以犯
垂堂之險萬一御者蹉跌御勒有失左右不及致力將
如之何臣等竊意
天縱聖明初無此念必左右近侍引之非道
陛下不察而誤諂之臣等實為寒心況去歲以來天異迭
見若復從事佚樂何以感動
天心夫上天之變不可玩古人之戒不可忽
聖祖之訓不可忘
宗社之慮不可不慮伏願
陛下居安思危嚴恭寅畏凡騎射遊樂之事一切屏絕親

君子遠小人左右近侍必選老臣謹厚者充之毋使懐
邪羣小雜乎其間因而上累
聖德有負天下臣民之望
上批答曰卿等所言良是朕皆體而行之
○六月庚午大學士劉健李東陽謝遷言近因災變疊見
伏蒙
陛下恪謹天戒諭令臣等同心修省凡興革事宜諸司自
當開具奏請臣等職專輔導事關君德者不敢不昧死
上陳竊惟自古人君必以勤敬為德怠荒為戒經書所
陳史冊所載昭然可見也伏覩近日以來視朝太遲免
朝太多奏事漸晚遊戲漸廣茲當長夏盛暑之時經筵

日講俱各停止臣等愚昧不知
陛下宮中何以消日若奢靡玩戲遊賞宴會非所以崇儉德
彈射釣獵殺生害物非所以養仁心鷹犬狐兔田野之
畜不可育於朝廷弓矢甲胄戰鬪不祥之象不可施於
宮禁夫使聖學久曠正人不親直言不聞下情不達而
此數者交雜於前則聖賢義理何由而明古今治亂何
由而知民生困苦而莫伸政事弊壞而莫救其所關甚
大臣等實切憂之切見六月中旬風雨飄蕩雷霆震擊
正殿鴟吻
太廟脊獸
天壇樹木以至禁門房柱之類各有摧折燒毁比之四方

奏報者事體尤重天心示警蓋已甚明伏望
陛下惕然省悟奮發乾剛恭己敬德勵精圖治平旦視朝
依期奏事屏去玩戲放逐鷹犬萬幾之暇將舊日所遺
講章直解不時省閱以開廣聰明窮究義理凡諸司所
開利弊詳加采納斷在必行庶可以消弭災沴導迎和
氣上回天意下慰民心誠國家萬萬年之福也
上曰朕聞帝王不能無過而貴於改過覽卿等所言具見
忠愛之誠朕當從而行之
○正德二年二月己卯大學士李東陽等疏請早朝言自
古聖帝明王必以克敬克勤為德早朝者勤政之第一
事也

皇上即位之始常以昧爽視朝中外欣欣想望至治頃來
武多至巳時方出人心疑恐伏望自今早朝仍依舊期
一則
聖躬志慮清明二則朝廷氣象嚴肅三則侍從宿衛得免
疲倦可以整飭朝儀四則文武百官不至懈弛可以理
辦政務五則鐘鼓有節可以一都市之聽聞六則引奏
有期可以聳外夷之瞻仰一舉而衆美咸具天下必將
稱頌
聖明此其事易行而其效甚大只在
聖心一轉移之頃爾
上曰卿等所言切於治道朕已知之矣

（○）正德六年二月辛丑禮部尚書費宏等上疏言竊惟聰
明睿智聖質固本于天生高大光明君道必資於聞見
蓋朝廷之上日有萬幾而事物之來理欲難辨故崇儒
講學納諫聽言正人君所以成聖德而隆至治者恭惟
皇上即位之初日御奉天門以臨百辟時御文華殿以親
儒臣蒞政講學無貲不廢誠大有為之君而足以致太
平之治者也況今奸佞既除百度釐正人有勵精之望
治當更化之時故臺諫各攄忠悃上廣
聖聽纍數條陳詳明剴切如給事中潘塤等所謂御經筵
以勤學謹視朝以勤政處宮寢以養和節出入以養重
親君子而遠小人斥異端而崇正道惇不息之工戒無

益之樂監察御史陳察所謂務講學以明德節嗜欲以
養心視早朝以聽政凡此數者實端本澄源之論而出
於危明憂治之誠伏願
聖明俯垂聽納見諸施行如堯之舍己從人如湯之檢身
懋德如此則大孝益隆於繼述
聖德日就於崇高本源既正而政化自爾其更新內治既
修而外侮不憂其難禦疏入
上曰卿等所言足見憂國恤民至意朕已知之矣

崇儒

（○）正德元年六月辛酉授孔子五十九代孫彥繩為翰林
院五經博士主衢州廟祀宋之南渡也衍聖公端友扈

蹕自曲阜徙衢州傳五世至其孫洙而宋亡元世祖召
洙至欲令襲爵洙以墳墓在衢力辭乃讓其爵于曲阜
宗弟治自是曲阜之後世襲為公而嫡派之在衢者遂
無祿衢州知府沈杰求端友後得彥繩請授以官俾世
主衢之廟祀且言其先世所賜祭田在西安者五頃洪
武初以民田輕則起科未幾有王氏子隨母改適冒孔
姓以罪抵法田沒官改徵重稅亦宜減輕以供祭典修
葺費禮部議覆
上曰先聖苗裔在衢者齒于齊民朕甚憫之其授之五經
博士令世世承襲并減祭田稅以稱朕崇儒重道之意
於是以博士授之彥繩

○正德二年七月乙卯浙江台州府知府徐鵬舉奏宋儒朱熹仕於浙東講明道學修舉荒政濬河築堤民享灌溉台人德之立祠以祀但祀典出於朝廷歲遠則廢乞令有司撥人役護視祠宇歲供祭品每春秋祭主以本府正官庶報功之典可久而台人之願亦伸矣禮部議覆

上曰朱熹有功斯道遺愛在台固宜有祠其如鵬舉所奏行之

○十一月丙辰授三氏學生員孔聞禮為翰林院五經博士文子思廟祀事時襲封衍聖公孔聞韶奏以子思廟在鄒縣南去曾五十餘里主祀缺人請擇族中之賢者

授以博士世職俾主其祀且以母弟聞禮名上

上曰顏孟二子皆有世官奉祀而子思廟在鄒者獨無此闕典也聞禮可授翰林院五經博士俾世主其祀

○正德四年七月甲辰三氏學生員顏重禮奏三氏子孫自成化初年開貢迄今顏氏未貢一人乞定為資格以均之禮部覆議以孔氏子孫在學者十九顏孟子孫在學者十一若孔氏仍舊三年一貢每及三貢顏孟輪貢一人則均矣

上是之且曰輪貢既均其毋令廢學當貢者所司仍慎選以充

○九月乙巳以孔承夏為曲阜知縣初曲阜知縣孔承泗辛族人樂孔公統代之有孔承章承周者赴京奏其過惡吏部乃舉承夏可用而罷公統因劾承章等二人意欲徇私虐其族承懿也乃執付巡按御史究治既而承章等復與承懿潛至京為偵事者所發俱謫戍海南仍賜衍聖公聞韶勅曰先聖之道朝廷用之以為治天下之法在爾世守之則為治家之法承章等首開訟端毀詆宗子以朝廷名爵為私家爭奪之具是先聖不肖子孫也謫之邊戍小懲大戒正用先聖遺法為之教不肖子孫爾且先聖嘗言其身正不令而行爾聞韶尚佩服先訓進學修德與族長管束族人令讀書循法循理以稱朝廷崇重至意今後再有恃強挾長朋謀脅制不守

家法為聖門玷者爾即指名具奏必不輕恕故勅

○正德七年十月丁卯先是賊犯闕里勅所司分兵防禦至是衍聖公孔聞韶以慶賀至京師具疏謝

上復批答曰群盜為暴至犯闕里朕聞之惕焉靡寧其令巡撫官祭告仍量為修葺以慰聖靈

○正德九年三月甲戌山東嘉祥縣修曾子廟成巡按御史李璣請以門人子思配享而以陽膚子襄公明儀沈猶行公明高樂正子春公明宣單居離列于子思後從祀且請御製碑文以垂示無極禮部議覆詔曰顏子廟先朝已有御製碑矣曾廟亦不可無也其令翰林院製文賜之

興學
○正德元年三月甲申
上視國子監是日
上具皮弁服詣先師孔子行四拜禮幸彝倫堂祭酒司
業講書畢
駕還宮明日賜衍聖公孔聞韶并三氏子孫祭酒司業學
官襲衣及諸生寶鈔越三日賜祭酒司業及諸生勅曰
朕纘鴻圖率遵舊典特視太學釋奠于先師嘉與諸
師儒講論治道厥禮告成惟古帝王在位敬典綏猷以
成至化政與教非二也顧建學置官職專而法備所以
成德達材俾為世用於政亦有資焉自有經傳以來道

在方冊非心領神會身體而力踐之其何以措諸事業
朕方躬廸彝教為天下先爾師生尚懋敦乃學惟忠孝
節義是訓是守以廣業弘化俾四方民物歸於太和庶
幾復唐虞三代之盛欽哉

禮大臣
○弘治十八年六月乙未大學士劉健李東陽謝遷言
皇上嗣登寶位之初賞臣等各銀三十兩紵絲二表裡已
頓首拜受近聞戶部奏擬將親王及文武官員賞例通
為減省竊思帑藏告竭減省賞賜乃不得已而臣等獨
受厚賞心實不安請辭免
上曰此
先朝故事勿辭已而健等復言昔在
先朝國用充裕此等正賞固不敢辭今府庫空虛加以強
寇在邊軍需方急若不痛加樽節目前已不能給後來
何以繼之且節用必自貴近始臣等受遺輔政當與國
同憂豈可獨受厚賞伏望自今以後一切無名之賞
皆停止以崇儉德
上復曰朕初嗣位加賞輔臣禮不可廢卿等勿固辭其他
財用朕自當樽節
○十月己卯是日早朝退
上御文華殿召內閣臣三人總兵官六人六部尚書都御
史至前諭之曰國有大喪加以邊事卿等久勞各賜文

綺三襲仍賜飲饌而退
○十一月丙申遣行人存問致仕太子太保吏部尚書王
恕初詔天下有司凡致仕大臣九十以上者具奏至是
陝西以恕聞
上賜之勅曰卿在
先朝出入臺省直言正色著有令猷及勇退以來壽考康
裕年躋九十朕方孝奉
兩宮惟思臣庶惟尊賢養老之典自古有之特遣行人存
問并賜羊酒月加食米二石歲加役夫二名以示優眷
卿其體朕至意順神葆光益卲乃德以裕後昆抑書有
之爾身在外乃心罔不在王室卿有嘉謀讜論尚無所

隱以稗朕之不逮斯不亦永有譽哉
○十二月壬戌兵部尚書劉大夏乞休致言
先帝晚年察臣愚直傳宣顧問無月無之義則君臣恩同
父子不幸
龍馭上賓恭遇
陛下嗣登寶位兵事方殷義不忍去但犬馬之年已及七
十若貪國祿位恐議橫生恐傷
先帝之明顧賜骸骨歸
上曰卿受知
先帝簡遺朕躬方切委任正直盡心職務可固求休退耶
其即勉起供職勿再辭
皇明寶訓　正德一卷　卅四
○正德元年正月戊戌有司月給致仕工部侍郎潘禮食
米三石從撫河南右副都御史韓邦問奏禮草廬疏食
不事干請年過八十宜有所賜給以贍終身
上曰禮安貧守分風節可崇遂有是命
○三月甲辰遣行人存問致仕南京工部尚書胡拱辰賜
之勅曰卿以俊偉之才清慎之操歷中外多歷年所
茂著勞績為時名臣既遂退閒懋修厥德望愈隆壽
考康寧年躋九十完名盛福求諸今日蓋僅見焉朕方
孝奉
兩宮推恩臣庶爰稽尊賢養老之典特遣行人賫勅存問
并賜羊酒仍令有司月加食米二石歲加人夫二名以

示優眷卿其體朕至意順養天和益延壽祉表儀鄉邦
為國之光故諭
○四月丁巳少師兼太子太師吏部尚書馬文升上疏謂
臣歷官已五十六年年今八十有一矣自七十以來累
疏乞休未蒙
先帝俞允今
皇上嗣登寶位豈不欲誓死圖報但藻鑑人物全藉精明
力務健耳目聰明方克有濟而臣衰老愈甚諸疾交侵
萬一用人未當恐來物議況今災異迭見溢居師保重
任不能燮理寅亮亦當罷去以弭災變
上曰卿歷事
皇明寶訓　正德一卷　卅五
累朝勞績茂著朕當新政委任方隆乃屢求休致情詞懇
切特允所請賜勅給驛以歸有司給食米月五石役夫
歲八人以示朕優禮老臣之意
○正德六年六月辛丑大學士李東陽以老疾乞休言衰
老益深疾病交作且官列三孤職司輔導而神思荒落
不能効謀慮之勤精誠未孚無以為感格之地伏望
聖慈憫其衰病乞骸骨以盡餘生
上曰卿忠誠體國輔導
累朝功烈譽望天下共知述作議論尤為國華出處進退
關係天下重輕宜體朕情亟起視事乃見君臣同德之
義不必再辭

○正德七年七月癸酉大學士李東陽九載考績吏部以
事聞
上曰東陽輔導三朝勤勞備至懋德懋昭今以一品九年
奏績可降勑褒諭令兼食大學士禄仍舊供事錫之誥
命宴於禮部以稱朕優禮重臣之意
○正德九年八月戊申右副都御史彭澤既平蜀寇且還
會陝西土魯番之變復命澤總制經畧自謂久典軍務
又陝為鄉土乃引疾辭詔不允且曰朕亦念卿久勞於
外宜勉為朕一行以安邊境其毋固辭
表功臣
○正德八年十二月辛亥追贈誠意伯劉基為太師謚文

成先是基九世孫指揮使瑜以贈謚及祠額請禮部議
覆詔曰基在國初運籌帷幄功比漢之子房其賜謚如
之額其祠曰翊運時部議併及翰林院學士承旨宋濂
國子監祭酒宋訥亦皆賜謚濂曰文憲訥曰文恪
尚賢
○正德十年七月乙巳給事中毛憲言昌平侯楊洪都督
山雲大學士朱善尚書王竑陳洽王恕都御史吳訥韓
雍御史鍾同僑撰羅倫布政司使陳選勲業節義文學
俱可錄乞賜謚立祠時洪雲訥洽恕同皆已謚禮部以
未謚及宜立祠者請詔國家文武名臣宜示優崇未有
詞者俱附鄉賢名宦祠令有司致祭善竑雍俱予謚其
他著名節於時褒錄未及者巡按御史詳覈以聞
○正德十一年五月戊子南京禮科給事中徐文溥言
先朝有吳與弼陳獻章者皆以大臣論薦崇以殊禮雖二
臣雅志弗究厥用然亦足以彰
聖朝重道之意至今聞者猶足興起頃來儒道不明巧僞
競出務為險怪因惑人心排侮儒先招誘無耻輙幞巾
服標張門户狀如鬼怪心若穿窬世道之害至此甚矣
竊見致仕侍郎章懋造詣精深涵養醇熟不立異以駭
俗不矯飾以求名誠心正學庶幾乎道海内學者翕然
宗之較之二臣奚翅不讓
皇上亦嘗擢之太常堂之禮部懋雖甘老而朝廷待之不

為不優臣竊以為二臣者布衣也
先朝待之如此懋始居翰苑志節夙著遂掌國學師範益
尊進秩常階未昭殊數豈
聖明之待耆德反布衣之不逮乎臣願舉
先朝崇儒之典倣三代養老之政或遣使存問或安車徵
起不惟儒道增重
聖德有光且使人心知所向慕不為邪詖所惑轉移風化
莫大於此會巡按浙江御史鮮冕亦以為請吏部議覆
上曰懋學行純正齒高望重有司可時加存問以稱朝廷
優禮耆宿之意
褒忠節

○正德元年二月癸亥廬州府知府馬金奏故元淮南左
丞贈平章幽國公謚忠宣余闕合肥青陽里人也至正
之亂提孤軍守安慶援絕城陷與妻子女俱死焉一門
五節世所希有我
高皇帝嘉其忠詔建廟祀於安慶矣但臣聞古之忠臣生
地所俱有祠今其里舊祠弗葺似為闕典乞令所司修
復置守者賜之祠額其於風化寔非小補禮部覆議如
金奏葺合肥舊祠給旁近户二家護視春秋令縣正行
祭禮詔悉從之額其祠如謚
○正德三年三月癸亥命興化府立祠祀宋陳瓚陳文龍
叔姪文龍宋咸淳狀元為同知樞密院事兼參知政事

以慶州亂充閩廣宣撫大使開閩興化製大旗書其上
曰生為宋臣死為宋鬼出入前導以矢無他意後林華
以城降元文龍被執唆都等往來誘脅不為動過杭廟
謁岳武穆大慟不食而死瓚文龍之從父也以布衣召
募義勇三千人攻殺林華復興化獻馘於朝遂命為興
化同知戰守備至元將攻圍日急力屈唆都執而欲降
之罵曰吾家世忠義寧能從爾胡狗求活耶唆都大怒
車裂以徇至是福建左參政熊達大理寺評事徐元[illegible]
各疏請立祠以表其忠禮部議覆
上曰文龍叔姪在宋季死節忠義可嘉其立祠令有司春
秋致祭

○正德六年十二月乙巳羣盜攻破郡縣守臣多死者詔
曰赤子弄兵致戕賊命吏朕甚憫之其忠節顯著者兵
部查覈以聞於是贈按察司副使周憲馮傑為按察司
僉事吳景王源為按察司副使知縣霍恩王佐霸州
同知郁采為光祿寺少卿都指揮同知王保等為都指
揮使憲等俱廕一人為國子生有加廕改為百户者保
等子襲陞一級其餘死事者俱視此例
○正德八年七月庚寅賜唐顏杲卿真卿廟額曰二忠杲
卿官常山真卿官平原即今真定德州地也前知府彭
澤於學宮右建二顏祠至是成知府李㯄以廟額請詔
曰忠節之臣古今一也杲卿真卿以死勤事有功於唐

其賜之祠額仍令有司每歲仲春致祭
○正德九年十二月辛丑直隸南和縣故有唐相廣平郡
公宋璟祠未載祀典至是知縣李希夔以請詔以璟守
法持正為唐名相其令有司歲仲春致祭
○正德十年二月庚寅巡按廣東御史高公韶奏韶州故
有唐相張九齡祠景泰中用給事中白瑩言以唐韶州
刺史鄧文進宋邕州推官譚必國朝永豐令鄧顒俱附
祠配享竊考九齡子拯為伊闕令時安祿山陷河洛拯
不受偽官堅守臣節忠義著聞而獨見遺似為缺典禮
部議覆詔曰如拯可謂不媿其父矣其令從此

戒諭臣下

○正德三年正月丙辰天下朝覲官員事畢辭還任賜之
勑曰朕受
天命嗣
祖宗大業為天下生民主夙夜惓惓念吏治多獘民生未
安每因事申飭所司務遵成憲以供厥職爾等畿甸藩
服之臣雖職分不同分地各異皆與有民事之責茲當
述職來朝已令吏部都察院詳審甄別黜其尤不職者
以示懲戒俾爾等仍還舊任中間廉恕公勤克舉其職
者宜益加勵翼緒續前功間有職業不修幸免黜罰者
亦宜改過自新用圖後效大抵司牧之官須上遵法守
下勤民事寓撫字於催科以刑罰弼教化隨事盡心隨

材效力俾四方小民皆安享太平之福斯稱朕承
天法
祖勵精圖治之法爾等其敬之念之故諭

戒將臣

○弘治十八年五月庚戌命太監苗逵監督軍務保國公
朱暉佩征虜將軍印充總兵官右都御史史琳提督軍
務太監張林官理神鎗銃砲都督同知李俊都督僉事
神英充左參將都指揮同知陳雄都指揮僉事張澄充
右參將統領京營官軍往宣府征剿仍賜逵暉琳勑曰
近宣府守臣節報虜賊擁衆冦新開口等處勢甚猖獗
爾等其相機調度分布要害設伏出奇或攻圍未解多
方救援或肆為衝突悉力拒遏或掩其未備或邀其歸
路務期克捷毋坐守一城聽其虜掠毋輕進墮其
姦謀宣府大同偏頭關及延綏等處遊奇等兵俱聽調
用參將而下及各鎮巡等官悉聽節制官軍頭目人等
敢有違犯號令者重以軍法處治其臨陣退縮不用命
者指揮以下就於軍前斬首示衆然後奏聞斬獲賊級
俱送紀功官處審驗從實開報以憑陞賞不許冒濫軍
中事有難拘常例者聽爾等便宜處置爾等受茲重託
宜竭忠効力以紓朕北顧之憂其往欽哉

大明武宗毅皇帝寶訓卷之二

光祿大夫柱國少傅兼太子太傅禮部尚書兼武英殿大學士臣呂　本謹校

南京禮部祠祭清吏司郎中臣陳濂

南京兵部職方清吏司主事臣朱　錦謹閱

南京工部屯田清吏司郎中臣呂孔昌

振考察

○正德八年三月己丑吏部言諸司職掌內外官考察纖悉備及憲綱內御史巡歷糾劾有司各有定制劉瑾乃創為不時考察之例近給事中王鑾等各因流賊災異進言奉旨令將內外官訪察糾黜此固專為有贓地方非通例也各撫按及奉差科道等官乃緣以為制劾奏太煩今去朝覲甚邇若使一槩舉行則是每歲皆朝覲之年在處行考察之典而舊制反為虛設矣且人才難得將責其成尤須久任亟黜亟補廢事愈多請令都察院轉行各御史等官除事干軍情者許劾其餘悉照憲綱則事有定體人有固志矣

上曰內外官考察如舊制行之仍諭撫按官一體遵守

禁貪

○正德十年六月己巳詔內外問刑衙門凡徵收部解官物雖未入官有所侵盜及遇革不改者俱照監守及侵盜倉庫例科斷敢有故縱者坐之著為例

去冗

弘治十八年八月戊寅先是吏部奏詔查得陞乞陞冗官太僕寺卿李綸等七百六十三員請裁革并户兵等部因事添設官員亦宜酌量繁簡以為去留得旨添設官盡其會各堂上官議之傳陞乞陞官有職者十七員三四品者降三級五品六品者降二級七品以下者减半俸辦事其餘俱革之內有職事者與冠帶閑住匠役月支米一石供事今後凡有仍前夤緣傳乞者科道并諸司指實奏聞

○正德六年十二月乙巳總督南京粮儲右副都御史丁鳳奏南京內外各衙門工匠廚役醫士醫生凡七千八百七十餘人月應支粮二千三百九石有奇請裁革詔冒濫當革姑斟酌處置內官監人匠劉瑾新收者俱罷正司禮等各監局人匠支米三斗者仍舊四斗者减一斗太常光祿寺廚役各减其支米二斗醫士醫生半之

抑迎習

○弘治十八年六月乙亥兵部奏湖廣均州太監齊玄原非額設近又改為鎮守復增於舊而西北沿邊凡有兵馬處皆添設監鎗分守守備內臣此邊方之極弊也乞悉遵詔旨取回一應邊事責之鎮巡等官庶少紓邊方之困得旨齊玄既非額設取回京其餘應裁減者仍通查議以聞

○丙子兵部言皇城四門以拱護宸居京城九門以壯

奸宄遁來門官太多科占軍士逼致逃亡門禁漸弛其
流弊有不可言者請遵詔旨凡非舊額一切裁革
上命皇城四門仍舊其餘各門自今以四員為則不許增
著為令
○十二月乙丑五府九卿科道等官合奏各馬牛等房近
年虛增頭匹不下數十千濫支料草不下數千萬
先帝深知其弊著為令典每年一次勅科道官查驗以憑
會計自是歲減料草計省銀二十七萬四千餘兩今
陛下乃因御馬監太監楊俊等實録具奏但令俊等查數
會計科道等官停止勿差此端一開百弊復作徼求益
濫其為新政之累夫豈小哉願體

先帝圖治之意仍令巡視草場科道官如原旨查照寘俊
等於法以為後戒
上曰卿等所言良是查照會計仍遵
先帝旨而行俊等肆為欺蔽法當逮問姑宥之
○正德六年十二月辛丑戶部覆孫禎等所言節財用禁
科害二事得旨各倉庫及門官累有禁約全不遵守今
天災地震軍民困苦正修省撙節之時本當照革姑免
查究該部其以舊制申諭之如蹈前弊聽科道糾劾并
許被害者陳告坐以重罪今後添設多餘官員不必請
如有實據投託者司禮監奏治究問充役所司備查以聞
重恩蔭

○正德元年正月甲辰故南京工部尚書黃越妻溫氏奏
謂臣夫嘗侍
先帝講讀於東宮者三年乞念舊學之勞如例錄臣孫韓
為中書舍人事下吏部看詳言越講讀年勞頗淺可如
侍講學士江朝宗之子寧例送國子監讀書有旨令再
查朝宗講讀年勞蓋朝宗侍東宮甫踰年與越殊
上曰蔭子乃東宮講讀恩典越講讀既三年韓准送中書
舍人習字出身其未及三年者如寧例
○五月壬辰錄故禮部左侍郎兼翰林院學士薛瑄孫蔡
於中書舍人習字出身初癸核大學士李賢商輅徐溥
例以請吏部言賢等官至師保瑄止亞卿加恩似宜有

差但瑄道德望當入內閣亦著勞勤身後未嘗歷敘惟
上裁
上曰廷賞世祿皆帝王盛德仁政也况瑄名臣蔭敘宜厚
其許之
厚親
○弘治十八年六月癸亥
上以初即位賜親王白金文綺各有差仍貽諸王書曰昔奉
皇考遺命踐紹鴻圖念宗室至親効勞藩屏有年特具白
金文綺用表親親之意其亮之
○八月戊辰初雍王奏衡州地甲濕寢宮殿宇朽蛀滲漏
不可居又寤寐不安時見怪異乞移山東平州

先帝遣内使齎書諭慰屢集廷議以擇地別建勞民傷財
但宜督工修理至是王復上奏詞甚懇切
上仍下廷臣議以四川敘州見有申王空府蓋造新完宜
徙居之詔可既而王不欲還乞仍修本府
上曰王屢奏必不得已朕重違其情乃遣太監梁文工部
郎中張鐩往修之
○正德元年四月辛亥兵部奏兩京錦衣衛等官旗全由
傳乞應革者王漢等十一人由恩應革者由功應存者
陳祿等八人由乞陞遷例未盡革今應盡革者黃瀾等
二十七人總小旗由乞而充今應革役者徐昂等五人
由他衛傳調錦衣衛今應還衛者陶琦等二人請加詔

處分其南京錦衣衛千户尹果百户尹德尹隆乃舍山
大長公主曾孫去留惟命
上曰果等三人朕念大長公主故特留之餘從所奏
○十月庚午榮王奏弘治十六年六月内奉
先帝命將之國而未行隨侍官校已一載先行其衣與食
皆仰給於臣而臣在京祿米止三千石無以給之乞歲
加二千石庶可供兩地之費户部執奏
上曰朕念王窘於用特加千石俱本色以慰其意
○正德二年五月癸丑河南守臣奏各處王府鎮國將軍
以下房價俱官給惟河南將軍府蓋造舉用已貲未經
定擬奉下工部會議謂勢同事異誠有不均若槩與之

又恐民勞財傷難于經久今自正德三年正月以後凡
將軍授封出閣者按季類奏每鎮國給銀二百四十兩
輔國視鎮國六分去一奉國視輔國五分去一中尉視
奉國四分去一俱布政司給與自行修蓋
上曰宗室日繁房屋宜有等殺庶幾恩可溥施而財力不
屈也其著為令
○正德三年五月辛酉榮王奏長子次子未受封用度缺
乏乞賜頒給
上曰朕念親親之誼固欲從厚但稽之
祖訓祿米自有定制豈敢有違已別有頒賜矣户部其移
文長史司啓王知之

○六月己巳益王乞每歲自遣官詣金山口祭掃生母德
妃張氏墓禮部議非舊制
上曰遣官祭母王之誠孝至矣但朝廷歲時自有祭祀其
已之遣以書復王
○正德十年三月辛未寘鐇之敗也以其孫鼐材托僧大
千者與俱亡郎以家人子冒名鼐材就繫鼐材時年十
七削髮走河南永寧之千山刱庵居焉更名正奉未幾
大千死鼐材為土僧所淩復走故縣鎮寓三官廟久之
鼐材憤懣不勝遂自詣官言狀乃送之慶府王厚遇之
與鎮巡官皆以狀聞尋傳致京師寘鐇府中舊人在浣
衣局者已不能辨識法司會多官審訊鼐材抗言曰我

高皇帝七代孫義不辱於齊民歸命
君上於是
上念鼐材雖在不宥之列既束身歸命姑從輕送鳳陽高
墻安置仍以書諭諸王知之

正宗藩

○正德四年十二月庚戌禮部奉旨檢詳
累朝政令凡涉王府者條列上請一舊制各王府生子女
三日即具奏其奏報冊歲一上玉牒冊三歲一上近多
違期及不開庶生子女所出者於其請名請封選婚日
治長史等官罪一親王嫡長以下郡王嫡長子孫俱年
十歲即請封其餘子孫十五方請內府監局成造冊印

諸物當以奏之先後為序各府關領人役有歸或後期
及說稱使費者摘戍邊又各王府儀賓例賜鞍馬守候
之難飼養之費得不償失自今惟親郡王儀賓照例關
領餘皆革之一
祖訓止著嫡長襲封之文其後有以庶弟襲封如保安王
者以嫡姪襲封如交城王者以庶堂姪襲封如永興王
者俱出特恩近應山王絕嗣嫡姪請繼伯王爵臨潼王
進封秦王庶伯請補姪王爵者惟命以鎮國輔國本職
奉祀已著為令自今郡王沒無嗣及進封親王有如應
山臨潼者其宗支正許奏請奉祀一各府以罪革爵重
者不復輕者革未幾復之自今有罪重者不許引輕例

冒請一親王郡王病及薨其子幼則以親支暫理府事
請勅諭暫理者善撫幼子無令失所俟其長即回本府
不得復預諸事一王與正妃年五十無嫡子始立庶長
子為王世子郡王年老正妃已沒無出乞封庶子為長
子者請自
上裁一各王府將軍而下薨故無嗣者止許以昭穆相應
者承祀不得違例奏乞繼嗣名目一親王朝覲雖載
祖訓
英廟之時亦嘗一舉然久已不行以故比者崇王請朝則
貽書見之今後凡親郡王請身自入朝者並免著為令
一凡親王之國無迎養生母之禮近岐王有請雖懇切而

祖宗之制不可違其餘各府宗支沒侍妾無子者例移居
別宮有子者處外者各從其子迎養若生子多者亦止就
一人一近例親郡王妃并將軍夫人沒而無出者許選
繼室有出者止選內助自今妃夫人沒不欲選娶繼室
內助者許於宮人中擇其可者奏請管理家事不許濫
愛濫請一各府宮眷有嫉妒亂倫爭競越禮詔革封號
者不許妄請複本府官有為之請者本部劾治一先是
藩府鎮國將軍詮鈸侍女既娠為嫡所妬出寓他室生
有子匿不以聞嫡沒又選繼室請封事覺乃削今後有
此類者許親郡王及輔導官奏聞區處毋致生育不明
閨門貼玷一凡王府婚禮奏選有制若未娶正室而侍

女先有生育者輔導官舉奏匿庶所生子女不得請名
請封著為令輔導官匿不以聞坐之一各王府襲封受
栘其先王宮人有出者留府養贍無出者放之將軍以
下并庶人沒者其宮人無出亦令歸其親屬嫁遣違者
鎮巡官具實參奏有擅留阻撓者重治之一各府承奉
等官
祖訓載有額設名數郡王內使二名亦奏准之例員缺則
保陞數少則撥補不許額外濫保及擅立內典膳名色
以圖保陞已著為令今後有違者罪坐營求之人及輔
導官一先是革爵庶人鍾鍑嘗違祖詔不納俸勑切責
自今有庶人越分進貢者本部奏參匿處一各王府進

皇明寶訓　正德二卷　九

獻土物本出尊親之誠今後若進節進稱之類宜令本
府自備脚力免驛遞應付以蘇民困一永樂中有旨凡
使人至王府止欵以飲食不得實物今宜申明凡使人
至府有需索財物者許巡按御史按察司參究一先是
各府有守御及貞烈者具奏旌表今王室繁衍宜通行
昭示以為世勸一天下王府有無籍之徒假以燒丹煉
藥為名往來誑惑者鎮巡預為禁約一各府所遣人除
關領者勿限餘俱嚴限遣歸如在途延緩及潛住於京
有所營求者照例參究一王府凡遇疾病喪葬修齋設
醮一切禁革至於僧尼道士女冠巫祝之流尤宜痛絕
勿容出入違者許撫按官擒治併追究誘引之人罪之

一寺觀廟宇徒耗民財無益於事自今各府不許修建
并請額
上批答曰諸事既議處諦審凡
累朝舊制及見行例其申明禁約郡王將軍而下卒無嗣
及郡王進封親王者其宗支正許奏請奉祀不得營求
請封繼嗣名目親郡王生母獲封者從簡葬祭各王府
勿容僧尼女冠出入宮禁及私建寺觀違者承奉長史
以下俱罪不宥餘皆如議仍諭諸鎮巡官知之
○正德八年九月丁亥韓府鄉平王陽鏞子當淶既革王
爵猶與當溧爭襲奏訴不已復命司禮太監頼義刑部
侍郎黃珂錦衣指揮陸宣往勘還奏當溧當淶皆庶子

皇明寶訓　正德二卷　十

而當溧為長禮部尚書費宏等前議以當溧襲封革當
淶封號其事已明法已正矣而當淶爭猶未已者由其
父陽鏞徇私溺愛為其母子請封韓王陽鑄亦依違為
之代奏而先任禮部尚書周洪謨倪岳等皆為所欺不
能據禮以折之皆使得冒長云繼妃之封已二十餘年
致當淶得藉以為辭部下包慶等利其復立實從臾之
請置慶等于法遠聞長史審理紀善以下韓王及洪謨
岳等已物故者惟
上裁之詔當淶累疏強辯有違
祖訓當重治姑從輕令以齊民巾服習禮滿三載以聞仍
奪其母原封金冊韓王既引咎令正停祿兩月洪謨岳

已故者宥之長史審理紀善以下俱逮治誦慶等五人
戍邊
○正德九年八月壬寅先是鄭康王祐枔薨無嗣詔以其
從弟祐檡襲封爲鄭王景門王之孫而東垣端惠王之
子也鄭王嘗爲其父奏請追封入廟凡三上疏禮部屡
覆鄭王以旁支入繼親王不得顧其私親詔如議至是
復以爲請下禮部議以鄭王懇疏雖出於孝然非以禮
事其親者執議如初詔曰既於禮有悖其已之
褒諭宗室
○弘治十八年九月癸巳韓王奏襄陵王徵鈴詩書守禮
篤於孝親刲股愈母疾父莊穆王薨核木供奉如生忌

日必哀特斷不葷不敢食侍弟鎮國將軍範𡎺友愛尤
篤卹軍校貧乏葬其不能舉者若干年七十七猶扶筇
北向拜
聖壽等節不肯廢禮請褒崇之以式宗藩
上乃致書獎諭曰敬聞高叔祖襄陵王年高德盛孝義彰
聞朕不勝嘉悅夫宗室者天下之表率有此善行宜用
表揚尚益懋初心允終令德俾諸後進有所觀法同歸
於善庶於藩輔有光焉
○十二月乙亥韓王奏鉅野王府鎮國將軍陽銶陽墾少
喪父即知哀慕嚙地流血長能事母備甘旨謹醫藥有
疾輒以身代比沒哀毀墓塋成與禮合茲年近六十言

及猶哽咽又兄弟友愛篤至山東旱饑嘗疏減常祿以
助賑鄉乞賜坊名以褒揚之
上曰宗室中有賢行如此朕甚嘉之其賜坊名曰彰善嘉
義俾宗室有所勸焉
○正德元年二月己未陽曲王府輔國將軍奇滓奏靖王
之孫故鎮國將軍鍾鍟第六子也少失父事母丁氏至
孝母嘗病朝夕侍湯藥水漿不入口者四日憂悴骨立
居常積書千卷與士大夫講習清淡如寒士每冬出粟
五十石以賑饑有司上其事
先帝命襃賞至是以聞
上乃賜書獎諭曰惟國家以孝治天下凡臣民有孝行者

必命有司旌表以勵風俗況宗室乎爾孝行純篤是用
致書褒獎且以風動諸藩爾其欽承之
○正德四年三月己未璽書褒獎東阿王及其女臨城縣
主先縣主出閣例給房屋價銀而臨城縣主獨不願領
工部覆議謂其心存廉潔事異尋常宜加褒獎以勵宗室
上乃貽書魯王曰禮讓爲國之美事東阿王及其女固辭
房價雖於國用無大損益然禮讓風行始自宗室其於
化理關繫匪輕用是致書褒獎其俾欽承之
○正德十年閏四月庚申降勅獎諭韓府鎮國將軍範𡎺
曰近韓府王奏爾事父莊穆王及母謝氏至孝莊穆存
日嘗書孝行二字及自製詩文以美爾與兄恭惠王相

友愛年已八十遇父母忌日猶哀慕又工詩善畫每讀
古人嘉言善行則再三誦之欲使子孫各勉於為善王
之言云爾朕聞而嘉之特降勅奬勵以為爾榮且以風
示諸藩焉
戒宗室
○弘治十八年十二月乙丑晉府慶成王南海郡君儀賓
李實以包攬銀粮獲罪郡君私入京擊鼓訟冤禮部違
中使送回仍勅王約束并治救撿守城等官罪
上以郡君出城訴訟有乖禮法命會法司議會慶成王亦
奏郡君及將軍奇溜奇浙表桄表根表梗表掏諸不法
於是禮部會法司議請申明禁令凡越例私奏者俱寢
皇明寶訓　〈正德二卷　十三
其事
上曰將軍中尉及郡縣主君等多入京奏訴近已成風騷
擾道路貽辱宗室其即移文各王府省諭禁約敢有仍
蹈故違者併治之
○正德元年正月庚子榮王陳乞霸州信安鎮莊田蓋牧
馬草場地也戶部言永樂間設立草場豢育馬匹以資
武備至成化中近幸始陳乞該鎮草場為莊以後岐壽
二府相沿管業莫之改正暨
孝宗皇帝留神戎務差官清理特勅退還此不以私恩廢
公義也今榮王之國有期其所乞宜勿與
上乃諭王曰此

先帝意也已之
○七月戊子德王奏莊田在兗州等處者畝徵子粒二斗
惟清河縣子粒成化七年用少卿宋旻議以為畿內役
重民貧畝止五斗近又奉詔例凡莊田畝止徵銀三分
臣將無以自給乞如舊徵二斗有旨遵從之戶部復言
稅重民不堪故多逋負今山東境內水旱相仍百姓凋
敝意外之虞不可不慮宜如詔旨起科便
上曰朕不知也且王何患貧其勿許
○正德三年十二月庚寅慶成王奏姪泰國將軍表榇先
聘典仗所餘丁田林女以祖喪未婚至是服闋疏請
上曰王府子女禁於本府軍校之家選配柰何違之其別
皇明寶訓　〈正德二卷　十四
行選配後有違者禮部查出俾嫁被選之家戍邊衛不貸
○正德四年正月丁巳初榮王之國所過騷擾事聞乃降
勅戒諭之曰王已莅封國殊慰遠懷但聞在途時綁縛
官吏需索財物夾帶私鹽沮滯客商所至嗟怨多逃避
者王深居少出豈能周知必有主使撥置之人而承奉
長史等恣肆無忌不能禁戢貽累於王似非細故王宜
深自循省正己律下毋俾府中官屬及軍校生事啓釁
仍追究在途撥置者具奏處治王其益敦敬慎永保祿
位顧不美歟
○正德五年八月戊戌降勅切責慶王台浤革其護衛并
祿米三之一太監張永還奏王屈身宴鑄行君臣禮負

皇上展親之仁失諸侯維藩之義其郡王以下及承奉長
史俱宜罪禮部覆奏令會勳戚文武大臣議入
上曰宸濠當寘鐇反叛之時朝廷意其必不通謀及奏為
寘鐇阻截已累有勅旨慰勞今乃委身從叛國典難容
卿等既會議明白本當削爵姑從輕革祿米三之一降
勅切責郡王以下皆免究承奉長史等官執赴鎮撫司
考訊中護衛革為寧夏中屯衛隸陝西都司仍諭各王
府今後不許與文武官交結及誘引邪說之人在王府
出入違者聽鎮巡官指實糾舉
○十二月庚寅禮部會府部等衙門議朝廷宗支各有爵
職其品第之高卑視支派之疏戚故爵封之典載於

祖訓推親王之子不分嫡庶郡王言嫡而不言庶者
祖宗立法之意固有在也其後郡王無嫡者亦得襲封至
於兄終弟及係出一時特恩宗室之中援此為例故凡
族屬疎遠者妄圖承襲累煩廷議以致違理得以假借
納賂變成法示私恩而秉櫟秉徽誠潡例不該襲皆許
襲封至以敗倫傷化革爵如鍾鍑者亦復原爵今已奉
旨改正後各藩襲封親王郡王俱以嫡繼無嫡以庶如
果無庶許應奉祀者以本職奉祀其諸弟姪不得遠引
祖父先爵為詞及不許親屬擬置徑行奏請如有仍前
朦朧奏擾者奏詞宜格不行齎奏人治罪內外輔導官
參奏究治庶宗派明而法制定矣議上詔以封爵重事
自今郡王無庶子許次及者以原職奉祀不許弟姪冒
請封襲有朦朧奏擾者內外輔導官治罪保安王誠潡
永興王秉櫟皆應查革業已有成命姑仍舊封以後子
孫并已故郃陽王秉徽子孫悉如議鍾鍑敗傷倫理情
罪深重仍革爵降為庶人
○正德十一年三月庚子代府鎮國將軍聰涁輔國將軍
聰涀聰洎嘗出邊城奪人財物為代王所奏巳革祿米
三之一至是王又奏其交狎群小為惡滋甚下撫按官
勘實刑部議覆詔聰涁聰涀聰洎屢違
祖訓法當重治但念宗支姑從輕涁涀再革祿米之半洎
三之一以示懲仍賜代王書命戒約之郡小坐死者二

人謫戍者八人
討叛
○正德五年四月辛丑以寘鐇反赦天下詔曰自古帝王
法天立政布德明刑不可偏廢朕嗣位以來仰荷
上天
祖宗付託之重勵精圖治越五六年念惟世久承平人多
玩法振起綱維釐革姦弊期與斯人登於至理而有司
不能悉體朕心奉行過當虛棣徒切和氣弗臻乃自今
春以來亢旱為厲時雨愆期風霾屢作星異迭見四川
湖廣等處寇盜縱橫撫捕未定而陝西寧夏都指揮何
錦等戕害守臣拒殺官兵屠戮居人謀立安化王寘鐇

為主出給印信票帖招諭諸路索要軍馬地圖各鎮官
員連日奏報具有實跡爰下皇親廷臣會議僉謂宸濠
悖逆
天道得罪
祖宗朕不敢赦祇告
太廟革其封爵削其屬籍命將出師正名討罪誅剿首惡
分釋脅從撫定軍民安靖邊境尤念兵戎事重供億甚
勞加以連歲相仍徵科未息在在皆然方欲省刑薄歛
任賢使能培養元氣掃除災孽以保我國家億萬年之
祚所有寬卹事宜條列于後於戲用兵若如不得已用
刑者必求其生方興問罪之師大布同仁之政播告中

外咸使聞知
○正德十四年五月庚戌太監韋霦傳旨各王府人奏事
京邸及慶賀進貢留者多不過月餘近乃不循舊規或
留數月或半年一年亦有久留不去者其意安在自今
以後所司進令事完即回不許久留邸舍違者緝事衙
門指實具奏治罪不宥時寧府內使及校卒潛住京邸
者常數輩逆謀頗泄故下此令
○七月戊申詔諭兵部曰宸濠大逆不道神人共怒都御
史孫燧副使許逵等守死不屈忠義可尚南京守臣盡
心匡畫協力防守南直隸湖廣山東河南各鎮巡等官
或調兵把截或先事預防安慶守備知府及江西各郡

縣官或遏其先鋒或關擊設備皆推誠體國以討賊為
急朕心嘉悅其即移文令各相機戰守務保無虞尤宜
撫卹貧窮安固邦本待事寧之日令各巡按御史具實
陳奏死節陣亡及運謀設策保城殺賊有功者俱旌表
褒贈陞賞其懷奸不忠退縮僨事者從重治罪
○丁巳以宸濠反削其封爵屬籍詔告天下詔曰惟我
祖宗列聖開創洪業封建親藩所以拱衛國家奠安
宗社朕以菲德嗣承大統恪遵
祖訓惇厚親親天地神明所共臨鑒豈意寧王宸濠天性
兇惡自作不靖誣陷郡王淫亂宗女打死無罪平人不
下千數強奪官民田產動以萬計脅奏良善毒害忠貞

聚集郡盜招納叛亡私造戰船擅置軍器造謀作孽積
有歲年流言日聞朕未遽信前年本府內官赴京告變
近日在京科道交章舉發朕猶念在親誼曲為保全特
遣親臣賫書戒諭宸濠自知罪在不赦使者未及半途
先已肆行反逆殺害巡撫囚禁守臣分遣賊徒四散流
劫占據官府縱放囚獄攻圍城池燒燬郡縣搜劫印信
搶奪運船南京各處守臣連日飛章奏報具有實跡反
狀甚明爰下大廷會官集議僉謂宸濠悖逆
天道得罪
祖宗古今大惡朕不敢赦祇告
天地

宗廟革其封爵削其屬籍親統六師正名討罪除首惡宸
濠及同謀有名逆賊不赦外其餘脅從之徒盡行寬釋
占奪田地悉還本主本處并經過人員近因迫脅拘繫
妻子禁錮者即與釋放護衛及軍民職官先因陳奏宸
濠非罪謫降者查奏起用死者贈官生者優卹上以慰
列聖在天之靈下以救一方塗炭之苦兵出有名事非得
已內外大小之臣遠近忠義之士同心合志協力鼓誅
旬日之間罪人可得尤念匹夫作難毒我良民惡聲傳
聞玷我宗室重以師徒所過閭井騷然供饋之繁衆庶
勞止疾苦在下蚤切朕心俟大功之告成將大賚於海
宇嗚呼奉

天討罪大義不私於所親和衆安民王仁無敵於天下故
茲詔示咸使聞知
諭江西城中并附近地方官員軍民人等曰惟爾衆悉我
祖宗列聖之遺民平日服事朝廷皆為良善今反者宸濠
一人非爾衆罪聞有被其迫誘不得已從之者朕已悉
知之今天兵征討誠恐鋒鏑之下玉石不分有傷爾生
害及爾父母妻子其有能去逆效順者俱宥之若終不
改悔事定之日全家處死中有糾聚義兵擒殺逆賊者
量功之大小封拜侯伯及陞授都指揮指揮千百戶等
官世世承襲賊黨內有能自相擒斬首官者與免本罪
仍一體陞賞其轉相告諭俾知朕意

○八月庚寅禮部會廷臣議上居守事宜詔居守如南京
內外守備例司禮監內閣內外坐營官府部等衙門及
六科東廠錦衣衛各賜之勅既而勅諭司禮監太監蕭
敬等曰朕今親統六師奉行
天討剿除叛逆以安
宗社尚念根本重大居守無人特命爾等照依舊規慎重
行事皇城并京城門禁鎖鑰及內府大小衙門合行事
件爾等提督各該職掌人員用心管理毋致疎虞其每
日題奏本惟陞授文武大臣并緊關重大事情待奏請
旨其餘俱照依府部等衙門原奏覆奏事理發下內閣
從長議處擬旨發外施行毋致遲滯每月仍一次舉奏

以聞其各衙門奏軍機緊急重務一面發下議處一面
星馳具奏該用錢粮軍馬等項令各該衙門整辦應用
毋得違誤爾等受茲委任尤須協和內外周悉計慮不
許徇私執拗以致妨害政體貽患軍民如違責有所歸
爾等其欽承之又勅大學士楊廷和等曰朕今親統六
師奉行
天討剿除反逆以安
宗社尚念根本重大居守無人一應合行事務恐致廢弛
特命爾等照依內閣舊規同寅協恭勤慎供事每日司
禮監發下在京在外各衙門題奏本俱要一一用心看
詳擬旨封進奏請施行其奏有軍機緊急重大事情該

用寶馬錢粮器械關防符驗之類尤要詳加審處擬旨
封進聽司禮監一面奏聞定奪一面發衙門依擬議處
毋致遲滯誤事爾等受茲重託尤須盡心竭力維持公
道不許徇私執拗致妨政體貽患軍民如違責有所歸
又勅五府六部等衙門會昌侯孫銘尚書陸完等曰爾
等宜同寅協恭盡心職業以安輯士衆保衛京師用紓
朕內顧之憂事有應與各衙門計議者公同議處停當
而行不許偏私執拗有誤事機
○己巳傳旨六師南征本以伐叛安民不宜秋毫有擾內
外大小官軍人等所歷之地凡鷄豕舟車什物已命官
經理不乏朕念軍民艱苦正收穫之期慮官軍罔遵法

度騷擾所過其各領兵太監總兵提督侍郎坐營等官
各宜嚴戢所部申明軍法不得生事擾人如有違例占
用及乘機搶奪軍民商販行李車船牲畜踐傷禾稼斫
伐樹木毀壞室廬科索財物勒買市貨酒脯倚強凌弱
者聽被害之人指實赴訴隨輕重治罪兵部其即揭榜
通行津道軍衛有司曉諭禁約遵守
○乙酉傳旨諭南京內外守備參贊等官黃偉等今江西
反賊宸濠僞傳檄榜鄱陽縣官宜即燬之何乃敢與轉
達張挂訕謗搖動人心爾等不行究治亦輒輕易奏入
甚昧大體其即移文江西及鄰省大小衙門今後宸濠
片紙隻字不許轉遞即行焚燬擒其持檄者如律治罪
違者不貸
○弘治十八年八月戊午署承運庫事太監龍綬言近日
戶部會官議欲節財裕民內及近侍官設爲修建買辦
成造等名盜取庫銀以致經費不給是誠有之乞勅司
禮監會同內閣府部科道官通查內府諸監局傳取金
銀其非有印信題本者務見所造何物所買何物詳具
實數造冊備照有餘者責令還官自後有仍前泛濫傳取
者聽本庫會同司禮監指實奏請究治庶可杜絕時弊又
聖誕等節所賞銀有一人多或至一二百兩者親王并公
主郡主王妃千秋節令之賜亦倍往年此類既非勸功
之典實開蠹財之源宜量其事之大小以爲賞之輕重

俾等分有常給賞有節亦於防微杜漸之急務也綬
又言近年所出倍於所入今
聖誕千秋冊封給賞所用事節頗繁請勅戶部計議每歲
應進金銀若干可足國用其有非軍國所急需之財可
供修建及齋醮者聽時於該部支取庶緩急有備不至
告乏章下尚書韓文言此庫設在內庭素無稽考是以
出入之數外臣不得與聞傳取之用典守莫能裁遏宜
如綬言一一查究其合用進庫銀兩候諸處輸納至日
以漸運送專備軍官折俸及封冊成造支用有仍以齋
醮等事盜取
聖聰浪費財物者本庫歲終開奏聽該科并本部奏聞如

律凡內府賞賜一遵
祖宗舊制崇儉戒侈
上是之且曰傳取之數司禮監備查以聞
○癸亥戶部覆給事中張維新御史弓元所奏節財裕民
事宜請議處得旨一應節財事宜各衙門查議以聞既
而禮部言塔像齋醮盡財宜革
上是之曰塔像齋醮何益於事其即已之惟春祈秋報如故
○正德元年十月甲寅署內承運庫事太監秦文奏內
府財用不充事務繁劇適遇大喪即位之禮相繼舉行
費已不貲近日舉行大婚禮戶部僅送銀三十萬兩用
之六禮用之鋪宮用之賞賜及內官監造粧奩御用監

造寶冊鈒作局造儀仗諸類通計費金八千五百二十
餘兩銀五十三萬三千八百四十餘兩是進入者少而
費出者多將來何以應之況
聖誕千秋節所用乘輿服御所用諸王府冊封所用皆不
可缺而官軍折俸每季該銀十萬餘兩春季未給而夏
秋又至矣其將何所取辦哉
上覽其奏乃命集廷臣議處以聞戶部臣言財貨之在天
下如水行地中其源不濬其流必竭若不能節儉用度
無經而欲講求足國之道良亦艱矣今以歲入正數言
之夏稅秋糧馬草鹽課折銀及雲南閘辦各鈔關船料
銀兩通計僅一百五十餘萬兩以歲出正數言之宣大
等六鎮年例三十四萬兩進庫給軍官俸糧共三十三
萬五千餘兩至於內府承成造寶冊之類其數不得與
知大約并前折俸不下五十萬餘兩然入每虧於原額
而出乃過於常數姑以弘治十八年五月以後言之諸
邊年例之外添送銀二百七十七萬四千餘兩給賞征
進京軍六萬九千六百餘兩給邊鹽米商人二十五萬
餘兩賞在京官軍七十二萬四千二百餘兩各邊官軍
六十九萬三千三百餘兩陝西賑濟二十萬兩密雲居
庸薊州倒馬等關召買糧草共一十八萬八千餘兩大
婚禮取四十萬兩買金進內庫二萬六千五百餘兩通
前年例實用六百二十五萬餘兩又四川進金四千兩

視舊規例歲用之外至加至五六倍矣欲望財用之足
帑藏之充豈可得哉伏望
皇上憫生民財力之艱躬行節儉毋事虛文今後成造非
乘輿器物及各王府寶冊不得用金非
聖誕千秋令節不得用銀凡遊戲燕樂鷹犬玩好無益之
費無名之賞一切罷止仍嚴諭該庫之蒞事者歲進銀
五十萬兩之外一分不許妄取務敦儉約以圖經久議入
非軍官折俸及成造儀仗粧奩一毫不許妄支其歲入
上曰節以制度不傷財不害民此聖人明訓理財之大道
也今財用匱乏百姓艱難朕自當力加節儉量入為出
管庫人員於每歲出入之數尤宜謹於關防不許冒費

安民

勵俗

○弘治十八年八月辛巳都察院覆議給事中周璽所奏
言中外臣庶之家奢靡相尚僭用不經乞
皇上躬行節儉痛抑奢華凡日用常例之外悉從省約則
薄俗可革淳風自還
上曰風俗侈靡日甚一日此非治世所宜有也其即通行
禁諭官民人等宜遵禁例如有仍前奢僭者罪不宥
○正德元年六月辛酉先是有旨民間男女服飾并諸奢
僭事禁未盡者禮部仍會都察院備查議處以聞於是
尚書張昇都御史張敷華上十三事一舊例庶民居舍

不得過三間五架及用斗拱彩繪近來務為高大且過
粉飾除已造不動自今仍違式者罪之官毀入官一舊
制庶民男女衣服不許僭用金繡首飾耳環各用金一
事近來愈加僭侈自今遵永樂間例軍民僧道常服禁
用紵絲綾羅紗錦綵繡婦女衣服帳幔禁用渾金首飾
鐲釧禁用寶石娼妓禁用金首飾銀鐲釧違者罪其家
長并製造工匠一民間範銅為佛像貿賣取利僧道化
緣造佛俱鍍金及軍民器物僭用銷金泥金戧金以致
耗金甚多而其價翔貴亦宜并禁違者俱重罪一成化
間例冠婚之家酒席從儉近歲過豐暴殄天物自今臣
民一切燕會毋得用糖纏餅錠簇盤插花粘果及鋪造

造者俱重罪一近來民間婚嫁競為豐盛帳幔披掛并
用大紅銷金器用金銀緣此費乏宜加嚴禁違者重治
一近年京城軍民之家喪事甚違禮制初喪扮戲唱詞
名為伴喪及出殯剪製紗羅人物幡幢之類排列塞途
兼用鼓樂戲舞導送及墓陳設筵酒飲以至醉又有揚
幡設壇修齋追薦糜費銀物不可勝紀宜并禁革違者
喪主親屬僧道人等各治以罪一天下寺觀庵廟舊額
外不許私創飾以金碧違者罪如律仍拆毀入官一古
禮士不衣狐白況凡民乎今後商販吏僕婦女娼優皆
不許輒服貂裘一馬之裝飾品級高下有等今後商販
吏卒軍匠僕從道人等不許僭用盛飾橫行市陌一舊

例兩京文職四品以下及五府等管事并內外鎮守守
備公侯伯都督不分老少皆不許乘轎自余軍職若上
馬用交牀出入稚小轎者罪之宜申其禁其武職有用
杌上馬者尤宜禁之一舊例皇親族屬姻黨家人往來
河道必響器張旗號需索人夫酒食車船者除真犯死
罪外徒罪以上俱於所犯地方枷號一月發邊衛充軍
若被害之人赴所在官司告訴不即受理問斷參奏者
各治以罪一軍民婦女近來用珠結蓋頭譯稱纓絡或
綴衣緣稱官員之家結成補子甚違法制自今敢有犯
者罪坐其夫違禁之物入官一舊制官民禁用金酒爵
凡金銀盤盞等器禁用龍鳳紋其椅桌木器之類禁用

硃紅金飾近雖軍民之家輒踰分僣用今後一遵定制
軍民之家惟酒盞用銀壺尊器及椽漆器用硃紅用金
飾者治罪
上曰近來風俗奢僣漸不可長其即出榜申禁仍有故違
者所司緝捕究治違式房屋之類赦前犯者令改正否
者並治之不宥
○正德十二年八月庚申命立祠祀烈女何氏何氏泗州
人年十六其父母鬻之倡家有欲犯之者何不可乃自
刎而死提學御史黃如金請為立祠詔嘉其貞烈可為
風俗勸特許之

正祀典

○弘治十八年十一月庚寅大學士劉健等言今月十七
日冬至節靈濟宮祭金闕真君玉闕真君奉旨遣尚書
李東陽行禮臣等竊有愚悃謹昧死為
陛下陳之佛老二教聖王所必禁儒者所不談中世以來
正道不明人心久溺如秦始皇宋徽宗好僊漢楚王英
梁武帝好佛唐憲宗僊佛俱好求福未得皆以得禍載
在史冊事跡甚明若靈濟宮所奉二真君乃南唐徐溫
二子知證知諤謹按正史所載徐溫養子知誥篡偽吳
王楊氏諸子皆為節度使知證夭死知諤病死五代石
晉時無故立廟稱之為神國朝雖有廟宇然亦止稱為
真人今道士洪奉香火成化末年加為上帝禮官失職

不能規正
先帝初年革去帝號天下傳聞以為
聖政真君替稱尚未盡革至於神父神母僊妃皆是僭叛
家僭濫冒美名尤為非禮每歲三大節分官祭祀不知
何時復遣內閣儒臣臣等初承遺命未敢固違因循至
今勉強從事恭遇
孝宗皇帝崇儒訪治舍已聽言方欲具奏論列而
龍馭上升徒深悵慕近者文華殿所供佛像有旨見新令
臣等撰文祝告臣等以為事關治體據禮上陳荷蒙
聖斷即時撤去仰見
陛下聰明正大遠過百王善推所為雖堯舜之治不難致

矣靈濟真君生為叛臣死為逆鬼而冒名僭禮享祀無
窮惑世誣民莫此為甚臣等讀聖賢之書當勸
陛下行帝王之道心知邪偽而身與周旋則講讀者皆成
虛文輔導者更為何事且有其誠則有其神無其誠則
無其神縱使有之亦須誠心對越乃能感格臣等心既
不信誠從何生強使驅馳雖祭無益若先師孔子遺祭
舊規臣等自當竭誠奉命其一應寺觀祭告自來並不
干預伏乞
聖明洞察俯聽愚言將前項祭祀通行革罷免令臣等行禮
先帝革號於壯政之初
陛下革祭於嗣位之始傳之後世於前有光庶祀典不瀆

治體無累而臣等疏官失職之咎亦少逭於萬一矣
上嘉納之且曰二真君之祭據禮當革但
先朝行之已久姑仍其舊今後不必遣内閣重臣止令太
常寺官行禮
○正德八年七月壬辰革滁陽王墳奉祀郭琥職王無後
國初以蜀王主祀蜀王之國令滁之衛事者主焉琥定
遠人弘治間自言爲王後
孝宗賜以冠帶又援楊徐二王例乞奉祀亦與之廟户王
留等數辯其妄至是琥復乞留署印下吏禮二部議曰
王奉祀典禮定於
聖祖勅諭非所敢更其曰無後又見於所製碑非可攀附
皇明寶訓　正德二卷　二十九
先帝假琥以祠職由覆議者失詳今乃求請不已宜奪其職
上是之曰滁陽王祀禮悉遵
皇祖所定琥仍如
皇考勅命以冠帶榮其身如再奏擾必罪之

嚴宮禁
○弘治十八年五月壬子禮部尚書張昇等言
大行皇帝賓天宮殿門禁正當嚴肅以譏察出入辨别内
外乃政體之不可緩者近聞真人陳應循西番灌頂大
國師那卜堅參及班丹羅竹等各率其徒假以祓除爲
揚數入乾清宫
凡筵前肆無避忌京師傳聞無不駭愕請執應循等寘于

法革其名號追奪印誥及累年所得賜賞仍照例黜遣
發遣
上曰卿等所言是應循等姑免逮問所冒職事封號俱查
革印誥并所賜玉帶送所司交納今後僧道敢有希緣
出入宫禁濫設齋醮者并引誘之人俱罪不宥

恤民
○正德元年三月戊戌户部覆大學士劉健等所奏請追
收商人譚景清等殘鹽引目給與原傳其皇莊田土不
必差官往勘請令巡撫都御史查明召人領種每年子
粒有司如例徵完解部轉進
兩宮其内庫金銀等項請依太監龐綏所奏非具本傳取
皇明寶訓　正德二卷　三十
者勅下司禮監會同内閣查究用餘之數責令還官
上曰莊田第令巡撫官勘明子粒有司徵完交管莊内官
進納内庫金銀等項令該庫經管官員查奏
○四月癸丑户部言長寧伯周彧與景州民高崇等互爭
田土已屢移巡撫官勘理今復有旨遣郎中等官往勘
恐妨廢農務重爲民害宜如都給事中張文等奏停止
上曰農月不宜擾民其勿遣
○五月丙申内織染局奏行蘇杭等府織造
兩宮
上用等段計二萬四千七百七十疋尚書曾鑑等言四方
多事公私匱竭科徵不息民何以堪宜暫停或量減

上是之曰旣連歲災傷其賦三分之半以甦民力
○七月乙未南京六科給事中石祿等奏頃歲山移地裂
水旱頻仍風霾蔽日雨雹殺人為變不一被災之所宜
遣官賑濟招撫或蠲其賦稅減其科徵戶部尚書韓文
等覆議水旱災傷無處無之若槩欲差官恐徒勞無益
宜俟奏報至日量其輕重如例上請蠲貸惟江西南贛
建昌等府之民死於嵐瘴者無算直隸鳳陽等府大雨
如注平地水深丈有五尺渰民居五百餘家陝西寧夏
左屯衛紅氣薰天繼以猛火燬城樓臺堡官軍房屋牲
畜幾盡并傷男女二百五十人是乃異常之災宜移文
各該巡撫官覲詣其地加意撫恤貧民之困於差役者

即與優免廬舍之渰沒營堡之燒燬者官給錢糧量為
賑濟仍督所屬官吏招撫流移禁革科擾庶災異可弭
上曰民困可憫其如擬
○十一月乙酉巡撫順天等府都御史劉應辰言順天永
平二府并各衛所差役不均審戶雖有三等九則之名
而上則常巧於規免論差雖有出銀出力之異而下戶
不免於銀差且有司均傜當出於人丁近年兼收地畝
軍衛均傜當出於餘丁近年兼派正軍蠹弊難稽民窮
財盡必須總括府衛所當用之役而均派於所見有之
丁仍省冗差革妄費量必辦於富勢輕則及於貧窮而
後徵民始得其所乞行戶部差官查處戶部議其言可
行請如擬但官則勿差可也
上曰然近來傜役之不均者多矣其令應辰悉心整理務
使均平以紓軍民之困
○正德四年正月庚申巡撫都御史羅鑒奏丹陽金壇二
縣民饑尤甚請借撥蘇常二府各米一千石穀九千石
賑之其蘇松常及嘉湖等府米亦騰貴宜放預備倉糧
減價量糶貯其銀於官俟年豐糴穀備賑戶部覆議如
鑒言
上曰歲歉民饑朕所軫念借撥放糶俱如擬行之然賑濟
之惠當先及於小民務須計處周詳不可使豪右之家
挾勢規利致生姦弊

○二月庚寅南京守臣以修省上言請停徵科罷工役一
成造
上用箭弓彈弓等物原差太監每歲供給下程用銀二千
餘兩今事已完結宜速令回京不許延住靡費一織造
婚禮及賞用段疋為價一萬一千六百餘兩宜緩辦其
半以紓民力一修御馬監西海子承光殿及龍鳳船取
物價三千三百兩有奇又修盔甲鑄錢熟銅宜以徵在
官者輸部餘俟豐年補之一南京供應織造太監下程
工食歲費銀五千四百兩有奇宜以應天府庫貯無礙
銀給之以蘇徵派小民之苦工部覆奏
上曰南京根本重地也今罹災重人民艱窘諸造作費用

數多無從出辦情實可憫所差太監令速回毋得久擾
物價物料未徵者宜暫停免待豐年補還其供給下程
工食何至歲用數千守備官可備覈其數所司亦何可
分外承奉自後無頒式者其畫一單之毋困吾民
○十月癸卯巡撫湖廣右副都御史王綸奏境內歲屢侵
預備倉粮已竭欲行武昌會城及漢陽府漢口劉家隔
等處糴勸富民納粟賑濟而立表刻石以旌之若詩書
賞懸不從者頒聞寬詒戶部議覆荒政在於恤民若窮
州下邑騷欲勸分恐官吏乘機科害是窮民未必蒙福
而地方先以受梗矣武昌漢陽富商大姓頗多宜知擬
勸借出米千石以上者表其門九百石至二三石者授

之散官自從六品至從九品凡四等仍立石刻其姓名
其餘州縣原有侍郎畢亨奏留餘銀可備賑濟不必勸
借今年該徵免運粮米亦宜從寬量折十五萬石而以
其加耗為餘賑之助災傷分數則宜亟報而蠲之
上是其言曰勸分固救荒權宜之法但近年逼迫太甚民
情不堪其令鎮巡官再行斟酌惟會城等處如擬禮勸
亦須富室樂從不可強之坊表聽民自立有司勿與其
餘州縣則宜勿擾以安人心折支徵免俱如擬
○正德五年十二月丙申內承運庫奏缺賞賜段疋請令
工部如例發官銀收買萬五千疋以備急用仍下浙江
及蘇松司織造者催督解納年終不完者治罪工部議

先買五千疋而分派浙江及蘇松等府亦各五千差官
督辦得旨令工部買納如數浙江及蘇松地方災傷民
窮盜起朝廷已寢差官其派辦之數亦併免之以俟年豐
○正德十二年六月己未詔查革天下新設抽分處所及
禁約各鎮守衙門擾索助貢等項銀兩從御史胡文靜
奏也

寬宥

○正德五年五月戊寅諭軍衛官員軍民旗校人等近寘
鐇何錦等謀反神人共怒朕念爾等皆朝廷赤子為其
迫脅心不自安已有旨曉諭其寘鐇何錦待解至京依
法處治有功官軍已降勅獎勵待報功至日另行陞賞

爾等世受國恩縱是一時遣脅勢非得已並行寬宥况
朝廷節次蠲稅省刑事從寬處爾等宜各安心保守職
業同享太平之福鎮巡等官并家口被殺者與之措銀
見存者與脚力口粮送在彼閒住被傷者聽回原籍致
仕官軍人等被殺家屬各賞銀五兩被傷者三兩令巡
按御史查處回奏
○八月己酉詔官員犯罪充軍應放免者不分永遠字樣
悉皆放釋已釋放者免赴伍其為民不犯贓者仍冠帶
閒住內遷發為民者仍查原犯事情以聞從都察院奏
請改正壅之弊法也

賑濟

正德三年十一月乙未戶部言鳳陽淮安揚廬等處災
荒重大累經守臣奏請簡命大臣前來整理錢粮以救
饑荒先已勅侍郎王瓊賑濟南京矣南京離鳳陽不遠
宜令瓊往來鳳陽等府會同鎮巡官從長計處設法賑
恤本部先運事例銀十萬兩前往接濟仍量支南京各
衛倉粮三十萬委官撥運驗口給散乃撥補未解事例
銀十五萬兩送南京戶部折放官軍月粮
上從之仍令侍郎王瓊就彼賑濟務使民沾實惠不致失
所若有救荒事宜其悉以聞
○正德七年正月癸丑初太監張永傳旨山東等處盜賊
殘破州縣累蠲稅粮而有司膠格不行以致上無實惠

民罹困苦令戶部議處以聞戶部覆議請與荒山東爲
甚河南南北直隸次之宜會計經費以定減免之數一
京儲凡已徵未解者山東即留本處備用河南南北直
隸許折輕齎解部召商上納其未徵係內府供應不容
免者則於已徵銀內通融補解其他京倉京場粮草及
神樂犧牲所雜種俱免各衙門應用等項先查存積
盡支不足則於太倉及五場給之一邊餉山東河南北
直隸原派各邊及畿郡倉庫錢穀未徵者亦俱免已
徵未解者山東亦留本處河南南北直隸亦許輕齎類
解其各邊粮草將正德五年六年兩淮塩課於宣府開
中六十萬引遼東三十萬引召商上納賑未殘破州縣

已徵者則以補內府不充之數山海等關許於附近存
積多處通融借用或查各庫積銀折放一禄俸各處存
留粮數以供各王府及司府衛所州縣禄俸宜以賊未
殘破州縣原派并被賊州縣已徵未解者量派本處以
給之山東則益以臨清稅課二季其各屯子粒亦俱免
又各處有雜辦果品等項及禮兵工三部牲口柴薪物
料俱請令各部會計減免從之
○四月丁亥傳旨諭戶部北直隸山東饑前發公帑恐賑
濟不給其再發通州倉加耗附餘并天津德州臨清所
寄粮二十萬石仍量地之遠近災之輕重定數支給於
是戶部議定順天二萬石永平一萬石俱支於通州倉

保定河間各一萬五千石天津五千石長蘆運司二千
石俱支於天津倉真定大名各一萬三千五百石廣平
順德如永平之數青登萊各一萬三千石濟南兗州東
昌如保定之數山東運司如長蘆之數俱支於德州臨
清倉從之且勅侍郎王瓊隨宜區畫務俾窮困即沾恩惠
○正德十三年正月癸卯戶科給事中李長奏直隸山東
地方霪潦瀰漫五穀絕望京師流民相屬於道攜妻與
子僅易斗粟僅戶挽籍所不忍見揆意皆以京師輻輳
之地可以乞食糊口既而米價騰貴遂至此極乞從權
處置先將已故者埋瘞無令暴露其羸弱僅存者量給
米銀令各回鄉戶部議覆

上曰流民情可矜憫人給米三斗令各歸其鄉以聽賑濟
死者官爲瘞之各巡撫其督有司加意撫恤毋致失所
户科左給事中鄒錫言去秋雨水爲災秋成失望順天
保定河間被害尤甚真定大名等五郡次之人民艱食
餓殍盈路流移不止盜賊將起非細故也
陛下雖念發户部銀兩德州倉粮遣郎中二人賑濟竊恐
待哺者衆所發不足以供所需郎官權輕無人督率群
吏請别遣大臣增發銀穀以往其錢粮物料仍乞例外
蠲免以蘇民困户部覆議以聞
上曰畿郡災傷人民艱窘實切朕憂其河間順天保定存
留粮米坐派物料各暫停徵仍勅大臣一人率主事二

人分行賑濟應支錢穀令議處奏聞真定等府即令巡
撫都御史李贊曉風督率所司理之缺牛種者官爲補
助務俾人沾實惠於是以都察院右僉都御史李鉞督
順天河間保定等處

掩骼

○正德十一年三月乙酉詔都城内外各寺觀寄放骸骼
有主者立限收瘞無主者隨地瘞之仍諭兩京及各布
政司如例舉行

弭盜

○正德六年三月戊辰以賞罰條格榜諭有賊地方曰凡
府州縣官衛所爲賊所破殺掠焚毁數多者掌印及職
專守備捕盜官皆斬雖無城池罪亦如之府衛掌印分
管及兵備官每一起降一級分守分巡官及三司掌印
官避降其甚者各謫戍士卒臨陣不用命者斬鎮巡參
將等官許以軍法從事所轄地方盜發匿不以報者罷
職因而失事重者亦斬兵備守備守巡等官聞賊退縮
貽患地方及鎮守巡撫官不能弭盜巡按御史不能督
捕糾舉者俱黜之凡有爲賊鄉道以復私仇及爲賊耳
目令得奔逸者斬仍罪及其孥凡就陣擒斬有名劇賊
一人者如邊方例陞一級世襲擒斬從賊三人及陣亡
者亦如之若非對敵緝捕三人及三人以下者秪如舊
例陞賞其有捕斬功應陞級而不欲者每劇賊一人賞

銀三十兩從賊一人半之緝捕一人減三之二若盜賊
能自相擒斬者得貰其罪仍如例一體給賞脅從能自
首者亦貰其罪毋令捕盜者追詰之守巡以下文武職
官有督捕保障顯績者鎮巡等官舉奏擢用
○丙子太監張永傳旨近来各處盜賊縱横多因水旱衣
食艱難各有司不能賑恤或又徧科斂而侵尅之及朝
廷下詔蠲免錢糧乃將虚文起解之數揑作已徵或將
已徵揑作未徵重複徵解以致小民冤苦無伸流離失
業相誘爲非苟逃性命日復一日轉漸增多念此良民
皆吾赤子情非得已實可哀憐已累降勅旨申明戒約
誠恐安於故習不改前非徒事虚文民不沾惠都察院

即出榜文分給直隸山東河南四川江西湖廣陜西福
建兩廣用兵地方令各鎮巡等官行各府州縣遍相謄
刻張掛曉諭備查正德五年分正額稅糧草料之外一
應歲辦雜派軍需諸物料責係已徵在官者如數起解
其小民拖欠未徵及有司畏懼期限虛報已徵之數悉
皆蠲免其被賊殘破處所幷正額糧草通免一年以蘇
民困虛報官員免其查究不許再犯如小民陷於盜賊
有能悔過復業者除有名賊犯外凡脅從之徒不必追
究既往量加存䘏令其安心生理共享太平以後再作
過惡必不輕宥有能自相擒斬悉免本罪仍量其功次
即加賞勞重者量爲陞職若有司將自首人犯擒斬報

功或致爲沮抑不加賞勞以致人心嗟怨及仍前赴害
虛飾故事事發之日一體重罪不宥
○四月壬寅六科都給事中張瓚等言近山東巡撫都御
史邊憲巡按御史陸崑紀功御史吳堂提督捕盜參將
李瑾各奏青城之捷已蒙陞賞據其奏辭日時不對自
相矛盾瑾等既稱賊不能突出崑乃云掘城而走堂報
賊以二十一日潰圍去瑾等則云二十二日斬獲甚多
疑有欺蔽乞勅總制都御史馬中錫覈實奏處會堂劾
瑾初至山東賊適在諸城縣之百尺河瑾擁兵不敢擊
乃掠平民爲賊輒以奏報及賊劫日照瑾復留駐青州
賊因東虛西向破泰安魚臺諸州縣後至新泰小捷遂

回兵濟南致賊臨沂水臨朐直取常山奔而青城爲官
軍所圍中夜賊潰圍出復破昌濰諸縣瑾擁重兵屢失
機會請罷瑾別選將代之或切責俾圖後効兵部乃請
令中錫併覈以聞十三道御史賀銳等亦以爲言且謂
山東居民凡賊過之處則業於供給糧草竄伏皆困於
民棄家從亂若比比而是官軍所過之地則即避門逃
遁箠楚驅逼猶不肯前懸賞召募亦鮮赴者蓋以供億
之煩搜索之苦或擒殺報功尤甚於賊故爾今所報斬
獲首級未可輒信得旨諸所奏事情已令中錫覈報俟
其至日朝廷自有正法張偉令嚴督各該鎮巡參將等
官亟討賊以圖成功官軍所過州縣不許生事擾民仍

諭四川等處用兵地方總制鎮巡官但有貪功妄殺與
容官軍害人者咸重罪不宥
○六月戊戌巡撫陝西都御史藍章奏盜藍廷瑞爲未順
土兵所逐奔漢中都指揮使金冕土官知州彭定等圍
之食竭力盡今其黨何虎等告已還四川聽撫已令冕
等護之出境兵部議廷瑞稔惡數年兵敗求降乃縱之
使出似爲非策宜令總制尚書洪鍾等辨其真僞誠否
而審處之俾法不廢而信不失若中變道走則調兵征
剿得旨盜皆朝廷赤子其初起及脅中從多非得已今
既聽撫速令總制鎮巡官議處以聞
○十一月戊辰

上諭兵部臣曰南北直隷河南山東強賊劉六劉七齊彦明楊虎等肆行叛亂侍郎陸完等討捕累以捷聞殄滅有期朕念天下軍民皆我赤子比因水旱災傷各司府州縣衛所官不能撫卹或催徵太急或科歛繁重或刑罰不平皆於為盜情實可憫已命侍郎叢蘭王瓊往宣布朝廷德意惟有名首惡不宥能擒斬者已有陞賞格例其餘脅從者皆非得已有能拋棄盔甲器械投首者會軍官即與辯理發遣不許濫殺其自解散者沿途官司不許邀殺報功俱量給衣糧資送還鄉原籍官司給與牛具種子田地為人侵占者各還本主仍復三年或舉指舊事者並免追究兵部即出榜刋布提督撫按

及各府州縣遍為翻刻務使各鄉村屯堡軍民知悉安分為善無互相驚疑若實頑不改仍出為盜自取刑誅再不輕宥官司敢有奉行不至仍前怠玩虛應故事者總督等官指實參奏重治四川江西等處盜賊令總制尚書洪鍾都御史陳金及各撫按官如旨奉行

○正德七年正月丁巳傳旨諭直隷山東河南等處被賊脅從軍民人等爾等本皆良民被脅從賊盜既非本心及遇官軍又遭殺戮朕甚憐之累有旨許投首免罪爾等愚頑不省今再曉諭使皆知悉除賊首劉六劉七齊彦明劉三趙風子邢老虎殺所不原其餘但能解甲投首者俱勿論仍復其身三年戒飭所在毋得擾害朝廷決不失信至於各處災傷被賊地方一應錢糧物料俱依前旨蠲免不許有司虛應故事總督提督并各該鎮巡及司府州縣等衙門各謄榜曉諭

○十月辛酉傳旨申諭直隷山東河南江西四川等處頃年盜起殘害地方皆因賊首數人糾合徒衆中間多是良民畏避粮差被　其脅從朝廷命將出兵又再三降旨榜諭許其解散自首俱宥其罪仍令有司存恤今各路官軍將賊首藍五鄢老人趙風子陳翰李茂賈勉兒等俱生擒凌遲汪澄二胡雪二劉三楊虎邢老虎劉六等俱剿殺劉七齊彦明對壘梟首示衆其窩藏交通之人如王欽王五等俱凌遲處斬已勅各處鎮巡三司官

曉諭軍民為惡者自取其死為善者得保身家猶恐府州縣衛所官不能用心撫卹領軍官失事懼罪殺降報功使人心驚疑不安又令兵部嚴行各官解散投首者令依前旨免其糧差三年田地被侵者追還原主無牛具種子者措置給之失事官量情輕減不許妄殺務使人人為善同享太平朝廷屈法伸恩如此其四川殘賊廖麻子一黨昏迷不省已刻遣將督兵剿殺除廖麻子不赦其餘解散自歸一體寬恤惟既散之後不改前非仍復為盜者所在擒執重治不宥中外有司通行榜諭知之

○弘治十八年七月己酉

先帝時南京監察御史沈壽等言
皇上親録大理少卿吴一貫等所勘邊情於闕下事干刑
獄宜付所司不必親勞
聖斷蓋以萬幾叢委或不暇給役間抵隙之人將爲取寵
市權之計此今日之體統不可不正者也望自今政務
委之九卿該或未當責有所歸則事不煩而理都察體
奏國家刑獄之事各有成規如吴一貫等勘事失之輕
信以致處斷過當人多寃稱
先帝不忍之心施於偶聞乃親録諸犯仍付法司無輕議
罪十八年之間僅一見之未嘗著爲常典此非
先帝之好勞乃臣下不職之爲累也但壽等推明體統意

亦忠愛請繼自今刑獄悉責成中外有司并勘問官吏
公訊鞫違者以故失論庶臣勞於下君逸於上而庶事
亦不致叢脞矣詔令後内外法司及奉旨勘事官務秉
公道根究實情不可顛忌偏枉
○正德元年四月癸丑掌大理寺工部尚書楊守隨奏每
歲天氣暄熱會審罪囚事例行於在京而不行於南京
五年一審録事例詳於在京而畧於在外事體有偏刑
或不當宜通行南京審囚之時三法司一同會審其在
外審録亦照此例會審具奏庶事體無一偏之弊刑罰
合衆論之公
上從之且曰人命至重録囚有拘情稽滯寃伺者令該科

參究
上命司禮監太監張永同三法司堂上官審録罪囚勅諭
永曰朕惟刑獄重事自古帝王必致理於斯朕嗣承大
統仰體
上天好生之心特加慎重茲當天氣炎熱恐輕重罪囚或
有寃抑致傷和氣特命爾同三法司堂上官從公審録
死罪情真者候决其情可矜疑事無證佐并應枷號者
詳具以聞徒流以下減等發落笞者並釋之於是永會
三法司具以獄辭前後得可矜疑者六十一人俱減死
充軍其情重者仍杖之百而遣之免枷號者十有五人
依原擬發遣以不孝告而有息詞者七人杖之百俾歸

養自首并篤疾放免者八人
○正德九年九月戊子勅諭刑部都察院大理寺曰刑獄
重事凡斷决起發會勘駁勘等項律例所載俱有定限
不許淹禁今内外問刑衙門官員不體朝廷欽恤至意
一應繫囚或不親鞫問或拘情受囑或畏避嫌疑展轉
委勘以致監禁日久有數年未結至瘐死獄中者情甚
可憫法司其亟申明律例移文省諭今後再有故違者
重治不貸又近年山東河南四川山西等處失事人員
亦多淹禁者其令各鎮巡等官查勘明白從公議奏定
奪該諭
兵政

○正德三年十二月己酉兵科都給事中趙鐸等言近年
官軍比試多姑息之弊請加嚴飭得旨舊制比試甚嚴
歲久人玩視為故事兵部其移文各都司應襲子孫須
弓馬熟閑乃聽起送監比官必嚴比中式方許襲替不
中者如例處分若監比似前怠玩必罪之仍令偵事諸
司察其弊以聞

屯田

○正德元年五月甲辰先是總督糧儲戶部右侍郎陳清
兵科給事中徐忱各疏言倉庫空虛可慮戶科給事中
張文等又極言國用不給當亟議經制之宜
上曰此重事也戶部宜會多官議處畫一開具以聞於是

尚書韓文會英國公張懋等條具經制八事詔是之仍
令戶部詳究近年支用日漸增加多至數倍之由及運
送各邊銀兩已用未用之數并可行長策仍議處以聞
文復會懋等言銀兩之用由於京軍屢出調度頻繁山
陝饑荒供億加倍往者
孝廟登極賞賜悉出內帑戶部止湊銀三十餘萬兩今則
銀一百四十餘萬皆自戶部出矣往者內府成造金冊
皆取諸內庫今則戶部節進過一萬四千八百餘兩矣
往者戶部進內庫銀止備軍官折俸今則無名賞賜無
益齋醮皆取而用之矣此銀費所以日增也招收投充
之匠傳陞乞陞之官役占影射之軍皆夤緣權貴蠹公

帑私或臣下建白而裁革不行或方行裁革而旋復仍
舊深根滋蔓潛耗京儲此冗食所以日增也光祿寺供
應每告不敷內監局工作畧無停息至如玉帶蟒衣一
槩濫賜其餘瑣細不能枚舉此冗費所以日增也伏望
皇上深懲宿弊俟諸司查奏至日應裁革減省停止者即
賜施行其各邊解送銀兩已用未用數目及有無冒妄
關支之弊宜行各邊巡按御史備查明白造冊送繳以
憑稽究所謂可行之策則各處稅課司河泊所王府舊
嘗陳乞為業者不論久近盡取還官行撫巡等官稽其
歲入錢鈔如例折銀山場湖陂田土或王國改遷為人
侵占者盡數查出召人佃種如例徵銀應漁牧者定則

以收其利俱解部備用又沿邊屯田廢弛尤甚未泰之
地盡為草莽之區以致倉儲缺乏輸銀日多宜勅各邊
總制會同巡按及管糧郎中暨同巡守管屯等官清查
故有并新增頃畝除已給軍領種外其間凡有權豪奪
占者追究改正荒蕪未種者立法召人開墾承種限三
年成熟起科或租額太重奏請量減近邊有膏腴可耕
之地亦宜因時酌處不必拘於禁例而久棄之又順天
保定等府地方先年賞賜內官莊田有年久而其人已
故家衆受價典賣或投托勢貴隱匿為業乞遣差科道
及本部屬官各一員會同巡撫查勘原賞頃畝遵奉
先帝勅旨不及二十頃者仍與見管業之人三十頃而上

每三十頃遞除五頃與之佃種如民田例畝稅銀三分
餘地並收入官令有司招人佃種各將租銀觧部以上
三事似亦可以少助公家之費
上曰然屯田積穀乃餉邊上策漢之趙充國行於金城唐
之韓重華行於振武其效昭然可考沿邊及遼東屯田
其擇御史能者分行覈實然責臻實效不可虛應故事

馬政

○正德二年四月丁酉陝西總制兼督理馬政都御史楊
一清奏臣先年奉勅督理陝西馬政親詣苑馬寺兩監
六苑查得原額草場一十三萬三千七百七十七頃六
十畝存者止六萬六千八百八十八頃八十畝養馬軍

一千二百二十名存者止七百四十五名牧養兒騍騸
馬并孳生馬駒止二千二百八十匹竊嘆馬政之廢至
於如此夙夜講求清出實有草場荒熟地共一十二萬
八千四百七十三頃有奇清勾撥補招募改編軍人二
千三百四十三名銀買茶易追補孳生馬匹并駒共一
萬一千八百七十一匹修完馬營城堡共一十九處衙
門倉廠馬廠屋宇共四千一百餘間選設操丁一千名
給與屯田弓矢委官操練無事牧馬有警調用又奏武
安苑草場地二千九百六十六頃招募改編軍人三百
四十五名及照西寧洮河三衛茶馬舊規廢弛年久官
茶無積私販通行西域畜牧盡為私販所得邊兵缺馬

乃累行伍陪償臣嚴禁私販廣積官茶內照舊制招調
遠近番人共易兒騍馬一萬九千七十七匹計今三
茶馬司處置見畜茶四十五萬餘斤足充二年易馬之
用是以於三邊歲給戰馬不為無補至於招番一事雖
未嘗明復金牌之規而實坐收茶馬之利臣非敢自伐
其功但念制作者必專而後成交承者必守而無失臣
初責任專易於集事自兼巡撫以來頗此失彼已不如
前比者復蒙加任總制責任重大其於監牧茶馬之政
勢不能及惟是規置粗定禁令已行分官代理幸不廢
墜切惟馬政茶法事體相須先年陝西行太僕寺苑馬
寺馬政俱係巡撫兼管而茶馬則巡茶御史主之巡撫

政務繁多馬政實不經意而茶司所易良駑莫究騎操
所給登耗不聞本末始終茫不相攝虛名無實亦勢使
然頃督理設官兼總數事故臣得以稍效其愚此後恐
難復設止令巡撫兼之未免仍蹈舊轍莫若復設巡茶
御史一人或三年或二年一易請勅兼理馬政茶法二
事陝西行太僕寺苑馬寺官員專聽約束凡臣布置規
畫奏有成命事宜非有大礙不必更張庶幾事有定規
人有定志矣兵部議覆一清為慮甚遠其言可從
上是之曰軍政莫急於馬陝西馬政自今俱令巡茶御史
兼理之務令加意修舉庶幾雲錦成群之盛其勿怠

恤軍士

○正德元年三月壬午賞楊威等營秋班操軍卲斌等若
干人各銀一兩故事營軍之賞惟降勅時見在者與焉
斌等九月番上在降勅後以方營造
泰陵援春班例欲均賞戶部覆奏謂均賞無例
上以供役
山陵有勞特命斌半賞之
備邊
○正德元年三月乙酉錦衣衛千戶屠璋自陝西勘事還
報虜衆約五六萬以去年十二月十七日花馬池毀垣
而入直抵隆德靜寧會寧等處至今年正月初四日始
從舊路遁去鎮巡等官先調各衛官軍土達召募民壯
皇明寶訓　正德二卷　四十九
九千七百餘人委備冬把總指揮任璽等分布沿邊防
守都御史楊一清又調延寧莊浪兵馬邀擊追勦然或
傳報不稽或備慮不謹或應援不及或心力不齊以是
失誤事機竟無成功其初入花馬池參將霍忠等兵潰
遂轉侵固原圍孫旺城墩及操守指揮陳輝與戰於乾
鹽池陣亡一十八人於是由葫蘆峽口寇鎮戎所歷黑
水板井等堡及靜寧州所殺虜人畜甚衆還至亂馬川
指揮張瑛把總張光宇率軍迎敵瑛中流矢死者又十
八人虜大衆出錦雞口時一清累趣兵併力截其歸路
然皆坐視不戰惟指揮郭廻追及餘賊六騎於小鹽池
與副總兵姜漢守備都指揮侯勳部下各斬首二級所

獲僅達馬夷器而已今賊雖已出套東渡顧虜性譎詐
倏若北遯其謀叵測況固靖等處糧草多者或足支主
兵二年少者僅半年如有警動調客兵則不足矣兵部
覆奏璋所勘與一清奏報相類諸將功過待覆奏勘處
之防禦之策宜行一清督各鎮守臣豫處邊儲宜責戶
部區畫以備不虞
上是之曰其令一清督各鎮巡等官用心計處防禦不可
有纖毫怠忽糧草前此差官整理方以充足歸報今乃
又稱不足那戶部其從實查處以聞
○正德八年八月乙丑兵部覆給事中傅鑰所奏備邊事
宜一遼東錦義等城堡圍廢壞是以寇至莫禦宜令修
皇明寶訓　正德二卷　五十
補并河東等處皆添設之一各邊軍士貧難銳氣銷耎
無以禦敵宜令官為婚娶及置辦軍裝仍每軍撥余丁
二人專令耕種以資助之一選擇總兵不必侯伯凡都
督以下素有威名未曾委任或在下僚及註誤閒住者
宜疏名簡用一各邊被虜人民在虜日久每遇征勦之
時恐而請命官軍貪功一槩妄殺宜令定格例凡獲被
虜男婦老少俱准陞級仍令本家出銀充賞如仍前妄
殺斬首示衆一廣寧開原舊設馬市所以羈縻諸夷互
市之日宜嚴為之禁其各城索賞夷人俱出百里之外
使之駐牧或近塞垣者即驅逐之則在我無取釁之端
在彼知潛入之戒矣詔是之且令馬市驗放夷人入市

務依期出境禁其夾帶弓箭之類非互市日不許輒近塞垣會馬市官并備禦軍士有誘取夷貨縱令入境及私交通漏泄者罪不赦

馭外國

○正德二年五月己酉命朝鮮國李㦕之弟晉城君懌署理國事㦕病無嗣奏請以國事付懌禮部議移文覈實至是其國議政府具舉國公議申請禮部又言㦕雖病必其不愈而果於無嗣也況懌既有賢稱亦豈肯自處於薄宜令暫署事務以忠孝自存俟㦕卒乃具奏議封

上從之賜之勅曰爾兄國王㦕以世子頊夭亡哀慟成疾無他子姓令爾權署國事請命于朝爾國宗戚群臣咸

奏爾為王親弟孝友好學夙有令望宜代承先緒而爾乃以不敢自明益增僭越為辭上下之間交盡其道顧封國事重特下禮官及廷臣僉議以為古者兄弟有相及之義但爾國素號秉禮而爾方執謙處厚茲特命爾署理本國大小庶務以國王體統行事爾尚益敦孝睦以繫群望毓厥臣庶綏爾家邦朕將有後命焉欽哉

○正德十四年二月己卯初高麗國王王氏洪武間遇弒而絕陪臣李仁人擅立偽姓凡幾易矣國人得王氏裔瑤立之瑤復昏亂衆推門下侍郎李成桂主國事且請于朝詔許之改名旦令徙居漢城更號朝鮮成桂與仁人本異族永樂間降祭海嶽祝文稱成桂為仁人嗣而

祖訓條章亦載仁人及子成桂今名旦者成桂子芳遠奏辨

太宗許令改正近所修大明會典復注

祖訓於朝鮮國下云李氏連弒四王貢使市以歸國王李懌上疏備陳世系本末及四王始終無弒逆之為改正下禮部議以會典一書詳載我朝制度其事關外國是非嫌疑之間皆在所畧況成桂之得國出

皇祖之命其不繫仁人後又有

太宗明詔可徵宜從其請詔可且嘉其誠孝賜勅諭之

優遠人

○正德三年十月丙子禮部以大通事王喜奏雲南百夷緬甸及宣慰司官衙門例用三年一貢今皆不通宜移

文鎮巡等官以時促之

上曰土官貢賦自有舊制其勿紛擾仍行各省鎮巡等官知之

○正德九年九月戊辰先是巡撫貴州都御史沈林等奏乖西苗賊阿雜等之叛由宣慰宋然激之今然既罷職復使其子姓承襲恐夷民不安宜將貴竹平伐等七長官司并洪邊十二馬頭地方金筑安撫二司總設為府洪邊貴竹各設縣皆以流官撫理然姪儲及長官宋齊改授軍職兵部請下鎮巡等官詳議至是巡撫都御史陳天祥等復奏各長官司夷民不願開設府縣況貴竹

一司舊隸永西宣慰安萬鍾金筑等司舊隸程番龍里
府衛初非然所部儸及齊宜各襲授原職兵部覆奏詔
曰夷俗有不可盡以常法治者儸齊准仍襲原職令與
萬鍾等俱用心管束夷民毋得科害激變再有違犯者
鎮巡官劾奏罪之
○正德十二年三月己丑海西嘔罕河衛夷人褚養哈等
入貢道永平殺害驛遞遼東伴送舍人傅鐸奏之禮部
議覆詔大通事譯審明白嚴加撫諭禮部仍量差通事
送歸既而海西兀者等衛夷幹黑能等歸伴送舍人亦
請遣通事護送遂著為令

大明世宗肅皇帝寶訓序
朕聞我
皇祖肅皇帝在位時侍臣有請纂輯
聖訓名之曰嘉靖政要者我
皇祖謙讓未遑且曰他日朕身後史臣必書之嗚呼遠矣
神衷其俟諸後者晰也茲者恭修
實錄成一代中興大烈已可概見朕仍命儒臣就中掇其
睿謨偉製便於誦法者遵舊例為
寶訓二十四卷親加裁覽蓋不勝仰止之思焉嘗觀前代
人主訓辭可傳者無幾且往往出臣下擬撰惟我
皇祖淋漓灑翰須臾千百言累牘連編咸抒心所自得無

假思搆其微詞奧義有前聖未發六籍未備者信足保
之鴻謨作則之明訓也朕生也晚不獲面承燕翼之謀
然稽其緒言遡其遺範豈惟文章功業燦然具陳即精
神心術之微亦有可仰窺萬一者蓋我
皇祖英資大畧本出于性生而典學崇儒又乾乾無一息
之怠用能中天地為綱常禮樂之主不偶然也夫三代
有道之長其本在德澤其具在法度而敕編補弊隨時
低昂則存乎人焉我國家
祖宗德澤在人二百年如一日顧法久而玩吏緣為奸惟
皇祖撥時之宜乾綱獨斷故是編所載大要在綜名實飭
修攘以興周官之法度而關睢麟趾之意未嘗不存乎

其中誠仁義茲用長久之道已朕屬承聖統洪惟弗克負荷以忝先烈惟是揚謨纂訓傳之無窮使繼今萬世子孫益知

祖宗德澤之所由建法度之所以守紹庭敬止日慎一日此則予小子一念覲揚之思亦我

皇祖惓惓以繼述望後人之意也是為序

萬曆五年八月十九日

大明世宗肅皇帝寶訓目錄

大明世宗肅皇帝寶訓卷之一

光祿大夫柱國少傅兼太子太傅禮部尚書武英殿大學士臣呂本謹校
南京禮部祠祭清吏司郎中臣陳治本
南京兵部職方清吏司主事臣朱錦讎閱
南京工部虞衡清吏司郎中臣呂鳳留

敬天上

○嘉靖元年八月庚子以南京災變脩省

上勅諭兩京文武羣臣曰朕以眇躬嗣守
祖宗鴻業代
天理物負荷惟艱夙夜兢兢罔敢自逸黽勉踰歲治效未臻災異迭見近者南京守臣奏報七月二十五日猛風驟雨沙石飛揚江水湧溢

郊廟陵寢宮闕城垣等處吻脊闌檻多被損壞并各衙門樹株拔倒數多大江船隻漂溺甚衆上新河等處沿江軍民房屋被水倒塌者不計其數又前此湖廣江西地方水患尤甚朕心祗懼莫究其端意者政事乖違刑罰不中民困未甦國是未定以致上干
天和昭示譴告朕方致齋積誠祗告于
天地
宗廟
社稷凡事關朕躬者痛自脩省爾兩京文武羣臣宜同加脩省務在守法奉公勉修職業以圖消復其被災軍民

之家各遣官巡視量行賑卹庶幾
天意可回用保我億萬年太平之祚欽哉故諭
○嘉靖二年三月癸亥禮部以久旱風霾疏請修省
上是之命止齋醮及一切興造不急之務遣官祭告
天地
宗廟
社稷山川復諭禮部曰亢旱久風霾不息二麥未秀秋種
未布朕心惶惶凡政令缺失軍民利病有當興革者在
內諸司從實舉行或當奏請者詳奏無諱戶部議處預
備救荒事宜撫按官督所屬閒民疾苦加意存恤省刑
薄賦整飭武備修舉荒政盡心職業以稱朕敬
天勤民至意

○四月壬申
上以災異修省諭中外文武羣臣曰朕嗣大歷服撫臨億
兆仰惟
上天付託之重俯念小民屬望之切蚤夜孜孜圖新治理
未嘗敢懈頃因風雷水溢之變已嘗勅諭中外臣工同
加修省天未悔禍粤自去秋歷冬至今春數旬之內雨
雹愆期怪風屢作塵霾蔽天四方災異奏報頻仍朕心
甚惧深思
上天所以示戒之故豈用舍猶有失其宜者歟刑政猶有
乖於理者歟下情未能上通而恩澤未能下究歟朕痛
自循省側身修行思以轉災為祥惟爾兩京及南北直
隸十三布政使司文武羣臣皆為朕分理庶務有撫安
軍民之責宜各持廉秉公勉脩職業以副朕憂勤惕勵
之意惟吏治之得失實民生之休戚所關各該有司多
有貪酷害人怠惰廢事者務須懲究罷黜使羣臣知所
警懼不可徇情曲庇惟斯民之貧富實邦本之安危所
係一應錢粮有奉詔蠲除遇災藏免者務須查勘開豁
使窮民得霑實惠不可虛應故事惟刑獄冤枉濫囚繫
久淹以致民心愁怨上干
天和各處囚犯除廣審情真者法難宥免其情可矜疑事
因詿誤者在京遣司禮監太監南京守備太監各一員

會同法司在外鎮巡會同三司從公辨問俱與從輕發
落以後但有伸冤訴枉之人問刑衙門俱要上緊歸結
不可任意監禁致令無辜死於桎梏惟賊盜所過兵革
之餘閭井蕭條僵屍徧野尤可矜憫被刼人户務宜加
意存恤移流者招撫復業量免粮差死亡者官與埋
勿令暴露至于京軍之服役頻繁邊軍之戰守勞苦天
下各衛所軍士之月粮久缺該管人員毋得仍加剋削
以傷其心朕深居九重於民情政体豈能周知惟賴爾
等輸忠竭誠同心匡輔凡利所當興弊所當革者務緣
實政毋事虛文庶幾可以盡敬
天勤民之道以保治於無窮爾等其欽承之已復諭禮部

曰
上天示戒災異頻仍朕心憂惶特降勑諭思與內外文武
羣臣同加脩省凡係吏治民隱興利除害政務皆從實
舉行以聞
天意往歲以江南水災亦嘗戒諭所司未見施行都察院
其并申明使知朕意具行過事蹟以聞
○九月癸巳以四方災異下詔賑恤詔曰自古帝王臨御
天下必以敬
天勤民為首務我國家
列聖相仍率由是道朕嗣守鴻業深惟
祖宗付託之重臣民屬望之深夙夜兢兢不遑寧處自踐

祚之後
上天垂戒災沴疊見今年七月內南京應天及淮揚等府
俱有大風雨之變
陵寢震驚江水湧溢漂流房屋不下數萬餘間淹溺男婦
無慮數萬餘人死者積屍暴露生者流離遷徙而江西
湖廣廣東廣西等處亦有非常水患內自修省罔知所
措意者敬
天勤民道有未盡永惟厥咎在予一人百姓何辜罹此艱
厄朕方齋心積誠禱告
天地
宗廟

社稷與爾內外文武羣臣同加脩省以回
天意尤念四方之遠民瘼甚多比年以來兵荒相繼征調
不息之加法度廢弛賞罰不明軍民愁苦財力兩殫寬
詔徒頒奉行未至官府之催徵不已倉廩則所在空虛
朝廷德意顧為奸貪之驅局小民脂膏祗供典守之侵
盜上官以逢迎為能賍吏以科罰相尚賢否舉劾多有
不當刑獄輕重多有不平閭閻之間疾苦萬狀念之痛
心言之蹙頞今雖痛加釐革餘風或有未殄天地至和
之氣寧不為之感傷爾天下軍衛有司衙門官員職雖
不同義均休戚宜各督所屬各慎所司盡革因循積習
之弊益勵廉慎不渝之節各該撫按守巡等官俱要躬

親巡歷宣諭朕意被災人戶加意賑恤死而暴露者官
與瘞埋生而流徙者設法招徠一應歲額錢量與免歲
派物料徵收必以其時出納必稽其弊已起解者務濟
公家之實用應蠲免者務宣詔旨之實惠獄訟勿令久
禁聽斷勿致偏枉勿過刻以害良善勿太寬以長奸惡
贖罪紙米勿令折價入己往來迎送勿得阿意勞民充
年用兵經過及今次災傷地方但有死於非命者除厲
壇常祭外各令所司另舉一祭祭文仍從該部降去各
該屬官中但有貪婪殘酷者具實奏黜誠心愛民者雖
雜流出身者一體旌奬勿以奉承之能否為愛憎勿以
一己之愛憎為進退凡百行事務要奉公守法期於消

除民患培養國脉以稱朕敬
天勤民之意以延
宗社億萬年無疆之休
○嘉靖三年二月庚申
上勅諭群臣曰近來江北江南并湖廣等處水旱相仍地
方饑饉人民相食所在盜賊成羣應天鳳陽河南山東
陜西等處元旦同時地震方冬雷雹交作山崩地陷災
變非常近日京城風霾蔽天春深雨澤愆期
上天示戒朕心警惕爾文武衙門官員各宜仰體朕懷同
加脩省允致敎有未明刑賞有未當寃抑有未伸困窮
有未恤與夫利所當興弊所當革俱一一從實舉行事

應奏請者條具以聞禮部仍行在外各處鎮巡及三司
等官一体遵奉務期弭災固和以副朕軫念元元至意
○嘉靖五年十二月癸亥大學士楊一清因災異上疏言
脩省事宜并乞罷免以應
天變
上嘉納其言旋遣司禮監官齎勅諭之曰昨卿所奏疏朕
覽之再足見誠悃況所言君臣人品天下治道俱論之
至切但朕以凉德仰承
天命嗣
祖大統日夜圖維至治勉脩厥躬以副眷爱自即位以來
福兆未臻惟變非常豈非朕德仲昧咎多在躬以致

皇天垂仁示戒朕深懼且愧惕然于懷不能仰承至託不
敢一時怠遑但求欲轉災為福之術必多訪民情興革
惟允故令會官議處又禮部援例請齋戒祭告朕切思
之齋戒不過二日服移淺色于外而心存畏于內不
知何如祭告形于文詞不過應事而已不如常脩厥德
上格於
帝所以答諭今實加脩省上下同加戒謹不必虛文故事
為也朕日總萬幾親閱奏章未必盡知民欲必咨卿等
輔理庶務朕今欲求直言而直言者或不實陳顯側曲
直正如卿言言盡其忠可也今咎本實在朕躬凡庶司
百僚責亦不無卿言或未盡誠或未伸或闕政事之缺

失或朕過多不自悟或刑賞未當或民情不達可一一
指陳闕舉朕心務以上下一德陰陽各遂庶上回
天意下安民心此朕之所願卿勿得忌以不言是負朕望
方今修省弭變之時豈可求退正當展布忠誠匡朕不
逮有疾宜調理如可即出供職
○丙寅
上勅諭文武羣臣曰朕躬承
祖訓光紹丕圖夙夜孜孜罔敢違豫敬
天愛民一念恒切于懷然而志勤道遠績化未孚陰陽愆
違致生災變比年以來坤輿弗靖乾象失常風雨冰雹
之異南北相仍旱乾水溢之災後先繼報甚至物怪人

妖孽見疊出切惟天道人事相為流通和氣致祥乖氣
致異
上天垂戒必有其因静言思之皆由朕心有未純德有未
一用舍失當舉措違宜上無以格于
高穹下無以寧于兆庶省循咎本實在朕躬豈惟遇變而
惧實欲思過而改爾文武羣臣皆與朕共理天職其間
竭忠奉法者固有徇私忘義者不無武臣無安攘之略
而朘削以為家文臣無弼亮之誠而依違以玩日賢否
混淆而官無懲戒賦斂繁急而民不聊生掌邦禮無以
和于神人典邦政無以威乎夷狄刑獄冤濫而恤釁載
道工作無度而財力告竭至于風紀之司尤昧激揚之
皇明寶訓　嘉靖一卷　八
任愛憎或徇其意毀譽多失其眞以致四方視效貪墨
成風下民愁苦無所控訴愁苦之狀所不忍聞夫君心
萬化之原朝廷四方之極事關朕躬者不敢自恕責在
百官者當圖自新特兹戒諭爾等各宜洗心滌慮去詒
淤汙素廉勤者益加砥礪習玩慢者即為修改官守盡
職言責納忠毋事因循毋懷顧忌兩京官員有不職者
待考察之時從公黜斥在外官員朝覲考察未久姑且
策勵戒飭若奸貪不法實跡顯著撫按亦要悉心訪察
去其太甚務期弊端革而民心悅庶幾上下交修以成
勵精之治以答
上天仁愛之心儻或弗思弗膺徒以虛文應故事豈但瘝
乃官曠乃職國法具在朕不爾私爾等其勉之愼之故
諭
○嘉靖六年正月庚寅禮官以郊祀届期請舉慶成宴
上曰郊祀慶成次日設宴乃
祖宗朝故典蓋以
上帝監歆君臣歡會其禮不可廢也今四方災異非常方
欲上下同加脩省朕恐多費勞民可暫免一年以見朕
奉
天恤民之意惟四夷使臣賜宴如故
○五月癸未以久旱順天府官禱雨未應諭大學士楊一
清等曰致災之由固在朕躬但君臣交脩本為一體朕
皇明寶訓　嘉靖一卷　九
既痛自循省惟賴爾文武羣臣同寅竭誠匡朕不逮以
回
天意
○十一月丙戌
上以災異親製祝文祭告
天地曰臣昨見占官報云地震自坤至艮物或動搖臣心
恐惧及觀今冬以來候惟大雪三白未兆罔敢自逸伏
聞災生必有其由是皆臣號令失嚴政事有缺以致陰
道浸凌雨雪愆期謹潔冊誠上干
洪造伏祈宥過維新轉災為福奠坤輿於鎭静永無乖常
布瑞雪於應期潛消沴異臣下情悚慄懇祈之至

○十二月戊午禮部類奏四方災異
上曰
上天垂示災變頻仍朕覽之中心恐懼況邇來地震京師
冬季將終霜尤未降推思咎本實在朕躬尚賴卿等中
外大小臣工協力匡佐勉脩乃職思弭災召和之方爲
朕言之務期上回
天意以消變異副朕至望勿或怠忽其被災地方官亦可
傳示令其改悟修省務期實效毋事虛文
○嘉靖七年三月庚子提督南贛右副都御史汪鋐奏是
年元日甘露降於福建長泰安溪等縣
上曰覽奏以甘露呈瑞爲朕仁孝感格之徵夫豈敢當朕

非好祥瑞然
天意所至人不敢違朕惟奉
天求庇民物以答霊貺所進甘露敬當薦之
祖廟薦畢分賜輔臣楊一清等一清等疏謝
上曰分給卿等甘露非朕恃祥自矜第
上天所賜守臣來進朕不敢私先以薦於
祖考餘者欲偏賜羣臣不能特以一二賜卿望卿交儆朕
躬贊予至治庶或可承
天眷耳覽所陳謝稱頌惟慚已而禮官請賀
上報曰卿等以
上天垂降寶露爲朕所致覽奏而中慚且懼焉況今災變
屢作民不聊生卿等請賀雖出忠誠第朕心弗安也可
欽承朕祗謹
天戒之意勿賀
○四月庚戌
上勅諭文武羣臣朕以藩服仰承
天命遵我
皇兄遺詔入奉
祖宗丕緒自即位以來冲幼寡昧無所聞知近歲心志稍
開夙夜恐惕匪敢逸肆而政治未孚比年災異屢見近
日之間大風吹沙塵霾蔽天各處地方或旱潦連閭或
地震同日寇遍京師盜賊羣集南北邊境虜夷猾夏殘

害民命妨民衣食凡斯咎尤本皆朕致欲求弭除之方
惟恐不能自知且君臣共理者皆天事也咎本雖在朕
躬爾諸司庶職文武羣臣或任大職或司一事均爲有
責而觀此災害之來蓋嘗思省不乎朕過之自知者不
敢自恕未能自知者有言責者當盡言以聞爾等亦宜
加省思悔職業之當修而未修者修之政事之當行而
未行者行之分擇庶職必量材而任之使有裨於國而
益於民錢穀財帛須撙節以用之勿横取於民而費出
無經禮樂務明而三禮重典尤當謹之軍國事大而六
軍艱困必思卹之刑罰必得其平修繕必以其度言責
之官其位甚重風憲之利其職尤嚴勿外飾虛名而內

罔其實撫按之任不可頻更守令之官須加詢訪勿徇
於人情而濫奬黜爾等宜體悉朕心各自省察關涉重
大者會議奏聞以憑區處其瑣細常事徑自改行勿或
惜客庶利可興而民咸懷害可革而民無怨上回
帝鑒永祈庇祐於
宗社而於朕與爾等亦免多戾矣爾等其欽哉仍命南京
官一體修省
○甲寅禮部以露瑞請表賀及欲照河清事例致祭
天地
上不許諭輔臣楊一清等曰朕思謝告一事原非舊章亦
非經制乃朕妄為以其情無不可緣其禮而無害雖然

皇明寶訓　嘉靖一卷　十二

以致人言矣幸
上天垂憐鑒朕眇誠今次不可不加詳處文獻通考記前
代有一年五祀者為太煩不可不慎而今之舉行非祀
儀比亦恐齋戒頻煩羣臣怠惰以朕意諭若彼審告謝
而今次不行是為始敬終慢也若繼之為事例又恐瀆
也不知何處為可一清等請如部議致祭乃從之
()嘉靖八年正月戊午
上以災異勑諭羣臣曰去歲季冬長星見而數丈今年元
旦陰霾作而竟日且連年之災異數省之旱潦自來所
未有者是皆朕躬愆咎欽惟
皇天仁愛每垂警示朕敢不思邁圖改自新厥德以仰荅

眷愛然已過不能已矧爾文武羣臣大小百官皆有
共理之責未知覩此變異常思之不乎今已踰月一言
未聞茲朕特降勑開曉爾凡在位之人當各思省各盡
其職勿視為常如有可弭災之術當各自陳奏朕自採
擇施行勿懷畏憚勿生猜疑務有知速言言無不盡庶
朕有過得聞以圖修改爾等亦免尸官之譏矣故茲勑
諭爾等其欽哉欽哉於是輔臣楊一清等擬上弭災事
宜
上報曰覽卿等所奏足見忠誠輔導至意朕自嗣位以來
災異屢見雖因事省諭而未臻實效朕見近日以來
上天垂愛或雨綠或星變朕心惶懼故命卿等撰旨省察

皇明寶訓　嘉靖一卷　十三

此非下民所咎皆朕之失卿等所奏其無益之工役未
造者俾止見造者着上緊完報各衙門匠役人等此係
舊額已有旨的外再不許來煩擾京營之軍乃備警操
武操練之重事着兵部計議處置言官職居正諫其當
以盡職為實今因各不法朝廷治罰乃懲戒盡職之意
煩擾輕率之弊亦不可不為治戒其觸忤違逆者乃因
欺正挾私朝廷亦不當不以法懲治以正
祖宗之法刑囚有重罪迄生窮民冤抑致死者實為不中
上干
天和着法司公道議審處置其餘事宜着各該衙門看議
來說其有弊利興革之事卿等一一為朕陳之朕當斟

酌施行
○二月戊寅
上諭禮部朕念去年各處俱奏報災傷變異頻仍人饑至
有相食者况一冬少雪今當東作之時雨澤不降若二
麥不登則今秋特饑又有甚於前歲朕甚憂惧已有旨
祭告
南郊
社稷山川今朕親往庶盡虔祈之意
○癸卯
御製禱雨不應自咎說其詞曰朕惟聖人為能享帝惟孝
子為能享親斯非空言實為今日之做也夫大舜之為

子也惟能盡子職以事父母故瞽瞍終致底豫而天下
化焉成湯之為君也惟能盡君道以事天故桑林之禱
捷如影響終致雍熙太和而天下平焉先儒嘗有言以
為人君父天母地誠能以子道事之則父母無不悅之
理有曰事父孝所以事天明事母孝所以事地察亦斯
之謂也苟能盡此則天地無不明察矣若或外有如事
父母之儀其中實無如事父母之誠未可為事天地而
為之子者也故曰惟聖人為能享帝惟孝子為能享親
嗚呼豈尋常之人可同日而語哉夫人君之所以為聖
未嘗不以良臣而賛之雖湯至聖猶賴伊尹而後能興
故高宗望於傅說曰股肱惟人良臣惟聖夫以高宗為

爾之令主猶拳拳責望於說至於如此况夫庸常之君
豈可不資賢良以求事天之道乎茲今春旱不雨禮部
請命順天府舉儀以禱朕允所奏復下詔命擇日具儀
以躬禱于
郊社山川諸壇禮部言宜令羣臣從禱以上下同致之意
乃卜二月十八日禱于
南郊山川壇次日復禱于
社稷二日之間晴暘如故風霾蘙作雖未敢要求速効于
神寔非朕積愆無德怠蔑失誠所致否則何乃數日之間
上帝不垂昭鑒
神不我答是誰之過歟朕非欲往聖自比而中心實切恐

惕無所容措會言官劉世揚等奏謂祈禱人和以感
天神云百官或有不宿齋所者或有攜酒入齋所者或醺
醉入壇者或錯亂節序倉皇入班者及言衛士於壇兆
之內舉蹲汗穢者請加戒飭以重祭祀朕惟感召之際
正在盡吾之誠何乃專責于人哉此君子所弗為也但
思陪祀及百執事之人所賴相維以盡事神之道今乃
若此奚用彼為乎人君以一身當負荷之重凡在位者
莫非共理天工輔我以代天出治罪在朕躬不敢自恕
尚賴文武羣臣今後凡遇陪祀助祭之時務必持潔清
之念秉敬畏之誠相賛祀事以祈昭格諸司百執事之
人亦要謹以束身誠以趨事將獲福利豈不上下均霑

而國家有賴因自責而識之以此用勉為警省之地云
○十一月辛丑
上諭禮部朕聞雪乃豐年之兆今深冬無雪朕甚惶懼宜虔
誠祈禱恭告
天地
社稷山川等神擇日具儀以聞於是禮部具儀言
駕出親祈百官俱宜陪祀
上曰兩雪愆期實朕所致罪在朕躬朕宜自禱百官不必
陪從禮部再疏懇請乃聽仍戒各加敬慎以祈上回
天意
○戊申

上躬禱雪於
南郊明日禱於
社稷壇是日雨雪
上喜乃諭禮部朕惟人君之事天如子之事父人子能得
親歡未有不以為慶茲者天降靈雪實為好生之德豈
朕菲薄所能孚格弟感荷之誠實不能已其擇日告謝
天地
宗廟
社稷山川用玉帛樂舞可具儀以聞
敬天下
○嘉靖十年正月辛亥大內東偏火

上露告于
天告于
祖考因諭大學士張璁宮中地隘而屋聚且貫以通被所
以每有火患聞南京宮中諸門皆磚砌不用木固知
聖祖慮深今所燬者不須依舊式未燬者量為規畫務使
道途疏闊堂舍整齊勿令相近門俱如南京制斯免驚
擾耳璁復為大警或問示璁并序之曰朕為或問是不
得已耳豈不知好辯多言起羞為倭大失君道之體特
為重大者作之耳夫今人率多探禍福以搖惑人之心
惑孩童妄附詆毀善人阻害大道義故朕述此以自為
之記云耳非尚辯焉非飾過焉惟明達者知之其詞曰

或問於吾曰汝家東所居被災是
天之所仁愛以示汝汝其省之否乎吾答曰予菲薄之人
仰承
皇天眷命主斯億兆過咎最多
皇天垂示仁愛予于此未知所以或曰我聞變不虛生必
有所召茲警在汝家非汝德失其中和政失於燥急與
夫凡所致此者否則何有是乎吾答曰吾非汝此問何
得言乎汝其聽吾陳之宮中地面狹窄房屋重疊宮人
有三四人止一房者又不肯相和脏一氏飲酒沉而睡
至二鼓末惹火著身猶未覺即焚其身方延至屋人盡
勝熱罔覺三鼓巡者纔見忽報之所司急喚衆人火已

甚矣且三十五房接齊通連無可措手悉燬之此自酗
氏起非災變也其實人自不慎耳如以吾禁酒之令失
嚴及無德罔以引之者此其吾之過也本非災異也哉
問汝既知之若此何必引咎下令修省禱于
天禱于
祖考哉此豈誣歟吾答曰予聞人君之事天下也不可不
慎此非變異本人為之固不可為災而所以禱之
天禱之
祖考者告之以人事不脩祈之以將來佑庇吾家長也不
能致人人共保非我之過失誰歟故告于
上天告于

祖考庶有所嚴畏下令修省庶使人人事事務圖慎矣何
詐何偽人綫可哄天可欺乎或曰斯固是矣汝心寧不
失急矣自啓乎吾答曰孔子大學正心之道曾子釋之
曰有所忿懥恐懼好樂憂患則皆不游其正者何不當
忿懥而生忿懥不當恐懼而起恐懼與夫不當好而好
不當憂而憂者心既昏惑顛亂忿懥於違已拂意之言
恐懼於邪說誣祝之術好樂於聲色遊豫之場憂患於
奸小悪仇之譏虛靈眩惑心欲得頃刻之安且不能尚
能正乎况今人專伺禍福務求牽應孫為附捏陰中吉
人暗亂人志使聞之眼燥而背汗至此則人人將不顧
君覩謀為善已愈不可曉而上導而化之吾為可自招

荒家人過是因細而失其巨吾惟知
皇天昭鑒在上
祖考臨視在旁鬼神直之左右直之知自信而已赫忠肝
義膽之賢所見又豈吾比哉汝其為此問也蠱惑人心
甚矣豈君子哉聞者慙而退
〇二月甲戌
上以甘露降于
顯陵作欽天記頌其詞曰昨嘉靖九月冬十一月迎長之
日是惟非師一陽之月朕祗奉
皇天率遵
祖制躬率羣臣百執事請

圜丘欽行大報禮仰荷
皇天垂鑒俯賜降歆是夕珠星燿燦而祥光與炬燎相輝
和氣氤氳而瑞色共蒼瀾並煥大樂既終大禮告備朕
翹首瞻戴
天恩曷勝慶忭方匝月之期
天垂甘露于我
皇考棲神之地
玄宮之上守者於正月下旬奏獻至京朕薦之
祖考是之
兩宮分予勳輔講學等諸臣既命宗伯具儀備誠下祭
〇二月九日甲子元吉祗謝

帝貺于
圜丘十日告于
世廟春卿復請羣臣詞賀朕惟大報崇典明王之制朕不
避蹙蔵膺竭赤誠庶幾仰荅春庥于萬萬之一乃荷
洪仁降茲寶瑞朕弗類感戴乾元拜承
帝貺忻躍之餘用述短章以彰
天澤頌曰予質也昧上荷簡在荅貺無由銘心欽戴予性
也愚上荷春庥報德無由罔敢自娛庚寅仲冬典禮肅
雍維日長至戒誓惟恭大報
皇天庸秉儀虔獻以馨齋萬以蒼瑄禮嚴禋燎樂備黄鍾
頓首誠惶仰瞻

帝容
帝錫洪仁俯鑒微臣露垂上瑞福數下民
神功惟
祖起今邁古遺我小孫熒
天之佑
玄德惟
考潛升雲昊延于小子荷
天之保寶露降祥湛湛瀼瀼綴若珠玉味潤甘香注之璘
肇稽首而逞薦于
祖考滋我禾稼承以金甌色溢精瑩呈于
慈闈增筭延生浩浩

蒼穹賜我年豐朕拜稽首祗竭衷悰蕩蕩
昊極元樞不息斡運四時惟
帝之力曰雨曰暘豐賴
穹蒼嘉貺眇昧家國平康稼穡盈疇來年亦登兆民其蘇
五福是徵庶愚曷已敢耳恣侈夙夜勉脩以拜
帝祉爰諏衆猷聽答
圜丘誠恐誠惶懼惟弗週暨告我
親以祈以陳聞于
上帝福我下民誠既以輸愧質昏迂朝夕惕然上酬春命
〇四月壬午
上以兵工二部火諭禮部曰火災雖因人不謹所致不可

不知警畏卿等宜各深省毋事虛文仍青衣朝參三日
朕亦自省與卿等共圖休兆
〇六月癸亥辰刻雷擊午門角樓垂脊并西華門城樓西
北角柱
上諭禮部茲變實朕積愆所致
上天垂示與卿等脩省三日仍
制製祝文行露告禮于殿陛祝曰本月十日辰刻雷擊午
門等處垂脊并及木柱十一日夕占官謂覘候於宮中
有火為災臣所獲聞曷勝恐惕伏念臣以愚蒙仰蒙
明命主理萬方覩茲災變實臣居職不臧政多乖繆之所
致也敬惟

上帝垂仁俯視矜宥俾五行順序二氣調均轉災為祥庶
宗社永以綏寧矣臣下情無任戰慄待罪之至
○嘉靖十一年八月辛巳
上以彗星見東井諭閣臣曰朕聞彗星又見於井宿之間
夫斯變也未及三歲凡三見焉乃朕所召卿等即刻傳
意於禮卿言生辰慶賀俱令免行不必吉服只常服視
事以承
天意於是禮部尚書夏言奏
萬壽大慶凡內外臣工荒遠夷使無不欲恭祝以伸臣子
之情盡廢不舉則下情鬱而未宣况
天變實由臣等若使禮成之後痛加脩省似與

天意人心方為允協
上曰然應天必以實茲不遇變其服色暫輟禮儀耳慶賀
禮姑聽卿請禮畢之後務實加修省以弭變異於是部
復請自十四日始如故事各素服角帶朝參辦事三日
仍通行九卿六科十三道各條列時政得失以聞
上曰彗星三見妖必有由
上天垂變朕敢不祗承夙夜思省未自遑寧卿等文武羣
工皆有輔贊之責可不痛自省改匡朕不逮十四日本
因事輟朝不得更言修省其自二十一日始淺衣辦事
三日九卿衙門官還各令自陳以聽裁處務要思忠詢
實毋挾持洩引假公報私

○嘉靖十二年六月壬午大學士張孚敬等以彗星見乞
自陳引去
上曰彗星為異退而復見者四矣
上天垂戒朕敢不祗惧卿等各思匡違不必自陳便擇日
朕於便殿祭告爾文武羣工宜痛加省慎以贊朕不逮
上回
天意於是禮臣請榜示大小臣工以二十日為始青衣朝
參辦事至告祭後三日而止
上從其言仍勅文武羣工俱與有天工之責各痛滌乃心
秉公持正以贊朕躬勿視為故事
○嘉靖十三年七月丁卯

上以南京
廟災行告
天禮於殿陛畢是日即詣
太廟恭慰
五祖神諭內閣禮部曰慰
廟之禮有謂必待擇日齋沐乃可舉者朕以為此禮之常
也今因災而祭禮之變也譬之人或遇變于必奔諸父
母所以慰安之何待正衣冠而後行夫禮有齋三日而
後對越神明者此常經耳朕之告
天畢即赴
廟者亦禮關變即慰之意權也卿等宜知之

○十一月辛未
上在南郊齋宮自製大報歌一章出示大學士張孚敬等
曰朕竊據大報草此數言聊以見意卿等可與言者臣
道而及兮獻禮官一觀其各以贊佐成道之辭和之其
辭曰歲次早午兮陽月之八日新冬竊率臣而朝趨
泰壇兮欽大報以叩
蒼穹朕以微薄菲質兮荷洪恭下及而主兆庶愧綿才而寡
質兮俱無以上副恩隆思欲康此民以圖報稱兮無學
以出其治源爰肇復
泰禮兮茲當四舉惡衷匪直慎始兮圖惟厥終踏左右承
弼兮其盡蔡沃以匡佐期世道躋于熙皡兮庶或仰承

皇明寶訓 嘉靖一卷 苗

乎春崇末仍御筆註云曰四舉去歲疾未親耳故承之
以慎終句
○嘉靖二十六年五月戊戌雷震謹身殿鴟吻大臣各上疏
奉慰
上諭內閣輔臣曰今日寅時
上天示戒於謹身殿實朕所致也卿等其奏聞慰已悉忠
愛但雷火非人為之必有所謂脩省之宜當何如可錄
示禮部於是禮官奏請如例修省并令大臣自陳得旨
上天垂戒朕切感懼致招在朕勿以他諉自二十二日始
朕與卿等修省如例大臣不必自陳各衙門大小官但
要思盡厥職如果有關係國家大計各自陳說來行二
十五日仍露奏
上天遣官暫于
景神殿祭告
祖考
○嘉靖十七年四月庚申自正月至於是月不雨命有司
竭誠祈禱賑恤郊外流民是夕
上諭輔臣曰近多旱朕方以為憂禮部已請所司致禱矣
又聞近郊小民疇艱心加憂之朕處人上罪在朕躬即
以十八日為始與卿等齋心潔慮禁屠宰青衣辦事二
十一日朕躬禱郊壇令為示羣臣知之毋怨於是禮部
具上完年定擬雩祀全儀

皇明寶訓 嘉靖一卷 茥

上曰蔬禱其澤乃修省事祗宜青衣上香進帛三獻八拜
成禮百官陪拜未可用所開全儀亦不必奉
祖配祭用酒果脯醢牛一以熟薦
○嘉靖十八年五月己卯以星變奏請行祈禳禮并令大
臣自陳
上曰
上天垂此星異非一次矣過遣在朕朕自省察內外百司
均有代理之責宜各深思痛改不必青衣角帶外飾虛
畏也適今多事之日即奏禱固不得精專兩京九卿堂
官俱待考察處分諸鎮守內官其盡數取回自後永無
遣之

○十月己丑
上諭禮部曰慶成之宴因循舊例以祔享禮未成輟之今
皇妣主升祔既三月矣行禮奏樂耳聞目覩若屢矣何獨
于受
天釐反禁也審量則冬賀當輟只賀大報禮成庶不失重
輕尚書嚴嵩未悉
上旨謂宜舉慶成之宴
上又曰朕作諭本是敬
天麻之心非敢務宴樂但既以日易月矣而視朝輟作樂
卻輟及其重者爾賀節當同宴禮併罷
○嘉靖二十年四月辛酉夜

宗廟災
成廟
仁廟二主燬
上哀痛不能自勝明日文武百官各疏奉慰禮部疏請
上親祭告
內殿以慰
神靈復引過奏祭
上帝以謝譴告青服御西角門延見羣臣以共譴
天戒下哀痛之詔以安人心行天下宗室共加脩省以盡
一體之誠勅內外臣工痛加尅責以盡交修之儆文武
羣臣有奸欺貪國蠹政殃民者聽言官指實奏劾九卿
堂上官及各衙門四品以上令各自陳科道官極言闕
政得失賜采納暫罷內外一切工作蓄財力以圖修復
奏入
上曰
宗廟災變無前大變罪在朕一人而已仰戴
皇天仁愛即齋戒擇吉奏謝
南北郊祭告
景神殿
太社稷俱朕躬行遣官祭告朝日夕月等神陳言時政言
官常職何待災變一切工程除欽定殿就緒外並令停
止奏謝畢次日御門視事如故

皇祖列聖王暫奉安于
景神殿
成
仁二廟神主所司亟為恭製請
陵奉題還安
各廟儀物即行補造次日禮部復請以謝告既畢
上青袍御奉天門百官青服致詞行奉慰禮
上曰
宗廟大變自古所無
天意垂示朕心默感儀文度數備物而已仍于西角門視
事三日見避殿之義十五日暫罷御殿見徹樂之義十

六日後御奉天門如常二十二日經筵次日日講
○七月壬辰禮部以
萬壽聖節請習儀
上曰今
廟災朕方恃罪生辰小節罷賀是日當重服青衣御門與
羣臣一揖中織後即朝講如故慎勿更請中宮令旦并
免命婦朝賀
○嘉靖二十一年正月辛卯禮部以靈雪應祈請
上御殿受賀
上曰連冬愆雪朕仰叩
皇天此心實是為民丕荷洪仁錫此春前嘉瑞卿等歡慶
皇明寶訓 嘉靖一卷 廿
之情朕已具悉卿等百司但協心秉公贊共代之職以
共承
天意賀禮免行
○十月癸未雪百官表賀
上報曰朕以時僭有穫祗修大報廼荷
上天垂佑瑞雪應祈而降朕心不勝感仰與卿等同之朕
為民祈禱非梁武宋徽比卿等宜益竭忠誠上承
帝眷庶不負朕保民之意
○嘉靖二十二年八月丁丑先是禮部以
聖節慶賀請
上曰去年大厄

天賜重托感恩承眷敢不祗受第恐中心仰戴方思上報
生生卿等宜將順朕命協心和氣各共乃職勿擾朕心
至是禮部覆請
上曰卿等再三請賀具見忠懇第朕仰感
天恩與卿等祝君之心正自不異遵君命以申君念則上
下皆順去年大變不有
天眷今日安得朕身既蒙大造則來歲之賀豈無日也如
前旨罷免
○嘉靖二十九年三月乙丑朔禮部以亢旱請順天府官
禱雨百官皆致齋青衣辦事
上曰去冬無雪今春不雨凡百五十日如再及旬月麥禾
皇明寶訓 嘉靖一卷 廿九
皆失凋瘵朕恭躬禱為民生耳卿等以上下相關百官
亦當致省但恐應天未可虛文第令該府官竭誠以禱
○四月己亥禮部復以旱甚請擇吉徧告
神祇仍申飭百司滌己省愆修舉實政以仰贊
聖誠上回
天意
上曰君者代天工不能獨理設官分職以共之又曰臣勞
此義孰能知之言之皆非實心也今亦不必申以語言
不必虛應故事惟仰告
上天
廟社諸神自九日始停刑禁屠百官修省至十七日而止

尋分遣大臣朱希忠等各如期于
郊壇
廟社行禮
○嘉靖三十六年四月丙申奉天等殿門災是日申刻雷
雨大作至戌刻火光驟起初由奉天殿延燒華蓋謹身
二殿文武二樓奉天左順右順午門及午門外左右廊
盡燬至次日辰刻始熄
上大懼明日文武大臣奉慰
上報曰
上天垂愛朕戰懼若涉大淵莫知所措無前大異何以勸
辭然子職最親不可不祗承仁示卿等奉慰且悉忠切

罪在朕躬安可他諉惟我眷為順耳
○丁酉禮部尚書吳山等以殿災請擇日遣官奏告
郊
廟
社稷及秩祀神祇以謝譴示勑下文武百官省愆引咎素
服辦事務修實政毋事虛文其兩京四品以上大臣循
例自陳科道等官務直言時政闕失仍詔示天下及各
宗室一體修省
上曰奏祭謝罪即擇吉行命公希忠溶延德恭代秩祀神
祇開具來行下詔罪已告諸宗室如擬行政災本朕何
令自陳有懷必吐自盡其忠豈待今日修省儀文至奏

祭祀次自止
○壬寅以殿廷災詔告天下曰朕本同姓之幾嗣初非王
子之可同惟
皇天寶命所與暨
二親積慶在予夫自入奉大統于茲三十六稔叨大遺無
前之內變荷
天恩赦佑以後生此心戚剌難名一念身命是安但寶賴
臣勞之一語而原非虛寂之二端
天心丕鑒朕心朕忠
上天明鑒昨因時旱祈澤于雷霆洪應之壇方喜靈雨之
垂隨有雷火之烈正朝三殿一時燼焉延及門廊倏刻

燃矣仰惟仁愛之昭臨皆是朕躬之咎重茲下罪已之
文用示臣民之衆吁災祥互有感召豈無凡在位者宜
同祗畏之情首体相關未可幸樂之肆必盡代勞之真
當竭國民之念上承
天戒以佐爾君下撫生靈務令安遂共圖協恭勿乃我棄
故茲詔示咸使知之
○八月丙申大學士嚴嵩疏言昨伏奉諭殿名奉天自己
坐是已即天也此意不知
皇祖何取臣仰窺
聖德不以天自居謙冲之至然臣聞傳記有曰天子至尊
無上又曰人君其尊如天此係先儒之言而其原出於

孔子作春秋繫王於天稱天子曰天王此孔子之言撥
世衰有易之者又書曰天命有德天討有罪言人君賞
罰不自已出一歸於天
皇祖取義之意或亦出此臣愚伏思
祖制已久今須勅下禮官廷臣集議以俟
聖裁
上曰卿解奉天二字義甚正第聖賢所謂非是題扁之用
也遂諭禮部曰昨承恩示未可諉之氣數先代儒臣有
言君心通乎天心夫以人君奉天百為萬用孰非天者
豈止刑賞大事乃始謂之奉天
皇祖命名取義乃此然於已身坐之終未安也况災變初
罹建文自作人孽次今兩蒙昭示名稱之舊决不可復
其會官集議以聞

○嘉靖四十二年九月乙未
上諭兵部曰朕見風雨異作矣候起自北當承
天心變示內謹火災外防邊冦頃揚照之事可見已其戒
之於是尚書楊博等言各邊俱晝夜設備可恃無恐而
陛下猶軫念若此
宗社之福也臣等敢不益加戒嚴仍移檄邊臣一體防禦
仰慰
聖衷都察院左都御史張永明因請行五城御史諭民戒
火報可

○嘉靖四十三年三月癸亥
上諭禮部臣曰旱厄已見土雨風霾不止其示所司以明
日致齋始二十五日告
南郊二十四日告朝天等六宮廟遣定國公徐延德等各
行禮是日天陰雨忽霾大風揚塵
上復諭禮部曰今旱困未如前歲黃霾土雨災疫遇之其
令所司申嚴祈禱各青衣致齋如修省例九日每日遣
府部大臣輪告各宮觀院而命吏部尚書嚴訥禮部尚
書李春芳督察諸執事官不虔者

大明世宗肅皇帝實訓卷之二

光祿大夫柱國少傅兼太子太傅禮部尚書武英殿大學士臣呂本謹校
南京禮部祠祭清吏司郎中臣陳治本
南京兵部職方清吏司主事臣朱錦謹閱
南京工部屯田清吏司郎中臣呂胤昌

聖孝一 尊親

○嘉靖元年三月戊辰上
皇考尊號曰
興獻帝遣官祭告
陵寢
上親製樂章迎神太和之曲 秉德奉藩仁孝謙恭委祉沖

人入紹大宗故國錦建新此閟宮以安明靈萬世攸崇
祀事孔嚴精神感通來格洋洋風雲景從初獻壽和之
曲 明靈在天陟降于庭聲容肅然顧瞻當烝舞以八佾
庶將其誠於斯萬年禋祀丕承亞獻豫和之曲 家本既
設籩豆更新牲粢之豐至養莫伸再酌清醑以薦明禋
有秩斯祜錫我後人終獻寧和之曲 荷劬勞以生眾恩
罔極舉追崇之典薦舞有奕禮以三成虔恭無斁江漢
湯湯延我世澤徹饌雍和之曲 蕭薦具陳既歆既饗致
徹不遲顧瞻下上懽躍厥靈式憑遐想嘏告以慈賜之
景貺還宮安和之曲 倏來忽往神化無方風馭雲軿迴
於帝鄉祥光煒煌旌旆央央衣冠在廟孝思不忘

○嘉靖三年九月丙子初
上即位即命禮官議
皇考主祀并稱號禮官議
皇上既入嗣大宗宜如漢定陶王別為
興獻王立後其稱號宜如宋濮王稱
孝宗為皇考而改稱
本生父曰皇叔父
母曰皇叔母
上覽其議曰父母可移之乎此事體重大其再議於是進
士張璁主事霍韜給事中熊浹各上言漢宋之事乃預
立為嗣養於宮中故不得復後其所生若

陛下則所謂繼統非繼嗣也今日之禮於
興獻王宜隆尊親之典
上覽而善之乃諭閣臣朕受
祖宗鴻業為天下君長
父興獻王獨生朕一人既不得承緒又不得徽稱朕於罔
極之恩何由得報始終勞卿等委曲折中為朕伸其孝
情諸臣退而上疏執議如初乃稱
孝宗皇帝而稱
皇考曰興獻帝
聖母曰興國太后云至是年六月辛丑
上循以尊稱未當復命廷臣會議時主事桂萼都御史席

萼霍韜方獻夫皆上疏請正
皇考
聖母稱尊以全
聖考
上以其章下羣臣議而議者以為
興獻帝后已盡尊稱
陛下孝思無窮請更加一皇字
上不得已從之然猶以本生二字大名未正於心終不安
復命廷臣會議於是禮官席書等上言人無二本禮有
至當
陛下入繼大統與為人後者不同臣等謹遵

祖訓據古禮與在廷之臣反復辯論大義已明宜定正
獻皇帝皇考尊稱以順典禮以應經義
上曰大禮屢經會議未有定論今博考詳議合於天理至
情宜從正稱
孝宗敬皇帝曰
皇伯考
昭聖康惠慈壽皇太后曰
皇伯母
恭穆獻皇帝曰
皇考
章聖皇太后曰

聖母乃下詔曰人君為治必本於孝道聖人論政必先于
正名孝在篤於親而名貴循其實自古及今未有外是
而能化成天下者也朕本
憲宗純皇帝之孫
孝宗敬皇帝之姪
恭穆獻皇帝之子
皇兄武宗毅皇帝上賓之日仰遵
聖祖兄終弟及之訓屬以倫序當立遺詔命朕嗣皇帝位
朕究
天明命位于臣民之上者于茲三年矣尊稱大禮屢命廷
臣集議輒引漢定陶共王宋濮安懿王事為據至再至

三而其論未定朕心靡寧蓋伯姪父子天經地義豈人
所能為乎惟
恭穆獻皇帝
章聖皇太后朕之父母也劬勞之恩昊天罔極雖位號已
隆而名稱未正困心之孝每用歉然已告于
天地
祖宗
社稷稱
孝宗敬皇帝曰
皇伯考
昭聖皇太后曰

皇伯母
恭穆獻皇帝曰
皇考
章聖皇太后曰
聖母各正厥名揆之天序人倫情既允稱而禮亦無悖爲
猶慮天下臣民未能知悉特頒詔諭以申朕孝奉孝親
之誠夫孝立則篤近舉遠而家邦四海咸囿于至仁名
正則言順事成而禮樂刑罰各臻于至理朕蓋庶幾於
古帝王之盛也顧惟昔者孝未遂于尊親事多拂於天
性君臣之際未免少乖舉措之間或多違戾今彝倫攸
敘大禮告成朕方欲同心以和與禮之衆敬事以建臣

民之極爾內外諸司百僚務宜體朕之意有官守者脩
其職有言責者盡其忠凡舊章未復弊政未除人才未
用民生未安邊備未飭軍儲未充一切有裨於政理利
於軍民者其一一條具奏聞朕將舉而行之期於得萬
國之歡心致天人之祐助以成至治以全大孝則朕之
志於是乎可慰矣布告中外咸使聞知
○嘉靖四年三月甲戌命脩
獻皇帝實錄勅諭禮部曰朕惟自古帝王之有功德者史
臣必爲實錄以藏諸金匱傳之子孫其來非一日矣我
皇考恭穆獻皇帝聰明睿智卓冠羣倫自奉藩以來有河
間好古之風慕東平爲善之樂緝熙

聖學遵守
祖訓嘉言善行可以大書特書者不止一端宜有紀述以
垂憲於萬世爾禮部其通行當時藩府內外臣僚悉心
采輯送翰林院編纂實錄所有合行事宜俱照例行於
是遣使至舊邸採訪
獻皇帝嘉言善行悉付史館編錄爲實錄五十卷實訓十
卷
上皆親序之其實錄序曰朕惟自古帝王繼代之後其臣
子追思其君父之德之功有不可泯焉者則必紀其平
生著之汗簡藏之金匱貽之子孫以至於萬世而無朽
焉故三代而上之君其事備於經三代而下之君其事

備于史若周之文王位爲西伯大統未集而其翼翼之
心穆穆之敬雝雝肅肅之容庸庸祗祗威威之德之羇
不遑暇食不敢盤遊之勤卑服即康功田功之徽懷保
小民惠鮮鰥寡之仁克知灼見宅俊之明朝于王季日
三之孝詠于詩載于書紀于禮者不一而足乃與唐虞
夏商賢聖之君並蓋文王之治雖止于岐而其丕顯之
謨克昌厥后則實有帝王之德之功何可泯也惟我
皇考恭穆獻皇帝自奉藩以來嘉言善行可傳而不泯者
甚多爲人臣子忍使其泯焉而無傳耶爰命藩邸舊臣
追輯諸所聞見付內閣輔臣用例編纂以爲實錄起自
肇封迄于棄國凡五十卷其可實而爲訓者若千萬言

又爲十卷既成朕捧書而泣曰嗚呼我
皇考之所以啓佑後人而遺之休祉者固如是其盛哉夫
惟精惟一允執厥中此帝王出治之本也以不忍人之
心行不忍人之政此帝王爲治之要也而我
皇考以是二者體之身心發之言論修之於宮闈之間行
之於封域之内内外蕪盡終始弗渝如耕之畔而罔敢
越焉如匠之矩而罔敢舍焉其識度高明規模宏遠蓋
已具帝王之體舉而措之於治天下也特易易焉顧不
能大有所爲欲厥經綸施之一國故遺奉之可書者僅
止於斯而無由以見其功化之盡也然即其所已書者
觀之實無媿於文王之德之純惟我後之人能仰體而

遵行之則可以爲聖賢之君而天下萬世且永享帝王
至治之澤矣朕深恐弗類而勉思企及以庶幾於善繼
善述焉於是乎序
寶訓序曰朕惟周雅歌蒸翼之謀魯詩載有穀之頌自昔
先德之美君道之善未有不垂後昆而昭來世者也寶
訓之作良以是哉仰惟我
皇考恭穆獻皇帝睿哲天成姿表神異夙荷我
憲宗純皇帝之眷獨爲優厚然嗜學體道穎敏卓越是以
矩度自合言動不輕比奉藩入郢屏翰一方凡所舉措
莫不有道以至臨朝御下恤士愛人君國之政一出粹
白而無非可法退即書堂更日直講進德之功未嘗少

懈雖遠處藩服而瞻戀闕庭心實惓惓每有敷陳輒關
大政其視河間東平之賢以善自娛者又不可以同年
語也朕仰承休德奉
天命嗣大統出入起居罔敢違豫一惟我
皇考之心爲心
皇考之行是遵耳睠兹盛徽實難辟述可容以遽泯邪用
是敬勑館閣儒臣暨藩臣之悉訓典者稽古義例詳加
纂輯既爲實錄藏之天府又擇其言行政事類而要者
凡爲目三十有九合十卷別爲寶訓如左嗚呼我
皇考以純一之性寬仁之德精切之學其鴻規懿範㝡與
古帝王異世而同符非獨行於一國而可施之天下非

獨法于一時而足垂之永久所以上延
天命啓我後人者不其至乎朕以眇躬嗣而受之夫豈偶
然而已哉不有敘論曷申永孝書曰有典有則貽厥子
孫朕敢爲
皇考頌併製爲序示百世永以爲寶之意云
○嘉靖五年十月壬戌
上親製
皇考恭穆獻皇帝恩紀含春詩集序頒賜羣臣其文曰朕
皇考恭穆獻皇帝所著有恩紀詩集乃弘治甲寅受命分
封之國感
皇伯考孝宗皇帝錫予之恩而紀之者也詩凡七卷其目

有四自肇歎思榮而下凡途間之興國務之餘至於書
堂雜詠績騷吟諸作雖所指不同然皆主於紀
聖上之歎思彰王國之殊遇以識無忘焉爾有含春堂稿
則未之國時在大內西館及出府所作分類立題隨題
叙事因事成章僅百三十餘首而天文節候之大人物
宫室苑囿之繁禮樂名物經史文章之奥大畧具焉輔
導之臣既彙而刻之
皇考亦各序其端蹤其後簡矣朕入嗣大統嘗恭取而莊
誦之見其寫與刻俱不甚精恐無以昭示不朽乃命侍
臣繕寫重刻之以傳敬爲之序曰詩之爲教以道性情
而萬事萬物之理無不該古詩三百篇貫體用括鴻纖

善惡並存以垂鑑戒其用歸於使人得其情之正而已
朕三復
皇考之詩莊重而典則豐腴而明暢流出胸次從容自然
渾渾乎商彛周鼎之朴而古也浩浩乎行雲流水之順
而達也蓋雖信口肆筆不假思索自不離乎性情之正
而忠君孝親仁民愛物之念每存乎其間上合古詩風
雅遺意彼魏晉以降諸侯王名能詩者類多矜奇衒異
雕鏤鍛鍊以爲工其性情遠觀乎
皇考之自序而詩之爲用益復有餘蘊哉粤稽古昔成周
聖王分寶玉於伯叔之國盟石之宗夾輔周室而所以
登載贊詠之者無聞焉漢諸王就國惟明帝賜予其第

東平王蒼珍寶服御器物甚備懷思有詩嘉其賢也蒼
所作書記賦頌歌詩多所贊述今皆無傳
孝廟之寵貴哉
皇考見諸書翰形諸篇章不一而足不止成周寶玉之八
漢明伏軾之吟而已豈非以
皇考聖性之高明德學之純懿所當衷重而優禮之乎思
紀之詩揄揚贊頌於斯爲至東平有不足言者矣朕初
承指授學爲詩句方在幼沖未有所得今幾務之暇自
三百篇至唐宋諸書皆嘗涉其大旨間有述作亦惟陶
寫性情而不敢以是妨國政且免玩物喪志之尤耳仰
思

皇考之教不可復得感愴何極然心聲故存手澤斯在朝
夕諷詠而玩索之庶幾其有得哉是爲序
○嘉靖六年八月庚申
上命學士張璁桂萼等纂脩大理全書至是以初稿六册
呈覽
上曰朕覽稿具見編摩至意尚書席書前所著論猶似闕
畧紀載欠詳宜通查詳定其先儒所論定漢魏宋事果
於禮合衆進之使後人有所守繆而否者貶斥之亦使
後人無所惑且斯禮也不但創行於今日實欲垂法乎
萬世以明人倫正紀綱大禮全書四字未盡其義宜更
名曰明倫大典璁等乃入席書註論四條

上復命增録古人歐陽修諸儒之論于父子君臣大倫有
所發明者於是璁等先撰錄進呈
上曰覽所撰具見爾等盡心典禮綱常所係但諸臣所奏
或自疏或連名或會官或奉旨議或瀆亂破禮宜皆一
一直書以明是非邪正之辨爾等仍會總裁官詳議用
心纂脩
〇十一月丁丑
上親製
皇考恭穆獻皇帝睿功聖德碑其文曰我
皇考恭穆獻皇帝乃我
太祖高皇帝玄孫

皇明寶訓 嘉靖二卷 十一

憲宗純皇帝次子
孝宗敬皇帝長弟
武宗毅皇帝之叔父也以成化丙申降誕
母乃
憲廟孝惠皇太后邵氏也發膺
憲祖之命出閣授學經書默契道理貫通暨受
伯考之命以金册封王國號曰興出就湖廣安陸州為
國都錫以恩賚倍於他藩我
皇考恩紀詩紀之詳矣惟我
皇考以宗室之親近親之長昔承
憲祖之嚴訓拜奉

孝伯考之嘉謨恪守
祖訓治隆一國敬慎而明脩國祀社稷山川罔不竭款忠
謹而臣事
兩朝
孝廟
皇兄屢加褒奬誠孝以致於
親迎養之辭已著於遺治之疏寬仁以撫其下士夫百姓
每形於稱頌之詞至於謹水旱之災卹國民之苦脩身
齊家而明德睦族之道循次允行講學窮理而樂善好
古之心惟日不足燕居清暇游心詩書凡天時人事古
今事變之迹皆欲考其淵微究其旨趣此含春堂詩所

皇明寶訓 嘉靖二卷 十二

由作也及愛育朕躬撫教眇質若訓以國政則曰堅遵
祖訓恪守吾行訓以進學則曰求道覩賢勉體吾志又至
於口授詩書手教作字有非筆墨間所能盡述者矣方
當日昃
嚴訓膝下承歡忽爾
皇天降割于正德十四年六月十七日辰時
上賓朕以孩童孤昧之年上奉
聖母日惟號泣苦痛五內摧傷隨遣使聞于
皇兄蒙恩賜以嘉謚命武職重臣以主祭弔又命文臣一
人以掌禮儀及賜勅命朕暫理府事朕乃告
国社

國稷等神請于
聖母諜于士民擇境內之松林山以為
陵墓之所即奏于
皇兄越九月餘式惟明年三月發引朕親奉
靈輿安厝於此又越一年我
皇兄龍御上升遺詔遵我
太祖高皇帝兄終弟及之訓下命朕入承大統當是之時
即命禮官議處應行稱號等項事宜乃泥古弄文援擬
非禮欺朕沖年幾於倫序失序治理茫然倘
皇天垂鑒
祖宗佑啓賜予良臣起議大禮擧邪解爭衆議頓息於嘉

靖三等年上
尊號曰
恭穆獻皇帝陵曰
顯陵遣官以奉其祀經營設置一如
祖宗之制今思若不刻以金石曷以垂示後人也用是稽
查徵述復繫之以詩曰惟我
皇考德配於
天
聖功昭赫
睿德敷宣親賢為善仁孝罔遷宜享茂祉以壽綿綿忽爾
弗豫

觀輿上旋痛哉哀哉慕戀奉承予方童昧晨夕震顛殆既
乃事孤子誰憐上荷
聖母受護生全外求吉兆豐土深淵宮占既協松林之顛
神宮罔寧扶輿徃馬奉安玄室悲號伏前鑒予紹統追思
曷祇厲名
顯陵設官衛環紓我至情以報
昊天顧祈昭鑒永莫萬年嗚呼微衷痛徹九泉又恭紀
皇考賜倚承天府廟學碑昔我
皇考恭宗獻皇帝受封安陸於弘治八年二月至國首臨
視州學行釋奠先師之禮命學官講周易賜諸生寶鈔
顧瞻禮殿猶陋命工脩葺之易櫺星門庵以琉璃樾正

德十三年殿廡久而益圮廼出帑金二百兩命有司重
造壯麗有加頃者已升州治為承天府而學仍其舊官
師生徒觀宮牆奉俎豆感念我
皇考崇儒重道嘉惠國之學若人誦家傳至今如一日爲
遣守臣奏請於廟後建亭立石請朕製文以恭紀
先德嗚呼流風既遠
聖蹟猶存朕心惕然恭惟
皇考之在國也積德行仁愛民禮士嘉言善政不可殫述
而於興學尤加之意顧謂侍臣曰學校人才所出教化
所關政治之首務也其亟賜金助役無累州民每歲春
秋丁祀必遣輔導官齋香行禮時朕沖年耳目所觀記

國已服膺弗失與嗣祚以來夙夜兢兢勉圖治理凡所
攸行皆奉
皇考之遺仰見我
皇考真有以契夫古聖人繼天立極之道而佑啓朕躬以
治教斯民也夫建學所以明倫倫莫大於父子君臣明
父子之親則天下知孝明君臣之義則天下知忠我
皇考惓惓加意學校正欲教民以忠孝耳其時化雖止於
一國而睿見高明規摹弘遠實具帝王之體推之天下
無難與昔周文王為西伯化行江漢而丕顯之謨實啓
周祚我
皇考視之周文王同一揆焉朕嘗觀於孔子之言曰文王

既沒文不在茲乎夫孔子周人也師法文王而以斯文
自任其發明彝倫之道載在六經為其徒者所當世守
循者也顧後世教學未明人心弗淑彝倫或幾乎斁矣
彝倫斁則治化何由而成今諸士居業於斯誦法孔子
之言學孔子之道其可不思盡夫彝倫之實為子盡孝
為臣盡忠以輔我國無疆之治以無負作親斯學之意
則我
皇考聖神在天庶其少慰矣乎朕述此文用諭茲學之士
抑以為天下士者告云
〇嘉靖七年六月辛丑朔明倫大典書成進呈
上親製序文曰自羲農黃帝堯舜禹湯文武漢唐宋王天

下者皆本秉
天命承
宗祀立人極建綱常作民之主未有舍是而外求諸道以
能化行四海澤被生民者也黃帝以前或創舟車以濟
不通或立庖烹以供祀事或建制度以立規矩或明賞
罰以定功罪及其諸凡為治之道無不備焉其中以建
極明倫為第一要典有不可更變者矣迨及胡元亂夏
入主中國文教墜亡紀綱不振當是其時
皇天厭亂眷求真主仰惟我
太祖聖神文武欽明啓運俊德成功統天大孝
高皇帝上應

天命下慰生靈挺出羣雄肇造區夏奄有萬邦暨惟我
太宗體天弘道高明廣運聖武神功純仁至孝
文皇帝復靖內難中定家邦至於我
仁宗昭皇帝
皇高祖考宣宗章皇帝
皇曾祖考英宗睿皇帝
皇祖考憲宗純皇帝
皇伯考孝宗敬皇帝
皇兄武宗毅皇帝皆
聖聖相承克紹
先烈光前裕後駿功大德以至于今是以

宗社靈長之祚
皇明萬年之統綿綿無替罔非上承
天命奉
郊廟百神之祀下為黎民建綱常禮教之宜不幸我
皇兄儲祥未兆久虛青宮遐屬
龍馭之上賓親挈神器而下授朕方在藩府居
皇兄之喪忽聞
遺詔之頒痛切悲號繼聞
明命自
天遵
祖訓兄終弟及之文行取朕入京嗣皇帝位當時朝廷大

臣慷貪天之功以自居朕左右之臣無顧時建事之猶
學朕即日奉
命趨促來京即位之六日遽令禮官詳議博考
皇考尊稱及主祀等項其時內閣輔導之臣權作不經之
言掌典邦之官敷據漢宋之事悖逆天道欺作朕在冲
年壞亂綱倫鼓聚黨類上抵
皇兄十六年之功德再奪
皇考十五歲之嗣人力主定陶濮王不倫之典妄稽曹魏
偏安一己之言遵薛丹司馬光程頤之謬論大变人倫
棄孔氏孟子韓歐諸儒之法言漫加指議遂至陰陽乖
和災異頻仍茲雖邪人惡類之所召其實在朕有所未

明也嗚呼朕方幼冲理學未明于心大義未聞于性以
被惑奸人深信悪士幾乎三綱掃地五典隳焉奈天理
之不容少欺人懸之不容漸長
皇天鑒之神鬼察之
祖宗臨之萬民憤之
天錫我賢良方正之臣于以伸義理辯是非佐朕圖斯禮
馬首則今少保禮部尚書兼文淵閣大學士張璁始倡
大義力議公傒次則今詹事兼學士霍韜次則今太子
太保吏部尚書兼學士桂萼次則今故少保尚書席書
次則今禮部尚書兼學士方獻夫及後正議疊聞君子
繼出公言公意進不顧其身家忠膽忠肝奮所學而贊

朕推明統嗣之不同詳論義情之蘊盡夫何頑讒肆怵
不軌之心意在無君之地惡等力愈堅而志愈豫是以舉
邪稍定亂議罔行已於前年考訂名義告于
天地
宗廟追尊
皇考恭穆獻皇帝恭上
聖母徽號章聖皇太后再頒詔旨播聞中外於是人倫正
天理得名正言順而事成矣又念
皇考神主崇奉無所乃稽舉議恭建
世廟悉用天子禮樂享祀無窮大禮既備朕心斯慰焉朕
以斯禮関繫帝王為治建極之要當有紀述以昭示後

人先已令尚書集而成書但恐事未盡詳公非莫辨再
命内閣大臣費宏等充總裁等官於嘉靖丁亥春正月
開館纂修而各官又陞遷去任不同是以三降勅諭中
命大學士楊一清謝遷張璁學士翟鑾為總裁官尚書
桂萼方獻夫為副總裁官都御史熊浹詹事霍韜少詹
事黃綰與修撰席春等為纂修官仍就書館重加編集
究夫是非考其邪正今幸編成遂定名曰明倫大典以
是書專為明大倫而作也書成朕復自序其首夫三代
已上堯舜之為君也未聞有此事三代之中亦有兄終
弟及之主是以我
皇祖取法此義立為定制豈可舍

皇明寶訓　嘉靖二卷　十九

祖訓而守漢宋之陋法乎至於魏明之詔尤為不經父子
天性之親非人能為天經地義何得而變之昔者壞禮
之臣師司馬程三氏也然今之背違
祖訓泯棄
武宗欺誤朕躬壞亂人倫乃大學士楊廷和禮官毛澄等
羣奸也若非
天意垂鑒孔孟之道復興賢人再出孰從而正之朕本不
明縱使能識剛明者亦有不得孤立而獨行者矣比書
一傳用為來世君子之法嗟夫禮所議者首尾凡五年
獄訟幾成皆賴
祖宗列聖共垂陰以否則予不可為哉自今及後統嗣已
明義情允盡但賴諸臣益立初心固堅往志與朕共致
化理上承乎
天眷
宗祀於億萬斯年下勤乎民務盡君人師長之道期於禮
樂之興刑罰是中斯實朕素志焉是為序
○戊申
上追尊
皇祖妣孝惠皇太后謚號禮成大學士楊一清因言
獻皇帝尊謚
章聖皇太后尊號止於二字似乎太簡乞命禮官議增以
廣孝思

皇明寶訓　嘉靖二卷　二十

上悅曰卿昨奏陳所議足見忠忱切至非愛君之至者
是關導耶朕一覽所言惕然態懼朕聞父有天下傳之
於子子有天下歸之于父斯言也雖為創業之君告原
其情義不可謂之不可比夫自堯舜以公傳其位奉天
為民至禹之後皆父子相傳故有先說引之二句朕初
諭内閣云我
皇考雖未君臨天下不敢謂之有功天下但人子追孝至
情欲以鴻名美號稱之可為我
皇考殿稱號減於
祖宗幾字欽對皆云無可加稱只二字足矣當時正在紛
議之際姑如所擬用恭穆二字後

聖母尊稱朕欲上仁聖二字蔣冕等云仁聖有犯東嶽神
號朕自思之五嶽四瀆之稱我
聖祖皆正其號仁聖雖爲東嶽之稱非我
祖制亦從所擬用章聖二字自上册之後朕每以歉然但
自思之咎多德少即位之初不能勇以奮起報我
父母之恩邦肆已哀居人言是從苟安自身不思
父母厥罪深矣仰荷
皇上春注命賢良代論至有今日自念自思益惶益愧故
未言及又恨無德儲嗣未立雖有嘉祥幾不能成欲待
此而舉也今賴卿開導不可遲之日時朕欲加上
皇祖妣太皇太后

皇考尊稱改擬十三字前號內有獻字亦不可用
聖母增二字又未知可否復密與卿計然方諭內閣一清
言獻字習稱已久恐不可動其字數多少請俟
上裁已
上復欲加純愼二字於
皇考尊謚中一清言愼字不如聖字
上曰卿昨復謂
皇考尊謚中純愼二字宜更作聖字足見忠懇求當至意
夫謚之稱者所關非小故曰大行受大名但朕前從者
不敢不盡其實用一愼字以見我
皇考舊臣事

兩朝敬愼謹恪之意孟子曰君盡君道臣盡臣道各盡所
當爲皆法堯舜而已故曰愼以覇之若用聖字亦好議
法云禮義通名曰聖但朕未之決仍諮於卿可再詳議
來用一清言愼固美德若贊述君德必以聖字爲重且
獻皇今爲
天子之父已崇大號必得此字庶於
聖母
聖上祖安
上乃從之勑諭禮部曰朕承
天命入繼
祖宗丕圖嗣統之初

祖母壽安皇太后方在萬福之時宜加上
太皇太后尊號而當時禮官昧於正禮謬執偏見止加稱
皇太后朕亦不明於禮而後每念及此心實不安今宜追
上爲
太皇太后尊謚仍舊又仰思我
皇考罔極之恩莫可名言雖追尊天子之稱用天子禮樂
而尊謚止於恭穆二字似與藩王無異今宜加上數字
以盡追慕之情及我
聖母章聖皇太后誕育眇躬恩德深厚徽號亦似太簡宜
加二字以申朕愛敬之誠乃奉册寶詣
清寧宮加上

聖母章聖皇太后尊號曰
章聖慈仁皇太后追上
孝惠皇太后尊號曰
孝惠康肅溫仁懿順協天祐聖太皇太后
恭穆獻皇帝尊謚曰
恭睿淵仁寬穆純聖獻皇帝禮成
上御奉天殿文武百官上表稱賀詔告天下詔曰朕聞聖
人之孝以尊親為大人君為治以孝敬為先匪泥情率
意之所敢私實古聖帝明王之要道者也朕以藩服仰
荷
天命奉我

皇兄遺詔遵我
聖祖兄終弟及之文令朕入奉
祖宗大統自即位之始首命禮部官會廷臣集議稱號等
項叅何左右大臣繆主非禮之議各曹卿佐妄考不經
之言謂父子可絕其親執後世為人後之説是以統嗣
無分紀綱隳失人倫斁致不明考議幾於聚訟當是時
朕徒存追報之誠見聞固有所得上賴
皇天鑒祐賚我賢良大明大倫已各正其天序
尊稱
尊號尚未合乎彝章是非奸黨所能為實由朕冲昧無知
之所致也今追惟我

皇祖妣孝惠皇太后夙事
皇祖勤儉孝莊其
尊稱未盡我
皇考恭穆獻皇帝玄德昭彰寬仁純粹
聖母章聖皇太后靜善淑哲克稈內治誕育朕躬深恩罔
極慕鞠勞訓誨之無可酬肆洪仁峻德亦曷以頌追報
之忱既莫能伸揄揚之誠又未少罄茲復恭稽典制爰
揆輿情遣官祗告于
天地
宗廟
社稷於今年七月初十日恭奉册寶追上

皇祖妣尊號為
孝惠康肅溫仁懿順協天祐聖太皇太后加上
皇考尊謚為
章聖慈仁皇太后嗚呼立孝尊親俾示追崇之道推恩宗
族誕敷大賚之仁自親親以及於恤民爰長長以至於
愛物尚期賢佐共致雍熙庶副朕所素願用光
祖考之庥詔告天下咸使聞知既而復撰加上
皇考尊謚記以示羣臣記曰朕聞天子之孝以尊親為大
而尊親之大又無過於顯稱也朕宗支藩服以倫序承
天明命應
太祖兄終弟及之訓奉

皇兄遺詔入繼洪圖是皆賴
天地大造
祖宗餘蔭我
皇考
聖母慶澤所鍾故衍及予沖人獲登大位自即位之始首
命廷臣集議稱號等項一當明引宋濮安懿王之事二
會借程氏之膻說三會用曹魏之私語慶復議奏不知
九歲視三綱若細事蔑棄人倫違逆天道橫議紛紜幾
於聚訟所幸
天鑒在上陰騭斯倫致有忠義方正之臣代為闡明大道
而少傅張璁首為挺爭後諸正士繼出力替予一人圖

復斯禮而講數回詔更三遍然而羣奸猶未省悟故止
上我
皇考尊稱曰恭穆獻皇帝此非但羣邪所為而實朕意彼
巧言不聰不察之過今年夏五月朕思
皇考稱號未當乃謀及師保輔導之臣會大典告成之日
是為六月一日輔臣連僉以對宜加稱號以盡孝思遂
勑禮部議應行事宜朕親定
尊謚曰恭睿者言溫恭睿聖之意曰淵仁者言深仁溥慶
之意曰寬穆者言博大清肅之意曰純聖者言純一通
明之意又獻之一字為聰明睿智之稱況
先朝之所錫又純一二字亦我

皇考之嘗自號者也卜七月初十日吉時遣官祗告于
天地
宗廟
社稷朕親奉玉冊玉寶率文武羣臣躬詣
世廟加上
皇考尊謚曰
恭睿淵仁寬穆純聖獻皇帝嗚呼我
皇考睿功聖德巍巍乎蕩蕩乎無可得而形容之也豈言
詞所能盡但人子一念孝思出自衷情庶幾伸予追慕
之誠耳詩曰哀哀父母生我劬勞欲報之德昊天罔極
用是復刻諸貞珉藏

陵殿之陳地以示後人是為記
○十一月丁巳
上諭大學士楊一清等曰朕惟明倫大典與諸司不同所
以明人倫之至要分邪正之所為辨公私之得失論統
嗣之不同著忠歎之情狀昭古今之是非于以俟來者
之聖而不惑者也其宗室中須使通知不必止及親王
外雖不能偏給令其抄布其內外衙門官員當給者可
議來行于是給在京文武大臣各部五品以下令禮部
翻刻小本以偏給之在外各王府及各布政使司直隸
諸府俱給一部令再翻刻偏予所屬
○乙未

上諭閣臣曰前者講官董玘等奏討書籍及
皇考御書内除各以書須賜補賜外惟
皇考手澤未賜朕昨檢尋得數紙已前年與朕乾宮散給
大臣者朕又奏云聞
皇考所書真篆等項大小字有數千百幅今未蒙給下見
今講官陳請
聖母曰
先帝手書豈止數千百紙已但吾未親查收而内使陳得
都將焚了朕聞心切痛恨曰得罪可不治乎蒙訓曰彼
時吾將親檢收藏以付汝則得豈得如是為之姑已焉
今雖有數紙欲分賜但須用寶記方明前次文曰

皇明寶訓 嘉靖二卷 廿七

恭穆獻皇帝御筆而今加上
尊謚似不宜用朕欲於幅上親書曰
皇考手澤四字用欽文之璽蓋之下面仍用嘉靖年製閣
書一顆未知可否與卿等議定行
聖孝二尊親
○嘉靖九年十二月乙亥刻
聖母女訓成
上親序其後曰朕
聖母章聖慈仁皇太后昔在藩邸嘗著一書名曰女訓朕
皇考恭睿淵仁寬穆純聖獻皇帝親灑奎章冠諸卷首
聖母亦自序於其次朕幾務之暇因閱舊笥積冊乃獲遺

出示輔臣暨日講禮官等又命同朕
孝慈高皇后傳
仁聖文皇后内訓刊授皇后頒之天下輔部諸臣進奏曰
可乃於十月十有七日朕躬告于
祖考
列聖
聖母親授于皇后張氏十二月望後三日刻工告就禮官
裝潢進覽先該輔臣少傅璁等謂朕宜為之序至是禮
官時等又謂朕宜序之闡揚
聖母恩德于以昭示無窮朕未之輕舉以為朕
皇考既序諸首

皇明寶訓 嘉靖二卷 廿八

聖母又序諸次已無餘蘊矣又不待朕復贅之矣是日因
詣
聖母前奏陳書完即蒙
慈命曰汝其序之庶可為傳朕惶拜受命退而思之朕
嚴慈之聖德非言可名之也
考
母之教育非言可酬之也但輔臣宗伯交請為序之朕又
面承
慈命安敢故違所愧無學而為之文也其作書之詳闡繫
教化則我
皇考聖謨備矣以身為教與作訓以教之之意則我

聖母慈訓備矣但稱善君親臣子至情朕謹頓首言曰哉
皇考日躋聖敬之功天授欽明之德哉
聖母克配乾元躬備聖善徽柔恭懿仁順貞慈
皇考致治于一國而遠可平乎天下將不讓唐虞矣
聖母為範以一身而風可並乎二南將不獨成周矣
皇考本乎至性
聖母原乎自有非他偽飾以誣人者故德並格于
皇天孝共享于
祖考乃流慶沖人澤及眇昧仰荷
天命入主祀典實由
皇考

聖母聖功懿德之所來也茲訓之一書寶哉
聖母躬行體踐之事歷歷可考子孫臣民誠能以傳訓之
書研精致力一言一行動遵行之靜思誦之必王后有
姜班之美侯妃著二順之休夫人可齊敬姜之名士庶
人妻獲軻子之賢矣然于內則皇后朕又切有望焉掇
拾數言以表人子愛親之意知此如謂闡揚恩德昭示
無窮者則縱使中欲為而口實不能言耳明識博學者
其諒朕之心幸勿誚斥云爾
○嘉靖十年六月戊辰冠帶官李武以
獻皇帝所賜陽春臺北望詩一軸來上且乞宣付史館禮
部議所上詩文備載于恩紀含春堂集內武一念忠敬

宜量加賞賚還其原軸仍令收藏以彰恩賜
上曰
皇考聖製詩序其即繕寫令有司于從岵山建亭刻石識哉
皇考所游之地以申朕孝思之誠詩軸仍付武收藏賞紵
絲一表裏禮部又請
上親灑宸翰識記歲月許之乃識其後曰登陽春臺北望
詩答朕
皇考恭睿獻皇帝之聖製也叙事甚詳已具哉
皇考居中近因欽天監副李源次男本監生李武奏進蓋
源昔奉哉
皇考伯命住供事建造府第之時故源獲賜而家藏之伊

男武俱進亦所以彰哉
皇考聖德一時感賦未嘗不寓以忠孝之情所謂非
聖人而弗能斯時也已載于
皇考恩紀含春集中今共輔臣計乃復命工部侍郎黎奭
董工構一亭于本臺之原處以俾來者知哉
皇考嘗一登眺焉朕因諭之曰建亭以奉
聖製所以示將來耳勿得崇奢務華惟圖經久可也庶不
負哉
皇考素尚恭儉之盛德亭既竣工奉立因忽禮卿奏朕宜
識之朕于是頓首謹識于末云既而原任引禮舍人傳
旨復進

獻皇帝所製陽春臺賦
上命并刻于石仍識之曰朕
皇考恭睿獻皇帝所製陽春臺詩及賦者詩既奉刻自我
茲得原任引禮舍人傅貞以賦奏亦見忠意朕復命亞
司空輿再立石而奉刻之俾來者知所由也夫是賦與
詩俱載之
皇考恩記含春堂詩集中斯舉不過識朕
皇考神游嘗及之地若夫論古今事迹人物形勝與朕
皇考自叙所謂皆載在茲賦中已昭然粲然矣不必復贅
矣謹述此以恭識焉
○八月甲申以無逸殿庭

上親製祝文祭告于
崇先殿曰予昔承
聖教以農務不可不知追憶
嚴訓近命工搆殿亭一區於西苑之迎和門殿扁曰無逸
北面恭書
皇考親製農家忙一律而刻之用傳悠久未附以子所記
述今工告備面奏無由敢此敬告伏希
皇考鑒知俾名此心恒存終始無替以光
聖哉於將來謹告
○嘉靖十五年十二月乙未先是
上面諭禮部尚書夏言
宗廟告成將布詔覃恩海內
兩宮皇太后未隆徽稱朕心未安卿等宜議擬以聞既而
內閣復傳
聖諭
兩宮徽號並加二字於是言奏
兩宮皇太后尊同行輩名分不殊徽號字數並宜一體
昭聖康惠慈壽皇太后原六字今宜加二字
聖后章聖慈仁皇太后原四字今宜加四字
上曰
兩宮行輩同尊本是相等非姑婦也
皇伯母原係

皇兄所上六字故今似多耳昨輔臣及今卿等既以為宜
並用八字其如擬行之
○嘉靖十七年六月丙辰先是致仕揚州府通判同知豐
坊奏請如古者建明加尊
皇考獻皇帝號稱宗以配
上帝下禮部會議尚書嚴嵩等言
獻皇功德誠宜配
帝若稱宗則當祔
廟恐於禮未安
上曰
皇考稱宗在今日不為過情且古人未嘗不稱其君為宗

近代皆若是何在
皇考為不宜明堂秋報大典當以嚴父配帝之文為正本
與郊禮不同人孰無父其父即祖茲禮自朕舉行宜奉
皇考配帝于是申命嵩等復集羣臣會議至於再三
上以典禮重大羣臣溺於詩書古文不能通曉違禮之正
乃託為羣下奏對之詞親製明堂或問頒示羣臣其文
曰明堂或問者非上人亦好辨以效常情之所為也實
不得已之言也哉
皇祖常假臣下作對奏因樓城之上馬故此或問以作云
問曰明堂大享之禮邃古無者本周之始固亦報
天之情祗以配帝之位每論不同且在今日有甚難者汝

其何用情哉答曰明堂享禮次于大報重于他祀雖古
遠有無未可知周始著之載籍今日之舉未難時人之
情甚非古人比也曰配帝為難將欲舉
太宗配庶幾可以服天下每思不知視
太宗為何如之主今日
聖靈在天猶昔御世一般
太宗本時君之遠祖以文近之親尊之是非人道之正降
祖為親經所未聞孔子不曾有是言以教後世但世愈
降道愈湮文人學士之心一日昧于一日但騁彼舞文
弄智恣巳胡為上籍君父下愚細人此非難者決不可
行之禮也問曰汝蓋欲父

考配亦非昵於愛親而不愛祖也答曰明堂本義是因秋
時羣物成以報天即人成於父之義以其所合于義之
正大典則為禮故父配為正不為昵豈不為忘遠問曰
父配固是矣將來一世一易抑但以一乎答曰今既用
周制為準則即如武王行禮奉以文王配之義一而已
矣問曰周公制禮汝何謂武王行之答曰周公者臣職
也雖然必稱武王為正豈有臣行君禮哉周自武為之
則嚴父必文今日自我舉必
皇考配也問者又曰配義雖明稱宗何為答曰稱宗之義
在今無有一說但不過尊親之義亦無憑據亦無比附
亦無輕重亦無利害只是箇崇上之義耳問曰稱宗祔

廟否答曰祔廟與稱宗是一行今文臣但以祔廟必祧
不如專享百世為上此不過愚哄其君耳我
皇考雖未即生存之位今日亦有如生之義
祖宗列聖懽聚一堂獨去我
皇考一人人情不堪時義不順
皇天
皇祖之所眷思子子孫孫之所不樂獨文人殘很之無比
也非害于義害於禮之者即無意思之爭辯必祔廟必
稱宗親盡必祧則可以成一代宗廟之禮豈有
太廟中四親不全之禮乎人而無父有諸兄人君為人之
極可乎問者又曰稱宗祔廟祧禮皆明明堂之配親盡

將何為答曰明堂之配百世不可易祔祧何害兩不關
涉也問者又曰時人但為
太宗不得一配為爭耳答曰此說不是尊崇之實假借以
制時君又上欺
太宗遠道之甚夫假借制君之罪固重上欺
太宗之罪尤重今日之
始祖
太祖也
始祖故配郊也今日之
嚴父
獻考也

嚴父故配明堂也此文人亦明知之明知
太宗即不可上並
始祖又不可降擬近親故曰祈穀可一奉祀又欲復屋下
以重明堂之祭此強牽妄擬欺愚君上是人為哉問曰
若是說者則
太宗永無配享之典汝寧忍之哉答曰礼之正所當為者
不可避不可讓也避則自諉讓則負天礼之不正不當
為者不可妄不可欺也妄則自失欺則詐情以偽事神
神必不歆聖人教人如是耶問曰
太宗功兼創守將何以報之哉答曰我
太宗當

皇祖初定之中又值建文所壞復興起之便是再創一般
今同
太宗未免無異于
列聖當以祖字別之庶見其宜也此人情之真焉夫何謂
古以祖有功而宗有德今槩以宗尊之
太宗所謂有功者焉可同宗稱之此當別之者也云仍令
禮官遵照或問會議來行于是奉
皇考備
帝稱宗之禮始定
〇九月辛未
上勅諭礼部曰朕惟我國家之興始

皇祖高皇帝也中定艱難則我
皇祖文皇帝也
二聖同創大業功德並焉宜同稱
祖號我
皇考獻皇帝躬備大德是以延及朕身入嗣
祖位宜薦
宗稱矧今
大享已成議奉
皇考配將當將舉事之期先用薦上
鴻號尊
文皇帝廟號為

成祖謚曰
啓天弘道高明肇運聖武神功純仁至孝文皇帝以十一
日行礼尊
皇考廟號爲
睿宗謚曰
知天守道洪德淵仁寬穆純聖恭儉敬文獻皇帝同日畢
時行礼九日預告
郊廟
社稷二十一日恭舉
大享明堂之祀于
奉天殿奉

皇考睿宗獻皇帝配
上帝禮畢詔示天下所有礼儀礼部會同翰林院恭議以
聞
○辛巳
上奉册寶恭詣
皇祖文皇帝廟行上
尊號礼册文曰臣伏聞古先聖王有大功德者必有大名
稱是以見諸當時則盛大而莫及施諸後世則震耀而
無窮然節惠之謚雖表于至公而述德之辭未足以盡
實則爲子孫臣庶永言孝思而弗可護者豈容不崇薦
鴻號以丕揚大烈乎恭惟

皇祖文皇帝躬英聖之資抱神睿之略文章煥然而可述
功烈巍乎以有成當眷顧維新之命遭艱難未造之家
將周公東征之師而大定王室則所以成繼述之孝者
何其勤遷武王鎬京之都而永建帝業則所以成創守
之功者何其大表章六經垂範萬世礼樂明備教化大
行有經天緯地之文
親御六飛威振絕漠四裔君長咸奉職貢有戡亂除宄之
武光踐寶阼而二紀之治坐致太平晚付
皇儲而萬幾之勤不廢總攬至于敬
天勤民右文重道親賢遠佞兼有
君師之衆善乃若懋賞輕刑畏灾重穀憫農憂艾備有

帝王之全德此則自載籍之傳未有豐功駿業而可以加
茲者也臣忝以支童託承大德比已恭建
特廟用圖百世不遷茲者加上
尊號期於配
天罔斁謹奉
册寶上尊謚曰
啓天弘道高明肇運聖武神功純仁至孝文皇帝廟號
成祖伏惟
靈德在天顧歆廟祐鑒茲悃愊臨享歆稱保我子孫億萬
斯世謹言同日奉册寶恭詣
皇考獻皇帝廟行上

尊號禮冊文曰臣聞古訓德莫踰于基命孝莫大于尊親
是故有聖人之德必膺天命之歸惟天子之孝尤以尊
親為至洪惟我明開国百年業承
八聖乃小子獲奉
郊廟進陟
祖位歷我
皇考大德受命以數錫祉躬昌克臻茲顧欲申罔極之恩
實久鬱追崇之典茲欲光于前聞垂之來載不有隆稱
顯號其何以表至聖而昭眷命乎恭惟
皇考獻皇帝睿明天縱恭儉性成蕩蕩難名道配乎帝堯
之大乾乾不息德比于文王之純學本聖傳心契乎四
皇明寶訓　嘉靖二卷　卅九
書六經之旨國封南服化行于江沱河漢之濱方
憲宗賓遐之後當
孝皇在祚之年迎養一辭昭昭乎神明享其孝遺治一疏
恢恢乎帝王同其情奉藩二十五年心罔不在王室而
昭事上帝之心翼翼如有臨閱世四十四載身罔敢自
暇逸而學道愛人之志孜孜不少倦乃若游情翰墨則
精究古法非經訓之辭弗書至于怡情公庭即應接斯
須非聖賢之事弗語喜怒不遷賞罰必當有發而中節
之和明照無私幽隱畢達有無所不通之睿摛辭電發
煥然其有文章寔心天游廓乎其有容德誠所謂包衆
善而難名兼百行而備有者也臣祗繼遺麻茂承餘烈

永惟望恩大德無物可稱是以將稽典礼率籲羣心建
奉冊寶更上
尊謚曰
知天守道洪德淵仁寬穆純聖恭儉敬文獻皇帝廟號
睿宗伏惟
聖靈如在
皇鑒孔昭膺顯大于無疆與乾坤而同久永昌祚胤攸寧
萬邦謹言是日
上即奉
皇考神主祔享
太廟礼成當飲福受胙冕旒交結如虬龍焉
皇明寶訓　嘉靖二卷　四十
上以
皇天下鑒
皇考居歆作福瑞賦曰朕仰承
天眷纘
大寶十有七載于茲適用是月陽日躬
圜丘之奏告以加尊
成祖恭上
睿宗二聖大號越二日率羣臣奉
冊寶行礼甫畢即奉
皇考睿宗神主祔祭于
太廟當于受福胙之成冕旒左二垂交結如龍縫右一疏

與右袖繪龍牽住如龍戲珠然正若口銜者朕惟龍傷
物極變化之精又曰龍為君之象結者綵也此必
皇天下鑒
祖
考居歆邦家靈長之祚子孫繩繩繼繼之相傳于無窮之
兆見于斯矣夫尚奇好異君子不為朕有志于聖人焉
好為此奇言異事以取誚諸知道者但不顯言心以為
昧知春睹于
天子
祖
考勿誹我賦曰粤稽我明兮

高帝肇興乃值艱運兮
文帝而寶命克凝
聖傳四世兮一德相承
憲祖篤祐兮誕
先考而玄德上升肆惟慶澤餘光以庇朕躬兮
天命是膺思崇報以無由兮
鴻號拜增捧
册寶而奉君臣兮莫敢弗慎于冰兢訖宣告而祗
廟祔之禮乎
皇考在上儼玉几而臨兌如聞懽歆之語兮京乘拜舞焉
睠昭福惠之賜兮祥龍起袞袂而飛騰戲珠玩而盤結

兮允驗休徵必
皇天益永
祖業兮是大是恒將見百世兮子孫其繩繩詩曰肇基天
命命我
高皇帝定難弘業業始
文蕩中傳
四帝啓我
先王功高
二祖德厚
一考
三聖功德簡在

皇昊
皇昊簡在億年永保
○辛卯大享
上帝于
玄極寶殿奉
肅宗獻皇帝配禮成詔曰朕惟
天眷我國家
皇祖太祖高皇帝始肇于先
皇祖成祖文皇帝戡成于後
二帝之玄功盛烈高厚同焉朕以支宗荷
天命簡用纘寶位于茲已一十七載矣追繹我

文皇帝之功光
太祖澤榮後昆維我
皇考獻皇帝躬備聖德慶延于朕輝前庇後載籍弗闢
文皇帝也宜有功而祖報焉
獻皇帝也可有功而宗稱焉庶幾仲崇顯尊親之至意適
因法古典明堂之舉乃稽循
嚴考配
帝之經議命在廷百官會訂至于三再師錫之我僉謂之
同朕以九月九日躬祇奏于
圜丘敢以大禮請命分諸命使徧奉朕誠各詣
方澤

宗廟
社稷以告越二日率羣臣奉寶冊崇尊
皇祖文皇帝廟號尊謚為
成祖啟天弘道高明肇運聖武神功純仁至孝文皇帝尊
上
皇考獻皇帝廟號尊謚為
睿宗知天守道洪德淵仁寬穆純聖恭儉敬文獻皇帝即
日恭奉
皇考祔享于
太廟仍藏
主于原寢是月之二十一日大刪躬行季秋明堂禮于大

內
玄極寶殿祇享于
上帝奉我
皇考睿宗皇帝配神于獻肇
大享于初成鑿氏胞物與之意奉
嚴親而上配答生成罔極之恩禋祀忻成慶同民物凡在
堪輿之內聞詔宜悉欽哉
○十二月辛亥
上以
章聖皇太后慈馭上賓諭禮部議尊謚曰朕惟身備天下
之至善沒受天下之顯名娩崇稱於無窮垂母儀于不

朽此人子尊親之大典慎終之要務也洪惟
聖母大行章聖慈仁康靜貞壽皇太后王國克生天作之
合相我
皇考睿宗獻皇帝坤章敬順隆教肅雍仁厚與周風化行
於江漢啓戒成聖闈望達于家邦誕育眇躬夙成
慈訓蒙而養之以正長教以義方蓋無所不至焉暨朕入
承大統治臻小康增光烈于
祖宗衍休祥于徽祚感我
聖母誨廸之功善慶之澤也方期
慈壽萬年備膺百福夫何遘茲痾疾遽爾棄違銜罔極之
恩思報酬而莫及抱終天之恨徒攀戀以無從嗚呼哀

哉追惟厚德弘深率土仰戴上薦
嚴號舊有彝章是宜采衆之公極
天而謚以播告寰宇昭示後世庶朕荼毒之痛摧割之傷
其少紓焉礼部即會文武百官議擬來聞欽哉
○丙寅恭上
大行皇太后慈謚册文曰臣聞頌稱壽母子賴以成者遠
風美賢妃化行于助者深是故母儀所被萬方仰其徽
音内治明章閨章由之正始永惟懿德卓輝前聞自非
隆大號于追崇曷以酬至恩于罔極詢古式卒乃僉
章恭惟
皇妣大行章聖慈仁康靜貞壽皇太后貞明合天厚大法

地宅心專靜坤道德一以寧約己儉勤
母德用慈為寶于
憲皇有逮事之孝敬于
睿考有輔佐之憂勤爰及眇躬之踐阼式臨
慈壼以居尊懿性仁恭豈馬鄧之足尚秉心敬愛嗣任姒
之芳徽化合六宫恩覃四域三十載化行于江漢之國
十七年受養于長樂之宫
九廟聖靈儼褘衣而祗謁
七陵閟寢勤鸞馭以瞻依祈介百福以有永宜享千齡于
無疆豈意天不憖遺雖切攀號何逮追惟顧復徒劇鉅
而感深上荷劬勞實叩口心而銜恤兹欲播休聲于後
嗣揚芳烈于無窮匪易大名曷尊至德敬遵典礼請命
于
天謹奉册寶上尊謚曰
莊孝貞順仁敬誠一安天誕聖獻皇后伏惟
親慈降鑒臨享徽稱陟祔嚴宮萃歆萬禩佑予嗣人永永
無極是日詔告天下詔曰
至尊無上固人主所以奉親于生存令聞不已尤人子所
以顯親于没後揆諸天道而不悖察諸人情而允諧爰
薦尊稱用光遺烈洪惟
聖母大行章聖慈仁康靜貞壽皇太后至性純粹厚德含
弘逮事我

皇祖妣孝惠皇后徽音克嗣于
先朝久相我
皇考睿宗獻皇帝内範聿彰于藩服勤儉之紀布于宮闈
而閨懿仁愛之風敷于邦國而無間善積深厚慶澤綿
長施于冲人膺膺寶命凡宣猷振槩與道致治弗墜
祖宗之洪業咸賴
聖母之慈訓也痛夫壽宮頤老方迎六袠之齡仙馭升遐
遽違四海之養追攀莫及摧割奚堪永惟不朽之圖敢
舉易名之典兹卜十二月二十七日祗告
天地
宗廟

社稷恭上
尊謚曰
慈孝貞順仁敬誠一安天誕聖獻皇后於戲柔集衆論之
公成予一人之孝尚慰終身之慕誕垂奕世之伏播告
寰區使咸知悉
○嘉靖三十七年閏七月癸未勅建湖廣承天府元祐宮
成
上龍製碑文以紀其事其文曰朕惟湖廣承天府為我
皇考睿宗獻皇帝疇昔分封之處
皇考聖德配
天勤政恤民化行江漢

皇妣慈孝獻皇后坤德承乾婉美任姒
二聖積功累仁光四表而格上下長發其祥誕育眇躬祇
奉
上天明命繼承
大統君主億兆于玆有年朕念斯地慶源所自特啓建
元祐宮以崇眞妥
聖保國福民乃命巡撫諸臣相度會計集材飭具經始於
嘉靖己酉迄戊午而告成中為
元祐寶殿後為降祥殿最後為三洞閣其配殿左為宣法
右為衍真其前為元祐門之前為儲祉門鍾鼓二樓拱
侍環列册腹之施金碧之飾絢麗煇煌撫臣具奏請以

文記昭示永久惟書有之靈承于旅克堪用德惟典神
天則祀天享則享神自成周而上已莫不然我
太祖
成祖定鼎兩京並建朝天宮以崇奉
玄天祈
天永命神明協佑蓋逾久而益彰焉朕惟承天朕實肇基
於此所以凝
大命而臨大寶克承
皇考豐芑之貽著惟
玄元之佑是休是賴臨御以來崇報之典罔敢少置於朕
懷謹效法

皇祖式建斯宮又設官以領焚修降勅以諭羣下給田以
贍官道禮無不周事無不備矣仰惟
帝眞鑒享克誠尚其眷顧有如寵綏彌篤翊眇躬而康泰
振我以興隆海宇升平四夷歸化永安
二聖在天之靈不延
宗社億萬年之祚則
玄功昭揭於無疆而朕承庥蒙感寔有既耶謹記
○嘉靖四十四年六月丙子有芝産于原建
睿宗廟殿柱
上曰比以象一奉
几露降

陵山舊同
諸陵今若在
太廟之室又無分別仰惟
天心垂無前之恩特產于原
睿宗廟感當何如于是推本
天眷
親德名
廟之前殿曰
玉芝宮門曰芝祥前門曰寶慶後
寢曰
大惠殿前殿奉

二聖神座四時歲暮大小節辰設牲帛等亦如
太廟儀
寢奉
神林等設日供如
奉先殿云

大明世宗肅皇帝寶訓卷之三

光祿大夫柱國少傅兼太子太傅禮部尚書武英殿大學士臣呂本　奉勅校
南京禮部祠祭清吏司郎中臣陳浴本
南京兵部職方清吏司主事臣朱　錄讎閱
南京工部虞衡清吏司郎中臣呂瀛書

聖孝三卷　親

○正德十六年四月壬午
上辭
獻皇帝陵墓伏地慟哭左右扶而起從臣莫不感泣明日
發舊邸
上不忍遽離

母聖鳴咽者久之乃行癸卯
上至京師登極之三日諭閣臣曰朕入繼大統雖未敢顧
私恩然
母妃遠在藩府朕心實切戀慕其即遣使奉迎備
母后服御駕儀往迎羨曰欽承
聖母慈壽皇太后誥諭
皇兄武宗皇帝遺詔嗣位欽惟
母妃殿下遠在藩邸特奉箋迎請者伏以
大統既承義當致專於所後至情攸繫恩當兼盡於本生
哀展孝懷庸伸至養恭惟
母妃殿下鍾祥茂族毓美

先王性每篤於仁慈化素彰於儉約仰惟
聖德誕育眇躬屬緣倫序之宜入嗣基圖之重恭惟
九廟日理萬幾雖允慰乎衆心實仰成于
慈訓顧瞻左右念省問之音疎徒倚晨昏眷睽違之地遠
劬勞罔極恭戀彌深特遣近臣往迎舊邸共享昇平之
福永膺壽考之休十月壬午
聖母至京師初禮官具儀請
聖母由東安門入
上不從乃親定其儀由大明門入是日
上候迎於午門內遂奉
聖母謁見

奉先殿
奉慈殿禮成入宮
慈顏悅豫中外臣工莫不慶忭焉
○嘉靖七年二月戊午
上更定服制成諭閣臣曰朕今日因吉告于
皇祖
皇考服玄端冠服惟
兩宮未奏以其燕私之用不敢煩奏待有召見或因事朝
見隨具奏
知方朕食後
皇伯母

聖母
尊嫂皆遣內官齎賜朕彩色龍補段帛傳諭云為賀皇帝
所製冠服朕稽首受訖即令侍臣往奏
兩宮曰蒙
訓及賜龍補等物即當具朕新僭造玄端服謁謝
皇伯母傳免
聖母亦傳免其
皇伯母以未起
聖母微冒風寒在煖閣內朕欲俱遂但
聖母以欠安正當拜問已謁
聖母畢而衷誠未盡欲仍擇吉奉書奏謝

恩未知可否卿等便議來如可待朕親撰奏書稿仍下卿
等看潤行
○嘉靖九年九月壬寅
上諭大學士張璁曰前日卿奏聞朕宮中奉安
聖母每執禮太過又謂嚴威嚴恪非所以事親也昨朕奉
聖母進宴畧去禮節
聖母甚喜悅
慈訓往往亦及之
聖母曰吾安然處之但恐皇帝行禮過勞雖曰盡禮吾心
何安哉夫人子以順志承顏為善必使親心安而後可
卿之言朕其不勉之哉茲併以諭俾卿知

○嘉靖十五年四月癸巳
上諭禮部曰朕恭進
郊壇廟寢所以上事
天地
祖宗今後思
太皇太后
皇太后二宮我
皇祖原未有制今曰清寧者乃青宮所居雖無其人可無
其所是非
母后所居也曰仁壽者乃統于乾清宮者非
母后之宮今朕擬將清寧宮存儲居之地後即率作

太皇太后宮一區仁壽宮故址併除釋殿之地作
皇太后宮一區以備
皇祖一代之制亦非妄舉已復諭禮部朕恭備
祖宗一代之制命建
慈慶宮爲
太皇太后居
慈寧宮爲
皇太后居今工有次第以
慈寧奉
聖母章聖皇太后以
慈慶奉
皇伯母昭聖皇太后一應供張悉取給內府如
祖宗例行著爲令
○嘉靖十六年九月辛卯
上諭禮部
聖母病疹慈體未豫朕洎十八日躬禱于
太廟分命大臣告
列聖孝廟二十日躬禱于
太社稷命臣告
帝社稷文華殿設壇躬禱于山川明神
○嘉靖十七年二月丙午
上諭輔臣曰朕惟臣子之於君親願壽爲最親父母之謂

也今
聖母壽旦朕取今夕中夜于
玄極寶殿設壇爲
母祈禱于
上帝分命卿等禱于諸神壇蕆先諭卿等三人及內臣分
獻宜即滌除他慮一乎對越亟令太常備物以俟
聖孝四慎終
○嘉靖十七年十二月乙巳
上以
獻皇后慈馭上賓卜吉於
天壽山之大峪擬作玄宮奉遷

獻皇帝梓宮合葬仍勅諭禮工部曰朕
皇考獻皇帝
顯陵在承天粤自
皇考升遐之日位處藩服朕在幼冲知識何有竊多貽悔
矧山川淺薄風氣不蓄堂隧狹陋禮制未稱且越阻千
里寧免俟艱每一興思傷然惕怛比三歲春秋展祀
山陵朕周覽川原于我
成祖長陵之西南得一支山名曰大峪林茂草鮮岡阜豊
衍列在
諸陵之次竊為吉壤朕心慨焉欲啓迎
皇考梓宮還祔於此爰以事體重大卜告于

皇祖高皇帝既得吉占謀之二三勳輔近臣咸贊曰允宜
茲特勅爾禮工二部便擇日興工預告聞于
祖宗列聖暨我
皇考及他事宜即各詳議具擬來聞其奉還禮儀陵工告
成乃議又特諭禮部曰
聖母大行慈駕遐升卿等謂事莫重于
山陵此孝子第一大事誠不可緩其即分遣重臣于
天壽山大峪處建造
顯陵亟擇日恭聞于
祖宗列聖啓事興工一面南奉
皇考梓宮來山合塋庶慰朕

二親之靈以伸朕以禮終事之情其會同皇親內閣六部
共謀來聞于是武定侯郭勛大學士夏言等皆以為善
咸贊成之
上已遣使往承天告于
陵廟并諭輔臣曰還
陵一事朕復思一夜中心甚擾夫三年之喪上下一道故
曰雖天子必有父所以無別只此一大道理爾後世目
繁萬幾之務易月為日雖聖人復生朕度必不能復設
使示爭于杓必不終於古徒責虛名不若以實為順乃
為識理之真至於墓次於廟禮也且禮亦明著子為天
子諸侯父為大夫士則葬用死者之爵以安親為上不

敢強在生之寶劬奉藏體魄將二旬歲忍暴露於風塵
之間撼搖於途路之遠朕心既不安寧我
聖母又不寧大也茲決以禮之正情之安奉
慈宮南詣合葬穴中不必紛紛求有未盡即彼處置朕須
躬至
顯陵親臨調度此恐與北來為孝之大卿即將此諭播之
羣臣禮官會議謂大峪為近且便歲時展謁
上曰茲所言只重在人情私俗不思四海非王土歟即如
我
皇祖孝陵之在南京今歲時展謁得親否乎又我
成祖豈不容慕

皇祖耶卿等執前議朕心終不安爾乃追還遣使諭向待
○辛亥
上縗服御西角門文武百官行奉慰禮彷
上在喪哀慼殊甚百官以奉慰請
上曰朕正當守奉
几筵未忍一刻離次但以卿等言勉從之
○甲寅禮部言帝王之孝與凡庶不同請
皇上釋縗服易素翼善冠布袍腰經二十七日而除還宮
調攝不必從處喪次
上曰人子之情不忍抑損顧朕昨者因疾未愈遽遭母喪
連日作作愈又內以風熱病目必須調攝且

聖母愛子之心異常朕當思順從卿等所請
○乙丑禮部言十二月三十日
大行皇太后服制二十七日已滿恭擬正旦日
上拜
天受朝及先期一日俱宜青服孟春時享
宗廟自前三日奏齋始
皇上具青衣臣下同之從遇祭享以此為例餘日仍如
孝貞皇太后喪禮例行
上位乃素翼善冠布袍腰經御西角門不鳴鐘鼓百官具
素服烏紗帽黑角帶侍朝候
拜宮入

山陵奏請變服
上覽疏諭內閣曰部疏所擬未免循故事未見省益何如
禮曰三年之喪賢者勿過不肖者不可不勉若拘此紙
上法度自後世忍人者皆罪人也不但景帝一人耳朕
氣質微弱志念實不副每有志於古道力不克然時亦
不同也今既曰以日易月無有不知無有不見非虛文
也是實行也更不必小惠報父母姑息以事親直使實
為之庶不傍牽變引而聖人可作偽乎雖
山陵之未就而實不是古人未塟之時百事皆輟之矣吉
典亦行
郊社在上又不敢廢封建征伐賞刑諸事命出一人本無

虛日謂之居喪吾不信也便當如制定服俾皆不必遵
就遇
郊有事宜吉服作樂況父在極子嗣位率用全吉何事
天反云爾耶此尊尊也
廟有事着淺色服不作樂此親親也居他處服黑布至喪
次仍素色直侯奉引安
陵仍用始服之服以終之庶為情實卿等即抄明白付宗
伯翰林禮科各議來行否即曰否於是禮部覆言
皇上折禮精微可為萬世法請通行內外一體遵奉
○嘉靖十八年正月辛未
上諭輔臣曰朕昨居喪理疾閱禮記檀弓等篇其所著禮

儀制度俱不歸一又不載天子全儀雖曰三年之喪通
乎上下而今昔亦自有大不同若朕數有意在是第以
皇祖所定未有全文每遇
帝后之喪亦未免因仍爲禮至於冠裳衰絰所司之製亦
各不一卿等試與禮官考定之自初喪至除服冠裳輕
重之制具爲儀節俾歸至當於是禮部議喪服諸制奏
之
上令更加考訂畫圖註釋並祭葬全儀編緝成書備覽
○丙申勅諭禮部朕惟孝子之事親送終爲大奶
陵寢所在體魄攸居必求允宬庶
親安而人子之心亦安且盡矣
皇明寶訓　嘉靖三卷　二
皇考顯陵昔者建造狹隘雖嘗增脩猶多未稱茲朕恭詣
陵下與諸左右大臣周閱山川更卜吉兆重建玄宮以安
皇考
皇妣神靈於無窮以昌厥後永綿徽旅于百世朕親擇於
二月十五日子時發京
○二月乙卯
聖駕發京師居守大臣及文武羣臣送
駕于宣武門外
上思慕
獻皇后乃制述懷之詩曰昨歲深冬候朕偶觸寒傷卧病
旬日間

母疾正思量何時安已越三載長忽於一夕中慈命兒來
望叶我望此一見念汝體未康令我度莫起訣馬隔存
亡朕病未盡除聞命神魂揚果不見
慈安遽罹此凶殃心肝濡苦痛摧裂拜肺腸急召二三臣
大事須替襄初勅迎
梓體秉情甚惶惶再命送
慈躬此心復忙忙必欲親審視庶幾萬世昌萬世獲昌利
是慰
二親方乃嚴諭臣民知我非漫行叶奏告
天與
祖旁祈
皇明寶訓　嘉靖三卷　十一
神祇匡吉旦乙卯二月十六日肅駕楚南張神京北顧處
仰賴有
穹蒼勿謂儲闇弱
天賜必元良此心不必憂但願守者藏又春分祭大明道
中賦詩曰已亥春仲念三辰典禮循周祀首神祇降登
書屬太子簡撫命使必勲親壇壝雖有臣鄰助
凡殿宸無戀
母心長途幾遍觸悲思信道傷懷父子眞又渡河賦詩曰
遙出神京千里餘道經河濟駕六魚昔年絳服承
先詔今日黃袍撫四輿
○三月己卯

駕駐舊邸十六日大享
上帝于
隆慶殿奉
皇考配
上親製祭告
皇天上帝文曰臣祚於仲春之既望出京今月之十又一
日已至此舊藩之承天府仰戴洪造庇覆致資道踰二
千里之餘有若一日師徒從邁萬數之衆事為
二親慶茲孝念庸伸幸感
帝慈加佑仰承鑒賜俯竭謝忱謹奉
睿宗知天守道洪德淵仁寬穆純聖恭儉敬文

獻皇帝恭侑臣下情曷勝抃忭之至又製享帝樂章迎帝
神中和之曲仰高高之在上兮皇穹冒九圍之徧覆兮
罔止西東而王者出狩遊衍兮必奉天顧愚臣之叫行
兮重荷憐憫奠玉帛初獻壽和之曲於昭帝庥兮臣感
恩淵淵巡省舊藩之地兮寔止承天下情思報兮此心
畢奉瓊卮著幣兮捧叩禮前亞獻敷和之曲樂奏兮三
成觴舉兮再呈帝鑒凡微兮日誠嗣小臣頓首兮敢不
嚴于此誠終獻承和之曲臣來蒞土本之思親思親伊
何昌厥嗣人嗣人克昌歷戴帝之臨汝夫何因微餧未
和之曲肅其具兮祀禮行備彼儀兮樂舞張退省進止
兮臣竦且征沐含以仁兮何以量送帝神感和之曲王
之狩之兮典有禋望於維紫祀兮肯重上蒼臣情罔殫
兮夙夜遑遑祇伸愚悃兮允賴恩光遑瞻兮六龍騰騑
帝垂祉兮萬世昌
○辛巳
上謁
顯陵閱純德山喜而自得賦詩曰南幸湖襄地
陵寢切衷腸周視
親園內旭旋回五岡茂茂鍾蒨厚森森列嶂長龍高生意
廣虎伏世傳昌抱懷羅玉砌繚繞布金墻勁寡土色壯
允矣稱玄鄉拔聳我英險平坦免蹉防鎮靜資山祇聳
安奉

先皇自是神靈悅屢致朕心量為此自得吟庶幾永不忘
又製再閱
顯陵小歌茂茂兮純德山蔥蔥兮王氣接雲霄卜兆允臧
吉且豐慶視慎秋毫恭惟
皇隧既孔安伊何必復嘈嘈祇有思
親獨苦心幾番血淚灑黃袍
○戊子以大享禮成
上御龍飛殿受羣臣賀頒詔天下曰朕聞聖人之治天下
也率皆以孝為先蓋所以教民作範焉弗孝何以上人
乎朕以菲才叨承
天眷君臨黔首主御華夷所事者人極重焉故首正父子

天倫之正復崇
孝廟當有之宗達者積甚深累于
慈聖
鑾輿遄邁哀慟催五内之傷
壽寢再圖禮厥宜
二親之共匪自經營何懸夙夜乃於今年仲春之十有一
日奏告于
天地
宗廟
社稷偏達於百靈衆秩於十有六日
聖祖荆楚之舊藩躬視承天之

嚴寢越二十有五日
駐蹕龍飛内之鄉雲宮齋潔肅誠定禮備樂有五日元吉
祇奏告之祀于
皇天眷
皇考睿宗獻皇帝上配報生恩而拜謁
顯陵答
神功而躬祭
社稷以及道經之望偏蕪舉諸王羣職迎覲獻誠雖未如
四狩之巡亦以見省方之意且朕何人敢竟肆似秪欲
伸送終之道以求夫永世之安庶幾教天下也今
玄寢之制置既詳

親體之尊安攸定但念本根所在百姓繁懷勞擾久時民
艱富輸承天府自明年為始特免田租三歲湖廣地方
亦免明年田租五分之二直隸河南二處亦與免明年
田租三分之一用見朕懷恤之意期以今月二十三日
還京於戲愼終思永三愛敬以式臣民經始求臧建中
業以遺孫子尚賴忠賢匡於至治詔爾華夏宜悉知之
上駐蹕
顯陵召承天父老子弟百餘人命禮官宣諭曰說與故里
的衆百姓每我
父母昔在
孝宗皇帝時封國在這里我

父母積許大的德行生我承受
天位今日我為
父母來到這里你每也有昔年的舊老也有與我同後生
者今日一相見但只是我全没德行
父母都上天去了這苦情你每也見麼我今事此回京我
與你每幾句言語各要為子的盡孝道為父的教訓子
孫長者撫那幼的幼的敬那長的勤生理作好人依我
此言語況我也不能深文這等與你每說以便那不知
文理之人教他便省的你每可記着
○壬辰
駕發承天府回京製思恩賦其詞曰哀哉去年冬之季兮

月之四辰恨咎戾之積已兮使我
慈親空摧裂兮肝腸何由再懽慰兮
慈孝之真肯
園寢之是圖兮克艱克慎必臨視而祥畫兮須吾身越新
春之仲月兮吉日乃行次建辰之十有一日兮抵昔都
之
純山岡視之再之三兮閱王氣而輝光惟斯壽域兮我謂
厥藏弼哉拜下兮儀
嚴父而皇皇祇聲容之去耳目兮惟心聲心容則未忘然
歲月之如流兮遠遠
考御廿十秋春倏背春于

玼閑兮決百日而復一旬十四日已百日痛遐思兮心神
顛泯詩曰心神顛泯遐思
二親追報未伸痛生我身
親生我身百苦百難萬慮一頻望我成人今我成人永感
無恨哀哉作賦以語大臣冀體我言諄匡我嗣人以仁
○癸巳
駕渡漢江賦詩二首其一舊郢承天過漢江浪花波葉楚
祥光溶溶滉瀁青銅湛湛有川靈衛故鄉其二
陵園南來三月初
躬親欲真孝躬舒乾事出封疑目處臨郢迴遠漢江渡疏
波若兼千疊茂深浪如花萬里疏誰通郢湘非故地故

勳玄德自天予寓栢鄉縣定
陵次規制有感三首其一回次長途寓栢鄉排徊南北觸
衷腸祇求萬世綿延計不是區區目下狂其二幾回思
慮幾回腸北寢南園重度量欲得
二親安妥處分合今古未低昂其三粤自羲皇建極張五
倫之內重三綱父子主恩慈孝止君臣惟義敬仁常幾
百備年夫婦正從一順命化風良此理原教嚴世道同
穴禮否有羲皇
○五月壬午
上以
慈孝獻皇后梓宮將發諭翊國公郭勛大學士夏言曰朕

積咎深重累及
二親俱不獲再侍膝下已矣茲者
慈宮南祔
兩聖同觀棄朕孤哀欲追侍于左右未可也
靈駕將發特命卿二首臣恭送陛舟視進發乃還卿其加
意督視務各整飭仍面示朕諭于奠獻諸臣俾各敬慎
少慰朕懷焉及期
上親祭告
皇考廟曰子往復相度新舊吉壤惟我
皇考顯陵山靈地秀莫之與京已命所司更造
玄寢擇於十七日仍恭舉

皇妣慈孝貞順仁敬誠一安天誕聖獻皇后梓宮南祔
聖居謹此申告伏惟我
考應鑒時佑長途安利協于吉竊以慰愚孝永遺子孫千
萬年無窮之慶子不勝懇析瀆擾罪恐之至禮畢還告
獻皇后
几筵曰子肸自南還已具
闡二地奉
親手膝下矣茲迺復視度永思昔訓有必奉我南祔之諱
謹用格遵擬卜十七日恭引
梓宮進發往詣
皇考顯陵並安至閏七月之二十五日良旦虔閟

新寢請我
尊慈豈勝罪畏子躬守
郊社廟奉
宗祊敬命親臣之長者代送
親輿舟發有期哀發何已惟望
慈聖安鑒孝思嗚呼痛切五心拜辭永訣哀哉
○閏七月辛酉以
慈孝獻皇后山陵禮成舉慰神之祭于
永孝殿
后妃與事
上曰以此盡子婦之情也

○八月辛未廷臣以
神主升祔
廟享大禮告成上言奉慰
上曰朕冲昧稔然累及
父母並昇帝古今者送終禮畢孫惟永慕轉覺不堪卿等
陳慰具悉忠愛但人子之情未盡者莫如朕甚奉天勤
民恐益勝退卿等左右丞弼日加忠蓋以匡之
○己卯製中秋思
母歌曰己亥月八日十五佳辰却道秋光午臨夕上倉惶
然悲把餅咽下心痛苦心何痛苦兮無柰何無柰何兮
今日不見

母
母兮
母兮不見顏子兮永罪忤椎月營兮不成歌歌不成兮鼓
欲雨況值今辰天色淒淒惶似黯吾心與仰我
天兮軫此心太清境上賜
母語
帝曰悲哉爾小子幽明長隔莫返歸兮既返歸兮既返歸
返已陟吾太清但念聲容杳不逞此容此聲兮通未吾
抑有面會兮及耳聆祇以未足天下養是故子情罔獲
終隸值清秋痛思
母聊寫衷腸書肺腑若較語句不成文此非知我痛思

親況兼近旬偶少和但欲告語同情人
○嘉靖十九年正月戊申上元節
上建醮于宮中追薦
二親因賦詩曰正月初一兒感夢春正十五掛
親容朝瞻夕視不聞聲吁呼何再一聆音又上元修齋醮
良霄列彩燈悠悠孝莫伸高厚擬
親恩
遵成憲
○正德十六年十二月壬辰戶部尚書孫交請經筵日講
令講官講
皇明祖訓仍取一本命內閣圈點句讀旁貼字義寘之便

殿朝夕省覽
上曰
祖訓一書我皇明家法萬世所當遵守內閣見有真解陸
續進呈覽奏具見忠愛朕當一一講明施行
○嘉靖八年三月壬戌
上諭內閣朕昨觀太明會典
太祖所製冠服遂至冠禮有成化十四年謁謝奉先
奉慈殿之文夫
奉慈殿乃成化二十三年
孝伯考即位始建而云十四年謁謝何也大學士楊一靖
等對言會典所載乃

孝宗皇帝在東宮時冠禮當時
奉慈殿未建良屬謬誤然臣等竊閱會典其誤蓋不止比
請令諸司纂集近來條例送翰林院重訂仍乞賜勑命
官開館纂修以成盛典
上從之乃降勑曰朕恭承
天命入繼
祖宗大統君臨天下凡致治保邦之道遠稽古典近守
祖宗成法夙夜祗慎罔敢違越仰惟我
皇伯考孝宗皇帝命儒臣纂修大明會典一書我
聖祖
神宗累朝以來創業垂統守成致治凡官職制度事物名

數儀文等宏綱衆目本末備書因時修改損益具載大
要以
祖宗舊制為主節年事例附書于後我
皇兄武宗皇帝又命儒臣再加參校重進然後刊印頒行
朕萬幾之暇時取展閱或因裁決政務檢尋事始每見
其間紀載失真文辭牴牾者比比有之朕惟此一代通
典百司之所遵行後世以之為據豈宜有此錯誤彼時
纂修者既於精詳總裁者又不能訂正均難辭責然亦
因舉行稍遽
先朝之事故老凋喪宗卷磨滅典籍無考致有前失及今
修改猶或可及不然歲復一歲逾遠逾忘終難考訂且

自弘治十五年纂脩之後至今二十有八年典禮之因
革事例之增損又復頗多恐數十年之後卷冊浩穰條
貫繁猥失真之弊又或如前已納卿等之言先令六部
都察院通政司大理寺等衙門各委屬官將所載各司
事例再行檢查校勘若有差錯備細貼註明白送史館
改正仍將弘治十五年以後至嘉靖七年續定事例照
前例查出纂集校勘停當寫成上進續修附入今特命
卿等擇日開館仍催促各該衙門責限完進卿等分僚
各館會官纂修其體例一遵舊典不必立異更張但要
正其差訛補其脫漏其修書後二十八年之事務要悉
心考究凡損益同異具事繫年條分類列通前萃為一
皇明寶訓　嘉靖三卷　廿二
書以成一代完典使天下臣民知所趨向同歸皇極
等其督率各官供職勤事所責文質得中事理無備失
之前者得正之於後行諸後者可質之於今斯副朕法
祖圖治之意毋或承訛就簡以蹈前愆又或玩時愒日以
招後議皆非朕所望焉其總裁副總裁纂修等官職名
弁合行事宜陸續開具來聞
○十月癸亥
上親製文華大訓刊帙序文華大訓者我
皇祖考憲宗純皇帝所製以教我
皇伯考孝宗敬皇帝也我
皇伯考方在青宫有

宗社之寄焉我
皇祖考乃為製此一書預教之惟我
皇伯考果克踐是盡而無遺真有以不負我
皇祖之意之望焉朕近取而恭覽之乃見帝王進學務學
講學之序敬
天畏
天之誠與夫法
祖孝
親隆師親友睦親慈幼正心修身齊家治國親賢遠奸任
民愛物以至於觀人用人之道用財節財之宜罔不該
備下及保萬民馭夷狄纖悉無遺足為永世子孫之所
皇明寶訓　嘉靖三卷　廿三
遵守而敬用之者也嗚呼
皇祖之用心也至矣
垂訓親切
教指精密昭然煥然其可不守而行之但斯訓未嘗刻布
恐毋以廣示中外特茲命工刻諸良梓須布流傳庶幾
見我
皇祖考垂教作範之意以及我
皇伯考體用遵守之學下逮朕所以表揚休烈孝念之誠
亦或於是可見矣
○十二月癸酉
上追和

宣宗述祖德詩九首仍為序曰述
祖德詩者乃我
皇高祖考宣宗章皇帝之製也以我
仁祖之篤生我
太祖高皇帝膺
皇天眷求真主之時作中華之大君撫綏四國奄有萬邦
聖德神功文謨武烈昭然煥然偉歟盛哉暨以我
太宗文皇帝之再定家邦
仁宗昭皇帝之撫守盈成為言蓋予以光顯
祖宗垂示子孫俾念念在茲保隆
宗社于億萬年之永耳朕以宗藩入承大位為

皇高祖考之玄孫因觀聖作不自為僭妄依韻欽和亦以
彰我
皇高祖考之意以贊其承後之功云耳詩曰
皇天鑒下土昭昭甚咸赫胡元竊寶位紊華用夷狄
帝心厭其亂眷求丕善積
津皇備聖德
太祖出開闢 其一 洪惟我
高皇聖神文武德應眷作元后欽明溫恭塞創建循天道
肇基寶稼穡政惟用純王萬方被恩澤 其二 時維元氏
秋生民罔安邇政事弗克舉奚辨黑與白
皇天惡其為大命真人錫於昭我

太祖首乃修人紀 其三 生民弗知道蓋由法分析綱常既
湮沒民怨其毒熱於惟我
烈祖拯民焚與溺徯后急東南怨征切西北 其四 茫茫宇
宙間塵污皆洗滌上而三光明下而五典飭於皇我
聖祖式遏湯武績善者安其生頑惡亦止息 其五 於顯我
文皇削姦安宗祏內難既平定功烈乃赫奕旁求俊彥才
遂與共天職四海並丕寧慕德來重譯 其六 於惟我
仁宗民隱尤恤惻恭己先修身作範詔萬國繼述既懋勤
守成愈祗惕皇極建其中王道弘正直 其七 粵稽本與
源實由
祖啓迪流慶深且遠天潢遂盛益

祖功而宗德衍緒無疆曆作商本成湯周家實后稷 其八
於穆我
章皇尤每重天勅一德罔有間
四聖同執式修政匪懈勤懋德弗倦力玄孫稽首拜贊
聖垂罔斁 其九 又述
祖宗德繼作五首序曰近因恭覲我
皇高祖考所製恭述
祖德詩已僭為恭和但我
皇曾祖考之後
四聖未有所頌未稱追慕茲復為詩五章以寓稱述之情
云詩曰惟我

皇會祖嗣極御六龍時當亨泰運家國昌而豐五倫修百
典四海皆貞中允繼
五聖烈車書萬國同 一 惟我
祖純皇踐祚居紫宸勤政昭大德愛民敷至仁鑑戒存史
冊綱目乃修陳用作百世範治化維咸新 二 惟我
皇伯考
聰明亶元良道泰躋熙皞政治皆純王通鑑輯纂要會典
述
懿章仁澤覃四海今民猶想望 三 惟我
兄毅皇
天資實英明居安弗忘危是克持其盈外討宗藩逆內誠
皇明寶訓　《嘉靖三卷　廿六
肘惡萌
咸健赫然盛顯矣守其成 四 恭惟
四聖德裕後而光前巍乎其功業煥乎而朗宣
皇天垂眷佑
九聖德合
天嗣孫恭作紀用以示萬年 五
○嘉靖九年六月庚午刻
大明集禮成
上親製序曰大明集禮一書我
皇祖高皇帝之所製也所謂吉凶軍賓嘉五禮也吉禮者
首之以示典以及朝會等類凶禮也喪葬之類軍也賓

也嘉也各寓以戒事朝聘婚姻等類莫不詳備允為萬
世之法程子孫之所世守而遵行推衍之也昨歲禮部
請刊布中外俾人有所知見乃命內閣發秘藏令其刊
布茲以訖工遂使廣行宣傳以彰我
皇祖一代之制朕素不知禮又兼無學因以刊布之意而
述之于首是為序
○嘉靖十三年七月丁丑
上諭閣臣
祖宗神御像實訓實錄宜有尊崇之所訓錄宜再以堅楷
書一總作石匱藏之乃命建造
神御閣地于南內
皇明寶訓　《嘉靖三卷　廿七
上親臨定命制如南郊齋宮內外用磚石團甃閣上置御
容閣下藏訓錄又以石匱夏月發潮改製銅匱其重書
訓錄書帙大小依通鑑綱目式不拘每月一冊舊製第
取摹謄適句異日收藏每朝自為一櫃
○嘉靖四十二年八月乙丑朔
文皇帝命儒臣纂輯秘閣書籍分韻類載以便檢考供事
編輯者三十餘人為卷凡三萬有奇名曰永樂大典書
成貯之文樓其帙甚鉅
上初年好古禮文之事時取探討殊寶愛之自後凡有疑
卻悉頤索覽凡案間每有一二帙在焉及三殿災
上聞變即命左右趣登文樓出大典甲夜中諭凡三四傳

是書遂得不燬
上意欲重錄一部貯之他所以備不虞每為閣臣言之至
是諭大學士徐階曰昨計重錄永樂大典兩處收藏茲
秋涼可處理乃選各色善楷書人就史館分錄而命階
等校督之
重陵寢
○嘉靖六年十月丙辰百戶隨全錄事錢子勛各上疏請
遷
顯陵
上再下廷臣集議尚書席書等固以為不可已有旨報罷
至是閒住御史虞守隨復申前請撰

皇陵正議數千言以進
上諭大學士張璁曰守隨奏進
皇陵正議蓋此舉非常前已下廷臣及內閣兩議皆云不
可彼意蓋恐
帝后各處乃朕夫孝是亦忠意而朕所未信者恐一有甚
虞其為孝也不孝也夫古者君去國遷廟主而行主者
陽也先人之精魂故謂之
神主墓者藏先人之體魄乃陰也是為玄宮地道尚靜体
魄貴安豈宜輕舉我
皇考葬已八年一旦妄動豈勝震恐若於萬年之後奉護
慈宮以祔

陵室何不善也卿與其密議何者為嘉擇而行之璁言
聖意萬歲之後當祔
顯陵
上稱善無何錦衣衛百戶張得錦復上疏請遷陵
上諭輔臣曰朕覽[illegible]得錦所言雖是愛國之意但其意甚
重前次多官已議二遍進言者不下六七人但朕未能
中斷今與卿等究可如何行朕所論之我
皇考陵寢遠在數千里之外豈無南望之哀但聞廟者安
先人之精神也陵者藏祖考之體魄也今
世廟既成祭祀有
主不但止於

陵前為可朕亦嘗面承
聖母訓告曰汝何不啓請汝
皇考靈駕來京勿他日吾與此地朕惶懼無知乃謹對曰
此舉關係不輕子不敢便承命須待與大臣議伏請
慈尊安心勿慮是以每每未決朕意實以不動為當今欲
啓奉來京非為不可其於
皇考聖靈豈不震恐又
梓宮近体得無露乎至於我
聖母之意惟恐幼子失孝故往往垂諭朕安敢棄而違哉
但日間亦有一等小人胡言是非加以怨愁曰我葬於
此置立往舍他日又隨南此非朝廷不孝誰乎致以上

順
慈聽以為懐憂夫為人子者豈得不立孝功以名後世而
此事與孝政無干為子者於親則順志承顔冬温夏凊
或親年老所行有差則容容進諫不違悖不棄危履險
以愛身至於親亡則守禮盡哀一如經制三年不改親
之善行繼述遺志奉紀綿綿此所謂之子孝也又我
聖祖高皇帝初欲遷奉
仁祖之陵旋亦止之
太宗文皇帝遷都北京亦未遷奉
孝陵此
祖宗之盛典當取法之或曰當

二祖之時
雙親俱以上賓謂朕今時不當同也以
聖母在養可不早計夫朕雖無知豈敢忽畧寔於晝食夜
寐之間罔不轉加籌慮深恐動之不吉一或有虞其過
在何亦或於後千百年間奉還寶駕同祔
陵室未為不可所謂秉亟即事也今也
世廟已成大典已輯而朕之孝有未盡者嗣也當大婚六
年將逾儲嗣未立實朕咎深德薄所致也亦或后之不
德朕當自用者責特與卿等計或可就謀於議禮諸臣
或下禮部議卿等可用心議詳以求停當以稗朕慈得
錦本批該衙門知道

○十一月庚子
上諭輔臣張璁曰今日朕朝
聖母垂涕諭遷
陵一事且有訓曰他日是必以吾南隨之可也除朕以前
奏外欲將後日之計作以文書藏之世廟以示前年奉
歸之意今密預旨卿計可否璁對此乃當諱之事不宜
預言
上復諭曰昨得卿回奏
顯陵重事但昨朕面奏
聖母訓曰五六年間只想皇帝啓請
先帝梓宮來京不想今日重加修造已定不易之理但後

日將吾以南遷泣下朕愯懼從容奏勸曰子不能奉順
親意其罪實不可逃但
皇考安壂已八年矣一旦輕舉恐驚靈駕子初命禮官詳
議亦未及此近來嘗下百官議子又與內閣并建禮大
臣亦將
聖母此意言之皆云可遷者已請為之陵與廟不同子雖
冲愚彼諸臣者皆忠正為國之輩豈是其一而非其二
也伏請
慈親安心受養尊体以享福壽此等之事甚非
聖母之憂子不勝待罪
聖母復既諭朕曰皇帝何只這等說吾豈不知皇帝之心

其
先帝奉遷之事委冕重大亦擾百姓但只他日是必將吾
隨之
先帝南歸如是吾則無憂也朕復奏曰子豈敢不記之於
中心
聖母既如此子當與大臣圖之此等事非
聖母之慮尤非子所宜言也但慈訓及之敢不奉對惟
聖母尊察朕因如此重事故昨語卿此言似輕易發之其
實不得已也朕說識於
世廟又恐那時朕不在也故告卿欲卿記之朕入問於卿
果他日之當要如朕所許覩言也卿其意作何爲正可

容言之以使朕盡心與力於孝耳懇言今日
聖母福德方升誠不宜豫及後事若以
慈心尚未釋然姑俟
顯陵工完
皇上可代
聖母覲告
世廟則以萬歲之後同居于陵則幽明之情兩無所憾矣
上嘉納之
○嘉靖八年二月乙未大學士楊一清以
悼靈皇后安葬請恭詣
陵寢題

主因得展謁
孝
憲
武三陵少紓平生攀思追慕之懷
上報曰卿請欲命去題朕逝后主因而得謁
三陵足見追戴之至朕惟我
祖宗朝凡清明躬率羣臣謁
陵成拜後因而遂命官行禮朕以諸服人承
宗祀其時當謁見
諸陵素無爲我計者久欲言之恐非知者言擾今因卿言
特以語之顯主事因重而各項來煩卿卿之首臣況在

高年所不欲勞遠者朕心未安也如卿必欲去恐不免
於勞夫前日更題
皇祖妣
皇考神主則用想鑾今用首臣恐弗宜後如則有事卿往
則無不可卿其自思一清謝弗及因言
聖駕謁
陵係仁人孝子追遠至情容臣查例待來春舉行
上報曰昨卿以朕言及謁
陵一事爲可朕嘗覽
宣廟實錄內載清明謁
陵及季秋巡邊以爲常年之例其失記其年清明每當奉

母后謁
二陵一次故敢言之後至我
皇祖考成化以後止而不行皆命親王勳臣代為行禮卿
云待來春行之今且備查停當議定儀注朕又惟天子
奉
郊廟主百神今山川百神之祀皆是命官行禮及歷代帝
王者夫敬
天禮神國家所先者至於歷代帝皇乃先聖君長繼為人
君者惟當追念
祖宗之德似不必遠慕而貪名也然亦不可不盡之我
皇明祖訓有云皆天子親祀今已不及矣其歷代帝王廟
皇明寶訓　嘉靖三卷　卅四
京師固無而山川壇則有也此等事議難說其致災之
由於此不無耳卿其復思之一請言
宣廟時曾謁
陵一次途間勸農郵民之事居多巡邊雖有舊例非今日
所當行
母后中宮亦不宜往其應祀神祇除
郊廟外惟
社稷當親祀餘則可遣官代祀
上覆報曰卿所備查我
宣宗實錄內謁
二陵事宜來聞夫我

高祖考時正當海內平康黎民安福故一切舉事無所擾
者今方災變之時民不聊生惟當務所以安民之計可
也豈復敢擾以事乎但朕所欲一展拜
諸陵以伸追感之情耳今歲不及且暫已俟來歲議行至
於我
高皇祖考奉
母后謁
諸陵者乃言而及之豈可援為今日之行哉假如我
皇考陵寢在京或可做行此未可必欲行也至於巡邊一
事所以振揚武事而今時亦未可也比時北虜始征定
故我
皇明寶訓　嘉靖三卷　卅五
祖宗不時而廵今無事之時何為而舉亦非宜也卿所擬
甚合朕心又祭祀一事朕亦知矣
○嘉靖十五年三月庚午先是
上諭禮部尚書夏言曰朕去歲已與卿擬定待
廟工告成方舉謁
陵之典然朕惟因小就大即議
山陵之建一面做他工辦物料及至
廟工之完正接而興造之庶不虛曠人力其會勘時明臣
墳庭榻五臣計間言等覆奏
山陵重事必須精擇請先命文武大臣率欽天監官審登
停妥具圖還奏

皇上方行謁
陵之禮親自閱視
聖心允當然後擇日興工
上復諭曰卿等所議雖便未免少禮若因造山陵而即日鑾
陵恐非敬
祖宗之意也今不可緩誤歲時不必較朕意以為先一意
舉謁拜之典回復遣大臣相地還奏方朕親往視之來
歲之後或清明或霜降間修拜謁之祀以盡時思此非
他餘務比必當行之事又如山西
宣廟后
景皇帝亦當一拜之言等因奏伏蒙

聖諭仰見
皇上尊
祖敬
宗之誠請即於夏孟上旬展謁
上乃降諭曰朕以菲弱之人上戴
皇天隆眷嗣續
祖宗大寶仰
列聖陵寢禮當躬謁
皇祖
皇考遺所不及各命官奉朕孝意其祭告
天壽山并

七陵朕躬叩首西山
皇高祖妣恭讓章皇后
皇曾叔祖
景皇帝陵所亦展拜一次庶慰朕追感之情尋於文華殿
諭言曰謁
陵之禮必一同
聖母行令可即二十一日駕發到陵休一日二十四二十
五二日行謁告禮二十六日又休一日次日往西山拜
二寢隨侍行禮還京后妃宮眷俱當從其亟擬儀注以聞
○四月辛亥
上親詣
長陵

獻陵
景陵閱視語從臣郭勛等曰
景陵規制獨小又多損壞其於我
宣宗皇帝功德之大殊為弗稱當重建宮殿增崇基構以
隆追報及謁
陵還御行宮又召武定侯郭勛大學士李時等諭之曰
七陵多有損壞當并工修飭長陵神道宜用石甃其石欄
等項宜各護以石臺勛等請傳示禮部議衆從之已復
諭礼部臣曰
山陵預建已定但朕恐德澤不曾霑民遽自國以重勞民

力又未知將來議論何如朕心實愧懼今可勅問臣民
許我否乃降勅禮部曰朕欲法
皇祖故事預建
陵基此故大臣已諳但恐衆有未與者可行可止爾部官
以及圖之耆民可一一言之亦不必人各一疏但出同
議者共之於是府部等衙門京山侯崔元宣城伯衛錞
侍郎郭鞏等及百官并耆民高輔等俱疏言當建禮部
覆聞
上曰既臣民合詞所宜從之不必擇日修理陵殿并預建
陵基俱即以二十二日興工朕當親告
皇祖太宗遺告
皇明寶訓　嘉靖三卷　卌八
六聖及
天壽山后土司工諸神總督等官各賜之勅
○五月戊辰
上詔
陵還召見輔臣李時尚書夏言於行宮諭以壽宮規制宜
遜避
祖陵節省財力其享殿以磚石為之池中宮殿器物等俱
殿九重法宮為之工力甚鉅此皆虛文且空洞不實宜
一切鏟去不用
○嘉靖十七年十一月乙巳初
上閱

長陵碑欲更
成祖謚號命鎸木加碑上武定侯郭勛上疏以為宜盡磨
舊字更書之可以垂永久
上不悅曰朕不忍琢傷舊號顧不如爾心命禮部翰林院
議禮部覆勛言是非請遵奉
聖諭如式刊製擇吉奉安詔可
○嘉靖三十年六月辛巳禮部左侍郎程文德奏詔相睦
妃何氏塋城因言金山一帶塋地無餘宜與故妃包氏
陳氏同窆且二妃之逝已奉
聖諭令同一地為墓又言
憲廟諸妃皆同處者且省民力一分亡言惻怛聞者感動
皇明寶訓　嘉靖三卷　卌九
今壙域甚廣附造為便
上曰
祖宗成法當守王制亦當遵古世婦御妻數俱用九其自
今以九妃同墓共一享殿而中為七室所司如議奉行
聖學
○嘉靖五年三月戊戌
上製詠春詩命輔臣費宏賡和并彙為一帙題曰詠春同
德詩又親序其首其文曰朕惟人君受命于
天其責甚重茍以逸樂為務雖有庶職分治不無忝其天
子之位欲盡奉
天惠民之職必先務學以成其功志欲務實學必當師於

忠信學德大臣以輔導其德行或徒以虛事終不能如
乎經訓何以化民為治哉朕於朝政之餘勉為書史之
學披而閱之雖不達其旨趣畧有得於心強為作詠之
功竊而樂之雖不如其大意稍有習於體時雨成春月
幾暇之後詠斯春之和煦忻逢
兩宮慈誕並值佳期假為詩章以稱朕意令告內閣師臣
費宏為朕調理舛失既而宏益竭忠誠謂其得旨而又
恭和朕志以進朕閱此將見
天心仁愛明教我君臣同務一德以成至治朕嘉悅之於
是匯為一冊詩十二首其前一章乃朕所作後一章宏
所和之餘皆做此庶見虞臣之忠而有臯陶之誠也夫

君以仁德為務為修臣以忠誠為盡為職實所難矣朕
弗遠于德于學勉為樂道之意又夫作詩者尤為不易
而朕昔承
皇考聖訓凡百為學之功無不備諭朕尚幼沖而
皇考早逝繼承
聖母教養始獲勤學仰覲我
太祖
宣宗御製詩文竊領其要及得儒學大臣輔導開發於是
自為強力不以文句用成章詞以為恭柴凡所一切玩
好雖以妨政殃民不無損吾心德耗吾元氣皆不如覲
書圖治為實樂矣既裝且成故序其旨為是爾耳

上製御註書經三要序曰先儒論帝學者以為讀經必先
尚書蓋虞夏商周聖君聖臣相與講明為治之道實於
是乎在後之有志於圖治者必即是而學焉乃可以收
治平之效如至圓之不能踰規至方之不能踰矩豈有
舍是書而能大有為於天下者哉惟我
聖祖以天錫勇智之資戡定禍亂創造丕基上接帝王之
統而又講究經史深探治道留意於帝王之學嘗以洪
範一篇特出新意親為註解為箕武所授受九疇之旨
燦然復明蓋不徒歛福敷錫於當時而且欲後世子孫
寶為大訓建極叙倫於萬世也朕自嗣極以來夙夜祗
惧惟念

祖德繩
祖武焉是務朝罷日御經幄取典謨訓誥之文命儒臣講
其大義庶幾有得於心而達之於政以利澤乎天下而
馴致乎熙皞之隆蓋嘗反覆四代之書信矣乎渾〻灝
灝噩〻而有裨於君道也然又以為學貴知要不得其
要則雖汎觀博覽釋詫然矣得其要則約取近求心融
神會自有貫通融括之妙乃於五十八篇之中擇其尤
者得三篇焉曰臯陶謨曰伊訓曰無逸其言皆粹美而
明暢其意皆懇惻而深長遂各為註釋以衍繹焉臯陶
伊尹周公告戒其君之旨開卷之間恭若與諸聖人遡
命唯諾而相契於數千百載之上焉天人君為天之子

居天之位必當欽崇天道而後可以永保乎天命也知
廢官之所代典禮命討之所出皆原於天而不可曠廢
急怨則必能知人安民而庶績之凝黎民之懷於是乎
可致矣知天之降祥降殃由於善與不善則必立愛敬
戒風從而山川鬼神之寧鳥獸魚鱉之若於是乎可致
矣知天命之永不永由於能勤與否則必念稼穡之艱
難畏小民之怨詈而三宗文王享國歷年之壽於是乎
可致矣朕有志於治而思勉焉爰因註釋之成而序諸
其端云
○八月乙亥
上親書大字十二以示輔臣費宏等曰法

祖安民奉
天行道福善禍淫且論及
皇考昔年垂訓之功今日勉學之勤於是宏等疏謝言
皇上之心拳拳治道雖遊戲翰墨無不在於
天道
祖德民生政務真可比隆唐虞三代矣
○嘉靖六年六月丙午朔先是
上諭內閣令翰林講官日輪一員將經書通鑑撮其有關
君德政事與修省之道者直錄其義以贊所未曉庶心
得其旨而理自通大學士楊一清等言自古經史大義
盡具宋儒真德秀所撰大學衍義一書中請修
先朝故事日令儒臣進講
上曰大學衍義可令直解恭以時事以開朕學若日逐進
覽恐不得精宜五日一進不以寒暑廢庶得探索精研
不徒勞精神虛延日月一清等復請於經筵講官內與
日講官各分為兩班每逢三八日以次輪講臣等仍日
輪一員侍班至於春秋月日和煦涼爽之時經筵日講
俱照舊規惟三八日專講大學衍義
上曰講學為治之首君道當先朕虛懷以受卿等及講官
盡心講說開誠啓沃以資朕學卿一清免侍班費宏等
日輪一員如有召諭不在此例至於春秋之時不必以
三八日可於該朝

兩宮之日既免日講只於午後進講衍義庶並行而無廢
乃命侍郎溫仁和桂萼張璁詹事董玘侍讀學士徐縉
祭酒嚴嵩庶子穆孔暉諭德顧鼎臣張璧許成名洗馬
張瀚贊善謝丕更直進講是日講罷
上出御製五言詩一章自序其端以賜一清序曰大學本
孔氏之遺書大學衍義乃宋儒真氏德秀所著推衍經
義以羽翼是書其惓惓致力於此不過申明格致誠正
修齊治平之道而獻於時君欲君為堯舜治化淳厚以
奉
天安民耳惜時君悅之而不繹聽之而不能行也朕近日
欲令講官翻閱五經四書及通鑑以其關於君德治道

直解其義以資朕所未聞内閣輔臣奏謂經書微奧通
鑑浩繁一日萬幾恐難於領會請以大學衍義進講朕
允其奏特於五月十三日始命經筵日講官輪次進講
以開朕學蓋其書綱舉目張治亂興亡罔不該括朕勉
循是言為修己治人之則豈不大有裨哉嗚呼真西山
作此書於宋若今之以此書致君者非卿等其誰能乎
朕不敢匪徒知之實欲行之尚頼卿等竭誠恊恭輔弼
朕躬則衍義之功不在真氏而在卿等矣聽講之餘感
而賦此詩曰帝王所圖治務學當為先下作民之主上
乃承乎
天致治責有本本端化自平人君所學者其序有後前正
皇明寶訓　嘉靖三卷　四十四
心誠其意志定必不遷吾志既能定理道豈復頗身修
本心正家國治同然國治乃昭明萬邦斯協焉於變帝
堯典思齊文王篇萬化修身始朕念方拳拳於是一清
等各次韻賡和命集為一冊題曰翊學詩
○七月壬午
上諭輔臣曰朕見顧鼎臣所講洪範盡心指解辭語多長
恐温書之日有所失記可說與他着温書通解之日少
為刪去幾句從容講說勿致慌速以發明朕心使有所
得直解揭帖内可撰寫精全不可遺失麽朕得以覽閱
以求其旨義為治之助
○十月乙丑日講畢

上諭輔臣曰今日講論語又越了一篇朕知以為曽子將
死之事故不講但前日已有諭及今日又未講夫生死
人之常何可忌之如不可講也照前寫來君只忌其不
佳選當補講卿等議行又朕惟相與之風自古大臣之
道朕日覩侍郎董玘講筵之内行立之序行禮先後俱
無違錯之體節此觀之其心可知又每日講書時卿等
行禮皆六叩頭自今後只是一拜三叩頭退又叩頭禮
免了玘之事可諭他知俾令務禮讓以盡大臣之義
○嘉靖七年二月庚申命工部建敬一亭於翰林院鐫
御製敬一箴五箴註列置亭中仍行兩京國子監及南北
直隷十三省府州縣學一體摹刻立石其敬一箴序曰
皇明寶訓　嘉靖三卷　四十五
夫敬者存其心而不忽之謂也元后敬則不失天下諸
侯敬則不失其國卿大夫敬則不失其家士庶人敬則
不失其身禹曰后克艱厥后臣克艱厥臣五子之歌有
云予臨兆民如朽索之馭六馬為人上者奈何不敬其
推廣敬之一言可謂明矣一者純乎理而無雜之謂也
伊尹曰德惟一動罔不吉德二三動罔不凶其推廣一
之一言可謂明矣登位為元后受
天付託承
天明命作萬方之君一言一動一政一令實理亂安危之
所繫若此心忽而不敬則此德豈能純而不雜哉故必
戰慄畏慎於

郊禮之時儼神明之鑒享發政臨民端莊戒謹惟恐怫於
人情至於獨處之時思我之咎何如改之不吝思我之
德何如勉而不懈凡諸事至物來究夫至理惟致是持
惟一是協所以盡為
天子之職庶不忝厥
祖厥覲由是九族親之黎民懷之仁澤覃及於四海矣朕
以冲人纘承丕緒自諒德惟寡昧勉而行之欲盡持敬
之功以馴致乎一德其先務又在虛心寡慾驅除邪逸
信任耆德為之匡輔數求善人布列庶位斯可行純王
之道以坐致太平雍熙之至治也朕因讀書而有得焉
述此以自勗云箴曰人有此心萬理咸具體而行之惟

德是據敬焉一焉所當先務匪一弗純匪敬弗聚元后
奉天長此萬夫發政施仁期保鴻圖敬怠純駁應驗頃
殊徵諸天人如鼓答桴朕荷
天眷為民之主德或不類以為大惧惟敬惟一執之甚固
畏天勤民不遑寧處曰敬維何怠荒必除郊則恭誠廟
嚴孝趨齋於明廷慎于閑居省躬察咎儆戒無虞曰一
維何純乎天理弗參以三弗貳以二行顧其言終如其
始靜虛無欲日新不已賢聖法言備見諸經我其究之
擇善必精左右輔弼貴於忠貞我其任之鑒別必明斯
之謂一斯之謂敬君敬既修萬邦則止天親民懷永延
厥慶光前裕後紹衍蕃盛咨爾諸侯卿與大夫以至士

庶一遵斯謨主敬協一罔敢或渝以保祿位以完其軀
古有盤銘目接心警湯致日躋一德受命朕為斯箴拳
拳希聖庶幾湯孫底于嘉靖其五箴註一心箴茫茫堪
輿俯仰無垠人於其間眇然有身是身之微太倉稊米
參為三才曰惟心耳往古來今孰無此心心為形役乃
獸乃禽惟口耳目手足動靜投間抵隙為厥心病一心
之微衆欲攻之其與存者嗚呼幾希君子存誠克念克
敬天君泰然百體從令堪輿是指天地說無垠是無有
界限宋儒范氏浚作心箴說道茫茫然天地廣大無有
界限而人居其中便似太倉中一粒粟米天地這般大
人身這般小人與天地參為三才者非以形體而言惟

其心耳蓋心為一身之主吾心克正則百体四肢莫不
聽其使令君心有一毫不正則被聲色所移物欲所攻
便動與理反豈不於人道違哉故范氏之作箴雖是常
言西山真氏特錄於大學衍義之中以獻時君宋君雖
未能體察而為後世告其致意也深其用功也至是予
所嘉慕而味念之箴之作本于范氏非真西山發揚其
孰能之哉嗚呼念哉一視箴心兮本虛應物無迹操之
有要視為之則蔽交於前其中則遷制之於外以安其
內克己復禮久而誠矣視聽言動四箴者乃宋儒程氏
順之所作也程氏說人之生也其性本善後被物慾交
攻而此性始有不善視聽言動四者或不能中此乃受

病之處居中而制萬事者心也心之所接必由視聽德之不明不聽則言動皆違夫理然視若其首焉程氏說凡人於視不無被那諸般物色所蔽惟中心安之凡視無不明勿使外物蕩其中常使中制於外可也書云視遠惟明卽此意也要操存之在吾心無有遠邇視之如一辯其是非觀其善惡以吾心之正為較察然後可免於昏亂之失矣朕惟人皆以視為明而人君所視者尤為要焉果以此為則深為益也凡觀其邪正辨其賢否不為奸巧之所惑庶幾忠與不肖不得並進用舍不至於倒置矣嗚呼察之一聽識人有秉彝本乎天性知誘物化遂亡其正卓彼先覺知止有定閑邪存誠非禮勿听

此程子言听之要蓋道視聽乃為出言之机一或有差患必至矣前言視之之道此言聽之之道夫人之於視或能察之然又恐聽之未善也目視之既善耳聽者須盡善可也耳目之間視聽之際均為要焉若聽之不審則無以知其是非故聽言之際當分別其邪正勿使甘佞之言從入其心心既受之必為誘惑書云聽德惟聰卽此意也蓋人生之于天具耳目口鼻之体口之與鼻無所禁若惟耳目為重故以視聽為戒朕論之曰口與鼻之無所禁乃彼知之自然也耳目之與視聽乃彼之不能先覺者也如口之嘗味知其甘辛酸苦嘗之自能別也鼻之臭物知其好惡臭之自能擇也目之於色則愛其艷麗耳之於聲則愛其音律殊不知艷麗音律皆人為之也所以反受其害口鼻之覺故賢之於耳目也故程氏箴云卓彼先覺知止有定謂既能卓然先覺則自有定向而人君之聽尤當審辨之也書云無稽之言勿聽又云庶頑讒說震驚朕師此皆聽德之要也人君於聽納之間當辨其忠讒而已忠言逆耳近於違我讒言可信近於遜我不能審擇其患豈淺淺矣但使吾心泰定不為諂佞之徒以惑則所納者未必不可所屏者未必不當惟吾心審斷之而已嗚呼審之一言識人心之動因言以宣發禁躁妄內斯靜專矧是樞机興戎出好吉凶榮辱惟其所召傷易則誕傷煩則支己肆物忤

出悖來違非法不道欽哉訓辭樞机者弩戶之軸弩之牙也戎是兵戎好是喜好程子之意說凡人所言必謹其妄出輕發如弩之發矢度而思之務求其中焉言易則至於任誕言煩不免於支離非聖賢之法言不敢道之於口所以告來世之君子也朕因而論之曰凡人所言必求其合諸道理準諸經傳然後可以為言也夫言以文身也書云惟口起羞大學云言悖而出者亦悖而入孝經云非先王之法言不敢道斯之謂也人之於言必加謹焉而人君之言猶當謹之先儒云王言如絲其出如綸王言如綸其出如綍人君之發號施令皆言也令出之善則四海從焉一或不善則四海違焉故凡出

一言發一令皆當合於天理之公因諸人情之所向背
若或徒用己之聰明恃其尊大肆意信口不論事理之
得失民情之好惡小則遺當時之患大則致千百年之
禍可不戒畏之哉程氏之作箴其用心也至矣嗚呼謹
之一動箴哲人知幾誠之於思志士勵行守之於爲順
理則裕從欲惟危造次克念戰兢自持習與性成聖賢
同歸哲人是明哲之人志士是有德行之士誠是念之
實守是行之篤理即天理欲即人慾程子說凡人所動
作便不可輕舉妄動當審事机可否之如何天理人欲
之所在思其事之巨細爲其所當爲然後動與道合無
有墜失狂躁之病戰兢惕勵如此者惟哲人乃能之君

子可不謹之哉朕因而論曰凡人所動爲當求合于道
理察其當爲與所不當爲精別而行之可也而人君之
所動爲尤重焉蓋君者以一身爲宰馭事不可逸己之
欲與夫聽信讒佞輕舉妄動或恃中國之强而好征伐
或盤遊無度而殘虐百姓凡此類者不可枚舉姑說其
大者言之一舉動之間上違
天意下拂民心而敗亡之禍隨之是可不畏懼也哉程氏
之作箴其用心也至矣嗚呼畏之斯四箴者作之在於
程頤以斯四箴而致其君者乃吾輔臣張璁也順之作
箴其見道之如此而動於禮合宜朕未之宜君子必如
矣夫今璁以此言而告朕與夫昔議禮之持正可謂允

蹈之哉朕周聞於學特因是而註釋其義于以嘉璁之
忠愛于以示君子之人嗚呼箴之功宜不在程氏而在
于璁也哉用錄此于末云耳

〇閏十月戊子

上諭大學士張璁等曰朕惟今已寒月例暫免經筵日講
但朕以洪範未終其篇故未循例暫免又恐卿等侍朝
侍講時久而心有勿安或有謂朕曰爲學貴有終始亦
在乎篤行不在其急迫與徒知也斯實至說但恐中輟
而不能貫通今欲暫停經筵日講待終其篇而暫止卿
璁等不爲例日輪一人侍班一人侍講々官該日進講
并爲臣亦不爲例暫免入朝參正入講筵進講庶得以

從容進講不得使氣促講而朕亦安聽講解或得於領
會矣璁等疏辭
上復諭曰茲覽卿等所奏昨日朕謂講學事宜謂除爲臣
等欽遵外卿二人仍如故得以心安者朕惟欲心安當
先安君可也如此不過徒以自安耳斯不爲定例計日
可終宜承朕命

〇丁酉

御製十六字箴曰卓爾之見一貫之惟學聖君子勖哉勿
僞出示輔臣刑部尚書胡世寧因推廣
上意爲疏解上之
上嘉納焉

○嘉靖八年十二月己巳
上諭輔臣曰朕昨思周書金縢篇未閒講想因武王得疾為不佳亦通篇止說此意之始末又不可使缺其辭者講官請撰成錄來又尚書中所亡之篇今果存否朕欲聞之
○嘉靖九年三月甲寅
上諭大學士張璁曰朕近以新刻真德秀所著大學衍義卷之首記之曰格致誠正之方修齊治平之道用以識是書所以教人之方茲特以賜卿卿於輔贊政机之暇特為翻閱當以是書及二典三謨之言朝夕陳之璁既謝因勸

上力行絜矩之道以孟子所言急先務急親賢二語為法
上曰閱卿疏朕當勉之
○十二月丁丑
上以文華殿東室奉浮圖像不經撤去之改設先聖先師伏羲神農黃帝堯舜禹湯文武周公孔子神位先聖先師伏羲等九龕南向周孔二龕東西向
上自為祭文行奉安神位禮并令輔臣張璁等及講官徐縉等入拜禮畢
上御殿西室宣璁等諭曰朕奉先聖先師神位于此庶有所起敬起慕以為進修之地朕不聰賴先聖先師啓佑于冥冥之中然啓沃交修之力實望于卿等同朕共懋

等對曰
皇上景仰哲王以圖治化臣等敢不欽承下風各賜茶叩頭而退
上乃告于
奉先
崇先二殿勅諭璁曰朕以奉安聖師告于
祖考禮成朕惟
祖考聖師豈無以加教于朕者須卿等言茲可處示甚來時縉鼎臣詰孔暉言潮人各以經書大旨一章既講解之尤要啓沃之實交修之誠切于身心政事風俗民情為目前緊要者來陳勿相通謀人各自獻其誠庶不負朕所望焉

○嘉靖十二年八月甲寅
御製作字詩示輔臣曰閑提月管試新毫飽蘸烏香戲碣牋只是心正教筆正莫用研思起妄勞次日復賦詩曰摹臨一紙恐非真書再三篇未費神大哉虞訓深吾契為數嗣是重臣卿命大學士張孚敬等俱和之
○嘉靖十三年十一月丙辰
上諭輔臣張孚敬李時曰茲文華殿新但九五齋書軸未成精一堂額未題朕惟此冠裳所在欲更定其名今日卿等可與禮官往視東室繪敬一二字及誠意正心四字西取漢文帝止輦受諫唐太宗納魏徵十思疏為圖

○嘉靖十五年七月庚辰禮部覆湖廣道御史徐九臯奏請博採歷代遺書及皇明名儒著述備之中秘因請上于萬幾之暇召見講讀侍從諸臣講論經史

上曰書籍充棟學者莫知所用心亦虛名耳苟以經書所載者躬修力踐致治有餘何以多為且此心不養以正即召見無益也其已之

大明世宗肅皇帝寶訓卷之三終

大明世宗肅皇帝寶訓卷之四

光祿大夫柱國少傅兼太子太傅禮部尚書武英殿大學士臣呂本謹校
南京禮部祠祭清吏司郎中臣陳治本
南京兵部職方清吏司主事臣朱錦謹閱
南京工部虞衡清吏司郎中臣呂胤昌

節儉

○正德十六年十二月己亥光祿寺少卿宋鎧奏本寺上供器皿多留中不發以致供應不敷請嚴行查覈

上曰光祿寺供應器皿俱係小民脂膏造辦甚為可惜見在宮者令盡數發出以後每日照原進數發與該寺官廚收領仍令本寺官用心查考出入有損失欠少指實參奏

○嘉靖元年正月丙寅工部奏光祿寺歲增內用薪炭之數

上曰此皆出諸民力宜申諭各署官廚諸役加意撙節愛惜勿得妄費重累小民

○嘉靖五年二月甲寅朔御史雷應龍言光祿寺歲供鷹犬肉并蟲鳥菜荳蒭秣費民財以千萬計請悉罷之

上曰朕即位以來凡百玩好不經耳目惟欲慎德圖治以安民生鷹犬蟲蟻一無所益每歲畜養乃耗費以萬千計該管官查數以聞已御馬監及豹房鷹房諸司上所畜禽獸之數

上曰鷹犬蟲鑛等項俱係無益之物徒費養給所司查省
可用者餘悉縱遣之鷹房內臣以
祖廟獻新請量留鷹犬備用
上不許詔自今獻新品物悉依會典事例供辦於是召民
分佃養鷹地土九十八頃七十餘畝悉聽為田徵其租
銀輸之太倉出養鷹官軍陳璧等六百二十五人罷還
原伍
○嘉靖七年閏十月乙亥
上諭閣臣曰內承運庫以金寶珍珠段疋之用為言但他
每所言亦是為公用朕不以珍寶為尚況我
祖宗朝所積豈盡無之今稽察爲檢委的缺乏用度若論

所用甚多每遇一節進
兩宮并賜用首飾數計用金一次該七八百兩珍寶該
二三千顆塊歲以常為如前者
聖母徽稱冠項等項及造冊寶共用金千數百兩珍寶千
餘顆塊當時不數朕欲與卿等說着戶部即時收買朕
知該部及言官必不奉行將謂朕好尚金寶不免煩擾
又不濟一時之急遂將舊造成稍輕物件卸毀湊用此
雖是過費朕亦不欲如此惟盡孝誠可也但皆是
累朝進用之例未敢去之段疋亦不可缺今年又該給賞
宮人冬衣并進
兩宮等項又每節進用之數不下萬疋如某宮聖誕節亦

不下數百疋皆非內侍誘朕之為亦非朕貪好之過卿
等看了票來行若今年冬衣或令暫歇待來歲給賞亦
好

謙德

○嘉靖六年六月戊辰
上諭輔臣曰昨夜西城被火今日值
聖母朝蓮之日此雖
祖宗舊宮朕亦不敢忽欲罷此樂奈已奏請
聖母知有不可已朕心存是懼亦欲卿等知之卿等擬來
後序其中一句以貽一代明良之典卿等竭誠盡忠匡
輔朕躬此於古之良臣無異但朕沖昧之資深愧以明

言之夫豈不欲法帝王之政以求明哲之在躬然而德
薄學疎不能及也亦欲卿等知悉
○十一月丁丑
上親製顯陵碑文成以大學士楊一清張璁翟鑾潤有
勞召見文華殿各賜一品衣金玉帶一清等疏謝
上手答曰覽卿等奏謝稱頌甚過閱之再三朕深自愧比
因追念先德粗述數語又賴卿等贊成特酬勞績耳舉
奏有效勲二字朕不敢當云
嘉靖七年三月甲申禮官上疏請率百官賀河清
上不許輔臣楊一清等復以為言
上報曰河清稱賀事前言已詳卿等復欲稱賀撰呈致詞

來肴已見忠敬不必行可忠朕非因周相之移怒比沿
卿璁嘗力告朕云恐群臣疑朕因相一人而遷怒朕豈
可復拒之乎且告謝本出朕誠若復欲賀之則朕假以
祭告為由求群臣之稱予也況今日經筵講官亦言之
朕昨覽之初欲令另撰但思講官所撰卿等潤色似不
必棄之可也其中議以履盛一句最好可見忠愛告君
之詞朕甚嘉之致賀斷不必行卿等當欽遵朕意則忠
過于賀也慎勿行賀已一清等復言遣祭之旨已出不
可中止
上曰卿等復以告謝河清為言夫卿等云人君之心與天
流通一言既出則

皇明寶訓　嘉靖四卷　四

天鑒神知不可已也但人君之言委的不可輕出朕昔繹
程子之箴亦嘗聞傳說告高宗曰惟口起羞今日朕出
狂言一至於此是朕自取假若果合於道豈有周相之
謗而朕本意實出于誠因禮官請遣謝河神朕遂思之
河神不過司其地命則出自
上天特祭一念以告卿等諸之可否卿等議擬以朕往不
可只遣告并丹陛行禮為宜將欲行之乃被非人沮之
今不可行朕言既出口
天地河神必鑒知矣今被凶徒非毀則
天地河神亦必鑒知若朕有一毫誇誕之心不誠之念應
招災咎惟望

天鑒皆加朕一身但願勿及臣民朕之本心也卿等勿煩
言之至於稱賀朕決不受今言官既先誹之而朝廷又
下獄問罪而朕何顏受賀乎卿等朕肱輔弼之臣當捨
其私邪盡忠持公以夾持朕幼人為治可也勿得惑人
之言大小相庇則過於稱賀之心也
○七月丙申
上諭輔臣張璁曰前日卿嘗言欲將朕諭內閣說話編集
成帙名之曰嘉靖政要者具見忠愛至意夫朕凡有諭
內閣言不成文但以我之實言與大臣議論非他人之
言也何有可取焉縱使有可行處不過卿等贊成之非
朕能也卿意恐後日散失切切為慮似當從卿所請而

皇明寶訓　嘉靖四卷　五

朕恐人評汝所為之自復纂編爾古者有左史右史之
官歷代因之我
聖祖創翰林之制亦有編修修撰之名但未見居此職者
書乃事云況
累朝亦如是今朕若行必有曰事事皆更非自代即不遜
也故以是而未敢即行他日朕身後史臣必言之史之
可否不過一出之公而已非公則鬼神亦察之一向未
及復語卿知茲用諭卿知之
○嘉靖十六年七月戊子禮部以
萬壽聖節有旨免賀上疏固請
上手詔曰朕所以不受賀者

上天示戒謹身殿未補葺一也内殿未建
祖考神位未回二也
聖母暫居宮城之外且疾痛未愈朕心不寧三也三者有
一旦不可况集於此時朕安便受賀乎生辰歲一值之
今年暫罷卿等宜承朕意與賀同也

慎起居

○嘉靖六年十二月壬申大學士楊一清等以
上視朝太早恐勞
聖躬奏請如古禮以日出為度或遇大風寒日暫免
上曰卿等所言真師保愛君至意邇來内外百官偷閒怠
惰不能勤事故朕以身先之庶足以警化耳古禮謂辨

色入朝日出而視之不獨為息養之計是亦防微之一
道也
○嘉靖八年十月甲辰
上以久不視朝諭閣臣曰朕聞君逸臣勞夫逸者縱恣宴
安之謂也朕何敢爾朕自幼受病率五七日而解今者
病深痰火間作故早朝多廢不視事者一月固欲假此
靜養以冀消除尤為
郊祀二年不親心甚不寧故專一攝養以俟
大報恐群臣不悉朕意謂朕放恣自肆其諭禮官播告之
○嘉靖十三年四月乙丑大學士張孚敬以
聖母及
聖躬不豫疏問起居
上曰
聖母之致疾為朕病而心煩熱燥致此不必他疑而診視
正因是馬方朕患咳
母聞一聲心痛一倍曰何不着我害歟故晝憂日夜焦煎
火之生熱不容不致疾也昨日以祛風之劑用之已漸
退矣至於朕之疾今報政宮中甚逆耳咳乃不得除元
氣已漸復飲食已如舊只是時或咳舉不論坐卧之間
雖膳熱亦須省咳之出恰似胸膂之間有如線絡一般
上衝便欬一頃今宮中已如故只是常行一般不似有
疾者朕恐久之為傷心亦念及此其他寒熱之物忌者

忌之寒涼還用方得解熱物俱除已酒亦怕飲飲不過
半小鍾是非酒致之况素不嗜慾自病五月后妃未進
御是非慾色致之早卧晏起次其起居是非勞致之不
審此疾如是之甚他藥亦不常服恐生他恙亦無可奈
何也卿所言以慈故兹以復
○嘉靖十五年二月戊子
上諭禮部尚書夏言曰朕元旦更衣偶為風寒所中不能
強起近雖稍愈但此日雨雪氣候如冬朕體素弱尚當
謹攝祈穀之際暫命太傅勛攝行之文武官員各宜用
心辦事今内奏賊擾外報虜情司兵食者尤當竭思以
早靖之朕非宴怠所以愛養此身庶幾精神充盛儲嗣

可與耳卿官典禮可徧示群臣知之
○嘉靖十八年五月乙酉
上諭禮部曰昨者朕襄
皇妣大事已就止候玄宮掩闔卜吉祔
主于
皇考之廟目今盛夏溽暑朕且靜息如
郊廟有事不敢自逸餘日暫罷早朝侍仲秋之月視事開
講如故近歲以來朝講屢罷匪謂無因蓋自十三年之
病咳餘兩月朕因調復元氣保惜此身以奉
郊廟甫餘三年果得元嗣非愛護精神何致馬近歲雖畏
寒暑視昔差可所苦足瘡爲患每一詣
皇明寶訓　嘉靖四卷　八
壇閣輒發痛累日及我
親服避乃遂脫去此可見朕無愛日之誠今雖痛恐咎莫
之何也百司庶職因朕廢朝日久多有偷安自肆全不
事事者朕久知之此諭下敢爾復踵故習必罷不敍禮
部其宣示群臣使明悉朕意
釐弊政
○正德十六年四月甲辰給事中徐之鸞上疏條陳新政
要務
上嘉納曰大臣自陳已有詔旨無功封拜之人亦令自劾
其內外引誘蠱惑奸黨着科道官查參各衙門弊政俱
遵詔旨改正行

○六月庚寅詔都察院申明
累朝禁例凡都城內外詐冒皇親太監名目攔截橋道私
開店舍指稱內府包攬錢糧者令巡城御史及廠衛緝
捕究治枷號發遣仍行南京及南北直隸浙江等處撫
按官一體禁約
○七月壬戌兵部言
先朝太監總兵官奏帶隨征書辦皆冒濫功得陞除官職
宜依詔書裁革乃疏郁金趙淤等十有四人差別情罪
以請
上曰此曹冒濫名器大壞治體降黜發遣俱如所擬行
○己巳兵部覆御史張仲賢陳守衛宿弊疏請嚴革皇城
皇明寶訓　嘉靖四卷　九
各門守門參設內官內使其額內應留者嚴示禁約勿
令科害衛士有不如令及覬復用者逮治之
上命禁約如成化十八年例仍飭守門官及衛官有犯者
論以重罪
○嘉靖元年五月丁未戶部請裁省上林苑監提督內臣
上是其言詔內臣照弘治間員額存留其占種地土草場
悉令改正養牲種果疏人戶除供應正役外一切無名
徵求通行查革毋滋擾民
○六月庚寅初
上登極詔書已查革冒濫軍職至是錦衣衛千戶劉瓚等
復行奏辯兵部覆瓚等皆正德間違例奏帶之人既經

查革夤緣覬復宜治以罪
上是部議命弘治十八年以前陞授職級如故正德元年
以後陞授盡行查革再有奏擾者罪之
○九月丁卯工科左給事中安磐言
先朝內外臣奸如張忠劉養常霦魏彬王輪寗杲等雖幸
漏網得全首領然恃其貨賂或夤緣左右以覬復用乞
聖明加察預防
上曰先年亂政壞事之人貽累
先帝罪惡深重新政之初姑從寬遣黜今後但有夤緣交
通者即係奸黨聽緝事衙門密切訪捕科道官指實劾
奏不許容隱回護

○嘉靖二十五年八月壬寅宣府總兵張達上疏請以舍
人尹東衛等三人自隨
上曰奏帶有功先年弊事既屢有明例如何故違兵部其
參問以聞兵部奏請戒飭達而勘東衛等罪
上念達以邊事効勞置勿問而革尹東衛等因令諸將有
到任歲久與素在邊而違例奏帶者悉查革之
安國事
○嘉靖六年十月壬戌禮部尚書桂萼上疏稱修通惠河
不便請改修三里河
上以問大學士楊一清及張璁一清言通惠河因舊閘行
轉搬之法可以省運軍之力宜斷行之勿為浮言所阻
璁對亦如之
上報曰覽卿密疏具見忠愛朕居深宮外面事情何由得
知卿輔冀元勳正當直說庶不失了政事萼所奏必有
惑言伊輙聽信不但誤了朝廷之事亦失了大臣謀國
之意彼疏朕看數遍亦知不可欲直拒之非待大臣之
禮故諭卿等票來行意在其中矣哉
孝宗伯考時已命整理今修此河不意當時黑青為異夫
黑青之起非為修河蓋濱東住的鄉民正恐失利乘此
為言俗呼為嗽唬卒被破事當時若有一識事剛正之
臣告我
伯考曰黑青之異原非修河道所招奸詐之徒秉機營利

惑及愚民不可墮其詐計伏惟剛斷而行之如此
伯考豈無聽察哉前日勘官回奏停當已有旨待春暖興
工朕亦恐言者有左說破事而萼即為首也夫萼與璁
替朕趨害赴京功為等也若論識時利達事體則萼以
十不及璁二三也朕意欲降一密旨與萼云昨卿奏開
河一疏足見謀國至意但前已有旨了呢
先朝亦有成筭不必改議恐起營利者擾事卿疏朕留覽
故諭未知可否復與卿計
○十一月丙申大學士張璁等言天下之事修舉與紛更
大有不同幾微之間理亂所關惟
聖明審所取舍然後臣等得盡其忠

上批答曰覽卿所言具見持慎至意卿以薫輔朕以謹飭
身諒無所失不必過慮惟慎終如始也他人有泛高不
經之論卿宜明指可否告朕庶不失於擾亂哉
祖宗良法善政無可更者惟守而行之可也前日黜科道
考翰林預弭後患耳不容姑息餘無可議今當修之務
正要整飭邊備以制禦夷狄重究贓吏以伸雪民冤此
朕所在懷也卿可展布忠誠匡朕冲昧萼等各宜酌審
而為之實不可自陷也
○嘉靖七年正月丁酉
上以所定服制與輔臣張璁議行因諭曰昨以卿回奏之
事朕具知悉夫制雖君出欲其行必賢臣也非阿順比

皇明寶訓 嘉靖四卷 十二

道行須君臣共圖然今日內臺占官奏云木星逆行留
守井宿朕問曰主何云法令急天下更改朕又曰何為
之解云無可解者但有奏更舊制者頗勿納之朕思人
事作則天道應而所應有休咎之徵焉人事有差
天必預示之欲圖改耳豈有成事而救之乎若人事將興
果合理情
天必以象勉之也今尚無所更之者朕深恐奸猾者借口
耳政之善不善不在乎求人許與不許但幸來世之賢
士聖人必毀譽之也所以朕三問之於卿此服今可行
乎或待之歲月行可乎是朕疑而來決也卿當直對勿
諱要盡心可也朕又聞外面愚民歌謠十笑其訕誹朕

躬怨毀大臣東廠已訪獲當問理朕思之童謠雖小事
其中言詞可疑必有造意之人故朕欲窮治先諭卿知
○六月戊戌
上諭輔臣云日前卿等重錄明倫大典前序但初稿已是
卿等看閱過今所錄來朕見删去數字及二三句未知
因何去了似仍用之方得明白用問於卿又昨卿等請
那金臺北些恐太深奏事官有低微音者不能聽得今
已移之亦復卿知又
太廟祝詞今所更正於禮最善哉
祖宗亦鑒之然深恐無知好辯之徒是古非今耳卿等須
說出此意庶免擾事也又甘肅撫諭夷情勅稿未見撰

皇明寶訓 嘉靖四卷 十三

來又團營內官見有張永朕欲且不必添人二人行事
不免彼此以為是非如今且着他一個但要李承勛大
作主張盡心為國事成之後另處又郭勛為人其實不
知何如若論彼才器能武兼文委有可用其他不過同
列嫉之一者恨之而已通上數事卿可歷告朕知慎之
者
○嘉靖八年正月壬戌
上以諸司所上弭災疏示閣臣議處因降諭曰吏部等衙
門會奏本其大工雜役須要依擬定奪
仁壽宮工程雖似不可緩恐川廣夷民被擾激生他變并
逐件事宜卿等雖擬票封上朕未細曉其可行與否卿

等使逐件開例其宜朕覽施行兵部等准來經畧邊務
文臣可不必差夫雖云經畧不免勞擾軍民卿等勿謂
斯其循例之舉見今虜賊出沒不時士卒須養其銳氣
不可使之雜役邊務只着巡撫粮草着管粮官各用心
經理務使有備彼果盡心雖十事亦或克濟不在多用
人亦無益事也
○嘉靖十一年九月庚申
上以災異召輔臣李時等至文華西室諭以引咎修省之
意從容語及人才
上曰遇循不及於是時等因退而條三事上之一曰務安
靜二曰惜人材三曰慎刑罰疏聞

上報曰卿等諭忠体國朕具知之近來臣工謀論煩多國
是靡定令各加修省務在安靜以成中正和平之治其
事關所司者俾從實舉行以稱朕意
○嘉靖二十九年十一月丁巳御史曹忭上疏乞下諸臣
前後章奏令所司斟酌議行
上曰近日邊務紛紜所司題覆每每循情依違議論雖多
實行者少戶兵二部其即於近日各官疏內採其事關
兵馬錢粮有裨實用者會同該科詳定歸一務實擬行
毋一槩題覆
正祀典工 郊祀
○嘉靖七年正月壬午
上諭輔臣曰昨朕以大祀齋三日內於各寺宮觀廟宇燒
香問於卿等得回奏已朕復檢會典內
郊祀齋戒內一條云當日本部官同太常寺官於城隍廟
發咨仍於各廟燒香三日所開止云各廟未及宮觀寺
宇朕惟各廟亦非與者而宮觀寺宇尤非也不但為妨
郊祀恐於誠意及致淆亂卿等亦以為不經之禮豈不瀆
神令可傳諭禮部太常寺云朕惟
郊祀乃我
聖祖敬
天報本重典近每聞奏云各寺宮觀廟宇燒香三日朕心
有未安恐非我

聖祖初制亦恐間亂齋誠自今年
郊祀始不必於各寺宮觀廟宇燒香庶致精純以欽祀事
禮部太常寺知道卿等看了便擬傳帖稿子來行
○嘉靖八年十二月辛巳
上諭禮部朕惟尊
祖配
天莫大之典近來
郊祀告
祖止就內殿行禮原非
聖祖初制來春大祀
天地告

祖配
天當於
太廟行禮禮部因具儀以明年正月初二日
上親詣
太廟具祭服行禮自是歲以為常
○嘉靖九年二月癸酉先是
上問大學士張璁朕閱書稱燔柴祭天又曰類于上帝孝
經曰郊祀后稷以配天宗祀文王于明堂以配上帝夫
天即上帝以形體主宰之異言也朱子謂祭之屋下謂
之帝今大祀有殿是屋下之祭未見祭天之禮況今上
帝皇地祇合祭一處似非天也又問大報天而主日配

以月今大明壇當與夜明壇異可也且日月照臨其功
甚大今太歲等神歲二祭而日月星辰只一從祭焉朕
疑之御言其所以璁對曰前代郊祀分合不常我朝洪
武十年即圜丘舊址為壇以屋覆之曰大祀殿合祀
天地
列聖因之以
太祖
太宗並配說者謂上為屋即周之明堂下為壇即周之圜
立至於日月之祀國初按古禮用春分秋分朝日夕月
今不復舉行蓋缺典也
上復諭璁冬至祀天圜丘夏至祀地方澤億萬代不易之

理今之大祀殿擬周之明堂或近矣如以為即圜丘實
無謂也日月運行以成歲功止一從祭不得專誠以祭
之其可乎今宜講求璁復備述周禮及宋熙寧間陳襄
蘇軾劉安世程頤所議分合異同以對且言
祖宗之制已定今無敢輕議若夫朝日夕月之禮具載存
心錄并祭祀禮儀
皇上若欲講求以復禮制無不可者
上因銳意欲定四郊之制卜之
奉先殿
太祖前不吉乃問大學士翟鑾具述因革以對復問之禮
部尚書李時時請少遲以月日待人情相信然後議行

上意猶不已仍卜之
太祖復不吉議且寢矣會給事中夏言請舉親蠶禮
上大喜以為古者天子親耕南郊皇后親蠶北郊適與所
議郊祀相表裏因以言奏示璁言因上疏言國家合祀
天地並配
二祖俱不應古典宜令群臣博議禮科給事中王汝梅等
詆言說非是
上切責之乃勅諭禮部朕惟祭祀重典不可不慎朕每奉
行大祀之禮見其儀制與我
皇祖始制不同雖行百數十年原非立制垂憲之者乃係
更定之文朕以冲昧之人幸紹

祖位當風夜戰兢以守成憲為天下先書曰監於先王成
憲其永無愆詩曰不愆不忘率由舊章孟軻氏曰遵先
王之法而過者未之有也朕固不知禮不知道不學不
聰經書明訓聖賢格言豈敢不勉為守行哉
祖訓又有明諭曰後世子孫勿作聰明亂我成法朕豈敢
自犯
皇祖之訓自速凶禍哉但義理不容不盡而心之所獲又
不可自默今將
郊祀事宜開條于後爾禮部即日刊刻分布文武衙門大
小官員都限十日以裏各以所見具疏上聞不許隱恣
含默一朕惟

天地有南北郊之祀古之禮也我
皇祖初建之制今當遵復一朕先以斯典重大預告請于
皇祖得報有過月之文遂未降前制遵我
皇祖聖諭是日夏言即以農桑二事來上正合南北郊之
意實非人為非邪徒能言也朕遂勅行言于前月二十
九日又以大祀更議之奏來上此又合過月之義朕所
以未下言奏於所司者欲俟察
社畢降勅施行本月初四日王汝梅等奏謂言之奏不可
夫汝梅等非真心愛君慎重之意或有使之亦窺測朕
意耳疏內明年伏俟勅旨未見明降此言不過謂之前
奏即日施行是朝廷所欲者此奏四五日不下必有疑

難之意我當沮之耳大小官員不許附和為言諶為朋
聚止許以自己所見上陳一王汝梅等所言姑舉一二
言之彼謂虞書類於上帝為有虞祭天地之制夫曰類
者乃以倣於祭天之禮而行非祭天之常典故謂之類
彼又曰召誥中外用牛二分明是合祭天地矣夫用二
牛者一帝用之一配位用之非天地各一牛也破亂大
事之心勝故賊道叛經至於如此又援匡濟乖謬之言
為可據難以悉數或一有謂
天地合祀乃人子事父母之道亦為夫婦同牢之義此等
言論褻慢神祇瀆事祭祀無禮之甚莽賊之辭决不可
用一朕聞朱子曰古者天地一定不合祭其祭天時豈

可將許多神祇都排作一堆祭斯言正大足可萬世為
法一或為郊乃祀天社為祭地古無北郊夫社乃祭五
土之祇猶言五方帝耳非皇地祇也明矣圜丘方澤之
制具在周禮則南郊祀天北郊祭地又明矣社之名有
不同自天子以下皆得隨所在而祭之故禮親地之說
非謂以祭社即謂方澤祭地有謂社親之所以母道事
之天尊之所以父道事之此語牽強於義不合一朕聞
宋儒蘇氏日月尚可從祭圜丘皇地祇反不可從夫祭
天主日配以月皆在天之神月雖為陰却位列在天皇
地祇自是本位之主此說只是牽强一今之所謂不可
者不過曰朝廷多事紛飾太平变亂成憲輕議

祖典萬一禍變之來天下有獲罪之者悔將何及誰任其咎
罪不出此耳又或有心知其事是而口道其非者或陽
為其可而陰議其否者此等之徒不但欺朕亦且悞國
務要着實吐露真言之一或謂數年行之無故一旦起
此意恐不可失朕祇奉大祀今已九歲仰崇
皇上垂鑒俯賜來享敢違之而興變亂實欲盡赤心以答
報耳夫人君以修德法
祖親賢愛民乃為報
天之實盡職之要不在儀文度數之間此朕實惟益在已
之誠也若謂無故而更此言非誠心夫待其異変是何
心哉況朕此意已聞之

皇祖
皇天亦無不鑒之理不敢避人而知止欲
天耳若以近年災變亦以極矣本雖朕招朕致政典亦無
不関況天尊地卑一定之道豈可並隆近年地數震異
有不安之衆亦不可不求其所以一大小官員都着依
限具奏不許隱默三品以上并六科十三道翰林院左
右春坊勲戚武都着自疏其餘依衙門為限連名具疏
爾部中集議以聞
○四月戊辰禮部上群臣
郊祀配典議謂
二聖配祀

天地百十餘年天下之人習所聞見一旦分配恐駭聽聞
皇上必欲盡如古禮圜丘方澤既為報本之祭則請如
聖諭俱奉
太祖配主於大祀殿乃我
太宗所創今顧不得侑享于中臣等竊恐
太宗之心有所未安其祈穀之禮似宜仍奉
二聖並配斯於
祖訓人情兩不為失
上復諭璁曰
二聖之祀典未有並配之制又因今日始當奉
太祖獨配孟春之祀朕原曲處特名祈穀實存

祖制況又非明堂可比當如
仁宗之舊一應事宜務從儉以盡事天之實卿可遵委曲
之道依朕此意行之璁對
天地並祭誠為罷雜若
祖宗並配原無可議又況既有大祀殿又建圜丘同兆南
郊蓋非禮制如臣愚見莫若因南郊大祀殿以祀
昊天上帝配以
二祖冬至大報天可也孟春祈穀可也萬一雨雪屆期亦
可備而成禮北郊建壇以祀
皇地祇亦以
二祖配之夫天地者古今之天地分而祀之三代盛典也

不可罷雜故臣將順
皇上為之
祖宗若一代之
祖宗功德俱隆並配
天地當代之定制也孝子慈孫不可輕有議擬故臣不敢
將順
皇上為之且今日月迭災風霾洊旬四方飢荒父子相食
周禮救荒之政在于眚禮弛力斯禮之議本為敬天勤
民民窮既極天象又彰若如
聖明初意暫行罷議
天地

祖宗寔共昭鑒
上報曰卿謂天地乃古今之天地分祀三代之典彝其崇
敬天地至矣謂
祖宗為一代之祖宗雖是從周之意却視我
祖宗為何如人原
祖宗之意以何者為之孫敬我假如
天地合祀
二聖並配是我之制今從之是遵我矣既正分祀天地不
敢罷雜是敬天地矣却以瀆禮責我其視我為何如耶
今日正求精一中正之道庶盡敬
天敬

祖之誠卿當重思之昔蔣冕等凡遇災變皆以為大禮所
致如以今日之變為郊議之應則凡前之災異豈中奸
邪之口矣朕見禮部新舊制之說已知推避之意既而
思之此事原非朕之本意遂直任之不責彼欺耳乃下
禮部疏且責之曰
祖宗並配在禮為黷耳爾諸臣屢不奉命同為謬論本自
內閣所生力為阿從無敢可否借言遵守沽忠賣直但
朕所定所疑原因曲全
祖制委與明堂舉事不同依擬奏
二祖並侑二至之祀奏
皇祖高皇帝獨配一應事宜俱從儉詳擬以聞

○嘉靖十五年九月戊辰
上以祀
天享
祖禮宜崇重乃諭禮部嗣後奏進祀冊于奉天殿行禮如
朔望儀又四孟時享當以立春等四立日行尚書夏言
因議上奏禮儀
上曰大報首重諸祀朕已親定議一帙永傳為法取進曆
義用朔云四海孟以時始日行還臨期告聞
皇祖
○嘉靖十六年八月壬子
上在

太先殿諭大學士夏言
方丘以夏多雨
神御位俱設有幕架獨
圜丘未有恐方冬雨雪其傳所司製造
上帝位用圓制
太祖配位及四從俱用青色紵絲油幕
○嘉靖十七年十月甲子
上以天壽景雲躬叩
玄極寶殿畢詔
南郊以恭上
上帝尊稱預告于天神地祇還御奉天殿勅諭禮部曰朕

以玄服藉
皇考
聖母積德乃大蒙
天眷嗣主華夷十復七載一政無為獨懷感戴大造之仁
祖本之重可無仰酬于心今乃特竭朕衷左右咨謀于
三五大臣且合詞同情聞之臣庶敢以一念之微上報
兆命之主茲已同卿等預告于神祇恭取來月朔旦覲
率臣民趨詣
南郊拜上
皇天上帝泰號冊表于
圜丘是午復詣

太廟加尊
皇帝御謚聖號為
太祖開天行道肇紀立極大聖至神仁文義武俊德成功
高皇帝
高皇后慈謚懿號為
孝慈貞化哲順仁徽成天育聖至德高皇后庶報
天報
祖之微誠聊耳少罄焉爾禮部恭具大儀來聞欽哉欽哉
○十一月辛未朔
上詣
南郊恭上

皇天泰號冊表曰嗣天子有道玄孫明王臣
上言伏以洪荒暎昧弗知大道之原混沌濛默罔識人物
之本若此於斯生民何有洪惟
上帝判立陰陽肇生人物辟宰三才掌握萬化統天制地
神祇悉賴于君臨運圓括方群類咸蒙于大造歷古今
無已之神化作乾坤有永之祖根肆好生之德巍巍於
生民而立主罔大命之求切切乃命之以為君昨當中
夏之艱眷我
高皇之德授之寶符作主生人迨傳就繼世已踰
七帝茲洪圖大服臣錫徽臣嗣明歷奉
郊廟一德莫有居辟位代天工萬罪皆積載簡眷之淵深

荷仁生之岳重圻念臣至愚極昧甚耶最庸非但未嘗
於前王尤媿無及於
祖宗之毫末者也茲者臣感恩銘首拜眷刻心不量凡庸
之資欽舉無前之典祗上
太號玄稱曰
皇天上帝仰我
天慈俯納臣薦居高赫然而賜鑒享圜丘丕祀於億年聽
卑昭矣以垂歆佑斯明基業於萬世順五緯於圜清綏
八荒於方濁世嗣生賢兆民蒙福臣無任冰淵惶汗不
勝仰奉祗荅
天恩之至謹言禮成還詣

太廟恭上
太祖高皇帝尊號冊文曰臣伏聞自古受命之君躬接於
天萬世不隳號稱太祖然歷選前辟功德高大未有如
我
皇祖之盛者也是故舜禹受禪乃揖遜而有其位湯武僝
業猶放伐而取諸人欽惟我
太祖高皇帝當夷狄據華之秋實天地易位之變乃奮揚
神武取中國於冠裳滅裂之餘恢闢聖文明王道於綱
常淪斁之後掃彌天之雰於宇內經百戰而帝業成奠
群雄之亂於四方不十載而天下定得國之正視商周
而功烈有光受命維新匹虞夏而艱難事倍殆與闢乾

坤於混沌肇人紀於狉榛同一揆也若夫制禮作樂經
文緯武仁恩溥於萬類教化行於四海躬帝王之大德
建聖神之極功則又兼總百王高視千古獨立一代卓
乎無前者也不有顯號其何以昭公議於千萬世乎玄
孫 早以沖人纘承大位永念
祖德莫可名言茲者不量顓蒙敢效纂擬謹恭奉冊寶加
上
尊號曰
太祖開天行道肇紀立極大聖至神仁文義武俊德成功
高皇帝伏惟
聖靈在天鑒觀有赫垂庥委祉佑啓後人祚我皇明與天

無極謹言上
高皇后謚號冊文曰臣聞后妃德侔於天地式奉神靈之
統閨門化洽於邦家允惟王教之端三代之興罔不由
是然關雎化微徽音益遠漢唐而降懿德罕聞乃若輔
聖承天贊元幹化篤生
成祖再奠丕基則自上世以來未有若我
高皇后之德之功者也國家百年陰教明章內治成順遡
源祖委厥有自來欽惟我
孝慈高皇后有生至德作配
聖王懿範貞容母儀天下嘉言善行風動萬邦左右
廟謨有參賛運籌之力服勞女事歷艱難創業之勞不妄

殺人之言與孟軻之訓相發無忌布衣之念與無逸之
書同旨大哉
仁聖之德曠古鮮儷載籍所傳莫斯為盛也已臣 永
慕慈恩名言莫罄謹恭奉冊寶加上
尊謚曰
孝慈貞化哲順仁徽成天育聖至德高皇后伏惟
慈靈昭鑒享茲號於無窮保我子孫替
祖基於永世謹言是日
中宮捧
高皇后主助行亞獻禮文武官命婦陪祀
○辛卯冬至大祀

于
圜丘禮成
上選御奉天殿文武群臣行慶成禮畢詔示天下詔曰朕
聞洪荒草昧三才未立迨厥開天闢地於惟
上帝宰御馬載稽往元醜亂我夏於惟
皇祖高皇帝出馬次建寶圖以成
高皇之烈哉
太宗皇帝也中啓明運以光前熱之盛者哉
皇考功德焉於是慶鍾澤積至今日朕方當冲昧之年丕
受猪肩之重朕末弗肖祇叨荷于
天眷洪深尚嗜不才欽感沐于
帝恩隆大位處王公士兆之上君臨四國萬姓之尊罔報
稱於
上帝
皇祖
太宗
皇考之心終日思惟十復七歲紹人君稱皇取莫大之義
於天又復自謂曰天子而推崇如事父之情何未之思
且蒼昊旻上未盡高覆廣徧之極是以朕特竭愚念已
於此月一日上辰祇具冊表親率臣民趨詣
圜丘拜上
皇天上帝泰號卽復恭思萬類異物皆本乎天朕為民物

報本事天之心既少少盡矣惟人之本非祖而何用是
因追本之誠亦實昭我
皇祖丕烈古前所無者故就一辰奉冊寶偕皇后率臣妾
躬詣
太廟崇薦
皇祖聖號曰
太祖開天行道肇紀立極大聖至神仁文義武俊德成功
高皇帝
高皇后肇修陰教允輔天德加薦慈謚曰
孝慈貞化哲順仁徽成天育聖至德高皇后復惟
太宗皇帝克成

太祖洪業功備創守前於九月十一日加尊號為
成祖啓天弘道高明肇運聖武神功純仁至孝文皇帝初
以季秋大享之典所關為民謝福王者大事式循經義
之正特舉宗祀之章况我
皇考玄德升聞禪前啓後宜薦
宗稱則此之十一日恭上
尊號為
睿宗知天守道洪德淵仁寬穆純聖恭儉敬文獻皇帝是
月二十一日祇大享
上帝禮于宮右乾隅之
玄極寶殿奉

皇考配
帝茲者六氣始復之辰九舉大報之典珪璧是奉仰
上帝已歆祝帛是將荷
皇天之錫鑒朕衷惟戴莫罄名言臣庶同情敢稽
天貺特覃大賚之恩敬布好生之德於戲事
天事
帝而事
祖考
郊大報與
堂大享以同伸報功報德而報生成皇矣
天皇矣
祖考斯並盡歷鑒神人忻極民物澤流
帝恵有血氣者其思之以尊親言露朕情凡見聞者宜念
哉而祇繹布于華夏播彼夷戎欽哉
○嘉靖二十一年四月丙辰勅諭禮部曰朕惟三代之禮
至周大備後世治不古若乃因陋就簡焉朕究覽古初
斟酌百代惟文武是憲是式故郊正分祀廟隆特享宋
儒朱熹所謂大事者朕崇重之惟是季秋大享于明堂
此周禮重典與郊祀並者也數歲以享地未定特舉祭
于
玄德寶殿朕誠猶未盡惟茲
南郊舊殿原為大祀之所今禮既是正則故構不當輕留

昨歲已令有司悉撤之朕自作制象立為殿恭薦名曰
泰享用昭寅奉
上帝之意
正祀典中廟祀
○嘉靖六年十二月壬申大學士楊一清等言
皇上每早視朝必先瞻拜
奉先
奉慈
崇先三殿嬿於太祭自今第宜每日令內侍焚香朔望及
四時節候
聖躬親往各殿行一拜三叩頭禮庶禮儀適得乎中而起

居有節又忌辰古禮遜主祭每止於其所當忌而不他
及今
帝后並祀亦非禮宜改正
上曰覽卿所奏甚見誠愛孰肯言之夫子孫之於祖父竭
盡其力猶不能報其萬一何敢以勞為言況君人者既
以一身上主
郊祀次則
宗社又次則百神其重如此人之精神有限縱雖強力之
人其能勝乎我
太宗時始建
奉先殿當時止

五廟神位日雖拜之止五拜今
九廟神位
奉慈三室
崇先親廟穿繞往來登降階級所行十三拜禮凡遇節令
祭告忌辰計三十四拜朕素稟清弱拜畢言語促喘前
年病起益甚不能如儀卿所議祭禮精當朕采納施行
乃作忌祭或問曰昨夜更定
內殿祭祀禮儀何為也吾答曰斯舉亦是重事吾昨因見
此禮太煩特孫其儀以與輔臣楊少師張尚書議彼二
臣一聞之嘆曰斯禮外庭不聞制典原無開載當要裁
定之吾又諮於楊張二臣彼復考謀當行禮儀開具呈

進且曰頗不必疑慮行之可也吾又答之曰爾等所忝
酌之議吾已知之足見輔蒞愛君之意但恐罔識經義
好辯之徒將為異議雖不足以惑君子而譏譖之言大
舜尚亦懼之可下之禮部會翰林院忝詳議擬來行庶
使他輩無言矣二臣復奏曰斯禮也乃朝廷家人父子
之間所行原非外庭所敢議不必如是只斷之可也吾
又答之曰卿等之意朕固知矣實慮奸諂之徒破亂我
事將歸過於朕此雖不足計較達禮者必知之須卿等
具一疏來可也彼遂與同官四臣具奏已下該部知之
是足以服人心也問者曰斯禮儀自
太宗文皇帝相傳至今百三十餘年胡可率爾改之乎吾

答曰汝之言卽是招異之言也我
太宗建
奉先殿固率初制然禮本以義起正因
太廟不便忌辰朔望并時節薦獻行禮故於宮內建此殿
原是節勞之意至我
皇伯考始有
奉慈之建吾嗣大統遵照其意乃有
崇先之建夫楊張二臣告吾曰斯殿也非廟也如卽為廟
亦貴清淨必不可日日開門而瀆神也周須清廟皆須
閟宮亦無有每日開門膳拜者也故此等禮儀決當改
正吾亦思之孔子有曰三年無改於父之道可謂孝矣

先儒釋之曰三年無改者孝子之心有所不忍故也至
於三年之喪已盡則當思改之夫子孫之於神令當念
其恩德何可忘之奉先之道本於孝誠若夫瑣瑣之禮
至於如此當正之也故吾從其奏也問者曰斯禮儀行
之既久恐不可改也改之竊恐
神靈不享如人心之驚駭何吾答曰人子之於親當竭其
力勞而無怨此子之職分也吾何敢辭其勞簡忽不敬
但觀諸繁文之禮有不可強為者也彼他人言之則曰
擅改舊章簡宗廟祀禮若在吾同道之人則曰斯舉也
深有裨益先人之制以為永世之典且使後之來者可
遵行而無替也楊張二臣曰禮道貴可傳可繼斯之謂

也夫為禮煩瀆則
神靈必不享故敢歷正之也此實為正家奉先之道於以
化行四海何畏乎愚暗小人之訊人心何有駭之乎問
者曰盍將日拜之儀試言之吾答曰自吾即位以來循
習舊儀日至
奉先殿九室
奉慈殿三室各一拜後添建
崇先殿亦如之但因乙酉冬吾疾起體力弱更定
奉先總四拜
奉慈總一拜
崇先亦一拜雖每思其煩甚至去冬方與二臣言之問者

曰此舊時
列聖雖不往有遣親王代拜今既無昆弟又無親王在京
是必自勉之吾答曰汝問了這一日這幾句說到極處
今彼所欺者正以吾孤幼耳其在
祖宗朝每日正命親王代之謂之上廟吾今論之此實殿
也非廟也縱使為廟亦不可如是二臣云如即為廟亦
貴清淨吾遂論之廟者奉
神之處也必按禮行祭有時陳門有時啓此方可安
神靈之棲也若日日啓扉朝朝展拜而時則不時也故吾
敢謂當更之也問者曰此論固是經制似近於遮飾也
吾答曰君子所為必從禮君子所圖必務遠何遮飾之
有在吾之身縱強為之但恐後之來者將必不能繼也

問者曰既決之何猶豫不之行也吾答曰斷乃吾不能
執其剛斷者也實吾之過此則無辭焉但被言者撓之
問者曰所更定禮儀有何據乎吾答曰今所更定者皆
據先儒程朱二子之言也問者曰朱子家禮可於卿大
夫士家行之於天子家恐不可也吾答曰昔孔子自裁
法度以為治邑之道哀公問曰此法可治吾魯國乎孔
子對曰不但魯國可治於天下亦可治以此觀之則朱
子家禮亦如是也夫卿大夫有家士亦有家庶人亦有
家而天子亦必有家若謂天子無家是无本也大學之
道修身為家之本齊家為國之本治國為天下之本未

嘗無家也今我
祖宗定制而
内殿者家制也
太廟者王制也内殿之禮不過家人父子間所行故因之
祭用朱子家禮之制也
廟祭者嚴大庭之禮有君臣之義其制最重故
廟祭則百辟陪祀太常行禮至於
内殿之祭不過以義起之因孝成之非與
廟同而家禮之用含朱子之制何所求哉問者曰所論引
證雖至備於
祖訓有違哉吾答曰汝言甚善教吾勿陷於過也伏覩我

高皇帝垂訓曰後世子孫勿作聰明亂我成法吾每讀至
此敢不惕然悚懼但
奉先殿之建
文皇帝因因
高皇帝之制然行禮儀文典章不載亦無
明訓不過示子孫以起孝敬率
祖之行念
祖之德圖報無替拳拳之意耳非
祖訓中開載故吾敢因時損益亦是繼志述事之意於我
太宗垂示之道或有裨益而萬世子孫庶可繼可傳也
問者曰既如此今日
列祖忌日之祭何不將禮儀歷正之行之吾答曰嗟吁此
正為破禮之徒阻撓之也昨吾因斯禮之政特出其儀
付之司禮監太監鮑忠諭云爾等便率各該供事者前
去演禮忠承旨持儀退復來奏云早奉傳旨但親視文
未降吾答曰祝詞吾已親撰付内閣香淵去矣待寫來
與汝去忠退少刻而張佐等八人皆至奏云禮儀已習
之但恐不可百年以來至於今日胡為之更改也吾聞
此言卽知其但異議以惑人也遂答之曰我
祖宗朝内殿之儀見今開載何典記云祭不欲數數則煩
煩則不敬祭不欲疏疏則怠怠則忘況書云與治同道
罔不興因時損益吾已與内閣大臣議定爾等何有此

言乎是必彰君之過舊禮實煩溫祥云舊儀亦是内閣
來的吾笑之我
太祖設六部内禮部所司者一應禮儀皆係掌之
太宗設内閣以為備顧問專輔導未有禮儀出於内閣也
鮑忠云只照聖意行之可也吾遂呼其名曰汝一人見
從是必知禮也不必再論明日還照舊行待吾別處佐
等退當因此而撓之也問者曰汝止信楊張之言故如
此也吾答曰古者建師保之官職專輔君之德保君身
體謂之師保之臣事無内外之分皆當與之故楊張二
臣克盡君之道以保愛吾身之如是也故吾亦信之況
考之禮經稽諸先儒法言皆合故吾從之行也問者曰

既堅志信從何不行之豈亦以佐等之言而復有畏心乎吾答曰君子臨事無不敬吾為人君又當敬而又敬可也何畏之有哉問者曰既若是在佐等之意恐君罹過舉亦是愛之之心何便拒之也吾答曰不然果愛吾者當於事未形之前匡之可也何必待演禮之後方與此說哉汝之言孰欺歟問者曰斯言固是恐禮實不可更也何不熟思之吾答曰汝此言不過悅吾之言也夫君臣行事豈無熟慮吾已與二臣問而又問慮而又慮汝不必將此意為吾告也問者曰既能熟慮今日不應有此阻是慮乎非慮乎吾答曰吁哉晚矣吾嘗三與二臣言是必一會議然後可行彼二臣之心只知有君不

畏他黨故力主之信與不信者在達禮不達禮也此雖是二臣致君之誠而吾自失之過也問者曰彼所執奏不過止為少四拜及不拜餘位故非別為也吾答曰我

太祖之制

廟殿雖曰同堂必曰異室故止宜於所當忌者之位前致祭其別位不祭此家禮所云也且如今日我

皇高祖考忌辰只宜於本位祭其別位無與也若一槩祭之於卑者猶可於尊者反輕之也二臣云若一槩遍祭豈不煩而瀆乎斯之謂也若論拜禮程氏曰家祭凡拜皆當以兩拜為禮今人事生以四拜為再拜之禮者蓋中間有問安之事故也事死如事生誠意則當如此至如死而問安卻是瀆神今卻討拜之多寡於義全不之顧可乎問者曰舊於忌日之祭亦俱服袞冕今欲更之淺淡衣服得非過為輕重乎吾答曰如今

太廟四時歲暮之祭則當服袞冕若於內殿時節之祭服之亦未為不可於忌日則不可也古禮忌日遷主而祭所謂遷者亦是遷諸廟也蓋廟祭當吉忌祭者乃凶也故朱子家禮云忌祭變服吾因之也且內殿行禮既無太常供事又無陪祀之官縱使天子服袞冕似缺助祭百辟非相稱之道也且記云孝子有終身之喪忌日之謂也今既不遷主則取其義於當忌之室服淺衣服再拜可也廢禮情無盡也問者又曰茲所論固善何可得

而行之吾答曰帝王有事必詢及左右大臣詢及卿士及庶人詢謀僉同然後可行也豈止一己之私乎先儒云非天子不議禮斯言也施之大道之世未敢有談議也今之世愈降而道愈微奸巧喜功之人各主一途所以天子被其訕大臣被其譏卿士被其制庶人被其惑此等小人愈無忌憚肆張邪說故吾敬慎之也問者退吾述此語者與其知禮者共之嗚呼艱哉又補說曰或

有言

內殿行禮有忌祭有時節有朔望有致薦何以忌祭為名吾曰凡此皆輕而忌日重也故以忌祭名之他皆純之也又附論曰朕本以宗支荷

皇天明命眷佑眇躬位為人長諸凡奉
天法
祖之道罔敢違越正是
內殿奉先之禮每為之慮曰拜本煩忌祭本監是朕不敢
不因而損益之也且如朕固是昧弱之人縱使有親王
在京或有諸昆弟命之代行朕敢謂不如不拜之為敬
也以其親臨拜言之禮祭神必齋恐無日日齋者之禮
豈不瀆乎以命親王代拜言之夫兄弟父子之間雖是
一氣亘親其實性異也彼豈無勞而怨乎其未必如我
之誠敬也不如不拜之為愈矣孔子曰祭如在又曰如
在其上如在其左右朕凡於祭未敢不敬以祭先言之
皇明寶訓　嘉靖四卷　四十
孝子之祭祖先日致其誠敬思其音容故臨祭恍若在
位心正身整則祖先未有不格之享之也況內殿不過
追孝無窮之意其祭享之典誠在於
太廟
世廟也四時歲暮凡五享之矣若夫內殿之儀豈不誠煩
數哉故凡時節朔望及有事當徧告之其忌祭止合某
位忌則某室前祭可也其日拜之禮又是為太瀆也人
情既得
神必鑒享我
祖宗將錫福家國庇我後昆端在此矣記云禮不踰節不
侵侮不好狎所謂不踰節者吾故制之也張尚書凡三

年可傳可繼之若吾制之禮則合之也嗚呼能達禮者
幸其察哉復為之序曰忌祭或問之作者以寓朕制禮
之意也夫禮者天理之節文人事之儀則貴得其中和
然後以盡禮之實也其至大至重矣凡夫祀
帝享
祖禮
神交人朝廷燕儀皆須執其禮存其誠乃可盡人君之責
耳朕仰承
天眷嗣
祖宗鴻圖夙夜兢兢罔敢怠逸近因與內閣輔臣詳議博
考稽訂經義裁為奉
皇明寶訓　嘉靖內卷　四乙
先之禮中值阻滯之徒朕不得不親為辯論以闢邪說是
以此疑之由述也若謂朕伐其私能與人爭辯夫帝王
之體朕豈不知但今時之人至愚極頑不敢不言之如
此豈可塞耳屈顏甘受其譏也若謂朕作此言將肆行
已見變亂訓條則朕豈敢
皇天
祖宗想垂察之實足瑣瑣為言也是為序
（　）嘉靖十年正月丙戌敕諭禮部曰朕惟
郊
廟之祀未有不同所以尊事
天地

祖宗者也惟
太廟享祀制宜未稱孝敬之情仰惟朕
太廟高皇帝重闢宇宙肇運開基
聖德豐隆
神功偉盛顧不得南面居尊甚非所宜當朕
聖祖在御固宜尊
德祖居尊其在今日當以朕
聖祖為始祖居
始祖之位每歲孟春行特享之禮自
太宗而下並各居一幄而仍同日行禮其夏秋冬三享仍
於太祖之室相向行時祫禮如今之制仍於季冬行大

祫禮以
德祖居尊及
懿
熙
仁三廟合享於
太廟親王功臣俱配食於兩廡歲暮自是節祭歸之
奉先殿行禮
世廟止行四時之享罷歲暮之祭亦歸之
崇先殿行禮卽擇日預告具儀來聞欽哉故諭
〇庚子
上親定廟享禮成為文告

太祖高皇帝曰惟我
皇祖應
上天之眷求作下民之元后洗滌胡垢再造乾坤曉
神功之浩浩覩
聖德之巍巍冒覆八埏光被四表臣　本以文人仰荷
天命我
皇祖餘祥遺澤流霑愚稚之資俾承
皇祖之統敢不勉進學業率遵
聖範思我
皇祖未正南面之
廟享曷伸孫子之至情固知

皇祖推尊
祖考之心至切然其於所尊
皇祖者如何而後伸焉今敢昧萬罪虔竭一誠擬自今春
始凡每歲孟春行特享禮夏秋三時行時祫祭禮俱恭
奉我
皇祖居尊南向又擬每歲季冬之吉行大祫禮奉
德祖居尊以及
懿熙仁三祖合享於
皇祖廟親王勳臣於兩廡配食其歲暮元正之祭於
奉先殿行禮如清明儀伏祈
聖鑒矜宥狂昧之罪俯垂

來格暨惟錫貺後人敷福臣庶臣　下情不勝懇激感荷
之至
〇九月己卯
上御文華殿東室召大學士李時瞿鑾尚書汪鋐夏言面
諭曰
天地百神祀典俱已釐正
宗廟之制尚未盡善夫父子兄弟同處一堂在禮非宜我
太祖初立四親廟後因合祭天地乃始定同堂之制今當
復之時等對曰
皇上曾言祀典當正廟制雖更且古人廟制卑小今
太廟規模宏偉一旦改作恐事體重大未可輕易言曰各
皇明寶訓　嘉靖四卷　四四
立一廟雖古禮但一日徧祭
九廟恐
聖躬太勞
上曰今且言廟制未論行禮朕擬日祭一廟不必遣官亦
可言曰古禮恐難盡復且廟皆東向
上曰盡如古禮固難但大體却須依據異廟乃各全其尊
此當依者朕欲不動大殿只用兩廡為之鑾曰兩廡南
北豈能容都宮寢廟
上曰不必如此只存其義可也時曰不動大殿則寢殿亦
不須動
上曰三殿俱不動朕思

皇考南面專享世廟之祀而
太宗以下
列聖乃西面不得專祀書稱豊昵朕心未安時等俱頓首曰
聖諭及此真聖人大孝之心也言復奏曰
太廟兩旁隙地無幾
宗廟重事始謀宜慎須是度量地勢廣狹方可擬議
上曰卿為禮官其即具奏行
〇嘉靖十三年八月丁未以南京
太廟災名禮部尚書夏言至平臺賜之勅令宣示府部衙
門集議重建事宜勅曰南京
太廟或建或弗建宜向所定朕惟
皇明寶訓　嘉靖四卷　四五
太宗既遷北都為子孫萬世之業則南京
六廟不必重有或謂
太祖初定之都子孫當思慕功德不可廢朕則以
太祖定北都傳已
六宗矣能守
祖宗洪業傳之無窮豈有南北之分也即
太宗所定都
太祖在天之靈未嘗不歆顧於斯且一天下作
二主
二廟豈合禮與義哉人又謂承天尚有
獻考廟將非濤

祖厚覲歟朕則曰承天之廟
孝宗所命建藩邸舊也故不敢去之亦猶南京
奉先殿之比此與
世廟不同且今南京秪存百官有司不巡幸不舉時祀徒
有廟祀耳此與周家三都三廟之同建者今昔意氣不
侔也況
祖宗神靈惟於子孫是依是憑豈有隔數千里之遠能將
朕之誠敬乎今北都立萬世之業則當為萬世之圖使
其專一於此庶幾
太祖永歆必不以再建廟為歆也勅爾諸臣其集議之言
退而某廷臣議請以南京香火并於

奉先殿其
太廟遺址倣古壇墠遺意高築墻垣謹同啓閉以致尊嚴
上曰南京香火并進膳之儀禮部查議以聞其原廟址如
議築垣時加巡守并各廨宇永不得修整著為令其在
京
廟制速處物料擇日興工承天
家廟勿稱廟可倣
奉先殿意曰隆慶殿用別輕重之意
○九月辛未
上欲建
九廟以問輔臣張孚敬李時孚敬等對

九廟正禮當行無疑前歲第以年月未利姑徐徐之衛
上曰原說明年利俟臨期會議今達禮者少不必會議恐
招多言可即量地廣狹摹擬規制啓諭禮部尚書夏言
令偕在工諸臣郭勛等并內閣禮工二部同詣
廟建視計制用物式廟寢不必相去遠即前堂五間向後
大許摸寢室三間義亦在矣諸臣奉諭遂議于
太廟南左為三昭廟與
文祖世室而四右為三穆廟群廟各深十六丈有奇其
世室殿寢視群廟稍崇而縱横深廣與羣廟等
列廟總門與
太廟戟門相並

列廟後垣與
太廟祧廟後墻相並具圖進覽
上以
世室當隆異其制謂諸臣所擬未盡令再議於是言等請
增拓
世室前殿視羣廟崇四尺有奇深闊半之寢殿視羣廟崇
二尺有奇淵深如之規制閎鉅與羣廟異
上乃報允令所司預具物料以來春仲月始事
○辛卯以孟冬享
太廟先期命侍郎顧鼎臣霍韜攝
事會二臣皆有期功之服自言期功服輕且聞喪已踰旬

月之外禮不當避
上曰所言亦當但不以私妨公可也然須分別輕重今禮
官考議以聞於是尚書夏言執奏喪服之制人情所由
生今二臣尚在哀中不宜與
宗廟吉禮
上然之詔呂臣韜廻以侍郎黄宗明林庭棉代之且令自
後
廟享前五日太常寺卽奏捧
主官十餘人以請
〇嘉靖十四年正月壬午
上召大學士張孚敬李時禮部尚書夏言至文華殿西室

面諭曰今擬建
文祖廟為世室
世廟宇當避孚敬曰
世廟等號原奉欽定刻已著之明倫大典頒詔四方似不
可改
文世室須別為名耳
上曰然則稱
文廟時曰古人最重宗字既有
太祖廟
文皇廟宜稱曰
太宗廟亦百世不遷矣言曰古者祖有功宗有德世室擬

太宗廟最當其餘羣廟不用宗字
上曰羣廟何稱孚敬言皆以為當用
本廟號他日遞遷更牌額可也時曰不若只用昭穆字若
曰昭一廟二廟三廟穆亦如之免遷易牌額
上以為然欲加一字為昭第一廟復問孚敬言何如二臣
謂仍用
本廟號為重
上從之仍諭三臣曰
皇考世廟以迫近河水久議移改今當同
七廟之吉興工但令
七廟以純于

太祖又限以地勢規制頗殺今擬
世廟重建于
太廟左方實與
太廟切近亦須少殺舊規於
列祖之廟不至相踰庶免豐禰之嫌可於二月四日禮部
會官相度來聞
〇二月甲寅先是
上召禮部尚書夏言至文華殿諭曰清明節既遣官上
陵行禮
內殿復有祭祀似涉煩擾卿宜從容講明越數日復名對
於文華殿言退而上議請罷冬至中元

上陵而以秋祭改於霜降之日與清明禮同其
內殿不復設祭
上曰
內殿祭儀已別諭卿同輔臣議奏上
陵遣祭春以清明秋以霜降冬至已于
奉先殿有祭并中元仍遣官詣
陵祭祀各衙門官不必去著為令尋諭言內殿之祭并禮
儀不可不講而作之以成
祖典非朕好變卿還同閣臣共議之朕聞于後
一清明中元朕生辰冬至正旦有祝文樂如宴樂一
兩宮壽旦皇后并妃嬪生日皆有祭無祝文樂

一立春元宵四月八日端陽中秋重陽十二月八日皆
有祭用時食舊無祝朕增告詞耳一如上各祭舊但於
一室一拜止中室跪祝畢又四拜焚祝帛朕近歲更就
位四拜獻帛爵祝畢后妃助亞獻執事終獻徹饌又四
拜禮畢一忌祭舊具服作樂朕思此不甚吉禮况當哀
感之日更淺色衣去樂
○三月乙酉
上召大學士李時尚書夏言同對文華殿議及
宗廟祭祀
上曰祭以厥明視事為敬其脫履入殿恐古人禮意與今
不同宜考議以聞言等覆請自今
宗廟祭祀俱用厥明行事太常寺先時陳設神宮監先時
洒掃所司設燎
廟廷錦衣衛具儀衛如常
皇上不必脫舄陪祀等官俱用潔淨新履供事制可燎罷
之
○四月乙未
上諭尚書夏言曰
內殿禮儀四月八日俗事宜革去但有賜百官不落夾之
例此當議改日行已復諭曰禮記月令篇謂是月麥先
熟以薦寢廟今可據此義歲以孟夏之五日薦內殿賜
百官仍其米食造如舊名麥餅卿可與輔臣議聞於是

言及大學士張孚敬李時奏曰四月八日例賜百官不
落夾者相沿釋氏之說于禮無據及考禮經月令篇是
月薦麥寢廟蓋重五穀之先以薦新也兹蒙
聖諭仰見
皇上據經折禮不因故襲俗得先王遺意可為萬世法請
著為令許之
○十月己亥
上諭禮部尚書夏言前以
皇考廟比世室之義卽名世廟今分建
宗廟惟
太宗世祭不遷恐

皇考亦欲尊讓
太宗世之一字來世或用加宗號令加于
考廟又不得世宗之稱徒擁虛名不如别議卿可會助時
慎議以聞
上復諭言
皇考廟名卿可會二臣看詳如題曰
獻皇帝廟庶别宗稱且見推尊之意於是言等謂
聖諭允當廟以謚名既合周典而
尊號昭揭又與
列聖廟號同符請勑所司恭製扁額擇日告懸并以諭議
宣付史館從之
皇明寶訓 嘉靖四卷 五二
○十二月丁酉
上諭輔臣李時尚書夏言曰
奉先殿不勝舊矣朕意欲新之時曰請俟
太廟工完併新
崇先殿
上曰然第令須預備料材耳復問神牌當置何所言請暫
設
太先殿
上曰然則
崇先殿牌當奚置牌與主不同朕擬奉之宮中二臣謝不
及至是

宗廟成
上申諭曰
神主奉安後
奉先殿
崇先殿神位宜暫奉安
景神殿以便來春二殿之修可即於是月舉行
○嘉靖十五年七月庚午議遷
三后神主於
山陵
上諭禮部尚書夏言曰
陵禮制故嚴
皇明寶訓 嘉靖四卷 五三
廟中一
帝一后
陵則二三后配窆今别建
奉慈殿不若奉
主于
陵殿爲宜且
梓宮配窆而
主乃别置近于黜之非親之也此關典禮其會議以行言
乃會内閣覆奏
上曰然此與
崇先殿不同周人祀后乃始祖之母今

奉慈殿但名存耳四時之祭舞樂俱無於是定議是
孝肅太皇太后神主于
裕陵
孝穆皇太后
孝惠太皇太后于
茂陵
上復諭言曰
三后神主稱
皇太后
太皇太后者乃子孫所尊稱今既奉遷
陵殿實同
帝后之列揆之名實于禮未宜似當更正卿其會翰林院

禮科詳議具聞言等因請改題
孝肅太皇太后神主止稱
孝肅貞順康懿光烈輔天成聖皇后不用睿字
孝穆皇太后神主止稱
孝穆慈慧恭恪莊僖崇天承聖皇后
孝惠太皇太后神主止稱
孝惠康肅溫仁懿順協天佑聖皇后俱不用純字從之
○嘉靖二十二年十一月壬戌勑諭禮工二部曰朕惟禮
時為太祀典國之大事也苟不安於人心終難協夫禮
意我國家

宗廟之制自
太祖肇基之初首肇
四親廟其後更制時奉於薦同于一室當其始事豈不博
采遐觀卒從同堂異室之規以示酌古準今之議暨我
成祖定制于茲
廟寢之營率遵其舊百數十年以祫以享緝于純嘏則有
由然夫卒之為享其則不遠爰因廷臣之議咸稱
七廟之文是用創興以從周典乃所司討論不詳區畫失
當
成祖以六世未盡之親而遞遷世室不獲奉于三昭
仁宗以穆位有常之主而移就左宮遂致紊于班祔

武宗朕兄也不得同為一世顧居
七廟之中有妨七世之祀揆之古義斯為戾矣往者回祿
之警
天與
祖宗實啓朕心茲當重建之辰所當釐正以圖鼎新又我
皇考睿宗廟于都宮之外朕每事廟中
考廟未備豈有四親之內而可缺考乎雖每於祫祭同享
而奉
主往來深為瀆擾茲禮官等會議欲奉處於
孝宗同廟雖為兄弟同世之義然題扁各殊終未為安朕
是究是圖惟遵

先制其永無愆夫禮非天降乃起人情
祖宗列聖惟聚一堂斯寔時義之爲順者茲當建立
新廟仍復舊制前爲
太廟後爲寢又後爲祧時袷祭享奉
太祖高皇帝正位南向奉迎
成祖及
聖廟我
皇考睿宗獻皇帝神主俱同堂而序享獻既畢則奉
列聖主各歸于寢廟昭穆以明世次不紊
列聖在天之靈懽忻鑒享而克伸朕將事孝享之誠矣可
如期興建爾禮工二部如勑奉行
皇明寶訓　嘉靖四年　五六
○嘉靖二十四年六月癸巳禮部奏
廟工大體已完細節未備乞暫舉秋享之禮于
景神殿
上曰
太廟之工爾等原計以秋祭時可成今既告成更又何待
朕雖非長者而自爲變詐其何以交於神明昭穆不序
何得成王禮其亟擇日安
主具儀以上朕疾不能躬事或命太子或命官攝行其儀
節一如
先廟之舊後所增諸儀悉除之
大明世宗肅皇帝寶訓卷之四終

大明世宗肅皇帝寶訓卷之五
光祿大夫柱國少傅兼太子太傅禮部尚書武英殿大學士臣呂　本謹校
南京禮部祠祭清吏司郎中臣陳治本
南京兵部職方清吏司主事臣宋　鉌謹閱
南京工部虞衡清吏司郎中臣呂鳴吉
正祀典下　嘉靖
○嘉靖八年八月壬午
上諭禮部惟我
太祖高皇帝定嚴祭祀之條於
皇明祖訓內山川諸神之祭皆無遺代之者後以出入不
便命官行禮今實變多端宜禱於神以祈轉化是年秋
皇明寶訓　嘉靖五年　乙
祭山川諸神朕欲親往其爲朕具儀部覆舊山川等祭
例於中夜行禮
聖駕先一日出郊宿於齋壇祭畢復俟侵晨回鑾計越兩
日方可畢事臣等以爲祭有大小禮有隆殺若祀山川
禮儀與祭天無異非所以明品秩而尊神靈宜比祀先
農例先時齋戒至五鼓
駕出詣
郊壇昧爽行禮百官陪從其侍衛儀從悉依今春祈禱之儀
上曰祭祀重事不可苟簡祀神之儀須有隆殺人君事天
若事親禮神猶敬長應行禮儀仍詳議以聞議上有先
期遣告

太廟及是日迎神送神諸禮
上曰廟告官不必遣其迎神用兩拜禮送亦如之部復奏
洪武十年
太祖高皇帝祭山川諸神
上親行中七壇禮餘壇以功臣分祀及詳祀文內載月將
城隍等神俱為一通則兩廡六壇俱在祀內似可免分
獻又近年遣官行禮亦無分獻者乞
聖裁報曰祝文如舊兩廡遣我
太祖欽定典禮東廡遣大學士翟鑾西廡吏部尚書方獻
夫各行祀行禮寫回作樂如例
上復與輔臣楊一清等議所服欲用皮弁一清等考之會

典集禮中俱不載服制疑未敢決既而見內閣所藏存
心錄內載祭太歲風雲雷雨嶽鎮海瀆儀注
皇帝具皮弁服行禮因上言
太祖高皇帝載之存心錄正與
聖諭相合
聖祖神謨一道非臣下所能仰及宜下所司著之令甲使
後世有所遵承制曰可
○嘉靖九年正月庚申
上諭禮部朕以沖昧入承
祖位敢不率由舊章以免愆過顧禮義之實重且大焉朕
每以祭

太社
太稷奉我
太祖
太宗配竊有疑焉夫
天地至尊次則
宗廟又次則
社稷此次序尊殺之理也奉
祖配
天則正矣又奉
祖配
社豈不失其序歟或謂以祖配社乃親親之道也此我

皇祖時禮官之失也又謂后土勾龍氏乃共工之子祭之
無義夫勾龍氏有水土之功故取之配社猶以后稷配
稷同也未審論其人況父不善而可惡及其子乎至如奉
祖配社尤為弗當屈其所尊義實不安茲乃不可不正之
典亦非變更者宜如我
皇祖高皇帝之制
太社以后土勾龍氏配
太稷以后稷氏配詳議具奏禮部言祀事重典請集多官
會議
上曰尊
祖配

天具載禮制並無奉

祖配

社之文卿等亦曰未聞其他異論之徒不足為較第宜求
之人心可與否耳夫人未有不同不過是音非令破亂
吾事卿等既恐持論不一其亟集廷臣議同者列名具
疏異者自疏以聞於是大學士張璁翟鑾等議皆與
上意合
上遂命先期擇日躬告
太廟及
社稷禮卿時告
后土勾龍氏

后稷氏設壇行禮其神牌即行成造具儀以聞
〇八月甲申
上諭輔臣曰廢道南審言姚廣孝弗宜配享
太廟夫廣孝在我
皇祖時建功立事配享已久或不當遽更但廣孝係釋氏
之徒使從諸功臣並食於
德祖
太祖之側恐循未安禮官雖曰遵畏成典實非敬崇
祖宗之道卿等其加思之於是禮部尚書李時同大學士
張璁桂萼等議請移祀於大隆興寺內每歲春秋遣太
常寺致祭

上從之
〇十一月癸巳朔
上因纂祀儀成典諭大學士張璁凡雲雨風雷之祀以及
先聖先師祀典俱當以敘纂入璁因奏言雲雷等祀及社
稷配位俱蒙
聖明更正但先聖先師祀典尚有當更正者請于大成殿
另立一堂祀叔梁紇而以曾皙顏路孔鯉配之
上以為然因諭聖人尊天與尊親同今籩豆十二牲用犢
全用配天儀亦非正禮其謚號章服悉宜改正卿宜加
體孔子之心為朕詳之璁遂言孔子宜稱先聖先師而
不稱王祀宇宜稱廟而不稱殿祀宜用木主其塑像宜

毀撤籩豆用十樂用六佾叔梁紇宜別廟以祀以三代
配公侯伯之號宜削只稱先賢先儒其從祀申黨公伯
寮秦冉顏何荀況戴聖劉向賈逵馬融何休王肅杜預
吳澄宜罷祀林放蘧瑗盧植鄭玄服虔范甯宜各祀于
其鄉后蒼王通歐陽修胡瑗蔡元定宜增入
上命禮部會翰林諸臣議編修徐階疏陳不可
上怒謫階福建延平府推官乃御制正孔子祀典說示禮
部云朕惟孔子之道王者之道也德王者之德也功王
者之功也事王者之事也特其位非王者之位焉昨輔
臣張璁再疏請正其稱號章服等事已命禮官集翰林
諸臣議正外惟稱號與章服二事所關者重亦關於朕

者不得不為言之孔子當周家衰時知其不能行王者之道乃切切以王道望於魯衛二國二國之君竟不能行孔子之道孔子既逝後世至唐玄宗乃薦謚曰文宣加以王號至元又益謚為大成夫孔子之於當時諸侯有僭者削而誅之故曰孔子作春秋而亂臣賊子懼生既如是其死乃不體聖人之心漫加其號是何心哉自

我

聖祖當首定天下之時令天下崇祀孔子于學不許祀于釋老宮又除去塑像止令設主樂舞生用六佾籩豆以十可謂尊崇孔子極其至矣無以加矣時存塑像蓋不忍毀之也又至我

聖祖考用禮官之議增樂舞用八佾籩豆用十二牲用犢而止擬乎事天之禮略無忌焉夫孔子設或在今肯安享之乎昔不觀魯僭王之禮寧肯自僭祀天之禮乎果能體聖人之心乎與當正之也至於稱王賊害聖人之甚夫王者以有是德宜居是位堯舜是也無是德而居是位謂亂世之君如桀紂幽厲是也若至後世之為君而居王者之位者其德於孔子或二三肖之十百肖之未有能與之齊也由是觀之王者之名非所以重稱孔子也至於章服之加因其位耳孔子昔曰名不正則言不順言不順則事不成何其不律身遵之哉夫既以王者之名而橫加於孔子故使顏回曾參孔伋以子而並

配于堂上顏路曾晳孔鯉以父而從列於下安有子坐堂上而父從食于下乎此所謂名不正者焉今也不可疏來世之非道除待該部集議施行外茲朕不得不辨亦不得不為輔臣辨惡也為名分也為義理也若朕所正者亦如是所以防閑於萬世之下也設或有謂朕以位而奪先師實非原心之者是為稅已復為正孔子祀典申記俱令禮部送史館記曰朕惟為人臣盡臣道盡之云者終始生死之非有所私也孔子曰三年無改於父之道朱子釋之曰祖父所行之事不但三年雖萬世亦不可改也小有可變豈可待之三年夫成法固不可改其於一切事務未免法久弊生不可不因時制宜至

於事關綱常者又不可不急於正之也朕又惟天子不可與匹夫相爭辨斯世斯時却不得不辨也所命議正孔子之祀典方命下翰林編修徐階倡邪論云云若且引分祀為言其心之固惡可知朕不知典籍且以易明者言之孔子之謚王號自唐玄宗李林甫之君臣始夫孔子已逝在秦漢之前此間豈無賢明之君如漢高祖唐太宗皆創業垂統者何不加王號於孔子又如漢光武中興文帝守成亦無過者又何不加王號於孔子則不敢擁虛名以示尊崇之意者可知矣林甫之請玄宗之加意必有謂林甫之為臣也何等樣臣也其意或假尊崇師道以欺玄宗欺玄宗之所加也何其巧乎自秦

而後王天下者稱皇帝漢方以王號封臣下玄宗之封
謚孔子何不以皇帝加之是不歉與之意也特一王號
猶封拜臣下耳尊崇之意何在哉這箇王字非王天下
之王實後世封王者之王也由是庸君武宗倣此之而
加謚宋徽宗薦十二章服徽宗之加欲掩其好道教而
設此以尊崇耳況以諸侯而僭天子之服章謬之甚也
至於雕塑之像不知孔子弟子卽孔子死時而造之抑
放釋道之為而造之且如一箇人自是一箇貌色不知
可增損乎抑不可乎以一聖人而信工肆意雕塑做箇
像曰這箇是孔子像殊不知其實是箇木工之靈耳孔
子肯依之享之推己之心則知孔子之心也又至於八

皇明寶訓　嘉靖五卷　八

佾之舞十二俎豆又僭禮之甚也決所當正階此奏正
與昔霍韜之叛議
郊祀同然韜也郝朴直其實故所言不遜階也用心知韜
而言甚切而奸也悅詞和言不激不迫甚矣佞哉斯人
也翰林可用這等人邪昔同姚淶輩登科大學士費宏
所取也邪正忠否昭然矣是為申記之　云記成又諭輔
臣曰昨卿等已將禮部刊朕著說記本擬票上已朕所
未卽批行非不斷也亦非惑小人之言但實不容不說
王汝梅等奏二疏與徐階張袞所謂同他與不暇言只
以後世人全不公平無義理者言之汝梅等有曰此
聖祖所存必不可去也言似輕而意實重意朕不遵
祖制欲問罪矣夫孜使武成王祀典今在朕下命去之必
翕然奉順必無一人一言之曰此
聖祖所存也且如各鎮總兵武臣凡行事序列在撫按官
上令率皆極制之一有違礙無所施行往往有賊至而
猶不知者豈可望其備乎至此失事輒行奸巧罪皆歸
之主將或有暴虐輕率激怒官軍反賴主將使之如先
記名巡撫保定官及歐陽重者我
聖祖時有此制乎有敢這等無禮者乎他則不能細數孔
子稱王咸謂可者徇私惡耳借之以制壓於君咸服人
於下雖曰尊孔子實是尊自也甚矣孔子教人以道初
無這樣事至於壞亂人極大為不道之徒不知孔子當

皇明寶訓　嘉靖五卷　九

教為此等邪如今人只知三代之治為休時治為非夫
三代時君臣民恰如一箇人唐虞又可知矣今人都是
計利害為身家之舉動以善人為令色君子為偽黨言
為國者曰挾私求進親君敬上者曰諂諛逢迎舉善去
惡者曰結黨設報之心開陳政治者曰此喜功好事請
修禮樂者假加変亂成法之名拾遺補闕者曰此章君
之過故朝廷興舉動謂狂為由是觀之凡愛國任事之
臣必盡斥逐凡他比同之類肆行所為上制君於尸位
下殃民於水火然後可無事紀綱法度恣己違情弑君
殺父不難矣因諭而著此亦當通行刊布
○嘉靖十二年三月丙辰

上幸大學釋奠先師孔子御彝倫堂祭酒林文俊講虞
書益稷篇司業馬汝驥講易頤卦賜之坐講畢
上宣諭師生曰治平之道備在六經爾諸生宜講求力行
以資治化明日文俊等率學官諸生謝恩
上賜之勑曰朕惟人君御世撫民敷化為先朕即位之初
嘗親臨大學祗謁先師講論治道以勸勵諸生茲以祀
典釐正載詣孔廟恭行釋奠之禮且進爾諸生講解經
義爾等尚懋乃敎學率勵作興務在惇本尚實用賛我
國家文明之化顧不偉歟於戲孔子之教正名是先大
學之道修己為要爾師生其欽勉之
○嘉靖十九年三月庚子先是御史楊瞻樊得仁奏故禮

部侍郎薛瑄國朝大儒宜從祀文廟詔下儒臣議時尚
書霍韜侍郎張邦奇詹事陸深少詹事孫承恩祭酒王
激學士張治詹事府丞胡守中楊惟傑諭德龔用卿屠
應埈洗馬徐階鄒守益中允李學詩秦鳴夏閔如霖贊
善閭樸司直謝少南呂懷編修兼校書王同祖趙時春
編修兼司諫唐順之黃佐侍講胡經二十三人議宜祀
庶子童承敘贊善浦應麒議宜緩贊善薰檢討郭希賢
以瑄無著述功議不必祀給事中丁湛等請從衆議之
多者霍韜又欲黜司馬光陸九淵呂懷欲將道統正傳
皆進之廟堂參於四配下至是禮部集議以請
上曰聖賢道學不明士趨流俗朕深有感薛瑄能自振起

誠可嘉尚但公論久而後定宜俟將來董承敘浦應麒
議是司馬光陸九淵從享與四配等位次俱歷代秩祀
又經我
太祖欽定俱照舊不許妄議
定服制
○嘉靖七年二月丁巳
上以燕居冠服多俗制不雅諭輔臣張璁考古帝王燕居
法服之制璁乃采輯禮書玄端深衣之文圖註以進
上覽之稱善遂命工如法制燕弁服稍加文采襯用深衣
色用黃令尚衣監收貯着為式因諭璁曰古道尚華且
古玄端衣服通於上下茲故為等威之制以酌古今別

上下卿其上下訂議成朕志焉璁對如
聖諭為當但令品官冠服固有制度其餘燕居之服緣未
有明制詭異之徒競為奇服以亂典章乞更如古玄端
别為簡易之制以昭布天下使貴賤有等
上從之因復製忠靜冠服併以圖冊頒示禮部勑諭之曰
朕惟治天下莫大於禮禮莫明於分故服之有章所以
辨上下定民制也周官司服掌王之衣服辨其名物與
其用事職此故也我
祖宗稽古定式凡享祀
郊
廟視朔視朝弁冕常服已有定制至於品官朝祭之服及

公服常服各有上下等級其制皆不可得而變之者也
夫常人之情多修治於顯明之處而怠忽於幽獨之時
古聖王慎之於是制為玄端以為燕居之服蓋玄取其
玄遠端取其方正之義然其用則通乎上下本無級者
也今其制雖存率莫之考比年以來衣服詭異雖達官
顯士未免淪俗與市井同走卒後厮乃敢濫服與儒流
並上下無所辨民志何由定乎禮曰衣服在躬不知其
名曰罔又曰不學雜服不能安禮朕惟玄端之服在古
雖為上下通用之服而今人又非古人之比故雖在燕
居之中宜有等威之辨因酌古玄端之制更名曰燕弁
庶幾乎深宮獨處之時而以燕安為戒也夫善與人同

令從君出故欲察於有位自難混于無名因復酌古玄
端之制更名曰忠靜庶幾乎進斯盡忠退斯補過也夫
君子大復古重變古非泥於古也因時制宜各有法象
意義非以私意更改之也朕已有諭著為圖說告之
祖考示不敢專頒之天下傳之後世示不可私其燕弁服
朕已製成慎用之矣其忠靜冠服宜令如式製造在京
許七品以上官及八品以下翰林院國子監行人司在
外許方面官及各府堂官州縣正官儒學教官服之武
官止都督以上許服其餘不許一槩濫服至於比年詭
異之服悉行禁革夫衣裳在笥所以尚賢車服以庸所
以昭德凡爾內外羣臣尚當稽其名以見其義覩其制

以思其德務期成峩峩之舉髦無徒修楚楚之容與庶
道德可一風俗可同也爾禮部其以圖說頒布天下如
勑奉行因賜輔臣楊一清等忠靜冠服各一副諭曰玆
者玄端冠服有成卜吉朕躬告聞
祖考佩之于身及下禮部頒行忠靜冠服今以一副賜卿
服用庶幾上下同心君臣一德以化於天下俾歸道義
之中豈不美哉
〇十二月甲申
上諭禮部朕惟自古帝王之制禮皆推己以及人而其施
固當自親始也稽諸帝堯平章百姓協和萬邦必先於
親睦九族所以盡制盡倫有典有則也朕以朕躬入承

大統負荷之重夙夜靡寧切念有天德然後可以語王
道其要只在謹獨故酌古玄端之制為之燕弁冠服庶
幾檢約身心以為燕居之戒延因輔臣之請推為之制
命之曰忠靜冠服錫于有位朕已嘗念及宗室諸王其
制尚未之備欲圖之未遑也今光澤王所請實有獲於
朕心著其敬慎好禮之意良可嘉焉朕因酌燕弁及忠
靜冠服之制復為之製式使之上無所僭下無所偪具
載圖說名之曰保和冠服夫上下之分猶天地之不可
易各知其分然後相保而國家治安今自郡王長子以
上其製式開載已明鎮國將軍輔國將軍奉國將軍鎮
國中尉輔國中尉奉國中尉以及左右長史審理正副

紀善教授伴讀等官俱宜照忠靜冠服以品官之制賜
之其郡縣鄉官儀賓雖各有品級然非儒官比不得槩
服其餘各官不在開坐之數並不許服以防過濫於戲
親欲貴也愛欲富也故禮制宜從敦崇名以命之器以
別之故品節不容假借夫忠靜冠服品格之不同者尊
賢之等也保和冠服格品之不同者親親之殺也等殺
既明名分攸定庶幾知所保矣保斯和和斯安此固錫
名之義也孟軻氏曰樂天者保天下畏天者保其國禮
部其以圖說頒布諸王府如勅奉行
○嘉靖八年五月庚子朔
上疑冕弁之制未合典制諭大學士張璁以制有革帶之
皇明寶訓　嘉靖五卷　十四
文今何不見於用璁對曰按陳祥道禮書古革帶皆謂
之鞶革冠以繫佩韍然後加以大帶而笏搢於二帶之
間夫革帶前繫韍後繫綬右左繫佩自古冕弁皆用之
今惟不用革帶以致前後服皆無所繫遂附屬裳要之
間失古禮制矣
上曰冕弁用以祀
天地享
祖親若闕革帶則禮服不備非齊明盛服以承祭祀之意
及觀會典載蔽膝用羅上織火山龍三章并大帶緣用
錦皆與今所服不合卿可併革帶繫蔽膝佩綬之式仍
詳明繪圖進覽且衣裳分上下服而今衣通掩其裳制

如帷幔而今兩幅朕衣意但與裳要下齊而露裳之六
章何如已又諭璁以變更
祖制為疑璁對古制衣不掩裳考之大明集禮及會典定
與古制不異其後官司織造乃循習前代訛謬今訂正
之正以遵復
祖制非有更變
上意乃決因復諭璁曰茲事既必行須求至當朕仍一一
與卿訂定一衣六章古曰繪者畫也今當織之朕命織
染局查國初冕服日月各徑五寸今當從之日月在兩
肩星山在後華蟲在兩袖仍玄色一裳六章古曰繡今
當從之古色用黃玄黃取象天地今裳用纁於義無取
皇明寶訓　嘉靖五卷　十五
當從古其六章作四行以火宗彝雉虎蜼為二行米黼
黻為二行一革帶即束帶後當用玉以佩綬繫之于下
一蔽膝隨裳色其繡物上龍一下火三不用三可也卿
其詳加思議以告璁以
聖裁至當為對
上乃諭令內閣諸臣同考訂之
○九月丁酉朔
上諭大學士張璁會典中有親征之條所謂類造宜禡之
祭皆云具武弁服斯乃一代之制不可不備今當重校
會典之時宜制而增入卿可為朕詳言之璁對周禮司
服凡兵事韋弁服即武弁也因圖弁形并疏其義進覽

上報曰覽卿註繪武弁圖制足見博考所繪有韠形但無
繫處想亦有失冠制古象上尖今皮弁則圓朕惟上銳
者取其徑利當如古製可也又衣裳韠舄皆赤色何謂
且佩綬俱無而於祭用之可乎璁對自古服冕弁未有
不用革帶者革帶前繫韍後繫綬韋弁之韠止繫于革
帶耳武事尚威故色多用赤詩韎韐有奭乃天子講武
之葷奭赤貌韠舄從裳色故皆赤佩綬于禮制不可缺
但未有明據采芑詩曰服其命服朱芾斯皇有瑲葱珩
此詩為卿士方叔南征而作其戎衣尚備佩玉如此則
天子武弁從亦可推惟
聖明裁定以備一代之典可也乃命造武弁冠服衣裳韠

舄俱如古制增革帶佩綬及圭仍諭禮部曰我
聖祖定制天子親征必有大祭等祭皆具武弁服行禮今
國家承平制度久缺朕已與輔臣璁詳加考定今欲令
該衙門成造以備一代
聖制爾部中擇吉行
○十二月丁丑
上親定百官朝祭服圖式詔禮部摹板繪采頒行中外初
章服定制載在會典及內閣秘圖沿久而訛每遇朝賀
祭祀服人人殊及
上更制袞冕先出圖說示閣臣下禮官議定頒行中外而
百官承訛如故會
聖旦給事中戴儒請明降定式以便習儀禮官按秘圖會
典酌以今
上所定冕服說草上圖註不稱旨
上乃諭內閣親定公服所用革帶照舊朝祭服大帶表裡
俱素兩耳及下垂緣以綠色就以蔽膝佩綬係之佩玉
更服古制裳併三幅如禮官所言且令議方心曲領名
義於是禮官言方心曲領始于隋時非古也
上曰方心曲領古制不傳況始自隋豈可襲用宜革之餘
如圖註通行中外職官遵行毋得違越仍會議各王府
官一體更正

壼閫範

○嘉靖六年十二月壬申
上諭大學士楊一清等曰卿開導儲嗣言造端夫婦誠不
可不重朕於后與二妃皆以禮接之以道舉之亦以正
御之而於多慾之戒色荒之懼每兢兢焉合婚禮告成
將近七載深慮承傳為重恐罹不孝之罪也因此敕切
諭之庶見朕不敢忽之微意耳
○嘉靖七年閏十月
上與大學士璁議冊立中宮璁對天子有后所以共承
宗廟不宜久虛
上報曰卿昨以所問事宜為對足見忠切夫朕德無一綫
而勉忝纘遠身承

祖宗之位遂使嫡妃遠喪儲嗣延遲未立每思至此實切
憂惶今之事則甚難為也若待之歲月亦不為遲未知
可否上雖有
聖母之至訓朕敢不從然恐而繼為非祥夫何謂也凡人
之為善為惡出自性中來間有遷惡為善者今則艱獲
斯人也況君子所配必逑淑女而人之君長之配不可
不慎擇也前者初婚之期皆是宮中久惡之婦所專主
而為日夜言
聖母
聖母未之察耳今若又使與此事則不如不必繼立也朕
所愛者德與賢耳非有偏寵尚色之私此人豈知我

祖
考在
天之靈知之也如果擇有德者繼立將不平之怨必作訕
誚之譏必來矣卿等可通將昨引
聖母之訓併此抄一帖録與同官議來此帖亦抄一帖繳
來朕未屬草云
○十一月戊申諭禮部朕
中宮皇后陳氏近以疾逝自惟弗類遂失所配愴悼未已
並恐議及其繼者頃累奉
皇伯母昭聖康惠慈壽宮皇太后
聖母章聖慈仁皇太后面諭以朕
皇后既逝而
宗祀甚重不可久虛其位朕拜受命茲者內閣輔臣暨府
部九卿文武群臣合辭為請朕已聞之
聖母復命朕曰吾已先有是訓
昭聖皇太后亦有是諭今聞羣臣之請心甚慰悅皇帝宜
亟自擇其可者冊立之朕仰遵
兩宮之命俯納群臣之忠深惟國本匪輕朕承
宗祀須賴內襄命順妃張氏往奉
聖母所簡冊以為妃侍朕以來克盡禮道性資端慎淑德
允諧可冊立為
皇后以相朕

宗廟之事共奉
兩宮之養禮成
上親草詔書告天下曰朕惟正家為萬化之原朝廷乃四
方取則故君聽外治以正其陽綱后聽內治以修其陰
教此古今弗易之大政也朕以菲德仰承
天命統御乾綱近因坤儀缺位恐內外失修乃遵
兩宮累降之命納群臣忠懇之誠謂
中宮之位弗宜久虛當早繼立以匡內治朕謹循
祖典茲以今年十一月二十八日祗告于
天地
宗廟聞于

兩宮皇太后遣文武大臣持節捧册寶授順妃張氏繼立
為
皇妃賴其共承
宗祀事叅
兩宮禮儀既成特以朕意詔告中外俾悉聞知
○嘉靖九年正月乙巳給事中夏言請行
皇后親蠶之禮
上嘉納之諭輔臣曰今日言之奏甚好朕每在宫中恒言
及此亦嘗諭皇后曰汝但知玉食繡服之充口飾體却
不知成此者辛苦萬狀也又朕每以服上進
聖母請尚用

聖母諭朕曰吾何德獲今日之奉養但吾織服一素衣亦
甚愛惜這等黃色錦綵須有時服之豈可輕用朕對奏
此袍服
慈覩正當尚用何至久服之者不一易之
聖母又曰且只說昔日豈有此等衣服同皇帝尊奉亦不
敢過用了朕拜奏
聖母德慶延於小子乃有今日非聖賢不能念舊日之事
今
慈意如此子敢不順承
尊訓或進一食亦是如此夫
聖母性自
大成固為來者之法皇后恐不可不使之知農桑勤苦故
朕納夏言所奏可着李時承朕意焉
○九月戊申從大學士張璁等議刊
高皇后傳
文皇后內訓
聖母章聖皇太后女訓頒布中外仍諭璁等曰桂萼嘗言
欲令翰林官集詩書之閨內教者撰為詩言使誦咏之
斯亦為助多矣可諭諸臣速為分撰成帙集之以助傳
訓之布使易為感發且卿等三臣及方献夫李時董玘
徐縉四臣俱當撰進可即傳示知之朕惟今也時俗大
不古若況女子最為難教欲立其本當自朕中宫始凡

當行事宜卿等其與時會議以聞朕又命善書者繕寫
女訓三再一
慈覽一朕備觀一奉
聖母教授
皇后然後書宜有儀卿等即同禮官會議以聞
○十二月丙子
上親製
聖母女訓序內有王后姜班之句輔臣張璁疑姜班字訛
上疏問之
上曰卿以朕所述序內用姜班字者以為太姜及更作姜
任字取太任朕所用姜班字乃以周宣之后姜氏及漢

之班婕妤耳夫宣王非成王之賢以姜后脱珥之賢從
克自勵令稱中興之主漢君欲與班姬同輦遊班曰明
君之側當有賢臣未聞同妾媵居一輦使主上失德漢
君乃止夫此二人足以為賢矣使今後世能肯學此二
人等而上之庶可求姜任之至也朕望於今後者如此
初未敢以太姜太任望之未審果否若何卿其再詳議
來更錄惟求可耳璁謝不及遂用之
○嘉靖十三年正月壬子立
皇后方氏
上親製册文曰朕惟二南基化實先正始之風四德承休
允表宜家之慶乾行健必坤承陽為剛而陰相故君御

天下而后理內教者也咨爾德嬪方氏出自慶門首膺
賢選稟資端懿淳良之性允著德容莊靜之美屬當貞
淑之求克應嬪儀之簡位先九御名冠六宮侍朕既已
二載之餘賢實君在一日之謹不驕不侈益慎益欽式
立中宮允符上選吁非出我私乃為公議茲特遣正使
太傅武定侯郭勛副使少傅張孚敬持節以金册金寶
立爾為皇后於戲惟孝謹思相
宗祀奉
慈顏惟敬順思佐朕治輔朕躬惟寬和以率列御惟勤儉
以範諸宮修明陰教愈進祇嚴匪但不我違亦永爾之
恒祉欽哉

○十二月癸丑錦衣衛百户費洪以
皇嗣未生請於京城內外慎選淑女以備九嬪禮部請遣
官於南北直隸河南山東廣東求之
上曰慎選淑女本為廣嗣之計朕恐遣官四出重擾百姓
又恐不識者謂朕好色第如洪奏於京城內外選擇如
果無人再議奏請
○嘉靖二十六年十二月戊辰册謚
大行皇后遣駙馬都尉京山侯崔元告
太廟成國公朱希忠充正使持節大學士夏言充副使捧
册行禮册曰朕惟人君受命以握乾綱必資媲德以輔
陰教然元配中失亦必有嗣美克修內治是以刑于家

邦達之天下而王化有成咨爾方氏出自慶門早膺
淑選比遵
慈命繼正中宮孝敬柔嘉著聞於
宗祀溫慈仁惠衍餘澤於後昆孰能保護朕躬功存濟難
方期偕齊壽祉詎意俄爾崩殂追惟往勞殊切傷悼爰
稽典禮用錫徽稱茲特命太傅兼太子太傅成國公朱
希忠為正使持節少師兼太子太師吏部尚書華蓋殿
太學士夏言為副使捧册謚爾為孝烈皇后嗚呼蒼昊
不吊慨榮祿之弗延彤管播音尚休名之罔斁庶幾永
眷以慰賢衷欽哉先是禮部請册謚如
孝絜皇后儀奏可尋復諭謚后禮重正副使於門拜命持

捧節册百官侍班如儀不必內侍代正副使人殿一遵
臚引百官列於思善門外侍立太常讀册訖引禮導百
官行四拜禮退皆
上親定云禮成勅禮部通行天下王府及內外諸司知之
重儲闈
○嘉靖十二年八月己未以
皇嗣生詔告天下曰朕惟承祧主器必在賢良繼位嗣難
惟宜傳長故曰君之儲貳是謂今昔咸同朕以一人仰
承
皇天洪眷纘嗣
皇祖丕圖卽位于今已訖一紀大婚之後又越十年每思

傳繼之久虛若履薄氷而戰懼上廑
聖母佇望之深下遺臣民引領之至朕心震惕朝夕匪寧
昨歲一心輔建策愼選淑女以備妃嬪之御用廣嗣緒之
求朕請
慈命聞於
祖考卜吉納九氏以用資繁衍之祥助蒸嘗之職者乃於
今年八月十九日
皇天降祉
祖宗鑒蔭朕第一子生屬麗嬪閻氏出是皆
皇考
聖母鍾祥積慶而衍及孫謀者也玆用布聞中外誕布寬

恤所有開示並宜奉行
○九月戊申召禮部考
皇子廟見命名諸儀因諭曰皇子命名本朝皆有勅諭夫
方未一歲尚不知事而賜之勅是虛文也藉令向後識
之得以顧名思義未如待其知事後教之又禮曰父命
之名朕又思之必當告于
祖考然後可以命子禮部尚書夏言覆如
聖諭
上報曰覽奏具見執禮從古之正朕意所同其卽具儀以
聞
○嘉靖十八年二月甲辰以册立皇太子并封二王下詔

曰朕惟人君奉
天命而君臨天下所重者大本係焉是以自神禹至今率
遵此道用一人心也比歲朕荷
皇天俯眷元嗣誕生數歲之間疊承
洪造顧朕何人詎膺
帝德深惟
皇祖垂裕之恩
列聖累積之大
皇考功德玄隆
皇妣善慈廣萃慶積朕躬顯受不一荷至有今日玆念
祖宗家法具在

慈闈切朕亦中既文武群臣屢請左右元儲力贊咸以國
本之定此其時也朕亦思惟欲圖久大之治安須蚤立
於儲貳兼以藩輔之重故同建本而行遣取昨旦元吉
是維今月一日朕躬祗請
命於
皇天
皇祖分命諸臣告於
方澤
列聖
太社稷
帝社稷

神祇大頒册寶立朕元子載壡為皇太子分封第二子為
裕王第三子載圳為景王慶典既成恩澤斯覃眾昭代
之發章答數天之至望
○嘉靖二十四年二月甲辰
上諭禮部朕皇太子當冠并習講讀一應合行禮儀查照
祖宗時舊例一一舉行即各擬至當不必瀆奏已復奉
聖諭東宮冠請禮朕復思二三子各當行此各節次
祖宗舊典俱在卿嵩會議璧寀承恩查擬一一奏行
○丙辰禮部尚書費寀等言
東宮冠請儀節繁多一時未易盡習攷之周制文王年
十二而冠成王十五而冠大明集禮參用文成冠禮之
年近則十二遠則十五則在今日
東宮殿下加冠似為大早乞將冠禮暫勅停止先以童
服出就講讀則事為有序而禮不難行
上曰東宮冠禮朕非不知未克行但今
廟工將成用同堂之制曰是
祖宗久行典禮因作昭穆古正制謂居今好古灾害必至
所以朕思弘治間東宮冠禮
皇兄方數歲若欵之文成用時又是好古了致內而僕侍
外而臣工懷奸持祿一事不言朕不得不早言方下命
行禮之物元輔物瑒驚傷在埋
太廟自安否座卽有火星之變昨十九日來連辰陰晦亦

非全美禮部所奏必測知禁中連日習禮之意故有暫
輟之請況東宮雖長朕二三子一歲而行立坐拜言動
視聽都不若之兹行冠禮不過勉强耳夫臣僕皆非君
主念朕今不言將來又必曰君父未命非我罪也且作
訕謗爾等會月見六臣計且暫止之義及預習內讀之
宜以聞已乃會勳輔大臣言
皇太子既未便出閣乞命司禮監慎選老成端厚知書內
侍恭伴讀書習字兼演習禮儀俟睿性漸開禮節日熟
然後出閣講讀既入得旨冠請禮儀另候旨行
上乃諭輔臣嚴嵩等曰朕先與卿等計定東宮冠請遵
祖宗法制舉行既而禮官不知受人指使或測知禁中習

未可行者不言於下制之時肆沮於既命之日且引文
成之年歲不同
累朝之令典謂為未可卿等從而同之今既有另候旨之
命朕不得不言另下之旨不必候只令輔臣該部俟當
行之年其奏行禮其與事者不許推避亦不許作欺誑
之為謂朝廷不理者卿等錄示禮官遵行萬等因言
皇太子數歲而冠原無定期不必書泥文成之年伏乞
俯從原定吉期或移取通利之辰遵奉舉行得旨覽奏
足見敬畏朕知已萬復言
東宮殿下時已十歲令冠讀之諭一下中外忻傳合無
是日稍減繁儀止取成禮此外或可頻接外臣漸廣視

聽知冠禮暫輟或以童服出就儒臣時習講讀又之聞
齋性益開而知所嚴重矣得旨冠乃成人之禮肖太子
雖體承命之重必典禮具備方可行既而復諭萬東宮
冠讀已聞中外只可移取通利之辰不宜暫罷問冠禮
內儀物有綵巾何為萬言彼在東髮巧婚禮內物不用
為當又問廟見童服當是何服色萬言今日之見係在
內殿家人禮也比與
宗廟大禮不同似應常所用吉服行禮已奉諭東宮廟見
等儀非一節即令將入夏令恐難勉行待秋與舉未遲
睿覲
○嘉靖元年五月壬子

上諭禮部曰各王府宗室應奏事情止許啓王代奏不得
私自來京
先朝明有禁例近多越關妄奏甚至子訐其父不遵
祖訓傷敗倫理莫大於是今後違犯者原詞一切不行差
官伴送回府止給口粮脚力不許沿途需索轎馬供應
通諭各王府知之
○嘉靖六年八月戊辰
上諭閣臣曰前日禮部言駙馬要十日一赴部考其所讀
書寫字欲講解以開心志深為有益但大臣戚里十日
一赴部考恐未為可朕聞我
太祖時凡幼小功臣之子并駙馬每與官師各一人令其

授書教禮當以此為法今公主乃
皇考親女為朕親妹駙馬都尉謝詔作國家親臣焉可使
之不讀書知禮乎朕欲選一儒臣與詔為師待其成後
二十日令其師教習經書每三日授大學一篇凡三十
日溫習一次三日寫做一張蓋寫字乃正心之功就令
解講明白還寫勅一道令謝詔体朕是心恭誠指問務
使知其忠孝仁義禮儀事物之類未知其可與否與卿
等計較來行於是大學士楊一清等傳旨諭禮部奉行
乃陞國子監助教金克厚為禮部儀制司主事授詔經
書仍聽部提調稽考論績叙遷
○十二月甲子靈丘王聰滆疏上鎮國將軍成鐵孝行禮

部以聞
上諭輔臣曰今日朕閲各衙門奏牘見禮部一疏為乞恩
旌表孝行事朕閲之再三甚為嘆其成鐵天性如此不
但下民難之而朕亦不能生盡其養亡又盡其哀深可
旌表但該部意謂宗支與庶民不同今後不許請立牌
坊只照例賜勅奬諭朕復思之宗支既與庶民不同若
止賜勅為奬似反不及士民也在坊牌委不可立朕欲
定為制今後有孝行實跡等項應旌奬者許親王奏來
若係親王則令撫按官奏來仍行勘明寫勅遣官齎持
往諭并賜以銀段羊酒庶得揚其善行以風勅諸親卿
等擬看可否如可朕欲親撰勅文仍頼卿調潤行如今

年終日多事務便同具帖子來於是大學士楊一清等
請卽降旨傳行報可
○嘉靖七年七月丙戌以
章聖皇太后加上尊號頒詔天下輔臣擬上推恩條例
上覽之曰
聖母尊上稱號已有
累朝舊制須降推恩之條但我宗親不得異於臣民非睦
族親親之意今欲除詔内載有關於宗支者其親王各
寫書并加以金帛示朕惇睦之意王府結親者其子弟
仕官不許選任京職此豈親親睦族之道且今詩禮故
家衣冠世族俱不敢於王府結親恐為子孫之累故各

處王府夫人儀賓市井白丁田野愚夫一例濫選家教
不端守身不律非惟不能藉引宗室為善反縱其為非
干犯憲典此例
祖訓大明集禮大明律令俱無開載不知是何年臣下建
白准行然成化年間已前多不拘至弘治十三年各衙
明纂修問刑條例載入其間遂為定例不敢復犯甚非
帝王正大公平之體其議更之輔臣楊一清等因復擬
加恩宗室二條請增入末一條之前
上親為改定一宗室節年因事減革住支祿粮者除敗倫
傷化打死人命重情其餘詔書到日全革者准支一半
減去一分二分者俱准照舊全支以資養贍一近年事

例官員軍民之家有女為王妃夫人子為儀賓者其子
弟仕官俱不選任京職似非帝王親親睦族之道吏禮
二部便會查前例果係
祖宗典章該載照舊遵行若係先年臣下因事建白准行
者具奏革去以存公平正大之體
○嘉靖九年六月辛巳禮部覆豐林王台瀚所奏處宗室
四事一崇輔藻二興學校三定子女四均人役
上以定子女一事所擬未一令再議餘三事悉依擬已禮
部復條為三目以上
上疑未央乃自為書賜諸王欲將朝廷皇子自第二子皆
封郡王親王第二子皆封鎮國將軍餘各減一等書成

未發以示大學士張璁璁言諸王封爵原有定制恐一
旦減降有失親睦之道以臣愚計莫若量減祿而不降
封郡王以下凡全支俸米者照依京官事例米鈔或四
六或中半折支其見有米鈔兼支者亦量為遞減以示
撙節
上以其事重倶從容審處不果行
○十一月甲申頒
聖母女訓於各王府賜肅王書曰朕惟政分內外教亦別
途紀天子至於卿大夫士之有位者尤當致慎焉朕
聖母章聖慈仁皇太后以懿哲之資上配
皇考恭睿獻皇帝仁明之聖當時化隆一國朕承慶蔭乃

御荷
天命入嗣
皇祖丕圖皆由我
皇考
聖母養育教誨之所致也近思
聖母嘗作女訓一書可以輔朕
高皇后之傳
文皇后之內訓而範將來已恭成帙謹來一部以備曾叔
祖之覽焉惟曾叔祖亮之餘王府文同
○嘉靖十八年二月乙丑趙王厚煜迎
駕於磁州入見行殿

上諭勞之曰王遠來迎迓首先致敬忠誠備至朕甚喜悅
明日遣英國公張溶禮部尚書嚴嵩送王還國及
駕出王境復賜書諭王曰朕躬詣承天府恭視
顯陵
二親計實惟萬世之圖道經王國王屢請越境迎候朝見
又屢奏以途路長遠請慎起居又遣內外輔導官迎慰
具悉王忠敬勤誠處朕至意深用嘉悅但行途匆匕莫
舉宴酬之禮已勅戶部歲加祿米三百石并有儆物以
賜用鑒朕意特茲諭答王益加忠敬親賢務學勤以教
家誠以修身庶保令譽於克終用式藩屏以光世德惟
王其欽誠朕諭其後唐王汝訓王鄭王徽王楚王周世

孫各朝
上皆禮之有差
裁恩澤
○嘉靖六年十一月甲午大學士楊一清言近畿八府土
田多為各監局及戚畹勢豪之家請討乞行禁絕
上曰卿等所奏深合朕意近年東八府地方多有被奸人
將軍民徵糧地土投獻於勢要之家朦朧奏討作為莊
田侵占強奪操捷逼取地租雖節經奏詐委官勘斷終
不明白民既失其常產何所恃以為命逼迫逃竄者實
多京畿如此在外可知便着戶部差侍郎一員科道各
差風憲公直官一員領勅前去各該地方踏看不問王

親勢要除已實有田土見勾的不動但係泛濫乞討及
額外多占侵奪民產曾經奏訴的查吊籍册再勘是實
都退與軍民照舊管業各項草場亦有將軍地土混占
致令失業一体清查斷理在外地方都行與各該巡按
御史委官查勘各王府及功臣之家除
祖宗朝欽賜有文籍册可質証的不動但係近年乞討及
多餘侵占的都給還軍民佃種納粮當差各處勢要官
員亦有將軍民世業指作無糧拋荒地土及將係官山
場湖蕩草塗等項勢豪官司奪為已有都要清出從公
處置僧寺田土小民與他耕種租粮本輕多被官豪違
例典買倚勢兼併田連阡陌料取重租甚至將僧舍屋宇

占為住居也要查明改正事完各另造册回報戶部職
司人民務要從實查考以稱朕恤民固本之意承委官
員如有畏避權勢不行從公勘報的指實參來究治
〇十二月甲寅科道官勘上駙馬鄔景和所請地土當分
給原主部覆請從其言
上諭輔臣曰戶部覆勘明地土其地原經我
皇祖孝賞與皇親之家見有鄔欽承種而鄔景和不該奏
討其時戶部也該執奏朕又不知今思似奪
祖宗之恩以快近戚者朕欲將此撥還欽另查無碍者與
景和又思之如此不無多占民地今可依勘官分給似
亦好卿等看了票來

〇嘉靖七年九月辛卯
皇后父泰和伯陳萬言疏請令妻冀氏入宮視
皇后疾
上不許諭輔臣曰萬言意朕知久矣彼數以此令內官付
宮人乞奏云中宮不安也不要我每進去看看以未得
遂故有此奏彼以為朕無仁義耳朕惟外戚自古來有
入宮禁假以視病為言多有窺伺朝廷者在彼為得計
在其君為墮計也朕奉
天命嗣守
祖宗鴻基惟親其賢圖善治耳皇親戚里未嘗寵愛以致
彼之如此也皇后作配朕躬良醫妙藥豈無治病之具

何謂不見親人不能得好況婦人以夫家為家又我
聖母慈愛皇后未見多也今疾雖未可豈緣此也內禁是
祖宗宮掖之地朕不敢徇私縱外戚深入乃降旨諭萬言
曰宮禁嚴密非外人所得出入朕雖篤念親親實不敢
背違
祖宗典制皇后患病已令醫用心調治豈必得見親人方
可痊愈所奏不允毋復瀆擾
〇十月丁卯
上諭輔臣曰近以內官蕭敬病故伊名下韓錫等援例乞
恩具奏司禮監官持奏朕曰隨你每着來及將例來看
朕惟成化弘治年間雖有如此者我

祖宗未著爲定例朕先於扶安等亦有行者亦是不能竊
察朕惟人臣之事君生既與之禄米死有祭葬所待之
恩未爲甚輕而亦有不知圖報如草木者又加如是之
謚與恐非體面所宜本内票子乃是司禮監官擅擬祥
特與卿等商議可革之否勿得畏避票來看待張少傅
事畢回來同奏
○嘉靖八年四月甲戌戶部以勲戚家冒濫莊田數多覆
侍郎王軏奏請申明詔例不許分外奏求其已經欽賞
有成命者仍與管業中有世遠秩降或非一派相傳者
量存三之一以爲墓祭之資餘皆入官以備邊儲
上然之因諭曰已賞田土亦宜查明有分外强占者俱給

原主自今勲戚大臣務各安分以保禄位不許妄行陳
乞
○九月癸丑故皇親安昌伯錢承宗妻爲廢長男維垣奏
請襲爵部覆故事無外戚累世襲封之例
上深然其言曰外戚封爵實非古道我
皇祖定制公侯重爵止許加之軍功外戚之封出自後世
非可爲據今爵秩日冗禄粮日增深爲可慮且使無功
者坐享重職非古帝王報功之典朕甚不取近諸臣有
建議及此者無非爲國之心卿等其即會府部院寺科
道等官從公議處以聞既而議上外戚有軍功者獨魏
定二公彭城惠安二伯餘並當革襲得旨外戚封爵既
無古典原非
祖制魏定彭城惠安既有軍功其襲封如故餘以戚里濫
膺封爵名器既輕人不知勸固當裁革念係
先朝恩命及今已封姑與終身子孫俱不許承襲著爲令
○嘉靖九年正月壬子駙馬都尉謝詔陳乞於近地列肆
召商如皇親例
上不許曰皇親列肆以漁民利在法所當革詔國親臣固
宜謹遵禮奉公家典憲豈可效尤牟利所請不允
○嘉靖十七年三月庚子先是唐王宇溫以文城王襲爵
得追封父恭靖王爲唐恭王已而復請加封其弟鎮國
將軍爲郡王妹縣主爲郡主

上以加封非
祖宗舊制不許仍勅禮部自今陳乞者皆不得濫引襲事
依違具奏
辨學術
○嘉靖元年十月乙未禮科給事中章僑言三代以下論
正學者莫宋儒朱熹近有倡爲異說以惑人心者宜行
禁革
上曰
祖宗表章六經頒賜勅諭正欲崇正學迪正道端士習育
真才以成正大光明之業百餘年間人材輩出文體純
雅近年士習多詭異文體務艱險所傷治化匪細自今

敎人取士一依程朱之言不許妄為叛經背道之書私
自傳刻紊亂正學

○嘉靖六年二月甲戌
上觀宋儒朱熹著南劍州尤溪縣學明倫堂銘自得有述
一篇內云今世降理微人欲熾盛無怪彼之附和若但
可惜者師生兄弟朋友或一氣而分或交以為友亦有
不同焉少師楊一清為喬宇之師宇受學於一清有年
矣一旦被勢利之逼則師之言不從矣桂萼為少保桂
萼之兄則弟不覩矣湛若水為尚書方獻夫之友則交
而疎矣吁信勢利奪人之速可畏世戒於是一清言喬
宇之不聽臣言湛若水背獻夫之論是誠然矣若桂華

能特正論且闢萼之學多自其兄啓之未可盡非也
上曰朕閱大典有得而述因歎兄弟邪正殊途桂華桂萼
之如此方鵬方鳳之如彼吁嗟不餘揚抑不平近日多
事未暇檢續依卿言朕將原稿更之

○嘉靖八年二月甲戌
上諭輔臣楊一清曰今日朕以去歲卿奏以萼可同事朕
已許於朝覲事畢行已其吏部重任須用一堪之者獻
夫何如又王守仁竊負儒名寔無方正之學至於江西
之事彼甚不忠觀其勝負以為背向彼見我
皇兄親征知宸濠必為所擒故乃同文定舉事實文定當
功之首但守仁其時官在上耳且如擒宸濠於南直隸
地方却去原地殺人至今孰不知其縱恣前日兩廣之
處見彼變寇固防却屈為招撫損我威武甚矣乃於八
寨而縱戮之以此看來勢之固而有備者則不問其為
罪之首從輕重一於撫之否則乘机而殺戮自云奇功
是人心而否哉況崇事禪學好尚鬼異尤非聖門之徒
是可用乎卿等何堅於庇護可獨容言之勿以近日攻
容諭為非而忌

○十月丙午南京吏部尚書湛若水進所纂二禮經傳測
大畧以曲禮儀禮為經禮記為傳禮部尚書夏言謂其
立論與孔子之言相戾
上曰既戾孔子之言何以傳示後學罷其書不省

闢邪

○嘉靖六年七月乙巳
上諭輔臣曰朕思每年初度該衙門援例請於朝天等宮
寺建齋以為祈壽福者夫人君欲壽非事齋醮以能致
之果能敬事
上天凡所戕身伐命之事一切致謹焉則必得壽年長永
矣可齋醮為事乎今欲將內三經廠外二寺凡遇景命
初度一應齋事悉行革去止着朝天宮建齋醮如祇其
兩宮景命等日皆照舊行夫革三廠二寺之齋者所謂省
一分有一分之益之意存一宮之醮者蓋做春祈秋報
之意朕此意欲言之已久而恐人訕朕偏尚特與卿等

言之廢見崇正之意
○十二月壬子禮部尚書方獻夫等言尼僧道姑有傷風
化欲將見在者發回改嫁以廣生聚年老者量給養贍
依親居住其庵寺拆毀變賣勅賜尊經護勅等項追奪
戒諭勲戚之家不得私度詔悉如其言獻夫復言皇姑
寺係
祖宗勅建宜留之以安輯年老無依尼僧道姑
上曰變賣廢寺如議行年老而貧者量給銀養贍各聽其
父兄親黨收之不必處之皇姑寺
上復諭獻夫曰昨霍韜言僧道無度牒者其令有司盡為
查革自今永不開度及私剏寺觀庵院犯者罪無赦會
皇明寶訓　嘉靖五卷　四十八
江西提學副使徐一鳴以拆毀寺院被逮至京獻夫乃
與詹事霍韜少詹事王綰右僉都御史熊浹上疏乞宥
一鳴
上不悅乃盡發其前後章疏下大學士楊一清等票處因
降諭曰禮部復說將皇姑寺留着安輯無依年老等項
尼僧道姑且云此寺係
祖宗勅建朕思此寺雖有勅建之名原非
祖宗本意尼僧與僧道不同風俗之壞若甚之而尼僧寺
與僧寺道觀又不同朕於皇姑二字甚否也今因尚書
桂萼奏禁約尼僧毀其寺宇已行了今若皇姑寺仍留
是不去其根也餘恐無可禁之前日旨出之日於後三

四日不知何日家奏
兩宮
皇伯母差人諭朕曰皇姑乃
孝宗朝所建似不可毀吾心不安尼僧逐日無處安身皇
帝可從吾言
聖母亦差人諭朕曰聞皇帝有旨着拆毀尼寺吾甚不安
其皇姑寺閑是
孝宗時所建且其中佛像多若毀之恐不可尼僧逐出也
無處安身可不必拆朕謹聽訖未對意以為必是頑愚
小人進以禍福之言故
兩宮皇太后一時傳諭隨即令回奏
皇明寶訓　嘉靖五卷　四十九
伯母云遣奉
慈諭以奉禁治尼僧事宜欲將皇姑寺留下以稱
伯考建造之意姪敢不將順但尼僧有傷治化且於伊教
有玷況此寺雖有
皇伯考賜與勅建原非我
皇伯考聖意所為不過請乞之耳今已令查處伏請
聖慈鑒之安心忽慮而又差人回奏
聖母同前但有
伯母亦有傳諭一句次日該朝
聖母又諭朕云昨說拆寺一事恐不可動其中佛像作何
處置呢

昭聖皇太后有諭皇帝何不從之吾今也要建一座寺或
將此寺與我亦好朕聞即面奏曰近日因禮部臣奏要
禁約僧尼寺已從其請
兩宮尊諭子敢不奉行但尼僧甚壞風俗若不先將皇姑
寺首毁之餘難禁約伏望
聖母勿聽非人之言福與禍惟天降之惟人所召豈釋道
能干乎有一等愚人深信故以惑奏子亦聞之
兩宫慈訓皇帝不遵是爲不孝反依外臣之言惟
聖母察之
聖母云随皇帝與大臣議行朕退思
兩宮尊意只是恐致失也此寺中多皇親内官供給信施

而禮部必有請告之者夫方獻夫等論救徐一鳴言不
可罷之請查究黎鉞其一鳴係提調學校之官無指理
此等事乃擅將古建寺觀混同拆毁管逐僧道是見為
賊擾害地方巡按官坐視回護不得不言又江西比之
京師就重輕之京師根本之地江西寺觀以一鳴祈之
為當京師反縱而回護此獻夫等言之後先同否不待
辨矣卿等加詳票旨來一清等奏獻夫等疏詞前後界
旨
皇上責之甚當但皇姑寺既建自
先朝如
聖母堅欲留之則姑從其命將禮部本權且如擬存留以
全人子承顔順志之意似亦無害
上報曰今早得卿密疏告朕切見爱朕至意特聞
兩宮傳諭示卿正欲望卿言之但我
聖母自元年以來數有訓命以
天地善庥
祖宗餘慶欲照我
憲宗時
孝肅后建有寺宮二座為例朕雖承命未敢然而
聖母之意不是蓋尼僧寺也近日諭朕欲留皇姑寺者前
日已承
慈訓以朕意爲然亦有諭云僧道尼姑委的多有壞祖風

的不但取世人毁罵於伊之數亦不好看於此可知
慈意與卿所言惟恐有毫髮之過在朕躬何其忠愛惓惓
也禮部本只會批出庶見崇正之意假四五日間再有
諭及則傳旨留之亦未遲也就勞卿將創蓋道宫釋寺
可否預為朕議來聞一清等未及對
上復諭曰前日卿言皇姑寺今日
皇伯母又差人諭朕留之朕回奏云既
尊訓兩頒宜即順命但懲惡須去本庶免後患今適
慈訓將此寺房留與無歸尼僧暫住止着終身不許復引
此類其我
祖宗特所賜勅額追回只可如此伏望

尊鑒蒙允曰若有他安身之地足矣朕併奏聞
聖母諭卿知而此等妄傷治化易云幹母之蠱不可貞也
今
伯母之意如此可也便回疏來明日仍諭卿等方行若一
清等言
聖裁允當臣等即當奉行乃擬旨以上
上報曰得卿議來旨草深合朕意於朕既不違
覩恤仁又以見崇正闢邪之意一舉而兩得其美本非朕
能皆卿力也朕又將有謀此等頭名之意併告卿知夫
順天保明者是我朝國號言此僧尼之祖能順
聖祖奉
皇明寶訓　嘉靖五卷　四十四
天開極建國垂統惟
皇上命之何待後日以一妖尼能保大明也哉又云皇姑
者尤不好聽言我皇家之姑也當時原非
祖宗本意蓋被群小左說之耳故此寺云勅賜既是官建
何不云勅建于此便可見非我
祖宗本意也故朕深嫉之因與卿密知之向後有事須頼
卿力贊之耳
○嘉靖八年正月甲子
上諭輔臣曰近年內府禁地累被火燒毀官房數多所致
之由非一前日幸壽所謂雖未必無其實因奉釋事為
本亦飲酒酣醉所致內府官長隨等家多有事此若每

作其事朕多聞之夫事佛以求福力而反為災害惜乎
下愚之為也朕故于旨內言及而所司為害弗肯及此
卿等看其二旨稿孰可來行
○嘉靖十五年五月乙丑禁中大佛殿有金銀佛像并金
銀函貯佛骨佛頭牙等物
上既勅廷臣議撤佛殿即其地建
皇太后宮是日命侯郭勛大學士李時尚書夏言入視殿
址于是尚書言請勅有司以佛骨等瘞之中野以杜愚
冥之惑
上曰朕思此物所之者智曰邪穢必不欲覩愚曰奇異必
將尊奉今雖埋之將來豈無竊發以惑民者可議所以
皇明寶訓　嘉靖五卷　四十五
永除之于是部議請投之火
上從之乃燔之于通衢燬金銀佛像凡一百六十九座頭
牙骨等凡萬三千餘斤
○嘉靖四十五年九月己酉詔順天撫按官嚴禁僧尼至
戒壇說法仍令廠衛巡城御史通查京城內外僧寺有
仍以受戒寄寓者收捕下獄四方遊僧悉听所在有司
遞回原籍當差

大明世宗肅皇帝寶訓卷之六

光祿大夫柱國少傅兼太子太傅禮部尚書武英殿大學士臣呂　本謹校
南京禮部祠祭清吏司郎中臣陳溱
南京兵部職方清吏司主事臣朱　鍺謹閱
南京工部虞衡清吏司郎中臣呂胤昌

知人

○嘉靖七年八月甲子大學士楊一清以人言求去因自陳與張璁黃綰有隙嫌忌之地不宜久處

上報曰卿歷陳被人指斥誣害之意朕已知其久矣夫人君受

天付託必資老成賢碩以為夾輔朕所倚卿不但為已而

已實為天下耳朕聞先儒有云不徒知之貴欲行之又云凡人之能不可自伐彼張璁也性資雖敏柰強梗不受人言已是不聽於衆其忠孝仁義謙恭慮守彼皆無不通曉何其自入閣以來專恣而自用無復前之初也且如聶能遷縱是小人置之於法未為不可但璁之仁義不無有虧如張浩者朕聞諸人言皆一曰本是張閣老處楊閣老言於王尚書今日卻不想朕聞之心切嘆吁非自欺乎近又令史立模為言以籍人之口指為陰中朕昨諭內閣云大臣不受人言已有過不能正焉可正其君哉立模之言諂而巧媚欲悅大臣不知卿見此諭否璁未即奉命反復辨言朕復下諭方擬旨行又黃綰之奏非忠公果為國也是言也立黨之基也朕欲重治復而思之綰之言無根據若罪彼卻似真有這等人而曲庇之也故令璁票責諭璁為曉諭朕復曰票責綰之意猶有難辭朕遂親作旨行彼璁盡忠事君博見多識居顧問之允稱可惜者自伐其能恃朕所寵嗚呼朕之所禮者非私恩也報昔正倫之功璁當愈加謙遜竭誠圖報可也竭誠者何推公讓賢謙已容衆是也今卻若是良可嘆哉卿若果於一去曰遠嫌避誣保其終全為善計朕以為未也夫既彼攻之我即去之恐自此而後儆而為前進一人攻之者隨之此風正當今日除去可使之中也所留者正欲革此風制此輩耳卿果為國

盡忠當於此熟思君只欲以去為善是慮國不如慮身也彼他夕謀之朝攻之不足介意亦不為我政治之害矣卿其加意而審處哉慎哉一清復惶懼上疏且謝且請

上固留之曰朕以卿耆碩舊輔方切倚毗而卿必欲引退君臣之義恐弗如是朕躬多愆當直言以匡救何遽舍朕而去卿其副朕望焉

○嘉靖十年九月己卯

上幸西苑仁壽宮召大學士翟鑾李時左都御史汪鋐尚書夏言等入見

上曰陝西飢荒已遣戶部侍郎葉相賑濟今相病宜何處

鑾等請就用陝西巡撫劉天和或河南巡撫徐讃因言
陝西初災傷重大後聞亦頗有收
上曰百姓艱難還用賑濟民乃天之民也豈可不救又問
吏部侍郎唐龍如何衆皆稱其才遂用龍次日
上復召諸臣言曰吏部事重龍去一侍郎豈能勝任朕欲
用一人為吏部尚書卿等可從公推舉李時對曰廷臣
才識短長俱在
聖明洞察之下
上曰朕在宮中賢否豈能周知冢宰之任自去年九月至
今久虛刑部亦缺朕欲用王時中為刑部取王憲為兵
部取王瓊為吏部就令唐龍代瓊總制鑾等對曰

聖見允當已乃陞龍為兵部尚書兼都察院右都御史總
制陝西三邊管理賑濟
上復曰朕念陝西災傷重大民多死亡流徙故發銀三十
萬遣官賑之欲令小民速霑實惠龍宜亟赴任相病得
無規避否吏部勘問有朋比者治其罪
○嘉靖十四年三月辛巳大學士張孚敬以疾給假
上遣中官賜牢罇諸物因以孚敬疾問大學士李時時以
火嗽對
上曰孚敬求靜養非盡屏諸事其何能靜時曰此小疾刻
日可愈
上曰孚敬閣中專決卿不與爭時曰機務至重臣豈敢不

爭第孚敬性剛一時難入比委曲商確卒亦未嘗不從
上曰昔楊一清言彼性是如此且如
莊肅皇后謚號即用十二字何害乃至與禮部爭辯如此
時曰孚敬止以弟嫂與子母不同亦是忠愛
上曰忠愛固然不無執拗耳且彼不愛惜人才所以多怨
茲內閣缺人朕欲取舊老費宏來與卿相處何如時遜
謝稱善
上因問太倉積貯時曰頃聞充羨由革冗員多
上曰此是即位詔書所革乃楊廷和之績不可泯者廷和
殊有才第非輔弼器耳
○七月己卯御史曾翀戴銑論劾南京兵部尚書劉龍刑

部尚書聶賢戶部左侍郎張雲刑部左侍郎陳璋工部
右侍郎甘為霖大理寺卿王綖太常寺卿掌國子監事
吳惠南京太常寺卿沈光巡撫甘肅右僉都御史趙載
各不職狀詔吏部秉公議覆稱龍等皆舊臣無大過宜
留用
上覽之不悅召大學士李時諭之曰近年言路不開外廷
咸歸罪張孚敬殊不知科道官陳奏大段多私今吏部
覆此疏亦私意耳時曰吏部是愛惜人材
上曰人材固當愛惜須有分辨安得盡舉所劾而覆留之
且劉龍何如人也時曰誠篤
上曰京暹鈍耳南京恭贊果非所任可召歸令掌詹事府

許為臣專教習庶吉士
上又問霽賢何如時曰無過
上曰賢老矣與陳璋沈光俱覺衰耄宜令致仕霽賢須令
自陳全體貌耳
上又問王綖如何時曰清介第過執
上曰過執則幹事不通綖昔任湖廣朕自藩邸知之蓋亦
何瑭趙永之流留之無用時曰恐公議未允
上曰如此則外調之
上復論及張雲謂誠慤甘為霖謂有材問趙載時言無過
上曰此三人悉留用之又云吳惠雖無華國之文然亦不
甚黍厥職此可調南京翰林中用之翌日遂召璋光致

仕

求賢

○嘉靖七年六月乙巳吏部覆大學士楊一清舉賢才議
上曰此當今急務宜虛心延訪公聽詳察才茍可用疏名
上請仍通行兩京大臣及科道官各舉所知聽吏部叅
酌擬議以聞

○嘉靖八年三月庚戌
上親策試天下舉人制曰朕惟治天下之道其端不可槩
舉特大者論之在乎知人安民二者而已夫知人則哲
必能官而任之安民則惠必使匹夫匹婦各得其所雖
然堯舜尚於此猶難夫豈後世所能及也朕本藩邸仰
承
天命入奉
祖宗大統朝夕戰兢不遑寧處何自即位以來災變頻仍
旱潦相繼歲復一歲無處無之生民流亡朕甚恐懼此
非朕官非人以虐民歟或賢與不肖進退倒置歟或勸
懲之典而失其宜歟抑為我選任者而失公平之道歟
夫天聽自我民聽天視自我民視非民不聊生而天垂
深戒如此何歟至於內有盜賊之擾外有夷狄之患此
亦以為民之害者民為邦本而使飢寒困苦流離荒亡
至於如此邦欲安而得乎朕雖存保邦安民之念求其
所以實無一得朕欲俾災沴潛消民安堵盜賊息邊方

靖財充而食足不知如之何可以臻此特進爾多士于
廷爾多士明於王道有日矣目覩時艱豈無真識的見
以匡我者當悉心吐露推衍所著於篇朕當勉為親覽
焉勿諂勿憚勿泛勿畧庶副朕意

○癸丑輔臣楊一清等擬廷試優卷羅洪先程文德楊名
唐順之陳束任瀚六卷進呈
上一一品題卷首各有批語于洪先曰學正有見言讜而
意忠宜擢之首者于文德曰探本之論于名曰能守
聖學以為本此乃知要之說于順之曰條論精詳殆盡
于束曰仁智之用本諸吾心此不易之說于瀚曰勉吾
敬一之為主忠哉批畢諭輔臣曰卿等昨以六卷分優

與稍優各三來看以為制題出自朕製者前數日所為
制題亦偶得之耳至於取士則不可不慎者也茲以每
覽之三過既無所知況兼目疾小作不過勉取卿等所
擬之第而分別之其未知果可與否卿等宜仍同讀卷
官再加恭閱務求公當庶得真才而為他日之用勿以
朕之昧意強擬為宜否則豈不自取試才之失歟
○嘉靖十一年三月甲子
上親策試天下舉人制曰朕惟人君奉
天命以統億兆而為之主必先之以歲有樂生俾遂其安
欲然後庶幾盡父母斯民之任為無愧焉夫民之所安
者所欲者必首之以衣與食使無衣無食未免有凍餒

死亡流離困苦之害夫匪耕則何以取食弗蚕則何以
資衣斯二者亦王者之所念而憂者也今也耕者無幾
而食者衆蚕者甚稀而衣者多又加以水旱虫蝗之為
災疫癘冗雜之為害邊有烟塵內有盗賊無怪乎民受
其殃而日甚一日也固本朕不類寡昧所致上不能恭
調化機下不能作興治理實憂而且愧焉然特有今昔
權有通變不知何道可以致雨暘時若災害不生百姓
足食足衣力乎農而務乎織順乎道而歸乎化子諸士
明乎理識夫時蘊抱于內而有以資我亦既久矣當直
陳所見所知備述于篇朕親覽焉勿俾勿隱
○嘉靖十四年四月壬辰

上親策試天下舉人制曰朕思首自三代以來迄於宋終
中間雖歷世有久近而其君之歷年亦有長短要之皆
自其為君者何如耳但傳云惟周之歷世最多國祚恒
久然周之所以享祚久本於文武之所積累亦後之繼
承者能保持之耳上至夏商並及唐宋亦若是焉皆基
之於先王德澤洽於民心亦繼之以嗣王能晝持盈滿
之道也洪惟朕
太祖高皇帝代
天復世重肇中華建振古無比之功德朕
太宗繼述於草創之初
列聖遵承於大定之後百有六十餘載傳之於今朕以宗

支方在冲昧之年入承
祖位幼弱不才多招災害于民茲來思
祖宗創造萬艱惕然悚懼朕欲長保洪業於無窮有隆弗
替永
宗社萬禩之固保家國千世之傳民得以遂生物得以適
所如上之良法要道朕心慕之思之不知何以得此故
進爾多士于堂爾等蘊持既久王玫素閑于懷可罄所
知以告朕朕將親擇而勉之欽哉
○丙申
上御文華殿讀卷官以次呈卷畢
上覽之降諭曰卿等所進卷朕各覧一週其上一卷正合

題意夫周道善而備朕所取法其上三説仁禮為用夫
仁基之禮成之亦甚得其意其上四論仁敬夫仁而能
敬可以保治矣其上二畧泛而滯於行其下二却似譏
雖與題不合言以時事故朕取之可二甲首餘以次列
去於是禮部請以
聖諭恭列登科録篇首其十二人策對俱以次刋刻從之
○嘉靖十七年三月戊子
上親策試天下舉人制曰朕聞立天之道曰陰與陽立地
之道曰柔與剛立人之道曰仁與義三才之道一而已
何又有去義為論乎於是未免賢者自相私反必如聖
經而後可且今人尤大非賢者及人君纔一用義即謂

嚴刻乃作言曰上任刑以為治非三代之治也却一不
之反於已三代之人皆人也不待義臨而自持惟恐放
佚今之人果三代之同歟將利之自貪慾之自縱國而
罔思民而罔恤以致於上下禮度悉不之慎為之君人
者可不一教一治之是非當否抑果當乎朕祇承
天位惟民自保何官人者比比皆負國虐民之徒奚為用
哉爾多士師孔子之學必心孔子之心將此心之平正
陳為篇列以除弊革私之道術為仁育義斷之方以告
我勿諱勿欺覽之
○嘉靖二十年三月甲辰讀卷官以殿試卷進
上閲畢乃降諭曰言擬上十二卷朕更加次第卿等即再
閲之勿以為未敢務求其是云今年庶吉士之選宜懸
行
○嘉靖二十三年三月癸丑
上親策試天下舉人制曰朕惟文武二道並用而不可缺
與偏者也傳曰張皇六師又曰其克詰爾戎兵此非好
於用兵耶朕
皇祖高皇帝以武功定天下即位之始思欲偃武脩文以
德化天下至於
列聖相承懋脩文德海宇久安國家無事朕以支末上承
天命入繼寳位兹越二旬載矣夫何連歲以來北虜寇邊
入我中國若蹈無人之境殘我天民前所未有本之以

朕罔德甚之立于中是以教化莫克行于外者也然朕
又聞之曰帝王之政守在四夷今朕欲求長治久安之
術無出於守之一端欲得其守之之道當何施用以畫
其長且久焉爾多士抱經世之略亦有日矣宜各著于
篇朕將采而行之毋忌毋隱
○嘉靖二十九年三月己卯
上親策試天下舉人制曰朕恭承
天命君主兆民二十有九年于兹矣顧論治者往往以敬
天勤民為務古先帝王之所以與道致治與我
祖宗之所以立極垂憲要不外此二者其為治之迹可舉
而言之歟朕實欲

上玄欽若
天道而凡以惠邮計安乎斯民者未嘗須臾少懈其念比
歲以來嘉祥屢臻方內乂寧天人交應之机不可誣也
然水旱饉荒苗狄不靖民生未遂治化未孚豈朕誠之
必有未盡者亦或任事之臣親民之吏果能都體朕勤
恤之心也歟無乃玩愒貪残弗念于民者歟欲俾休徵
將君遠摯不聞百工克蘿庶績咸熙不令一夫失其所
朕志也當何道而可以臻此爾多士蘊蓄有日豈無我
勗者宜明著于篇毋泛毋隱朕將親覽焉
〇嘉靖三十二年三月辛卯
上親策試天下舉人制曰朕聞后克艱厥后臣克艱厥臣

若是上下之職均有甚不易之理昏才之主亦多此爲
上者曷自不勉諸朕承
皇考
皇妣近澤所鍾丕荷
上天明命簡畀后職勉法
祖宗敬
天愛民由胞及與未嘗敢忽何爲臣者無克艱之思每歲
欺於謗甚至勾沙漠以為骨肉但逞劫主之逆不顧胞
與之害此其至大者他皆可例焉君逸臣勞都能言諸
口心身力行甚少先行其言之聖訓視作空言矣爾多
士身未居於位而心志正在明白也開是久矣必有不
易之論宜直列于篇以對
〇嘉靖三十五年三月甲戌
上親策試天下舉人制曰朕惟
天命立君以宰於率土必有分理協助之臣所謂隣哉也
吁堯舜之克聖不有高賢大良之助豈二聖獨勞耶夫
以古之元首股肱真是一體上下相資不若孫時之大
不同者朕以心腹置人心腹中何乃視我仇讎焉安望
為國恤民也朕固無知人之哲能官之智我欲聞是知
能之方爾多士目覩既真當有益我知能之道悉著以
對勿諱勿欺
〇嘉靖三十八年三月丁亥
上親策試天下舉人制曰朕恭承

上天明命君此華夷亦既有年矣夙夜持敬不敢怠忿一
念在民欲人人得所夫何與我共理者彼各一心皆未
見以我心而是體百務惟欺君以欺
天害民亦害物彼嘗言之者徒畫背而棄之夫大學之道
專以用人理財為急用得其人致自治財理得宜用是
足吁人之不我用而代理之責豈我獨能耶茲欲聞人
得用財得理以致治美刑平尊華適矣久安之計何道
可臻爾多士其言之必盡所懷焉
育才
〇嘉靖九年七月甲午都給事中王汝梅御史趙兑俱以

申勅各提學官正大命題嚴慎入學為請禮部覆奏
上曰國家以文取士文體所係全在提學一官必須崇雅
黜浮然後士習可變且諸生廩增有額其附學者宜定
反過正數民間一切子弟規避徭役營求入學提學官
多循情市恩政紀何在其令從實校文痛汰其老稚庸
凡不堪作養者若奉行不實聽撫按官參究以聞
○嘉靖十年正月庚子禮部尚書李時等以歲貢法壞請
脩復
祖制掄選真才
上曰朕惟
祖宗朝設立歲貢之法實萬古里選之制期得真才以資

國用近來生員苟得幫廩即計充貢有日往往有不脩
行檢挾制官司欺凌鄉里甚至虧缺倫理玷辱衣冠及
有學問荒疏年力衰邁有司不問賢否止計食糧淺深
一槩循資充貢却又多選任教官以為人師欲求人才
長進誠不可得自今歲貢生員務令州縣提調官選有
學行者方許起送巡按御史會提學官并布按兩司從
公考核照常數貢舉先儘廩膳如果無人許於增廣附
學內考取不顧論食糧淺深以襲舊弊即有年老不堪
教養者令提學官嚴加考選無行者黜退為民其餘量
予衣巾終身廩膳有缺提學者毋得輒聽權要子弟濫
與收補如未得人寧令空缺其歲貢入京廷試其衰老

無學及行檢不修者所貢舉官一體坐罪不貸國子監
見坐監生員該部還查照舊規定擬以聞
○嘉靖十一年正月壬申禮部尚書夏言以歲當會試條
奏正文體定程式簡考官三事
上曰文運有關國運所係不細近來士子經義詭異艱深
大壞文體誠為害治其出榜曉諭今年會試文卷必純
正典雅明白通暢者方得中式若有仍前鉤棘詭僻痛
加黜落甚則令主考官奏聞處治餘俱如議
○嘉靖二十九年閏六月丁丑禮部覆給事中楊允繩奏
請慎選師儒以端士習
上曰提學官士子表率自今宜慎選行誼端方者為之不

得徒尚文藝循資濫推

審用舍

○嘉靖二年三月壬寅朔給事中安磐言御史曹嘉論列
廷臣至五十人分為四等夫上有禮貌大臣之心而小
臣肆其輕侮恐非太平之世宜有
上曰人才難得知人尤難諸臣推議公舉試有效勞鑒在
朕心曹嘉以一己之見妄加評品殊昧大體其各安職
守竭忠圖報無相詆訐乖雍穆之風
○嘉靖四年九月乙亥吏部尚書廖紀言諸臣有託病求
去甚有出位妄言竊其名以為異日起用之地士習大
壞宜照舊例有以制之邇來官不久任遷轉大頻人無

固志宜如
祖宗朝有司九年為滿不次超擢又昔年致仕大臣年力
未衰才識可用者乞量加陞用
上曰卿所奏深切治體臣子事君當務誠實自今有假託
養病致仕者俱不准京官年七十以上衰朽不能任事
方面官六十以上方准致仕外官不准養病京官真病
不能行動者方准有不奏棄官及奏不候命而去者許
該部科道及撫按官糾舉各罷職不叙言官被責者量
年漸次擢用病痊赴部仍照舊選除不許改調別衙門
守令俱以九年為滿有政績卓異者不拘進士舉人監
生依擬陞秩仍舊管事風憲有缺於三年以上知縣行
皇明寶訓 嘉靖六卷 十五
取選用方面官照舊例僉事遷陞副使按察使叅議遷
陞叅政布政即於本省及附近省分陞不必驟遷數易
以致奔走廢事起用諸臣所司因事奏請朝廷自有斟酌
○嘉靖五年六月壬戌少詹事霍韜議奏內外官陞遷資
格
上覽之曰朕以人君深居宮禁不知外事必賴左右大臣
協力贊佐若為大臣而不能實察民情何益治道翰林
官有才堪布政叅政及提學副使者量加陞擢正欲其
實歷民事以資聞見以備他日重用吏部及諸曹年深
者亦察其才識內外兼用之豈可循資輕授耶我
太祖初年草創者固難比擬以後定制及

列聖成憲不可不遵但用人圖治亦當因人制宜豈能一
一拘定常格況予奪皆出朝廷自今內外出入遷轉所
司隨時斟酌以聞
○丁丑刑科給事中管律言大禮之議出自
陛下至性為臣子者不過將順其美以成孝治之義耳邇
來言事者每假借為詞於議禮本不相涉而附欲援引
牽附乞嚴諭諸司言事者止據事直陳毋得比附迎合
有所希覬
上曰律所言良是今大禮既定內外群臣正當攄誠共職
以贊成嘉靖之治自今言事者慎勿徇私假借議禮希
恩報讎都察院其行兩京各衙門咸使知之
皇明寶訓 嘉靖六卷 十六
○嘉靖六年六月甲戌
上以災異修省諭輔臣楊一清曰朕自己過不能已知而
或德有失政有缺者斯朕與卿等當加省悔也朕有過
差卿等便速言之若不忍明言便當密疏直說使朕改
圖庶可上承
天意仁愛之恩方無負焉卿其欽承勿憚勿吝一清對今
時政所急在用人卹民乞令廷臣各舉隱逸賢才及卹
民事宜以聞
上曰卿今日一疏其意雖忠於圖國但謂搜訪隱逸賢才
不過為羅欽順喬宇輩耳又說不追既往此亦不宜此
疏言留中不忍含卿忠愛欲行之不免為邪人之倖悠

君懷逆將無不為朕封付卿再潤削俾當其當言者說
來一清言臣之所慮但恐濟變無人豈敢為欽順華責
緣起用
上報曰卿昨具陳前奏所以朕具知悉足見憂國忠誠至
意夫今之天下
祖宗之天下在朕與卿等固守之耳欲固其本在結民心
用善人耳卿之慮及濟患無人正今日之急朕前所言
不過恐偏邪之徒乘而求進豈非壞事乎哉前大同之
急廷臣無肯為國者兵部推孟春堪往春遂推避云我
是吏部的你兵部的何不去方舉馮清馮清之才委可
用其時不當取回朕悉知矣卿高才重德輔弼之首朕

倚託至重宜竭誠盡言弗當介意特茲慰諭知之
○十月戊申署都察院事大學士張璁疏御史丁憂服闋
及以病在告者二十餘人請趣赴任因言
聖明御極側席求賢為臣子者濫假名器自謀身家豈所
忍哉宜責令依限速來以備急缺差用有過限不來故
為推調者奏聞除名間有在家橫暴鄉里在公凌轢有
司者一併叅奏罷黜
上可其奏令各官以文書至日為限三月內皆就道病未
愈者所在以狀聞病不可愈者特令致仕有延緩過期
者罪之仍飭諸司皆以此奏從事
○十一月丁丑

上諭內閣庶吉士不須教養並遣除之大學士楊一清請
照常例留三五輩在翰林及選科道等官張璁奏言臣
觀此輩心切奔競口尚乳臭固不宜處之翰林而科道
言官又豈少不更事者宜居之况舊例教養三年成畢
方得改授
皇上既以此輩不堪教養早為除遣是欲退之矣而內閣
反進之何歟宜查照甲第除授部屬知縣等官如此則
將來必無營求倖進者矣
上曰一清循泥事例特從容諭伊省晤朕於輔臣之言難
便拒遣但彼云不可改
祖宗之法若有旨將庶吉士裁革便可說朕擅改嗚呼差

矣
○嘉靖七年閏十月己丑兵部尚書王時中被劾求去閣
臣票擬留中
上曰時中委不堪斯任本兵重地焉可以此官重之前勤
他科道官奏劾便當退省卿等則不欲如是於奏辯又
說不必辯辭退又加慰留此恐為大臣者劾之也將縱
慾無畏耳可加以切責着回籍聽候勘奏發落
○嘉靖八年二月戊寅諭輔臣曰朕覽尚書方獻夫等奏
陳弭災之宜數事宜多取進士一節朕欲與卿等別議
行故說知道了朕惟多取進士以為所缺縣令之備此
為塗一狹耳夫舉人監生非自待之不遠實因以驟輕

之故也豈無過於進士之者每為所輕而亦豈不枉人
才乎又如進士之保守身名固有而悖名縱肆為惡者
不無如今以各處地方災重令牧用人則進士舉人監
生並用其果才能應察為我愛民者一體擢用獎勸上
司不許自為輕重之別庶幾可多獲人才亦民或多得
安利之日也
○嘉靖十年正月庚寅以
南郊禮成詔吏禮二部考求
祖宗朝科舉歲貢薦舉三途並用事例廣求人才以備任
使於是吏部舉洪武十九年以後弘治十一年以前故
事請

上曰用賢圖治國家急務我
祖宗朝三途用人取之至廣俾才德者各稱其位故仁覆
天下澤被生民後來專務科舉之學偏重進士之選以
致人尚浮辭不脩實行蠹國害民者在在有之今後務
遵照
累朝事例三途並用必求得人以稱朕用賢澤民之意部
奏俱允行
○壬寅時納銀入監例停止且四年而各處有以勘合人
數未足籍口起送者至是蘇州府復起送生員方世儒
等七人戶部以為言
上曰納粟係一時權宜本非正途別令京官及方面子弟

增銀告納是導之貪也剝民害國將靡有止極殊乖政
典矣已停寢又何得藉言勘合未足違例起送世儒等
俱遣歸給還原納銀兩諸承行官吏悉令巡撫官逮問
○甲辰初參議顧璘養親致仕在家起用為浙江左參政
遷陞山西按察使俱未之官仍乞致仕養親數歲復起
浙江左布政使之任未幾擢巡撫山西都察院右副都
御史過家復乞養親
上曰顧璘原係致仕養親官吏部如何違陞為參政按察
使既不之官卻又推陞布政未久又推巡撫乃復以親
老為辭實非人臣事君之道令璘以原任布政職銜致
任吏部官姑置不問內外大小官員凡有託故養親養

病在家安坐超陞不復供職者逐一勘奏處治以昭公
道吏部因言南京通政司參議楊谷南京太常寺卿方
鵬俱有礙於明旨
上曰此皆冒濫君恩全無臣子之義並革去新銜閑住不
許起用該部官輒與推陞姑不究仍通查冒濫陞職託
故家居者具奏如有隱匿重治不宥
○三月辛丑吏部奏請揀選舉貢監生在部需次者
上曰州縣有司係親民官職今以天下之廣進士僅一二
須舉貢足其數爾等既知要在得人奈何仍踵舊弊終
身進士者不必脩良槩得行取選用科道部屬舉人或
間一與監生全無何由自効往數詔相兼擢用竟不遵

行今次揀選務秉公責實有賢能立心為國者一體選
科道部屬著為令該司官敢仍前欺弊虛文抵塞都察
院具實參奏
○嘉靖十一年四月丙午吏部以推官知縣等官管兆等
二十六員疏名請行取選補科道且言近歲兼選辦事
進士今新科進士尚未開選
上曰科道乃朝廷耳目必端謹老成斯稱職疏內開具人
員如擬行取慎加考選仍查節降三途用人詔旨如有
賢能彰著實心愛民者無論擧人歲貢出身一體取用
其進士宜復
祖宗舊制授職後宜習知民事積有年勞始如例行取選

用著為令
○嘉靖十二年六月丙子吏部擬授行取知縣高鳳鳴劉
倫溫志敏王鍾靈及學正任佐等俱府通判
上曰擧賢居牧民之責凡賢能者已有旨相兼取用以風
勵有位今鳳鳴等業已行取仍授以通判朝廷法令安
能信于天下其改擬以聞仍責該司掌印官對狀于是
吏部覆擬倫志敏佐俱主事鳳鳴鍾靈俱府同知報可
文選司郎中鄭汴調別部用仍詔自後文選郎缺於各
部中推擧公正有才識者為之毋但于本部叙選
上曰給事中乃朝廷耳目務在得人邇來不辨賢否止以
年月叙遷殊非朝廷用人之道今後有缺務從公推擇

賢能年資相應者陞補著為令
○嘉靖十四年十一月乙丑吏部擬取兩京主事等官及
外推官等官選補科道復請將試卷糊名分別次等進
呈候欽定銓補得旨近來科道官多用非其人假公報
私顛倒是非以致動搖國是考選固須文義平正通達
更宜訪其平日存心制行果端方平實非險詐詭異者
用之第從公如常考選試卷不必封進南京官已之
○嘉靖十五年十一月辛未吏部以御史員缺請考選內
外官補之
上曰御史考選數多在外推官知縣有撫按語可據依擬
選用在京主事等官須同各本堂官評議堪否疏名改

授其教諭官且陞有司令歷練民事
○嘉靖二十五年十二月戊子吏科給事中鄭大同等條
奏考察事宜四事內一款指陳士習躁競之弊
上是其言曰夤緣躁進者該部還不以聞爾等係朝廷耳
目職專論劾若所用不公即指名參奏
○嘉靖三十四年二月甲午
上以南北多事諭在直入臣曰
祖宗時於吏兵二部正官每慎其選況今日多事時耶聶
豹年衰不勝重任卿等可詳論之大學士嚴嵩等對尚
書聶豹果衰眊臣等當傳
聖意令彼自為進退以全哉

皇上優待大臣之體於是豹引病乞休有旨令閑住
○嘉靖四十二年正月己丑
上以閣臣缺人問大學士徐階曰同官可增誰堪其任者
階對知臣莫若君臣不敢妄對
上曰汝以不知為對但君知臣惟堯舜耳
太祖為聖知之真而用之可矜昨嵩乃我簡至於知此此
官雖無相名實有相職廷推非道相必君擇古正理後
世宮生之主不知人焉階復對堯用四凶後乃加放殛
太祖用李善長胡惟庸後乃以罪誅
皇上始知嵩之才而用之後因其聽子貪縱而斥之皆
大聖人之事無損於明
皇明寶訓　嘉靖六卷　廿五
上曰卿疏引四凶惟庸之類非堯
太祖不知者彼不終慎也然堯為聖人之首
太祖何事不知且如此後世内長一事不知者安可及嵩
一嵩罪非聽子乃縱子害國戕民焉
○嘉靖四十四年三月辛亥大學士徐階請補閣臣
上曰今只以直贊衛者代用此官宜三四員
成祖之制有謂者嵩專政二十年我常謂彼公識却不識
其欺君肆誑而畏惡子逆物可怒階對
皇上懲嚴嵩之專欲復
祖制乃攬權要務但臣見
先朝内閣首臣不時有乞休之疏

列聖欲留則留之欲去則准之故彼不得據其位以為己
物而恩威常在於
上此事亦須復也
上曰汝謂此事須復在汝身家為美為是而為國為君恐
背義焉爗病難望復今但得二員同汝輔政亦足矣亦
成祖之紛制也
○己未大學士徐階請補閣臣有旨少待歲月階再疏固
請
上曰汝又要添閣臣何意汝且供數月職少待慎擇未遲
又此件近年自上出古君擇相正義人情非古所用者
終不如始欺天無君為累非小今必付之廷推為公以
皇明寶訓　嘉靖六卷　卅四
服人心階復奏昔年廷推未必得人不若簡自
聖衷使權自
上出
上曰汝必欲添官亦是避自專但令循爗例必正二卿汝
惓惓憂吏部無代者想亦此直以
祖宗累朝制定廷推不必言撰文
公考察
○嘉靖元年二月己亥
上勅吏部曰人才難得天下有司貪酷顯著者許各撫按
照舊劾奏其餘不必一一論劾但明註考語送部以俟
考察黜調其被劾奏存留及參候定奪者果能振舊自

新一體擢用
○嘉靖十二年四月己卯
上諭吏部曰部院考察京官及科道拾遺事既竣獨科道
互相糾劾業有成命今數日未見題請顯有畏附之私
姑置不究宜遵例令兩京六科十三道從實互舉以聽
去留
○嘉靖十四年正月癸亥御史喬英疏陳近時考察諧弊
吏部都察院議覆
上曰朝覲考察係國家黜陟大典被黜者既不容奏辯又
終其身不許敘用朝廷委任部院不為不專近者徒事
詢訪以致人得行私報復虧枉甚失朝廷公平正大之

體今考察伊通卿等務秉至公唯以撫按官考語及科
道官論劾為據其一切曖昧影響事情毋輙聽信若撫
按狥私賢否開具失真者卿等叅奏處治
○甲申初吏科給事中戚賢奏考察不職官中間恐有一
二以賢見黜者乞容申救
上曰賢所奏亦是愛惜人材之意必須果有虧枉者方許
於是兵科左給事中薛宗鎧為叅議王臣苐商臣運同
汪宗元縣丞龔洪稱究部覆宗鎧挾私亂政不宜輕信
以啟倖門得旨考察係國家大典原無論救事例今後
不許援引以重大典宗鎧已有前旨姑宥之
○嘉靖十七年八月丙午吏部考功司郎中缺部臣擬用
驗封郎中李開先山東人也是時文選郎中黃禎亦山
東人
上以明年考察京職事體甚重文選考功何俱用山東人
令再推於是部擬稽勳署郎中任瀚從之

裁冗員

○嘉靖六年七月丙午兵部以近時多事請添官經理
上報可仍諭輔臣曰朕見今日卿等票來兵部本以近京
地方添設官員已從其請朕思天下官員皆有定數各
有責守果有盡職則臨事亦不必泛用多人也奈何每
未得人罔脩乃職故一遇有事便添官整理不知此蓋
于事乎重擾于民乎卿等可詳處若地方寧安之日即

便取回勿使坐勞吾民可也
○十月庚戌東閣掌誥勅員缺
上諭輔臣楊一清曰朕思近年以來有東閣掌誥勅官一
員雖
太祖時設有東閣大學士未有掌誥之命後來或設或革
又近來此官之設多為倖進之人前後附和無益於事
以朕論之此官革去不必仍復制誥之文翰林本等職
業今後一應制詔誥勅着翰林撰卿等看潤而行又翰
林官似多可選文學淵深的五員一陞本院學士二侍
讀學士二侍講學士專管撰稿不必在誥勅房本房見
在內閣禁地恐泄事機未知可否又諭張璁曰

祖宗舊制無東閣官後來添設不知始自何年不如革之
便一清等各對言此官實係冗員
聖意欲革之甚當遂罷不設
○嘉靖二十一年正月庚戌先是保定巡撫劉隅奏添設
井陘兵備一員練習民兵即以大名兵備副使張素調
任至是隅復言素南人不習軍旅請改用素而選西北
諸練武畧者代之
上曰朝廷用人務求真才豈宜定限西北且虜若得至井
陘亦豈民兵所能禦兵備不必添設徒擾民耳素准調用
○嘉靖二十七年七月甲戌御史周亮言浙江添設巡撫
不便吏部議上其言

上曰浙江巡撫去歲無故添設一時諸臣依違議覆以致
政體紛更今依擬朱紈仍改巡視事寧回京凡一切政
務巡按御史如舊規行
○嘉靖三十六年十二月戊戌初南京兵科給事中傅鳴
會請於南京兵部增設侍郎一員兼僉都御史銜專管
操江疏下南京兵部議尚書張鏊等請從鳴會言
上曰
祖宗設官操江用南院都御史欲其督同兩處巡江御史
事體相維且參伍布置守備統轄一應事宜法甚詳備
近日地方失事乃官不得人非法之不善也今若以南
京兵部兼領體統俱紊兹所議不畏成法任意紛更甚

等姑不究其令遵行如故
廣聽納
○嘉靖六年正月癸未
上諭禮部近大學士楊一清以災變修省奏請寬恤小民
已有旨待
都察院令諸司開具條件降勅頒行朕思民間疾苦情狀
甚多一時所開或有未盡匹夫匹婦猶有不被其澤者
其令四品以上官及六科十三道各條具便宜限正月
二十日以前奏上以備采納所言務切於政事合於民
情忠誠明白足以消弭災變副朕敬
天恤民之意

○十二月己未
上諭輔臣曰胡世寧奏欲大事別具一帖以便親覽一節
亦是忠意夫凡奏疏批去之後朕或忘記者無從取閱
今宜通行部院等衙門凡事關重大者別用一帖面書
御覽四字用印一顆後不用印止開堂上官職名
末不必用謄具題知字樣只以辭終為結庶朕得細閱
之若常事不可為煩卿等再奏來
○嘉靖八年正月丙辰
上以災異問輔臣楊一清等令條畫弭災急務一清等因
上四事一恤民窮一脩武備一擢人材一飭言官
上曰卿等所言具悉忠愛恤民窮脩武備戶兵二部其亟

為議處務臻實效惜人才前已有旨科道官以言為職
其各以所聞見條奏朕自采擇不得隱默畏憚及挾私
誣枉負朕求言之意
○壬戌吏部尚書桂萼上弭災疏閣臣票旨下該部議覆
上曰朕惟人君於臣下之言不在其稱旨而在於實行否
者則答之而已卿等既以少保桂萼等所言為體國弭
災之意當即施行着該衙門不許支忌可也如說該部
具奏是替該部支調之計併郭勛奏另議票來
○嘉靖十一年九月丁巳講官侍讀學士吳惠郭維藩進
講畢
上諭輔臣李時等曰講官惠言省無益之費停得已之役

維藩言去操切更張之弊務惇厚博大之體若云何卿
等已朕意問之有可補救時宜者令條列以對于是二
臣各以其意具奏進各數十百言頗有所指切
上亦不罪也
勤晉接
○嘉靖五年六月甲子
上御平臺召大學士費宏楊一清石瑤賈詠入見宏瑤詠
先入
上諭之曰卿等前日恭賀朕製詩章朕亦偶作一詩以賜
卿等其用心輔導乃以詩手授宏等一清繼至
上諭之曰卿昨歲督邊勞勛昭著茲特召還資輔理朕為

一詩賜卿卿其勉之宏等皆頓首謝其賜宏詩曰古昔
明王勤聖學必資賢哲為股肱君臣上下俱一德庶政
惟和洪業成顧予渺末德寡昧欽承眷命曆數膺宵旰
兢兢勉圖治日御經幄延儒英每從古訓尋治理歌咏
研磨陶性情詩成朕意或未愜中侍傳宣出獻請補袞
命卿作山甫為朕滌潤皆精明睠此忠良副倚賴舜皋
彷彿康哉賡朕所望者獨卿重廟堂論道廷熙平虞廷
盛治須百揆商資伊傅周兩卿朕纘大服膺昌運天休
滋治卿其承帝賚良弼匡吾政協恭左右持鈞衡大旱
須卿作霖雨滛潦亦賴旋開晴沃心輔德期匪懈未讓
前賢專令名賜瑤詩曰黄閣古政府輔導須才良朕自

即祚始求賢日遑遑卿以廷薦入性資持剛方在木類
松柏在玉如珪璋可否每獻替忠實無他腸聖學朕所
勉換手纂究章機暇有著作衷懷廢宣揚賴卿善補袞
繪繡衣與裳竭誠乃賡載彩鳳鳴高岡化成在人文熙
皡朗虞唐地天既交泰民物咸平康述此酬卿勞盛事
傳無疆賜詠詩曰殿廷暑氣薄薫風灑然生萬機有清
暇書史陶吾情日與聖賢伍外誘難相嬰對時或感物
興到句還成豁然貽心性豈止諧聲音資卿為藻潤朕
志益開明卿本中州俊簡在登台衡君臣際良難所貴
德業并詩章本餘事治理須持平朕固諒卿志夙夜懷
忠貞喜起協舜樂交脩和商羮卷阿有遺樂終聽鳳凰

嗚賜一清詩曰逼年西陲擾起卿督邊方三辭乃承命
開心副予望才兼文與武內外資安攘寬朕西顧憂遴
使吾民康功勲既昭著威名满華夷勅使往宣召復來
坐巖廊黄扉典政本擴承以匡襄予承
祖宗緒志欲宣重光深恐德弗類倚毗賴卿良展其平生
志佐朕張皇綱股肱職補衮伊周並昭彰助成嘉靖後
青史常流芳次日宏等上表稱謝
上批荅曰朕以涼德纉承丕圖惟賴舊臣以為輔佐於幾
暇偶成一詩以賜卿等惟圖君臣交脩共成化理覽奏
具見忠懇朕豈類古帝王稱頌太過專以望卿等協力
匡弼

○嘉靖十年三月己丑禮部數上言
皇后出郊親蚕不便是日早
上駕幸西苑召大學士張孚敬禮部尚書李時入見于豐
仁壽宮議於宮前建土穀壇宮後為蚕壇二臣趨出視
地還復命
上賜酒飯遣中使遺以珍餌二人復入謝
上出御製西苑視穀祇先蚕壇位賦手授孚敬曰朕適有
作卿等看潤因命賡和以寓儆戒之意孚敬復請
上手書各賜以為世寶許之明日二臣進和賦
上亦各賜手書御製賦後数日併裝成帖名曰咏和録賜
之又復諭孚敬曰朕惟君臣之際固不可不嚴此在朝

之當慎他處則猶家禮然且漢文帝之召見賈生固語
久而文帝為之前席今亦稱羨故君臣不交治功安成
况朕在冲昧世事未一經無識見卿之於朕無以周公
爱成王旨以孝訓于朕他特餘事耳卿夙夜在公敎君
盡禮昨見退遜太過恐非輔臣之於君者夫何謂輔導
大臣與他諸臣不同故曰尊之訓敎傅以德義保其身
體此則不可以在朝之制相與明矣今後凡會議或卿
有所入奏無拘時而來面相計處俾交脩朕之性志有
定方可廣接他人庶有所酌別賢否耳朕又欲於今春奉
兩宮春游後與卿等一游以仰遵我
聖祖丕訓亦以見幼孫之率由

祖道當有宴樂預與卿言之
○九月乙丑脩葺西苑宮殿工畢
上設
文祖位致祭祭畢行落成禮宴群臣召尚書李時至無逸
殿東室諭曰昨見宴圖尚書王時中蔣瑶俱列於門外
還宜坐之於內時對以地狹不能容
上曰皇親可移之殿西時曰俱是國戚
上曰親親不如親賢時對曰
聖明所見非臣愚昧所及已乃列時中等席於殿內
○丙寅
上幸西苑御無逸殿命大學士李時翟鑾坐講時進講書

無逸篇鑒進講詩豳風七月之章武定侯郭勛及九卿
大臣皆侍講畢
上復御豳風亭賜輔臣并勛等及翰林儒臣宴亭下退而
勛等奏謝
上曰朕以無逸殿豳風亭雖規耕之所亦勤學所寓昨落
成之禮因命輔臣進講賜卿等宴卿等當協心匡輔以
躋太和
○嘉靖十二年四月戊子
上游西苑寶月亭召大學士張孚敬李時方獻夫程鑒諭
曰此亭去年訖工時卿孚敬不在今與卿等同游命賜
茶仍命司禮監官引入徧觀

駕發御清馥殿復召孚敬等入見左室
上曰前是錦芳亭修葺耳因荒落故建此殿去年訖工時
亦因卿孚敬不在故與卿等同觀復賜酒飯賜扇賜芍
藥花出御製夏日與輔臣同游古樂府一首又七言絕
五言絕各一首命孚敬等和之其詞曰晴日流光夏晝
推長同游禁圃咸良薰風解愠但願民康
社稷安
慈壽永緒華昌右樂府斗柄指巳四月中群物長養正冲
冲願得早施三日雨免此貧農抱苦悰右七言絕嫩麥
三分秀時當四月終但得甘霖降欣然慰老農右五言
絕越三日

上復幸南城演新乘馬御環碧亭召孚敬等入見尋御重
華殿賜孚敬等酒飯諭曰今日朕以演馬出與卿等同
游即以其事為題卿等人各作七言律二章古樂府二
首來看於是孚敬等退各具草未成
上先成樂府一章末夏纔入四月中乘閑試馬出深宮惟
茲七馬壯且雄簽齊未可擬跳淵或崢嶸發因演步至
環碧命諸左右來輔弼同游同游兮
祖訓昭贊襄贊襄兮須竭力朕非商高宗諸輔勿我棄早
為霖兮是作梅啟心務明沃朕心俾令揚孫繼
祖烈廢幾政化維日新又七言律一首幾暇餘清演駿駒
閑來野步到行居既不盤游忘禹訓亦非好武廢湯謨

適因涼爽供觀眺還是春秋奉
壽與馳驅須敎思往事袁盎之忠我不遠次日諸臣和章始
上因請鋟梓以紀一時同游之盛
上命名曰春游詠和集
○嘉靖十三年五月癸巳
上諭輔臣張孚敬李時曰朕覽江西所進青瓷其色甚佳
以為燔陛告祀
天用然此祭器也器之重也今者雨露稍與可與勛銘言
二臣吉服入覲其以酉刻至南宮之重華云于是
上御重華殿先視祭器畢退御重華左室宣孚敬等入見
上曰朕咳疾靜養久不與卿相接良用歉焉茲以調養平

復椅與卿等一見耳孚敬等頓首曰臣等瞻仰
天顔不勝慶幸
上命至殿中覧觀祭器孚敬等奏曰伏覩祭器制度精美
仰見
皇上事天之誠
上命内使以御案所置牙邉摺扇分賜五臣且曰天氣炎
熱茲扇與卿等共凉孚敬等復頓首曰即今炎候伏望
倍加珍攝臣等在外不敢不恪共厥職
上命賜酒饌各頓首謝及既退復召孚敬及時入見
上以黄紙御書
宣宗章皇帝御製闕輿地圖詩一章白紙御書恭和
皇明寳訓 嘉靖六卷 卅五
宣宗章皇帝闕輿地圖詩一章以示孚敬等次日五臣疏
謝
上報聞仍命各為賦以紀厥樂命之曰奉制紀樂賦
上親灑宸翰作紀樂同述詩一章序一篇輔臣集録成帖
繕寫進呈吏部尚書汪鋐請命名刊布
上欽定為御作詩部工部刻梓頒布兩京文武官員序曰
是詩賦之作也所以紀同游之同樂者也諸意併數四
臣所賦之中不必重説或謂斯舉專以恭視祀器何得
謂之為同樂同游耶朕答曰委此舉以恭視祀器為第
一義然朕因疾而輟德政茲同五臣恭視祀器中間豈
無同游交泰之情蓋理之然何得不可謂之樂乎曰餘

言謂奉
聖母同游斯既以恭視祀器何又謂奉
聖母同游耶朕答曰是日雨後暑氣稍減矧
慈宮亦初安是日以即時之爽併奉
親與少從游衍以消永日亦順時承顔人子之情也吾奉
母以同樓豈不愈之挾妻挈子者哉維然専以祀
天祀器之為主則朕之詩已寓其專云故序詩曰甲午維
宿仲夏終（是歳五月二十七日）儀物欽
天禮用崇五臣左右偕瞻視一德君鄉共正忠（是日同賦孚敬時賦）
（言五臣使祭器）宮扁重華思虞帝（祀器于重華殿云）器飽蒼色象玄穹
（器色蒼以事天也）居致頓志酷暑時神怡自送滌炎風（先一日已僕而祀）
皇明寳訓 嘉靖六卷 卅六
○嘉靖十四年三月丁卯
上日講畢召輔臣張孚敬李時見于文華殿西室諭以
大行莊肅皇后喪改廷試貢士于四月初二日令傳于禮
部因言今年進士選庶吉士只用翰林官一人教習卿
等且即舉堪任者時曰此任須擇有德行不必專重文學
上曰有德行方可為人師範文章是末議久歛因薦學士
蔡昂
上俞之復問前顧鼎臣教習何如時曰老成停當
上因言内閣缺人卿等以為孰可孚敬請
上自擇
上曰古人薦賢内舉不避親外舉不避讐卿等知而不舉

即是蔽賢不忠李敦曰内閣之任與他司不同謂之機
務者機乃發動之由一有差失為害不細所以比官必
須慎重時曰如弩之機發之少差毫末遠處即在尋丈
外矣
上復諭六部也須得人而吏部都察院尤為緊要因博詢
諸臣謂王廷相好梁材甚正聶賢尤能秦金覺已衰矣
復言汪鋐事無定見非考察恐未免斷人李敦曰鋐近
在部時與霍韜爭辯
上曰若是爭辯汪鋐終違時宜若韜作尚書則部事須盡
壞耳時因請舉
先朝午朝之典每午

皇上御左順門命大臣朝見即奏事亦足以聯屬人心
上曰先朝仍有晚朝之儀朕常思之如鴻臚寺奏謝恩見
辭是朝儀若政事另行為是今通政司奏事全是行政
非朝也李敦曰午朝雖復不若時常宣召大臣于文
華殿質問政事時曰若常常宣召大臣不但質問政事
亦可知人臣賢否
皇上天資英明臣下有一言欺蔽無不覺若臣等亦在側
侍班
上曰也着科道官侍侯廷試後舉行之
〇八月乙巳
上御無逸殿東室召大學士費宏李時至曰今日閑暇朕
出游召卿等庶幾君臣同游之意因命出觀殿宇規制
殿東壁書無逸篇北壁則
皇考所作農家忙詩
上跋其後述王業以農功為重欲子孫萬世念創造艱難
豳風亭東壁書七月詩北壁則
上所題豳風圖長句東西小亭二碑
上自製文述創建殿亭之故而自儆尤切因諭宏等曰朕
志在恤民即今工作亦非得已如
四郊
七廟奉
天奉

祖
兩宮奉
親皆當營造此即無事時因言遼東時定湖廣賊天下亦
無事
上曰遼東本撫臣行事不當以致擾亂宏曰例推巡撫內
地者吏部止會戶部邊方會兵部恐不盡得人臣欲會
九卿推如京堂例
上曰善其語吏部著為令宏曰三邊今缺總制臣敢薦一人
上問為誰曰姚鏌往在延綏甚得士心時言鏌處兩廣亦
是後來王守仁却未足人
上曰守仁徒虛名耳因令宏等語吏部推鏌語未卒曰既

可用安事推即傳諭行又問鎮何官對右都御史曰陞
鎮兵部尚書仍兼前官時言遼東須用馬永甚好宏曰
聞永家丁八十餘人皆善騎射甚驍勇
上曰將須文武兼資不專在勇時對
聖諭允當
上又言西海水神祭於道側非禮令宏等相北闡口設祠
宏曰
上無一事不敬與堯舜同
上曰堯舜生知豈朕可及敬者聖學始終之要朕猶未盡
因諭宏等盡心匡輔獻可否勸
上保養

聖躬
上曰在清心寡慾宏曰須靜養以凝神聚氣為要
上曰神氣完足百體自安宏言黃帝問道廣成亦專在靜
上曰道書中亦云但凝聚必有法卿可為朕剖析以聞又
諭恤民在用賢宏曰聞
上昔與李時夏言評品被劾諸臣甚當
上曰朕在內僅得其槩耳卿等有見不可不盡朕簡用或
未嘗仍須執奏時曰頃宏至京舉朝欣幸
上委任耆舊至治可期
上曰舊臣止卿及宏在時等謝衰朽不足以副眷用命賜
酒飯出已遂詔起鎮為兵部尚書仍兼原官總制陝西

三邊軍務諭吏部自今巡撫官俱九卿會推
○嘉靖十五年五月乙卯朔
上諭大學士李時曰端午節朕奉
兩宮賞節昨有
慈諭罷免朕惟宴樂一節不可少不可過少則不見交懽
之情過則有傷躭樂之好若夫君臣一賞足寫交泰之
意卿其會勛言一計之已復諭曰宴禮必得樂歎今教
坊司不知備否無論俚俗我
太祖
太宗晏有宴錫其樂儀今存否可同一會議禮官擬上其
儀朕裁擇焉于是禮部尚書夏言等撰儀注以上及期

賜文武百官宴于奉天殿宴畢
上幸西苑預命侯郭勛大學士李時尚書夏言侯于崇智
殿遣中使齎賜艾虎花絲白索牙扇等物
上至勛等致詞謝
上曰人日之宴一以賞節一以酬前月山中扈從之勞勛
等頓首謝至水次
上御龍舟召勛等各登舟給酒饌命三臣近龍舟而行自
蕉園泛遊至澄碧亭登岸復宴于無逸殿勛等各稱觴
上壽盡懽而罷
○嘉靖十九年七月丙辰
上與群臣泛舟于金海詩曰紫禁西頭勝槩舒晨暉朝彩

暎芙蕖波光瀲灔千尺鏡翠色飛浮十里餘蓮紅灼灼
明素鷺荷綠陰陰覆錦魚獨目傷心佳景處莫伸昔日
奉
慈娛

信任大臣

○嘉靖元年十二月戊子大學士楊廷和以陞遷兵科給
事中史道劾其阿附
先朝力爭帝號之罪上疏自辯因乞致仕
上曰卿以正學直道輔佐
先帝隨事匡救備極誠悃力阻護衛諫止遊巡以死自誓
不附權幸不作威武大將軍勅不書綵帳先年聞父訃

音旬日之內連章乞歸終制忠孝大節中外共知乃國
勢危疑之際又能計擒逆彬使朕從容嗣統功在
社稷更化以來議處大禮釐革弊政誅逐姦黨褒進忠賢
知無不言罔顧利害勲望隆重朝野稱述簡在朕心方
切倚毗豈可偶因人言輒求休退鴻臚寺其往諭朕意
令即出供職既而兵部尚書彭澤亦頌廷和定策討逆
忘身徇國功
上曰廷和事朕以來輔德佐政備竭忠誠剪除奸逆不顧
身家之禍定策翊戴有功不居誠古社稷之臣朝廷方
切倚毗鴻臚寺官宜往諭朕意即出供職今災異頻仍
正上下交儆之時若讒佞得志公議不明正人君子不
安其位相率避嫌求退天下治亂安危之機所係此豈
國家之福覽奏具見卿忠憤所激為世道慮遠奏公體
國至情今後吏部務求學行老成識達治體之人選補
科道言官不許挾私沽譽報怨市恩以傷平明之治未
幾廷和復求退
上曰卿朝廷元臣德望素隆出處進退係國輕重近因連
疏乞休朕念卿以經濟宏才匡弼
先朝輔佐新政備嘗艱險曲盡心力轉危為安功在
社稷孤忠大節中外共知已屢有旨慰諭為天下留卿豈
何復有此奏至以老病為辭覽之良用憮然吏部官宜
往諭朕意趣起就職用副朕眷眷至懷

○嘉靖二年正月戊午大學士楊廷和以御史曹嘉論其
專擅求去
上曰卿累朝勲舊德望素隆替理天工多効勞勣勿以人
言自沮其亟出供職大學士蔣冕亦乞休
上皆溫詔答之於是數日輔臣無至閣者
上累遣內臣及吏部鴻臚寺官至其家宣諭敦促廷和疏
謝復辭
上曰卿肝膽忠義有功
社稷公論難泯簡在朕心內閣與司政本卿與同官累日
俱避位於事體非便朕甚不悅故遣官責以大義其遵
朕命毋更固辭既而廷和求去益力

上四遣中使至第宣諭令即入閣供職廷和固稱病不出
明日又上疏復報曰朕知卿忠義輔導重地推誠委任
遣官再四宣諭猶稱朕偃蹇高卧朕甚疑焉陳乞之章
不必再上時吏部尚書喬宇亦以言官指為廷和之黨
稱疾求去御史劉廷簠等自古害正人者率指為朋黨
喬宇孫交林俊同時召用令廷和宇求去交與俊亦不
安其位乎勅廷和等亟出視事
上是其言曰朝廷清明豈可輒以朋黨之説指斥大臣為
大臣者身任天下之重豈忍輕易求去楊廷和心跡既
有公論宜同孫交林俊即出供職吏部其往廷和宅宣
諭朕意

○嘉靖六年十一月甲子
上諭大學士張璁朕有密諭卿勿令他測知以泄事機又
諭朕與卿帖皆親書雖不甚楷正恐代寫有泄事情璁
疏謝因舉
先朝楊士奇故事請給圖書為密封奏對之用
上許之乃諭大學士楊一清曰凡朕與卿等可議事情除
軍国重務卿等同官三人議奏外或有密訪事機欲法
祖宗故事各賜印記一以封所來帖子又朕所送下文書
亦不可無封記令制一套正面畫一雲龍上批諭其官
中用政事文劄驗記一顆背封口上用御封二字展出
納有驗不致有漏事機朕無可謀者用與卿預計可否

通議來聞并賜印記字様也勞撰用密之一清言
先朝
仁
宣二廟嘗賜近臣圖書藹然唐虞吁咈氣象今此事誠宜
修復但印文止可作責望語如納誨啟心責難陳善之
類不必過為褒美又當因人而施不可太濫時
上以擬賜三輔臣印記及得一清奏遂欲去大學士翟鑾
之賜以桂萼代之報曰思卿之所言深恩朕也濫及多
人則謀不成事易泄朕意欲止賜卿及璁并尚書桂萼
萼未入閣又見辦事有翟鑾所以先鑾後萼以重輔臣
之意今既得卿奏朕意決無疑也於是一清復奏鑾小

心慎密況在閣同事乞併賜鑾以安其心
上報允乃賜一清璁鑾萼各銀圖書二一清文曰耆德忠
敬曰繩愆糾違璁曰忠良貞一曰繩愆弼違鑾曰清謹
學士曰繩愆輔德萼曰忠誠靜慎曰繩愆匡違仍諭一
清曰茲今所賜卿等四人封疏印記又欠徵驗其真凡
所上密疏可以楷後小書其字號自一至若千庚上下
方如親見朕慮時人猾詐偽一夫之我君相必被他人
相間也夫君者天下之主可親若二宗室支屬私親也
忠良賢佐公親也親其私者以夾輔王室也親其公者
以治理朝政也今編四字仍勞卿密説他三臣以朕意
卿用持字璁用忠字萼用東字鑾用正字既而諸臣各

上疏謝
上手詔答一清等曰朕念國政重大事機當謹無有過不
聞厥過愈深故以銀記錫卿以識封疏覽所陳謝朕具
知悉夫自古明良相遇必交相儆戒朕本不明上符
天眷及
祖宗付託特求嘉猷以匡治政遇卿等宜竭力贊襄用輔
不逮勿憚勿諱庶盡交修啟沃之體又答璁曰卿忠誠
體國靜慎持身故錫卿銀記以識封疏卿有所見聞即
宜告朕俾知過闕政以奉
皇天
祖宗之託卿宜竭力贊襄勿有所忌以副朕意

○嘉靖七年二月戊申大學士張璁進分獻大明壇及奉
制祭先師紀事詩二首
上覽之喜亦作二章以答之其一戊子春正吉
郊祀禮祇行陪神日為首陽宗日大明良輔承獻奠少保
捧捧香羹神鑒昭有格為喜不勝情右大明壇分獻其二
聖祖垂典則春仲祭宣王茲予纘大服稽守罔敢忘傳制
命輔臣款享鑒忠良堪羨老松栢空蔭我師堂右遣祭孔子
○八月戊申大學士楊一清以病乞休
上曰卿屢疏懇切朕非不相體且卿年高亦不應煩以事
務但朕倚眷欲終始輔導交修況卿懋才重德方賴贊
佐以成嘉靖之治宜欽承朕意慎勿固辭乃促遣鴻臚
寺少卿王道中造一清卧內強起之仍降御劄遣中官
諭意曰朕所倚卿實為天下卿若果於引退是虛國不
如慮身一清感謝之而求去益力
上固留之曰朕以卿耆碩舊輔方切倚毗而卿必欲引退
君臣之義恐弗如是朕躬多愆當直言以匡救何遽舍
朕而去卿其副朕望焉
○十二月壬子大學士張璁疏請給假省覲
上曰卿昨以省親焚黃之意預歷陳之朕屢特覽閱即欲
從卿所請復忽思之甚有未安朕芉不尊崇
皇考
聖母之時抱痛苦心不知何日得遂此願

皇天鑒我命卿言之今時也孝情既伸素志亦遂非朕所
自能實卿之力也非朕私愛卿也酬其所賴予耳夫孝
者萬善百行之先況人君長豈可不以此教人而反拒
人之情非人之長也況朕所得伸其孝乃卿贊成之誠
卿之孝情非朕之情可比尤急甚焉當盡孝子之情以
成終其忠者宜聽卿之所請即賜命以行可也但今政
治有未善邊事有未寧朕體有未健強學行有未定帖
所倚群臣夾持則卿之為朕託者特重耳卿之平日之
志未有一毫末之私持正秉忠以匡朕躬夫父子天性
至情似非私情者而在大義之中未免為私恐不宜言
及是豈終不宜言實不宜言於此時也卿可勉副朕託

悉心匡輔勿得爲言待其治道少康邊事寧息朕體少
強朕學少定則卿便可來請朕當聽奏立限前往如今
時卿不顧大義直遂已私果欲往則非忠臣之道使朕
失道失德於卿之心其忍乎否乎宜欽承朕命緩之數
載便當言此勿負朕意
○嘉靖九年四月乙酉兵部尚書李承勛以被劾求去
上優諭慰留之曰卿近日两具疏乞休退以言官誣及之
詞深爲名節計足見持身慎行但恐於愛朕之心豈不
小失繳朕惟人言浮無根據不必以此爲慮且卿雖經
璁等奏薦亦非璁等所私實公與也卿練達事務忠誠
素著才望兼隆朕心簡在今必欲求去恐非素日之心

也見今邊方多事本兵重地之任朕方賴卿辦理何乃
堅欲去哉宜竭誠佐朕展布才猷副朕委任茲特慰諭
卿宜欽承勿負朕意
○八月己卯
上諭輔臣張璁曰卿以所撰敬一亭碑文上朕覽之再具
悉忠慎之至朕惟古之君臣致盛治者無若唐虞彼時
上下一德猶不免交相儆戒吁朕非堯舜之聖而卿豈
可絶無一言以警之乎况斯文必傳之後世勿使後世
議可也夫君臣一體非朕私爲卿其察并擬來發部刻
石
○嘉靖十一年五月丙子召原任太子太保吏部尚書兼
翰林院學士方獻夫至京詔進兼武英殿大學士内閣
辦事命即日赴閣
上諭之曰卿昨赴召以連日陰雨未與朝見故今日朕命
入閣辦事庶副召用之意夫輔導之地以納誨爲職豈
無資我之忠言必託封章庶得隨事開陳茲以原賜銀
印記給卿用使宜承朕命
○嘉靖十四年七月壬午大學士費宏以起用至京
上遣中官賫手勅賜之宏疏謝言臣數年栖息畎畝頗懷
願獻之忠此後當日有所陳
上批荅曰覽日有所陳之言深慰朕望必如是然後可凡
事卿當獻正閑邪匡朕不及以副朕意

○嘉靖二十二年二月壬寅賜輔臣嚴嵩銀圖書一顆勅
曰賜卿忠勤敏達銀記朝夕謀猷入告以此封進嵩謝
荅曰嘉謀忠猷匡朕不逮是所望也卿其思副焉

大明世宗肅皇帝寶訓卷之七
光祿大夫柱國少傅兼太子太傅禮部尚書武英殿大學士臣呂本謹校
南京禮部祠祭清吏司郎中臣陳淥
南京兵部職方清吏司主事臣朱錦謹閱
南京工部虞衡清吏司郎中臣呂汎出

優禮大臣

○嘉靖元年五月己未致仕大學士謝遷遣男謝正謝遣
官存問及賜羊酒官廩輿隸恩因勑
上學古訓鑒戒憲以廣聰明
上褒嘉之曰卿輔佐
先朝直節忠言天下傳誦朕知名久矣方將起用特先存

問覽奏具悉忠愛至意宜善自頤養以副眷遇因廕其
子正為中書舍人仍命所司查同時守正被害致仕大
學士劉健尚書韓文曾廕否以聞
○癸亥大學士楊廷和蔣冕毛紀費宏各上疏辭免恩命
上諭廷和等曰朕念國統未定事勢危疑之際卿等能同
心協請於
昭聖慈壽皇太后早決大策以安
宗社其時逆賊江彬稔惡負罪尚握重兵心懷不軌禍機
難測卿等又能秉時擒獲不動聲色潛消大變使朕雍
容入朝傳序繼統中外晏然弘濟艱難功勞茂著考之
前史漢文帝宣帝繼承大統之後亦嘗加封丞相陳平
周勃楊敞蔡義等邑戶我
太宗文皇帝以尚書茹瑺有默相事機之功亦進封忠誠
伯況城云出將入相能除大患盡忠報國者同開國功
勲一體封拜朕前勑加封爵義不為過第重違卿等雅
志已如所辭朕心怏然賜宴進階及文職錄廕畧示朕
報功之意卿等宜勉承恩命不必過為高潔以傷朕懷
諭宏曰卿以碩德廣學輔佐
先帝嘉謨入告備竭悃誠隨事納忠賢勞茂著逆濠護衛
之請昌言沮止觸忤權奸遭讒去國朕在藩邸已知卿
名新政之初首先召起遇者勑加錦衣衛世襲之廕用
酬舊勞義不為過卿抗疏力辭重違雅志乃改廕正民

戶朕心猶以為歉再加文廕賜宴進階畧示優眷卿宜
勉承無過辭以為高潔傷朕本懷
○六月己未致仕大學士劉健九十
上已賜勑遣行人存問至是河南守臣遵詔奏請
上曰健累朝舊臣禮宜優厚本處延撫都御史備綵幣羊
酒親詣其家宣諭朕眷念至意
○十一月庚申致仕大學士王鏊以
上遣使存問具疏謝因上講學親政二篇
上覽奏答曰卿輔佐
先朝志切匡救朕在藩邸已知卿名新政之初方將起用
特遣使存問覽奏具悉忠愛至意宜善自頤養以副眷

懷其蔭一子為中書舍人尋致仕大學士劉忠亦具[illegible]
謝存問勅
上以務學養心歉
天法
祖御邪佞進忠賢數事
上褒答恩蔭亦如之
○嘉靖二年九月庚辰大學士楊廷和以一品十二年考
滿加太傅再疏辭
上曰卿元勳舊德望重台司弼亮忠勤多歷年所功存
社稷澤在生民寧秩特加用彰殊眷乃以盛滿為懼懇辭
至再具見勞謙成命以下宜即勉承朕意從容展布贊

成嘉靖之治既而廷和三疏固辭
上曰朝廷設三公之職以待忠賢共圖化理卿匡輔
先朝贊襄新政備竭心力茂著忠勤勲績既多特加寧秩
資望允宜何乃屢陳懇悃至以引去為辭鴻臚寺便往
宣諭宜祗承恩命即出供職用副眷倚至意慎勿再辭
○嘉靖三年七月己巳少保兼太子太保吏部尚書喬宇
引疾乞休
上曰卿才德老成賢勞茂著銓衡重地方隆委任何乃因
微疾遽求休致既情詞懇切特為俞允其給驛以歸有
司月給米四石歲役夫四名仍歲時以禮存問
○嘉靖五年五月辛丑刑部尚書趙鑑以疾乞休

上優詔許之賜馳驛還仍令有司月給米四石歲夫六名
鑑陛辭
上特製詩一首書於龍箋賜之以寵其行詩曰仰惟我
聖祖稽古置六卿朕茲纘大服命汝掌邦刑司寇職惟重
託卿甚丁寧慎以恤元元詳以矜幽囹副予欽哉訓惟
卿公且明資之弼王教倚毗須老成忽爾乞休足懇詞
出衷情朕弗拂卿志頗念其情誠特命馳驛還以遂卿
之志餘年備福祉勿負綸言旌
○嘉靖六年十二月辛未
上以大學士楊一清病目未出論問之曰日前奏請給假
調攝目疾今以數日未知可否特茲為問朕聞目主曰

肝肝雖受熱或勞所以傷目卿可用心覺養使肝氣清
和為自無疾騷卿每以此言朕欲卿治之奈無術耳欲
令醫治之亦無術耳況耳目之際非可按以摩為術也
但能使臟腑清和則百脈流通又非專以藥餌為尚耳
而醫者之術亦愆不過此朕初幼孩至今恒以目為患
去年常大作之是以累識此意不在他術惟肝氣平自
安矣卿如稍可便赴閣辦事況當新春還遲不必報名
叩謝以某日赴閣具疏來聞即朝見陳情也卿其承之
已一清病稍愈赴閣具疏以聞
上報曰今早得卿一疏云出辦事朕深悅之但朕前疾方
好未及大壯昨因出齋殿被寒溫之氣與爐火文薰觸

於頭目於清晨以起穿衣舉而暈痛相攻動履不得除
遣官代朕至日
二廟行禮外即回宮調養過其半日方覺暈止而痛亦就
安但因先日之弱體未大平復平可三十日視朝卿其
知之又昨璁回奏言與卿三內殿行禮之儀不必外建
論之只卿以禮斷可也又封可核先儒格言來告庶朕
決之者
○壬申
上不豫輔臣楊一清上疏問起居因引內經要旨請
上節宣調攝以迓
天庥

上未及答一清恐章奏填委前疏未經親覽復疏上間
上報曰今日辰間得卿一疏云二十七日所進之疏朕其
覽否但前答卿帖子中未言及此以謝恩疏答之密諭
寔欲專其意欲卿早出以副朕望也故未之及茲待刻
答之朕以幼弱之資上荷
天眷位居人上每思至此深切慚愧況體力未強而調養
之方未聞禮節之中罔知心每強之學無一得卿所言
究諧典禮且歷引內經要旨以保養朕體懇誠忠盡愛
君之拳何其至也夫朕於君禮臣之道恒為失之而卿
之於朕何其用心盡力哉凡卿等之言朕必再摘之越
日又取而味之庶有得於心不致於雖間其中也用是

以復卿其知之卿輔導元臣凡事朕有不能中執者當
要告正況今三始更新萬物復亨之期正可革宿愆與
新德之時雖有過不能自知卿可以正代非以善贊惡
交修朕性斯寔朕望焉今日除夕因成短句併告卿知
三冬寒已去九陽春又來辭殘省往過迓歲善增培伊
傳真耆碩輔弼信英才專賴交修道承之尚欽哉一清
疏謝因率同官次韻和之
上悅命名為輔臣賛和詩集親為之序曰去年除夕日朕
以殘冬已盡陽和回春遂賦五言律一首以其述示楊
少師一清寓以望其輔襄交修之意以辭殘比省過迓
歲比進善之意一清遂與璁鑾恭和以聞但其中頌

朕太過愧受之嗚呼虞周之道君臣惟一故舜歌皋陶
賡之卷阿之作周臣頌之朕非虞周之聖但喜得忠良
遂取為集以道虞周之意詩之所関大矣非吟咏者此
寔以求道望治不覺形斯言也歟
○嘉靖七年正月己卯時享
太廟
上見兵部尚書李承勛班在張璁桂萼之上意頗不悅大
學士楊一清因請量加二臣一品散官使與承勛相等
上悅報曰只經年門得卿一疏足見輔導至切朕復有言
夫君臣一德上下同心自伊尹之於成湯乃克合也朕
又愚昧之人繼承之主焉敢比成湯但念卿念念之間

凡出於為君為民無有不盡其忠誠至於諸凡進告之
者無一毫不於朕合其議何謂也且以今此一事告卿
朕於三十日親朝承勛班在璁之上初六日陪祀又在
承勛在首列遂自思之承勛雖當任用之時況年資亦
深但璁自輔弼重臣似或不可亦未及之䓁也回宮思
欲錄其意問於卿而暫回休息今日已閒親寫帖子與
內閣書辦遂思食食後陳硯紙而卿之疏已至矣故朕
嘉悅不盡以其七年始遇卿也卿之赤誠又邁尹之誠
也尹之輔湯賢輔聖也易若今卿輔朕之切豈不遇尹
乎朕非湯資卿所告進豈不難乎朕非造出之言其言
實自衷出也卿其益言無不盡之誠庶使朕免于冲昧

之失也卿其欽承是日復作詩賜璁曰戊子新正吉春
享
祖廟親祀禮忻已成肅駕回宮庭登輦偶回顧與南一輔
臣覩奇真才傑形端志氣伸外為柬貞一內則抱忠純
誠正輔吾躬精白飭乃身予喜荷
天眷脊賢作邦珍庶幾皋夔輩望以康斯民
○癸未
上降手勅加陞禮部尚書兼文淵閣大學士張璁吏部尚
書兼翰林院學士桂蕚俱太子太保璁尋加少保時
上方有事
郊壇璁等請俟廷謝畢乃敢受命
上曰古者人君接大臣無時上下乃交旦夕息從齋宮即
可出謝不必陛見
○三月丙子太學士張璁以原籍姚溪舊建書院疏請賜
名并自建亭立石恭蔵
御製敬一箴五箴註因以書院集錄詩文進覽
上賜其書院名貞義堂名抱忠仍令有司建亭立石其堂
舍敝壞者亦與修葺璁具疏陳謝
上批荅曰卿當時學首博識多聞勤勵敬慎以飭其身盡
心職業專以王道匡朕又恐後學廢墮特以院堂名額
為請茲朕親撰以賜卿才德學行葢示所不能盡覧所
陳謝具見勤誠已又賜璁玉带一諭曰見卿带不佳今

特賜卿以扎報不必廷謝
○嘉靖十年三月乙未兵部尚書李承勛卒
上自為文祭之曰朕惟人臣事君以忠若不多見今時尤
難見也卿以賢俊之資自登甲第歷官數任俱有聲聞
自朕擢任以來盡心為國竭忠事朕遂致疾若肆其斃
馬方當冢宰之遷遽爾一逝朕深悼之吁君以得賢為
治是謂相遇為休朕非明王之資故賢者未久其與茲
特賜諭以祭之卿其欽承之歆慰哉
○嘉靖十二年正月丙辰遣鴻臚寺官召致仕大學士張
孚敬賜之勅曰朕惟君臣相得自古為難惟卿自中甲
第奮志為忠不以身為顧維是歷居数任持一不回匡

主愛君未或少懈前者小人搆為陷穽朕卽時令卿回
已昨又自不審慎幾微又命卿回已適來星異衆疑之
曰信哉君不明也使之去而復來致變甚速朕亦應之
曰孚敬遂到此異又見試且令自陳吁朕意卿却不會
又云去數語朕亦未放過三命回已矣朕所以用卿去
卿其意不待自述自有公論但卿何其自誤哉今自卿
歸星芒未見速退應歟否歟他不必費筆札矣今朕三
召卿復任卿若能識朕意則作速前來期使功名不自
昧用全君臣之道卿若不能此者則暫來作賀朕得嗣
之喜亦或慰朕思卿之至懷惟卿思之圖之
○四月乙亥大學士張孚敬赴召至京是日免朝

上傳賜酒飯復降勑諭孚敬曰朕聞卿至甚喜但二日未
視事見卿蓋以文華致齋恐空室寒故厚衣不意傷熱
遂病目須三四日可愈卿其先詣閣視事仍以其諭示
同官知孚敬隨赴閣辦事具疏以謝
上悅諭以益殫心任事以副倚望之重
○嘉靖十四年四月辛亥孚敬以疾在告
上遣中官齎藥餌又手札諭之曰昨少保李時具言卿病
苦狀朕惟近古之君有剪鬚療大臣疾者朕居常合藥
數味自欲輒効茲為卿捧清心寧神驅火保肺者為一
服以此得愈庶慰朕念雖非前欵臣者之切亦見朕意
服後一二日可告朕何如又諭曰昨朕因語時令示朕

意與卿閣病不得愈朕惟病不可不慎以愛身為孝之
大而天工不可不盡以輔致君為聖為忠之大他諸餘
未都要緊卿其思之哉
○嘉靖十五年五月乙亥致仕大學士張孚敬表啓問安
仍疏賀册嬪
上優詔荅之遣錦衣衛副千戶劉昂視孚敬于家賜之勑
曰卿以內閣元輔朕所倚毗頃因有疾懇乞歸休朕察
卿有不獲已之情乃用俞允遣卿茲得卿來疏奏問并
賀省覽之餘具悉忠愛特遣錦衣衛副千戶劉昂齎勑往
視卿疾如既愈卽便來京勿負朕望果未除則當善自
保攝用副朕眷思之懷復以手勑付昂曰勑舊輔孚敬

卿比以疾乞還久切朕思昨得奏賀朕躬乎吉
聖母康泰及捧原選淑女內曰曹王二氏朕御而各有喜
期將近已先册封為端昭二嬪并河南李氏京選王氏
補為敬靜二嬪又朕於春三月躬行謁
陵禮奉
慈車率后妃禮成後又于四月之吉命工恭飭新
七陵增造等項朕自作幽宮于
長陵左之陽翠嶺卽十八道嶺更名改小山一名羊臺山
以尊
皇祖太宗嘗御之地前次并往金山拜
皇高祖妣章皇后

皇曾叔祖景皇帝二陵奉
聖母舟回京今朕命使昂往視卿于家卿如果疾未痊便
不須以見知稍可即星夜以行急來見朕副切思情勿
自負自棄以致朕懷無已卿其承之
○嘉靖二十年二月丁卯建試讀春大學士夏言有疾
上諭讀春諸臣曰卿等連受勤劳於政務之外且希忠與
我少年卿等皆老臣朕心甚未安且言病甚昨朕有諭
令春後用心理之即令任事之臣少卿等其悉朕懷
臣我不逮仍銤諭示言知之令不必回奏乞伊思費耳
又昨卿等入見東宮已議凡重受護然朕惟侍卿等再
見數次先計

奉先殿謁禮如何今年庶吉士之選當舉行既而遣醫視
言疾復命中使齋賜上尊品物言疏謝請俟疾少間詣
鴻臚寺報名謝恩
上特遣中使諭止之曰卿疾少愈恐趨謝作劳特用賜免
卿其專精神省思慮近醫藥以自持
○三月丙申少傅兼太子太師禮部尚書武英殿大學士
夏言一品九年考滿
上遣中使賜言銀五十兩彩段四表裡寶鈔五千貫茶飯
五卓羊三隻酒三十瓶吏部以先年大學士楊士奇劉
健賜勑宴例上請奉旨言輔導朕躬歷官一品九載懋
輸忠荩久著賢劳朕心嘉重可復少師吏部尚書華蓋

殿大學士勲階兼官悉如舊賜勑奬諭仍宴禮部給與
誥命以稱朕褒禮元臣至意言疏辭
上曰卿名德偉望博學宏才一品九年忠誠篤棐功施
社稷業邁前臣加恩常典非朕所私宜祗承新命益殫嘉
猷用匡不逮庶副朕優眷至懷所辭不允禮部以待宴
官員請
上命六部尚書侍郎都察院都御史待
○五月戊申原任大學士毛紀年八十山東撫按以聞
上曰紀輔弼舊臣年登八袠德壽並茂其賜以羊酒撫按
官及門存問仍月給食米四石歲撥人夫六名應從以
示優眷

○嘉靖二十四年二月丙午致仕吏部尚書羅欽順年八
十撫臣以聞詔有司及門存問仍給月米歲夫
戒諭群臣
○嘉靖三年四月辛丑鎮遠侯顧仕隆等請申明永樂初
戒諭武臣榜文
上曰我
祖宗廟戒諭武臣榜文訓告諄切恩意深厚承平日久替
襲者不知遵守曠職怠事兵部其通行天下申明曉諭
本府仍謄寫刊印給各官領回誦讀使其子孫各知保
守世祿
○嘉靖六年十一月辛丑賜輔臣楊一清等五經四書各

一部諭曰朕惟大臣事君必有其道曰道者載諸簡冊
君不知道無以修身出治而福澤生民臣不知道無以
輔君納誨而成就君德卿乃耆德舊人博學宿儒自復
召居政府輔導朕躬啓益朕學贊襄治理展布忠誠沃
心之道良有賴焉斷非學術淵深識見宏遠所能也哉
朕念卿昔所學者必孔氏典籍是典籍也乃市行書肆
所傳惟恐或有差繆豈可適哉今特以
祖宗朝所刻官本五經四書各賜一部卿其益堅乃志究
厥古典式朕政事舉動有違於道有戾於理當執此言
以告正朕躬乃諱朕之不納為無言嗚呼聖人修齊治
平之道盡諸典籍朕有所問闕必賴卿其善導之朕豈

敢逆其身心以為無益負
皇天及
祖宗付託乎惟卿其欽承之故諭
○嘉靖七年七月癸酉大學士張璁請宣諭內閣絕讒邪
以清政本
上曰卿所奏朕已知輔臣調元贊化當為上為德為下為
民同寅協恭以期和衷之治庶副朝廷倚毗之隆勿得
彼此相嫉以負簡託卿等各勉之
○嘉靖八年九月辛丑先是大學士楊一清張璁各以言
官論劾遂生嫌隙
上令璁致仕旋復召入一清不自安求引退

上慰留之光祿寺少卿史道因上疏請諭勉二臣相與虛
心直道忘私奉公用酬
陛下千載非常之知不宜以形迹爾我自相乖異
上覽而嘉之曰內閣大臣責任甚重盡所深倚宜同心共
事協恭盡職秉公持正以贊治化陳善閉邪以輔君德
容衆以量受言以弘勿懷私嫉忌以取愆違庶乎君德
賴之以成治化以之而興澤溥下民功施
社稷忠節譽望非前代諸臣所能專美豈不偉歟輔臣於
道之疏朕之言宜加思勉勿負朕意
○嘉靖十三年正月丙辰
上諭大學士張孚敬等曰前朕親啓

皇祖主櫝見主套銷金何內必是先期崔元所致彼視簡
大臣乃忽慢不敬豈將命播事之臣哉元之不堪簡命
有如此卿等即錄此論與言令謄示捧主諸臣知恭務
各祗慎勿如元為於是元上疏待罪
上曰出主而祭禮之正也我
皇祖紛制之典非今日事况人臣於君之事不可不慎重
朕知爾意諸
累朝不行何今日知是我則知守歷代之規耳朕所示禮
部但勅令加忠敬而已何以認罪為
○三月壬申禮部尚書夏言請簡忠亮大臣一員撫賑大
同叛卒大學士張孚敬持不欲行

上諭之曰茲大同一事卿獨未究心於至理委非正大之舉撫逆誅逆終是賊得計我師傷亡無數用財無數今如是了事可耻之甚不罪其有罪之人是何理邪非朕偏聽於言之言卿可推思其理自得其正也人皆曰卿獨與言為忌茲事又不從果然矣如其所言真不當行豈可遷就為之朕惟言之力幹君事今亦不多及黃綰之為人卿所甚曉朕恐前日之事果如所言卿不自累邪卿能與綰比舊加厚其交再肯與言凡事和處則朕之不勞於政務卿之德量益著矣朕此言非有所私特為卿耳孚敬又言前已遣纂軍給事中處置似不必更遣官查勘

上復諭曰大臣事君謀國貴和若彼此爭抵各生私嫌則其君托耶卿尚平而熟思之禮部此請當都依擬行遂特詔綰往為罷總兵郤永任聽其勘處

〇五月己丑

上以疾不視朝諭禮部尚書夏言曰朕惟君之與臣上下交而共成治理遲者朕靜息數旬元氣已復咳疾未除慮爾百工弗勤厥職曰不先我師上行下效者夫朕非欲自逸也特念身為治本不得不慎愛之耳茲復申告勉遵朕言務秉勤恭勿事怠忽卿言其鋪布之哉

〇六月乙巳大學士張孚敬復以疾乞休

上溫詔慰留不允尋諭之曰卿前以累疏乞退今日又復為詞想無甚疾或疑朕耳夫疑朕有二去來進退四三作矣我必終不以禮待不如早求去一也方獻夫年力尚未及我而去之此必信一等人以勿用我策不如早如去二也或因大同事着又或以如今日之事為難處堅不欲法處延齡者曰為

昭聖皇太后耳恐君上失德夫此數事者皆不足慮大臣居丞弼之任一畫誠以事其君道之宜也謀身計禍此是何如臣邪況今也亦無甚事止是輔君安民耳卿必欲求去果為何者明言之勿忌孚敬求去茲力

上復諭卿求去之必者特以一大同事耳何其執已哉夫卿不過與言為忌特耳大同之事初無甚重大情由朕

曰法當討而無赦法言也想劉源清郤永必思致法而止誅殺主將之賊以正

祖宗之法紀也豈知貪功冒勛恣殺平民以致法不伸止殺二三為從者渠魁漏網壞法至於如此卿猶為源清屈一則曰二臣銳意攻城二則曰必破賊為止夫城破人誅固無難如無罪者何又何時復是鎮以衛京師乎此雖言之言含本出自朕況事之是非自不當較也今正內閣缺人不顧朝廷必求自遂是輔臣之謀乎孚敬乃復出視事

嘉靖十四年三月丁丑武定侯郭勛吏部尚書汪鋐在不數以事相左遂成隙上疏相攻

上謂大學士李時曰勛言工上事猶可鋐全是忿詞此何
可忍時為營護甚力
上意解曰君不究竟則二疏須留中耳且鋐無故即舉梁
材自代此是何說脈東閣與夏言爭
莊肅皇后謚號本禮部與內閣事與鋐何與乃悻悻如此
時曰大臣議事貴于平心易氣此等舉動未免取訕於
天下後世
上曰科道何不彈之時曰不敢
上曰此謂寧忤天子不敢忤權臣也勛鋐卿可俾朕意戒
飭之但勛奏吏部改調官事不可不查卿亦知建造可
會二臣公議之於是時同勛等於東閣會議奏言鋐以

主事歐陽清體弱不任工所勞命振強行事欠當故以
清改調刑部振強陞調南京工部員外郎而以員外郎
梁建振代之實無他情勛見鋐擅調因疑其聽托規避
遂以上聞耳
上曰振強行事欠當宜謫而陞清体弱宜惜而調似有避
去意命降振強一級仍同清供事建振回原部於是勛
鋐各陳謝
上復手諭勛褒其祗慎勉以協恭以稱簡任於鋐則責其
動有紛擾甚負委任仍以自今宜親君子遠小人勿效
前為戒之
○嘉靖十七年正月壬寅行祈穀禮于
圜丘命武定侯郭勛代
上諭輔臣曰卿等謂祈穀禮宜暫命官具見愛朕至意然
朕思大報未親時又有外臣在故欲躬事耳若論出入
太廟丘壇上下自惟禮多但熟思朕既遵復
祖制不三五年即偷安自逸且自十三年患咳六旬乃愈
三四年間體力復不如故又昨冬連患足瘡兼耳鳴心
跳神思不爽又不如前氣積成痼即今滋恙增甚朕心
得有一日之寧乎故朝政之廢歲不及旬日雖此身如
逸中心不敢畧息所感者
皇天洪眷
太祖聖德故又雖之冲君得有此十六禩及賴卿等竭心

以贊耳今朕宜理疾祈穀之典卿勛宜思盡虔恭代朕
行禮卿言仍監督禮儀勿怠即錄付春官及徧示諸司
知之
○嘉靖二十一年六月辛巳
上手諭都察院曰人事愆違
天垂仁愛雨後方禾茂民康今雨下竟朝夫丞弼之臣宜
忠敬清亮者居之故曰燮理調和之職也朕承
皇天寶命以神王二道裁理天下非求僊用爽荒昧之為
止是一早朝終始不一耳然君逸臣勞務本抑末夫小
顧大先賢言之朕雖失之此早一臨門祀多命攝愛此
身命是父母遺我者崇禮帝神加志天下不嘗色荒聲

迷于不省人事之地無一時不思天下付民上藉為人
君之職所當懼者奈何世降人浮求一真才作央輔不
可得昨夏言測知東宮遷移無故力稱改慈慶為東宮
府夫發母后備制以縱奉子朕必不為言前稱朕意為
正駁郭勛之非今何一用勛言若今謂為忠正前亦忠
正前謂為非則今亦非也蓋嫉人賢己欲美必皆己出
亦無歸美君上之意是其恣肆已成性必不遷于忠謹
敬畏之地夫何謂郭勛以不領勅下獄矣循千羅百織
如何自擬君旨謂不必用勅言官係朝廷耳目一人不
如專一所受主使逆君沽譽傾人取位以奉所悦或戕
人一家以代報復吁是人為乎又凡工作例有內官監

官昨撰
大享殿興工何無高忠勅稿前歲忠代言道王器視壽朕
已疑其與彼同計矣今果適誠朕言不具勅稿果無例
耶果不通謀耶昨又聞衆轎苑中次日朕已香葉束髮
巾命用皮帛鞋以便跪起彼謂不可夫無賜而自束是
擅也有命而抗違非禮也且朕不早朝彼亦不入內閣
軍國重事極自私家而專裁之王言要密豈宜人臣視
如戲嘆如此大事言官豈無一人知見不聞一言斥疏
糾黜徒知欺謗君上矣法舞文排擯忠直會生媚寵今
日神鬼皆愁爾甚傷木卿等其布此諭俾中外知之
○十一月戊申

上以宮闈之變勅諭中外曰朕誕膺
天眷臨御大寳二十一年於茲夙夜兢兢欽若
上帝祗奉廟祧罔敢怠荒故凡八柄之操五刑之用皆稽
謀自
天考訓於
祖恩宥罔偏於近御刑賞大同於宮府凡以成平明之治
洽於變之風以期無負
天與
祖宗付託之重雖每防微豈期是年十月二十一日突生
構釁二逆御氏結宮婢楊金英等大肆謀逆戕害朕躬
仰荷

天地
祖宗
皇考妣洪庇百神護佑假手中宮力救朕躬獲臻寧吉即
將逆犯依律凌遲處死各該族屬尽法誅夷已遣官祭
告
天地
宗廟
社稷及應祀神祇恭行謝典恐中外傳疑未的尚懷隱憂
手足心腹保愛脊戒茲特降勅撫慰爾等夫朕以冲弱
遇茲危篤卒獲康寧然非
天地神人陰佑默相以保我國家萬萬載靈長之祚何以

有此爾等宜念此眷恩深加慶幸安心官守共迓
皇鑒覲茲祈天永平之休共饗久安長治之盛爾等其欽
承之哉
○嘉靖二十九年八月癸未虜衆薄都城
上出御奉天殿勅諭群臣曰今虜酋聽我背叛逆賊入侵
畿地諸當事之臣全不委身任事曰
上不視朝我亦不任事夫以平日云君逆臣勞竊聖言以
漸已懷欺不忠至此尤甚何有主憂臣辱之實敢為上
行下效之肆朕中夜之分亦視處分輔替大臣日夕左
右未頃刻有滯於軍機而朝堂一坐亦何益歟
天背主之物科道官通不一劾且脇我正朝大內恐赫朕

躬沽名市美非黨郡畏奸臣敢欺君父各誤事大小諸
臣便一一指名着實參劾定罪其餘各同寅協恭悉心
國事凡有見聞可以助大破逆賊虜寇者人人盡言再
如昔玩視並以軍法行刑
○嘉靖三十三年四月甲戌
上諭禮部臣曰今春雨澤固降雷未發聲且四方災異旱
澇不同勿專謂爾君所致人臣之義可盡發乎天工人
代君一身能徧諸務耶臣原有分理之責况忠貞者又
以臣勞自責未可專一歟論各要寔盡厥勞
○嘉靖三十九年五月乙亥吏科都給事中梁夢龍劾奏
協理京營戎政兵部右侍郎殷學託病避事學上疏
自辯
上曰大臣當先敬畏邇來自肆安居每每稱病臣子情共
義何在况學又協理戎政若被劾不待明旨游詞欺辯
姑從寬為民員缺亟推忠謹熏諳者代之

重銓衡

○嘉靖十年三月戊戌
上諭吏部曰朕惟政治以得賢為本吏部尚書古稱冢宰
表率百僚人材進退寔司鑒別朕以此任重大懸缺已
久茲特付諸廷推以協公論諸臣宜體朕心慎選惟公
與明忠誠為國諫達事體者二三人以聞朕將親擇焉
毋得視事之常以應故事

○吏部疏文選司署郎中鄭尚義當校
上曰文選乃銓衡要司頃來不問賢否第以次補僅及一
年輒陞京堂他部郎有賢否俱不得與屢經建白竟不
遵行以致往往挾權濟私用舍倒置恩不及百姓自今
文選郎中務令久任果能盡心所職者聽超陞如例不
許槩陞有不稱者吏部會都察院更調選補務在得人
庶朝廷體訪好惡悉出公論
○嘉靖十九年八月壬戌南京禮科給事中曾鈞等以士
習日敝咎由大臣請
上察忠佞以勵其餘
上曰鈞等所論深中時弊責備大臣處尤是茲欲甄別淑

思振起人才專在銓曹自今中外大小遷除須裁抑倖
倖為國擇人毋狥私情致傷公道
肅風紀
○嘉靖二十年四月甲辰吏部尚書許讚等各自陳乞休
奉旨罷免者十二人餘令修省供職因勅左都御史王
廷相曰
宗廟災變
上天垂戒非常都察院風紀重地天下生民休戚吏治臧
否係於巡按御史近來出巡在外豈無失職害事首卿
總憲有年自入院修奏憲綱之後不聞考劾一人朕切
恠之今後宜痛加修省振舉乃職

○嘉靖二十一年四月丁丑掌都察院事毛伯温等申明
憲綱八事
上曰朕恒念天下蒼生不得其所秖因有司官貪酷肆行
有司善惡無所勸懲秖因巡按御史不能振揚風紀舉
劾失實御史臧否不分却因都察院不嚴考核吏部不公
黜陟該科不行舉正政體相維本無難覩乃上下不能
盡職失朝廷初意國家何賴焉覽奏具見振舉綱維切
中時弊朕心嘉慰所陳悉允行務從實振舉所在巡按
御史即宜精白奉揚勿負朝廷簡命如或故違重治不
宥
飭吏治

○嘉靖六年十一月癸未
上諭輔臣曰吏部劾奏熊一瀆本鄉等稟來止說戒其後
來往者不究恐無以戒後者今可批示熊一瀆既屢被
論劾却不迴避今又該巡按御史劾有貪婪實跡革了
職所犯贓私行巡按官勘問明白着實盡追入官奏來
處治近年犯贓官員雖經參劾皆止去官贓私多少置
之不究終身受用無忌憚所以往往不知警戒爾部裡
會同都察院從實查究參來說如此方可懲戒將來徒
以虛文積習愈無忌憚勿故姑息
○嘉靖八年正月己丑
上諭閣臣曰卿等昨以重守令一事為言足知忠慮朕本

宗支中幼無德之資仰承
天命
皇兄遺詔俾為君長以奉
郊廟之祀安斯民耳奈何寡昧無知何為安民之道夫守
令親民之官此官得人則民安而非堪此官者則民不
安抑得人而無能否之分進黜旌罰之失當則民亦不
得安耳故自古重此官我
祖宗亦重之今之計他皆繁文如降勅書屏之類只當卿
等吏部嚴加訪察以為黜陟之宜而不係縣令決不得
陞御史給事不為群守決不許超為卿佐每三年之期
將可否分別等差量為勸示六年倍之九年加倍之又

命都察院嚴戒巡按令其公舉劾束政體上親為按歷
以稽其職之修否不舉析挫凌厲如此則守令自得以
重民生或可安矣卿等其協心詳議如可卿㮣卽與同
官擬旨來看
○嘉靖九年二月壬辰勅諭户禮二部及都察院曰朕聞
民為國本本固邦寧不可不加意為國安人必慎用守
令然後乃獲所安近屡有旨命吏部多方選授用心考
察外但未聞其官果賢某方民獲安生某官為否某方
民不聊生無憑黜陟實效未臻况近來災變多端本由
朕致而百司分理亦所不勉有匡賛之責而親民之官
又最切焉今將朕偶有所見立為條目爾部院卽便刋

布開　示於後一守令已有旨命所司慎選外着彼到
任之後務要上遵我
皇祖成法修職業愛惜百姓所欲者與之聚之所惡者與
之去之扶善而驅其强暴尊賢而去不肖教之以忠孝
道之以仁義勿得肆虐用酷殘賊百姓一凡軍民人等有
在家能孝奉祖親恭事長上者和睦鄰里教訓子孫者
務要指名奏來以憑旌異不許徇情用私一農桑者衣
食之源一家之中賴之上奉祖先父母下養妻子人口
須要依時力務男女各勤乃職但是少壯都要耕織耕
者勿怠于耒耜織者勿怠于機杼旦作晚息庶不致飢
寒之苦一各處但有荒蕪堪種之地着着召貧民自種

官給與牛粮子種不徵税粮不許强豪侵奪及官豪人
等有違一體來治罪一秋成之後所獲須要撙節愛惜
勿得棄費備之以備凶歉一誤農害義莫甚於釋氏之徒
令尤重焉夫彼不過以生死恐吾民小民愚甚直信無
疑浸浸而不之省遂至傷倫棄廢人事舍農業甚是有
害世道今雖不能去然驅迫之速必至作害但要牧民
之官常加省諭戒其未來其見被惑者有能舍非從正
都着還做生理須從容善誘務使移轉如一府中有
能化正二百人以上州一百人以上縣四十人以上者
巡按御史奏來否亦奏來以憑考報一欲守令盡職又
在巡按御史克盡職以為表率他自不敢不勉令後各

處巡按御史着照近日右都御史汪鋐所奏事件務要
遵依不許玩違以為身先之道勅内所載各官果有遵
行盡職民安生業的指名奏來陞用或賜以旌奬有仍
前不遵故虐小民者亦要指名劾奏治罪務要從公廉
勍以憑黜陟如所否者吾朝廷訪知决不輕貸如勅奉
行故諭
○嘉靖二十四年四月乙未
上諭户工二部朕仰承
天命為生民主夙夜兢兢治理未始少忽每念四方水旱
及邊方多警如履淵氷但為政在養民養民必選賢守
令令選之者每不盡心以致官非其人民受其害朕見

今歲以來天時少順連日風沙若有旱火之虞又邊務
亦甚有可虞者所司俱不我體何有君逸臣勞之義所
應賑卹及防禦諸務其亟行撫按官及各邊總鎮官加
意幹理如或失職僨事決不輕貸于是戶部奏言邇來
各處奏報災傷業已奉旨蠲卹此實朝廷浩蕩之恩第
諸司不以實行宜令所在撫按官加意程督得旨近來
所旱災傷皆由官不得人甚或貪殘殃民致干和氣所
奏依擬行各該撫按官嚴督守令及時加意恤民貪酷
害民者即時具奏處治
○七月丁丑巡按湖廣御史伊敏生言岳州府知府陸卿
茶陵州知州曹才漢政績卓異宜示勸獎
上以卿有救荒寬政詔陞四品京堂官曹才漢陞俸一級
遇缺推用前有旨令各監司訪覈所屬守令賢否未見
奏報敏生獨奉詔惟謹足見究心民隱令陞俸一級

○嘉靖三十三年三月辛亥
上諭吏兵二部朕惟連年自庚戌達賊入犯之後凶荒四
歲百姓飢窘已甚良用惻焉今救災惟卹民養軍為要
一者得人雖患亦不害吏部行各被災地方有能加意
賑恤其能惠養有方勞績彰著者奏聞擢用貪殘殃民
者處以重典兵部行各邊鎮巡將官撫愛軍士整飭兵
政嚴謹隄備各務責實遵行如或誤事必罰無赦
○嘉靖三十九年三月丙戌兵科都給事中王文炳以游

直閩廣等處兵亂頻請亟議安民蓄兵絕寇之策兵部
覆奏
上曰朕所倚安民在守令邇來各官恣意貪殘困苦小民
朕心惻之吏部都察院即移文各地方撫按官嚴加考
察限一月內從實奏處
○嘉靖四十二年七月甲申
上諭大學士徐階等曰今人臣中欺謗者不無而外官貪
肆為尤甚國蠹民苦悉此輩所為
祖宗法度視為耻耳此本在冢宰力行階等以示吏部尚
書嚴訥因奏請行各撫按官不待復命即將所屬諸
司貪肆有跡者以名聞聽本部分別處治如臣等及撫
按但有所私聽兩京科道從實糾之疏入得旨藩臬有

司貪肆者如議行撫按官從公劾奏如有不當爾部中
及都察院科道官即行參治其撫按官仍令督率守巡
徧歷郡邑稽查奸弊修舉職務如敢玩送一體參劾爾
等推陞選用務秉至公以體朕保國為民至意
○嘉靖四十四年十二月乙亥雲南臨安府同知何啓蒙
河陽縣知縣嚴傑俱以貪酷為按臣所糾詔俱黜為民
仍以傑下巡按御史提問具奏因諭吏部都察院曰貪
官不治百姓不安今后犯贓數多者俱照此例行不許
貸縱都察院通查先今奉旨逮問文武官催行各御史
劾勘問結於回道考察日明開已未完件數奏請毋得

隱讀
恤民
○嘉靖元年正月丁卯戶部覆御史鄭本公奏請收鄉京
師窮民
上曰在京窮民收入養濟院食粮及蠟燭幡竿二寺給鄉
係
累朝恩典近所司往往侵耗抑損無告窮民安所委食宜
令仰體德意務使人人周給諸作奸玩法者事發重治
之
○十月辛卯戶部覆南京應天湖廣江西廣西各撫按官
奏地方災異非常乞賜蠲邮

上曰各處地方災異重大朕心惻然戶部亟發銀二十萬
兩遣官給發各地方酌量輕重分給巡撫都御史令其
躬親巡歷委官設法加意賑邮錢粮蠲免者停免勿徵
務使窮民沾惠勿事虛文
○嘉靖三年六月辛酉順天保定河間及徐州蝗戶部請
勅有司捕之
上曰蝗蝻損稼小民艱食朕心惻然卽令諸司悉計撲治
之仍覈災傷如例蠲免
○嘉靖七年九月甲申勅諭戶部都察院今各處地方多
奏災傷朕訪得四川陝西湖廣山西等處尤甚百姓何
辜罹此厄朕每覽奏牘惻然廢寢當此荒年歲若

不大沛蠲恩急行賑貸豈為民父母之道雖節經各該
撫按官論奏戶部覆議蠲放猶悉拘於常例往往覆勘
反滋弊端且往年災傷田粮止免存留而南方之兌軍
北方之起運俱不在所免但百姓所苦正在起運錢粮
猶免存留民無實惠况存留數內干碍王府祿粮軍士
月粮官吏俸粮師生廩粮之類皆不可缺通融處補候
熟帶之例多是虛文無益徒為官吏里胥漁獵之資戶
部便通行查議將各奏報災傷十分重大者今年起存
錢粮盡行蠲免稍輕者照依分數勘實卽便停徵或量
為折徵輸納冬寒在邇明春青黃不接之時尤為可慮
巡按官仍督令司府州縣等官將極貧人戶先儘見在

倉粮量為給賑若有不敷將各項官銀給發災輕去處
照例徵免輸納亦無聽信下人作弊以熟作災以輕為
重有損於官而無益於民其兌軍起運不可缺者將兩
淮等運司鹽價銀兩及各處先因別項徵納今未用者
酌量派補運納如有不敷仍將太倉收貯官銀動支百
餘萬兩派發送去以備代補起運及賑濟二項支用事
完造冊奏繳夫財出於民損上益下斯為善道百姓足
君孰與不足若坐視民患民窮財盡他日軍國之需從
何而出戶部職掌人民宜體朕意推而行之其間斟酌
損益事宜又在從長議處明白具奏定奪內外衙門官
員及撫按官若有弭災救荒良策及凡不便於民事件

各要條陳具奏採擇施行以稱朕卹民固本之意
○十一月癸亥
上諭户部朕聞河南陝州甚荒人相殘食何不亟行賑救
夫災變重大若此豈彼處鎮巡官未嘗具奏耶其據實
以對户部尚書鄒文盛等言河南全省皆飢臣已請留
兑軍粮五萬石行賑陝州飢尤甚鎮巡官並未言及今
請再留五萬石兑軍粮賑之報可
○嘉靖八年二月丁丑湖廣襄陽府大飢巡按御史張禄
繪飢民圖以獻時已有旨留
顯陵工銀及責折兑銀備賑
上覽禄奏心復不安亟命部臣再申前旨下所司多方處
皇明寶訓 [illegible]嘉靖七卷 三十一
分使民沾實惠有司奉行不謹及作弊者悉論如法
○嘉靖九年四月庚午勅諭六部都察院曰朕本菲薄以
宗藩入嗣
祖宗大位夙夜戰兢罔敢自逸惟賴内外文武百官左右
夾輔以匡朕弗聰弗明之資爾近來遠近之民餓莩盈
途死亡流離無業閑諸奏報實用憂傷本朕一人所致
下民何辜重遭斯苦但爾内外工臣皆有分理之責爾
部院大臣又百司庶僚之首不可不加勉以佐朕安民
表率其餘今將朕之小見開列咨議會奏來說民之安
否全在官之賢否近來慎選守令之旨已屢降惟能遵
行可也但上之撫按之吏胥人等亦當慎用嚴禁之宜

庶使上有公鑒下無私為公鑒當則薦劾得真俾有所
畏服私為禁則詐冒得除俾不為所累然後民或得安
手日有司不肯積谷備荒一有災饉無所措置雖每發
銀賑濟亦已晚矣况奸官猾吏往往侵尅小民全不得
沾寔惠徒有賑救之名其實未沾一命宜着寔考訪區
處朕聞周禮荒年索鬼神之制其各處凶荒地方爾禮
部查奏遣賫香帛祝辭命所在有司官竭虔致誠禱于
應祀神祇以希轉災為民之福朕仍躬行露告
上天同爾等修省各處戰陣死亡或為國為民者勘報有
不真以致徇情顛倒之旨亦足以傷和致災該部依此
類推詳奏請刑獄重事人命所關其情弊多端最難條
皇明寶訓 [illegible]嘉靖七卷 三十二
數甚傷和氣法司推議奏請其死刑有决不待時者或
在春夏之時尤為傷和或亦有未當朕甚懼此亦會議
具奏定奪在外民情利害恐有未知亦足致災都察院
便行文巡按御史及大小官員凡利當興害當除者有
所見聞着即條奏不許詐妄及害下民以違朕意近因
民窮屢有蠲貸之命聞所在官司仍徵又催之者夫蠲
免之意在裕民却乃如是論財則官民兩不獲上據虚
名下受重困法令俱亡看議處考究其有欺隱及不遵
的從重治罪目下凡有可救災濟民之宜着即行奏聞
區處施行都察院還行科道官俾人各以見上聞俱不
許引

郊禮制宜故意逆阻朝廷自有處置
○嘉靖十年八月乙巳順天撫按官上所屬州縣衛所官
各積穀數
上曰積穀備荒本以為民有司貪功畏罪務在取盈反為
民害仍行該撫按各將所屬嚴加督察令其公勤奉職
若仍襲前弊重治之庶稱朕愛養元元之意
○嘉靖十五年三月壬午
駕還至沙河
上御行殿命鴻臚寺官宣勅諭昌平州官生父老等曰朕荷
天命纘承
大寶始則禮講失序是以爭

廟高定於數年於
陵見通不開於禮官也昨朕諮少保秩宗言欲講謁
陵之禮以待
廟祀之後今將有於
天壽山可不先謁
陵而遽自圖哉乃復議以大臣謂此可舉朕擇良辰奉
皇太后恭謁
七陵道經沙河駐蹕何居民不續農事不覩
祖宗陵園重地朕切憂懷爾昌平司牧率耆老生徒既至
已迎朝茲回又來辭朕今特降勅諭用示郵典本州今
年粮税免三分之二凡七十以上者各官給布二匹米

一石肉五斤九十已上者倍之生徒每給燈油八十斤
爾知州等官愛養百姓宜盡心撫卹勿妄加科索以奉
承人意勿肆行暴虐以致害民心百姓每亦要孝親弟
長為善立身如是官有廉能之舉民無嗟怨之聲庶稱
至意以奠
山陵于萬世爾等顧不美歟欽哉
○嘉靖二十一年二月辛未兵科給事中胡賓言通倉粮
米積至六百餘萬石謂不宜太多今畿輔災傷宜行八
府自備人夫車輛關支運回發糶戶部尚書李如圭覆
謂賓言可採
上曰京倉充因都城來者乃出粟平糶以紓民急原非賑

飢正法亦無發糶外郡之例該部非時具題又謂倉米
過多已不諳事令各守臣未有奏請而無故發米數萬
散糶則必強令鋪行關領貧民不得受賜況出辦人夫
車輛往返之費大畧相當豈救荒之長策其再議處以
聞胡賓既知民飢但宜請賑而干預所司處分何也姑
宥之已而如圭具狀請罪
上曰自今建白章奏不按據法理輒論可否但依違具覆
者承行郎中俱治罪不貸
○五月丁酉禮部左侍郎孫承恩言京師疾癘請給散藥
物以救民困苦
上曰頃聞疾氣流行民多札瘥朕甚憫焉其令太醫院差

官順天府措置藥物按法給惠
上又親檢方書製為濟疫小飲子方頒下所司遵用仍命
禮部刊行
○嘉靖二十三年十月壬午
上諭禮部曰
皇考躬集醫方選要一書仰體
天地生德壽衆至仁之心歲久傳布未廣即重録梓行兩
京各省以宣濟民之化復以
獻皇帝御製外科經驗方命禮部重加校録一體刊布
○嘉靖二十四年正月乙酉
上遣官施藥于朝天宮畢諭禮部曰朕祇承
皇明寶訓 嘉靖七卷 三十五
玄祐仰體生德命官施藥濟民昨侍郎孫承恩等奏邊方
軍民亦宜拯濟況今疲於征伐之後豈免疾疢茲一體
施濟即遣錦衣衛千户同選録司官一員齎赴宣大山
西等處會同撫按官立法給散務俾均霑玄惠以廣同
仁之義
○八月丙午諭禮部朕思京城九門地大人衆多有死喪
貧難不能塟者或有四方客死不能歸者暴露屍体朕
甚憫焉五城御史其督率各該官役以義地收瘞之
○嘉靖二十五年正月甲申工部奏浙江等處節年拖欠
內府錢粮宜遣官催徵
上曰江南連歲災傷不必遣官惟行文催解

○七月戊午户科給事中李珊以京師雷雨疏請修省會
雨已止
上曰比者雨雷災朕即日躬禱已荷
天恩賜霽修省不必行朝廷有獘政當革者六部等衙門
并科道官秉公指奏處分應畫應天之實孕諭户部發
銀米賑恤京師轉徙居民其房屋傾圮者户加米一石
○嘉靖二十九年九月辛巳
上諭户部曰近日閭廂人民入城者多米價頓貴必至艱
食朕甚軫念其亟發米五萬石每石定價銀伍錢會官
發糶給事中王德言米一石五錢其價猶重請減為三
錢五分從之
皇明寶訓 嘉靖七卷 三十六
○嘉靖三十二年十月戊戌
上同大學士嚴嵩外多無食何以嵩對言近日四遠飢民
來京求食一時米價騰貴況民飢極兒女棄置道中請
以太倉米數萬石平價發糶或可稍紓目前之急其山
東河南等處當各發臨德二倉米給賑
上允之後曰出米周急本汝忠贊又我思必有瓷堵途者
不少暴骨道路或有以處之何如嵩言溝中之瘠誠所
不無請仍勅户部在京五城御史在外行撫按官各督
率有司查視掩埋又發才出糶雖米價稍平但四方飢
民有身無一錢者未免仍坐斃道路合無於十萬石數
內將八萬石出糶以濟在京軍民將二萬石勅户部委

官將米運赴城門各廠外每早召集飢民人給一升如
此則飢民幸悉需實惠
上曰朕意所思正是此行不如是亦徒事虛文耳令以六
分照前四分給四來與貧苦
○嘉靖三十三年四月乙亥都城內外大疫
上聞之諭禮部曰時疫太甚死亡塞道朕為之惻然其令
太醫院發藥戶部同錦衣衛官以米五千石煮粥療濟
用副朕好生之意死者官給席槀令所在居民收瘞之
○六月丁酉工部奏上新僉京師鋪商之籍
上曰近來京城軍民坐充鋪戶召累逃亡者甚多差官僉
選又致富役貧去留不公令所僉萬部中再加詳實貧

難無力者免之仍令五城御史嚴查富戶僉補有倚勢
營免者重治
○嘉靖三十四年六月乙酉
上諭戶部曰朕聞宣大二鎮米價騰貴其北直隸山東河
南麥熟之處或可做昔人平糴法以濟民飢者當急計
行
○嘉靖三十八年八月乙丑遼東大飢巡撫官奏請賑濟
上曰該鎮災傷已甚可即發太倉銀六萬兩選差御史一
員前去多方召糴設法輸運務濟百姓之急不許怠悞
歲終仍給發牛具銀五萬兩以備來春佈種
○嘉靖三十九年四月庚申
上諭閣臣曰昨戶部言續支米賑京師飢民者至四月終
止餘者還倉朕思所餘無幾徒勞往返耳其悉以賑民
○十二月辛丑
上諭戶部朕聞近日貧民凍餒死者甚衆其即發米萬石
為粥食之死亡暴骨者五城御史督令地方掩瘞於是
尚書高燿等覆言奉行如詔
上復諭以務濟貧苦其飢寒甚者給食一器仍與米一升
亦不得妄給諭錦衣衛亦如之
○嘉靖四十年四月壬辰先是
上命發米粥藥餌給京師流民已聞有司給散非法諭戶
部曰朕聞湯藥不對証且飢餒之腸反傷生又給米時

貧弱者無濟有力者濫與違上行私甚失朕意是執事
者之過也可傳示之令小民知非朕下令初意戶部覆
言流民就食者衆群聚日久蒸為疫癘宜於近京要衝
處幹官約期分給使新來者得食不必入京久住者籍
資得還故土
上是其言復諭輔臣曰近來各處飢民來京數多皆因有
司坐視不能賑恤所致殊為曠職令戶部移文各撫按
官督率守令招集安撫毋事虛文若仍前玩愒治罪不
赦再發京倉米四千石內庫制錢三百萬文以給貧民
歸貫仍視地里遠近為多寡務稱朕意
○嘉靖四十三年七月己未

上以順天府府尹劉𢧐奏本府差徭日繁民多逃竄諭户
部曰差徭冗濫丁粮欺隱久為民累即移文各州縣令
其查理明白方許審編
安民
○正德十六年十二月乙未户部左侍郎秦金言正德間
畿内奸民往往將逃户民田投獻權倖立為皇莊乞差
官分詣查勘又寶源吉慶二店課程弘治以前順天府
按季解部進内府後亦奏為皇店科取擾害乞查復如
弘治舊例行
上曰畿内根本重地
祖宗朝屢有優卹禁約邇來奸猾妄將軍民田土設謀投

獻管莊人等因而乘機侵害朕在藩邸已知其弊覽奏
深用憫然及二店課程俱如所議行之
○丁酉南京工科給事中王紀言南京甲字等庫額設李
夫服役以成化年間借居民修葺因而占役歲納工價
銀一千餘兩内外花園舊有食粮人匠樹藝後以借民
輸運花木因而占役歲納工價五百餘兩各處守禦屯
軍餘丁雖無田耕種亦照丁輸税均宜查革
上曰庫夫人匠可舊例留用借撥人夫發回本縣勿役更
差諸額外無田之税悉蠲之
○嘉靖七年六月甲辰南京内織染局事太監梁春等請
修理庫作等房

上曰今下民艱苦正宜節儉南京工部會内外守備親行
查勘果極壞當修計處具奏如可緩姑待豊年
○十一月辛亥初錦衣衛千户沈韓奏請命官校勘歷代
史書刊布天下禮部議尚書方獻夫等言史書多殘缺
為五代以上諸史惟宋板為工多蓄于江南富民之家
宜命官購索付梓
上曰翻刻書籍雖係右文之事但差官購求民間古板未
免騷擾反滋奸弊姑已之
○嘉靖八年正月己巳
悼靈皇后陵官請增僉陵户得旨昌平州賦役浩繁人户
彫敝不宜偏累可於順天府附近州縣僉充

○嘉靖十一年二月辛卯大學士李時等以
聖嗣未降請
上自製祝文遣廷臣奉香帛詣嶽鎮名山祝壽
上曰朕思卿等所言出于忠懇至誠不當已者但遣使遠
出未免擾吾百姓可分遣道士齎捧香帛幡祝行令所
在守臣謁誠行禮
○嘉靖十四年八月丙辰詔
奉先殿獻新果品俱於西苑恒裕倉支給免派宛大三縣
歲以為常
○嘉靖二十年六月壬戌先是致仕通判趙璧儒士王政
校餘王文登等各言浙江觀海衛等處礁場可採

上因其言命錦衣衛千户蕭鏜勘取至是巡按御史王紳
陳其不可狀
上曰各地方礦塲既經多官勘明有損無補卽行巡按御
史督委地方官照舊封閉勅內外官照例回京趙璧等
俱下御史按問
○嘉靖二十三年十二月辛巳禮部言勲臣奉使冊封多
不法請旨嚴禁
上曰冊封大禮命官各宜仰体朝廷親親至意遵守禮法
約束從人所過不得騷擾驛傳事畢還報不得遷延違
者聽巡按御史舉奏
○嘉靖三十七年七月己丑咸寧侯仇鸞奏備戰田車以
備戰守

上曰去歲造完戰車專備禦敵之用如何又㕘取民車益
增騷擾不必行
重農桑
○嘉靖九年正月丙午吏科都給事中夏言上疏請行親
蚕之禮
上以其疏示大學士張璁深嘉納之遂勅禮部曰朕惟耕
桑王者重事也古者天子親耕王后親蚕以勵天下朕
在宮中每有稱慕自今歲始朕躬祀先農於本日祭
社稷之畢時卽往先農壇行禮皇后親蚕禮儀便會官考
求古制具儀以聞於是璁等因請于安定門外擇建先
蚕壇具
皇后親蚕禮儀一做親耕耤田之制詔如儀行已而詹事
霍韜言
皇后不宜出郊乞擇近便地
上曰耕蚕衣食之本王化之先天子耕於南郊王后蚕于
北郊此萬世不可易之典爾韜讀禮剖何有此言且出
郊古禮非可以遠近計若就禁內行之恐不可垂法于
後今襲故非時之徒甚衆而此言實啓其端爾其審思
之已而户部亦言安定門外近西之地雖寬平可用而
水源不通無浴蠶之所宜從禮部初議於皇城內南城
西苑中行之

上曰周禮之制耕蚕分南北之郊其蚕于禁內唐人就安
之制不可為法初議止于安定門外而蔡復自相矛盾
前後不一宜照前旨擇地奏聞
○戊申
上復諭禮部曰疑謀勿成謂中心疑而未決之事不必成
其事昨夏言請行親蚕禮及卿等奏議已詳此事在朕
心決之久矣得言奏甚悅並無毫末之疑已有成命禁
中飭卿等非朕有疑亦非被惑而作若詹事霍韜奏云
所以者朕已諭之但恐韜奏一出必有藉彼為言破政
害事勢所不免夏言之奏有云農桑之業衣食萬人不
宜獨缺耕蚕之禮垂法萬世不宜偏廢此言已盡非有他

也朕所納者以此亦非有他夫禮樂制度自天子出此
淳古之道也故孔子作此言以告萬世如今世人良性
固在本無不同嘗人欲熾今非朕者有五日我
太祖範則已定
列聖守之汝何如是增加一也我
太祖未嘗有是制
列聖不敢議及汝何擅創二也
皇后門尚不敢出而可遠出北郊乎此
祖宗朝所無之事今日何以是爲豈不有干戒憲乎三也
制禮作樂出自開創之君我
太祖豈不知此神謨聖慮自有定見何待汝爲亦非汝之
皇明寶訓　嘉靖七卷　四十三
當行斯非作聰明而何爲耶四也宮中聞之人稱其難
且有
聚朝未聞之語或有藏窺者五也斯時邪徒必不出此者
舍是必又以禍福爲恐外無可造爲言者故申飭卿等
熟計來聞仍以此刻布中外令各以其所見具疏上陳
○十二月甲子臘節以
御製蜡樂詩賜大學士張璁其詞曰蜡樂當今日金門宴
禮宣嘉平成典著清祀夏書傳勞農休田叟浴黍勤宴
竭將迎新歲至爲忻萬物鮮
○嘉靖十年八月戊申
上諭尚書李時曰西苑工俱告完朕今日往視收穫以觀

農事之終卿可偕大學士翟尚書臨侍郎言同觀之
上御無風亭召見諸臣復曰茲當秋成之期與卿等同觀
收穫時對曰
皇上務農重本自足以風勵天下觀穫畢復召諸臣諭曰
農之苦勞見於紙上不如見之於真我
聖祖嘗有訓曰衣帛當思織婦之勞食粟當念農夫之苦
以此觀之委爲粒粒辛苦也時等復曰自古
帝王身親農事未有如我
皇上者真所謂知稼穡之艱難也
上命賜諸臣宴宴畢復召宴時二臣
上御無逸殿之東室曰西苑宮室是朕
皇明寶訓　嘉靖七卷　四十四
文祖之御近修葺告成欲於殿中設
皇祖之位祭告之時曰仁壽殿久已廢圮
皇上一旦整飭追慕
皇祖祭告之禮益見聖孝
上曰祭畢宜以宴落成之其令文臣三品以上及經筵日
講官俱與宴
○九月乙丑
上視製無逸殿左右碑文其左碑曰無逸殿之所作者寓
戒逸之意者也夫勞者人之所共惡逸者人之所同好
者也故周公以是而告戒成王者也朕今年春因令西
苑隙地耕耨之以舉農事卜吉擇

皇祖文皇帝舊宮之迎和門內之南建
帝社稷壇以祀
帝社
帝稷每歲春告秋報行禮宮門外之東建殿亭一區殿曰
無逸亭曰豳風圍以小垣墻迎和門外之南作一亭
曰省耕以備朕時省之小憩於此又於北之空地起谷
殿一座曰恒裕前為一亭曰省歛以為省歛之所工起
於春三月之六日訖於九月之十五日殿中壁奉刻我
皇考御製農家忙律附以朕所記於末左書周公之書無
逸篇右書朕輔臣少傅張孚敬記亭之北壁書朕之所
作題豳風圖詩左以周公之七月詩右以輔臣少傅孚

敬之記皆成朕親為此記以示將來夫斯作也非朕所
偽飾而為之也乎以思
皇考聖訓俾不致失忘以示後世以體朕此意庶使知以
勞而多興逸而速亡知農事之艱難民命之所繫因本
之所關上至於
郊廟粢盛之所供下至於宮掖百需之所賴皆在此務勤
勵其已勸示於民德載之休永安磐石之固斯未必非
為之要務者故記之垂後云爾其右碑曰殿之作與夫
工之始末已載于左朕于是復以無逸之義而申說之
夫逸者人君之大戒也何謂安逸自遂人之常性既不
欲高枕宴卧於終日遊戲於聲樂之場放恣於淫色之
地以為嬉娛恬快故無所勞困殊不知昏蕩其性者以此
懈墮其志者以此戕身代命者以此危家亡國者率以
此至於失禮喪儀悖親違君傷倫敗俗皆自逸肆中來
故曰晏安如鴆毒朕雖中弱每以此為大防故取周公
之無逸一書七月一詩揭于殿亭及取以為名夫公之
意以稼穡之艱難與小人之依告于王意欲謂譬農家
後生不知祖父之勤而以逸失之況人君之宮生內長
者安可不思祖宗創造之艱而貽于逸孫乎亦以使留
先以農桑為重王業之基實在于此朕因知特以務先
自勵而風天下以及置蠶室于迎和門內之北立先蠶
壇于此每歲命皇后率宮職行祭告採桑禮于中庶使

此心不敢怠忽以寓勉力之意耳若夫思
聖祖創建之艱難保洪圖于永固則在于我
天恤民親賢講學修身以端化本正心以貞治原特其敬
協乎一以求不負我
皇天與我
皇祖之所付託及我
皇考之所垂望者在是矣朕不聰尤望臣隣之所匡賛凡
覩斯者勿以文害意以咎朕之望焉故為說
嘉靖十三年閏二月丁未遣禮部尚書夏言祭先農之
神是日陪祀官不到者衆言因劾奏之
上曰祀典重事歲祭先農

皇祖定制非有所增諸臣無禮侵神專恣逸縱每有臨期
托故不行陪祀法當查治今姑宥之再有怠慢者必寘
以法本日陪祀官不到過多監禮官何漫不糾舉都察
院查覈以聞
○嘉靖十八年三月甲午
上自
顯陵還於途中賦麥浪詩曰故園瞻依
純德山禮制親裁肅駕還途遙邐乃禾苗長道畔拂與麥
穗班迎風微疊參雲合向日明惟翠霧開成實頓飽吾
民腹須得靈膏自
帝頒

○嘉靖十九年四月癸未
上禱雨宮中有應輔臣稱賀
上喜賦詩二首其一春末夏首苦恒暘親覩麥岐滿浪黃
為思所關民食重勉敦桑林叩
上答其二里診經時病麥田爰抒丹禱叩
皇天倏忽玉宇流瓊液元輔欣欣慶有年
○嘉靖二十年正月己丑
上禱雪有應喜而作詩曰虔予深冬素霙慳兩旬秘禱叩
皇天恭逢辛丑上元日瓊屑瑤戽錫豐年已復賦御答歌
示羣臣曰叩
天兮保吾民民念兮良最親助吾誠兮有鄰豈求備于師
錫兮惟其人喜覩龍翔之幡兮偶為陰陽之正真必二
氣和暢而育此天民
○九月丙午
御製詩示禮部曰報穀欽
天地足民享
祖宗還企目前惠為我絕夷風
○嘉靖二十一年九月戊午
御製謝雨偈示羣臣曰仲夏虔祈太素前神霄法潤遍郊
田微誠莫罄酬恩念一瓣心香拜我天又六言詩一首
前日重陽喜雨今辰雙喜來禎孰見
天臨

祖悅吾從此兆先徵又五言一首兩度豐豐喜九日穰穰
瑞早知嗣歲成須竭虔誠對又三言一首兩滴菊葉颸
颸風來吹送我祥
○嘉靖二十二年二月戊子
御製喜雪賦曰半春兮艷陽麥潤兮是望連朝兮恩露昨
吾謂兮漫空玉雨于今日兩成定可慶金穰
○八月乙亥山東泰安知州馬逢伯奏獻瑞麥嘉禾
上曰禾麥之祥民食所關
天地洪恩不可不敬其擇吉奏謝
玄極寶殿獻于
祖廟會西苑亦獻瑞穀禮部尚書張璧因請

上御奉天殿羣臣致辭稱賀
上曰瑞在稼穡非珠玉不可食者比况禁苑之秀又當擎
禱禮成
上天恩賜豈可輕視不然何多年不見也仰承
洪眷尚未奉謝玄恩受賀不見也已之

大明世宗肅皇帝寶訓卷之七終

大明世宗肅皇帝寶訓卷之八

光祿大夫柱國少傅兼太子太傅禮部尚書武英殿大學士臣呂本謹校
南京禮部祠祭清吏司郎中臣陳宗
南京兵部職方清吏司主事臣朱鍷謹閱
南京工部營繕清吏司郎中臣呂調陽

正風俗

○嘉靖五年十一月癸未是日御道上有匿名帖子二道
臚寺以聞
上命即毀之曰比來風俗偷惡臣下互相傾害小人又捏
匿名文書報復私讎有傷治體令都察院嚴禁曉諭犯
者罪無貸

○嘉靖九年二月丁丑都察院右都御史汪鋐以風俗奢
侈奏請刊大明令禮義定式及
皇上新降勅諭有違令者以法繩之
上曰禮所以辨上下定民志故官民服飾房舍器用
祖宗皆有品第著為定式近者貪官豪民踰節犯分日習
奢侈刻剝兼并職此之由其令在京巡城御史在外巡
按御史檢察不法者具狀以聞

理財

○嘉靖元年三月丙辰戶部言各邊草束俱不下數十萬
積之數年俱成黑壞宜行各邊查處
上曰邊鎮糧草皆小民脂膏各官不恤只銀交通勢豪多

收草束實有用之財積無用之地年久浥爛深為可惜
所司嚴懲收官員及議處支放事宜以聞
○八月戊子戶部奏覆宣大二鎮奏討糧草
上曰邊方糧草皆小民脂膏寬一分民受一分之賜積一
分官有一分之用各該鎮巡官徒知奏討為便不以計
處為先豈人臣體國之義今後俱撙節愛惜處置得宜
勿復浪費境內閒田可墾悉查核召佃及他便利事宜
詳計以聞
○嘉靖六年十二月甲辰朔
上諭戶部曰鹽課積濟邊儲泉貨流通民用俱當今急務
邇來錢法鹽法大壞矣鹽法之壞由于私鹽盛行官鹽

阻滯錢法之壞由于私鑄者多官不為禁朕又聞京師
市中所用俱出私鑄前代舊錢及我朝通寶俱阻隔不
行今欲鹽無私販官課流行私鑄禁絕錢法復舊以足
邊儲以平市價其速議區處禁約事宜以聞於是戶部
尚書鄒文盛條上鹽法六事錢法四事
上采行之
○嘉靖七年九月乙未戶工二部條議弭災事宜請量發
內帑銀段運至被災地方充賑
上諭輔臣曰工部及梁材本可將銀段都免運送其實不
能救急非朕吝財恐搬運徒勞耳守巡官員常常肯積
貯備患為國與民計之縱遇有事也不為慮

○嘉靖八年二月戊寅
輔臣曰兵部題進每歲買馬用銀及倒死之數揭帖俱
奏
皇兄明旨朕惟常盈庫銀兩亦多用過之數既開見在者
亦當開奏又聞後府柴薪銀亦多倒無科道查理恐非
所宜亦當用科道官監收庶革官弊又但係有錢糧衙
門亦欽令其通行歲報庶得有知亦或備急補之用乃
諭戶兵工三部曰朕惟天下財物不在民則在官取諸
民以時之官也甚難則用之也豈可無節易曰節以制
度不傷財不害民孔子曰節用而愛人此先聖之明訓
也今在外錢糧皆有撫按等官歲奏月報奸弊可稽在

京惟太倉具在成規其餘各衙門積弊多端未經查考
且如後府柴炭銀兩及團營子粒掌事者收受之際多
方措尅又如太僕寺常盈庫所貯馬價但有奏請支用
而見在收入之數不見開報戶兵工部其亟行議查俾
科道官監之歲終將舊管新收開除實在數目奏繳其
有可行而未盡者條畫上之用稱朕節財恤民之意於
是工部尚書劉麟請將後堂大庫墻北開戶外通該庫
官庫吏領之該司以轉上提督侍郎歲終類奏仍三年
一次委官稽查
上嘉納之且令本部侍郎督理該城御史監查務使衙門
肅清浮議永息其未盡事宜仍聽隨時損益條奏

○嘉靖二十一年二月己巳戶部以大同脩邊計用米六十六萬石有奇銀一百九萬兩有奇請開中兩淮等處鹽引派取各省紙米香稅贓罰餘銀并於六七月漕米將至時每衛查照所運粮米多寡即令運官督領運至宣府鎮城以足原議銀米之數

上曰脩築邊墻須虜騎遠遁儲峙充足乃可舉市淮浙引鹽依擬開中京儲不得數議輸邊漕運官軍亦不宜重煩轉運浙江各省錢粮多係別用不必派徵其餘止脩築該邊事既寧守臣具奏以聞

○嘉靖二十五年十月己亥漕運總兵官萬表言漕運粮斛除年例准折及漂流蠲免實交正粮一百九十五萬三千餘石

上以粮額四百萬石准折過半令戶部對狀尚書王杲等伏罪

上曰漕運粮米歲有常數係祖宗成法即遇災傷自有蠲省常例近來內外各官奏免任意紛更該部題覆不閒執奏以致歲減過半坐損國儲本當重究但念干係人衆姑從寬免王杲等既認罪且不究一應事體仍申明具奏已杲等議覆自後遵奉明旨照依舊規全運

上曰漕運粮斛自明年始務遵舊規無虧原額仍先行撫按督粮官知悉再有奏減折銀者參奏重治

○十二月庚辰戶部議發年例銀六十萬兩於宣大山西三鎮召買粮料草束專備下年防秋之用

上曰累年邊臣奏討言者建議皆欲大破常格發銀該部遇討即倍出不貲中間豈無耗蠹近有旨行查如何遷延不報銀兩且不許發即遵前旨催查來奏已而戶部核各邊查到數目請發乃命照數給發

○嘉靖三十一年正月壬辰戶部尚書孫應奎以咸寧侯仇鸞稱邊餉不足請再發銀三十六萬兩

上曰通者查取各省銀兩及加派稅粮追徵舊逋目前雖有數百萬之積但恐將來難繼爾等責在理財當督率邊臣視國如家講求節省之策未可任意支費即如近

日備邊糗炒熟料可得實用否宣大二鎮原有行粮且所調兵尚未發何得又議加增不許已復諭大學士嚴嵩各項取到之銀非產之地中皆民血也彼亦當加惜收之在庫急用濟之又省重派去歲調遣兵多用銀數百萬又不曾一戰費已至此若用戰之際又何如費耶二部銀數亦當開奏於是舊制諭戶工部令搭帑銀出入以聞

○三月辛亥戶部以邊餉日增內帑詘乏乞行兩京及各省撫按等官嚴督所司追徵逋課

上曰祖宗舊制各鎮兵馬自足防禦邇者兵不訓練不堪戰守

任事之臣計欲卒免已責一遇有警輙請客兵應援以
致粮餉日繁偏將調發不已即歲歲加賦何以給之爾
等其會同兵部將三十二年諸鎮調兵并新增數目議
其當減與否及應用錢粮必如何可以節省但當從長
計處以開毋迨戕舍黙致悞軍國大計各省所逋國課
俱如擬查追
○嘉靖三十三年七月戊午
上諭户部曰宣大兩鎮錢粮缺乏必思何以計處豈可但
為虚文其令陳儒會同督撫官詳覈見在軍馬若干合
用本色芻餉若干屯粮及各項銀兩堪以支給若實有
若干不足者即為處補
皇明寶訓 八 嘉靖八卷 六
○嘉靖三十七年七月癸丑户部尚書方鈍等言大同鎮
主客兵餉邊臣屢疏請乞未嘗不與計與屯鹽民運通
融支費宜有贏餘然猶時時告乏則以該鎮歲荒穀價
踊貴故也請命侍郎陳儒以該鎮支給額例與經收文
卷參考詳確庶不負臣等為國籌邊之心
上責曰爾等既言大同連歲災傷穀豆鮮收屯粮亦係被
災無徵之數乃扣作實在本色給與何也其令儒與巡
按御史覈實以聞
○十月壬戌
上問户部薊鎮區兵食粮之數尚書賈應春等以不知對
請行科官覈實具報

上責曰該鎮兵數已經查明五萬九千三十二名爾部中
自有各年奏報文册歷歷可據何謂不知於是應春等
移檄管粮部官將三十年以後見在食粮軍數一一清
查盡得詭名冒支諸奸弊詔俱下巡按御史問
○十二月丁未初命都察院歲差御史一員查刷光祿寺
錢粮每月一具揭帖進覽時光祿寺歲用銀以三十六
萬計
上以為多疑該寺必有乾沒其中者下禮部問狀乃諭内
閣曰朕聞光祿寺之費非親細務無論
祖宗時即令
西宮大分晝省妃嬪僅十餘宫中罷宴設二十年矣朕所
皇明寶訓 八 嘉靖八卷 七
日用膳品悉下料無堪御者十壇供品不當一次茶飯
費朕不省此三十餘萬安所用也靡費滋廣當由侵欺
者多前該寺火或由此也大學士嚴嵩對該寺錢粮冒
費多端大者有四一係取錢粮原無印記止憑手票取
討莫敢問其真僞一内外各衙門關支酒飯或一人而
支數分者或其事已完而酒飯尚支者一門禁不嚴下
人侵盜無筭一每歲增買磁器數多目今須令該寺將
節年歲用之數冒濫物件明白開具回奏悉加釐正則
弊以革而費可省矣既而光祿寺卿盧宗哲等總括一
歲中費出之款具籍上之内列上分青膳及
皇壇齋事供品二條

上復諭内閣光禄寺以所費來閲内無細開之數
皇壇之併日辦品物另是朕前銀兩豈在該寺錢糧額内
侵冒明矣查往誰能盡心今後只令將逐日支費每月
具一揭帖進覽可馬嵩對臣查得會典光禄寺内一款
凡本寺供應物件每月差監察御史一員照刷具奏
聖明所處正與此同又一款内府尚膳監刊刻花欄印票
遇有
上用諸物開寫某日於光禄寺取某物若干用印鈐蓋照
數支領進用本寺仍置文簿登記歲終會計稽查夫此
二例不知何年停罷今宜申明舉行
上乃降旨詰宗哲等上狀令御及其經費無章之罪而責

之命添差御史一員月籍該寺支費進覽
〇嘉靖三十九年二月己未
上諭大學士嚴嵩等曰汝曾面會坤以財用計處否彼以
為何法可得充者朕見昨冊開入少出多非為長計必
内實為久安之治今不若
祖宗時何也嵩等以示尚書馬坤坤因上八事俱允行
〇嘉靖四十年閏五月癸丑
上諭户部曰近日進解塩銀數多司出納者須撙節支放
朕見諸邊疏請内帑自有一項之用想彷因急需從遂
援為口實豈無侵冒自私之弊今後必慎度以給俾内
常充而有餘廼可

〇十月癸酉薊遼總督楊選言軍需匱急
上以其事問大學士徐階階對各鎮稱缺食户部覆議給
發數多中間弊源必有所在宜即令户工二部查理
上曰在外曰食乏在内曰出之不少却何意耶秪應專濟
其奸貪耳命部查理恐無其實行者况
祖憲具在不畏焉階復對奸貪侵冒誠有之然亦有逋課
在民者宜選差廉能侍郎一員赴薊鎮等處查催
上曰然催字非苦催者催職不得入耳正賦不減内出自
不費多不知正數官不得用果在民否此仍查理為宜
乃諭吏部曰薊鎮宣大主客兵糧餉缺乏民運拖欠内
外互相推諉可專差侍郎一員往彼清查整理即會推
才幹堪任者以聞

〇嘉靖四十三年九月癸亥
上諭户部曰朕聞倉積無二三年之蓄其弊安在爾等國
計是職當思所以處理充足之計具疏來行尚書高燿
因條上八事
上曰近年各部條奏題覆諸務徒只說過來見力為此國
計非常要比爾部中及各衙門俱須實心體國奉公以
求充裕
十一月乙卯
上諭工部曰近來錢法阻滯由於私鑄盛行其令内外諸
司務遵前旨嚴加訪治寶源局所鑄制錢各色匠役八

等侯料藏工以致輕小濫惡不堪行使爾部中其(?)一
拏送法司從重治罪并查提督管理等官先以體名聞
今後該局暫停鑄造户部每年將南京雲南及稅課司
解收好錢一千萬文送部轉送司鑰庫以備賞賜之用
慎營造
○嘉靖元年四月甲辰内官監奏内教場房屋及南城西
海子殿宇亭軒損壞乞加修理部議以財匱民貧宜暫
停止
上曰然各處地方艱難軍民困苦財力匱乏不急工程一
切停止無得生事害人
○嘉靖十五年五月辛未朔
皇明寶訓　嘉靖八卷　十
上謁陵還召見輔臣李時尚書夏言於行宮諭以務建壽
宮規制謂宜畧倣
長陵並加抑殺紙衣瓦棺朕所常念其享殿以磚石為之
地中宮殿器物等備做九重法宮為之工力甚鉅比皆
虛文且空洞不實宮一切罷去不用至是言等擬上圖
制
上命會同侯郭勛禮工二部翰林院講讀諸臣通將皇妃
從葬之式總擬定圖進覽於是諸臣議奏
皇上過於貶損無以稱臣子尊崇之禮其享殿明樓寶城
請量依
長陵規制其地中宮殿等項請存其制至於

列聖諸妃從葬之制具載會典今擬於外垣之内寶城之
外左右相向以次而祔庶為合禮
上乃從之
○嘉靖十九年六月丙戌先是工部尚書蔣瑶等以内外
工程費無所出疏乞會議處分
上報曰國家營造舊規止派撥官匠官軍就户工部支與
糧餉比緣崇建
郊壇工程重急權議動支兵部馬價銀兩添顧夫匠原非
常例今各工延續糜耗無紀督理監視官俱属欺玩待
工完嚴處即令措處錢糧掣停夫運工部同户工二部
區畫以聞於是工部會二部議上請嚴覈糜費量發各
皇明寶訓　嘉靖八卷　十一
部庫貯銀應用
上曰各工俱朝廷重事乃
祖制未及舊典或遺與今日為民事神之弗獲已者若所
司能竭忠奉公自當工完費省今軍匠放休乃藏費顧
值百萬無以虛名實數冒支粮賞私歸私室窩及奸徒
上下蒙蔽曾無一人舉正及有旨督責方云糜費又不
明白指陳除停掣顧覓夫匠依擬太倉銀以後不許動
支見今各工合用錢粮軍匠數目并應該釐正事宜爾
等宜遵前旨再會議畫一以聞時瑶已致仕張潤代為
尚書乃復議上四事一議財用一議軍匠一議工程一
議會計疏入

上曰各財用軍匠事宜俱依擬惟西苑仁壽宮宜同欽定
殿併力速成餘暫停止原差科道官用心稽察前後工
費多寡不同今姑不究自後内外管工人員務革心守
法欽定殿工程重大總督文武大臣宜遵照
皇穹宇日期督視
○嘉靖二十年四月丙寅暫止
大享殿工曰茲者
皇天仁愛
宗廟示災朕承洪眷猷不思省厥咎改圖自新念今財匱
力疲除一切不急工程停止外
大享殿乃明堂重典固未可已竊慮工役繁鉅且今恭行于

玄極寶殿仰荷
上帝顧歆其暫停大工庶省財力用圖
廟建所司奉行如勅
正法紀
○正德十六年七月丙辰初廣西古田等處獞賊縱指揮
朱鐙指揮同知李文山坐守備不設當戍邊自言有斬
獲功御史屠僑覆勘謂其罪應贖
上曰文山守臣賊至不能禦鐙死不能救罪大功微豈足
相準更命覈實以聞
○癸酉初御史李美給事中陳江劾奏取佛太監劉允等
召還允命疏督僧姓名以進允既至有詔勿問于是御
史陳克宅等劾允不法十年及諸隨行取佛者請併付
理官正其罪
上曰此曹蠱惑引誘欺君虐民騷擾地方虧損國課罪故
深重允姑降四級閑住姦僧已獲下獄者並論罪如法
未獲者令所在捕緝械繫至京重治之諸從行取佛者
悉下法司問
○嘉靖元年九月丁卯工科給事中安磐言
先朝巨姦如張忠劉養谷大用等皆懷挾重貲希圖進用
乞賜預防
上曰先年亂政壞事之人貽累
先帝罪惡深重朕在藩邸知之甚悉新政之初姑從寬黜

遣今後但有賄緣交通者即係姦黨聽緝事衙門密切
訪捕科道官指實劾奏勿得容隱回護
○嘉靖二年六月甲辰都察院奏甘肅總兵李隆謀殺巡
撫許銘當即伏罪今奉旨遣官往訊恐人心滋惑且以
重囚數人往來極遠難保他虞乞寢是命
上曰滋大獄關係朝廷紀綱死者當雪其冤生者當正其
罪遣官往訊正欲曲盡事情以服天下李隆免解鄭岳
宜速往會撫按官詳鞫以聞已而都給事中劉濟言若
不遣發李隆則無與質對徒得詭詞奏擾
上命并解隆詣所在按驗之
○嘉靖三年十一月辛巳先是大同軍叛

上從朝臣議以户部左侍郎胡瓚兼左僉都御史總制宣
大詔諭之曰大同亂軍雖由悖實皆良民朝廷不得已
用兵止除首惡重犯餘皆不問已而巡按御史王官言
大兵壓境反側不安乞留瓚等自請與鎮巡官密圖之
上曰王官既欲定計捕逆何不密奏首惡未得國法具在
必難姑息瓚等可與宣府督鎮巡等官設策擒捕有變
則擁兵前進相機恤劉王官協同贊決紀錄功罪毋得
狐疑觀望瓚與總兵桂勇先揭勅旨曉示因計擒首惡
郭鑑等戮之隨撫定五堡軍士越二日堡軍郭巴子等
復起距城稱亂事聞
上曰大同軍士數叛自取誅戮鎮巡官武忠蔡天祐等臨

任尚安縱惡釀亂姑令戴罪擒賊自贖胡瓚魯綱暫住
宣府俟首惡盡絕人心已安即行班師已巡撫都御史
蔡天祐復言郭鑑等已擒乞收回七馬以安人心
上以天祐畏懦偷安切責不許於是鑑等擒戮首惡徐氈
等四人而郭巴子等俱前後捕獲詔論功陞賞有差
○嘉靖八年正月丙辰輔臣楊一清等條上救焚急務
上覽之曰卿等以救焚急務二事備陳所以朕聞之終日
俱悉忠謀至意其一曰溥恩澤引我
祖宗列聖嘗因災所行固為可法但恐終無以益民蠹國
也夫赦者幸姦此決不可易之訓非固有大喜慶而不
當行今之計或可於十三省及南北兩直隸分差官前

去清審見問獄囚輕者即便發落疎放事係重者具由
奏聞區處亦足以釋獄滯而召和氣耳與赦無異夫縱
使為赦而大辟以上焉可赦乎亦或為官吏之弊未免
顛倒坐怨唯所司能副我意可也一曰寬謫戍者亦非
救時之急恰似為彼以災部之耳此輩所為人所共惡
甚是悖逆不道與十惡之條無異亦是小人之幸也卿
等其再為詳審勿使求和而召不和則不如安民之策
足為上耳欲安民必別官守旌賢才黜不肖刑贓吏廢
幾其可前日有旨命查減冗員吏部遲延不行此則推
之他事不言而自知矣果欲下赦亦是此為
○二月戊寅武定侯郭勛有罪

上諭輔臣楊一清擬旨處分一清以閣臣中有與勛善不
敢擬票請
上裁
上報曰卿以郭勛不道因朕命擬票為其難於所擬者豈
無謂乎勛之過非止此一端正使衆人共許之然後服
彼之心耳夫張璁之所以深結於勛者初因議禮為合
故他不之察也而霍韜亦與之善雖相募識之方去年
勛與張永爭辯時韜遂責李承勛曰汝卻不與郭勛相
扶持反與張永同耶謂何問於萼而萼知其嫉承勛而
與之曰張永能體勅諭修舉戎務故李承勛與之同耶
勛深忌永每事自專故李承勛不為之同韜意猶未解

傻曰郭勛雖不才然昔日助我輩議禮焉可不為之相
持哉萼曰以此看來李承勛專為我輩於朝廷之計全
不以副可乎翰遂無言答乃實受聰之言矣朕以當為
璁思之比與一勛念昔助議禮之恩深所衛顧而於斯
能還之不得其死是可憫哉今勛事既露不可姑息宜
命會官議罪奏來定奪又朕記憶去歲言官嘗謂姻連
戚里指其與陳萬言為親也故不可姑息以為朝廷之
累當於初二日施行朕别諭内閣以使璁知朕意决治
一勛者正為保全與所交亦是保全璁耳彼黨與既多
將為因害豈不多逮所與不可不惜之待會議奏來别
為議處卿亦須盡誠布公豈可以牽制而難又諭曰郭

勛所奏甚是不敬嗚呼勛之為人素稱忠勇讀書知禮
人所共知其性貪忿酷暴亦人共曉今朕欲自定予
奪恐未盡公道或命會官議請發落如卿等輔導重臣
當以公非為朕擬判勛其不及替朕為治豈可推曰難
以擬票夫是非一盡乎公何所為難朕雖冲昧亦知此
況卿等乎可看議來行

○嘉靖十年五月癸巳都察院覆給事中王璣請開贖東
之例以足邊儲

上曰律聽贖者徒杖以下小罪而未開以充軍贖也且罪
可矜疑減徒誥發若又一槩聽贖則富者玩法縱橫是
教之犯也何以懲後所議非事體不准行

○十二月壬寅

上御平臺召大學士李時翟鑾問谷大用事都察院覆本
當否時對以所擬罪犯與律例不合家產入官律止是
三條謀反叛逆姦黨大用所犯未應籍沒難坐以此律
恐無以取信天下故臣等止擬一半入官

上曰大用
先朝壞政正是姦黨何說不取信於天下鑾曰
聖上猶天春生秋殺無所不可時等請俱收入官

上曰然於是盡沒其產

○嘉靖十四年二月乙卯巡倉御史李良奏近例驗給輕
賫銀少責慣運官非宜請勅戶部改正詔詰戶部尚書

梁材移良問狀則謂員外高滺沿舊例為之材請提問
滺

上曰朝廷開濬通惠河本以利民近年遣去管河御史并
坐糧官通同私情縱容小腳人等作弊多端有旨令該
部覆狀郤又轉行御史致其朦朧解釋弊端何由滌除
高滺不必逮問降調外任李良不堪風紀令吏部改用

○十月乙巳刑部録上重囚百五十人奏請行刑

上曰爾等官稱執法專市私恩廢公義去歲以
郊祀不遠三旬故免行刑如何又俟此時方會審請旨來
年以霜降之後即為奏請今且暫免俱嚴加禁錮

○嘉靖十七年十月乙卯巡按直隸御史楊紹芳論擬盜代

皇陵樹木孫紀等罪如盜大祀神御物律斬家屬仍遣
英宗聖旨發遣東邊衛充軍都察院議覆謂大祀神御物
皆指神御在內祭器帷幄之物而言今
山陵樹木較之有間所以律擬盜園陵樹木罪杖一百徒
三年且
英宗聖旨但云處以重罪未有定名今紀等比擬前罪不
無過重
上曰
天壽山
祖宗陵寢所在培養林木關係甚重故我
英祖特降敕旨禁治近來法令縱弛肆伐無忌賊人敢於
皇明寶訓　嘉靖八卷　十八
孝陵盜犯既經御史論奏爾等郤欲寬縱又不參究該
管巡視之人且以狀對孫紀等依原擬監候處決家屬
押發遼東邊衛充軍未獲者嚴行緝捕期於必獲更揭
榜申禁已而都御史王廷相等引罪各奪俸一月首領
官兩月
〇嘉靖二十五年十月癸巳初內使侯章之母嘗殺使女
章恐支解其屍納甕中欲出城投之河以滅跡事發擬
絞至是法司奏大辟應決者
上覽之諭輔臣夏言嚴嵩曰昨覽應決因狀獨侯章決當
章雖非支解使女於生前亦是磔其屍於死後擬以絞
罪殊為未允且章本閹奴安得又有使女之称邪可即

同法司刑科議改故殺者斬庶為刑中焉
〇嘉靖三十二年正月己巳初直隸安慶府推官郭來朝
以三年滿當給由撫按官因使捧
萬壽聖節表入京既行勿称疾棄表歸會聞行取之報乃
就道於是巡按御史閻東徐拭全渊交章劾來朝棄置
表文不敬并數其任內貪縱無狀不當濫與行取之選
有旨令吏部陳狀尚書李默侍郎王用賓葛守禮具疏
引罪且請罷來朝
上命革來朝職為民所犯贓私行巡按御史驗治仍切責
吏部曰行取官員係用人重典爾等玩法行私濫用匪
人默任在來朝行取之後姑不究用賓等各奪俸二月
皇明寶訓　嘉靖八卷　十九
該司郎中職在參理欺蔽為甚其降雜職外用於是文
選司郎中楊載鳴坐貶為福建將樂縣典史
慎刑獄
〇嘉靖二年閏四月丙午
上諭司禮監太監張佐等曰朕惟刑獄重事自嗣統以來
未嘗不特加慎重夫何去年自秋歷冬以至今春畿甸
之內雨雪愆期風霾屢作四方災異奏報頻仍深思
上天所以示戒之意慮恐刑獄枉濫囚繫久淹以致民心
愁怨上干
天和特命爾公同三法司堂上官將見監罪囚從公審錄
除情法難宥者照舊監候聽決其有情可矜罪可疑因

事証與或無証佐可結正者具為疏辯處分徒流以下
即與減等發落笞罪者釋之毋令淹滯夫刑以弼教正
德不當宥而宥與不當刑而刑皆足致災唐虞三代所
以欽恤明慎之意正在於此審問之際尤須詳察言詞
旁詢知証而斷之以理毋惑於浮言毋拘於成案務得
真情以全民命其原問官有故勘失入等罪俱不追究
爾為近臣受茲委任務殫心悉慮以称朕好生之意
(一)嘉靖四年正月甲申時登聞鼓下獄詞甚衆至有歛恨
自殘者給事中巴思明以聞
上諭刑部曰邇來內外法司多不能為民分理寃抑故奏
訴紛紜自今凡有奏狀即宜擇可行者行之毋得一槩

壓閣以致寃抑無伸
(一)嘉靖五年六月戊辰禮科右給事中謝蕡疏請革嚴刑
以全民命
上曰人命至重死者不可復生邇來問刑官於罪輕宜用
常刑者率用酷刑拷訊傷人或因而致死朕心甚恻都
察院其即以朕意示各撫按官令戒諭諸問刑者自今
務以寬卹為念有嚴刑死傷人者降革如法上官容隱
不即參究者罪如之
(一)九月乙酉
上諭法司理問詞訟須分辯曲直從公處斷使人無寃近
來中外問刑官往往任意偏聽不審察事情或徇私受

為不畏法度顛倒是非致令銜寃負屈之人輒入禁中
伸愬至有自縊死者良可矜憫法司即申明律例戒諭
所屬通行內外衙門如再有斷獄不明致各犯伸理者
若所愬得實原問官從重究治其有為人嘱託者問刑
官指實參奏容情不奏者聽兩京科道糾劾若科道官
嘱託及知有嘱託容隱不劾者一體治罪緝事衙門亦
務密訪奏治但毋挾私誣陷於是都察院請如
聖諭申飭中外但民人寃抑止許赴通政司或登聞鼓下
投遞本狀在京聽法司在外聽撫按官參詳虛實施行
有擅入禁門叫愬及擁拾辱罵原問官并挾制官吏者
與主使之人俱從重問擬

上是之命榜示天下遵守
○十二月癸丑巡撫山西都御史江潮等劾上李福達惑
衆謀反武定侯郭勛黨叛嘱託等情
上曰李福達事情重大錦衣衛差千户一員前去提弔始
末干証人卷來京問理彼處選差人護送六年四月己
酉福達人卷解至
上曰提到人卷送鎮撫司監收着會三法司錦衣衛於京
畿道從公推問務要明白來說不許偏徇私情酷刑拷
訊已復命尚書顏頤壽等將福達原告薛良并証人李
景全等備查原問官都御史畢昭文卷會官午門前鞫
問顏頤壽等執称福達改名張寅投匿郭勛家事已証實

當從原擬
上怒曰顏頤壽等職掌刑名奉旨提問事情不行從公審鞫却乃偏情回護非止一端且不查究兇薛良所訐事情已經畢昭等委官勘問招誣若今勘是實原問官員俱該盡究你每緣何不將兩情虛心細審輒欲扶同入人重罪非朕恤刑之意這一千人犯且都監着待齋祀畢日拿在午門前待朕親問大學士楊一清等言鞫獄細務非人主所當親
上乃止報曰卿等既這等説且還着三法司錦衣衛鎮撫司官會問多官午門前再問明白務要虛心從公兩平推鞫審取的確歸一供詞奏來定奪若再似前不拘公

道偏信一面之詞以致是非不明誣陷人罪朕定行親審原問官員拿問重治不饒
○六月辛未尚書顏頤壽等再上李福達獄詞
上曰你每止據石文舉等執稱張寅等係李五未見質証明白本犯既自正德元年不知去向邵進祿等搆亂之時似無相干山西原問官先既將薛良所告招誣後乃不候衆証拘集輒擬謀反重罪撫按官亦不駁行再問依憑具奏朝廷知其情罪欠明拿解來京節次着你每從公審鞫却又執泥原詞偏狥回護先後情節輕重不同所取供詞又不歸一死刑大獄似此苟且粗率有負委任還將各犯拿在午門前仔細研審務取的確歸一供報仍要追問妖書下落議擬應得罪名開奏定奪不碍應叅官員一併叅來處治不許仍前回護於是頤壽改擬福達妖言律
上曰死刑大獄不得輕有出入這起人犯各官所問先後請詞不一及着你每會問又多偏聽回護不肯從公辯辯謀反重罪先乃率意加人今改擬妖言亦不見追出妖書下落這等含糊不明有碍發落必得原問原勘官俱來質証方得明白各犯且都牢固監着李珏江潮李璋吏部便推相應官更替巡撫兵部各差千户一員前去待各官交代守催來京畢昭也行文取來原問三司官員并委官楊琦等都着山西接管巡按御史差官拘

送前來馬祿既已交代不見回京錦衣衛便差的當校拿解來京待各官俱到之日奏請問理七月癸卯御史馬祿等逮至
上曰各官既俱到京三法司錦衣衛還會多官將原監人犯拿在午門前與原問原勘官員面加質証務見明白取具的確歸一供詞來說九月己卯署三法司尚書桂蕚等覆奏李福達獄詞具言原問官狥情故入之法
上曰這各犯朋謀害人設意羅織釀成大獄貽累平民好生欺公玩法你每既問擬明白馬祿志在報復故意鍛人情犯深重還從重議擬來說其餘各犯本都當重治依擬分別輕重運炭完日發落李璋李珏章綸馬豸阿

附惡拔建結三司殺人娼人情犯亦重發邊遠衛分充
軍過赦不宥但逃發了劉琦挾私彈劾與程啓充盧瓊
都發邊衛充軍王科秦祐沈漢程輅俱扶同妄奏發原
籍為民顔順彝等職掌邦刑位列大臣却乃畏避科道
奏制推勘事情報上不實有負重任顔順彝劉玉王啓
劉文莊湯沐顔似汪淵俱事重都革了職着冠帶閑住
聶賢徐文華情犯尤重聶賢著為民徐文華發邊衛充
軍江潮不行詳審失入人罪汪玄錫余才送恣横議與
孟春閔楷張仲賢風聲相通同惡相濟也都革了職冠
帶閑住畢昭准優職照舊守制薛良誣告人致死有服
親屬依比附律處決韓良相石文舉情重發邊衛充軍

過赦不宥杜文住武仲良等與劉永振并供明查發侵
職侵等項人犯張寅等都依擬發落張淵侍勘事回京
毛伯溫剔推相應官更替回京常泰劉仕待拿到張逵
杜鸞姚鳴鳳高世魁司馬相并張英待提到俱送法司
并潘壯戚雄南京問完各查照今議擬奏請發落任淳
差官替回送問周宣王昂杜蕙胡偉鮑玉着各該巡按
御史提問具奏定奪言問擬發落過招由着都察院出
給榜文告示天下知道九月乙亥以大獄成詔悉錄先
後獄詞刊布中外以廣朝廷欽恤之意名曰欽明大獄
錄
○嘉靖六年十一月丁亥諭刑部曰恤刑重事前所遣恤
刑使者二年于茲何未見有論報者其責上微書事竣
則核其行事當否才識優劣黜之
○嘉靖七年五月丁丑閣臣票擬刑部奏問犯人溫祥疏
上曰我
祖宗既設刑部都察院專理刑復設大理寺以為評擬蓋
欲為刑得中耳溫祥所犯該部已擬附律條雖係太輕
胡世寧等亦說難照常例發落既有比附當從而施行
況刑實當一以公朕豈敢以從違而為輕重乎今已問
明恐被犯或有未服還當送大理審允奏來發落
○閏十月戊戌
上諭輔臣曰每年秋後該決重囚但近二年災異重大俱

免行刑今又該刑科三覆請旨朕切思死刑重事可不
慎乎今所犯者在律相應尤恐一毫不真難免差失且
上帝以好生為德朕欲將盜
祖宗陵殿御物及毆罵父母大傷倫理者依律決了餘可
着法司再理明白今將刑部併都察院開進畧節揭帖
與卿計處慎之
○十一月辛丑故甘肅總兵李隆子徵祥奏乞襲職兵部
執不可與
上諭閣臣曰兵部奏李隆男徵祥事卿等票云隆罪犯深
重伊男不准調襲朕思隆昔年之事深冤臣杜若馬禄
之害郭勛比也上干

天和致生災異無大於此其時朕正無知喬宇等設寮法
司言替許銘報俊後因陸未獲典刑特已之擬公當與
分辯夫銘被官軍殺死與張文錦情同故文錦被殺其
黨輒引陸之事云副總兵時陳乘袖號召況昨衛道等
仍敢比附欺罔卿等不粟旨治罪今却依該部之言行
之可另票來看勿使父子俱寃重傷和氣
〇十二月甲午
上諭輔臣曰朕惟今月二十五日我
祖宗成法勅與京官滿除今思給事中劉世揚等妄言奏
擾已有旨拿問但念言官況當迎新歲之期姑從寬宥
便放了着復職卿擬旨來行

皇明寶訓 嘉靖八卷 廿六

〇嘉靖八年二月乙未
上諭都察院今天下生民疾苦多由賦歛繁急刑獄寃濫
近因各處災傷已勅戶部蠲放停減應徵稅粮動支倉
庫銀米賑濟飢民又因言官具奏有旨着各衙門審録
重囚奏來區處及行文與在外衙門一體施行去後訪
得各大小問刑衙門官員往往以深刻取名或徇上司
之意或執一己之見甚至受囑納賄鍛鍊成獄民遭拷
訊何事不承古者一夫含寃三月亢暘一婦懷憤六月
飛霜況不止一夫一婦而已都察院便備查節奉旨意
行各該巡撫巡按官督同三司等官徧歷所屬將見監
重囚逐一審究有寃抑及曾經審録官具奏矜疑未曾
發落便具由奏請定奪先該各衙門以訪察為名問擬
充軍被人連累因事詿誤發遣不係律例正條及非人
命賍私者俱具奏區處其餘徒杖以下罪名但有分訴
情詞即時發落情輕者就便釋放不許久稽淹滯文書
到日附近去處不得過三個月遠方不得過五個月北
直隷限一月以裡各將問擬發落疎放過罪囚總數開
奏稽考若有視常玩慢違限者都察院指實從來降調
罷黜其各處地方廣闊撫按不必會同隨便督屬分投
整理以速為貴底副朕恤刑弭災之意兵部仍奉旨馬
上差人星馳賫去不許稽遲
〇嘉靖十年九月甲寅刑部尚書許讚等請審録重囚

皇明寶訓 嘉靖八卷 廿七

上諭之曰近日問刑官不能仰體朕懷類多寃抑以致上
干
天和所係非小爾等其會同各官虛心詳審務在情真罪
當覆奏處决有寃抑異詞及情可矜疑者奏請定奪不
得視為泛常虛應故事
〇嘉靖十一年九月丁巳刑部尚書王時中以災變應詔
疏陳重歛恤戒殺苛宥枉愚明發遣弭盜賊禁刁訟六
事
上曰刑罰國家重事感召災變尤切覽奏具見詳慎體國
至意宥枉愚一事該部速備疏以聞餘悉如議
〇十月乙酉刑科都給事中王瑄等言常例審録重囚造

次而畢殊非慎獄之意乞自朝廷審稍展其期
上然其議曰審錄重因乃朝廷欽恤至意今後會審諸臣
宜盡心詳慎務得真情毋怠
○嘉靖二十二年三月癸酉先是內官監太監高忠嘗以
事忤旨繫內獄尋被釋無可即有宮婢變
上甚疑之至是月忠以建大享殿請祭司工神易定擬字
以定頃
上大怒謂其包藏惡念任意欺罔且定擬常言無礙理而
避諱也今所司論如律斬之居數日刑部請執忠付獄
上曰朕初因定擬二字一時怒疑人將謂朕以片言罪人
且昨工部奏及翰林院撰文皆易為安擬非也自後內

外文移其仍定擬如故
○嘉靖二十四年十一月庚辰山西保德州人崔鑑年十
四以其父私於隣女魏氏斥逐其母不勝憤乃手刃魏
氏殺之有司讞上其獄法司議鑑以姦故牏大戮可憫
上曰鑑幼能激義其免死發附近徒工三年
○嘉靖二十五年九月辛未都察院簽刑科給事中張誠
條奏在外用刑衙門競為深刻乞降勑嚴禁
上報曰朝廷重惜民命屢詔旨所司乃用法任情動致冤
濫給事中所言必有指據該院即行撫按嚴加按覈并
會同吏部訪察殘忍者待大計時黜治
○嘉靖二十七年二月辛酉山東撫按官奏官軍捕得反
賊商大常等
上以謀反律重詔法司駁還原奏令其從公再擬不得張
功戮枉於是巡按御史傅鎮復奏太常本以煽妖行刼
非謀反者宜改擬強盜得財律斬庶情罪允當報可
○嘉靖三十七年十一月丁亥
上檢閱奏牘有湖廣人吳一魁訟冤疏憫之因勑諭三法
司曰朕承
天命為天下生民主惟欲固本祈天為民造福因念人命
至重矜恤庶獄惓惓於懷夫刑以弼治當則氣協麻祥
自至否則上干和氣災沴攸生是以古昔帝王及我
祖宗罔不慎重於斷柰何近年以來司民牧者未盡得人

或遵理不明律法不通任情作威深文鍛鍊其或貪賄
聽囑顛倒是非不顧冤抑是何心與近日湖廣安陸縣
幼男吳一魁二命枉刑母又被捉情無所告遠至朝廉
以一推之豈止數百夫一夫不獲時予之辜爾三法司
治刑為職茲特勑諭爾等宜體朕心多思矜卹都察院
通行天下撫按申飭司府州縣各要省改前愆惟公惟
慎盡心聽讞民以不冤
天地神明昭察在上自亦能保祿位福子孫如不恭命明
有國法幽有神譴必不能逭爾等其欽哉故諭
明賞罰
○嘉靖元年正月己酉廣西蠻賊梁公當等冦掠臨桂等

州縣時巡撫張嵿久未抵任總兵朱麒副總兵張祐皆
因循觀望左右兩江兵驕驁不受調事聞
上降勅切責麒等曰比賊歲勤王師爾等數以微功受賞
不能為國長慮攘除凶孽今永安荔浦脩仁洛容諸寇
焚劫橫行生靈受害麒因循坐視若罔聞知祐假托公
務逗遛思州嵿聞命即安不時赴任皆怠玩失職罪有
所歸念當用人之際姑從寬宥自後宜悉心思過以圖
後功勅至之日嵿星馳赴任與麒等嚴督張祐及土漢
領軍官員分布要害相機勦撫務出萬全毋貽後患勉
之慎之
○嘉靖二十年十二月丁巳大同鎮巡官奏九月內禦虜

皇明寶訓　嘉靖八卷　三十

斬獲功級及各部兵部及紀功巡按御史
上曰近各邊題奏往往歸功內閣本兵詞多諂肆殊非事
體茲疏又劄及兵科且撫鎮官聽總督節制聽紀功巡
按查驗乃各先加奏薦其阿諛朋比為欺明矣兵
部即參劾以聞
○嘉靖二十三年正月甲寅
上諭兵部曰去歲山西虜寇逼邊境戰守將士防守勞
苦朕心惻念宜加恩賞以示勸勵總督官并宣大山西
撫鎮官各賜本等花樣衣一襲仍降勅獎諭副參遊守
等官及軍士賚以銀兩已乃命戶部發銀十六萬四百
五十一兩於宣府大同山西三鎮備賞

○嘉靖二十四年四月戊申兵部覆工科給事中何雲雷
勘上二十三年十月宣府失事功罪擬總兵郤永當逮
京治罪
上以巡撫王儀與郤永一體一面之寄而兵部止議逮永
令再議於是尚書戴龍覆上疏言儀與永同事果宜逮
治誠如
聖諭所云罔自陳奉職無狀
上曰鎮巡責任原同一體奈何擬功輒同論罪輒異此弊
匪止今日欺公作威亦匪止一人法既不平孰肯效死
龍等姑不究永從寬降俸二級令盡心防禦如再失事
重治不宥儀已調外任仍降一級邊方用

皇明寶訓　嘉靖八卷　卅一

○嘉靖二十五年八月癸卯兵部以太平府盜張旺等平
擬上各將吏功次叙及徐州兵備副使王梃
上曰彼守臣會題不言梃功部輒擬賞謂何其以賞對於
是尚書陳經等自劾言賊有獲自徐州者臣竊不審誤
擬梃賞當伏罪
上曰地方捕盜與奉詔用兵者異若何輒擬有功擅請賞
賚既引罪堂上官姑勿問職方郎中奪俸三月
○嘉靖二十六年十月丙辰兵部覆巡撫都御史楊守謙
言凡邊軍斬虜一級不願陞者先即時給賞候勘量加
為五十兩
上允其議且諭部臣曰激勵人心尤貴速賞何乃經歲候

勘其令督撫官議處良法務使獲功之人早沾實惠
○嘉靖三十年三月乙巳雲南巡按御史蕭世延以安南
叛臣范子儀就擒録上諸臣功次兵部議覆行賞
上曰子儀安南窮寇擾害我境各官不能即時剿平致調
動官軍勞費不貲雖既就擒僅可准贖況係都統使莫
宋濮函獻如何一槩論功加賞各該兵官及陣亡官第
令軍門差别給賞自後論功更宜酌議倖當不得市恩
濫與
○嘉靖三十四年十一月己亥兵部尚書楊博以防秋事
竣疏請擇吉告
廟并録各邊總督許論王忬等功

皇明寶訓　嘉靖八卷　卌二

上諭輔臣曰防秋亦是邊臣本職嵗要加奬殆與頒夫爵
畀大學士嚴嵩等對禦虜邊臣之責地方無事間一陞
賞乃朝廷特恩若嵗必加奬原無是例令次部疏極言
兩鎮戰守之功請姑與之明年當無詞矣
上不得已乃降旨陞賞論等各有差於是給事中丘橓達
等言賞以酬功國激勵之權至於嵗以為常實非舊典
請勑部臣自後毋槩覆邊臣報功疏俱下御史按覈列
狀奏請得旨將士親冒矢石有功宜加優録督撫等官
職在調度當有為國任事之忠何毎一報功互相援引
該部槩請陞賚叙及多人視為嵗例非正體也自今各
鎮戰守功次令巡御史勘問詳實乃許題請

察姦欺
○嘉靖十一年十二月癸未早朝有遺匿名文書于御路
者糾儀御史以聞
上命即焚之且謂姦惡小人敢于朝堂為讒計中人令廠
衛官多方緝訪
○嘉靖十三年十一月辛巳故太監張永家人郭禄令其
子麒言
上哀冲太子不永由皇城龍脉為永墳所犯當改正錦衣
衛指揮閻紀以聞
上覽而惡之以其疏示内閣輔臣曰此疏甚無謂人命定
自天矧積後人禍則在祖父為之顧朕不逮

皇明寶訓　嘉靖八卷　卌三

皇祖
皇考深仁厚澤耳誠如紀言則舉皆可以如是也有是理
邪乃命以麒下法司從重問擬紀如貰之
○嘉靖二十年二月己巳勑東一真人陶典真薦方士段
朝用善黄白之術朝用進銀萬兩授紫府宣忠高士已而
上試其術不驗頗疑之朝用有徒王子岩者侵攻發其隱
惡典真為所累遂上章自理
上曰黄白之術古昔有之非真有道術者不能御初薦朝
用及彼進銀萬兩朕亦信之以其足代民膏血耳郤屢
試不效始知作偽卿本納忠彼敢為欺何與卿事子岩
朝用俱令錦衣衛執赴鎮撫司拷訊

○嘉靖三十五年八月乙未
上以四川所取銀礦鎔之得銅疑奉使者不忠所事以問
大學士嚴嵩嵩對蜀礦類產徼外夷域蠻獠每拒險阻
王人必多方宣諭然後可入其取礦視他省最為不易
鎔礦得銅當由辨別未審自後第令以鎔成金銀解進
為善耳
上曰卿所據彼中之詞未可遽信各夷不同亦有知人理
者今所患臣下不用心但幹私事事即成幹公事事即
不成其令戶部行文切責仍記罪重處
○嘉靖四十四年五月癸酉道士藍田玉等以湖廣妖人
胡大順書藥試太監趙楹以進

上覽其書問曰此是箕批扶箕者如何不來田玉等遂詐為
聖諭徵大順入京至則屢上書求見
上謂大學士徐階曰胡大順又來卻是藍田玉羅嵩象因
我問要將他喚至昨令扶箕曰不降自藍道行下獄遂
百箄模宮或有所使然者今是順可仍用否階曰大順
等皆無賴小人必不可用
上曰藍田玉無理之本去冬輒代何廷玉進水銀藥遂詐
傳密旨取大順至此不治無以戒來者乃詔錦衣衛逮
捕問狀盡得田玉等姦狀俱論斬錮于獄楹尋斃獄中
大明世宗肅皇帝寶訓卷之八 終

大明世宗肅皇帝寶訓卷之九
光祿大夫柱國少傅兼太子太傅禮部尚書武英殿大學士臣呂本謹校
南京禮部祠祭清吏司郎中臣張治本
南京兵部職方清吏司主事臣朱錦謹閱
南京工部虞衡清吏司郎中臣呂胤昌

飭兵政
○嘉靖六年十二月乙未
上諭大學士楊一清等曰團營重務國家第一事幸今四
方無大警然安不忘危聖賢至訓卿等其圖之
○庚戌輔臣楊一清等言閒住太監張永在正德間有討
擒逆黨功乞賜錄用

上曰卿等所言起用內官張永足見經國至意文武衆臣
各有所掌內官所用多不堪任使為國之患不小卿等
輔導密勿師保大臣皆無內外之可分無巨細之可異
可為朕盡心況用人非小事乃其職之宜也豈曰外臣
不敢與言之昨已將御用監內官發落訖朕盡思之張
忠所管神機營并提督團營之任今缺昔聞司禮監太
監鮑忠嘗舉張永可用之提督營務請朕用之朕答曰
爾所舉永委的可用但衆人嫉妬他須待有缺方可用
之昨方記起未即言之遂卿等奏來朕甚喜其永在我
皇兄朝委多有勞績與他黨類者不同若論永之十能覩
夫昔掌營務及奉命出師多立功次嚴於用兵其昔居

司禮監任事則不能於此也今任提督團營之內官忠
已華任止有馬俊一人且俊於營伍之事非精又不識
字朕念他輩昔侍藩府之勞故各畓用如此其實此輩
未諳大體不知大事且令營中行事卿等豈不知乎若
將永起之提督營務終在俊後豈得盡彼之心若起之
俊上恐次序未平故朕未即行也朕又思之永昔為司
禮監官名在衆衙門各執事之上若今起居其後在彼
雖不可高下論之而終受人之制令可待有警之際命
之率兵成功之後用之如此又以不可彼未管軍伍倉
卒用之恐士卒未服卿等只具本舉來待朕再加詳處
或待有事用之權好若傳旨行但司傳奉之官必云永

乞於朕左右侍奉之咎亦不為害只是累及左右耳又
凡今各衙門事多被隨朕來京之人壞了彼皆不自加
悟反怨朝廷朕待他每甚寬就如張忠之事實困處之
矢當縱賊不戒亦有言說朝廷正尋我每之事此情不
待朕申卿等其可容乎可治乎書云人惟求舊這個舊
人不是與我日久熟識的舊人是經過事體歷知是非
的舊人只知道舊人信用言朕不仁豈知道理乎此等
說話特與卿等知之慎勿泄付小人起用張永再加詳
議來聞慎之寄之尋起永掌御馬監印提督團營兼管
神機營操練
○嘉靖八年正月丙午

上諭大學士楊一清曰兹提督官張永故朕求堪代彼者
不得一人夫武備今已廢甚恐未副我
祖宗列聖建立之意但思永乃卿與璁所薦今欲求代之
者卿可與璁勿自畓前忠即舉二三來用亦勿以已行
者為阻一清因薦太監黃錦王玠二人可用且言近日
營政被武定侯郭勛沮撓乞加戒防
上報曰昨卿奏以朕所問之人事宜其永儘肯修舉此政
奈郭勛所沮朕亦知之但勛之心亦素存忠其性未進
於本末者書也故恣暴成性不肯省圖改之所謂恣滕
理不過一常才耳如肯改過則為一超群之才而無及
者今握兵已久當以更用但時之人耳可徐圖之又錦

玠二人非朕自擇者乃司禮監循常拘次之用彼二人
素嫉張永雖保不廢前人修舉事功且與勛熟就如璁
乃剛毅之資所交皆未甚善人故朕問卿或有知者當
說來實為朕事耳但聞
皇兄朝有張忠者素稱為好而今謫在南京況所司皆惡
彼他每每只徇私前日命推舉堪代者而佐等以容大
用孫和王淵武忠為堪任朕曰大用與淵皆非才者難
以進用和聞有疾惟忠可用但彼鎮守大同亦是緊要
處他每以為別無可者而意實在于錦與玠耳但恐不
克于事卿可勿憚副朕所託再議來聞一清言誠如
聖諭但張忠先年過失頗多宜且取回聽用其團營重任

未必遽堪又尚書胡世寧薦舉邊才惟馬昊可用陳九
疇近方債事難責後效并乞
聖裁
上復報曰前日所論用人一事急難於得且待大祀畢别
議故朕諭承勛等行事又近歲星變人皆欲用人以待
征討為必然之勢朕謂此非星變實妖星也固朕無德
所致恐不專務用兵大為民害只可內修德政外撫邊
境存恤百姓以消禍變而專務用兵以備征討實過亂
之機武備固不可不整亦恐臨期無益要當常加修飭
可也卿勿惑聽人言當加之思昨世寧之意亦為是馬
昊恐為濫用

〇三月乙卯
上諭輔臣楊一清曰日前以提督團營內官缺未急得補
當與卿議過節另行今當暇日可早為補之朕欲以武
忠為提督其張忠量陞職事先着來京閑住待之數月
着於十二營內管其一營庶不誤臨事之用又郭勛之
缺亦須早選勲臣中有堪任者卿如有知可併說來朕
但欲取李昊來不知兩廣之任誰可代通議來聞一清
言武忠張忠李昊三人當如
聖諭取用其兩廣總兵侯伯中則仇鸞可用都督中則揚
宏可用臣承
密問敢盡其愚雖同事者亦不敢泄
上報曰昨得卿回陳諸事其中一段云雖同事之臣亦不
敢泄夫自古君臣之間因其慎密故治道成事業固卿
所慎者非為己故乃謹事機為國耳武忠着取回張綸
着代彼任張忠且與做奉御閑住外宅但提督武臣尤
當慎選我
祖宗朝于兩廣用都督為守將後來用侯伯矣用都督者
取其才也用侯伯者不過以其名位耳且今戎夷亦知
其官之大小以為犯擾焉須體時宜當時侯伯着仇鸞
去待缺回京亦使其歷知邊事但李昊之來當使繼勛
之次張偉仍為佐可也其他朕欲知其三四以待用卿
可為朕言之勿得疑憚又朕惟大同之朱振既去其恭

天祐亦當更代況彼在任亦久前巡撫遼東都御史龐
能發民者曰張雲可用之于此又前日所論官濫害民
一事最為時務之急須痛加減革不知卿之意以為何
如可併言之
〇嘉靖二十一年二月己卯提督團營成國公朱希忠言
官軍脱班數多乞行巡按御史究治
上曰官軍脱班數多豈獨該衛買閑作弊坐營大小官員
納賄賣放皆襲以為常即御史查究亦虚文耳其下部
詳議
〇嘉靖二十七年十二月丁未巡撫蘇州都御史孫應奎
以虜警請將京營保定兵馬留戍本鎮

上曰朝廷設撫鎮官付之邊寄且本鎮備邊自有主兵卻
令嚴冬之際孫應奎輒欲騐留客兵甚非事體其亟令
劄回應奎等務督率將領固守信地毋得疎忽取罪
○嘉靖二十九年九月乙未大學士嚴嵩等以虜寇既退
疏請整刷營務兵部覆奏
上曰該事體非輕必復
祖制乃可事權歸一蓄精銳以漸賞用其革去十二營兩
官廳名目止用京營總兵官一員提督三營以咸寧侯
仇鸞為之各營協同提督二員贊理軍務文臣一員改
吏部左侍郎王邦瑞為兵部左侍郎兼都察院右僉都
御史為之其餘一應興革事兵部仍會官悉心定議以

聞于是兵部覆條上興革六事
上曰條理營政務在得人舊任提督官俱令回府管事內
侍官俱革裁各營協同提督官即推舉堪任者以聞舊
司按哨官兵部同仇鸞于見任并起取將官內選用見
在軍士各歸原營隨伍操練老弱并缺少者即替補名
募務足原額餘如議
○十月己卯
上諭咸寧侯仇鸞左侍郎王邦瑞及禮兵二部曰朕復
祖制三營修武其舊哨司按名璝無用今須下京營新定
之制卿等可詳議具奏又特諭鸞曰朕定將兵制數五
軍勿易二營之副將今止用一人不必又二人將大將

所統三營之兵仍外添能戰之將六人分領操練衆將
之選不必備員須經陣者亦勿由部用卿須力主彼
二祖初建之武威可也
○嘉靖三十年正月戊申兵部議調班軍三萬赴薊州修
邊咸寧侯仇鸞言軍士疲憊不宜借役請已之
上曰班軍及各府人夫俱不許調用第令本鎮量為修築
亦不許妄致勞費朕見各鎮修邊往往告成乃卒無一
處可濟其各練兵當銳用爲實效
○嘉靖三十一年九月庚寅
上諭內閣曰朕思所更戎政有未當者茲與卿等改之
祖宗舊制曰提督團營義與今稱總督同否非外出豈可

用欽差二字乎又上下六營其名尚在今制以正備二
兵為名是否又轉弱為強一事此鸞之逆情宜宣示軍
中令勿以此抱怨必盡力於國其他一切當正者卿等
一一議上於是大學士嚴嵩等覆言臣等仰惟
皇上更新戎政一一盡善提督與總督義本非二其欽差
二字乃鸞之自稱誠不宜用上下六營之名除去已久
宜如
聖制以正備二兵為名又臣等閱欽定營制自正兵之外
五軍營備兵六萬六千餘人神樞神機各四萬人今正
兵尚未足況備兵乎此宜戎政官查處者也轉弱為強
兵已奉明詔裁革臣等謹條列未盡事宜以上一議軍

器一議督領官吏一議各營將官一議班軍行糧一議
歲調邊兵一議京師民兵
上曰朕所諭及卿等所議與他未盡者令兵部熟計以聞
○嘉靖三十七年七月癸丑朔
上從總督尚書楊博議以薊鎮入衛兵聽宣大調遣總督
薊遼侍郎王忬執奏薊鎮兵少獨恃入衛卒以擁護
陵京奈何聽他鎮調發
上曰前有旨令薊鎮練兵分區以守今八年矣一卒不練
每遇防秋不過多調邊兵此豈遠謀而且彼此紛爭邪
兵部其詳議以聞部覆本鎮原分區數皆有額兵今缺
伍數多請詔兩關御史王漸蕭元峯親詣查補

上曰然薊鎮不遵旨練兵而恃調兵倖虜不至輒相玩愒
令諸兵頻年遠戍人情不堪糧餉多糜歲復一歲何時
而已該鎮原分各區人馬兵部可遣郎中一人與巡關
御史閱閱兵數多少操練與否期一月還奏今秋防已
近其嚴責王忬歐陽安等尅期操練防禦毋再遷延其
各邊兵馬明歲量為減調卿等可酌擬額數以聞忬又
援去秋例請復調遼東步兵萬二千駐馬蘭石匣以備
灤東又議以宣府遊擊張鈇大同遊擊周邦分守古北
潮河以當衝險
上曰往年調邊兵多以致失事地方官得以藉口今又飢
甚可復調邪兵部其與科臣再議之既而科部議上請
量調遼兵以守畿輔分駐欽等所將入衛兵于關外懷
隆之間以防獨石而命大同入衛遊擊趙伯勳引兵駐
昌平專護
陵寢得旨遼東兵准量調四千人餘俱如議
○戊辰薊鎮宣府告急尚書鄭曉請暫發上所聽征官軍
回營操練
上諭內閣曰聽征之名不應雜役況自去歲曰整理閱至
今猶未見精猛目今內逆勾賊相繼作亂如不一長驅
恐終無寧歲朝工仰奉天時門建必速成以臨述職厭
一少擾無妨馬乃允曉請令聽征官軍回營
○嘉靖四十年九月庚子郎中許汝驥自薊鎮閱兵還上

言薊鎮練兵不振之勢有六因陳補練便宜以聞兵部
列其所奏酌議覆行之
上曰先年以薊鎮調用邊兵非遠謀下令補練主兵以免
常調總督鎮巡官漫不用心每歲惟恃調發坐困供餉
何有紀極今又三年差官閱視邦輔照舊不堪戰守各
官不畏明旨敢爾欺肆許論既革任待查明併治總兵
張承勳革任下御史逮繫并所劾贓罪問報巡撫張玭
姑降一級調外任副總兵袁正等姑降實級三級留供
職副使張邦彥等罰俸半年楊選其嚴加督率訓練若
再無效重治不宥餘如擬
○乙巳兵部尚書楊博等覆薊遼總兵楊選條上地方極

極獘十五事
上曰薊鎮督撫諸臣遇警輙張皇告急惟調客兵防守苟
保目前無事日延一日何有為國忠計者邊兵之調初
謂權宜今已十一年未見減撤部又重加挑選何時而
已不獨供餉繁費人情政體皆非所宜該所議亦只循
常題覆目今如何練主兵方可免調邊兵卿博歷任該
鎮宜竭盡忠謀大破常格整理其仍別議以聞
○十二月丁丑兵部尚書楊博奏五軍營參將尹秉衡所
選官軍一萬二千人擬于春初赴居庸鎮邊二區戍守
上曰營兵戍邊與原議減邊兵數多三枝應否遣去其更
熟計以聞于是博等又言京營之兵類年坐食漸成驕

惰近議摘選番戍其便有四宜遵成知議
上曰營兵宜俟薊鎮警報得實乃量發一二枝邊臣毋張
虛聲徒增餉費無濟實用
○嘉靖四十二年三月丁亥巡撫浙江侍郎趙炳然奏各
省募兵非便宜令各團練土著
上曰各處節年團練土兵徒以虛文塞責迨至有事則行
召募以滋煩擾其令巡按御史每歲終嚴加校閱乃取
別所司功罪以聞
○十一月丁酉
上以虜犯郊畿疑本兵諸臣不任職以問大學士徐階階
謂協理戎政兵部右侍郎喻時及兵部右侍郎蔡汝楠
俱非廟廊才不足贊戎務
上曰二臣原吏部推何以此才當此任縱無他私亦不宜
動循資格必更之京兵宜精練
成祖初制四十萬今止剩八九萬可歎其部曉暢順當緒
何如在朝臣有堪戎務者否或內出用一人外庭當知
重此事今須早理不宜只講文得知
成祖時十分之一即為上矣階以曉文儒順緒咸匪人不
可用因言用人吏部事且尚書嚴訥可信當諭令舉所
宜任者務在得人勿以資格限
上乃遣中使至訥第諭之曰今又理戎務京兵本也協理
者不堪用且本兵二佐亦須得人喻時蔡汝楠令南部

候改即推果諳戎政曾歷邊事可用者各二三員以聞
卿訥勿循常例破格推用以濟國事于是訥推兵部職
方司郎中張志孝及湖廣參政李燧陝西副使張謚堪
協理戎政南京工部霍冀原任都察院僉都御史趙時
春大理寺少卿萬恭堪兵部右侍郎
上點用燧恭
○嘉靖四十三年正月甲午薊東又報虜警
上諭兵部曰北虜又作未宜謂已有備虜中內逆多于真
賊故敢累犯
郊廟並祐人當祗承京兵亦宜整馬因問大學士徐階鎮
遠侯顧寰可用否階奏寰雖非將才然一時亦難其代

上曰褒之代今必無勝者若于戰陣亦又難之如不必侯
伯他有堪用否階對請諭兵部會官于侯伯之外公舉
以聞
上曰褒所任京戎只可令協練兵卒耳衝鋒破敵須别選
一二員備緩急如舊例且三營六總似多今于將副擇
而用之何如階曰
聖裁允當請傳示兵部擬行
上復報曰京營一總督今亦不必添郎以副將名目選用
亦可又邊卒不肯用命何能得力且總十路未至十萬
人今或不為例户部取銀二萬兩兵工各一萬兩發劄
犒給犒官軍一次可與階曰春防既賞秋防將引為例

皇明寶訓　嘉靖九卷　十二

賞則不以為恩不賞則遂生怨不若足其粮餉而銀賞
則以待有功
上深然之曰賞罰非細事正因無知生怨難耳今推足實
粮草依時給與乃可久行特典但宜酬奇勞耳
慎邊防
○嘉靖元年二月庚子兵部覆户部郎中馬應乾奏邊方
積弊及卹軍士實營伍等事
上曰軍馬錢糧邊方重務近來各處邊備十分廢弛上下
扶同情弊多端其令各撫按清軍官嚴督所屬月糧布
花以時徵運給散城堡旗軍嚴加點選清查掌印領軍
官賢否開報黜陟各務從實舉行勿事虚文

○嘉靖十三年二月癸酉時大同叛卒嬰城拒敵官軍圍
撫劉源清總兵郤永因請築堤壅水灌城又請添設總
制提督禦虜
上諭閣臣曰朕在病中未嘗不以大同事為懷叛軍先因
殺李瑾此謀殺主將之罪法不可赦原非衆城所為亦
未敢逆朝廷未是郤永無謀信從劉源清貪功嘗殺之
計輒便有洗城之說傳聞城中致使逆軍劫囚勾虜抗
拒朝廷既說專剿逆徒脅從不問却有專攻城之計又
引水灌城看來玉石亦不可得而分也朕惟宣大為京
城北門要地皆不可壞人而無背可以衛頭目乎況此
地此民皆我

皇明寶訓　嘉靖九卷　十三

祖宗所遺今源清必欲城破人誅果忠乎否乎前日將二
人調置别命將以專討渠魁豈有今日之患今又不可
輕聽伊說卿等亦不可不慮將來事縱源清幸成功不
知此地何以興復今秖可罪去二臣製遣諸路人馬另
遣文武大臣果能識事者使專意備虜容令多方計擒
逆賊之魁者庶免勞師傷財源清既能了事如何又請
添官豈非官多事擾乎乃改督餉侍郎張瓚為兵部左
侍郎兼右副都御史代源清
○嘉靖十九年四月壬戌兵部以風霾之變奉諭會廷臣
議上邊事
上曰國家安危重寄在西北邊境皆虜犯我疆邊人荼毒

朕甚憫之召災致異厥有所自且兵馬錢糧歲煩調度
將官撫臣咸出遴選竟不聞有紓朕憂者而徒以兵餉
不足為辭此無他不輸忠畏法耳諸邊事既定議悉准
施行自今武臣有失律挫威文臣有畜縮顧藉者聽科
道官參劾諸邊所不便總督撫按以聞毋隱
○嘉靖二十一年正月癸卯兵部尚書張瓚以虜復謀犯
山西三關請令山西薊遼各整兵候調宣大總督移駐
朔州以便調遣別推總兵官二員先駐真定石州練兵
防禦
上曰去歲虜寇兩入太原邊關將士不聞敵遏地方荼毒
豈但邊吏罪不可逭本兵亦難辭責今歲不復整飭拒

完遏闌之臣安所用之陝西遼東如擬領行整兵聽調
真定石州總兵官不必先期駐劄其應發兵粮火器等
事仍協戶工二部酌議再奏
○閏五月庚午總督宣大侍郎翟鵬言虜將會衆入犯乞
亟調陝西薊遼兵赴鎮防備并令戶部多發鹽銀以備
軍需戶部言鵬授任來三以是請已奉旨臨期徵發且
聞鵬尚駐宣府宜令速移朔州以便調度
上曰宣大三關紫荊關俱要害重鎮朝廷原設總兵及都
御史督領兵馬錢糧各有專責若虜寇一隅本鎮出兵
敵禦各鎮協同策應勢甚聯絡是以建勳則功著難掩
失事則罪無所逃

祖宗建置甚善况四鎮接壤與陝西不同自
先朝以來間設總督文臣軍務屬之專制往往徒擁虛名
牽制誤事劉源清周欽樊繼祖可見矣鵬昨授新命首
索帑銀專恣客兵待寇觀措已乖又不遵旨行事出京
日久尚駐宣府抗命怠事深負委託姑革職閒住向者
處分降虜事宜兵部卽亟行各鎮總兵官仰體朕心戮
力防禦各官果能建立奇功朝廷不吝出格陞賞如犯
軍法必寘重典總督官不必設既而兵部以虜犯山西
請復設總督
上從之仍令鵬復任
○六月辛卯虜寇朔州守臣以聞

上諭兵部曰宣大二鎮屯戍重兵正為山西畿甸藩籬往
者虜賊入邊殘害山西擊動畿輔守臣曠為故常失事
已甚卽令能極力戰守俾虜一大挫去則先賞宣大諸
臣之功其或彼此觀望致賊猖獗者必治罪無赦
○八月戊子山東撫按官劉臬等奏虜復從朔州入寇
上曰前虜未大挫故復至其馳檄翟鵬隨賊所向督兵截
剿有功者卽於軍中陞賞如例臨陣退縮者卽斬首以
徇并諭諸將以臨敵敢戰為功不以横折官軍議罪諸
軍以奮勇當先為首功斬首次之各勉策後功用蓋前
愆并行山西撫鎮官伏兵要害俾虜不得越關如直隸
河南山東各飭兵以備秋班官軍卽留防守總督翟鵬

隨報虜踰信宿從舊路遁去會延綏警報繼至
上曰虜擁衆入境未及一舍遽北遁詐也既延綏又報警
其令總仍遵前旨多方捍禦且亟檄陝西守臣謹備之
毋墮賊計已復諭兵部曰虜雖去未可忘戒朕聞各邊
壯夫奮勇自効者衆其示榆遼諭大同三關之民能斬
首一級者賞銀四十兩所得人畜悉以予之仍同官軍
支給行糧留本處附近地方殺賊虜退歸農者聽願充
募者亦聽
○嘉靖二十五年十二月庚子總督陝西三邊都御史曾
銑奏修邊復套二事疏下兵部并議謂築邊復套兩俱
不易二者相較復套尤難宜仍行銑等從長會計擬議

畫一具奏
上曰虜據河套為中國患久矣連歲關陝橫被荼毒朕宵
旰念之而邊臣無分主憂者今銑能倡逐虜復套之謀
厥猷甚壯本兵乃久之始覆送無定見何也其令銑更
與諸邊臣悉心圖議務求長策嗣上方略期此邊境千
里沙漠與宣大地異祇可就要害修築兵部其發銀二
十萬兩予銑聽其修邊餉兵造器便宜調度支用備明
年防禦計
○嘉靖二十六年十二月丁丑監察御史饒天民張登高
各上復套議請令各邊嚴兵守險防虜奔突及會議條
格不宜刊布恐泄軍机

上曰各邊防禦所言得策奏議刊播無礙且王師烏用掩
襲為也
○嘉靖二十七年正月己卯
上諭輔臣陝西奏災異云山崩移且昨辛未日風沙大作
占曰主兵火有邊警朕惟氣數固莫能逃然亦不可坐
視況
上天示象儆戒昭然而防備消弭當盡人事朕居君位總
理于上無親事之理本卿等皆各有專責卿等其宣示
朕意俾皆悉心經畫朕仍仰叩
玄慈冀轉災為福云又諭曰套虜之患久矣今以征逐為
名不知出師果有名否及兵果有餘力食果有餘補預

見成功可必否昨王二平未論功賞臣下有快快心今
欲行此大事一銑何足言秖恐百姓受無罪之殺我欲
不言此非他欺罔比與害我家幾民之命者不同我內
居上處外事下情何知可否卿等即職任輔弼果真知
真見當行疑行之閣臣夏言等不敢決請
上斷
上命以前論付司禮監刊印百餘道發兵部編給與議諸
臣令數日再會疏以聞於是大學士嚴嵩首疏復套難
不便歸罪於言因請解位言亦上疏攻嵩
上報嵩曰卿既知未可何不力正言于銑疏初至時乃密
疏稱人臣未有銑之忠者朕已留其疏但知肆其所欲

不顧國安危民生死惟狥曹銑殘欲耳朕故一言未答
以示不可之意後見卿等每從諛許朕思夏言既以為
可卿必謂朕知而主之未宜遽沮其謀昨部疏會奏是
果行之說豈見真從之故朕方言不可耳卿宜盡心供
職不允辭報言曰爾等朝廷倚政之本原爾自宜先以
邦民為心如何專狥私情致君脇衆昔嘗奏未允乃詐
稱上意必行茲所奏又無引罪詞吏禮二部會都察院
參看以聞於是尚書王以旂等集議虜兵強據險不當
與之較曲直事分寸前議復套事宜請悉行停止
上曰套虜非新近事
先朝但防守耳銑無故輕狂倡議雖奉俞旨然既下諸臣

集議自當為國為民深思審處明以入告如何忍心覩
望一旦敢事將何據者其奪與議官祿俸一月兵部侍
郎及該司官一年銑令錦衣衛亟遣官校械繫至京問
王以旂姑令兼都察院右僉都御史亟往代銑盡忠督
理以贖前罪此安危大計科道官何寂無一言錦衣衛
其悉逮至廷杖之仍各罰俸四月夏言削奪餘官令以
尚書致仕
○二月癸卯北虜掩答求貢督臣翁萬達以聞
上曰朕以邊圉重寄付萬達等自宜併力防禦胡乃屢以
求貢為言其令遵前旨一意拒絕嚴加隄備違誤者重
治不貸

○九月乙酉宣府諜報虜警
上諭兵部行守臣多方捍禦并遣聽征參將王佐許勇等
往援之諭工部速發火器於各邊應用又諭成國公朱
希忠等曰適聞邊警及地異之應朕叩首祈天恐未必
不因奢妄之致況銑雖伏辜醜虜餘孽或以茲報復不
無也其再示兵部亟令總督翁萬達徇國忘家併力捍
禦毋惑邪枉逞忿速戾兼示內外提督坐營官各飭備
以待
○嘉靖二十九年十月癸酉
上諭內閣云昨胡氛侵內直犯深入雖荷
天祐不日自退然此上大罪未明近日士庶以及宗室亦

懷忿恨非朕私也且罪未至之前數月朕常以虜事問
卿元輔卿謂佳兵不祥夫以太平日久人人惡談武備
今君以賊已去又不經心後患必甚于茲要當講求征
伐之大計勿論其犯否庶可伸我中夏之氣衆卿等以
為當如之何乃可又諭云今君直搗巢穴而殄之未為
無名所難食居一兵二也縱有財無粟軍何由給須大
豐三五歲鮮旱勞之災食足兵雄乃可如
皇祖時長驅三千里焱便欲大伐祇恐未得時耳虜既未
遭大挫必復掀犯今倘此為是二諭勿秘示諸府部科
道令皆曉朕諭
○壬午

上諭閣臣曰昨入犯之虜華人為多外域之臣敢於我前
帶信坐觀城池可數不一征誅何以示懲殺人盈萬天
豈不怒焉聞其歸亦多毒瘡死者此時以承平日久不
可更以好武為阻惟財用乏困非君理之事然所司不
奉旨曰不敢便行今先集兵聚糧為要卿等示户兵二
部臣又諭仇鸞曰卿勿怠此戎務必如
皇祖時長驅胡虜三千里乃可鸞對言方冬虜中馬肥以
來歲三月大舉搗巢
上曰昨陳之疏具悉獨忠但挑青於密孔聖大誠鸞復對
事以密成亦以孫立乞勅下廷臣集議或姑假臣經畧
之名得便宜行事

上嘉俟詔答之仍以其言示兵部令集議方畧於是兵部
覆議請會户工二部計處兵食簡閱器械先期給鸞仍
請特差大臣一員前赴薊鎮積芻峙糧以待非常之舉
上曰虜賊侵天犯順神人共憤欺上之罪未明當征討為
上爾等既集議僉同凡當預備事宜所司亟擬行餉
大臣如議添設
○嘉靖三十年三月甲辰大學士嚴嵩言伏蒙
聖諭以兵部員外郎楊繼盛言馬市不可開臣等集廷臣
議皆言開市原暫為羈縻之術未嘗言武備業已差官
委雖中止合俟史道到彼同蘇祐等酌處待報另議
上意尤深未決久之復諭輔臣歲市二次可止只與目前

一行仍亟行史道等令示以中國上體好生爵乾之恩
特准一次自是以後十年不敢犯輸情上表方再准一
次貢謂不必許勿得示弱令賊欺負修我內治一時不
辦為當
○嘉靖三十一年二月癸丑
上以虜患為憂諭輔臣曰本兵錦曾面卿否有何運謀轄
臣以示尚書趙錦錦乃疏上大將仇鸞所領各路兵馬
之數
上曰疏中言士馬甚多大將其分布逐剿無後事機虛縻
糧餉諸將有觀望退縮者御史以名聞
○庚辰初虜以二千騎犯弘賜堡復由榆溝入掠懷仁川

坐營官王恭死之聞南震動總督蘇祐言虜騎且三萬
上心慮之命兵部遣飛騎偵虜犯何地及諸將有否能抗
禦與戰者因問曆時塘馬報事如何也俄大同巡撫何
思以虜退聞
上亟覽其疏則亦不言虜入所在且不言虜騎衆寡及出
邊駐營遠近
上益疑之趣兵部疾遣人馳視至是述報言虜騎不過貳
千因備述王恭死事之烈及遊擊呂勇劉淵參將張騰
孫麒副總兵王懷邦等諸抗禦不力及逗撓退縮狀
上乃切責兵部曰虜前後無過二千騎耳爾等乃訹于蘇
祐言謂且三萬其偵報不嚴之效明矣輕率如此豈不

有悞軍機驚疑遠邇耶已兵部分別失事諸將請治其
罪
上曰虜近猖獗甚寔由將官怯懦退縮縱之使然孫麒劉
漲其令錦衣衛遣官校械繫來京問王懷邦呂勇焦澤
各革去職級姑令冠帶戴罪自効候防秋畢日別行奏
處仍切責蘇祐令其調度諸軍血戰破虜不許仍前怠
玩
○嘉靖三十四年二月庚辰先是工部右侍郎趙文華疏
陳備倭七事崑山縣致仕侍郎朱隆禧亦奏請添設巡
視福建都御史并開互市之禁
上諭閣臣曰南北兩欺不宜忽視本兵若罔知者文華隆

禧二臣之疏似不同泛奏者當有依焉今南破北虛豈
為國之道耶
祖宗養教恩深豈以怨讟時君而忘
先聖大德卿等其集兵部科臣示朕此意令盡忠猷以告
於是兵部尚書聶豹等震慴陳狀大畧謂文華之疏已
經澤行隆禧所奏則科臣駁寢在前且事屬紛更故臣
等不敢輕議得旨南北兩欺倭賊殘毀地方尤甚昨下
諭求平剿長策欲豹等入告忠猷今此疏何有忠猷之
告其更悉心計處以聞於是豹益惶恐謝罪因上便宜
五事
上曰爾等職任本兵坐視賊欺不能設一策平剿及奉諭

問罪又泛言具對擴拾舊文塞責豹姑降二級侍郎翁
溥等各奪俸半年所司郎中張重降二級調外任餘奪
俸三月已復降勅切責張經師久罔效令其嚴督諸臣
亟為剿賊安民如再因循重坐不貸
○六月乙亥巡按直隸御史周如斗以倭患疏論失事諸
臣之罪因請更調精兵臨遴軍偏奇諸臣以討賊必效
仍錄遊擊周蕃死事之忠兵部覆如御史言
上曰近日江南調至狼土諸兵不為不多皆撫官遲疑觀
望不能進剿養寇貽患以致新賊繼至今勢愈熾又歎
增調各兵不過戲此遷延時月爲有實心平賊之忠今
姑從所擬施行若又有師久無功周珫等罪不赦巡撫

史褒善奪俸三月褫把總婁宇都指揮劉恩至職令戴
罪殺賊下同知鄒文奎洪以業于按臣問周蕃贈都督
僉事錄其子襲陞三級
○嘉靖三十七年三月乙丑暫管宣大總督事兵部右侍
郎江東以是月十五日至鎮視事奏聞
上報曰右衛久困朕閑城中將變爾急用心處置可兼都
察院左僉都御史尋諭兵部曰目今右衛困極江東勿
以推任辭務令盡心幹理逐賊入衙總督官不必推且
令楊博往侍事寧回部
○嘉靖四十年二月己酉大風揚塵晝晦
上諭閣臣曰今日之風占謂兵火似不可以常視其傳諭

諸臣內戢盜賊外嚴邊備尚書楊博等言諸邊已畧有
備請寬
聖懷數日又諭輔臣曰今日又大風止及旬日不可不為
虜作矣兵部對言各邊皆有備無足為念恐未宜自恃於
是博請再奉
明旨宣示諸臣令其加慎報聞
○八月壬申
上諭大學士嚴嵩等曰自楊博入朕每慮邊務本秋恐有
擾者其語博早定策以遏之於是博上守禦機宜六事
上悉允行
○嘉靖四十二年十月丁卯虜擁衆自牆子嶺入犯總督

侍郎楊選以聞京師戒嚴
上諭閣臣曰朕東見火光處此虜去京不遠諸將何不截
殺其令禮部疏議
郊祀等壇并示兵部傳語寰等協力逐剿明日又諭閣臣
曰通灣二地係糧貨輻輳之處其保之
陵地以劉漢復守馬芳專衛京師毋息是時總兵官胡鎮
孫臏及遊擊趙溱等已領兵赴通州迎敵有旨胡鎮在
通州河東迎賊得無乏食其遣官齎軍餉濟之有功
朕不靳賞賊總督楊選以虜退聞且自訴追殺功為將
士乞賞
上發之以聞大學士徐階曰聞賊少退恐詐者而選遂言
追殺果一行否階對賊大營尚在平谷選等果以往通
州矣然謂之追送則可謂之追殺則不可
上曰然選等正是送去敢言追殺其誰欺乎今外兵四集
內士又出只遊戲一場不過庚戌之溉又故事矣孫奇
博等會東所計有甚奇方定策付諸將行如何以伸華
威如何以報人害大剿一場且聞彼那夜戰不能或謂
何不夜攻然我軍亦不禁豈可取勝哉
皇高祖考歲一巡邊
皇兄亦聖威震彼乃令內進欺外賊侮可慨階以語博博
乃條上戰守十事詔允行
○十一月甲申詔自今各鎮入衛及應援薊鎮者不論叅

遊守備俱聽薊鎮總兵節制有急徑自調遣不必關白
軍門復諭博曰擇將練兵須集計來關三衛之夷亦須
一處邊虜狂肆皆此物也博見云何博乃集廷臣議上
十五事詔俱允行
○嘉靖四十三年正月丁丑夜大風
上諭兵部曰此風未為無謂非四時之正也
上天恩示其慎承之次日又風
上復諭曰兵理果用心否十路可關一二系否若徒往來
文書何益於事昨二次風異必非無應恩示宜小心承
之於是尚書楊博等覆請先備宣薊次之各鎮務在萬
全以紓

聖裁
上曰邊防當慎朕已屢下明旨宜令劉燾等悉心幹理京
營亦宜選練毋以文應取罪仍令内閣傳旨示尚書高
燿嚴核管粮郎中出入燿因奏郎中職司倉庫須各府
縣解納及期方責其稱職
上曰邊防事宜百司宜同心共濟況在常賦豈容少緩令
後撫按有司官若再因循有悞國計爾部中指名參奏
處以重法
○嘉靖四十四年九月己酉
上密諭大學士徐階昔我諭嵩戢一習武彼曰佳兵不祥
此何也果古北口欵犯非小竊不次報北情將何不預

防之以我意寧過勞于先庶以成功於後何如階曰誠
如
聖諭但令邊事在總督諸臣用舍由吏部銀餉由户部而
兵部僅能主張諸將諸將又無權欲其用命不亦難乎
上曰將官執權恐甚難也不辱不對公同為國足矣且令
之將無出類之才能豈能勝人
馬政
○嘉靖元年五月辛丑户部言京營官軍倒損騎操馬匹
數多請查扣草料申嚴牧養不如法之罪
上曰營操馬匹追賠買補上科草料皆出小民脂膏領馬
官軍不行愛惜牧養違法半年之間死者三千三百餘

匹玩法甚矣該管官査選問降級住俸各如擬行該部
并各營提督官令後務申嚴號令關防禁約考較懲戒
巡視科道太僕寺五城兵馬司官俱宜加意督察錦衣
衛將軍校尉及騰驤等衛勇士馬匹亦係民為買補官
為給養宜一體禁諭勿或因循怠視
○嘉靖二十五年八月癸卯順天撫臣郭宗皐以各處水
災請將居民所養馬盡數鬻賣并以給軍兵部覆請給
軍六百匹
上曰諸州縣寄養馬尚多今取六百匹給軍寮且不均無
補民困已之
擇任邊臣

○嘉靖六年六月己酉提督兩廣軍務都御史姚鏌罷以
王守仁代之
上深以廣寇為憂諭輔臣曰姚鏌朝廷特不言其罪只就
伊辭章惟之卿等之意乃為還有鄭綱與朱麒耳以他
侮三人同事何止罷鏌一箇今時雖曰鎮巡總兵同任
一方之事然致吉與凶皆在一巡撫果若事事同心相
處彼此不異事豈得不成斷朕謂之吉也如彼此相抗
事出一偏至於有失則推讓他人斯朕謂之凶也且田
州未能平息輙來奏捷邀功以致餘孽復亂豈不為生
民之害雖實未儕詐然在我處之未盡卿等又以王守
仁未知何日可到守仁見今取用若鏌既在守仁亦不

知來與不來果如斯任缺人着所在有司催促上緊赴
任勿得菑朕委託守仁自當兼程趨事可也卿等還再
計議如朕所言不可只隨卿等如何行但要地方早安
耳南京條陳多有已行了的卿等再看內有可行取一
二明令該衙門議處不必說着各該衙門推衍議擬其
中事宜亦無甚弭災之術不過浮詞因上禮部首說制
帛都察院首說君不納諫工科首譏岳懷王等墳工程
此便見人臣忠與不忠也古人能克己正君然後以正
致君亦未如此舞文欺君矣已少詹事方獻夫陳言經
略廣中事宜
上以其疏示輔臣曰方獻夫本卿等看來行又恐有致
皇明寳訓　嘉靖九卷　二十八
他處亦是至慮但朕受
天與
祖宗付託邊方軍民甚是苦楚況累歲用兵豈止擾害故
欲得人早靖地方之害此朕本意今王守仁朕亦不知
其為人何如但屢經衆薦既論相同特用提督遣務止
鎮守官未換與前日姚鏌同事其朱麒朕亦不能知亦
風聞伊老年其鄙狷亦無甚大材謀孚除麒可着兵部
會官議來潤似應取回別用又思前若已勅各處鎮巡
內外官員而兩廣首不承命先次未靖地方輒便駁提
以有彼此不和若又各處鎮守內官往往亦非其人今
後有不可任斷職的不但專着司禮監行卿等有所聞

知也要說來或用賄幹出或生事害民着廠衛并科道
劾奏治罪令各處內官亦非朕能親用皆係司禮監指
名奏請也要傳諭着從公選訪果會理此事有些學識
才可出外鎮守地方庶不負朕斯意卿等再議票今日
就封進來
○嘉靖十八年九月乙未虜再寇宣府兵部請逮治總兵
官江桓等失事罪
上曰臨敵易將兵家所忌姑令戴罪剿賊俟事寧併聞仍
諭兵部務量材授任不得偏徇以誤邊計
○嘉靖二十一年八月己卯
上諭成國公朱希忠等曰朕昨憂邊事
皇明寳訓　嘉靖九卷　二十九
天垂下鑒廟社百神威靈豈有大患但毒我邊民朕心可
寧哉今醜虜既遁百姓稍安須要撫給之仍嚴後備未
可忘戒卿等示朕意於戶兵二部嚴嵩職亦當言之兵
部因條上備虜要務謂當慎擇各邊省撫臣及舉用廢
棄將官戶部言客兵錢糧宜預處定監之法宜勅內外
臣工集議
上曰撫臣職任一方關係甚重吏部會同都察院將見任
各撫臣酌量存留更調務要各盡器能久歷職任各廢
棄將官令翟鵬調集軍門効用有功叙錄無輕取虛名
各邊軍伍令楊守禮翟鵬督同鎮巡三司官查照原額
添補各邊鎮及近日臨邊省地寄兵軍儲戶部多方處

備京營兵馬專令訓練不許借撥工役抗違者言官糾
奏處治餘議俱責實舉行仍悉奏報以憑稽考嵩亦條
上邊事言今積弊既久其先在嚴法令信賞罰而其要
惟在得人
上覽奏嘉嘆曰得人一語尤探本窮源之論廷臣其亟察
文武群僚才名素著以聞
○辛巳兵科都給事中錢亮等以虜患重大舉見任江淮
總兵湯慶等革任開原備禦韓承慶等
上曰虜患未清用人當取所長亦宜使過湯慶等逕缺推
用韓承慶等酌量奏請再示內外諸臣各遵前旨速舉
所知但不許徇私妄陳

○嘉靖二十二年三月戊辰
上諭兵部朕惟事有備而無患經有明訓聞薊遼故都督
魯經壹幹健兵善曉虜情緩急可用其令總督官悉心
訪取委任果能立功酬典有式
○嘉靖二十六年五月丙辰總督陝西三邊侍郎曾銑等
奏邊方守令所係甚重乞於進士舉人監生內選擇年
力精銳材幹強敏者銓補稱職者特加獎擢仍慎選監
司以為表率勤限到任以預秋防吏部覆如其言
上曰西北邊防多事兵備守巡有司官職任至重今後務
慎選以充其政績卓異者聽總督等官不時奏保陞擢
不才僨事者亦即劾罷兩廣四川雲貴近夷地方亦用

此例該部仍將南北邊方官選用陞遷事體另立資格
奏聞
○嘉靖三十三年四月癸巳
上諭輔臣嚴嵩等曰朕雖廢一早朝此心勝于一坐間常
念邊方之事用人為重聞山西宣大總督蘇祐年向衰
矣卿等盍擇所以代之嵩等傳示兵部遂罷祐回籍而
以兵部侍郎賈應春代之

恤將士

○嘉靖七年十月戊子
上諭輔臣曰朕思內官監屢討團營官軍做工非是
祖宗朝所行况今營中禁約私獘也須除之方可免軍士

多楚前日張永奏云內官監討軍做工不曾開是某營
摘撥未敢與奏知撥去朕答諭團營官軍不可輕撥着
該監再具本來奏處治方待本來與卿等計處而次日
司禮監官卻不奏聞徑自批出今日朕問本來不曾方
行了今與卿等議可傳旨與李承勛等今後但討團營
官軍着他每執奏另一旨傳諭提督官着不許撥與假
如工程十分重大三大營量撥用工完即回此或免軍
士分外之苦養息銳氣以待不虞方可卿等從長計議
來行
○閏十月甲午
上諭閣臣茲今凜冽甚寒朕思皇后陵域做工匠作軍士

甚苦中心覺甚不堪焉夫婦人倫之至也主民皆
天之民也縱是所當爲而朕心實弗安也恨前日自用己
意未從該部請奏事宜欲待春和奈已告聞于
祖考矣可作何以處之或人給與量賞以爲置禦寒之具
未知可否或朕躬以此事復告于
祖考待來春興造中其濟罰謹當俟罪特與卿計可卽謀
聞於是閣臣楊一清等對言因寒輟工本仰体
祖宗好生之心不妨再告從之
○十一月癸卯諭尚書李承勛曰朕聞皇后梓宮行駁處
守護官軍至今人馬未給糧草且前日大風猛烈山間
寒氣尤甚號哭稱苦有所不免朕聞之若裂已厝夫百

姓皆是天民當此嚴寒卽動履亦難乃朝夕身接草露
雖梓宮爲重而人命尤重也卿其會同內外提督官議
令更班輪役少甦勞苦合用糧草戶部便處置給發不
許視常延調朕又念貧軍無衣無褐何以支持工部仍
將在庫胖襖褲鞋人給一副以爲緊急禦寒之用各將
行過緣由具聞務稱朕存恤之意
○丙午
上諭戶部近因大同巡撫官奏稱糧草缺乏已命發銀二
十萬給之朕因思遼東宣府偏頭關陝西延綏寧夏甘
肅俱係邊方虜情叵測若糧草不足人馬疲敝緩急何
所恃凡此邊民皆我

祖宗赤子豈可不加憫恤耶戶部行各巡撫查倉場實在
之數具聞有告匱者卽爲議補軍士月糧尤爲給之若
視常延調以致人心嗟怨邊備廢弛責有所歸
馭夷
○嘉靖六年十二月癸亥土魯番欵關求貢
上下廷臣議未決尚書桂萼疏請乘其來而急撫之因責
以獻還哈密城池時不可失
上然之諭大學士楊一清曰萼所奏哈密事情甚悉得是
待虜來如果可卽奏行若彼有不順之詞我則選將出
師伐其罪狀復其忠順之辭爲邊之患方得寧息朕意
以此未知何如預與卿計一清奏請及其求和之時遣

使宣諭許之自新而中國因以其閒修守戰之備庶恩
威兩得後患可弭
上報曰卿所具議回奏甚詳但欲夷情伏順必先將我處
失事人員悉以問罪方可服夷酋也而土魯番上逆
天道背負
祖宗厚恩輕我中國害我邊民其罪甚大當要遣將征勦
方示中國之威但恐濫及無罪爲今之計以朕意尚則
選將練兵一面委官前去整理糧草就番暗登兵備一
面將求和夷使留住邊方一面將先今失誤國事勾懸
邊患的通行拿問治以重罪一面選委有膽力通夷情
練達通事一人賫持撫諭詔書親諭速壇滿速兒如果

忠遣詔令悔罪來降方宥罪如故如稍有輕慢之意則
嚴整大兵直擣其穴然後可除遠方之患其禍之來實
始於彭澤陳九疇而因蔽死寫亦虎僊寃族侵欺財產
所以彼酋至今恨之及前年出師委是虛奏成功其實
並長回酋之慢視也今亦要追究滿速兒在否其陳九
疇內待楊廷和之勢尤為罪首次則楊廷和若有言者
以九疇死罪方稱回酋之恨此則未可夫以一巡撫大
臣對一回酋之命可也則孰為輕重焉今之計要在朕
與卿等行耳不當苟且回護朕意如此特再與卿議輔
導重臣朕胕重託可用心議來待朕親作撫諭詔文仍
與卿等四臣計行又卿前疏皆令姪代書昨聞口授家

人書當要慎之者二滿對整理糧草當令戶部委官一
員多賚鹽銀召商收買其失事各官罪已前決似不必
追治
上曰卿昨奏謂甘肅夷情事皆合事宜其中二事似未當
者若着郎中帶銀去買集糧草恐不濟事可推一人或
兼僉都御史去開鹽引若干招商上納方可不誤又止
將三年員功人員治罪前置之不問朕恐未服夷情了
不成事夫甘肅之變雖不止今次然今二次皆是彭澤
陳九疇始成之既先以差定罪發落彼何復三年又行
作亂戕我
祖宗之民可回護此罪人坐聽夷患不知救也如要彼服

先將此數人先後致患者重刑治之乃可服彼且將夷
情不論只如此言之今之巡撫等官不惧朝廷敢與和
字或多殘殺或將財產盡侵入己或以見在夷酋欺詐
冒功均為重罪乃不能法治之耶要服不知人倫不識
文字犬羊之徒未有之理今早票朕未即改正欲與卿
知此意方便傳行朕所倚託輔導元臣當要視國如家
盡心處置一以公道決要如朕所意乃可了這夷情大
事卿可加思之即具回疏來明日就將票改錄封上勿
得回護者
○嘉靖十六年四月庚申廷臣會議請大征安南
上曰安南久不來庭法當問罪今本國奏稱逆臣莫登庸

篡亂阻絕貢道又僭稱名號偽置官屬罪惡顯著可即
命將出師征討總督等官各推選素有才望者用之調
度兵糧事宜戶兵二部議處以聞已復諭兵部曰今日
有事安南是為彼國除亂與
太宗時事體不同用兵事宜另具擬來
○嘉靖十七年四月戊午命咸寧侯仇鸞尚書毛伯溫充
總督參贊官大舉征安南會提督侍郎蔡經并欽州知
州林希元奏至各持論不一兵部復請會官廷議
上不悅曰安南事必識體達道者乃見得分曉朕聞卿士
大夫私相論議謂不必征討爾等職司邦計全不主持
一一委之會議既不協心國事罷鸞伯溫着在京別用

○嘉靖十八年閏七月甲辰日本國王源義晴遣使來貢
上曰夷性多譎不可輕信所在巡按御史督同三司官嚴
加譯審果係效順如例起送仍嚴禁所在居民無私與
交通以滋禍亂
○嘉靖十九年六月仇鸞毛伯溫會議征討安南事宜以上
上悉從之諭兵部曰安南事朕已付之二臣莫方瀛父子
神明共殛卽生亦死但為避方生靈父被荼毒天討未
加耳卿等卽傳示二臣令其悉心經畫務圖全功用安
夏諸所奏留及調用官員并動支解京錢糧等事俱依
議行今後安南軍情奏至各該衙門奏覆不得過三日
○嘉靖二十年四月庚申安南莫登庸父子乞降詔下廷

臣雜議僉謂遠夷畏威恭命宜卽受而撫之因條上設
官職循正朔定貢儀給印信復四峒處受降賜勅諭待
夷使勘黎寧擊兵馬諸事宜
上曰安南自昔屬中國至宋受王封始淪于夷若陳氏俾
世久遠又知慕義納欵為我
太祖嘉獎著訓後人無伐其國帝王無外之仁何其厚也
止因賊臣黎季犛弑主日焜又絞其孫添平大逆不道
上干我
文祖震怒始命將討平郡縣其地是出交人于水火已不
謂黎利復肆奸欺鼓衆作叛又詭詞請封我
宣宗皇帝念息兵未久推

祖宗為陳氏意以恤交人姑置不問
累朝因之朕卽位以來黎民久不來庭將奉辭伐罪節據
勘奏乃知有莫登庸父子竊據因其罪狀未明恐戮及
無辜暫遣文武大臣從宜撫勦今登庸既面縛軍門納
土請罪是與二黎悖有間察其降表與國人代陳情
有可原姑宥之茲為交人求國革去王號毋許稱國庶
免亂賊接迹相叛既云黎氏無人登庸久為交人附屬
准受職賜印使奉正朔朝貢仍計其地方為置官屬以
便統轄其人民土地朝廷無所利之一應事宜戶兵禮
三部再集廷臣詳議來聞比廷議復上
上命降安南國為安南都統使司以莫登庸為安南都統

使官從二品子孫世襲別給銀印舊所僭擬制度刪去
改正海陽山南等十三路各置宣撫司設宣撫同知副
使僉事各一員更襲黜陟俱以付登庸廣西藩司每歲
給與大統曆以奉正朔仍令三歲一貢四峒侵地還屬
欽州令廣西撫臣優恤之國中錢穀兵甲之數不必奏
報黎寧乃令守臣勘訪果係黎氏之後棲與所據四府
塊土以承宗祀否則已之莫文明諸夷使及所遣伴送
之人各加賞賚已而兵部請擇日率群臣表賀并諭內
外諸臣功
上曰四夷不庭義當討罪自古帝王未嘗不用此道昨討
安南斷自朕志猶有畏縮譏議阻撓國是若比令官勘

勦平定今黎氏既已覆滅莫酋繫頸來降朕已處分何
表賀之有内外大小諸臣宣勞宜錄乃陞賞伯溫等及
大學士夏言等有差
○嘉靖二十一年十一月丙辰安南夷目莫福海述其故
祖登庸遺命願始終恭順天朝乞准襲職巡撫蔡經以
聞
上曰莫登庸未授職而死覩其屬纊之言猶切恭順亦可
矜憫着蔡經會同總督等官查勘死無故及莫福海是
否係伊真正嫡孫務得的實方將降去勅印許令赴闕
覲領回司襲職事就着保勘明白別具奏來已而經等
勘實

上命福海襲安南都統使賜之勅曰朕惟帝王以天下爲
家欲使萬物各得其所無間遐邇爾安南遠處南陬世
修職貢近年朝貢不致實惟爾祖登庸之罪已命官往
勦征討爾乃能悔罪改過恭上降表備陳私相授受之
非願獻土地人民聽朝廷處分尚書毛伯溫等奏報兵
部集議題請謂爾祖登庸畏威感德輸情待罪朕仰体
上帝好生之德俯順下民欲逸之情一切赦之革去國號
王封授以都統使之職賜從二品銀印俾奉正朔朝貢
許其子孫承襲世守地方實爲爾願永利也茲該鎮巡
官奏稱爾祖登庸病故爾係嫡孫且能備陳爾祖納款
之誠屬纊之言亦可謂善承祖志者矣特命襲爾祖都
統使之職仍降勅諭爾其益竭忠誠恪修職貢撫理夷
衆安靜地方以稱朝廷懷柔至意用副爾祖恭順之誠
永爲多福顧不美歟
○嘉靖二十五年正月丙戌兵部議覆陝西總督張珩所
奏土魯番稱貢事宜
上曰甘肅自經土魯番殘害哈密以來番虜侵寇邊臣歷
年經畧西事迄無成功赤斤等地方日益削弱回夷占
住甘肅生息日蕃貽患甚深馬黑麻速壇嗣襲父兄舊
惡包藏禍心今又結昏瓦剌陰據哈密占種沙州土田
意在内侵止因謀洩遂爾投降原非本意姑且俯順其
情照舊規容其入貢其求討地方住坐欲照牙木蘭事

例安插俱不准行
○九月戊寅雲貴兩廣四川等處土官有十餘年不得襲
者皆相率赴京奏乞章疏紛委吏部奏言此皆撫按官
避嫌遠怨不與結勘所致耳請立嚴限促之
上曰然土官襲替事關地方夷情所司視爲泛常漫不加
意姑貰其罪令速勘以聞今後有延緩不報者經該各
官及撫按官該部指名參治
○嘉靖二十六年三月乙卯西海虜酋大同令其部落棹
卜等二八欵塞求市總督侍郎曾銑以聞
上曰茲夷投降納款原非真誠効順邊臣毋輕信要切自
貽後患

○十一月丁酉日本國王源義晴遣使周良等求貢故事
倭夷十年一貢船不過三人不過百良等以四船六百
人先期而至
上曰倭夷不守貢朝又挾帶人船越數三司巡海等官不
遵例阻回乃容潛住港外引起事端且往年宗設之叛
尚未正法其令新巡撫官亟為處分及宋素卿曾共否
一併查奏
弭盜
○嘉靖元年十二月丁丑
上諭兵部曰各處盜賊多因饑寒切身失計自墮不能復
出情亦可矜其令各撫按官大開首免之路除首惡不
皇明寶訓 嘉靖九卷 四十
赦外餘黨聽其自歸復為良民有司仍以歲時安集不
得復問有能自相捕斬報官者以常人擒賊之賞賞之
鎮守撫巡官嚴督所屬務求安民弭盜至計如有仍前
因循推調重貽民害者所司核實具奏處之重法
○嘉靖七年九月丙戌山西守臣疏報青羊山賊情時廷
臣持議不一桂萼主撫張璁主勦大學士楊一清是璁
言疏請
上親決
上報曰卿歷指山西賊情來說以璁主勦議為當夫民乃
天民主君以主之正使其教善伐惡豈可坐視以恣其兇
頑今彼之衆人皆知有不可赦之理非朕偏用桂萼之
言自取姑息之譏遺後患也但陳卿父子結為賊之時
本因有司以彼強富之徒不供差役以跟尋過犯追逼
而成當時緩緩治之豈能若是賊之罪在必可殺而此
等官員與賊無異就如楊良臣之輩今賊深居山險故
恃此縱恣若如進勦只是添害地方與提督官之添設
俱為無益只將常道并該州官吏換令其調用本處鄉
兵把截要路用之旬餘設法進捕殺而不宥如此可也
若專勦則功無可成之日專撫則失其威而今還以撫
勦為言者亦自使任事者從便成功耳卿可將此諭同
二臣熟思之已一清等合疏言前議主勦之說為長
上又報曰卿等連日奏陳山西賊情事覇只可勦不可撫
皇明寶訓 嘉靖九卷 四十一
朕奉
天命為民之長豈可縱害而不知除也如卿等擬行了但
恐兵難進耳
○閏十月壬申
上諭輔臣曰卿等票來兵部覆青羊山賊平本及揭帖所
開朕方命言官去勘卻卽為處分恰似朕無聽言之實
此賊之所以為逆者本常道致之又專主殺戮決難輕
宥若早從稍相之言豈延至今日况卿等堅信道言故
終欲回護必待夏言勘回之日區處又說夏言續奏一
節卿等既有見便當說朕擬從其言何只說言不當如
此奏夫功罪須要明白似不可悞其小勞必待明白而

後人方服信卿等恐夏言開有未真悍於自改或有未
合嫌於自欺彼既奏上便當一以其公果有如是則罪
當在於言也又朕前日就用言者正恐別委他人或有
顧忌耳既納彼之言須就令彼去卿等將勅稿并本便
擬來看又羅欽忠已有旨着不許推延乃敢詐病來奏
不准着便來供職
○嘉靖三十九年三月壬辰
上諭兵部朕聞各路盜賊蜂起有司欺心坐視不為經理
民甚苦之今亟示各撫臣嚴督所司悉心撫剿務俾靖
除有仍前息玩者以名聞於是尚書楊博條上緝盜六
事俱允行

○嘉靖四十年十二月丁丑
上諭兵部尚書楊博曰朕聞四方多盜有司坐視全不經
理其亟檄各巡撫官嚴督有司安輯追捕怠視者必以
法治之博奏近者山東及近京順義等處羣賊盤聚寇
掠而有司不以上聞宜嚴限追捕并數有司欺蔽者
上曰山東及近京盜賊肆行巡撫官不行奏報顯是隱匿
其令各御史以實聞仍亟行勦捕不許怠玩
懷遠人
○嘉靖元年二月乙巳工部以急缺賞賜夷人衣服段疋
請行各撫按嚴督所屬查解
上曰賞賜夷人段疋輕重尺度俱有定式邇來有司縱令
侵尅以致濫惡不堪殊失朝廷懷柔至意該部備查先
年罰俸降調事例通行各撫按官申明禁約有侵欺遲
悞者如例罪之
○嘉靖三年二月庚子
上諭禮兵工三部通來女直并朶顏等衛進貢夷人經過
地方府縣衛所驛遞等衙門多有不行照例應付管待
及至到京賞賜段疋等物又多稀鬆短少不稱朝廷撫
待遠人之意你各衙門便查照舊規議處來說已三部
臣各議上
上諭禮部曰今後各處夷使朝京着光祿寺用心照例管
待應得賞賜你部裏隨即關領給與上緊發回免致遲

留在館諭兵部曰各處朝貢夷人經過去處各該巡撫
都御史依擬出榜曉諭各屬查照舊例應付管待以稱
朝廷懷柔遠人至意有違悞侵尅者提問發遣俱依擬
行諭工部曰今後解到段疋如有紕鬆短少不堪賞用
及式快限期者務要查照先年罰俸提問降革事例嚴
加懲治不許徇情輕縱
○嘉靖十年二月壬申改東北夷正旦朝賀于冬至諭禮
部曰洪惟我
聖祖高皇帝混一區宇奄有萬方華夷蠻貊罔不在籍今
朕遵
聖祖之制於每歲冬至祀行

天祀之禮乙成慶賀此時與爾朝鮮國及太寧等衛使臣在故今歲未得與宴爾禮部便行文與朝鮮國等處如彼克遵故典可每歲元旦之賀移於冬至之前入賀庶不有負我
聖祖柔遠待夷之意

大明世宗肅皇帝寶訓卷之九終

大明穆宗莊皇帝寶訓序

朕以沖昧未燭於理踐祚之初即日考古帝王遺文故事講而行之庶幾高山在前仰止不遠頃以旁搜于異代不若家庭授受之爲真而實錄所紀多附以臣下之奏牘又不若遹求
聖謨明徵定保之爲要此我
皇考穆宗莊皇帝寶訓所爲輯也欽惟
皇考躬神聖之資撫熙洽之運雖
在御甫及六年而
親郊耕耤幸學講武古帝王經世大法畧已施行至于百姓雖已安業而蠲貸之詔屢下四夷雖已讋服而戒備之令尤嚴海內臣民固莫不忻戴而咏歌之矣惟是垂衣端拱雅尚恭默故精神性術之蘊不可悉得而窺然其言依古訓動合圖籤聰明涵于內照條理辨于物宜則如日月行天望而見者盖可因用而識體焉朕嘗視膳宮中觀大官所奏御日無加籩四方災變來聞輒旰食靡寧戚容正于厥家法紀行乎至近左右稟稟謹守宮禁無敢違越尺寸此其崇復國脉培養元氣之道尤爲切至外廷所不聞宜其發之訓辭播爲聲教彰明較著如斯也夫唐虞道在於典謨文武功存於雅頌彼其繼世皆神明齊聖之主猶恐惟德之不類繹思裒序奉爲蓍龜矧予小子其敢師心自用以忝

先烈爰命儒臣檃括實錄所載關切理道之要者得若干條釐為八卷藏之金匱使與典謨雅頌並傳而因敘其景行之意云

萬曆二年七月十三日

大明穆宗莊皇帝寶訓目錄

大明穆宗莊皇帝寶訓卷之一
光祿大夫柱國少傅兼太子太傅禮部尚書武英殿大學士臣呂本謹校
南京禮部祠祭清吏司郎中臣陳治本
南京兵部職方清吏司主事臣朱錦謹閱
南京工部虞衡清吏司郎中臣呂鳴昌
聖孝
○隆慶元年正月戊午
上勅諭禮部曰朕惟自古明君誼主莫不稱述其親之功
德薦之美謚垂諸無窮蓋所以廣仁而崇孝也我
皇考大行皇帝英姿天挺
聖學日新臨御四十五年裁決庶政威權無一日不在於

朝廷子惠羣生意念無一時不存於海宇恩流如雨露
令行如雷霆外清夷虜之氛內奠邦家之祚斯則成功
巍然不可尚矣至於肇明典禮植萬古之綱常屢布訓
詞闡千聖之秘賾制作大備聲教四敷其文章煥然又
莫或並焉朕方與天下臣民均切怙戴
昊天不吊
龍御上賓朕惟眇沖嗣奉丕緒既仰承於佑啓敢或後於
顯揚謹按彝規升薦
鴻號爰稽頌德之公論用昭傳美之至情爾禮部其集文
武羣臣定擬
尊謚擇日恭上冊寶欽哉

○己未勅諭禮部曰朕仰荷
皇天眷命遵奉
皇考遺詔嗣守丕基君臨萬國溯惟慶源所自我
生母榮淑康妃恩實大焉朕曩居外邸奉養之禮既莫殫
於生前光揚之典又未崇於身後追思罔極痛切於衷
夫孝在篤於所生愛必由於親始今朕方以孝治天下而
母恩未報大禮未舉其何以表因心之誼立成教之本哉
昔我
皇伯祖考孝宗皇帝上
生母淑妃尊謚曰
孝穆慈慧恭恪莊僖崇天承聖皇后祔葬

茂陵建
奉慈殿于大內歲時祀享萬世稱孝焉茲當如故事仰稽
懿德恭薦
鴻稱舉遷祔之上儀營祀享之專宇爾禮部其會官詳議
來聞
○己卯
萬壽聖節
上以
大行皇帝梓宮在殯哀痛倍切諭免百官朝賀
○壬午勅諭禮部曰
皇妣孝潔皇后

皇妣孝烈皇后昔
皇考雖已定有謚號而
尊稱尚未備茲將届祔葬祔享之期爾禮部會官議擬并
具合行禮儀來聞
○五月庚辰勅諭太師兼太子太師成國公朱希忠等曰
茲者恭修
皇考世宗肅皇帝實錄已勅禮部采取事蹟命爾希忠為
監修官大學士階春芳朴以勤居正為總裁官禮部尚
書兼翰林院學士高儀等為副總裁官左春坊左諭德
兼翰林院侍讀姜金和等為纂修官於隆慶元年六月
初一日開館朕惟我

皇考臨御天下四十有五年功德巍巍如天之大固未易
以名言然其政令賞罰之施制作文章之盛宜為典謨
動成軌範其事布之天下其文具在有司可得而稱述
也茲命爾等稽古義例纂輯成編以啟後人貽法萬世
其一時吏職之稱否臣下之淑慝亦得附見以垂鑒戒
爾等宜悉心綜理夙夜勤事毋忽以致遺毋誇以失實
毋偏以廢公毋怠以玩歲殫乃心力用亟成一代之令
典以覲揚我
皇考之耿光稱朕意焉欽哉
○隆慶四年九月辛卯掌吏部事大學士高拱等言近者
審錄重囚閱方士王金陶世恩陶放中世文劉文彬高
守中等獄詞不覺隱慟流涕曰
先帝受誣一何至此哉古之人君有殞於非命不得正而
終者其名至為不美蓋實有其事而不容掩故有以流
傳而取譏於後也以我
先帝是果不得正終實有其事否乎
先帝聰明睿智事無大小悉洞燭其微至於保愛
聖體尤極詳慎即用太醫院官一劑亦必有御札與輔臣
商確安肯不問可否輕服方士之藥又安有既服受傷
不以為言又復服之之理此自
陛下所明知也
先帝臨御四十五年享年六十壽考令終蓋自古所罕有

者末年抱病經歲從容
上賓曾無暴遽此亦天下所共知也今乃曰金等妄進藥
物遂損
聖體比金等子殺父律謂
先帝是金等所害
皇天后土在上然耶否耶議事者乃敢
先帝為詞誣以不得正終其將謂
先帝為何如且
陛下以父子之間而明於
陛下前誣
先帝以不得正終其將謂

陛下為何如今罪招中明開
先帝為人所害是何事體每歲審録大廷之上明說
先帝為人所害是何語言凡在臣民皆不忍聞久懷痛憤
九重高遠此等情状何由得知臣如不言其誰為
陛下言者若不極明其事恐天下後世信以為真卒使
先帝抱不白之冤於天上留不美之名於人間則天地古
今之變無有大於此者而
陛下亦何以為情也伏望勑下法司會同多官從公再訊
務見的確然後渙發綸音明其事於天下宣付史館明
其事於後世使皆知
先帝以正而終更無他説則不惟可以仰慰

先帝在天之靈而
陛下為
親昭雪亦可以明父子之恩臣等為
君昭雪亦可以盡君臣之義萬代瞻仰在此舉也至於全
等悪孽滔天自有當誅之罪只宜以本等罪名誅之萬
死何足惜哉
上曰這事情重大法司其會同多官訊實以聞於是刑部
會府部大臣及錦衣衛科道官於承天門外鞫之盡反
全等獄詞言全等進藥無事寔前所坐悉妄第他罪悪
尚多不當輕縦請更下法司改傳正律
上曰我
皇考神聖睿智荷
天篤祐壽考正終享國享年乃自古帝王所罕及若何當
輕用方藥卻乃委罪於人茲事既會鞫明白其宜付史
館紀録垂示萬世全等既有別罪依擬更論具奏

聖學

○隆慶元年三月乙酉勑諭禮部曰朕惟講學乃帝王進
德圖治之首務茲
山陵事畢經筵日講宜即舉行爾禮部擇日具儀并合行
事宜來聞
○四月癸巳命太師兼太子太師成國公朱希忠少師兼
太子太師吏部尚書建極殿大學士徐階知經筵事少

保兼太子太保吏部尚書武英殿大學士李春芳郭朴
少保兼太子太保禮部尚書武英殿大學士高拱禮部
尚書兼文淵閣大學士陳以勤吏部左侍郎兼東閣大
學士張居正同知經筵事賜之勑曰朕惟帝王修齊治
平之道具在經史然必講明之無疑庶幾推行之有效
肆我
祖宗
列聖法古帝王講明正學經筵盛典世世舉行朕以眇躬
君臨萬國仰承丕緒恒思克荷之艱祗率舊章冀獲多
聞之益今將以四月二十二日御經筵命爾希忠爾階
知經筵事爾春芳爾朴爾拱爾以勤爾居正同知經筵

事詹事府掌府事吏部左侍郎兼翰林院學士趙貞吉
吏部右侍郎兼翰林院學士林樹聲禮部左侍郎兼翰
林院學士掌院事潘晟禮部右侍郎兼翰林院學士殷
士儋國子監祭酒林燫右春坊右諭德兼翰林院侍讀
呂調陽翰林院侍讀呂旻王希烈脩撰諸大綬丁士美
編脩孫鋌張四維林士章陳棟充經筵官階春芳朴拱
以勤居正并晟士儋大綬四維日侍講讀夫君以脩德
為要宜勤講學明理之功臣以輔德為忠務盡責難陳
善之實卿等其尚端志竭誠稽於古訓啓沃朕心凡經
史所載理欲消長之端政治得失之故人才忠邪之辨
統業興替之由明白開陳毋有所隱務俾學緝熙于光
明治光躋于隆盛上以副

皇天
祖宗眷託之重下以敷海宇黎庶熙皞之休而卿等引君
當道輔成上德人臣之職斯無忝矣欽哉
謹天戒
○隆慶元年六月丙申
上諭輔臣曰連日霖雨不止有傷民間禾稼朕甚憂之其
令戶部查覆被災地方以聞內外仍痛加脩省是日禮
部議上脩省祈禱及停刑禁屠事宜
上曰內外百司其各務省愆脩職以副朕畏
天恤民至意祈禱自明日始各衙門官青衣角帶及停刑
禁屠俱五日諸司奉行不以實者該科劾奏
○丙午御史劉翾言北直隸武清縣等處山東汶上縣等
處水災異常漕河堤岸橋閘與民間廬舍田禾沒者過
半請下撫按臣查勘蠲賑脩理事宜即條上之以俟裁處
上曰暑雨為災內外官其勉脩實政共圖消弭因下其章
於戶工二部
○七月丁卯
上諭禮部曰秋霖不止重為民災朕祗畏
天戒軫念時艱深用憂惕內外各官着各痛加脩省自十
五日始青衣角帶辦事仍禁屠五日順天府祈禱晴日止
○十二月丙申禮部言今歲四方奏報災異特多請

上敬
天法祖勤學親賢深以佚欲為戒
上曰
上天示異理宜脩省事關朕躬者自當加慎爾大小臣工
其各秉忠君體國之心脩舉職業消弭以盡交脩之義
○隆慶二年三月戊寅京師地震禮部尚書高儀等請令
百官脩省青衣角帶辦事三日仍頒
上親賢遠佞勤政講學以佚欲為深戒以励精為遠圖絀
粉飾之彌文崇交脩之實政
上曰災變非常委宜知儆事關朕躬者當自加慎爾等百
司其痛加省勉盡職業毋事虛文

○十二月庚子禮部類奏是歲四方災異比往年特多而山西天鳴地震男子化女及浙江水旱尤為異常宜痛加脩省

上曰

上天示警朕夙夜兢惕不敢怠荒爾内外臣工共務實心體國脩舉職業共圖消弭以仰承仁愛之意

○隆慶三年八月辛亥以是歲災異頻仍詔天下暫免刑

○十一月癸巳吏科給事中戴鳳翔以京師雨水冰凍頻盜安民六事章下禮部因類奏災異并覆鳳翔疏請行内外諸臣痛加警省仍勸

上勤政事虛聽納以仰答

天戒

上曰然今歲災變異常

上天示警朕心深切兢惕爾内外臣工務痛加儆省脩舉實政共承

天意

端儲教

○隆慶元年正月戊辰禮部請冊立　東宮

上諭曰皇子年尚幼且先賜名徐議冊立

○甲戌賜　皇子名

上親告

奉先殿

大行皇帝几筵而命皇子以辭曰朕茲恭請命于

祖考賜爾名曰　夫鈞者言聖王制馭天下猶制器者之轉鈞也其為義大矣爾其念之哉

○隆慶二年正月癸亥禮部尚書高儀等復上疏請立

東宮其畧言自古明王圖治忠臣謀國莫不以建儲為重所以定國本安人心也恭惟

皇上篤生元嗣已踰六齡主器得人臣民歡戴早建預養宜在此時臣伏睹宣德弘治中

皇子皆二齡而冊立成化中

皇子六齡而冊立具在國史今

皇子雖在沖年而舊典可據且奇表秀發睿質異常必冊立之儀既行則教養之道可舉惟

皇上早從衆心擇日冊立實

宗社萬年無疆之休疏入

上乃許之曰卿等請建皇儲至於再三瀝誠彌切陳義甚正特允所請其擇日具儀以聞

○三月辛酉

上御皇極殿傳制冊立皇子　為皇太子命成國公朱希忠為正使持節太學士徐階為副使捧冊寶詣文華殿行禮冊文曰蓋聞萬國之本屬在元良主器之重歸於長子朕恭膺

景命嗣撫丕圖遠稽古昔早建之文近考

祖宗相承之典爰遵
天序式正儲闈咨爾元子　日表粹和天姿穎異誕祥
虹渚夙彰出震之符毓德龍樓允協繼離之望是用授
爾寶冊立為皇太子正位東宮於戲啓克敬承是以識
奴傳之衍誦能基命是以卜姬祚之長爾尚式彼徽猷
定乃幼志勤春夏秋冬之學用廣聰明親左右前後之
賢豫端蒙養俾三善悉備百度惟貞益綿
宗社之洪休普慰華夷之仰戴斯于一人永有慶焉欽哉
○隆慶五年正月庚寅大學士李春芳等言
先朝故事
東宮未出閣時閣臣以朔望次日行謁見禮即今春和
宜命臣等舉行如例不惟臣等獲遂仰瞻之私而
東宮殿下亦可閑習禮儀養成儲德且今歲來朝官員
咸願一睹
睿容請于二月上旬之吉許臣等率諸臣于文華殿門
朝見以慰天下臣民之心
上許之令以二月二日謁見
○隆慶六年二月庚戌以
東宮出閣講學命太子少保禮部尚書兼翰林院學士
高儀吏部左侍郎兼翰林院學士張四維司經局洗馬
兼翰林院脩撰余有丁右春坊右贊善兼翰林院編脩
陳棟充侍班官詹事府少詹事兼翰林院侍讀學士馬

自強陶大臨翰林院編脩陳經邦何洛文檢討沈鯉張
秩充講讀官檢討沈淵許國充校書官制勅房辦事大
理寺左寺正馬繼文徐繼申充侍書官先是大學士高
拱等請選
東宮輔導官僚會同吏部推舉
上曰東宮官宜加慎選不必備員于是拱等疏名以聞
上從之仍諭拱居正提調各官講讀
遵成憲
○隆慶元年六月丙申先是御史張檟言皇極等殿門宜
悉從
聖祖舊額太監李芳言南北二郊當合祀
上俱下禮部會官詳議至是上議曰
天子正朝之殿所以臨御萬邦其名義實至重我
皇祖締造之初名以奉天蓋用明王奉若天道之意
先帝因
天心示變革故鼎新之餘更曰皇極蓋取洪範皇建其有
極之意為義並精所包皆廣至於他殿閣名額先後雖
殊意各有當夫
皇祖為創業垂統之聖君
先帝實中興禮樂之英主凡有制作莫不仰順
天心遠稽古訓皆非臣下所敢輕議但竊見我
皇上御極以來善繼善述因革得宜凡事關典禮綱常安

危治亂遺詔所載者俱次第釐正其遺詔所未及無俟
更張者則率循成憲不愆不忘蓋釐正者所以新一時
更化之宜而率循者所以存三年無改之義
聖明舉措高出千古若殿門等預遺詔未載關係頗緩今
使於
先帝山陵甫畢之後一旦舉而盡更之竊恐
皇上紹孝之心有所未忍臣等以為宜遵舊名為當又言
臣等謹按周禮言圜丘方丘之制甚詳列栽燎壇瘞坎
禮樂象舞之數亦各有别則知天地分祭之説在成周
已然矣秦漢之初去古未遠皆主分祭自是而後則分
合靡常而議論不一然大抵主分祀者十之六七主合

祀者十之二三程頤朱熹號稱大儒一則曰冬至祭天
夏至祭地此何待卜一則曰天下有二大事一是天地
不當合祭則分合之當否槩可見矣我
太祖高皇帝定鼎之初一時廷臣斟酌考訂建
圜丘于鍾山之陽以冬至祀 天建
方丘于鍾山之陰以夏至祀 地蓋亦倣周禮而為之至
洪武十年偶感陰雨始改合祀我
世祖皇帝應運中興乃集廷議更定四郊如洪武初年之
制當時諸臣亦多辯論
先帝折衷斷自
聖心銳然舉行然非

先帝作而為之寶遵
聖祖初制也恭遇
皇上嗣登大寶遵奉遺詔凡一應郊社等禮下之廷議令
參稽舊典斟酌改正中間如大享之禮祈穀之祭與天
帝社稷之祭原不係
祖宗舊典及與古禮不協者俱已釐正惟此四郊二祀原為
聖祖成制臣等如舊請行荷
聖明允俞北郊之禮又以備舉若復輕議更改臣等未見
其可竊以為當如初議
上曰殿門等名出自
皇考欽定

郊壇分祀亦
皇考復議
皇祖初制俱如舊遵行不必更改
○隆慶四年九月甲午詔復京營舊制自京營改六提督
法令不一人人持意見擇便利旬月不決兵科都給事
中溫純言京營之弊其失在不擇將而添將不增軍而
增官不講訓練而講營制
陛下柰何以一輔臣故而用三大將以一勳臣故而用三
侯伯又以三侯伯故而用三文臣假令此六人盡才且
賢惟一心猶惧有十羊九牧之患況一分兵馬輒起異
同不惟文武不相能即文臣中亦自相矛盾矣千把總

參遊令候馬而副將之令至又候馬而文提督之令
至又候馬而武提督之令至多指亂視多言亂聽居常
猶忌之以之臨敵蔑不敗矣各衛所官軍雜置三營中
即有公移則以一官往來六提督之門其費可知也且
三營各二副將將各領兵五枝不可謂分乎分矣得其
人則合之為三大營分之為六副將又分之為一總督
一協理盡俱用
先帝之制而諸副將之分屬統領者又適當簡臣分制之
議夫誰曰不可故臣等以為文武大統帥則莫如復
先帝制便其諸副將參遊等官仍從近議分統
上是之乃罷六提督更推總督協理大臣如故

○十二月壬寅禮科右給事中戢汝止言宗室之請名封
選婚宜改屬巡按御史代為具奏則可免王府需索之
弊而婚禮不至愆期
上謂
祖制不可更報罷
聽納
○隆慶元年四月庚寅命建翔鳳樓于宫中都給事中馮
成能等言
皇上初御宇內
山陵甫畢正宜脩舉政事以新天下之觀瞻今他務未遑
而亟于翔鳳之作流聞四方以為工作復起詔令之不

信舉動之不當從此始矣今四方多虞公私耗竭一毀
一建工費不貲昔文帝作露臺惜百金之費而止翔鳳
之費不止百金而
陛下之仁優于文帝臣竊謂
聖心必有不安于是舉者惟
陛下重明詔恤民窮亟賜停止
上嘉納其言遂罷之命以紫極殿等材收貯別用
○七月丙辰
上諭內閣曰朕即位以來賴卿等輔弼乃科道官不諳事
體屢肆欺言卿等宜有以處之於是工科都給事中馮
成能上疏極言

聖明之世不當以言為諱宜發德音明示天下使曉然知
前日之諭乃一時有為之言而非
皇上本意庶忠言日聞無壅蔽之患
上報曰聽諫朕之素心若所言當理無不嘉納昨諭乃謂
妄言失實者耳後爾等進言各宜審擇以稱朕意
○八月戊申
上諭內閣欲親詣
天壽山行秋祭禮大學士徐階等上疏言
皇上重
祖宗弓劍之藏切歲時霜露之感欲躬脩
陵祭此乃

聖孝所發視他遊幸不同但
天子之孝以保安
社稷為大故
累朝舊制發引之送止于午門而祭祀之禮惟
太廟親奉其
山陵皆止遣官即在常時尚未輕出凡以重
社稷也乃今東西二虜日夕窺伺薊遼宣大警報屢聞此
何時耶
皇上顧欲冒危而往萬一至彼稍有震驚于時悔之亦復
何及此不獨臣等及諸臣民不願
皇上有此舉動竊惟

祖宗在天之靈愛護
聖躬記念
社稷尤不樂
皇上有此行也乞深留
聖恩特賜停止
上初不允令如前旨傳行於是階等三上疏極言
天壽山之後即黃花鎮黃花鎮之外即虜地今虜既結聚
萬一猝入何以禦之適據邊將報稱東虜土蠻等欲犯
喜峰口西虜把都兒等欲犯古北口此警豈輕小者願
皇上熟計之毋以萬乘之重輕試于危險
上悟乃止命以事寧之日奏行

○九月丙辰兵科都給事中歐陽一敬等巡視京營給事
中孫枝御史韓君恩等各上疏言內臣不當坐營且團
營裁革已久亦無可坐乞追寢前命
上以示輔臣徐階等言
太祖時原無團營團營之設起於景泰年間至嘉靖二十
九年已經
先帝裁革特以大明會典脩於正德中未及明載今內臣
委無團營可坐事体有礙施行言官所言無非仰望
皇上遠遵
太祖之初制近守
先帝之定制以應俯從

上不悅因詰階等何故不奉詔令且以意對階等對言
皇上有旨臣等豈敢不遵但團營先於嘉靖二十九年
先帝因虜賊入犯懲戎務之廢弛考
太祖之初制將團營裁革內臣取回數年以來事權稍得
歸一操練漸覺有效良法美意誠萬世所當遵行者也
今命內臣坐營若據見在之制則已無營可坐若必欲
用內臣則須將
先帝定制盡行更變不惟臣等不敢竊惟
聖心亦有所未安者且團營始於景泰革於
先帝臣等下情實願
皇上惟以

先帝為法是以昨蒙發下科道之疏輒有陳奏無他意也
上納其言遂命罷之
〇十二月乙酉尚衣監太監高相等奏以物料不充乞如
嘉靖十七年例增額召買工部執議今詔書方務節省
而相等首開糜費之端不宜聽許得旨如部議
〇壬寅滄州鹽山縣丞王邦直應詔陳十事一減賦役以
招流移二實倉廪以備凶荒三戒有司以去奢僭四清
驛遞以革冒濫五禁勢豪以除暴横六正仕途以塞奔
競七重功績以明考課八慎作養以別繁冗九嚴簡練
以脩武備十振紀綱以勵風俗
上曰此奏多切時弊該部看議以聞勿以官卑廢言

〇隆慶二年正月戊午孟春時享
太廟先是
上已命成國公朱希忠代行禮官請
上親祭不允于是大學士徐階等疏言祭祀者國家之大
禮春祭者四時之首禮在
皇上必躬奉祼將而後為孝為敬在
祖宗列聖亦必得
皇上之躬親對越而後來格來歆故孔子曰吾不與祭如
不祭自非有甚不得已之事未有可以遣官代行者易
曰萃亨王假有廟言萃聚精神總攝衆志之道莫大乎
宗廟也仰惟
皇上當萬國來王之初朝覲官吏會試舉人四夷朝貢咸
集闕下正宜致謹
廟享以萃合天下之心而乃無故遣代恐非所謂萃之道
也且自宮至廟其路不遠奠獻有數其禮不繁
皇上躬一奉行勞亦不甚夫以宗廟大禮雖勞且不當避
況非甚勞者乎臣等謹披瀝上請惟
聖明鑒允仍親詣
太廟行禮
上乃從之
〇四月壬午先是
上令內承運庫太監崔敏以戶部銀六萬兩買金一萬兩

進用戶部尚書馬森等言
皇上知太倉之積不足以供邊餉故出內庫銀買金甚盛
心也第黃金產自雲南所出有限歲額不過二千尚多
逋者至於商人尤難責辦
先帝時嘗買金二千日積月累僅能足數不能足色屢詔
停止以此金暫貯太倉今欲於數日之內即滿一萬之
數臣等知其不能請先進見貯太倉者督雲南布政司
亟進年例以供
上用又
祖宗時御札皆司禮監傳之閣臣轉示各部院無司禮監
徑傳者更望

陛下率由舊章以示崇重命令之意停旨銀兩且不必發
取見在金進用
○丙申詔脩理禁門城樓及疏濬御河工科給事劉繼文
言今財力詘乏邊務方殷不宜興不急之務以滋勞擾
工部亦以為言
上乃命工部會同內官監酌量緩急次第脩理
○隆慶四年三月甲申尚衣監崔敏傳旨令南京加造段
疋數至十餘萬工科都給事中龍光執奏今江南各處
大水道殣相望即歲辦猶恐不前若復重以額外加派
民何以堪於是工部覆言加徵不如趣正供之為易新
派不如責舊逋之為速宜命所司亟查原造之數立限

催徵庶公用不乏而民困亦紓
上然之乃詔于加派數中惟供御用者別造三分之一其
他悉以催徵造之額
○六月丙寅命工部建光泰殿祥瑞閣於長信門南工科
給事中龍光上疏諫不納工部尚書朱衡等復言帝道
宜靜不宜動今隆道英明等閣工役甫竣
皇上正宜凝神淵默導迎和氣若再興大役非惟禁地不
安亦恐財力有限臣等蒭蕘之見不敢不盡其愚
上遂命止之

節儉

○隆慶元年四月丙午禮部覆戶科左給事中何起鳴言
往時西番進獅光祿寺日飼一羊損上供之費以養無
用又南京進鮮馬快船承天府增進香米等物擾害地
方俱當詔罷太常寺歲用牲三千有餘例以行戶上納
價未及領而上納之費已數倍當令科道官會同該寺
給散牲價及稽察奸弊得旨進鮮船隻援及太常寺一
切宿弊如議禁革承天府香米等物及外夷珍禽異獸
即行停止不許進獻
○五月庚午詔罷寶坻縣等處採取魚鮮自今薦新上供
但令光祿寺備辦毋得奏遣內臣著為令
○七月丙寅光祿寺少卿李鍵條陳議處供應十事一滌
帖用印信以防奸欺一申明宴享規制一服制未及大

祥乞罷張飲設樂一寶坻縣魚鮮每年止辦一次薦新
一清理器皿一查革胥支工食一畜飼獅羊糜費無益
宜停止一革回內差常數之外隸籍本寺者一虜人朝
貢事畢趣令出境一庫銀見存不及二十萬乞加意撙
節下禮部覆議皆如其言得旨獅子除已貢者今後勿
令再進壽羊除隆慶元年以前盡數發出餘悉依擬
○十二月戊戌
上諭戶部查內庫太倉糧銀出入數尚書馬森奏太倉見
存銀一百三十五萬四千六百五十二兩歲支官軍俸
糧之需該銀一百三十五萬有奇邊餉二百三十六萬
有奇補發年例一百八十二萬有奇通計所出須得銀

五百五十三萬有奇以今數抵筭僅足三月京倉見存
粮六百七十八萬三千一百五十一石歲支官軍月粮
二百六十二萬一千五百餘石遇閏又加二十二萬餘
石以今歲筭抵僅足二年有餘時勢至此萬一有不虞
災變供費浩煩計將安出臣愚以為生財未若節財多
取不如儉用恭惟
皇上登極首詔鋭情節省止土木之工罷珍寶之市捐無
益之費捐不急之官其一念節儉天下固已喁喁然歌
詠盛德茲復稽帑藏出入大數益深慮遠之心更出尋
常萬萬臣切以為
皇上興念及此國家之福也然書有之曰慎乃儉德惟懷

永圖夫儉美德也慎之誠是也而必曰惟懷永圖益懼
夫儉德之不終也伏願上計國儲之匱乏下恤民生之
艱難視銀數之少若此則百金之費必思所以惜之視
粮數之少若此則九年之蓄必思何以致之持守此心
終始不變由朝廷以及百官由百官以及萬民共成恭
儉之化漸致殷富之盛則一切權宜條括可以勿行而
皇上憂國愛民之心亦當少慰疏入
上手詔曰帑藏之積何乃缺乏至此朕於一切用度十分
省減正供之外未嘗妄費分毫爾等尚當悉心措處以
濟國用
○隆慶二年三月丙寅御用監奏合用金箔滚珠等料已
減定數目請行工部辦送本監工部以滚珠等料皆舊
例所未有宜以嘉靖初年為則其金箔等如數處辦自
今各監局物料仍如節年事例不得加增
上從部議

寬仁

隆慶元年八月辛卯南京刑工二部以徒犯錢金等援
登極恩詔乞赦各持論不合移刑部議刑部侍郎樊深
等議言臣謹按大明令凡徒犯以主配所者例不許放
還秪因市板訛謬流傳不一故工部執以為可許刑部
執以為不可許以法言之則刑部當是無可疑者第徒
流著役之人雖律令俱稱不宥然以臣所聞大明律內

一欵又有赦書臨時定罪名特免之文則是國家立法
之意凡遇霈恩若止是傳旨肆赦不別定罪名者則當
拘常赦不原之律其餘自當別論今
皇上登極覃恩既不止於傳旨肆赦而臨時所定又各條
有罪名豈可以常赦所限而拘之乎且詔書所云已發
覺未發覺已結正未結正者罪無大小咸赦除之徒流
著配之人獨非已結正者乎臣惟國家赦宥有法所以
立萬世之經使人難犯登極有赦所以溥曠蕩之恩使
人自新今遵行明詔而又膠柱乎律令奉揚殊典而又
掣肘於常法宜乎其執滞不通也況上稽洪武近及嘉
靖年間赦書往往於此輩有開釋者亦未聞謂其與律

令旨馳且徒流之罪例許折贖此輩獨以無力故就不
靡今偽印發塚諸死罪不應折贖者既蒙寬宥而此輩
獨以已至配所反不得一霑殊恩恐非所以昭我
皇上與天下更始之意第事不歸一故人持兩端伏乞
明示德音布告中外使奉法之吏有所依守疏上
上曰登極覃恩與常不同徒流人已至配所者特許放還
○隆慶三年正月壬申雲南道試監察御史詹仰庇巡視
皇城遇醫官自禁中出言
皇后遷于別宮寢疾危困仰庇上疏曰臣聞天子之有后
所以分理陰教正位六宮之首故宮闈之教修而後陰
陽之理順今

皇后既下乃
先帝所擇以配
陛下以為
宗廟
社稷之主四方家人之則者也臣昨聞道路流言
皇后移居別宮已近一年又有言憂鬱成疾
皇上略不省問者有如一旦不可諱是上累
聖德而貽天下萬世之議臣寔痛之入朝之際嘗竊問大
小臣工亦無不憂懣泣下者而事涉宮禁不敢明言臣
謂人臣之義知而不言當死言而犯忌諱亦當死臣今
日固決死然頓

陛下一聽臣言復
皇后於中宮時加問則臣死賢於生
上曰后侍朕多年無子近且病乃移居別宮冀稍安適卻
疾耳爾不曉宮中事多言姑不究初仰庇疏上衆謂禍
且不測仰庇亦自分重譴及命下中外聞者翕然稱
聖德焉

正典禮

○隆慶元年正月丙寅禮部遵詔會議郊社諸典禮及祔
葬祔享之制一郊社之禮臣等謹議天地分祀肪于周
禮圜丘方丘之文自漢以來歷代分合不常諸儒議論
不一我

太祖定鼎之初與一時儒臣斟酌考訂首建分祀之禮其
後因感齋居陰雨始改合祀至我
皇考大行皇帝仍建四郊如洪武初年之制蓋
太祖始分而後合
皇考改合而後分然
皇考之更制即
太祖之初制也今分祀以久似難紛更宜照例
南北二郊于冬夏至日恭請
聖駕親詣致祭仍奉
太祖高皇帝配其東郊以甲丙戊庚壬年西郊以丑辰未
戌年聖駕

聖駕親祭餘歲遣官代行其大歲仍于歲暮孟春遣官恭
祭至如天神地祇已從祀
南北郊其仲秋神祇壇之祀不宜復舉一祈穀之禮臣等
謹議禮稱元日祈穀于
上帝其詳亦不可考我國家先農之祭蓋即祈穀之遺意
自
皇考俯納言官之請肇舉此典夫既祭先農復云祈穀二
祀并行于仲春不無煩數且玄極寶殿當禁嚴之地而
使百官陪祀宵分出入事體深有未安臣等竊以為宜
罷祈穀之禮止于先農壇行事為當恭遇
聖主登極則親祀先農并行耕耤禮其餘每歲仲春仍遣

順天府官代行庶合
祖宗舊典一大享之禮臣等謹議明堂大享雖稱古制而
制度之詳亦不可考見
皇考肇舉此祀無非追崇
睿宗以昭
嚴父配
天之孝但自
皇考視
睿宗則
睿宗為
嚴父自

皇上視
睿宗則
睿宗為
皇祖若以今日仍奉
睿宗配
帝以于周人宗祀文王于明堂之義不甚相協恐非所以
安
睿宗之靈而安
皇考之心也故臣等以為大享之禮可罷一社稷之禮臣
等謹議天子社以祭五土之祇稷以祭五穀之神名曰
太社

太稷而帝社稷之名則自古及
祖宗朝皆無之國初
太社稷之建悉遵古禮而
皇考仍以句龍后稷配享合
太祖初制無容別議至于
帝社稷之祭不無嫌于煩數臣等竊以為正宜照舊奉
太社
太稷之祭其
帝社
帝稷宜罷勿舉一
陵寢

廟祔之禮臣等謹議我國家自
宣宗以前
陵寢合葬皆止一后至
裕陵則二后同祔葬
茂陵則三后同祔葬若
太廟祔享則惟一帝一后又后惟元配始得升祔恭惟
孝潔皇后為
皇考大行皇帝元配禮應合葬
永陵祔享
太廟先年
神主回京時本部曾請祔享以其時未有本室暫祔
皇明寶訓 隆慶二卷 二十九
奉慈殿側以俟
孝烈皇后雖曾正位中宮然非元配今先已祔
廟又奉
孝潔皇后同祔則二后並配非、
祖宗舊制若因
孝烈皇后先祔而遂使
孝潔皇后不得升祔則舍元配而祔繼配亦非
祖宗舊制况
孝潔皇后宜祔之禮
皇考先年已有欽依近日復有遺命臣等竊以為
皇考大行皇帝升祔

太廟之時宜請
孝潔皇后祔享而移奉
孝烈皇后于別所仍于
大行皇帝發引之先遷奉
孝潔皇后梓宮于
永陵與
聖母梓宮同日祔葬
孝烈皇后既以祔葬似當以次列祔其
孝潔皇后
孝烈皇后尊謚乞勅臣等撰擬議文奏進爲上册寶庶幾
名分正而典禮全矣
皇明寶訓 隆慶一卷 三十
上曰禮官既會議允當其如議行之
○二月甲辰先是禮部言國朝
廟制一后配
帝其禮甚嚴如先年
孝肅皇太后
孝穆太皇太后
孝惠太皇太后神主皆祀于
奉慈殿近年乃遷奉各
均祀于別所今
孝烈皇后改題神主宜勅所司于太內別建殿宇奉安以
副

皇上一體孝事之意
上命會官定議以聞至是上議言
列后奉祀別所例有二端非祀于大內之別殿則祀於
陵寢然內殿之祀似近而專
陵寢之祀稍疎而遠今
孝烈皇后以
先帝祀之則位非元配
太廟祔享之禮固當還改以
皇上視之則分為
母后近方祇奉尊稱若使遠遷于
陵寢則于

皇上追崇之孝臣民瞻戴之情均有未安臣等反復詳議
惟大內別殿之祀為當疏入得旨俱如議行遂以景雲
殿奉
孝烈皇后專祀
○乙巳禮部言
睿宗獻皇帝
慈孝獻皇后既升祔
太廟奉祀內殿凡行禮之日已與
列聖同臨鑒享而復有玉芝宮諸祭祀似為煩數請罷
之止存日供之膳
上謂玉芝祀典出自

皇考孝思復命詳議以聞於是尚書儀等復言我朝
宗廟之常禮如每年四孟及歲暮大袷則止行於
太廟大小節辰及
列聖考妣忌辰則止行于內殿未嘗有并祭者固有大事
或告于
太廟或告于內殿亦未嘗有并告者今于玉芝宮則無所
不祭無所不告是
列聖皆一祭一告而于
睿宗則兩祭兩告也其在
先帝行之則以為豐于禰廟未為不可今
睿宗于

皇上為
皇祖凡事必兩祭兩告則遠而
列聖近而
先帝
皇上將何以處之此所謂禮之難行難繼者也至于日供
之膳則有可言者謹考南京
奉先殿原奉
太祖以上
列祖神位于中遂北京
奉先殿成南京
奉先殿各祭俱罷而供膳至今不輟蓋以奉安神位之所

而特存有舉莫廢之義也今玉芝宮既為
睿宗原廟近又設有
二聖神位故臣等以為日供之膳宜加舊奉設而悉罷其
四時享祫及節序忌辰并有事奉告之祭庶國家之典礼
先帝之孝思可以兩全
上從其議
○四月甲辰始命夏至祭
方澤以卯時行禮先是冬至祀
天孟秋享
太廟春秋祭
社稷先師孔子歷代帝王俱用子時祭朝日壇以卯時祭

夕月壇以酉時孟春孟夏孟冬時享及祫享
太廟俱午時夏至祀
地時未有定至是太常寺以請遂定于卯時
崇道術
○隆慶元年八月癸未朔
駕幸太學行釋奠禮於先師命少師兼太子太師吏部尚
書建極殿大學士徐階少傅兼太子太傅吏部尚書武
英殿大學士李春芳太子太保禮部尚書武英殿大學
士陳以勤禮部尚書武英殿大學士張居正襲封衍聖
公孔尚賢少保兼太子太保吏部尚書楊博兵部尚書
郭乾吏部左侍郎兼學士掌詹事府趙貞吉分奠四配

十哲兩廡禮部侍郎潘晟致奠啓聖祠畢
上御彝倫堂命文武三品以上及翰林學士坐賜茶祭
酒司業經坐講上宣諭師生曰取人之道如日中天講
究服膺用資治理尓師生其勉之
○乙酉勅諭國子監師生曰朕以眇躬纘承洪緒總億兆
君師之責深惟古昔帝王臨御天下莫不建學立師宣
明教術育賢善世以底休平朕甚慕之思與宇內之士
臻于斯路爰循舊典紀元之初躬親太學祗謁先師孔
子因進爾師生講解經義厥禮告成爾師生其曷以稱
塞朕意夫學校之設以明人倫也五倫之道根于性命
之自然而推極其用則化成天下恒必由之六經垂憲

炳如日星所以發揮斯道者甚備會其旨要身體而力
行之以措諸事業非今日教學之所急與朕方立極綏
猷為天下先爾等其夙夜祗懋相與講求經術之微惇
叙彝倫之大期于體立用廣以成化于今上追古雍熙
太和之盛無令唐虞三代得專其美不亦善乎若乃徒
事辭章雕經畔道舉忘其性命之實而靡遂于世用非
所望於爾師生者也欽哉
○隆慶五年九月戊辰先是六科給事中韓楫等十三道
御史馬三樂等交章請以故禮部侍郎薛瑄從祀下禮
部會廷臣覆議至是上議曰臣等謹按瑄山西河津縣
人方幼年一見濂洛諸書即嘆曰此道學正脈也遂棄

去詞賦專心于是其學以復性為的以居敬窮理為功
以反躬踐履為實潛心體玩至老彌精充養之純超然
自得此其學問之大原也平生言動舉止悉合于矩矱
受取與一揆諸義居家則孝友無間與人則樂易可親
中正足以矯枉律偏剛直足以廉頑立懦此其行履之
大畧也所著有讀書錄有河汾集雖不專以述作為事
而隻字片言皆可師法微詞奥議悉合聖謨至今學者
莫不尊信而誦習之此其著述之大旨也至于立朝行
已之際不折節于權門不謝恩于私室不屈于貴近不
懾志于臨刑榮辱不以關其心死生無以易其操此其
樹立之大節也故一時信從者有河東夫子之稱一代

真儒之許至今無異議焉間有疑其著述之寡者不知
學貴心得道在躬行瑄所著書且十餘萬言不為不
多又有言宋時羅從彥李侗諸儒尚未逾祀瑄不應獨
祀者不知從彥等皆講求聖學于大明之日而瑄乃興
起于既絕之後課其難易功實倍之惟
陛下博採人言俯垂臨決早賜施行其於世教士風非小
補也疏入
上曰瑄公論既定其准從祀

重選舉

○隆慶元年七月甲子禮科給事中何起鳴奏申飭科場
事宜一曰重懷挾之罪一曰革傳遞之奸一曰慎同考
之選一曰正諂諛之風一曰預監臨之差一曰嚴詆騙
之罰得旨懷挾傳遞諸弊依擬枷號重處今後科場搜
檢不嚴關防不密責在外簾舉動不慎校閱不公責在
內簾禮部并都察院分別參奏餘悉如議行
○甲戌遣御史凌儒陳聯芳監順天鄉試
上以科場事重邇年弊多諭儒等悉心綜理嚴加禁革以
副朝廷求才之意先是兩京監試御史皆臨期方遣禮
部以為倉卒之際不便防奸故是歲遣官特早云
○隆慶二年正月壬申河南道御史王好問條陳科場四
弊一號舍二懷挾三代替四透漏俱宜嚴法關防禮部
覆奏

上曰奸弊不祛何以得真才監試御史其盡心嚴察不得
寬縱
○二月壬寅禮部覆提學御史周弘祖奏正士風五事一
廣恩貢以實國學二申卧碑事例以整澆風三久任教
職以收成效四責成有司以懲玩愒五試題須善惡並
陳以革剿竊之習
上曰開貢本為求才各提學官其嚴選毋濫廷試之日發
回三名以上者提學官以不職論降一級

睦宗親

○隆慶元年正月戊辰復鄭王厚烷爵管理國事如舊仍
歲加祿米一百石釋鄢陵王府鎮國中尉勤熨及其子

朝堨帰本府有司存恤先嘉靖間厚烷以建言時政忤
旨盟津王長子祐橏因構之王遂奪爵勒焚朝堨亦以
赴闕言事俱發高墻禁錮至是禮部奉詔書請寬釋優
處故有是命
○七月乙丑宗人府掌府事駙馬都尉鄔景和疏辭歲祿
一百石
上答曰祿賜乃朝廷待臣常典景和但盡心供職以圖報
稱不必辭免
○隆慶二年五月戊辰肅定王妃吳氏奏以孫謂懷王無
嗣請令定王姪管府事輔國將軍縉熿承襲王爵乃賜
給丁土以供祭膳禮部覆言宗藩封爵莫重於親王往

者縉熿請封
先帝宸斷謂越世無相繼之理成命昭然孰敢違越宜令
縉熿安分守職毋得輒假王妃名再三瀆請
上曰
皇考宸斷倫理明正縉熿不准繼襲但將該府衛所等悉
一切裁革同於犯罪國除恐非
先帝意且惇睦之道不如此其再議以請于是禮部又言
縉熿既為將軍則與親王統體自別衛所所以衛親王
也不容僭踰肅王及世子金寶非將軍所宜用自當奏
繳或量摘衛以資耕牧土田之用而王妃所受金册容
其身終奏繳則朝廷惇睦之仁裁制之義庶幾兩盡從
之
禮大臣
○隆慶二年二月丙戌大學士徐階以歷俸再滿九年自
陳不職
上曰卿輔佐
先帝久著忠誠翊戴朕躬勳猷益茂茲九年再滿朕心嘉
悅其贊理如故吏部議擬應得恩典以聞階仍上疏求
去辭免加恩
上曰卿先朝耆碩才德兼隆經國籌遺功在社稷朕已命
所司議擬重加恩賚用示眷酬何乃復上疏求去其避
前旨即出贊理以副朕懷不允辭是日吏部擬上恩典

得旨輔臣階支伯爵俸廕一子錦衣衛正千戶子太常
寺少卿璠陞本寺卿仍掌尚寶司事賜勅獎諭宴禮以
示朕眷禮至意
○七月丙寅大學士徐階再上疏乞休益力
上察其誠懇乃許之特命馳驛遣行人護送以歸有司歲
給人夫八名月給祿米六石仍賜階勅諭曰卿自弱冠
及第珥筆詞林博學宏才蔚有令望既服官中外勞績
弘多乃受
先帝眷知擢居綸閣平章大政悉裕乃猷雖遭際時艱善
藏其用已而專司揆席獨運鈞衡默伏廟回邦家以之
寧謐屛除貪墨朝着因而肅清迨

先帝升遐朕嗣大歷服卿乃揚宣遺命與四海以更新翊
衛朕躬聽百官之總己用光始政不替初忱凡論道經
邦以安內攘外莫不悼竭心力曲盡纖微俾于一人垂
拱之休皆十八載勵相之力方切毗倚共致昇平而屢
托微痾力求避位舉朝有免留之疏在卿堅肥遯之情
朕非不欲屬任老成而又不忍煩以機務特賜俞允因
錫璽書命乘傳以言歸遣使臣而戒道仍歲給輿隸八
名月饋官廩六石以示朕優眷之意於戲仲淹吏人政清
朝心懷天下之憂樂裴度投閑綠野身繫國家之重輕
卿於二臣後先一致其尚強加餐食葆固精神暫辭洛
社之盟行俟東山之召卿其勉承之哉時大學士李春

芳陳以勤張居正皆以階內閣首臣諳達政體力勸
上留階
上謂階年高且求退再三故卒從所請而宴樂錫予之隆
一如楊廷和故事稱優備云
○隆慶四年七月戊子少傅兼太子太傅禮部尚書武英
殿大學士陳以勤四疏乞致仕
上察其誠懇優詔許之仍加兼太子太師吏部尚書致仕
給驛遣官護行有司月給米六石歲給人夫八名復賜
勅獎諭勅曰卿以博學宏才沖懷雅度早登侍從茂著
聲華乃簡自
先皇侍朕藩邸啓沃歲久裨益弘多暨朕嗣宅丕基眷維

舊學擢居綸閣俾贊樞機卿乃同寅協恭殫心畢力嘉
謀入告常先天下之憂正色立朝深得大臣之體諧所
匡弼具見忠勤朕方切倚毗共圖至理而固陳微疾屢
乞優閑慰諭再三疏請尤力重違雅志特用俞允茲加
卿兼太子太師吏部尚書餘官如故仍賜馳傳遣官護
行有司歲給輿隸八人月給官廩六石以稱朕優眷至意
於戲疏廣乞歸田里竟全師傅之高司馬退居洛陽猶
負相臣之望卿之終始無愧古人其愼藥加餐順神益
壽爲國家完柱石爲鄉邦垂典刑暫投綠野之閒俟佇
蒲輪之召卿尚勉承之哉
○八月甲子致仕戶部尚書方鈍以冊立

東宮恩例存問具疏陳謝
上謂覃恩詔下已久所在有司延緩至是始舉行命奪禹
州府知府李時漸俸三月
○隆慶五年五月戊寅少師兼太子太師吏部尚書中極
殿大學士李春芳致仕春芳乞休疏凡五上
上察其誠懇乃許之優詔褒美特賜馳驛遣行人曹銑護
行有命有司月給米六石歲給人夫八名仍賜勅獎諭
曰卿以誠心篤行淵學宏才蚤擢廷魁致身侍從雅望
久孚于士論芳聲丕振于詞林遂受簡
先帝荐登綸閣夙夜秉在公之節謨猷聞入告之勤迨朕
嗣服之初尤切倚毗之重眷惟耆德晉首台垣卿乃志

切協恭誠體存國不動聲色豈休休而有容矣竭朕肱
心翼翼而匪懈啓沃之忱彌篤忠實之念弗渝朕方賴
平章共圖治理頃以親老微疾累疏乞開慰諭雖頻情
詞益懇特從所請用遂雅懷茲賜卿馳傳遣官護行有
司歲給輿隸八人月餼官廩六石以副朕優眷輔臣至
意於戲由狀元爲執政馮京不愧乎科名以宰相而養
親王溥見榮于當世古稱盛事今乃兼之卿其勉加餐
食調護精神展致樂于家庭發英華于著述俾國人皆
有所矜式而天下㮣以爲重輕豈惟卿垂無疆之聞而
國家亦永有光哉

抑近習

○隆慶元年三月辛酉提督上林苑太監李芳奏本監官
屬內自僉書而下外自左右監丞而下各有本等俸班
其銀以下皂隸冠帽習儀等項銀兩係近年增派宜悉裁
減著爲定例得旨宿弊俱嚴行禁革

○六月戊戌禮科左給事中王治等奏上清查內府各監
局庫布絹練絨香蠟之數請如詔令舉行因劾奏掌供
用庫內官翟廷玉掌丁字庫內官馬尹等乾沒之罪

上報可仍以廷玉尹屬司禮監治罪

○七月壬申巡按湖廣御史陳省劾太和山守備太監呂
祥罪七乞徵祥還并罷守備官兵部言內臣有事太和
山始於成化初然用以提督道流於地方無與也宜如

省言罷之便

上是之詔革分守徵祥還已而司禮監舉御馬監右監丞
劉進代祥

上仍命提督分守湖廣行都司等處都給事中歐陽一敬
疏言臣訪知劉進者本劉俊當守
顯陵誅求萬狀
肅皇帝下之獄已充
孝陵衛淨軍今乃藉易名復得進用代祥此退餓虎得飢
虎也

上悟遂命罷進革分守問司禮監孰可代進者於是內官
監左監丞柳朝自司禮監典簿得推用仍兼分守兵部

尚書郭乾曰臣惟人君之尊如天如令四時也故傳曰
令重則君尊夫一太和山內臣耳部臣曰分守可革
陛下亦曰可革科臣曰分守可革
陛下亦曰可革而旨從內降旋復易之傳播中外殊駭聽
聞臣等以天事
陛下
陛下以天自處而堅四時之信天下幸甚疏入
上深以爲然卽命改給朝提督太和山關防毋兼分守
○隆慶二年七月丙辰內使許義坐挾刃嚇人財事發巡
視中城御史李學道不候參題遂執而笞之其黨皆忿
恨不平是日朝罷有內使百餘人突出至左掖門外捽

學遺衆中奮挺毆之諳地百官相顧錯愕
上聞之大怒命錦衣衛執內使十餘人至東上門杖為首
者一百發烟瘴地充軍餘各杖六十充
孝陵衛軍
○八月乙未先是湖廣巡按官奏革承天元佑宮住持送
入莊田八十七頃以備漢江修隄之用已得旨允行至
是守備太監張堯又奏稱前田係碑載舊數乞留徵租
進御戶科執奏租銀以之進御於國用不加多以之築
堤則拯萬民之溺而且以保護
陵寢彼此輕重較然宜如撫按官議
上命遵前旨聽有司徵收不得再行奏擾

○十一月乙丑司禮監傳旨令錦衣衛逮問住太監李芳
杖八十送刑部獄監錮秋後處決尚書毛愷言自昔聖
王刑人於市與衆棄之非直使死者服罪不冤且將使
生者惧罪不犯耳芳供事內庭日久今一旦坐死罪狀
未明臣等皆莫知所置詰非所以示天下公安左右之
心也疏入
上報以芳在內事上無禮命且錮之
○辛未命錦衣衛逮內官楊箓於南京陳鈿於山海衛各
杖三十送刑部監錮
○隆慶三年六月壬午初御用監太監趙遜劾工部主事
劉佩違納鈔稅擅留皇船事下工部行山東巡按御史
勘詳以聞至是御史羅鳳翔奏遜語與之湖州通判全
祉祉初以部運私裝貨物為佩所持因嫉遜以構中之
佩無罪當反坐祉而責遜誤聽之過
上是之
○隆慶四年四月庚子刑科給事中舒化等以熱審屆期
請釋繫獄尚寶司司丞鄭履淳內官李芳等章下刑部
擬履淳淹繫逾時以足示警芳等二十五人已瘐死其
六茲復餘瘠者半宜矜釋詔釋履淳為民芳陳鈿楊箓
楊添爵喬朗發充南京淨軍李智王進翟真寗春李琮
還鍾鼓司應役餘繫如故
○八月己未刑科都給事中舒化等請釋戶科都給事中

李已誅大同西路參將張刚威遠城參將楊縉及諸罪
名未定請宥未盡者宜以時開釋章下法司刑部尚書
葛守禮等因言朝審之時罪在殊死者奏請處決情可
矜疑有辭者奏請末減再問獨內犯張恩等十人及都
給事中李已原未定有罪名今收繫已久僅存餘息而
朝審之時又不得與既不在矜疑之列又無復再問之
條如終瘦死獄中非所以昭
朝廷正法之義洽
皇上好生之仁也乞將恩等分別情罪輕重行罰宥已枉
直放歸田里得旨已釋為民恩等繫獄如故法司意恩
等有內援欲借以脫已及已獨釋衆翕然謂有援矣

持大體

○隆慶二年正月戊辰陝西按察司副使姜子羔言入覲官各有道里費及饋遺私費宜令進獻羡餘以佐國計布政司官銀三百兩按察司官二百苑馬行太僕二寺官一百運司及府正堂官二百五十佐貳官一百州縣正官二百佐貳官五十首領及邊遠首量進疏入

上曰進獻非事體朝廷亦不藉足用不許

○九月癸丑戶部覆南京戶部尚書劉体乾條奏四事一分派倉分水次以均勞逸一議處腳價工食以止科索一減耗米一責運官疏入

上曰該所議俱准行令後各衙門瑣屑諸務可徑行者不

必一一瀆奏

○隆慶四年七月己巳掌吏部事大學士高拱言近來章奏日趨浮泛鋪綴連牘徒煩

聖覽且言多意晦緒理難尋翻可窺匿事端支詞假飾人臣奏對之禮不當如此請嚴加禁約令內外諸司凡有章奏務在直陳其事意盡而止不得仍前鋪綴違者聽該部科官參治庶存恭爾之體且還簡實之風

上答曰卿言良是近來章奏信多繁辭且語涉肆慢甚非人臣奏對之体所司其通行嚴禁違者部院及科臣劾治之

○隆慶五年十一月丁卯巡撫雲南都御史曹三暘上言華任黔國公沐朝弼怙惡不悛虐害地方人心危懼請因其乞假遂毋留之南京不遣以杜後患兵部覆朝弼事已前決今因其自至而留之非所以明國威昭大信也

上以為然令遣前旨還鎮閑住戒以痛自省改不得生事虐民

慎恩澤

○隆慶二年四月辛巳戶部覆御史王廷瞻言勳戚莊田請乞大監或本宗已絕為異姓所冒或身後陵夷為勢家所奪使國家優恤之典為奸宄射利之資甚無謂也宜于初給時酌為定數不得過多仍限以世次遞為裁

減其無宗無爵者悉歸之官至於各衛屯田必擇衛官之賢者使任其事有司查盤得併核其勤惰仍以屯粮完負分為三等以行勸戒

上從其議令勳戚初給莊田部臣酌議則數臨時舉聞

○五月甲寅錦衣衛經歷牛應龍等以其父前考察為民請比例移封吏部言條例所開除名等罪不係貪酷得奏請移封者所以廣錫類之仁若贓汙等罪即遇赦宥仍行追奪者所以嚴贓吏之禁夫已授封者尚得追奪況未授封者乎自今內外官員有應封贈而其父以貪酷為民者聽本部斟酌奏請許以原職冠帶閑住其後雖有封典不得槩及以滋冒濫

上曰貪酷為民者無論考察問革皆不准封贈其以他事
為民者非遇大慶覃恩亦不許
○十二月丁酉先是户部奉旨酌議裁革勳戚冒濫莊田
勳臣傳派五世者限田百頃戚畹限田七百頃至七十
頃宗支以絶及失爵者奪之奸者影射者徵租入官至
是巡按直隸監察御史劉世曾查奏勳戚傳派五世田
溢百頃以上者朱希忠田千三百餘頃定國公徐文璧
英國公張溶惠安伯張元善田各五百餘頃泰寧侯陳
良弼錦衣衛指揮李光先等田各百數十頃戚畹受賜
太監者駙馬都尉李和田二千八百餘頃許從誠一千
五百餘頃錦衣衛指揮謝守朴林鷹張澍陳書文龍鄧

輔千户夏時際等田各千數百頃以上宜酌量裁減恭
順侯吴繼爵豊城侯李儒寧陽侯陳大紀安鄉伯張鋐
崇信伯費甲金武進伯朱承勳寧晋伯劉斌錦衣衛指
揮甄輔等皆傳派五世田不能百頃玉田伯蔣榮安平
伯方承裕駙馬都尉鄔景和都督僉事沈至等皆戚畹
田不能七百頃以上宜令承業如舊支派已絶爵級以
革者則有興濟郡主保聖夫人陽武侯薛倫永順伯薛
橋故京山侯崔元瑞安侯王源駙馬都尉李名焦敬王
㬎錦衣衛指揮錢昂蔣秉正等田約三千五百餘頃名
為欽錫莊田而冊籍不載者則有武定侯郭大誠武安
伯鄭崐彭城伯張熊成山伯王維熊等田約二千餘頃

有勳戚本無其田而奸民隱種者若陽侯薛倫平江伯
陳王謨指揮周世臣百户郭勇故都督陸炳等莊田約
三千餘頃宜悉追奪部覆勳臣中係元勳世裔及戚畹
至親不當槩擬定限宜稍寬其數以示優禮之恩其冊
籍不載者武定侯等田宜令覆核陳書
母后親姪准留五百頃謝守朴林鷹而下宜遞減守朴鷹
三百頃張澍二百頃文龍五十頃内宗紀而失爵者如
有先世丘壟其田二百頃者量留五頃百頃以下者量
留三頃以資供祀之費餘如世曾言疏入
上曰傳派五世勳臣及公主見在駙馬各莊田爾等仍會
同屯田御史議定應留頃數規則以聞部乃更議元勳

世裔限田二百頃勳戚半者限田百五十頃駙馬李和
于原議七百頃外益以三百頃以足千頃之數詔如擬
○隆慶三年十二月癸亥詔禮部更定卹典條例一文武
官祭葬有無隆殺之等悉遵會典其特恩如侍從必日
侍講讀軍功必窮履行陣春宮官必親奉出閣開陳有
勞者悉遵嘉靖中題允事例其祭葬大約於本等品級
内量加一等無祭者給與祭一壇無葬者給與半葬半
葬者給與全葬如講讀官則五品本身有祭四品本身
父母得擬祭葬三品得及其妻軍功則四品本身得擬
祭葬三品未滿得及其父母加恩成例各有等差不得
超越資次妄生希覬其或有講讀年久軍旅功多恩卹

特宜從厚者禮部臨時議請其餘不許一槩援引陳乞
一一品官父母妻加祭有父母加二壇者有妻加一壇
者有妻止于一壇者遇有陳乞禮部酌議以聞不得濫
擬一會典所定二品祭數本身二壇加有三少或兼大
學士贈一品者至四壇父母與妻俱一壇節年所議則
例如致仕加三少者加祭一壇加太子太保者加祭三
壇原加三少而續奉旨革去者止與本等祭二壇其被
劾閑住者祭俱無妻未封夫人者不准與祭加陞者日
淺政績未著者禮部臨時覈實奏請量減一三品官祭
葬不分在任致仕俱祭一壇兼學士贈尚書者祭一壇
未及考滿病故者祭一壇減半造葬造葬悉如舊例一

四品官凡經考滿者父母雖止授五品封亦與祭一壇
其未經考滿者不得越例陳乞一品官父母未蒙封贈
者於制本不當需祭不許越例罔請若品官妻非係封
贈夫人者原無祭典不准並祭二品三品共歷三年以
上者雖未考三品滿本身及父母俱准與三品祭葬三
品四品共歷三年以上者雖未考四品滿本身准照三
品未考滿例祭一壇半葬父母准祭一壇其未及三年
以上者不得妄行陳請一內外官不拘品級凡以授外
封及後授京職考滿宜封而例不得重封者悉照品級
給與應得祭葬如不因考滿而蒙恩詔受封者非係講
讀軍功仍不准給一二品以上者雖經論劾中間或有

心行無玷優禮致仕者悉照弘治年間例給與身後恩
典如有罪過昭彰公論共棄者不拘見任及致仕等項
俱不得槩給其被劾閑住遇蒙覃恩槩復致仕者祭葬
仍不准給不許混奏一被劾聽調功過未明衆惜未定
者使人品原無可議所有應得祭葬准與全給或功有
可錄過有可原者以全給擬作半給半給擬作有祭無
葬至於罪過昭彰公論共棄者照閑住事例不准給一
因事革職而後賜復原職給以應得恩典如嘉靖二十
七年例其覃恩槩復者不得援以為例今後自三品以
上凡遇此項悉照所復品級題給祭葬若後復職銜反
優於原職者仍照原職施行其被劾聽勘未明身故者

照閑住例俱不准給一勲臣祭葬除皇親外其為事革
祭者如正德嘉靖間題給賜祭則例今後公侯伯在內
掌府事坐營在外總兵征討積有勲勞而加太子太保
以上者照會典公侯祭十六壇伯祭十五壇掌府事坐
營兵歷有勲勞者與祭七壇掌府事坐營積有年勞者
與祭五壇雖掌府事坐營而政績未著者與祭四壇營
事被劾勘明閑住者祭二壇被劾未經勘實者祭一壇
勘實而罪重者并本爵應得祭葬一槩盡削又正德間
公侯伯本祭俱三壇嘉靖間仍祭二壇今後照嘉靖間
事例以復會典之舊一武臣祭葬舊例都督同知僉事
起用未久病故者與祭二壇錦衣衛都指揮使身後贈

都督同知者亦祭三壇署都督同知照署都督僉事止
與一壇今後推類一體遵行一死事官如抗節不屈罵
死綱常者犯顏諫諍身死國事者執銳先登身死戰陣
者危城固守身死封疆者仍照例立祠此外或有城池
失守而身殞於奔命戰陣敗衂而軀斃於倒戈者止為
酌量重輕賜之卹祭或加贈廕不得一槩立祠
○隆慶四年九月辛未先是原任刑部主事唐樞在
先朝以大獄得罪故吏科給事中王俊民以議大禮得罪
上登極詔錄建言之臣樞得復職聽用俊民贈官廕子至
是浙江撫臣谷中虛以樞老請加秩致仕而俊民孫東
禮遣到部承廕大學士高拱以為非宜上疏曰我朝規
皇明寶訓　隆慶一卷　五一
模宏遠君臣之義極嚴父子之恩至篤以此號令天下
所以治道遠隆古而陋近代迨
先帝以聖神御極駿烈鴻猷昭揭宇宙
皇上嗣位志隆繼述所謂不改父之政其本心也而當時
議事之臣不以忠孝事君務行私臆乃假託詔旨凡
先帝所去如大禮大獄得罪諸臣悉起用之不次超擢豈
至公卿其死者悉有贈廕夫大禮
先帝親定所以立萬世君臣父子之極也
獻皇尊號以正明倫大典須示天下久矣人議禮得罪者
悉從褒顯將使
獻皇在廟之靈何以為享

先帝在天之靈何以為心
皇上歲時祭獻何以對越
二聖則豈非欺誤之甚者乎至於大獄及建言得罪諸臣
豈無一人當其罪者乃不論有罪無罪賢與不肖但
先帝所去悉褒顯之則無乃以訾視
先帝歟武王反商政亦不過釋箕子囚封比干墓加意賢
者而已未聞於商家所棄之人盡用之也今
上親
先帝之子議事者固
先帝之遺臣乃明於
上前所謂如此是悖君臣之義而傷
皇明寶訓　隆慶一卷　五十二
主上父子之恩非所以為訓于天下也臣每私心痛恨至
於流涕自臣掌部事以來此等陳乞悉停格不行今又
有唐樞王俊民之事此誼不明如樞輩得褒顯者甚多
固不必言臣獨痛夫人臣歸過
先帝反其所為以行己之私臆既多時矣宜亦有明之者
而今當事之臣尚公然為之不覺其悖旁觀者亦漫然
視之不以為非豈天理果泯人心果死歟終始無人一
破其說恐天下之人直以悖逆為當然天經地義淪斁
日深無父無君之事將由此起則何以為國也弘治初
御史彭程巡視光祿上言成化間濫費太多
孝皇盛怒以為揚

先帝之過論大不敬斬後得免死充軍夫彭程所坐特一
言耳視今日之事何如哉頃下閣臣議務明
皇上繼述本心與今日群臣所以仰體
聖心而欽承
先帝者當何如為是并往日所行之非明白諭告天下以
醒父迷之人心以開父塗之耳目自後敢有務行已私
歸過
先帝者皆以大不敬論如此則父子之道正而
皇上之大孝永垂於萬代君臣之道正而
皇上之大法永昭于萬方致理之原寔在於此疏入
上曰大禮斷自
皇明寶訓 隆慶一卷 五五
皇考可垂萬世諫者本屬有罪其他建言被譴亦豈皆有
罪者乃今不加甄別盡行卹録何以仰慰在天之靈覽
卿奏具見忠悃諸陳乞並罷吏部仍通行曉諭自後有
借例市恩歸過
先帝者重論不赦

責罰效

○隆慶元年十一月己卯戶部覆漕運都御史張瀚總兵
官李廷竹會議六事一漕法征兌幾期有司軍衛同罪
今法但行於武弁而州縣文職間以佐貳關肯者塞責
宜一體劾治毋得偏縱一蘇松常嘉湖官家納粮不赴
水次每遠軍耗兌宜遵例禁革一凡及三年將運官旌
別淑慝選戶兵二部會考舉其最者超擢示勸一南京
上下江造船二廠舊無上官督率事多廢弛宜分屬九
江蘇松兵備道兼理之一密雲昌平邊粮甚為運卒之
累數年以來變革不常請如大同例發銀預糴勿再紛
更一裁革遼陽分派南北諸衛事宜已經題覆當著之
令甲遵守
上曰運官賢否惟以錢粮完欠為據如傈失掛欠數多縱
有他長不得濫舉諸事俱依議行
○隆慶二年十二月戊子
上諭兵部曰邊鎮每十日一報虜情比來漸成虛文勞費
無益其令罷之遇有警急及事情重大者仍不時奏聞
皇明寶訓 隆慶一卷 五四
毋得遲悞
○隆慶三年三月丁巳詔各處鹽運司官俱久任三年以
後陞遷給由必稽任內課完方許離任其正課計引入
倉務在歲終報完越三月奪俸一年者降級有虧出通
關者如例科斷分司官以罷輭論黜仍查追歷年積過
以時日久近為差
○七月庚辰撫治鄖陽僉都御史孫應鰲疏薦原任侍郎
何遷才堪任用兵科都給事中張鹵言遷昔黨附權門
貪黷無耻故坐廢棄應鰲不當濫舉吏部覆奏遷仍閒住
不當再圖起用因請勅九卿科道諸臣自今薦舉務核
名實

上曰人才貴有實用如徇情濫舉致誤日後債事者仍照前
旨并坐舉主
○隆慶四年十一月丙寅工科都給事中龍光條陳討處
歲辦織造五事一專織造以嚴責成一足料價以償工
費一禁市買以防濫惡一書姓名以待辨驗一擇運解
以絕弊端一革包攬以塞騎扃章下工部覆奏如議
上曰歲造段疋乃正供所急近來積弊多端撫按官漫不
稽查催驗惟恬節省虛名其實民不霑惠徒資貪吏囊
橐奸徒侵利以後令撫按官加意振飭清革奸弊如因
循玩愒不奉詔者重治不宥

審用人

○隆慶二年二月壬午先是巡撫遼東都御史魏學曾請
罷廣寧坐營千戶任政以開原備禦指揮劉承武代之
西平備禦指揮李尚元與金州守備指揮楊燮相更調
兵部謂御史李叔和嘗薦政而戒飭承武郎尚元亦學
曾所嘗薦令舉刺異同前后矛盾宜令政與燮更調尚
元與承武更調以全器使
上從之于是學曾又言政往時守堡幸無事以故得舉承
武為撫者所中故得戒飭臣固不為當也至如尚元者
臣誠薦之然其才力不能當西原一面之寄燮信才然
不若承武練達故臣復有茲議何傷於同異哉夫將官
用舍邊鎮安危所係臣不敢依違遷就貽憂地方惟
陛下裁察疏下兵部不得已為請罷政其他如初議
上曰人才於事任或不相宜何妨更易其以承武充中軍
尚元變更調政革任悉從學曾所請
○庚寅戶部尚書馬森等都給事中王治御史王友賢等
各奏薦邊才吏部覆言五方之氣雖篤于同材百中之
能難拘于器使如往者輔臣楊一清以南人用之陝西
尚書王瓊以北人用之雲南俱有聲績宜勿論南北資
格斟酌推用務當其才
上深然之因命以所舉諸臣酌量任用有不稱職債事者
並坐舉主
○隆慶三年九月甲戌吏部覆奏九卿科道諸臣所薦邊

才有見任侍次推用者有候服闋病痊推用者有致仕
及閒住候缺即補者得旨所薦人才須詳加斟酌見任
者量才拔擢其餘必真有邊才方令起用毋一槩濫叙
以長奔競之風
○隆慶四年二月癸亥大學士高拱言二三十年來邊關
多事調度為難所宜多需其才然後可以濟事竊見兵
部侍郎止二員協理部事不得隨時出入或欲巡閱邊
務未免假借於他官或遇邊方總督員缺未免那移於
他處且彼此候代動經歲時倅遇有急無人為禦宜於
兵部添設侍郎二員同額設侍郎協理部事平日則習
練本兵政務或欲巡閱邊務即以一人往既便行事又

不煩於儹借或遇邊方總督員缺即以一人往既可朝發夕至又不致於那移迨其出入中外閱歷既深次第推陞尚書員缺如此而循稱之用必不然也然兵乃專門之學非人人皆可能宜豫養以待用而法當自兵部司屬始蓋兵部司屬皆與聞軍旅之事而乃不擇其人泛然以用又往往遷為他官非惟無以備他日之用而目下承行亦有不當者矣今宜特高其選而以有智謀才力者充之使其專官於此練習事務不復他遷而又議其陞格如邊方兵備缺即以兵部司屬補邊方巡撫缺即以邊方兵備補而總督與在部侍郎時出時入以候尚書之缺其他官中有特出之才能知兵事者又閒

取一二以補不足如此而循稱之用必不然也然臣又思之養才雖足以備用然勸懲不明何以盡人力體悉不周何以盡人心臣見邊方之臣涉歷沙漠出入鋒鏑禍福榮辱變在斯須而內地優閒之官乃與之同論俸資同議陞推甚者且或後焉此功臣所以灰心烈士為之太息者也誠宜特示優厚有功則加以不測之恩有缺則進以不次之擢使其功名常在人先他官不得與之同論俸資脫或推奸誤事則律以法職任不稱則左其官使其功名常在人後亦不得與他官同論俸資如是而猶不盡力必不然也至於人力有限窮則不支臣又見邊關總督之臣用之不効者既崇顯罰而用之効者乃不欲顧惜使其頻年累歲常受苦辛非惟不得息肩抑且不遑喘息直至肝胆塗地而後已斯其情亦甚苦矣若使儲養有素用不乏人自可行通融休暇之法如其在邊日久著有成績則特取回部以休假之休暇之后不妨再出使其精神得息而不疲知慧長裕而不竭以勤王事為漸必多且臣子馳驅之苦既在上者所深體而君父體念之意亦在下者所周知君臣之義即同父子之恩如是而人不盡心必不然疏入

上答曰兵事至重人才難得必博求預蓄乃可漸用覽卿奏處畫用悉具見其為國忠猷並如議行

○隆慶五年六月乙卯掌吏部事大學士高拱言國初選

士舉人並用其以舉人跻入座稱名臣者甚衆乃後進士偏重而舉人甚輕至于今極矣故舉人年力稍強輙遷延以俟一第必至衰邁始勉強就官間有一二壯年出者則又為貪之故志溫飽者也如是而冀治理胡可得哉臣愚以為欲興治道宜破拘攣之見以開功名之路凡舉人就選初以資格就官授官之後則惟考其政績而不必問其出身吏部自行体訪苟係賢能即一体陞取各撫按官一體保薦如舉人官未經保薦而陞取多者則撫按以不及論諸凡推轉一視政績無分彼此有所重輕若果才德出衆則一體陞為京官即至部卿無不可者至于舉人謁選又必稽其年貌五十以上者

授以雜職不得爲州縣之長盡恐煩鉅之任非庸劣者
所堪如此則吏治可興而化理有賴
上曰
祖宗用人本不拘資格近來偏重太甚以致人無寔用事
功不興覧卿奏具見經濟宏猷于治道人才大有裨益
其如議舉行

大明穆宗莊皇帝寶訓卷之一終

大明穆宗莊皇帝寶訓卷之二

光祿大夫柱國少傅兼太子太傅禮部尚書武英殿大學士臣呂本謹校
南京禮部祠祭清吏司郎中臣陳深
南京兵部職方清吏司主事臣朱錦謹閲
南京工部虞衡清吏司郎中臣呂胤昌

嚴考察

○隆慶元年十二月丙申
上諭吏部朝覲官來京
祖宗時不許各處營求於是尚書楊博都御史王廷都給
事中王治等各上疏請嚴行申飭內外官有私相問餽
者五城御史以聞處以重法
上從之仍令各遵前諭博訪嚴劾以肅重典

○隆慶二年十一月乙卯吏部議覆都給事中鄭大經御
史鍾沂等疏陳考察京官事宜其一謂京官考察一憑
詢訪以定賢否不無遺議宜行各堂上官秉公覈實手
註考語送部院參詳其中果有名實相違及愛憎互異
者務在虛心鑒別不得依阿其一謂匿名文揭率奸人
報復之私該部已有禁諭尚宜申飭內外執法諸臣嚴
行訪逮各衙門有私受揭帖不行糾舉者罪之其一謂
五年之間內察廷臣外計羣吏法網既密宜稍濟之以
寬論其大節而細故浮議在所必原首黜巨奸而衙門
成數在所不論若存留中有聞望超卓者仍亡論資格

一體摧抑以示激勸其一謂科道拾遺往往有挾匭中
傷之弊今已盡革然彼此率多雷同間亦有局趨首鼠
以避嫌怨者今宜重為之戒各出見聞公同評品擬議
未眞者固不得濫及以傷大體奸惡顯著者亦毋得容
情以滋隱匿
上是之仍諭部院考察乃朝廷重典爾等其尚虛心鑒別
精汰衆職以彰黜幽之公
○隆慶六年正月丁卯吏部言今外官賢否必據撫按舉
劾而邇來撫按諸臣往往任意重輕自相矛盾或論其
操守之敗壞或論其性氣之乖方乃擬曰致仕夫既非
老非疾則安得致仕乎或論其贓私狼籍成有証據或

皇明寶訓　隆慶二卷　二

論其掏掠殺人數多各有姓名乃擬曰降調夫既貪既
酷則安得降調而已乎或論其行止之不端或論其昏
庸之特甚乃擬曰改教夫既不謹罷輭則安得改教而
已乎求其故則有二說焉或欲左遷其人以為不甚言
之恐不能動也遂從而重劾之或欲姑息其人以為既
直述其事恐不能留也遂從而輕擬之撫按既已依違
則本部益難憑據非所謂蕩蕩平平之治也宜令都察
院行各撫按官以後糾劾庶條凡如前所擬必直列其
狀應提問者不得止論罷官已降調者不得再論不及
上曰今後各撫按官糾劾務遵近例據實分別該部再加
裁酌定擬去留有不合規則輕重失倫者治其罪

禁貪墨
○隆慶元年十月壬午巡按陝西御史房楠數上肇昌府
推官王盡臣受贓狀刑部以盡臣所犯贓非在庫者宜
如
恩詔免罪追贓
上曰貪官詔所不宥令如律坐罪
○隆慶二年正月辛亥巡按直隸御史顧廷對言近來貪
墨有司雖有提問追贓之例而罪止罰贖所追不及什
二俾得饜飽以去故貪者不止宜及諸司朝覲時申明
國初貪吏之律察其贓跡亦尤著者一二輩執赴法司從
重究治吏部覆奏

皇明寶訓　隆慶二卷　三

上曰貪官止於罷黜誠不足示懲今次考察諸司贓多跡
著者部院列其罪狀奏請處治
○八月庚子都察院右都御史王廷論淮揚巡鹽御史孫
以仁貪穢不職狀
上曰風憲官犯贓何以糾正官邪禁革奸弊以仁姑先褫
職聽勘自今御史差滿當嚴加考察毋得縱令回道管
事
○隆慶四年七月戊寅都察院覆大學士陳以勤條陳處
贓吏一事請令撫按精核司府以下嚴禁貪墨犯者即
逮問參奏如法吏部於見劾貪官更加裁酌贓係入己
者追出遞邊受贓枉法者依律例問遣毋輒庇護

上曰禁貪屢有明旨各撫按官未見遵奉縱怠殊甚兹所
議俱如擬務從實舉行有徇情庇護者部院劾治
專委任
○隆慶元年七月己未先是宣大總督王之誥宣府巡撫
冀鍊以修理南山軍費為請而户兵二部互相推諉莫
有應者之誥等復疏白之
上命户兵二部會同科臣定議費所從出於是户部左侍
郎徐養正兵部尚書郭乾户科都給事中李用敬兵科
都給事中歐陽一敬等議言主客官軍本折芻餉則隸
户部募兵及本折馬匹則隸兵部賞功則隸禮部業有
專任矣惟修邊一節往歲皆各鎮自辦後以工大始開

請乞之端而户兵二部當事之臣因為酌量調停之術
馬價有餘則兵部多發馬價不足則户部多發蓋以二
部事本相關義當共濟云耳行之既久在兵部則惟恐
馬價無餘在户部則惟恐帑藏之不充持議紛紜迄無
定說自今以後凡各鎮以此請者以十分為率户部十
之七兵部給十之三永為定例
上是其言命此後各如議行不許推諉誤事
○十二月辛卯初兵科給事中嚴用和疑陝西巡按巡撫
楊巍清補屯軍不實請下御史覆驗至是巍復奏平涼
固原二衛共清出屯地三千七十八頃六十畝召補軍
士一千六十五人乞如科臣言以前後清補之數下御

史弁勘而靖虜慶陽河州等衛尚未清補者宜申飭有
司一體行之兵部覆奏
上是之仍令新任巡撫張祉率各守巡兵備官亟將請虜
諸衛如法清補毋畏浮議致隳成績
○隆慶二年五月戊寅兵科都給事中張鹵言邇者諸臣
會議欲遣巡邊大臣臣以為人情責任在己何以成勇
往之功鈐轄多門實以資推諉之便今既以各兵備不
足憑而攝以巡撫以巡撫為不足憑而攝以總督今又
以總督為不足憑而再起巡邊大臣之議恐自今邊臣將
觀望阻格萬一時過患成竟亦何補如何者虜方深入
兵部左侍郎遲鳳翔曾奉命以往於是邊鎮皆苟且塞

責無益於事令復命總督劉燾王之誥頃之誥以病辭
仍以冀鍊代之臣竊以為巡邊大臣可勿遣第以邊務
專責總督於計甚便吏部覆如鹵言
上曰爾等既謂差官巡邊各鎮推諉恐妨大計燾鍊其勿
行一應戰守事務第令該總督官嚴行所屬用心幹理
如有虛怠該部及科道官劾治
○六月癸卯兵部覆巡按御史劉翾奏薊鎮秋防事宜一
議信地謂督撫總兵分路修守非設官初意彼此矛盾
何以成功宜申明兼轄之義使功罪無所推諉一議屬
夷謂撫賞屬夷本資其捍蔽邇來陽順陰逆莫可窮詰
宜稍加裁壘毋事姑息其或執役哨夜撫採必暴其罪

責令其贖以示恩威竝用一議修守謂薊東燕石二路
邊垣低薄宜令春秋兩防主客兵一體分工修築一議
添練請調馬户本役僱價使報壯丁一人為軍其餘或
免大户或免商人或免重差咸令報一丁為子弟兵可
得兵一二萬人一議始戰謂南兵初至未可決戰宜養
威蓄銳以待可用一議衛員謂衛所掌印管事官宜選
用才俊如本衛乏才即於附近衛所調用亦如文官委
署之例
上曰汝等謂信地既分督撫注意各異乃巡撫所分燕石
二路邊工至今廢弛去秋虜犯界嶺口巡撫不赴防守
何也今若不行專責將來愈相推諉坐視其仍分信地

皇明寶訓 隆慶二卷 六

遇有功罪以分守者首論策應者為次馬户抽丁之議
其勿行餘皆如議
○七月戊申巡按直隸御史劉翾巡視山海關御史孫代
上言近都御史譚綸獻議欲以練兵事專責之總督不
令臣等與聞夫臣等既受命閱視則兵之練否所宜詳
察而綸果於自用逆折人口惟
上加裁定於是兵部都察院覆言補練責之總督所以專
事權閱視聽之憲臣所以稽實効彼此各不相妨宜令
協恭和衷共濟國事而綸與總兵戚繼光必稍寬以文
法廼得自展
上然之命悉以兵事付綸御史每歲一巡視三歲一報功

其餘將官竝聽舉劾如故
○隆慶三年八月戊午總督薊遼保定軍務侍郎譚綸言
始臣建議於薊遼沿邊增設敵臺三千座每臺給工料
銀五十兩集主客官軍築之後以工費太鉅議增犒賞
銀十餘萬復以時適匱乏部議必不能從則又議止於
通馬要路築臺一千六百座而以原議三千座之費給
之要以省費集事而已不意流言京師轉相傳播謂建
臺無益阻虜又斬伐沿邊樹木是將來之臺功未睹而
已成之藩籬先徹則臣之罪大矣今邊報孔棘請亟罷
臣歸仍遣大臣科道閱視臺誠無益即治臣之罪如臣
謀未左猶望責當事諸臣踵而成之

皇明寶訓 隆慶二卷 七

上曰修築墩臺已有明旨綸宜堅持初議盡心督理毋惑
人言如有造言阻撓者奏聞重治
○隆慶五年六月戊午吏部言行太僕苑馬寺專理馬政
鹽運司專理鹽政皆國家要務所關非閒局也而近來
視之甚輕即卿與使類以考不稱職有物議者充之夫
既不稱職有物議矣則即從黜退可也顧奈何以是為
安置之所乎遂致奸貪苟且政務廢弛殊非
祖宗設官初意今宜破除常套凡卿使員缺必以廉謹有
才望者推補而又定其陞格卿視布政司參政使視按
察司副使俟政成之後一體陞遷若有卓異即當超擢
如

先朝故事

上曰馬政鹽法國家重務必重其官乃可責以實効命如議衆行

○十二月辛卯大學士高拱張居正言機務煩重請簡命一二輔臣共圖治理

上報曰卿二人同心輔政不必更加

○隆慶六年二月丙申倭寇分道犯廣東化州石城縣攻破錦囊所殺千戶黄隆又陷神電衛縣城一時吳川陽江高州海豐登處並遭焚刼而山寇黄朝太等復起勢甚猖獗官兵不能禦提督軍務侍郎殷正茂以聞并自劾待罪兵部以正茂初至任亦赦勿問

上曰廣東舊賊未平新倭復熾至陷城池皆守臣向来怠廢玩愒守禦無策所致罪不可宥通候事寧嚴治殷正茂素有才略玆初任事其悉心督率將領司道等官悉力驅剿務其蕩滅其地方機宜悉聽破格整理敢有梗撓者奏聞重治

重守令

○隆慶四年六月庚子吏部言薊遼山陝沿邊有司實兼牧民禦虜之責卽以有才力者為之猶恐不堪卽優厚而作興之猶恐不振乃官其地者非雜流則遷謫非遷謫則多才力不堪之人謂以劣處之也夫處之以劣而欲其自處之厚不能稱職於內地而欲其立效于邊方無惑乎吏治日偷而民生日蹙也請自今各邊有司必擇年力精强才氣超邁者除補或查治有成績曁通武事者調用而又議其賞罰有能保惠困窮俾皆樂業若以三年為率比內地之官加等遷轉有能捍患禦敵特著奇績者以軍功論不次擢用如有才略恢弘可當大用卽由此為兵備為巡撫為總督無不可苟推以激勸為準不必論其出身資格若乃用之不効無益地方者降三級別用若乃觀望推諉以致悞事者輕則罷黜重則軍法治罪夫旣開功名之路以歆之於前則不肯不盡其心又有嚴罰以繩之於後則不敢不盡其力庶乎修職者多而邊方有賴也然臣又思功名之路旣開則

又有本是腹裡而借邊方省分之名以圖倖進者亦不可不預為一定之說查得薊遼則昌平順義密雲懷柔薊州玉田豐潤遵化平谷遷安撫寧昌黎樂亭延慶永寧保安自在樂安等州縣山西則河曲臨縣忻州崞縣代州五臺煩峙定襄永寧寧鄉岢嵐嵐縣興縣靜樂保德大同懷仁渾源應州山陰朔州馬邑蔚州廣靈廣昌靈丘等州縣陝西則固原靜寧隆德安定會寧蘭州環縣安塞安定保安清澗綏德米脂葭州吳堡神木府谷等州縣此六十一處乃是邊方其他雖薊遼山陝所屬不得槩以邊稱徒啓倖路其各府佐貳在邊任事者賞罰亦同前議疏入

上答曰邊方有司防守攸賴誠宜加意擇人悉如議行

○丙午詔加潮州府知府侯必登從三品服俸掌吏部事大學士高拱言廣東舊稱富饒之地近昔民窮盜多皆坐有司不良所致若不亟處救將安極往歲奉旨多取進士議者謂當于此等處充州縣正官之選或問祭以衆人嚴加考第毋容襍流遷謫者得肆於民上則地方猶可為也然不肖者罰固可以示懲若使賢者不賞又何以示勸臣等廉得潮州府知府侯必登在郡能勤恤弭盜治行為廣中第一請特加優處以風勵廉官其廣西雲貴近年亦有兵革之事議處有司亦當視此為準疏入

上答曰邇來遠方有司不得其人以致民不聊生盜賊滋蔓所議甚得弭盜安民之要悉允行

戒諭臣下

○隆慶元年六月己亥提督操江南京都察院右僉都御史盛汝謙舉副總兵等官李錫等才勇可用宜加紀錄仍乞給賞以示激勸兵部請下南京都察院查議

上曰操江官軍無給賞例汝謙乃市恩妄請兵部不明斥其非又推諉行查非人臣體國任事之義姑宥之

○七月戊午巡撫延綏都御史王遴條陳防秋事宜內言勘事之臣不度地里遠近視守巡為督鎮私黨而寄耳目於吏胥往往失實不可信於是兵科都給事中歐陽一敬等言遴近被溫御史論劾故設此言與之爭勝剛愎無大臣體御史陳于陛等亦言遴橫肆褊心箝遏無策日夜謀歸假此求退不宜罷去以遂其奸兵部言勘事之臣職秉是非其様法常嚴而封疆之臣身履利害乃恚人之嚴此大較也然往者延鎮之敗亦大矣溫御史雖劾遴止加薄罰遴不宜復以懟言者惟

上加切責俾之省改

上曰秋防在邇遴其愼修職業勉圖實効毋負氣任性致悞邊事他事皆從之

○十一月癸酉兵部議覆戶科都給事中魏時亮請禁騷擾言比者忻城伯趙祖征奉命遣祭北鎮所過縱下人

無賴騷擾窮邊又往歲朝鮮使臣騶從甚煩糜費驛路而都司供張尤侈請重罰祖征以警其餘

上曰趙祖征不體朝廷垂念邊方之意違法騷擾姑罰住祿米三月以後使臣仍襲前弊者令撫按官糾奏重治

○十二月乙酉刑部覆戶科都給事中魏時亮奏請令撫按官於所屬詞訟無論大小不得批發軍職及異途小官問理守巡等官俱宜親行聽斷有司等官亦務秉公訊決凡訟有願解及輸服者聽之農功方亟請暫止受詞并擇輕重以便耕耨佐貳等官如有違例擅受民詞者罪之

上曰近來有司府官避事怠職其於詞訟不親聽理一槩

批委所屬以故作弊多端百姓受害殊非朝廷設官爲
民之意今後更有蹈此者撫按官其即指名奏治
○隆慶二年二月丁亥勑諭天下朝覲官曰朕荷
皇天眷命纘承鴻業託於億兆之上深惟輯寧區宇以荅
天心即位之初已亟下詔蠲征免役蕩滌煩苛有不便于
民者悉與更始猶欲得循理之吏平心畢力各務究宣
恩澤以登於至治顧在位者多率因循之弊鮮任職之
心口習空言而不求其實政尚苟且而惟便於私欲民
之安於田里而無愁怨嘆苦之聲不可得也朕甚憫之
茲當來朝特命所司審覈黜其不職甚者爾等獲被簡
留益寬之也自今其惕然永思善道精勵自新務在廉

以律已仁以撫民公以存心勤以涖事率自是四者而
行之自然政平訟理民咸樂業近可庶幾於古矣朕豈
無爵祿以爲勸乎假使毋於舊習或朘削民財以自豊
或殘害不辜以自快或以巳私拂公理或以妄安廢公
事有一於此皆足以蠹政傷民是從事焉不恪而守官
無狀也朝廷之上禀然憲典在焉爾等曾不懷怵惕而
戒勉譬猶踐薄冰以待白日也豈不謬哉尚相與欽承
之毋替朕命
○九月丙寅都給事中鄭大經言
祖宗時凡遇大臣有故而去始之慰留以安其心繼之異
數以優其眷此非直敎上下之交實所以勸忠也今
皇上於尚書雷禮之去恩禮殊澗如此其何以風有位使
効忠乎臣又伏念今諸大臣由輔弼逮於六卿皆
先帝遺之以事
陛下今四方多故民窮財盡水旱盜賊之警無日無之正
諸臣畢智殫謀協心共濟圖報
先帝以忠
陛下之日也乃雅志丘壑翻然遠蹈以自便其身圖謂國
恩何亦望
天語宣示諸臣使各安其位勉修職業庶幾上之待下下
之事上交盡其道而盛治可興也
上曰優禮大臣朝廷自有處分但邇來求退成風豈委身

事主之義今後各宜殫忠修職共圖治安毋或紛紛奏
擾有乖大義
○隆慶三年三月丁巳直隸巡按御史燕儒宜劾奏原任
巡撫大同右僉都御史劉祐託疾避事欺罔不忠又嘗
納部民女爲妾動支商稅千餘兩乞行追治
上命罷祐官且曰人臣之義當委身徇國此後邊鎮重臣
如有託疾避難者科道官參奏治之其兩京院部大臣
告疾爾部中仍覈實以聞不得槩爲題覆致乖大義
○閏六月癸亥陝西盜何勉等殺百戶魯卿巡檢王鸞事
聞給事中張鹵因論陝西巡撫張師載鄖陽巡撫武金
久不赴任逗遛觀變不畏簡書非人臣敬事之禮又言

令之四方多盜責在巡撫宜一體申飭之
上乃勑師戴金亟前赴任協力剿賊以安地方令各省撫
按官俱務舉實政弭盜安民怠玩悞事者必罪不宥
○隆慶四年十月壬戌吏部都察院奉旨考察科道官素
行不謹者九人浮躁淺露者八人才力不及者十人
上命閑住降調如例且曰科道朝廷耳目責任至重自今
務秉持公議遵守成憲謹修其職毋得恣意妄言擾亂
國是倚借言路報復恩仇仍蹈前弊者重論不宥
○隆慶五年二月己亥勑諭天下朝覲官曰朕纘承大業
五年於茲夙夜兢兢惟敬
天勤民是務顧四方萬國豈朕一人所能徧察所冀承流

皇明寶訓 隆慶二卷 十四

宣化乂安元元實賴爾藩臬郡縣諸臣與朕分理共圖
致治茲當大計群吏之期既令所司審覈簡汰其貪虐
異常者仍盡法重按之政績卓異者特賜宴賚用彰癉
典今爾等各還舊任尚益加省勵恪修乃職守法奉公
約己惠下俾民生樂遂德澤旁流庶副朕養賢求治之
意如或殃民自殖怠棄官常憲典具存朕不爾貸爾等
其勉之戒之欽哉
○六月甲辰總督陝西三邊都御史戴才奏報套虜封貢
事宜共略言東西虜各為雄長授職宜均其進貢夷使
一百五十名馬五百匹應貢御馬三十匹俱派有定數
即今隨附俺答一路總進為便惟是互市之設在陝西

係重鎮既不可招之內地以貽禍階而甘肅番回開市
已久又不當使強虜混入延寧二鎮雖號為近虜然法
紀頗嚴絕無以寸帛私通者有如引之入市反啓釁端
致互市之議第可行之宣大而不可行之陝西無已則
宣諭吉能令與其部落各赴大同互市是亦羈縻之術
兵部以才議持兩端宜行再議
上曰戴才受三邊重大任套虜應否互市當有定議顧乃
支吾推諉豈大臣謀國之忠姑不究其令從實速議以
聞撫按官通貢如擬

理財

○隆慶元年二月戊申戶部奏定內府各監局歲派錢糧

皇明寶訓 隆慶二卷 十五

之數因言內府一切供應大率嘉靖初年與弘治年間
數目略同自嘉靖二十年以後徵派漸增視正數加倍
臣等仰體
皇上敦崇儉約至意酌往準今悉從裁減乞勑監寺衙門
永為遵守不得擅議增派本部亦不許曲意奉行
上曰各項錢糧依擬減派各該撫按官其嚴察有司毋容
混徵有負朝廷德意
○四月戊申戶部尚書葛守禮等奏直隸山東等處土曠
民貧流移日衆者以有司變法亂常起科太重而徵派
不均也夫因田制賦按籍編差國有常經今不論籍之
上下惟計田之多寡故民皆棄田以避役且河之南北

山之東西土地磽瘠歲入甚寡正賦尚不能給矧復重
之以差役乎往臣在河南親睹其害近且行之直隷淺
津及于山東矣山東沂費郯滕之間荒田彌望招墾莫
有應者今行此法將舉山東為沂費郯滕也夫工匠傭
力自給以無田而免差富商大賈操貲無算亦以無田
而免差至於稼穡胼胝終歲勤動者乃受其困此謂舛也
乞下明詔正田賦之規罷科差之法使小民不離南畝
則流移漸復農事可興又國初徵納錢糧戶部開定倉
庫名目及石數價值行各省分派小民照倉上納完欠
之數瞭然可稽其法甚便近年定為一條鞭法不論倉
口不開石數止開每畝銀若干吏書因緣為奸增減洒

派弊端百出此派法之變也至於收解乃又變為一串
鈴法謂之夥收分解收者不解解者不收收者獲積餘
之資解者任賠補之累豈得為平乎且錢糧必分數明
而後稽查審今混而為一是為那移者地也宜勑所司
查復舊規其一條鞭等法悉為停罷庶税額均而徵派
便矣
上曰爾等以司計司農為職茲所奏悉舉行其他可以足
國裕民者宜勿避嫌怨盡心幹理以副朝廷委任之意
○五月壬申勑遣御史譚啓等四人分行天下查盤各該
有司歲報錢糧文冊具實以聞仍諭以殫心竭誠毋避
勞怨撫按官不得侵撓事權各掌印管糧官悉聽分別

賢否舉劾以稱朝廷足國擾民之意
○九月丁卯戶部尚書馬森奏太倉銀庫歲入僅二百一
萬四千一百有奇歲支在京俸祿糧草一百三十五萬
有奇邊餉二百三十六萬有奇各省常賦諸邊民運今
年詔蠲其半以出入較之共少三百九十五萬一千四
百有奇昔謂國無三年之蓄曰非其國今查京通二倉
之粟七萬餘石以各衛官軍月糧計之僅支二年之用
歲漕四百萬石內除撥薊鎮空運班軍行糧併免湖廣
顯陵二衛起兌實入二倉者三百四十九萬二千六百餘
石逋負漂流歲更不下二十餘萬改折湊補別用不與
馬欲為三年之蓄不可得況六年九年乎且今四六虛

耗百姓困窮邊餉增多原無額派有如運道告阻臣恐
所憂不止各邊而已因條上便宜數事
上皆允行之仍令內外諸司各實心經理撙節以濟國用
○隆慶二年正月庚午廣東撫按官李佑王同道以該省
用兵奏留應解戶部鹽引紙價事例鐵稅路引柴馬俸
廩寺田酒稅驛傳富戶等銀七萬三千餘兩以佐軍費
戶部覆言廣東素有番舶之利而鹽課又遍行廣西及
湖廣之衡永江西之南贛袁吉且各府橋稅不下萬金
而遞報者多官取其一私得其九即鹽課引目三四年
間不赴南京戶部刷給其它可知所司不為清理而欲
取常供以充兵餉非計也請量留事例鹽引鐵稅路引

缺官柴馬俸糧等銀一萬六千九百餘兩與浙江等處舊逋餘悉解京如故

上是部議并以鹽課橋稅二事屬佑查核有勢豪阻撓奸商作弊者具以聞

○五月癸亥南京户部尚書劉體乾條上六事一各倉關防不嚴虧耗殊多宜令甲斗諸役均數賠補典守官攢抵罪一貯倉各關鈔料茶引困倉折席贓罰歲久易于乾没宜令科道官查刷莞庫舊止主事一員宜如太倉例十日輪郎中一員協同收發一衙門歇家書皂因緣為奸宜酌量汰革犯者如議單遣戍一杭州北新淮安揚州各鈔關宜比南關例給賜關防敕書其司局等官

俱聽各關定賢否以備考察一都稅司折鈔銀僅一百一十兩而官攢巡攔俸糧工食歲費反不下四百餘兩應議裁革一各衛苜蓿地及没官房稅一千一百餘兩歲久浸没並宜查核徵解户部議從其言因請徵杭州北新關買鈔餘銀接濟邊餉其他存留以備修理諸費及滸墅九江臨清河西務并給關防敕書惟都稅課司費多入少疑有侵匿不當議罷

上曰賦時修理遵近日旨行鈔關宿弊多端其司府州縣隱匿錢糧亦不止稅課一事户部及工部各設法釐革清查條議以聞

○六月乙未巡撫陝西都御史張祉奏本省藩祿邊餉匱缺請將事例度牒稅契路引罰贖等銀六萬七千一百餘兩存用再發帑銀補之户部覆補給如議第前陝稅糧額數計一百九十二萬九千五百六十六石今造報册籍虧舊額二十餘萬宜令撫官查覈

上曰該省錢糧失額數多奸弊太甚命撫官嚴督各司道官清查具奏如遲玩及開報不明者户部并該科參劾治之

○隆慶三年正月甲子工部以料價銀逋欠數多疏請申飭所在有司如期徵解

上從之因令已解者内外衙門各務加意節用以甦民困

○六月乙酉户部覆吏科給事中鄭大經奏重榷務一事

言各鈔關商稅歲入不貲而獨委柄於一主事利權所在易以不肖之心乘之若近日工部主事楊柟是也自後當選清望及有才名者以往其徵榷事務仍令各該撫按于府同知通判推官中選委一員佐之凡遇商船到關令赴部官報數部官如例定擬稅銀填单給發委官稱收既收仍同委官籍記所收之數送府寄庫該府按季解京歲終各官皆以籍上備本部參閱部臣毋以參佐而生嫌委官毋以預會而抗禮疏入

上更令舉議部覆鈔關錢糧主事既不經收必得府官會理乃能濟事但各鈔關去府城遠近不一如九江揚州杭州北新鈔關去府近者宜責令知府收解其滸墅臨

清河西務淮安等關去府稍遠商船往還不便則委佐貳官就關經收推避者聽管關主事呈部參問詔可

○隆慶四年三月辛卯初

上用都御史龐尚鵬議將河東行鹽地方南陽鎮平唐鄧泌陽桐柏六州縣改行淮鹽南京戶科給事中張應治河東巡鹽御史郜永春言南陽汝寧二府據銅版則載行淮鹽據會典則專行解鹽往年鄢懋卿建言將汝寧舞陽分屬淮北已非舊行初意乃又中分南陽是續淮商之一指而斷解商之肩背失平甚矣夫利不百者不變法令一變而解商告急者相屬于道鹽引日壅額課日損豈國之利乎

上亦以尚鵬初議不便令南陽所屬州縣仍隸河東行鹽以後不得分更

○八月己酉戶科給事中雒遵言臣前以主事管理太倉銀庫甫十月餘耳以出入較之大約出浮于入者六十餘萬不出三年太倉之積貯竭矣今諸臣議論徒多無裨實用宜令各條上方略議可以佐國家者戶部覆言京邊錢糧未完者多以那移借貸為故常以侵欺逋罔為無害有司緩公課先私橐即有賢者亦藉口撫字避怨沽名邊儲國計坐是交病請以遵言行兩京諸司在外撫按官及所遣查盤御史各陳所見以俟會官酌議請自

上裁

上曰京邊錢糧有司不行徵解情弊非一巡撫官坐視不理致誤國計深負朝廷委任之意自今未完數多者其并奪巡撫官俸俟催徵完日乃得推用餘如議行

○九月甲寅盜竊太倉庫銀降管庫戶部郎中宋諧員外郎劉自化許自新主事王宇一級調外任奪主事任汝亮彭富周標席上珍俸半年因令自今管庫主事各註選三年不得輒易其貯庫銀限以三千兩為一匣封固編號以便稽查

○十一月庚午戶部奏各省府歲運內庫經邊錢糧率被解戶攬頭侵冒有一人而假充數名者有一家而壟利一省者奸詭萬狀法紀蕩然今將積歲輸納乾沒分數纖悉條列共一百八十七款乞下詔切責當事臣工務體國任事法期必行庶大計有濟

上曰錢糧已經起解既不在官又不在民悉為奸徒包攬侵匿玩法殊甚其令各巡按御史盡法嚴追刻期完報如御史徇情寬縱逾期不報者都察院查劾以聞

○十二月己未巡撫宣府都御史孟重奏山東河南山西北直隸河間順天保定真定等郡積欠本鎮民運糧甚多軍餉缺乏乞行各處催解并權借本省庫銀及預發年例以濟緩急戶部覆言該鎮邊儲自隆慶元年以來歲終皆報有存積多者一十七萬二千餘兩少不下四

萬五千今四年終尚有兩月糧餉未給而庫銀存者止
二萬一千餘兩即民屯多逋亦豈經費不能撙節所致
上曰該鎮今歲支費何乃比常數過多民運屯糧巡撫官
何不催併專一仰給內帑殊無任事任怨之志姑不究
令後務加意撙節亟爲查催如有司怠玩將領冒破者
劾奏重治
○隆慶五年七月戊子巡按御史余希周以薊昌等處主
客兵多支隆慶四年本折色行糧共銀八萬九千兩有
奇參督撫官譚綸劉應節糜費之罪有旨勿治第嚴戒
督撫官此後務爲朝廷惜財不得妄費

恤民

○隆慶二年二月壬寅詔湖廣承天府所進茶鮮令內臣
以祖銀貿易毋得擾民其一切貢獻仍如詔停免
○丁未詔內外扈從官員人等毋得沿途生事擾害百姓
違者廠衛緝治巡按御史參劾以聞
○己酉
上諭户部曰朕躬奉春祀式弘先德以惠民生所過地方
其量免本年田租户部尚書馬森等請蠲昌平州宛平
大興二縣地方凡建設行宮及屯營軍馬開除馳道者
免十分之五所過者免十分之三
上允之仍命查所毀民房亦量與價值以示朕軫恤
○五月辛未提督四夷館太常寺少卿武金上言種馬之
設專爲孳生備用今備用馬既已別買則種馬可遂省
且種馬爲編審之害有點視之害有歲例之害有交兌
之害有輪養之害有賠償之害重之則官吏之需索里
甲之影射民日益窮沿襲至今滋弊尤甚乞命兵部將
計每年應解之馬若干某省若干某州縣若干俱照原
數買馬按季查解如備用馬已足二萬則令每馬折價
三十兩輸太僕寺遇各邊缺馬分發估買一馬折價可
買戰馬二匹不必加賦而馬數自倍且令各府州縣取
前所養無用之種馬盡賣以輸兵部如一馬定價十兩
則直隸河南山東十三府可得銀一百二十萬其料令
各府州縣每馬折銀二兩計又得銀二十四萬夫戰馬

之數解俵之丁不更舊制而遂餉獲急用之資百姓免
無窮之害足國裕民無踰於此疏下兵部議於是御史
謝廷傑言孳生種馬乃
祖宗舊制軍機所係但當修法以除弊不當因弊而廢法
萬一有警無可調發咎將誰歸金議非是兵部主廷傑
議言金議不可行
上獨可金奏謂備用馬久已買俵種馬徒存虛名百姓乃
受實害姑革其半以甦民困合行事宜兵部查議以聞
已而兵部言明旨賣種馬之革其半尚存備資民牧而
養馬者費多折徵者費少恐有不均之嘆宜下南北直
隸山東河南及兩京太僕寺今變賣其半每馬價銀十

兩徵收草料銀二兩如全言其存留之馬戶為正頭幫貴之馬戶為幇頭養馬則輪流折徵則攤派庶惠澤均而法可經久

上從之

○隆慶三年三月丙午命南京上關榷稅兼抽本折以甦商困

○五月丁未

上諭戶工二部曰近聞京城百姓為叅報商人負累困苦朕甚憫之其亟議處以聞於是禮科給事中劉繼文兵科給事中楊一魁湖廣道御史劉思問陝西道御史李學詩及巡視五城御史孫喬與等各疏言恤商事

上皆命二部并議制下之日聞者欣然若更生馬

○戊午戶部奏

聖諭議覆給事中劉繼文等所論恤商便宜五事一明習各塲芻蒿太倉黑豆原係營馬及防秋支用本折之間時有變更然軍商咸以折色為便而官費亦省請今後京營所給不必拘泥成限但視價賤即許全折其防秋月支草料亦不必別立名色但令在塲有草六十萬束有豆三萬石通融接濟召買亦易又御馬監馬數未經覈實宜會同巡視科道驗數登籍送部關給以杜冒支二倉塲各商多係中戶宜令巡青科道五城御史盡心查審必求其當除文武正途如例優免若援例監生錦衣官校傳陞乞陞納級買功諸類止免本身其弟姪子男一體均派且商人名數無用過多舊朋戶諸類宜盡除之免致騷擾三科道部臣會估料價每多避嫌過刻宜令稍加從寬定以每歲二月中糴買又御馬監草料視各倉塲多寡懸絕殊非事體後並不許多估以滋侵漁四給放料價舊多不時今後各商納料過半宜即與全給仍陸續補完以前欠數山東河南督糧叅政錢糧未完不許輒回其在順天府輪委通判一員責以督催之事五諸司書辦諸役需索無厭宜令部臣科道查數釐革其商人納糧領銀自本部及監收兩道之外九各衙門點卯掛號一切停止又象房草束守支留難增耗

獨多甚為商累請令錦衣衛官一員同部屬監收即以軍役看守耗草如各塲例上加二斤毋得增溢奏入

上曰商人名數既已裁省令五城御史悉心查覈實人戶充當不許勢豪阻撓影射累及貧民

○隆慶四年六月辛酉

上以久雨壞民廬舍諭都察院曰京城內外小民疾苦即今為始每歲五六七月俱免房號錢以資修理

○隆慶五年四月庚子詔免林衛署果戶房號稅初永樂時有果戶三千餘漸多竄存者僅七百餘戶嘉靖間稅徵其房號至是果戶高銳等奏懇貧難

上亦憫之故有是命

重農

○隆慶二年二月己亥
聖駕詣先農壇親祭先農之神禮畢詣耕田所
上秉耒三推公卿以下助耕畢
上御齋宮賜百官宴并宴耆老於壇旁賜農夫布疋
駕還是日以禮部言增上中下三等農夫各十人於耆老之後如弘治中例

○隆慶三年六月丁酉
上諭禮部曰天氣亢旱三時少雨禾苗漸槁朕甚憂之其傳示順天府官竭虔祈禱自初一日始十日止諸司停刑禁屠不許怠忽是夜逐雨明日又雨又明日大雨

上喜命輟禱弛禁

賑荒

○隆慶元年六月丙申
上諭都察院曰邇霪雨連旬民居多壞其令五城御史以房號錢巡按御史以贓罰銀分賑之已而左都御史王廷等疏上三千餘家貧者戶給銀五錢次三錢凡用銀一萬餘兩詔從之仍令廷等督御史嚴加稽察務使貧民得霑實惠

○隆慶二年六月辛卯禮科都給事中何起鳴奏陝西西安邵縣地震經月壓傷人民甚眾乞賜賑恤
上曰地震重大災所被災人民朕深惻念賑濟一事戶部議處以聞於是戶部奏以本省織造羨餘銀八千八百三十兩并預備倉糧相兼賑濟得旨撫按官須委用得人給散有法俾小民得霑實惠

○隆慶三年七月乙酉戶科都給事中劉繼文以四方日奏災傷宜無賑具議令各該撫按亟查被災地方應賑丁口將府庫贓贖及無礙官銀先糶設備賑其積谷事宜仍勅撫按嚴覈有司軍衛奏報積穀數目以俟稽察戶部是其議
上曰積穀備賑所在有司其從實舉行奏報之日該部如議分別以請

○九月己丑戶部覆山西巡撫靳學顏奏請以所省防秋

客兵銀并鹽課銀六萬發各府縣糴穀備荒又修復社倉令所在皆有餘積
上曰積穀備賑成規具在有司奉行者少一值旱澇即云無策戶部其令各撫按以實行之無為文具

○十月壬辰
上諭戶部曰朕閱河道都御史翁大立奏報水災異常百姓困苦朕甚憫之爾戶部即發太倉銀二萬兩選差司官一員齎去同翁大立先儘災重去處亟行賑濟務使民霑實惠其餘被災地方各該撫按官一體設法賑恤仍查災傷分數酌量蠲免以副朕軫念元元之意

振法紀

○隆慶元年五月丙辰初南京應天等五衛軍人防守浦子口其食鹽俱赴買於龍江關已而江浦縣知縣李大瀾謂浦子口隸本縣議令買食本縣引鹽不得越江以啓私販巡鹽御史已主其議而浦子口守禦江平及諸軍堅執以為不便相持久之遂互相攻訐諸軍大譟擊殺部民大瀾僅以身免至是南京兵部尚書郭乾言二臣本以私忿相鬬法當究治仍乞酌議鹽地以杜爭端得
旨買鹽地方仍舊行凡事干軍民有不便者自宜奏訴守禦官乃敢縱各軍暴横殊不畏朝廷法度并及軍人首事者南京兵部逮至法司重究以聞

○隆慶二年十月己亥湖廣撫按官劾奏遼王憲㸅罪狀

有司驗問得實
上曰憲㸅僭擬淫虐罪惡多端背違
祖訓干犯國紀既多官核實參奏本當盡法姑革爵禁錮削除世封其遣附馬都尉鄔景和告
太廟仍以書示各王府知之擬置羣黨俱下御史按問

○隆慶五年二月癸卯浙江處州府生員馮椿等以本府同知江應昂笞辱生員朱正色父朱杲乃呼引諸生數十人訴於分守參議方岳岳不為理椿等遂羣毆岳守譟而出事聞
上謂生徒聚毆上官大壞法紀令撫按官窮竟其獄無事姑息

○三月丙子都察院左都御史葛守禮申明巡按事宜一正體統為監司之於守令上下相維按臣不當侵手屬官考註藩臬以致政弛民玩權柄倒持二修本務謂御史職在肅官僚振綱紀摘奸伏理冤滯宜力舉其職諸細故有司存毋得侵官三愼訪察謂官以察為名毋自昧昧徒寄耳目宜虛心諮訪酌用僉言則摘發所及無不讋伏四節受詞謂訟必興於險健聽受稍輕則告訐蜂起奉行過當所傷必多自非有司所不能治監司所不能決不宜輕受五完勘合謂本院考察例以完結分數為較毋以文移細故塞責考課時必核其實六公舉劾言撫按之於所屬每恕於甲科而嚴於舉監今無論

其出身惟當核其名實舉刺之蹤無使出境以啓他議七嚴查盤謂委屬宜在得人一人無過三處則磨勘精核而弊端可釐八倡節儉謂減騶從薄供億戒承奉以身率物則其下不渝
上嘉其議令所在巡按御史從實舉行回道之日仍嚴考核毋事姑息

○七月辛酉詔自今公差官各依限赴京若違限日久當逮問者如例逮問其未及逮問者停俸在差陞遷者必以抵任之日積俸三年方許考滿其各府縣官推陞行取亦以歷俸久近為差不必論其選之前後

○八月庚寅建極殿大學士掌吏部事高拱疏言舉劾

之下各行事衙門在馬而四方奸民往往輻輳於此矣言亂政指稱吏部誆騙者尤多宜嚴捕治如歇家敢有窩藏許兩鄰舉首若不舉首事發一體連坐重罪庶奸徒無所容而各衙門亦可以行事矣疏入

上深然之令廠衛五城悉如拱言嚴行訪捕都察院仍揭榜禁約

○隆慶六年三月辛卯南京户部尚書曹邦輔參奏管倉主事張振選違抗不職狀乞如例罷黜吏部覆言上下之分定而後紀綱立政令行邇来屬官不奉堂官約束名分倒置其原皆因往歲執政之臣悦人媚己於是險夫之在庶僚者託為奥援以語言相搆少不快意輒非

陷之於是堂官不敢行其約束而屬官益恣其胷臆自稱風釆即未必有與援者亦皆以違拗堂官為得計而安意承行者益鮮矣其在外省則由巡按御史往往以進士推官知縣有科道之望乃曲為護庇引為私人陰授以廉訪之柄凡二司之賢否悉出脣吻少有不悦遂以萋菲而禍終不免於是二司反皆畏懼曲意結納盡奉承之不暇而又何敢問其政事之得失乎體貌既乖法度盡廢害政莫甚於此請革振選職冠帶閒住仍通行内外諸司今後屬官敢有抗違上官者俱如振選例上官有自降禮體款曲屬官平日不能督率有罪不行糾治者以不職論其各巡按御史仍有護庇進士推官知縣引為私人者聽本部都察院及科道參奏究治庶久塗之耳目可開而久紊之法紀可振矣

上曰近来屬官不受約束上官不行糾治及為曲悦名分倒置政體大乖其令内外諸司一體戒飭以後仍效此風者部院科道官具以名聞重治之於是黜振選閒住

○辛亥兵科都給事中梁問孟言國家所恃以振刷天下者獨法耳法一廢則犯上作亂其勢不可收拾故漸弗可弗防也頃安慶之變雖由官軍挾憤而陵視紀法則非一朝一夕之故矣臣請以往事證之昔南京振武營諸軍始以小釁致殺大臣當時少事姑息未經盡法遂稔惡不悛當事者至今憂之山西巡撫稽核軍餉稍嚴

乃中夜鼓譟圍刼督撫浙江東陽縣催徵稍急即聚衆歃血震驚居民處州生員請託不遂毆及方面松江童生考不與選辱及府官倣效成風恬不知法皆緣當事者曲為掩護以避已罪而不知姑息之弊一至此極也惟

陛下鑒於往事勑下法司將安慶官軍盡法究治以明憲典仍誡天下有違法倡亂者所司即以實聞勿泥激變良民之律相率欺蔽以隳國法兵部覆奏

上是之詔令後官員軍民有狥私挾仇違法倡亂者所司即擒獲奏聞朝廷憲典具存決不輕貸其容隱掩飾者聽兵部及該科參究

慎刑罰

○隆慶三年正月己巳大理寺左少卿王諍言我朝設刑部以掌刑名又設大理寺以平審之本以相濟而非以相病也今問刑官多不能輸心服善各務求勝每每違背律例獨任意見或曰難以照常發落或曰合比某事擬罪自創一例略無顧忌臣請以近事一二證之一律文所謂凡奉制書有所施行而違者杖一百本指制詔而言今則操軍違限守備官軍不入直開塲賭博槩用此律臣嘗駁之則執稱律例皆制書也然則大明律例皆不必用獨用制書有違一句足矣臣竊謂其舛也一律文犯姦條下所謂買休賣休和娶人妻者本指用財

買求其又使之休賣其妻而因以娶之者言也故律應離異歸宗財禮入官至若夫婦不合者律應離異婦人犯姦者律從嫁賣則後夫憑媒用財娶以為妻者原非姦情律所不禁矣今則槩引買休賣休和娶之律悉令離異財禮入官臣嘗駁之則又執稱買休賣休和娶人妻原不係姦情然則買休賣休之律何為載於犯姦條下也一律文所謂不應得為而為者笞四十重者杖八十蓋為律文該載不盡者方用此律也若所犯明有正條自當依本條科斷今人之所犯有手足毆人成傷者應笞三十以他物成傷者應笞四十此其罪名之當得者也今之議罪則曰某除毆人成傷輕罪不坐外合依不應得為而為之事理重者律杖八十夫既除毆人輕罪不坐則無罪可坐矣而又坐以不應得為臣不知其所謂不應得為者何事也人命至重憲典昭然恐不宜附會偏執如此

上曰邇來問刑官不諳律例致多戲枉所奏令刑部都察院公議以聞先是諍以刑部尚書毛愷屢以議獄不合故疏中及之愷不能平執奏部擬皆是又謂買休賣休乃本夫賣無罪之妻為義絕本婦從嫁賣之命為失節買休人娶為有夫之婦為苟婚故彼此俱罪本婦歸宗也若犯姦自有正律不當傅此京操班軍違限乃題准事例非制書有違而何事變無窮律文有限則有不應

得為而為之律蓋成法也事有情重律輕者則難以照常發落罪有律無正條者則比附律條奏請亦成法也而曰自創一例略無顧忌何耶於是議久不決都察院左都御史王廷刑科左給事中陳行健等皆以諍議為是

上乃令更議買休賣休律而戒愷等今後問擬評駁務虛心詳審以副朝廷欽恤之意已而左都御史王廷覆言買休賣休律分列犯姦條下上承縱容抑勒通姦之條下接用計逼勒休棄之罪會意明屬姦情但律文止曰本夫本婦及買休人原無姦字故部寺各執所見大抵該部則謂夫婦大倫不可輒賣當一切裁之以法該寺

則以律用正條罪難槩擬欲將圖財嫁賣者問以不應
量追財禮入官其貧病嫁賣及後夫用財買娶別無比
情者不坐於情雖便頗屬紛更惟
上加裁定得旨買休賣休本屬姦條今後有犯非係有姦
情者不得引用
○七月辛丑刑科給事中魏體明條陳五事一慾酷刑一
慎議讞一戒淹滯一省詞訟一禁廠衛其戒淹滯言有
可率泥成案憚于平反又多引嫌却避即在重辟心知
其冤而莫為伸理至發遣發配之類更相積滯動經數
年宜行戒飭其禁廠衛言番校緝獲盜賊不問眞僞以
搒掠定之箠楚之下何求不得衒寃茹痛莫此為甚自

今宜送法司鞫審如情眞罪當乃與紀功其濫及無辜
者即與疏釋仍罪及捕者刑部覆奏
上曰淹滯獄囚在外者行所司速為伸理在內者法司具
以名聞
○九月甲戌刑部尚書毛愷言今災異頻仍由刑獄冤濫
所致其弊有六曰濫詞曰濫拘曰濫禁曰濫刑曰濫擬
曰濫罰六者皆足以殃民生召灾異宜嚴飭內外諸司
禁革罰者以輕重黜罷
上曰邇來刑獄太濫致干天和其行內外諸司務平恕明
允痛袪濫弊以副朕欽恤弭災之意苛刻害民者在內
法司在外撫按官劾治之

○隆慶四年七月庚午刑部尚書葛守禮等言
皇上登極之初大布恩赦與民更生以至停刑有旨無留
有貸其所以憫念黎元者甚厚而在外有司無以奉承
休德凡有訊鞫不論輕重動用酷刑有問一事未竟而
已斃一二命到任甫期年而拷死數十人者輕視人命
若草菅如汾州知州齊宗堯三年致死五十人榮河知
縣吳朝一年致死十七人甚可駭也請行各處撫按官
戒諭有司如有仍前慘刻用刑者照例革黜為民有故
勘故禁故入平人致死者依律抵死容隱者事發幷治
上曰近來有司官不遵律例酷刑虐民撫按官亦不禁察
任其所為負朕愛恤民命之意其行撫按官嚴加體訪

如有仍前酷刑者劾治之如或姑息容隱法司該科一
併參奏

核功罪

○隆慶元年三月戊辰先是總督宣大山西軍務侍郎王
之誥上招回被虜人口宣府三百八十九人大同二千
一百六十一人山西一百四十五人因言大同總兵孫
吳招至二千一百人參將麻錦一千一百人守備馬添
祿七百人例當陞級加賞副總兵官馬芳三百人參將
丁世隆方琦劉國守備解一清周伊俱百人以上量賞
參將袁世械尤月趙伯勛守備史大典楊淮孟仲麻貴
操守張鐸俱四十人以上當量犒

上命兵部查例以聞于是兵部言往時邊軍多殺降冐功
故招徠者少今將士奉法遣民懐歸其數自倍故事總
兵以七百人為率參將四百人守備把總備禦三百人
各陞一級不及數者給賞今總兵吴于數加倍宜陞二
級參將錦守備添祿加一倍陞一級其餘賞犒皆如總
督侍郎所擬
上曰參將守備等官人自効力數多為難總兵官合集衆
力數多為易自今參將四百人守備而下三百人各陞
一級多者遞加總兵官七百人陞一級多者加賞孫吴
陞祖職一級賞銀三十兩紵絲二表裏麻錦馬添祿各
一級馬芳二十兩一表裏丁世隆等各四兩表世械等

如議其來歸者督撫官厚加撫恤務令得所率領者視
所率人數賞録
○九月丁卯西虜俺答率衆數萬入寇大同井坪邊進至
山西偏頭関老營堡驢皮窖等處撫按官以聞
上念邊民罹害手詔總督鎮巡等官各加嚴謹戰守毋得
怠悞於是兵科給事中歐陽一敬上言
聖情軫念邊事
天語所臨旌旗生色顧用兵之際非嚴紀察之司恐官軍
不無退怯至事寧而始行勘晚矣
上是其言命各該巡按御史隨營紀察功罪務以實聞
○隆慶二年二月癸未御史王漸勘上山石石州被虜功

罪法司議覆請首治該鎮總兵申維岳田世威參將劉
寶及巡撫王繼洛苛嵐副使王學謨僨事殃民之罪守
備楊時隆以下不守信地罪次之太原府同知李春芳
苛嵐州知州王下賢繕修不完參將黑雲龍等備禦無
策隰州知州魏宗芳等收斂不早罪又次之總督王之
誥等守南山難於遥制大同總兵孫吴失於應援而衆
寡不敵宜薄其罪議上得旨維岳威保各斬繼洛學謨
謫戍邊春芳下賢降三級之誥降二級聽用吴落職充
為事官管事雲龍宗芳時隆等及各分守管操等官下
巡按御史按問以聞其有功官遊擊方振參將尤月各
陞二級賞銀二十兩先後捕獲奸細明海等及叛人董

嗑兒等黑里器等俱斬以狗時邊臣選輭怠玩掩罪冐
功積弊已久故恣虜出入動得利去至是議罰將士始
知畏法焉
○十二月戊戌
上諭兵部曰今年邊境寧謐醜虜遠遁各總督鎮巡官修
守備戒備多効勤勞其加優賚以示激勸賞總督官銀
三十兩紵絲二表裡鎮巡官二十兩一表裡
○隆慶三年正月乙卯論閩廣剿寇功賞福建巡撫塗擇
民總兵李錫兩廣總督張瀚廣東巡撫熊桴總兵郭成
參將張元勲蔣伯清銀幣有差先年二年七月中海寇
曾一本突犯福建界官軍出海迎擊於柘林盐埋及馬

耳滇等大破之前後擒斬七百人死水火者萬人至是事聞兵部請大破常格先給賞而後行勘以勸邊臣効力者故有是命

○丁巳盜刼四川犍為營昌二縣庫銀巡撫都御史嚴清言盜賊之患隨處皆有而四川獨多如眉州富順長壽仁壽墊江威遠及犍為榮昌不三年間被盜屢矣失在罰輕人不知儆宜特重其罰庶弭盜患兵部覆用其議得旨下犍為知縣計畧等巡按御史按問自今有失事者撫按官查各官駐劄處所及失事次數分別奏處

○十月甲辰先是虜入大同塞七日引去總督陳其學巡撫李秋各言本鎮探得虜情預為之備以故虜無所利

總兵趙岢等先後遊擊皆有俘斬功宜加賞録而巡按御史燕儒宦言虜自入境來我兵無敢發一矢與之敵者攻陷堡塞殺虜人畜甚多宜正諸臣玩愒之罪於是都給事中張卤等劾奏邊臣欺罔請嚴究如法兵部請下御史勘實以聞

上乃令總兵官趙岢等待罪防秋參將袁世械等屬御史提問及給事查鐸御史王圻等復以為言又令其學及秋俱待罪任事候勘至處分至是儒宦勘上狀言始虜謀犯我諜者實先知之守臣亦不憚征繕以待虜顧為陵京重地議令岢戒備紫荆關遏其南下岢遂提兵遠屯參將方琦等皆不設備遊擊施汝清等又畏縮不前遂令懷應山陰之間任其蹂躙陷堡塞大者二所小者九十一所殺掠男女及創殘者數千人掠馬畜糧芻者以萬計我軍雖嘗出邊稍有斬擒然竟未接一戰原任總兵胡鎮及遊擊文良臣稍能驅逐不致敗事而功不勝過其能自保而有勞勣者惟副總兵麻錦參將麻貴葛奈三人而已岢又不自引咎乃逞故智以欺督撫不察而過聽以欺

陛下此三臣者罪可勝言哉然臣又惟虜入不數日尋即引去雖縱横兩路而不敢睥睨三關亦是三臣防禦之力且秋視事未三月展布未遑罪尤可原疏上得旨趙岢避事殃民本有常刑姑降實職三級陳其學降俸二

級李秋奪俸半年胡鎮文良臣各降一級麻貴賞銀二十兩麻錦葛奈各十兩方琦等六人皆謫戍施汝清等九人下御史問又以鎮巡官或不宜於本鎮命兵部同吏部議更置之

○十二月庚子以廣東潮州府擒剿林樟等巢賊首郭明等功賞總兵郭成兵備僉事楊芷監軍副使江一麟等銀兩有差初潮揭普惠諸縣山賊依險為巢者以百數郭明據林樟巢胡一化據北山洋陳一義據馬湖寨聲勢相倚居戮刼虜蓋二十年是年九月成等率官軍分部進剿明及一化一義竝伏誅凡斬首及俘獲者二千三百有奇諸巢悉平至是總督劉燾奏捷具言撫民林

道乾等寔用命宜許贖罪
上既賞成等而命御史勘道乾功績以聞又以廣中山寇
尚多飭龢等亟為剿滅毋玩愒養寇以貽民患
○隆慶五年八月甲寅命禮科左給事中雒遵往邳州等
處查勘河工先是總理河道都御史潘季馴奏邳河工
成乞録效勞諸臣
上曰今歲糧運比常更遲如何輙報工完且叙功太濫該
部核實以聞于是尚書朱衡覆言河道通塞專以糧運
遲速為驗非謂築口導流便可塞責乞遣官就彼覆勘
而命季馴戴罪管事報可

恤軍士

○隆慶元年甲戌詔内官監黑室等廠舊役鎮朔諸衛軍
三百十四人俱放歸原伍
○三月丁未諭禮部曰朕初即位念守邊官軍勞苦宜加
恩賚爾等其會兵部備查遼東至甘肅縁邊一帶地方
官軍實數以聞
○五月癸亥以漕軍疲困詔運船過臨清免其帶甎
○隆慶二年二月庚寅賜扈駕及防守官軍馬軍人各銀
六錢步軍人三錢守
天壽山後馬步軍如之九門皇城四門直宿園子手及巡
捕官軍人二錢
○隆慶三年五月戊辰寧夏總兵官雷龍請減撤入衛兵
馬以實本鎮兵部覆言邊兵入衛之苦言者非一然竟
不敢輕撤者薊鎮土兵未練虜儆時聞不得不藉手足
以護腹心耳宜俟来歲將寧夏量減一枝而令薊鎮亟
練土兵或練未即成於京營中暫摘二枝俾春秋輪戍
薊鎮
上曰入衛士馬近聞疲困殊甚其令薊鎮督撫官亟行議
處以聞
○八月乙丑兵部以大閱請發太僕寺庫銀一萬犒京營
官軍人一錢
上以軍士勞苦命人給三錢
○隆慶四年二月壬戌巡按雲南監察御史劉翾奏詔修

省陳言邊事略曰臣頃見延綏下班軍十二車所載生
居其二而槪居其一生者顛連憔悴而泣訴曰行糧月
糧朝廷所以養吾輩者非不厚也年例新增兵部所以
請給發者非不時也本色折色督撫所以憑冊報者非
不足也然而下情不通胥至罷困若一遇于僉撥之常
例而支放愆期再漁于將領之使用而扣尅無度三觸
于家丁之抑勒而額外取盈四害于主兵之好逸而分
擺于極衝無暇之地五迫於修邊之太急而督責以緊
閑難淺之工六苦于撤放之太遲而跋履于暑雨悲咨
之日愕腹以稱戈裂指以荷鍤故困踣至此推之他鎮
無不皆然宜乘此撤防之日亟為議處此即

陛下發賑緩刑之仁心而修省以回天变之一端也疏入
上曰入衛兵馬既疲困至此爾部臣即行與譚綸從實悉
心議處具奏
○五月乙酉詔漕運各總過江過湖脚銀之奇羨者解貯
淮安府庫為軍船罷辦什物之用每船給以四兩如再
有餘則以助船之費仍著為令
○九月乙酉詔兵部發銀一萬兩於薊鎮犒各鎮官兵之
赴援者先是以虜報調集士馬策應已而虜不果入守
臣王崇古請量賞之以鼓士氣故有是命
○隆慶五年五月戊子從御史蕭廪議令各邊兵入衛薊
鎮者即以掣兵之日放歸不必留備冬春

脩武備
○隆慶元年七月己巳駙馬都尉鄔景和言故事戎政府
開操在春季三月秋季八月中旬後以逆鸞建議改于
七月宜如故便
上曰秋防事重七月開操不為早其遵成命行
○隆慶二年九月戊辰兵部議覆大學士張居正所陳飭
武備事宜其一議整飭京營言
祖宗設立京營屯兵數十萬凡遇各邊有儆輒令出征蓋
所以居重馭輕而固天下之本也歲久逃亡若衆見存
僅九萬餘人中有多四方竄籍之人有以一人而應三
五役者即春秋操演亦虛文耳今宜盡核逃亡之數報
冊有名者行衛查補無名者發卓清勾兵數既足仍行
戎政大臣從實操演季冬會同巡視科道閱視勤惰以
聞操練既嚴則冒替者自有所憚而不為矣至于大閱
之禮
宣宗嘗行之兎兒山
英宗嘗行之北郊又嘗行之西苑成憲具在今
皇上聖性英姿同符
列祖當戎務廢弛之秋正四方改觀易聽之會伏望自隆
慶三年為始于季冬農隙之後恭請
聖駕親臨校閱一以甄別將官驗其教練之多寡以為陟
黜之次第一以考校軍士視其技藝之高下以為賞賚

之等差但有老弱即行汰易以後間歲一舉如此不惟
京營卒伍可變弱以為強即邊塞諸軍亦望風而思奮
矣
上曰然大閱既有
祖宗成憲允宜修舉爾部中其與戎政官先期整飭候明
年八月內來聞餘悉如議務實行之
○隆慶三年九月辛卯
上大閱將士于京營教場閱畢諭總督戎政等官及將士
曰詰戎講武保治弘圖訓練有方國威乃壯爾等其
勉之又敕諭總督戎政鎮遠侯顧寰協理侍郎王之誥
等曰朕惟國家設立京營以養戰士平時則講軍實遇

徼則壯國威蓋以居重馭輕安內攘外為萬世計也越
我
皇考又更新戎政申飭宏規專命文武大臣為之總督協
理其制大備夫何邇年以來法令寢弛姦弊叢生士馬
消耗器甲凋敝將多怯懦兵無選鋒朕甚慮之夫列屯
坐食之兵非益寡而春秋操練之期非甚疎也則何以
廢壞如是無乃任事之臣不能明宣朕意而以空文塞
責歟書不云乎有備無患故治兵講武蒐卒簡乘帝王
之所重也茲朕遠稽古典近遵
祖制採納輔臣之言以今年季秋親行大閱之禮將領以
下薄加賞罰以示勸懲惟爾等職司營務為國爪牙其

尚仰體朕心益修戎備無怠惕以廢事無姑息以長奸
無營私以撓公無苛刻以擾衆務使部伍充實士馬精
強訓練不為虛文征調皆有實用庶幾重根本之勢消
窺覬之萌以稱朕張皇六師至意如贊朕命責有所歸
爾等其欽承之
○隆慶四年正月乙亥
上諭兵部曰畿輔重邊地方武備廢弛已久近來言者皆
詳於外而略於內豈萬全計爾等宜悉心詳議所以捍
外禦內者具奏施行既而尚書霍冀等條為十事以上
一更置守令謂近邊府州縣掌印官民兵錢糧城堡器
械悉屬綜理所係甚重宜行總督撫按官公同甄別甚

應久任某應改調遇有員缺吏部仍慎選甲科老練之
人充之如科貢吏員出身有異才堪任者一體起用一
修繕城堡謂保障邊方城堡為急往年猾虜止于攻毀
堡寨近則攻陷州縣城矣今沿邊方地方自永順二府
之外州縣城垣與軍民屯堡全未經略即如近京蘆溝
橋河西務皆素稱大鎮虜必垂涎之地宜速行各該守
臣增築墻垣多開濠塹工費取之撫按贓罰及戶部開
納事例銀一申明保甲謂郊畿近地軍民襍處往往盜
起肘腋而不知虜至門庭而莫避宜申明保甲之法有
急共救有罪同罰其他點閘科派之擾一切禁之一團
練民兵謂各州縣設有民壯專備緩急之用而有司類

用以供迎送之役全不教練故民兵雖設武備日弛宜
如近議嚴行所在撫臣加意教閱其有額外壯丁堪練
者多方募集編成什伍擇其有信義服人者立為隊長
隊副以統領之平時則量減徭役防秋則量給行糧如
有捍虜功一體陞賞一修築墩臺謂墩臺為烽火耳目
之寄而近邊州縣多把廢不修猝遇虜儆不便　傳
報宜酌量沖緩以時修築多撥軍夫守之一製造火器
謂中國之長技全在火器如連珠砲神鎗快鎗等項宜
一一多備仍選軍民精銳有膽力者充為火器手不時
教習以濟緩急一栽植樹株謂畿輔重地平衍空濶虜
騎得以長驅宜于各城堡外多種樹木不惟利民且因

可以捍虜一預計防守謂城堡既修又須法令素明乃
能有濟宜令各府州縣掌印官查照各城堡梁口數目
編定號次以為信地挨户出丁守之雖勢豪之家不得
循情優免倘遇虜報戒嚴即挑選壯丁如期策應一聽
謹收歛謂虜若大舉則當下清野之令使各處保甲馬
上執旗召集鄉民悉遷入城堡如有怠玩者罪之一責
成兵備謂畿輔地方一應兵馬錢糧之事全賴兵備分
理必功罪相同而後能戮力共濟即如近年宣大地方
戰守之功無歸之兵備而頃者大同失事罪止坐總督
鎮巡甚非法紀今後宜以為戒使人人知責任所在不
容他諉庶邊務有裨疏入

上以為然令各該撫按督率兵備等官着實舉行更置有
司務以期作速具奏
飭邊防
○隆慶元年六月甲辰吏部尚書楊博言頃者天變異常
凡霾雨地震氷雹悉為陰沴之象
皇上宜修實政以答天心今邊務最急宜及秋防伊邇申
飭邊臣嚴為之備
上批答曰各邊兵食戰守機宜令劉燾王之誥霍冀各督
撫鎮兵備守巡等官竭忠為國協力整理秋防事竣仍
核功罪以聞
○七月丁卯

上諭吏兵二部曰薊鎮邊墻因久雨傾圮雖已降旨修築
未知工緒如何又未知修築之外別有禦虜長策否其
亟推才望大臣一人行邊會同督撫等官閱視工程及
講求便宜以聞於是尚書楊博等言兵部侍郎遲鳳翔
可
上從之命鳳翔兼都察院右僉都御史賜勅以行勅曰朕
惟安邊固圉為備當周為謀當預邇聞薊鎮邊墻因夏
月霪雨倒塌數多該鎮正在興工修理而復值秋霖旋
築旋圮今不知工程果已若何文武吏士久事版鍤勞
瘁之狀恒軫朕心又今入秋漸深萬一工未即成其禦
虜之策安出計諸邊臣義存報國志切立功當必有成

畫矣茲特命爾前去該鎮宣布朕憫念之意徧歷緊要
處所驗督工程勞撫士卒俾勿懈沮倦怠必期早完仍
會同總督劉燾總兵官李世忠劉漢巡撫耿隨卿及各
將領兵備等官悉心計議目今若何從宜戰守日後若
何經久備禦凡有長策逐一具奏中間或有顧忌不敢
自言之情徇碍不能自為之事亦就從實條列奏請邊
情重務朝廷謂爾有才識特遣爾往處分爾宜仰體朕
心務得周詳的確來奏庶副簡命爾其欽哉
○十月乙酉
上日講畢問大學士徐階等以石州陷故諭令選將調兵
加意防守于是户科都給事中魏時亮上言比若

陛下因閱御史奏而憂及虜寇又於日講之後問輔臣以
石州事此二事仰見我
皇上之加意勤政乃安攘之大本也願益推此心遠法帝
堯之無怠無荒近法
孝皇之召問大臣俾司馬張兵司徒足食宗伯敎民以禮
令親上死長而冢宰揀拔眞才以任羣治如古六卿之
職而
陛下獨以神運之則順治威嚴而虜患不足平矣工科左
給事中吳時來亦言
聖情留意邊防如此虜已在目中更望歷召吏戶兵部問
以督撫得人若何防守定計若何錢糧接濟若何庶令

當事者人人惕厲永保無虞
上皆嘉納之
○十一月辛酉
上諭輔臣徐階等曰朕聞東西二鎮虜寇荼毒至甚防虜
之計圖之宜豫卿等其會文武羣臣務實詳議以聞于
是階等上議曰比者
皇上以東西二鎮突被虜患特降
聖諭命臣等務實講求預處之策此誠
聖慮宸猷所以制治保邦衍隆平之慶于無疆者也臣等
愚陋不足奉明詔其事在閫外難遙度者請仍俟邊臣
計奏而邊臣得便宜從事者亦無容猥瀆以煩

聖聽臣等謹以邊臣所不得自言之情與所不能自專之
事提綱挈要槩括諸臣所條議而參以一得之愚具列
十三事如左伏惟
聖明裁擇一責實效二定責任三明戰守四申軍令五重
將帥六練軍兵七繕城堡八團民兵九處久任十廣招
納十一儲人才十二理鹽法十三擇邊吏
上是之命二鎮諸邊總督鎮巡等官即以所議務實舉行
其有仍前欺怠者兵部科道及巡按御史參奏重治
○隆慶二年二月己酉
上在天壽山諭輔臣曰朕躬謁我
祖考陵寢始知邊鎮去京切近如此茲薊州總督官來朝

言近者虜情如何今邊事久壞無爲朕實心整理者但
遲辭說弄虛文將來豈不悞事卿等及部臣議擬以聞
于是兵部言京師
陵寢均爲腹心重地去虜營密邇薊鎮藩屏于東宣鎮股
肱于西爲左右輔使二鎮守臣實心幹濟固可恃以無
恐而邇來人心玩愒或文武互爲參商或官屬自相矛
盾或怵于法網之太密或牽于議論之太多坐是日弛
一日誠如
聖諭屬者雖據總督諸臣報稱無警而衣袽之防正在今
日即當移檄二鎮守臣多方偵伺務令預得虜情早爲
經略用紓

皇上宵旰之懷其徒為文具債事殃民仍蹈故習者罪無
赦
上是之令總督鎮巡等官各條上見行戰守方畧以聞
○六月癸巳總督薊遼侍郎譚綸條上分立三營事宜請
於薊昌十路練兵三萬人列為三大營以遵化永平遊
兵二枝合巡撫標兵一枝為遵化一營巡撫都御史劉
應節提督之以建昌遊兵一枝合鎮守標兵二枝為三
屯一營鎮守總兵官郭琥提督之以振武石匣二營合
總督標兵二枝為密雲一營練兵都督戚繼光提督之
各以兵備監督其遵化三屯二營仍聽繼光往來總理
而悉受制于總督不得矛盾同異當春秋兩防之時各
皇明寶訓 隆慶二卷 五十
屯要地如永平一區有警則遵化一營禦之三屯出二
哨應之密雲出一哨應之薊州一區有警則三屯一營
禦之遵化出二哨應之密雲出一哨應之密雲一區有
警則密雲一營禦之三屯出二哨應之遵化出一哨應
之兵皆據墻為戰以拒虜不入為上功其或一面失守
致虜潰入則合三營之兵併力奮擊務收全捷又言薊
鎮補練主兵將以罷調客兵今行之已踰十年主兵竟
不能充客兵終不可罷何者任之未專而行之未實也
今宜責之臣綸與繼光使得專任其事勿使巡按巡關
御史撓與其間俟三年補練有成然後遣官閱視補得
主兵二枝即罷調客兵一枝補得主兵一萬即罷調客兵

五千專任既專功效自著比之頻年補練迄無成績不
可同日而語矣疏入報可已而巡撫都御史劉應節言
薊昌十路惟永平一區最為單弱宜厚集兵力以固
守不當以其去京稍遠而秦越視之以臣愚計宜于振
武營改設副總兵一員駐劄密雲統領總督標下各營
兵馬建昌營改設副總兵一員就彼住劄統領鎮巡標
下各營兵馬以聽總理者往来督率訓練庶聲勢相聯
而于体統亦無所紊
上曰練兵乃禦虜要務督撫官宜恊力幹理以副朝廷委
任是所言分營訓練與譚綸原議不同未見有同心為
國之義秋防期近其令會議詳確并議處舊額兵馬以
皇明寶訓 隆慶二卷 五十一
聞
○七月己酉
上諭輔臣曰秋防届期不知各邊已有備否去歲失事邊
臣朕從寛宥今內外官尚多虛言誤事者卿等宜示兵
部申飭譚綸等今後務期實心共濟不得仍蹈前非縱
虜深入違者朕處以法不貸
○九月甲戌
上以秋防將竣恐各邊督撫鎮巡等官忘備玩寇命兵部
移文申飭之
○隆慶三年六月乙未兵部尚書霍冀奏禦戎之道守備
為先去年各邊防秋無警適者又聞俺答西掄回夷其

在中國似可晏然無虞矣乃臣猶有慮者臣伏覩九邊
事勢遼鎮雖常逐虜而河西之寇頻閒薊鎮固稱設險
而補練之兵未足昌平則禁山之後可慮保定則三關
之口宜防宣府近有車夷之偷不能無鄉導之憂大同
久失大邊之險難保無剝膚之害山西士多脆弱延綏
久苦征調寧夏三面受敵無一可拒之塞固原一望沙
漠尤多易犯之區至于甘肅僻在西陲素稱無備即今
各酋或住營莊涼山後或聚收西海水頭偷番夷者得
志則乘勝而謀我不得志則乘機而噬我我之為謀少
疎則安枕未有日也惟
聖明篤戒邊臣勿令弛備

上曰然各邊近雖少警未可恃以為安其亟行諸鎮總督
鎮巡等官嚴加隄備比年所議戰守事宜務實修舉毋
事虛文
○隆慶四年正月甲申兵科都給事中張鹵疏論總督陳
其學巡撫王遴不職狀因言宣大總督原駐陽和居兩
鎮適中之地便于經略已而移駐懷來專備南山夫虜
不能越上谷以伺南山則南山不宜株守明矣請如故
事令總督駐陽和仍嚴核薊鎮練兵實效及入衛兵減
撤之數而戒諸將官各戮力任事無飾虛言兵部覆議
得旨令其學回籍聽用遴策勵供職今後總督每遇春
秋兩防照舊駐劄陽和有警相机調度餘俱如擬

○三月壬午兵部覆都給事中温純言頃聞宣大屢有虜
報而今督撫將領諸臣在陳其學則當回籍在方逢時
則當新任在王遴則當內轉在馬芳趙岢則始更置継
總督者王崇古尚候代于陝右繼巡撫者孟重始聞命
於洛中尚書郭乾方自留都行取未至事勢可虞請各
加申飭
上曰邊報屢至防守宜嚴其亟行各該督撫等官用心防
禦新陞者趣令赴任毋致稽延悞事
○隆慶五年八月乙卯勅諭諸邊鎮督撫等官王崇古等
曰朕受
天明命君主萬方內夏外夷無不欲其得所昨歲北虜欵

關求貢議者紛紛可否互異朕方欲廣幷包之仁故不
責既往納其貢獻授官職許為外臣然夷狄之性叛服
不常制禦之方自治為要近該輔臣建議請降勅諭申
飭各鎮文武諸臣及時整理邊務誠為安攘至計茲特
諭爾等除職掌所係照常修舉外乘今邊患稍寧嚴督
將領諸臣將一應戰守事宜着實整理撙節費用務有
羸餘修築險隘務堪保障訓練兵馬務皆精壯修整器
械務皆犀利召種屯田務廣儲積清理鹽法務使疏通
收買胡馬務求實用招徠逆黨務令解散其事有不便應
令改弦易轍者亦要明白具奏請旨定奪毋得拘泥陳
說因循自誤以後每年聽行邊大臣查覈紀驗果能事

事整飭著有實績比照擒斬事例重加陞賞如陸襲故
套推諉誤事即照失機從重擬罪爾為總督重臣通貢
二事既已屢效忠謀尤須慎終如始廣集衆思悉心區
畫毋以目前無事而遂忘戒備之心毋以一時權宜而
遂為經久之計務俾邊政修舉日勝一日禦虜之算萬
全無遺斯副朕委托之重高爵懋賞朕不爾吝或如息
玩廢弛以致僨事責有所歸爾其慎之慎之

懷遠人

○隆慶元年十一月丙寅朝鮮國權國事李昖遣陪臣沈
銓入謝表貢馬匹方物因歸我被倭掠去人民陳滿等
二十餘人

上曰李昖署國之初即效忠順其賜勅諭以旌之仍賜白
金百兩錦綺四疋紵幣十二表裡其獲功人等賞金帛
有差

○隆慶二年八月辛卯兵部議覆宣大山西督撫陳其學
等奏請優錄降人白春魏良相田汝光田淮王現等并
議招降賞格凡被虜人能斬獻大酋首如俺答者能率
男婦五百名口三百名口來歸者悉如會題例陞賞外
其五百名口者仍賞銀一百兩三百名口者仍賞銀七
十兩若有率二百名口以上者授以正千户仍賞銀五
十兩一百五十名口以上者授以副千户仍賞銀四十
兩一百名口以上者授以實授百户仍賞銀三十兩五
六十名以上者授以所鎮撫仍賞銀二十兩二三十名
以上者授以冠帶總旗仍賞銀十兩俱世襲十名以上
者分別賞賚俱以過邊實數為則若能斬獲逆叛如趙
全周元首級來獻者即授以都指揮僉事賞銀一千兩
成能殺害不及斬首自身投降來報者巡按御史覈實
如前例陞賞其已歸降又能招誘降者亦如陞賞逆酋
自能悔罪來降通宥其罪仍授以指揮僉事賞銀五百
兩再能率衆二三百名以上者授以指揮同知賞銀一
千兩仍陞見任將官管軍管事各該承委招降墩哨人
役果能率衆一起五十名口以上者授以所鎮撫二百
名口以上者授以實授百户俱世襲軍役伴送降人至

者每名賞銀五錢降人不問男婦老幼督撫行各原籍
動支官銀分別查給為寧家之資仍復其身

上命如議行其歸正人果有智勇諳虜情者令督撫官一
體任用宣布朝廷恩信以廣招徠

○隆慶三年十二月辛酉琉球國中山王尚元遣其臣守
備由必都等歸我被虜人口守臣以聞

上嘉尚元屢效忠誠賞銀五十兩綵段四表裡仍賜勅獎
勵由必都等各給銀幣有差

○隆慶四年十月癸卯虜酋俺答孫把漢那吉率其屬阿
力哥等十人來降總督王崇古受令散處鎮城會俺答
攻略西番聞變亟引還約諸部兵入犯崇古檄各鎮趣

嚴兵禦之乃上言令
聖武布昭諸虜效順殆天意非人力也顧其事係國體不
細臣熟計之有三策焉把漢脫身來歸非擁衆内附之
比宜給宅授官厚賜衣食以悅其心禁絕交通以防其
詐多方試之以察其志歲月既久果無異心徐為録用
使俺答勒兵臨境則當諭以恩信許其生還因與為市
令生縛板升諸逆趙全等致之麾下仍歸我被虜士女
然後優賞把漢而善遣之此一策也如其恃頑强索不
可理諭則嚴兵固守隨機拒戰且示以必殺制其死命
則其氣易沮必不敢大肆狂逞而吾計可行又一策也
其或棄把漢不顧吾厚以恩義結之其部下有相繼來

降者輒收牧各邊令把漢統領略如漢人置屬國居烏
桓之制俟俺答既死黄台吉兼有其衆則令把漢還本
土收其餘衆自為一部以與黄台吉抗而我按兵助之
使把漢懷德黄台吉畏威吾邊人因得休息又一策也
臣日夜度虜之狀不出此三端而吾應之之術宜亦無
踰此者惟
陛下集諸臣裁定可否得旨夷酋款塞事情兵部議處詳
確以聞時巡按御史饒仁侃武尚賢等各言虜情叵測
請多方撫處申嚴戰守之備疏并下部議於是兵部覆
言把漢以憤激來歸心志未定其後來降人情狀難測
如收牧塞上則狼子野心終非可馴之物封疆近地或

生意外之虞非完計也且俺答兵已臨境合則屯駐未
降散則分攻肆掠勢所必至宜飭崇古詳加譯審別無
詐諼則給之冠服以繫其心其餘相机審處宜悉如崇
古議
上曰虜酋慕義來降宜加優撫其以把漢那吉為指揮使
阿力哥為正千户各賞大紅紵絲衣一襲該鎮官加意
綏養候旨別用其制虜机宜令崇古等悉如原奏盡心
處置務求至當
○十一月丁丑虜酋俺答聞朝廷索叛人趙全等許歸把
漢那吉乃令黄台吉罷兵遣使來謝因乞封號及黄台
吉官爵求輸馬與中國鐵鍋布帛互市于是總督王崇

古上疏曰俺答雄據漢北保我叛人掠彼番部其衆十
餘萬矣東結朶顔三衛為嚮導西挾吉囊子孫為羽翼
常首禍謀今把漢那吉激小忿而來降黄台吉謀力嚮
而見挫老酋悔過投誠納款此天時也臣聞國初時嘗
封虜為忠順王近事則西番諸國亦各有封請得許俺
答比諸國為外藩定其歲貢之額示以賞賚之等長率
衆酋以聽
聖朝一統之盛官黄台吉以結其父子祖孫之心歸我叛
人剪其羽翼亦中國之利也今虜中布帛鍋釜皆仰中
國每入寇則寸鐵尺布皆其所取通貢之後不可復得
將不無鼠竊之憂若許通市則和好可久而華夷兼利

他邊如遼東開原建昌肅州西番諸夷皆有市乞倣其
制刻日平價申禁防奸以和其交事宜無不就若惟
上亟賜裁決以安疆場兵部覆議請俟虜衆遠遁執獻板
升諸逆則遣歸把漢以結其心其封錫天典俟彼稱臣
稽首然後更議
上曰虜酋既輸誠哀懇且願執叛來獻具見恭順其賞把
漢那吉綵段四表裡布百疋遣之歸封貢事令總督鎮
巡官詳議覆奏
○隆慶五年三月己巳
上御文華殿日講畢大學士李春芳等面奏北虜封貢事
宜具言外示羈縻内修守備之意

上曰卿等既議允當其即行之于是廷臣知事由
宸斷異議稍息矣
○己丑封虜酋俺荅為順義王賞大紅五綵紵絲蟒衣一
襲綵段八表裡賜之勅曰朕惟天地以好生之德自古
聖帝明王代天理物莫不上体天心下從民欲包含徧覆
視華夷為一家恒欲其竝生竝育于宇内也我
太祖高皇帝膺天眷命君主萬方
成祖文皇帝順天繼統鎮撫九圍薄海内外莫不臣服迨
朕紹承丕緒于玆五年欽
天憲
祖受養生靈胡越一体併包燕育頃因爾孫来歸特命遣
臣護視給其服食厚加撫納以禮遣還爾感朕恩願稱
臣内屬歲歲入貢永為荒服俘獻叛賊以表悃誠邊臣
為奏懇款再三朕念比番朝貢代固有之在我國家亦
惟常典爾能慕華内附請命恭虔可謂深識天道者矣
朕實嘉悅特允所請封爾為順義王爾弟爾子及諸部
落頭目俱授以都督等官俾爾世居本土遂革射獵各
安生業同樂太平朕代
天覆幬萬國無分彼此照臨所及悉我黎元仁恩惟均無
或爾遺爾尚仰遵天道堅守臣節約束爾衆永篤恭順
使老者得安幼者得長保境息民世世安樂朕國家膺
萬年之天運爾子孫亦保萬年之福澤豈不永有美利

哉倘爾部衆或背初心擾我邊境是乃自乖大義輕棄
盟言
天地鬼神實共鑒臨非爾之福爾其体悉朕意尚欽承之

弭盗

○隆慶二年十月庚辰廣賊曾一本等駕船二百餘艘突
至南澳窺福建玄鍾界撫按塗澤民王宗載疏請大征
上命兩省督撫鎮巡官竭力夾剿務期蕩滅不得推諉以
致滋蔓
○隆慶六年六月丁亥以盗刼安義縣庫奪江西布政使
司左叅政方良曙俸一級黜安義縣知縣曾知經為民
始定捕盗條格各州縣掌印巡捕官有盗至十人者降

一級二十人者降二級三十人以上者罷官各兵備及
該道官所屬盜起至五十人者降一級七十人者降二
級百人以上者罷官撫按隱匿不行參奏者聽部院科
道官參奏重治若地方有盜即報上官亟行擒滅上官
即撥兵馬就便捕滅者免究仍錄叙其捕盜之功量多
寡為陞賞著為令

除逆

○隆慶四年十二月丁酉虜執我叛人趙全李自馨王廷
輔趙龍張彥文劉天麒馬西川呂西川呂小老等來獻
初趙全與丘富從山西妖人呂明鎮習白蓮教事覺明
鎮伏誅丘富叛降虜全懼乃及弟龍王廷輔李自馨從
富降俺答駐邊外古豐州地名曰板升俺答授全等皆
為酋長丘富死全等益用事歲歲引虜入犯邊境苦之
已而試百戶張彥文遊擊家人劉天麒明鎮子呂西川
及邊民馬西川呂小老等先後降虜與全等皆居板升
全等因尊俺答為帝治城郭宮殿期日升棟會大風殿
棟落壓殺數人俺答懼不敢復居而全等亦各建堡治
第擬于王者署其門曰開化府有蟠宮鳳閣之號俺答
益貴近之隆慶初汾石之禍實全等本謀也時邊事日
棘中外購籍以板升為憂募有能得全等者拜都指揮
賞銀千兩久之不能得及是以把漢那吉故虜乃誘執
全等至雲石堡待命總督王崇古已得請遂受其獻遣

使送歸那吉那吉戀戀不欲行崇古既以朝廷恩意許
奏表通往不絕及宴賚甚厚那吉感恩誓不敢貳中國
攜其妻以歸留阿力哥及俺答使二人為質至是以狀
聞兵部言全等兇悖為中國患數十年一旦騈首就縛
此天心助順
聖德格遠之效也宜祭告
郊社
宗廟以昭武功
上曰叛逆元兇頻年糾虜入犯荼毒生靈罪惡滔天仰賴
上穹錫佑
宗社垂庥虜酋效順執縛來獻足洩神人之憤朕心嘉悅
宜奏告
郊
廟獻俘正法內外有功諸臣宜加恩賚者以例聞

○隆慶五年九月庚辰磔廣西逆賊韋銀豹并斬其孫
扶獞于市仍傳首夷方銀豹廣西古田獞民其父朝威
自弘治間與其伯朝猛占據縣治拒殺副總兵馬俊參
議馬鉉正德間銀豹常隨朝威攻陷洛容縣朝威誅死
銀豹乃挾其五子四出虜掠屢敗官兵隆慶元年五月
銀豹兄銀站恐為己累密送款巡撫殷正茂執銀豹以
降傳詣京師
上以付吏論銀豹謀反律與扶獞俱伏誅其家屬黨類下

撫臣論治如律

大明穆宗莊皇帝寶訓卷之二　終

皇明寶訓　隆慶二卷

六十二

貞觀政要

（唐）吴兢　撰

解題

周延良

《貞觀政要》十卷，唐吴兢撰輯。

本編據文淵閣《四庫全書》影印元代戈直『集論』本。

卷首録清（高宗）愛新覺羅·弘曆《御製〈貞觀政要〉序》《御製讀〈貞觀政要〉》《御製題金版〈貞觀政要〉》《御製題〈貞觀政要〉魏徵、王珪請送葬二王事》《四庫全書總目提要》《明憲宗〈貞觀政要〉序》、元吴澄《題辭》、元郭思貞、戈直《序》、唐吴兢《〈貞觀政要〉原序》《貞觀政要目録》。戈直《集論》爲雙行小字。

吴兢，唐代汴州浚儀（今河南開封一帶）人，約生于唐高宗咸亨元年（六七〇），卒于唐玄宗天寶八年（七四九），主要活動在武則天至唐玄宗時期。唐中宗即位，宰輔魏元忠、朱敬則等薦爲直史館專修國史，唐中宗朝，神龍中，遷右補闕，與韋承慶、崔融、劉子玄等人撰《則天實録》。唐玄宗開元年間，拜諫議大夫，仍修唐史兼修文館學士。開元十七年，出爲荆州司馬，累遷台、洪、饒、蘄四州刺史、加銀青光禄大夫，再遷相州長垣縣子，天寶初，改鄴郡太守，入爲恒王傅。天寶八年（七四九），卒于家。吴兢爲人耿直方正，不苟且于交際。爲史，書法簡核秉直，不以權勢輕重而附會引申爲事，時人譽爲『董狐』[一]。吴兢在朝，蓋直言敢諫之臣，明淩迪知《萬姓統譜》載曰：

吴兢，汴州浚儀人。貫知經史，方重寡諧，累官右拾遺。玄宗初立，鋭于決事，兢慮其果而不精，上書切諫，拜諫議大夫。修國史，事多核實，不少假借，人比之董狐。（據文淵閣《四庫全書》本卷十。案，兩《唐書·吴兢傳》載此事爲尤詳）

吴兢爲臣，直言奏事；爲史官，秉筆直書，明何良俊《語林·方正》載：

吴兢與劉子玄撰定《武后實録》敘張昌宗，引張説誣證魏元忠事云：説已許昌宗，賴宋璟激勵苦切，故轉禍爲忠，不然，皇嗣且殆。後説爲相，讀之，不喜。知兢所爲，即從容謬語曰：『劉生書魏齊公事不少假借，奈何？』兢曰：『子玄已亡，不可受誣地下。』兢實書之其草，故在聞者嘆其直。説屢以情蘄改，兢辭曰：『徇公之情，何名《實録》？』卒不改。世稱爲今之董狐。（據文淵閣《四庫全書》本卷十三。案，此事，復見兩《唐書》）

史載，武則天寵臣張昌宗、張易之欲構陷魏元忠，引張説做僞證，張説許之，後張説迫于宋璟刻責而未果——此事載于《武后實録》。待張説爲宰相，讀此書而見此事頗不悦，欲使吴兢修改删削，吴氏以秉直爲是，終不改，由此遭貶荆州司馬之禍。吴兢記史簡約，嘗爲後人病其『疏忤』，《新唐書·吴兢傳》所謂：『兢敘事簡核，號良史，晚節稍疏忤，時人病其太簡。』[二] 吴兢嗜收藏，家多聚書，《舊唐書·吴兢

[一]《舊唐書》、《新唐書》皆有傳。

[二] 據《二十五史》本《新唐書》卷一百三十二。

傳》載：『……兢家聚書頗多，嘗目録其卷第，號《吴氏西齋書目》。』[一]吴兢著述，除《貞觀政要》外，猶有《唐春秋》《唐備闕記》《武后實録》《西齋書目》等。《新唐書·藝文志》著録：

吴兢《唐春秋》三十卷。（據《二十五史》本卷五十八）

宋尤袤《遂初堂書目·雜史類》著録：

吴兢《唐備闕記》。（據《四庫全書》本）

宋王堯臣等編《崇文總目·目録類》著録：

《吴氏西齋書目》一卷。（據《四庫全書》本卷四）

宋晁公武《郡齋讀書志·書目類》：

《吴氏西齋目》一卷。

右唐吴兢録其家藏書，凡一萬三千四百六十八卷。兢自撰書附于正史之末，又有續抄書列于後。

（據文淵閣《四庫全書》本卷二下）

另有《樂府解題》，或曰《樂府古題要解》史多异説[二]，録此存疑。另，史載吴兢曾預修或删定《武后實録》，《宋史·藝文志》著録：『唐《武后實録》二十卷。』但未及預修者名氏。

[一] 據《二十五史》本卷一百二。
[二] 參見《四庫全書總目提要·樂府古題要解》諸説。

一、國内版本的主要著録

《貞觀政要》，宋代以來，向爲皇帝以至于官員所重。宋代傳本，雖有諸家著録，但其原書今已不得見，元代，有戈直爲之作《集論》，是書流布益廣，及明代，不僅有民間刻本，中央政府也有刻本，而且明憲宗朱見深親爲之序。今唯其藉清代目録家之著録，略知梗概。清莫友芝《郘亭知見傳本書目·史部·雜史類》著録曰：

《貞觀政要》十卷　唐吴兢撰。○宋小字本。○明成化内府大本。○國初朱載農刊大字本。近年埽葉山房刊本。○邵位西有《永樂大典》校埽葉山房本。（據《藏園訂補郘亭知見傳本書目》第二七七頁—二七八頁，中華書局，二〇〇九年）

據此可知，在清代，仍有『宋小字本』。關于元本、明本，爲民國傅增湘所知見、收藏，傅氏訂補莫友芝之書説：

《貞觀政要》十卷　唐吴兢撰，元戈直集論。○元刊本，十行二十字，黑口，左右雙闌，版心上記字數，下記刊工人名。鈐『禮部官書』朱文大印。附清代康熙五十二年暢春園發下改裝帖子，清内府舊藏。○明成化元年内府刊本，十行二十字，大黑口，四周雙闌。前成化元年御製序，七行十二字。此本已印入四部叢刊續編。○明刊本，十行二十字，黑口，四周雙闌。余藏。（據《藏園訂補郘

亭知見傳本書目》第二七八頁，中華書局，二〇〇九年）

按照傅增湘的《訂補》之説，他見到過元刊戈直的《集論》本，曾在清宮内務府藏。另有明成化元年，内務府刻本，而且卷首有明憲宗朱見深所爲《序》，已輯入民國時期出版的《四部叢刊續編》——此皆爲傅氏所知見。其次有傅增湘家藏明刻本。案，此本曾爲于敏中等編《欽定天禄琳琅書目·明版史部》著録，其釋文曰：

《貞觀政要》一函五册

唐吴兢撰，元戈直《集論》十卷。前明憲宗序，次元吴澄序，次郭思貞、戈直二序，次吴兢原序，次集論諸儒姓氏。

……

明内府藏本有『廣運之寶』。（據文淵閣《四庫全書》本卷八）

其摹印如次：

朱文　序　卷一之卷三

卷五　卷七　卷九

（據文淵閣《四庫全書》本卷八）

又，此本曾爲《郘園讀書志·史部》著録：

《貞觀政要》十卷　明成化元年刻大字本

《貞觀政要》十卷，明成化元年刻大字本。每半葉十行，行二十字，小字雙行同。大黑口本，版心『貞觀政要卷某』，前有御製刻書序。《四庫全書總目》史部雜史類著録爲内府藏本，蓋即《天禄琳琅書目》明版史部所載者，云明内府藏本，有『廣運之寶』鈐序及卷一之卷三、卷五、卷七、卷九，核之此書，不知何時散出落于廠肆。……（據上海古籍出版社，二〇一〇年，楊洪升點校本第一三八頁）

葉德輝釋文中所説《貞觀政要》版本即如所言爲《天禄琳琅書目》著録者，亦傅增湘《訂補》中所及『明成化元年内府刊本，十行二十字，大黑口，四周雙闌。前成化元年御製序』後印入《四部叢刊續編》者——此三家著録，實爲同一版本即『明成化元年刻』并有明憲宗『御製序』。

據傅增湘《訂補》明代最早的刻本是明太祖朱元璋洪武三年『王氏勤有堂』本，其文曰：

明洪武三年勤有堂刊本，十三行二十四字，細黑口四周雙闌。目後有『洪武庚戌仲冬王氏勤有堂刊』篆文牌記二行。首宋濂序，稱昇有良士曰王敬仁，欲刊于家塾以傳，遂假中秘本重爲正之云云，蓋金陵王氏勤有堂據内府藏本重刊者。宋序後有『寓吴郡盧遂良刻』六小字。余藏。傳世政要最善本。（據《藏園訂補郘亭知見傳本書目》第二七八頁，中華書局，二〇〇九年）

據傅氏此録，此明刻本中最早的版本，而且曾爲傅氏收藏，他認爲是《貞觀政要》的『最善本』。雖爲翻刻本，仍彌足珍貴。

二、日本版本的主要著録

（一）晚清楊守敬《日本訪書志》卷五著録：

《貞觀政要》十卷　影舊抄本

此本影文化六年抄本，每半葉九行，行十七字，與狩谷藏本第三卷以下皆同。首有吴兢《上貞觀政要表》而無吴兢《〈貞觀政要〉序》。其第二卷後有建保、嘉禄、貞應、安貞、嘉禎、仁治、弘長、永仁、永禄等年，菅氏歷世題記。每卷後均有文化六年六月等日寫記，有案字押，森立之稱爲藤長親卿花押。此本即影寫長親卿收書本者，蓋原本卷軸改爲册子也。立之又云：『以《玉海》所載目録及元戈直本校之，體式大异。蓋其國博士家所傳唐時真本。』其言當不誣。末卷有文化十二年興田吉從一《跋》言此書甚悉。第一卷、第四卷、第七卷有『不忍文庫』『温故堂文庫』印，皆日本收藏名家也。……（據清光緒丁酉家刻本）

案，據嚴紹璗考察，此本藏日本慶應義塾大學斯道文庫，其説曰：『楊守敬《日本訪書志》卷五著録影舊抄本《貞觀政要》十卷，係慶應大學斯道文庫藏本的抄本的影寫本。……』〔一〕又，《日本訪書志》卷

〔一〕據嚴紹璗《日本漢籍善本書録·史部·雜史類》（中華書局，二〇〇七年，第四六八—四六九頁）。

五著録另一本曰：

《貞觀政要》十卷舊抄本

此本係文政元年，阿波介藤原以文以其國諸古本及戈本合校者。篇首載其國古墨筆凡十三通，又朱筆二通。一爲永本，一爲江本，又載漢本、奥本書題識，奥書卷子反面書也。其本有《政要表》而《政要》序、表後有『景龍三年正月□[一]日，衛尉少卿兼修國史館、崇文館學士臣吴兢等上』，表爲各本所無。按吴兢本傳，其書實成于神龍中。《書録解題》引《館閣書目》亦云，然則此『景龍』當爲『神龍』之誤[二]，而據其《自序》《提要》考在開元八年以後，亦至確，莫詳其乖异之由也。此本每卷有『松田本生』印，又有『向山黄村』印。余從黄村得此本，而日本古本异同皆彙集無遺。擬歸而刻之，久無應者。今以阿波介藤合校諸本列左。……（同前）

其後爲『古本校合凡例』之文，此略之。案，據嚴紹璗《日藏漢籍善本書録》著録，此本亦藏日本慶應大學斯道文庫。

按照《日藏漢籍善本書録》著于録之殘本（寫本）甚多，至有唐代寫本，此不贅録。

（二）嚴紹璗《日藏漢籍善本書録》之録《貞觀政要》元、明刊本凡五種，依次引録如左：

[一] 此處原爲空格，今以『□』代之。

[二] 案，宋陳振孫《直齋書録解題·典故類》著録是書亦有疑問，其説：『《貞觀政要》十卷。唐吴兢撰，前題『衛尉少卿兼修國史』，按《新舊書·列傳》，兢未嘗爲此官，而書亦不記歲月，但其首稱良相侍中安陽公、中書令河東公，亦未詳爲何人。《館閣書目》云，神龍中所進，當改。』（據文淵閣《四庫全書》本卷五）

貞觀政要十卷

（唐）吴兢撰　元刊本　共四册

静嘉堂文庫藏本

【按】每半葉有界十三行，行二十四字。細黑口，四周雙邊。卷首有《上〈貞觀政要〉表》。次有吴兢《序》，題『衛尉少卿兼修國史弘文館學士』。案，次爲元刊本，藏日本『静嘉堂文庫』。又著録明刊《集論》本四種，其録曰：

貞觀政要集論十卷

（唐）吴兢撰　（元）戈直集論

明初刊本

嘉堂文庫　御茶之水圖書館藏本

【按】卷首有元至順四年（一三三三）正月郭思貞《集論題辭》，并臨川戈直《序》，吴兢《序》，及《集論諸儒姓氏》。

此本世稱元刊大字本，匡廓比明成化亦略大，實係明初刊本。

静嘉堂文庫藏本，原係陸心源十萬卷樓等舊藏，共四册。

御茶之水藏本，原係德富蘇峰成簣堂等舊藏，共八册。

貞觀政要集論十卷

（唐）吴兢撰　（元）戈直集論

明成化元年（一四六五）内務府刊本

内閣文庫　静嘉堂文庫　尊經閣文庫　東京大學東洋文化研究所　大阪府立圖書館藏本

【按】每半葉有界七行，行十七字。注文小字雙行，行同正文。細黑口，四周雙邊。

卷首有明成化元年（一四六五）八月初一日御製《貞觀政要序》。次有元至順四年（一三三三）正月郭思貞《貞觀政要集論題辭》。次有戈直《序》。次有吴兢《貞觀政要序》。次有《目録》《集論諸儒氏姓》等。……

貞觀政要集論十卷

（唐）吴兢撰　（元）戈直集論

明成化十一年（一四七五）崇藩刊　共六册　内閣文庫藏本　原楓山官庫舊藏

貞觀政要集論十卷

（唐）吴兢撰　（元）戈直集論

明大易閣刊本

東京大學東洋文化研究所藏本

依嚴紹璗著録的明刊《集論》本，屬在四種版本，其一是『明初刊本』，其二是『明成化元年内務府刊本』，其三是『明成化十一年刊本』，其四是『明大易閣刊本』。上録日本國《貞觀政要》各本，今均存于世。

以上所考國内外著録《貞觀政要》并《集論》版本大多存于世，另有清于敏中等主編《欽定天禄琳琅書目・金版史部》所録《貞觀政要》爲『金版』，其釋文説之甚詳，曰：

《貞觀政要》一函六册，唐吴兢撰，十卷。前金唐公弼《序》、兢《上〈貞觀政要〉表》。鼂公武《郡齋讀書志》曰，兢以唐之極治，貞觀爲最，故采時政之可備勸戒者上之于朝，凡四十篇。考《唐書》兢，汴州浚儀人。少厲志，貫知經史。當路薦其才堪論撰，詔直史館修國史，此書當即其時所進。書前有大定己丑八月進士唐公弼序，稱「南京路都轉運使梁公出公府之貲，命工鏤版」。按大定，爲金世宗年號，己丑，爲世宗九年，在南宋，爲孝宗乾道五年。公弼無考，所稱梁公，未詳何人。考《金史》梁肅奉聖州人。天眷二年擢進士第，大定初，爲中都轉運副使，繼除河北東路，遷中都轉運使。是肅生平屢任是官，又適在大定之時，似即其人。但史未載其爲南京都轉運使，或肅曾敭歷，未久于任而史略之耳。此本，字宗顏體，刻印精良，與宋版之佳者無异。藏書家知崇宋本，而金版多未之及，蓋緣流傳實鮮，耳目罕經，似此吉光片羽，真爲希世之寶也。

據著録者描摹印記，是書原爲清康熙朝徐乾學所藏，其摹印如次：

朱文、

白文 俱序

（據文淵閣《四庫全書》本）

《欽定天禄琳琅書目》所及金代刊刻《貞觀政要》本，未見清莫友芝、民國傅增湘著録國内收藏，亦未見清楊守敬、今人嚴紹璗所著録日本的收藏。

《貞觀政要》是一部記載皇帝治國理政、皇帝與大臣協同治國理政的文獻。全書十卷四十篇，分類編輯唐太宗在位的二十三年中，與魏徵、房玄齡、杜如晦等大臣在治國理政中，大臣們的争議、勸諫、奏請以及與太宗的對話，規範君臣思想道德、軍政思想的文獻，此外也記載了一些政治、經濟上的重大措施。與《舊唐書》《新唐書》《資治通鑒》等記載有關貞觀時期的史書相比，所記事件略較詳備、具體，是研究唐初『貞觀之治』政治、經濟、文化思想、唐太宗李世民與諸多近臣如魏徵、房元齡、杜如晦、魏徵、王珪等人皇權思想、民生思想的重要史料。

歷史上就《貞觀政要》的評價是以皇權與民生共存爲標準，對後世産生了重要的影響，除了儒家文人給予充分地關注，有些皇帝，也予以很高的評價，如明代的憲宗皇帝朱見深，清代的高宗皇帝弘曆，都從是書所記皇權、民生等與社會經濟、社會政治有關的事况給予總體上肯定，這自然有道理，今天，也應該肯定此書就治國與民生記載上的價值和積極意義。

明憲宗朱見深《〈貞觀政要〉序》：

三代而後，治功莫盛于唐，而唐三百年間，尤莫若貞觀之盛。誠以太宗克己勵精圖治于其上，而群臣如魏徵輩感其知遇之隆相與獻可替否以輔治于下，君明臣良，其獨盛也，宜矣！……其君有任賢納諫之美，臣有輔君進諫之忠。其論治亂興亡，利害得失，明白切要，可爲鑒戒，……太宗在唐，爲

一代英明之君。其濟世康民，偉有成烈，卓乎不可及已。（據文淵閣《四庫全書》本）

據此節録文可見，明憲宗皇帝肯定、贊許和稱頌『貞觀之治』以至于《貞觀政要》要在唐太宗李世民的克己圖治、任賢納諫、濟世康民，故稱之爲『一代英明之君』；歷史上，有明君，纔會産生良臣，兩者是因果關係，换言之，明君是良臣産生的基因。就歷史而言，其它朝代不是没有如同魏徵等這樣的『賢臣』，而是産生魏徵這樣的賢臣首先需要有容納賢臣的皇帝——《貞觀政要》的價值在于如實地記載了這一段歷史。清（高宗）愛新覺羅·弘曆《〈貞觀政要〉序》之論：

……唐貞觀太宗以英武之資，能用賢良之士，時若房元（玄）齡、杜如晦、魏徵、王珪諸人，布列左右，相得益彰。蓋自三代以下，能用賢納諫而治天下者，未有如此之盛焉。……其所以致治，則又在于用此數賢，……（據文淵閣《四庫全書》本）

乾隆皇帝恰當地説明，明君良臣畢會于一朝，故有貞觀之盛，也就是説，貞觀之盛不僅在于『君明』，還在于『臣賢』——有明君，纔會有賢臣。

《貞觀政要》在晚唐以後受到歷代統治者的重視，在于唐代貞觀年間的務實求治、與民休息、重視農業、發展生産力的施政方針，那麽，爲君之道具有决定性的作用，《貞觀政要·君道》專論爲君之道，多以君臣對話出之：

貞觀初，太宗謂侍臣曰：『爲君之道，必須先存百姓。若損百姓以奉其身，猶割股以啖腹，腹飽而身斃。若安天下，必須先正其身，未有身正而影曲，上理而下亂者。朕每思傷其身者不在外物，皆

由嗜欲以成其禍。……』（本編卷一）

此説，意在强調當好皇帝的前提是愛民與正身——君以百姓爲存，以正身爲先，没有百姓和百姓的擁戴就没有君主存在的可能，同樣，國家以百姓爲依存，君主必須把『正身』作爲先決條件。魏徵對答皇帝之説引春秋時期楚莊王問詹何治理國家之方，詹何對答説：

……楚王又問理國何如，詹何曰：『未聞身理而國亂者。』陛下所明，實同古義。（本編卷一）

楚王問怎樣治理國家，詹何對答，只要國君身正，國家就不會亂。魏徵認爲『陛下所明，實同古義』。魏徵認爲，前面唐太宗的説辭『實同古義』。『君依于國，國依于民』的民本思想。用人惟賢才，廣開言路的開明措施，尊儒重教的文化政策，仁德先行、省刑慎罰的統治策略，以及儉約慎行、善始慎終的人格要求，是中國開明皇帝的治國策略，也是行之于理論和實踐的法則，《貞觀政要》是『貞觀之治』的集成。

吴兢著《貞觀政要》意在稱揚『貞觀之治』，總結唐太宗時代的政治得失，以冀後世君主以爲鑒戒。書中所記，内容廣泛，涉及政治、經濟、軍事、文化、社會、意識形態、生活等方方面面，尤以討論君臣關係、君民關係、求諫納諫、任賢使能、恭儉節用、居安思危爲其重。

雖然《貞觀政要》在史實上偶有差誤，但叙事詳贍，文字暢曉，論述的又是統治之道，在此後中國産生的影響十分深遠，傳入日本，對日本社會同樣具有深遠的影響。

毋庸諱言，唐太宗李世民的《帝範》是《貞觀政要》的藍本，也是它的理論本源。下臚列《貞觀政要》之目備查：

卷一《論君道》第一、《論政體》第二。

卷二《論任賢》第三、《論求諫》第四、《論納諫》第五。

卷三《論君臣鑒戒》第六、《論擇官》第七、《論封建》第八。

卷四《論太子諸王定分》第九、《論尊敬師傅》第十、《論教戒太子諸王》第十一、《論規諫太子》第十二。

卷五《論仁義》第十三、《論忠義》第十四、《論孝友》第十五、《論公平》第十六、《論誠信》第十七。

卷六《論儉約》第十八、《論謙讓》第十九、《論仁惻》第二十、《慎所好》第二十一、《慎言語》第二十二、《杜讒邪》第二十三、《論悔過》第二十四、《論奢縱》第二十五、《論貪鄙》第二十六。

卷七《崇儒學》第二十七、《論文史》第二十八、《論禮樂》第二十九。

卷八《論務農》第三十、《論刑法》第三十一、《論赦令》第三十二、《論貢賦》第三十三、《辨興亡》第三十四。

卷九《議征伐》第三十五、《議安邊》第三十六。

卷十《論行幸》第三十七、《論畋獵》第三十八、《論灾祥》第三十九、《論慎終》第四十。

吴兢是『良史』，也是『能吏』。

欽定四庫全書

御製貞觀政要序

夫三代以上君明臣良天下雍熙世登上理自東遷以降風俗日薄天下無復熙皥之美雖有質美之主望治甚切而所以屈己從諫力行善政者終不能有以震古而鑠今及唐貞觀太宗以英武之資能用賢良之士時若房元齡杜如晦魏徵王珪諸人布列左右相得益彰蓋自三代以下能用賢納諫而治天下者未有如此之

盛焉史臣吳兢纂輯其書名之曰貞觀政要後之求治者咸列之屏風或取以進講元至順間戈直又刊其書以行于世余嘗讀其書想其時未嘗不三復而歎曰貞觀之治盛矣然其所以致治則又在於用此數賢而數賢之中又推魏徵裨益為多然魏徵不能自必信用於太宗以見其功業則又知太宗所以獨信魏徵言聽計從而見效若彼者固人君所當服膺書紳而勿失也書中分目目中有條條之末引先儒之言而論斷之其有望於後王也深矣人君當上法堯舜遠接湯武固不當以三代以下自畫然觀爾日君臣之所以持盈保泰行仁義薄法術太宗之虛己受言諸臣之論思啟沃亦庶幾乎都俞吁咈之風矣

右謹依

樂善堂全集定本恭錄

御製讀貞觀政要

薰風何習習朱明屆長候北窻高卧起洛誦勤時懋貞觀政要編覽罷再三復文皇治世功在漢文景右斗米值三錢太倉粟腐矣關東暨嶺南開門夜無寇論古緬遐思治功非倖覯文貞立朝端彌縫而匡救九重亦虛已勤政夜繼晝厲精圖至治俗用臻富厚二十餘年間中外稱明后徵没明鑑昏志滿漸差謬東征無成功辛能自引咎復碑念前規厚賜撫其後猶不負初心終身無鏬漏信順立丕基尚賢天所祐先哲留嘉謨後人當勉就

右謹依
樂善堂全集定本恭録

懿德嘉言在簡編憂勤想見廿三年燭情已自同懸鏡從諫端知勝轉圜房杜有容能讓直魏王無事不繩愆高山景仰心何限字字香生翰墨筵

乾隆丙辰

君子慎言行其發乃樞機出身發乎邇千里應在玆所以古聖王左右史有司匪惟記善惡亦以謹起居叶逸三代下不乏為君師漢文唐太宗高山予仰政叶漢帝質無忝唐皇文有餘叶至今政要書炳然法則垂求賢與納諫簡編多令儀獨於觀史事不能我無疑文皇信英辟易理豈不知九皋鶴聞野榮辱應不遐詎藉金匱藏卻觀知所為遂良執簡記傳信恒於斯秘之不與觀固也非達宜禮云記動言非禮戒宴私不觀史何據或者其未思善哉劉洎言人君日月齊設遂良不記天下皆記之復如封宇文至唐皆進規使其記隋事筆應多詭辭豈能掩煬惡煬惡誰直書叶

乾隆乙丑仲夏

右二首謹依
御製詩初集恭録

御製題金版貞觀政要

好名曾昔議文皇三代下名好亦臧言不以人廢如是書原同帝範之夔吳兢采輯質文備梁肅鋟行勸戒詳幾度披芸欽古鑒寧徒玩紙墨精良

欽定四庫全書
御題詩 貞觀政要 二

右一首謹依御製詩二集恭錄

御製題貞觀政要魏徵王珪請送葬二王事

上表明陳送寢園豈非不忘舊君恩舊君若問辰嬴事死後將何對九原徵珪平日皆自命敢言者也雖太宗欲立楊氏為后徵進言乃止然此事豈待立后始為失德哉既為太宗之累亦無以對海陵則上表欲送息隱海陵之葬不過為名之舉耳故詩以刺之

右一首謹依御製詩三集恭錄

欽定四庫全書　史部五

貞觀政要　雜史類

提要

臣等謹按貞觀政要十卷唐吳兢撰兢汴州浚儀人以魏元忠薦直史館累官太子左庶子貶荆州司馬歷洪舒二州刺史入為恒王傅天寶初年八十卒事蹟具唐書本傳宋中興書目稱兢于太宗實錄外采其與羣臣問答之語作為此書用備觀戒總四十篇新唐書著錄十卷均與今本合考舊唐書曹確傳載確奏臣覽貞觀故事太宗初定官品云云其文與此書擇官篇第一條相同而唐志所錄別無貞觀故事豈即此書之別名歟其書在當時嘗經表進而不著年月惟兢自序所稱侍中安陽公者乃源乾曜中書令河東公者乃張嘉貞考元宗本紀乾曜為侍中嘉貞

為中書令皆在開元八年則兢成此書又在八年以後矣書中所記太宗事蹟以唐書通鑑參考亦頗見牴牾如新舊唐書載太宗作威鳳賦賜長孫無忌而此作賜房元齡通鑑載張蘊古以救李好德被誅而此謂其與囚戲博漏洩帝旨事狀迴異又通鑑載皇甫德參上書賜絹二十四匹拜監察御史而此但作賜帛二十段又通鑑載宗室諸王降封由封德彝之奏貞觀初放宫人由李百藥之奏而此則謂出于太宗獨斷俱小有異同史稱兢敘事簡核號良史而晚節稍疎牾此書蓋出其耄年之筆故不能盡免滲漏然太宗為一代令辟其良法善政嘉言嬍行臚具是編洵足以資法鑒前代經筵進講每多及之故中興書目稱歷代寶傳至今無闕伏讀

皇上御製樂善堂集開卷首篇即邀

褎詠千年舊籍榮荷表章則是書之有裨治道亦槩可見矣書中之註為元至順四年臨川戈直所作又採唐柳芳晉劉昫宋宋祁孫甫歐陽脩曾鞏司馬光孫洙范祖禹馬存朱黼張九成胡寅呂祖謙唐仲友葉適林之奇真德秀陳惇修尹起莘程竒及呂氏通鑑精義二十二家之說附之名曰集論吳澄郭思貞皆為之序直字伯敬即澄之門人也乾隆四十一年十二月恭校上

總纂官臣紀昀臣陸錫熊臣孫士毅

總校官臣陸費墀

明憲宗貞觀政要序

朕惟三代而後治功莫盛於唐而唐三百年間尤莫若貞觀之盛誠以太宗克己勵精圖治於其上而羣臣如魏徵輩感其知遇之隆相與獻可替否以輔治於下君明臣良其獨盛也宜矣厥後史臣吳兢采其故實編類為十卷名曰貞觀政要有元儒士臨川戈直復加考訂註釋附載諸儒論說以暢其義而當時大儒吳澄又為之題辭以為世不可無其信然也朕萬幾之暇銳情經史偶及是編喜其君有任賢納諫之美臣有輔君進諫之忠其論治亂興亡利害得失明白切要可為鑒戒朕甚嘉尚焉顧傳刻歲久字多訛謬因命儒臣重訂正之刻梓以永其傳於戲太宗在唐為一代英明之君其濟世康民偉有成烈卓乎不可及已所可惜者正心修身有愧於二帝三王之道而治未純也朕將遠師往聖允迪大猷以宏至治固不專於是編然而嘉尚之者以其可為行遠登高之助也序于篇端讀者鑒焉成化元年

八月初一日

夏有天下四百五十餘年商有天下六百三十餘年周有天下八百六十餘年三代以後享國之久唯漢與唐唐之可稱者三君而已太宗文皇帝身兼創業守成之事納諫求治勵精不倦其效至于米斗三錢外户不閉故貞觀之盛有非開元元和之所可及而太宗卓然為唐三宗之冠史臣吳兢類輯朝廷之設施君臣之問對忠賢之諍議萃成十卷曰貞觀政要事覈辭質讀者易曉唐之子孫奉為祖訓聖世亦重其書澄備位經筵時

嘗以是進講焉夫過唐者漢漢孝文之恭儉愛民可鏡也超漢者夏大禹之好善言惡旨酒可規也繼夏者商成湯之不邇聲色不殖貨利可師法也周監二代郁郁乎文文武之德旦奭之猷具載二南二雅周頌之詩召誥立政無逸之書義理昭融教戒深切率而由之其不上躋泰和景運之隆乎然辟之行遠必自邇辟之登高必自卑則貞觀政要之書何可無也庶士戈直考訂音釋附以諸儒論說又足開廣將來進講此書者之視聽其所裨益豈少哉前翰林學士資善大夫知制誥同修國史吳澄題辭

二帝三王之治後世莫能及者順人之道盡乎仁義也唐太宗以英武之資克敵如拉朽所向無前天下甫定魏鄭公力排封德彝之繆以仁義進雖太宗未能允迪其實有愧於修齊然四年之間内安外服貞觀之治亦仁義之明效歟史臣吳兢類為政要凡命令政教敷奏復逆詢謀之同謇諤之異所以植國體而裕民生者赫赫若前日事江右戈直集前賢之論以釋之翰林草廬吳公叙其首以屬於余值拜奎章台命道廣陵謀於憲

使日新程公將有以廣其傳也程公慨然即以學廩之羨鋟諸梓嗚呼仁義之心亘古今而無間因其所已然勉其所未至以進輔於聖朝則二帝三王之治特由此而推之耳觀是編者尚勗之哉至順四年歲在癸酉正月辛卯前中奉大夫江南諸道行御史臺侍御史奎章閣大學士郭思貞書

貞觀政要者唐太宗文皇帝之嘉言善行良法美政而史臣吳兢編類之書也自唐世子孫既已書之屏帷銘之几案祖述而憲章之矣至於後世之君亦莫不列之講讀形之論議景仰而傚法焉夫二帝三王之事尚矣兩漢之賢君六七作何貞觀之政獨赫然耳目之間哉葢兩漢之時世已遠貞觀之去今猶近遷固之文高古爾雅而所紀之事畧吳氏之文質樸該贍而所紀之事詳是則太宗之事章章較著於天下後世者豈非此書

之力哉夫太宗之於正心修身之道齊家明倫之方誠有愧於二帝三王之事矣然其屈己而納諫任賢而使能恭儉而節用寛厚而愛民亦三代而下絶無而僅有者也後之人君擇其善者而從之其不善者而改之豈不交有所益乎惜乎是書傳寫謬誤竊嘗會萃衆本參互考訂而其義之難明音之難通字為之釋句為之述章之不當分者合之不當合者分之自唐以來諸儒之論莫不采而輯之間亦斷以已意附於其後然後此書

之旨頗為明白雖於先儒窮理之學不敢妄議然於國家致治之方未必無小補云後學臨川戈直謹書

貞觀政要原序

有唐良相曰侍中安陽公中書令河東公以時逢聖明位居宰輔寅亮帝道弼諧王政恐一物之乖所慮四維之不張每克己勵精緬懷故實未嘗有之太宗時政化良足可觀振古而來未之有也至於垂世立教之美典謨諫奏之詞可以弘闡大猷增崇至道者爰命不才備加甄錄體制大畧咸發成規於是綴集所聞參詳舊史撮其指要舉其宏綱詞兼質文義在懲勸人倫之紀備矣軍國之政存焉凡一帙一十卷合四十篇名曰貞觀政要庶乎有國有家者克遵前軌擇善而從則可久之業益彰矣可大之功尤著矣豈必祖述堯舜憲章文武而已哉其篇目次第列之于左唐衛尉少卿兼修國史修文館學士吳兢撰

按兢汴州浚儀人少厲志貫知經史方直寡諧惟與魏元忠朱敬則游唐長安中二人者當道薦兢才堪論撰詔直史館修國史神龍中為右補闕累遷衛尉少卿兼修文館學士復修史於是采摭太宗朝政事之要隨事載錄以備勸戒合四十篇上之名曰貞觀政要開元中為太子左庶子又嘗私

撰唐書唐春秋兢居官多忠諫敘事簡核有古良史之風嘗撰則天實録直筆無諱當世謂今董狐云

欽定四庫全書 史部五

貞觀政要目録 雜史類

卷一

論君道第一

論政體第二

卷二

論任賢第三

論求諫第四

論納諫第五

卷三

論君臣鑒戒第六

論擇官第七

論封建第八

卷四

論太子諸王定分第九

論尊敬師傅第十

欽定四庫全書

貞觀政要卷一

唐 吳兢 撰

元 戈直 集論

愚按貞觀者唐太宗表年之號也易大傳曰天地之道貞觀者也猶言天地之大理主於正以示人也政要者唐史臣吳兢類輯貞觀間君臣之嘉言善行良法美政之大要也唐史本紀曰太宗姓李氏諱世民隴西成紀人為涼武昭王八世孫高祖次子也母曰太穆皇后竇氏生而不驚方四歲有書生謁高祖曰公貴人也必有貴子及見太宗曰龍鳳之姿天日之表其年幾冠必能濟世安民書生既去乃采其語名之曰世民及長聰明英武有大志能屈節下士結納豪傑佐高祖以定天下之

亂功業日隆隋義寧元年高祖以唐王受隋禪國號唐明年改元武德封世民為秦王九年立秦王世民為皇太子聽政是年八月即皇帝位明年改元貞觀在位凡二十三年為一代之賢君其言行之美政治之盛與夫任賢使能之方從諫樂善之道大畧皆聚此書也後文宗讀此慨然慕之故太和初政號為清明則是書也不無補於治云

君道第一 凡五章

貞觀初太宗謂侍臣曰為君之道必須先存百姓若損百姓以奉其身猶割股以啖腹股一作脛啖音淡食也腹飽而身斃若安天下必須先正其身未有身正而影曲上理而

下亂者朕每思傷其身者不在外物皆由嗜欲以成其禍若躭嗜滋味玩悅聲色所欲既多所損亦大既妨政事又擾生人（擾亦作損）且復出一非理之言萬姓為之解體怨讟既作（讟音瀆痛怨也）離叛亦興朕每思此不敢縱逸諫議大夫（唐制掌諫諭得失侍從贊相之職）魏徵（詳見任賢篇）對曰古者聖哲之主皆亦近取諸身故能遠體諸物昔楚聘詹何（楚春秋時國名僭稱王詹何楚詹尹之後隱於釣楚莊王聞而異之召而問焉出列子）問其理國之要詹何對以修身之術楚王又問理國何如詹何曰未聞身

理而國亂者陛下所明實同古義（按通鑑武德九年太宗謂侍臣曰君依於國國依於民刻民以奉君猶割肉以充腹腹飽而身斃君富而國亡故人君之患不自外來常由身出夫欲盛則費廣費廣則賦重賦重則民愁民愁則國危國危則君喪矣朕嘗以此思之故不敢縱欲也與此章辭異而旨同故附見於此）

愚按中庸九經修身為先大學八目修身為本古者二帝三王之治未有不先正其身而能正天下者也故堯必克明峻德而後能黎民時雍舜必帝德罔愆而後能萬邦咸寧禹必祗台德先而後能朔南暨聲教湯必懋昭大德而後能表正萬邦武王必建其有極而後能作民父母蓋身者表也天下者景也未有表正而景曲者也身者源也天下者流也未有源清而流濁者也後之人君若漢高之約法除苛文景之幾致刑措宣帝之綜核名實光武之恭勤儉約明帝之明察善斷孝章之寬厚長者其愛民之心治民之具蓋亦有合乎先王者矣特其本原之地有未純焉者爾由此觀之身心與國家天下為一者三代以上之治也身心與國家天下為二者三代以下之治也唐太宗以英武之姿當大亂之後芟除羣雄拓定四海一旦君臨南面首告其羣臣曰安天下必須先正其身未有身正而影曲者斯言也非三代以下之言也魏徵斯時正當告之以中庸之九經大學之八目於以闡揚聖學之奥於以發明心術之微可也顧乃以楚王詹何之言言之何其遠哉使太宗斯時得聞二帝三王之學必將終始如一而無晚年之悔內外如一而無宮闈之愧矣豈特貞觀之治而已耶惜乎太宗能言之而不能行之魏徵能贊美之而不能發明之也吳氏編是書置此於開卷之首其有所取也夫抑有所感也夫

貞觀二年太宗問魏徵曰何為明君暗君徵曰君之所以明者兼聽也其所以暗者偏信也詩云先人有言詢於芻蕘（詩大雅板篇之辭芻蕘採薪之人言雖賤而不棄也人詩作民蓋避太宗諱故以人代民他皆類此）昔唐虞之理（堯曰陶唐氏舜曰有虞氏理本作治蓋避高宗諱故以理代治他皆類此）闢四門明四目達四聰（虞書史贊舜之辭謂開四方之門以來天下之賢俊廣四方之視聽以決天下之壅蔽也）是以聖無不照故共鯀之徒不能塞也（共音恭鯀音袞共工唐虞官名古之世族官也鯀崇伯名夏禹父也共工滔辟鯀治水無功舜流共工於幽州殛鯀

于羽山塞猶敝也靖言庸回不能感也虞書曰靜言庸違靖與靜同回亦違也謂靜則能言用之則不然也秦二世則隱藏其身捐隔踈賤而偏信趙高及天下潰叛不得聞也捐音員棄也秦二世始皇少子名胡亥嗣位號二世皇帝趙高秦宦者二世用之為相二世常居禁中公卿希得朝見盜賊益多二世後為高所弒梁武帝偏信朱异而侯景舉兵向闕竟不得知也异羊吏切梁武帝姓蕭名衍仕齊封梁王受齊禪國號梁朱异仕梁為散騎常侍侯景東魏臣叛歸魏復請歸梁武帝從朱异之議納景為大將軍及景反叛朝野共怨异武帝後為景所逼餓而死隋煬帝偏信虞世基而諸賊攻城剽邑亦不得知也剽音漂刼也隋煬帝姓楊名廣文帝次子也虞世基仕隋為內史侍

郎世基以帝惡聞盜賊告者皆不以實聞由是盜賊競起陷沒郡縣皆弗之知煬帝後為宇文化及等所弒是故人君兼聽納下則貴臣不得壅蔽而下情必得上通也太宗甚善其言

范氏祖禹曰善哉太宗之問魏徵之對也可謂得其要矣夫聖人以天下為耳目故聰明庸君以近習為耳目故暗敝明暗之分惟在於遠近大小而已矣

唐氏仲友曰兼聽則公正忠讜進偏信則浸潤膚受行此魏徵論聽納任用之本

愚按太宗問明君暗君魏徵謂兼聽者明偏信者暗茲言固簡而當矣然兼聽偏信此自外至者也明之與暗又有存於中者焉堯之欽明舜之聰明乃其中扃澄徹如鑑之空如衡之平妍媸輕重隨物而見者也彼昧者昏者反是此又明暗之所分蓋偏信固易於蔽而兼聽亦有所當擇惟明足以燭理何施而不可哉君天下者欲進於堯舜之明當自格物致知之學始

貞觀十年太宗謂侍臣曰帝王之業草創與守成孰難守成亦作守文後同尚書左僕射尚音常射音夜凡言尚書僕射並同僕射秦官古者重武官有主射以督課取其領事之號也唐制尚書省置左右僕射掌統理六官為令之貳令闕則總省事宰相職也房玄齡詳見任賢篇對曰天地草昧易屯卦彖傳曰天造草昧草雜亂昧冥晦也羣雄競起攻破乃降下江切戰勝乃尅由此言之草創為難魏徵對曰帝王之起必承衰亂覆彼昏狡百姓樂推

樂音洛四海歸命天授人與乃不為難然既得之後志趣驕逸百姓欲靜而徭役不休百姓凋殘而侈務不息國之衰弊恒由此起恒胡登切常也以斯而言守成則難太宗曰玄齡昔從我定天下備嘗艱苦出萬死而遇一生所以見草創之難也魏徵與我安天下慮生驕逸之端必踐危亡之地所以見守成之難也今草創之難既已往矣守成之難者當思與公等慎之按通鑑係十二年又云玄齡等拜曰陛下及此言四海之福也

范氏祖禹曰自古創業而失之者寡守成而失之者多周公曰相小人厥父母勤勞稼穡厥子乃不知稼穡之艱難故禍亂未嘗不生於安逸也然非特創業之君守成為難其後嗣守成尤難也

林氏之奇曰創業之難雖庸人亦知其然守成之難雖明者亦有所忽周宣王六月出師不以為難而末年庭燎鄉晨以視朝為不易漢高帝好謀能聽從諫若轉圜之易而末年欲易太子以聽言為甚難是以文帝之世賈生有厝火積薪之言太宗之世魏徵有失於安逸之戒

唐氏仲友曰太宗之問禍福之機房魏之對更為本末若言創業易太宗身更其難此不可罔若言守成易太宗必謂難者吾猶身濟之息忽生矣太宗悟二臣之意加謹於守成之難明哉

愚按自古人君創業守成鮮有身兼之者周武漢高創業者也而不及守成成康文景守成者也而

不及創業惟神禹在帝位十年成湯在帝位十三年兼創業守成之事者也然以書傳攷之禹不以治水敷土為難而以本固邦寧為難湯不以升陑伐桀為難而以時怵克終為難豈創業果易而守成果難乎蓋創業逆境也可以進德守成順境也易以喪德太宗身兼創業守成之事不以其已能者自滿而以其未能者為懼其致貞觀之治也宜哉

貞觀十一年特進魏漢世諸侯功德優盛朝廷所敬異者賜位特進位三公下唐制因之徵上疏曰臣觀自古受圖膺運繼體守文控御英雄一作傑南面臨下易說卦傳曰聖人南面而聽天下嚮明而治皆欲配厚德於天地齊高明於日月本支百世傳祚無窮祚祿位也然而克終

者鮮上聲少也後同敗亡相繼其故何哉所以求之失其道也殷鑒不遠詩大雅蕩篇之辭言商紂之所當鑒者近在夏桀之世也可得而言昔在有隋統一寰宇甲兵彊銳一作盛三十餘年風行萬里威動殊俗一旦舉而棄之盡為他人之有彼煬帝豈惡天下之治安惡烏去聲不欲社稷之長久故行桀虐以就滅亡哉桀名履癸夏末淫暴之君湯伐之而死恃其富强不虞後患驅天下以從欲罄萬物而自奉採域中之子女求遠方之奇異宮苑是飾臺榭是崇徭役無時干戈不戢外示嚴重內多

險忌讒邪者必受其福讒鉏咸切譖也忠正者莫保其生上下相蒙揜蔽也君臣道隔民不堪命率土分崩遂以四海之尊殞於匹夫之手殞羽敏切歿也子孫殄絕殄音腆盡也為天下笑可不痛哉聖哲乘機拯其危溺拯之慶切救也八柱傾而復正淮南子曰地有九州八柱括地象曰崑崙山為柱地之中也地下有八柱牽制名山大川孔穴相通四維弛而更張弛音矢廢也更平聲管子曰禮義廉恥是謂四維四維不張國乃滅亡遠肅邇安不踰於期月期與朞同謂周一歲之月也論語曰苟有用我者朞月而已可也勝殘去殺無待於百年勝平聲去上聲論語曰善人為邦百年亦可以勝殘去殺矣今宮

觀臺榭盡居之矣觀去聲奇珍異物盡收之矣姬姜淑媛盡侍於側矣媛美女也音援四海九州盡為臣妾矣若能鑒彼之所以失一作亡念我之所以得日慎一日雖休勿休焚鹿臺之寶衣武王克商紂走反入登鹿臺蒙衣其珠玉自燔于火而死武王命南宮括散鹿臺之財毀阿房之廣殿阿於何切房讀曰旁秦始皇作前殿阿房東西五百步南北五十丈上可坐萬人下可建五丈旗自殿下直抵南山表閣道絕漢後為楚所焚懼危亡於峻宇夏書五子之歌曰甘酒嗜音峻宇雕牆有一於此未或不亡思安處於卑宮處上聲後同論語曰卑宮室而盡力乎溝洫禹吾無間然矣謂禹薄於己而勤於民也則神化潛通無為而治

德之上也若成功不毀即仍其舊除其不急損之又損雜茅茨於桂棟參玉砌以土堦堯舜之朝土堦三等茅茨不剪悅以使人不竭其力常念居之者逸作之者勞億兆悅以子來羣生仰而遂性德之次也若惟聖罔念周書曰惟聖罔念作狂言一念之差雖聖亦為狂矣不慎厥終忘締構之艱難締音帝結也構音姤成也謂天命之可恃忽采椽之恭儉椽音傳椽桷也追雕牆之靡麗因其基以廣之增其舊而飾之觸類而長長音掌不知止足人不見德而勞役是聞斯為下矣譬之負薪救火揚湯止沸

以暴易亂與亂同道莫可測也測一作則後嗣何觀夫事無可觀則人怨夫音扶後同人怨則神怒神怒則災害必生災害既生則禍亂必作禍亂既作而能以身名全者鮮矣順天革命之后將隆七百之祚隆一作基左傳曰成王定鼎於郟鄏卜世三十卜年七百天所命也貽厥子孫傳之萬葉難得易失易以豉切後同可不念哉按通鑑係十一年正月上作飛山宮故魏徵上此疏是月徵又上疏曰臣聞求木之長者必固其根本欲流之遠者必浚其泉源思國之安者必積其德義源不深而望流之遠根不固而

求木之長德不厚而思國之理臣雖下愚知其不可而況於明哲乎人君當神器之重神器帝位也居域中之大老子曰域中有四大道大天大地大王亦大將崇極天之峻永保無疆之休不念居安思危戒奢以儉德不處其厚情不勝其欲斯亦伐根以求木盛塞源而欲流長者也凡百元首虞書曰元首明哉所以喻君也承天景命莫不殷憂而道著殷憂憂之甚也功成而德衰有善始者實繁能克終者蓋寡豈取之易而守之難乎昔取之而有餘今守之而不足何也夫在殷憂必竭

誠以待下既得志則縱情以傲物竭誠則胡越為一體胡越者極南北之間言至異可同也傲物則骨肉為行路言至親反疎也雖董之以嚴刑董督也虞書曰董之用威震之以威怒終苟免而不懷仁貌恭而不心服怨不在大可畏惟人載舟覆舟所宜深慎家語曰君者舟也庶人者水也水所以載舟亦所以覆舟也奔車朽索其可忽乎朽許九切索蘇各切夏書曰予臨兆民懍乎若朽索之御六馬喻危懼可畏之甚奔車朽索亦此意也君人者誠能見可欲則思知足以自戒將有作則思知止以安人念高危則思謙沖而自牧懼滿溢則思江海下百

川樂盤遊則思三驅以為度樂音洛後同盤遊畋獵也周書曰不敢盤於遊田三驅者圍合其三面前開一路使之可去不忍盡物好生之仁也易比卦六五王用三驅失前禽蓋猶成湯祝網之義憂懈怠則思慎始而敬終慮壅蔽則思虛心以納下想讒邪則思正身以黜惡恩所加則思無因喜以謬賞罰所及則思無因怒而濫刑總此十思宏茲九德虞書皋陶曰亦行有九德寬而栗柔而立愿而恭亂而敬擾而毅直而溫簡而廉剛而塞彊而義言人之德見於行者凡九蓋知人之事也簡能而任之擇善而從之則智者盡其謀勇者竭其力仁者播其惠信者效其忠文武爭馳君臣無

事可以盡豫遊之樂孟子曰一遊一豫為諸侯度豫樂遊巡也言王者一遊一豫皆有惠及民而諸侯所取法不敢慢遊以病民也可以養松喬之壽赤松王喬皆古仙人之有壽者鳴琴垂拱不言而化家語曰舜彈五絃之琴造南風之詩垂拱者垂衣拱手無為而治也何必勞神苦思代下司職役聰明之耳目虧無為之大道哉按通鑑係十一年四月魏徵上此疏太宗手詔荅曰省頻抗表省悉井切視也誠極忠款苦管切誠也言窮切至披覽忘倦每達宵分夜半也非公體國情深啟沃義重啟開也沃灌溉也商書高宗命傅說曰啟乃心沃朕心豈能示以良圖匡其不及朕聞晉武自平吳已後晉武帝複姓司馬名炎家世仕魏封晉王受魏禪國號晉吳國名三國孫權之後晉武滅之務在驕奢

不復留心治政何曾字穎考仕魏為司徒晉受禪以曾為太傅退朝謂其子劭字敬祖曾之子也仕晉為司徒曰吾每見主上不論經國遠圖但說平生常語此非貽厥子孫者爾身猶可以免指諸孫曰此等必遇亂死及孫綏果為淫刑所戮綏字伯蔚曾之孫也仕晉為尚書後為東海王越所殺前史美之以為明於先見朕意不然謂曾之不忠其罪大矣夫為人臣當進思盡忠退思補過將順其美匡救其惡孝經傳曾子述孔子之辭所以共為理也曾位極

台司 三公上應三台司者三公之位也 名器崇重當直辭正諫論道佐時令乃退有後言進無廷諍以為明智不亦謬乎危而不持焉用彼相 相去聲焉於虔切論語孔子告冉求曰危而不持顛而不扶則將焉用彼相矣 公之所陳朕聞過矣當置之几案事等弦韋 弦弓弦韋柔皮也韓子曰西門豹性急佩韋以自緩董安于性緩佩弦以自急 必望收彼桑榆期之歲暮不使康哉良哉獨美於往日 美亦作盛虞書舜臯陶賡歌之辭曰股肱良哉庶事康哉 若魚若水遂爽於當今 蜀先主曰孤之有孔明猶魚之得水也 遲復嘉謀犯而無隱 遲去聲禮事君有犯而無隱 朕將虛襟靜志敬佇德音

按太宗此詔通鑑係在十一年七月魏徵累上疏之後

孫氏甫曰魏公以忠直稱歷數百年而名愈高李翺論修史之法則曰假如傳魏徵則記其諫諍之詞足以見正直是魏公得諫諍之道其言足以傳信於後也此二疏乃諫諍之著者魏公事英主力贊治道已成太平之治見其小失尚孜孜諫諍以防其甚如事中常之主天下未治其君或有大過諫必危切至安危大計必忘身以爭也蓋輔相之道不至此不足以為忠後之為相者宜詳之

呂氏祖謙曰魏徵救太宗十思使太宗能以是十思而充之則當時之治不惟貞觀而已雖並隆于堯舜可也然魏公之十思可以與孔子之九思同垂訓于萬世矣

愚按魏徵之于諫也可謂難矣不惟大事能諫雖小事未嘗舍也不惟初年能諫雖末年未嘗懈也史稱其平生諫疏二百餘篇而是年一月之中見於諫疏者凡二焉見于書者如此則其見于言者可知矣傳于世者如此則其不傳于世者亦可知矣臣不以數諫為嫌君不以數諫為忤其致貞觀之治有以也夫今以二疏觀之一以為當監隋之所以失念唐之所以得一以為有善始者實繁能克終者實寡夫能懼得失而後能慎終始能慎終始則有得而無失矣二疏之言相為表裏者也吳氏合二疏為一章厥有旨哉

貞觀十五年太宗謂侍臣曰守天下難易 易以豉切 侍中 唐制門下省侍中掌出納帝命相國儀凡國家之務與中書令參總而顓判國事宰相職也 魏徵對曰甚難太宗曰任賢能受諫諍即可 即一作則 何謂為難徵曰觀自古帝王在於憂危之間則任賢受諫及至安樂 樂音洛 必

懷寬怠言事者惟令兢懼 令平聲 日陵月替以至危亡聖人所以居安思危正為此也 為去聲 安而能懼豈不為難

愚按太宗以間世之才內芟羣雄外清四夷其視取天下有不足為者況于守天下乎故魏徵因其問而對以甚難魏徵豈欲難人之所易哉蓋自古人主在憂危則思敬畏思敬畏則亂者治矣居安樂則懷寬怠懷寬怠則治者亂矣周宣能謹于北伐之日而不能謹于庭燎鄉晨之時晉武知謹于平吳之先而不能謹于天下一統之後明皇首誅諸韋安居而祿山之亂生憲宗平蕩淮蔡休兵而弘志之禍作唐虞盛治兢兢業業于一日萬幾者豈徒然哉昔定公問一言興邦孔子對以為君之難然則魏徵之言其一言興邦者乎

政體第二 凡十三章

貞觀初太宗謂蕭瑀瑀字時文後梁明帝子也高祖入關招之授光祿大夫武德初遷內史令貞觀初拜太子少師遷僕射又遷御史大夫參預朝政後拜太子少傅卒謚曰恭帝以性忌改謚貞褊曰朕少好弓矢少好並去聲自謂能盡其妙近得良弓十數以示弓工乃曰皆非良材也朕問其故工曰木心不正則脈理皆邪皆一作多弓雖剛勁而遣箭不直非良弓也朕始悟焉朕以弧矢定四方用弓多矣而猶不得其理況朕有天下之日淺得為理之意固未及於弓弓猶失之而

況於理乎自是詔京官五品以上京官謂京都官唐制五品以上皆以名聽制授更宿中書內省更平聲唐制中書內省在禁中每召見皆賜坐與語詢訪外事務知百姓利害政教得失焉

范氏祖禹曰傳曰國之將興也君子自以為不足其亡也若有餘太宗因識弓之未精而知天下之理已不能盡詢謀於衆而不自用此其所以興也

胡氏寅曰太宗射藝絕世矢無虛發若使弓材不良發矢不直則當危機交急之時所欲斃者不能應弦而倒而濵於殆也久矣工人之意則不為是蓋見太宗之微故借弓為喻所以規之也猶曰君心不正則言行皆邪勢雖尊嚴而出政不善云爾執藝之言所謂伯牙之彈而太宗聞之異乎子期之聽耶太宗英才蓋世羣臣亦一時豪傑多不足以望清光而造弓者乃自外而窺其內衆不可揜蓋如此人君可不慎哉凡人能反求諸己者實難太宗雖愧於聽德之聰然能因是召見京官問民疾苦政事得失是亦為君之道也

愚按古者工執藝事以諫固時見於傳不謂唐之弓工能見太宗之微而有木心不正表裏皆邪之語斯言也孟子曰一正君而國定董子曰為人君者正心以正朝廷正朝廷以正百官正百官以正萬民而遠近莫不一於正不知太宗果能因工人之言而觸類於經傳之言乎

貞觀元年太宗謂黃門侍郎漢世禁門曰黃闥以中人主之故曰黃門唐制黃門侍郎貳侍中職掌祭祀贊獻奏天下祥瑞之官王珪詳見任賢篇曰中書所出詔勑

中書省名武德三年改內書省曰中書省唐制中書掌軍國政令凡制冊詔牒皆宣署而施行焉置令二人侍郎二人右諫議大夫四人右補闕六人令之貳也其屬則有舍人六人右散騎常侍二人右拾遺六人起居舍人二人時中書門下與尚書號曰三省頗有意見不同或兼錯失而相正以否元置中書門下省名唐制門下省掌出納詔令國務則與中書參總焉置侍中二人黃門侍郎二人侍中之貳也其屬則有左散騎常侍二人左諫議大夫四人給事中四人起居郎二人補闕二人左拾遺二人弘文館亦隸焉本擬相防過誤人之意見每或不同有所是非本為公事為去聲或有護己之短忌聞其失有是有非銜以為怨銜戶監切含也或有苟避私隙相惜顏面知非

政事遂即施行（施平聲）難違一官之小情頓為萬人之大弊此實亡國之政卿輩特須在意防也隋日內外庶官政以依違而致禍亂人多不能深思此理當時皆謂禍不及身面從背言（虞書曰汝無面從退有後言謂面諛以為是背毀以為非也）不以為患後至大亂一起家國俱喪雖有脫身之人縱不遭刑戮皆辛苦僅免甚為時論所貶黜卿等特須滅私徇公堅守直道庶事相啟沃勿上下雷同也（雷之發聲物無不同時應者故曰雷同）

胡氏寅曰古者論一相而止至成王雖以周公位冢宰然亦與召公同相為左右何者周公不敢自聖獨專相事又將訓後世為人心不同大賢難得則參錯並行相輔相正歸於無失而已自漢以來或置左右丞相或並置三公不拘一相之文至唐而法意猶密既有左右僕射又有侍中中書尚書兩令左右丞又以官未及而人可用者參預朝政而其大綱則俾中書出令門下審駁而尚書受成頒之有司當貞觀時君明臣忠朝布粃政不數年坐致太平其集材並用之效如此諸葛武侯曰參署者集衆思廣忠益也若難相違覆曠闕損矣違覆而得中猶棄弊屩而獲珠玉也嗚呼為君如太宗為臣如武侯公心望治可為後世法也

愚按胡氏謂古者論一相而止至周召始並相以書傳考之殆不然也何則虞廷之使宅百揆宰相之職也后稷皐陶垂益伯夷后夔皆羣有司之職也若契之敷教龍之納言則不可以有司言也豈非輔正宰相參預朝政者乎湯以伊尹仲虺並為宰相紂以鄂侯西伯並為三公豈待周召而後有並相之事哉唐制俾中書出令門下審駁尚書受成蓋所以集衆人之善而防一己之私真唐虞三代之遺意也觀太宗戒王珪之辭首言護短避隙之私次言隋朝依違之禍是不惟法度之善其申儆戒飭於法外者豈不尤深切矣哉

貞觀二年太宗問黃門侍郎王珪曰近代君臣理國多劣於前古何也對曰古之帝王為政皆志尚清靜以百姓之心為心近代則唯損百姓以適其欲所任用大臣

復非經術之士漢家宰相無不精通一經（如漢宣帝時丞相韋賢通禮魏相學易之類）朝廷若有疑事皆引經決定由是人識禮教理致太平近代重武輕儒或參以法律儒行既虧（行去聲）淳風大壞太宗深然其言自此百官中有學業優長兼識政體者多進其階品累加遷擢焉

胡氏寅曰上既泛問珪亦泛對如是則無切磋之益矣前古凡幾古近世凡幾世珪宜復帝曰不知陛下所指為何代請得論之如是則有因事獻替之功矣若魏晉而下則無足言若自兩漢則西京文學之美不如東漢名節之卲而風俗厚薄治化淳漓無不本於人君者忠臣事君必勉其所未能而獎其所未至

兩漢盛時太宗所可及也禹湯文武之業豈不在所希慕乎

愚按太宗近代劣於前古之問自三代以下之善哉問也王珪首以漢為對而謂近代重武輕儒果何所指也夫古者皐陶稷契伊傅周召此所謂儒也以明體適用之學躋斯世於極治者也豈特漢之經術比哉太宗以學業優長兼識政體者進其階品不知學業優長者果真儒乎

貞觀三年太宗謂侍臣曰中書門下機要之司擢才而居委任實重詔勑如有不穩便皆須執論比來比音鼻惟覺阿旨順情唯唯苟過唯唯並音葦遂無一言諫諍者豈是道理若惟署詔勑行文書而已人誰不堪何煩簡擇以相委付自今詔勑疑有不穩便必須執言無得妄有畏懼知而寢默按通鑑是年四月上始御太極殿謂侍臣曰云云房玄齡等皆頓首謝故事凡軍國大事則中書舍人各執所見雜署其名謂之五花判事中書侍郎中書令省審之給事中黃門侍郎駁正之上始申明舊制由是鮮有敗事

范氏祖禹曰朝廷設官分職非徒使上下相從欲交修其所不逮也故書曰百官修職苟取充位而奉行上令則是胥吏而已不明之君自以無過惡人之言是以政亂而上不聞太宗勑責而使之言雖欲不治不可得也

呂氏朋曰武王諤諤而昌商紂唯唯而亡蓋朝廷之上和而不同論難往來務求至當此諤諤之風也

朝廷以諤諤為風則正人進而佞人退安得而不昌乎其或君臣上下有非不諫務相順從以為雷同此唯唯之風也朝廷以唯唯為風則佞人進而君子退安得而不亡乎是道也豈武王與紂為然秦人唯唯而亡漢家諤諤而昌隋人唯唯而亡唐家諤諤而昌未有唯唯而不亡亦未有諤諤而不昌者也

愚按舜命龍作納言曰夙夜出納朕命惟允說者謂後世中書門下之職即納言也夫出者受上言以宣于下納者聽下言以聞于上而允者當於理之謂也下情上達上情下孚一切以帝命之公而無讒說之私此非擇才不能也彼阿旨順情唯唯苟免者豈惟允之義乎

貞觀四年太宗問蕭瑀曰隋文帝何如主也隋文帝姓楊名堅弘農人後周朝以元舅輔政位相國封隋王受周禪國號隋對曰克己復禮論語孔子答顏淵問仁之辭言克去己私復還天理也勤勞思政每一坐朝音潮或至日昃五品已上引坐論事宿衛之士傳飧而食飧音孫熟食也雖性非仁明亦是勵精之主太宗曰公知其一未知其二此人性至察而心不明夫音扶心暗則照有不通至察則多疑於物又欺孤兒寡婦以得天下隋文帝受禪之時周宣帝既喪靜帝幼冲之日也恒恐羣臣內懷不服不肯信任百司每事皆自決斷雖則勞神苦形未能盡合於理朝臣既知其意亦不敢直言宰相以下相去聲後同惟承順而已朕意則不然以

天下之廣四海之衆千端萬緒須合變通皆委百司商量（平聲）宰相籌畫於事穩便方可奏行豈得以一日萬幾（廣書曰一日二日萬幾幾與機同言日之至淺而事之至多也）獨斷一人之慮也且日斷十事五條不中（去聲後同中於理也）中者信善其如不中者何以日繼月乃至累年乖謬既多不亡何待豈如廣任賢良高居深視法令嚴肅誰敢為非因令諸司（因令之令平聲）若詔勅頒下有未穩便者必須執奏不得順旨便即施行務盡臣下之意

范氏祖禹曰君以知人為明臣以任職為良君知人則賢者得行其所學臣任職則不賢者不得苟容於朝此庶事所以康也若夫君行臣職則叢脞矣臣不任君之事則惰此萬事所以墮也當舜之時禹為一相總百官自稷以下分職以聽焉君人者如天運於上而四時寒暑各司其序則不勞而萬物生矣君不可以不逸所治者大所司者要也臣不可以不勞所治者寡所職者詳也不明之君不能知人故務察而多疑欲以一人之身代百官之所為則雖聖智亦日力不足矣故其臣下事無大小皆歸之君政有得失不任其患賢者不得行其志而持禄之士得以保其位此天下所以不治也是以隋文勤而無功太宗逸而有成彼不得其道而此得其道故也

愚按古之君天下者勞於求賢逸於得人未有身代羣臣之事而自以為勵精者也隋文帝天資苛察多疑自任欲以一身之耳目而周知天下之務以一人之手足而悉代百司之勞不及再傳天下大亂後世道學不明故隋文自以為勵精之事蕭瑀亦稱之為勵精之主夫堯之兢兢堯之勵精也舜之孳孳舜之勵精也堯以不得舜為已憂舜以不得禹皋陶為已憂堯舜之勵精勞於求賢而已豈以其身代羣臣之事哉瑀又謂其能克己復禮斯顏子之所勉行也豈隋文之所能乎失之遠矣太宗深悟隋文之非非惟欲廣任賢良高居深視且令百司不得順旨務盡臣下之意故貞觀之治較之開皇相去懸絕者有以也夫

貞觀五年太宗謂侍臣曰治國與養病無異也病人覺愈彌須將護若有觸犯必至殞命治國亦然天下稍安尤須兢慎若便驕逸必至喪敗今天下安危繫之於朕故日慎一日雖休勿休然耳目股肱寄於卿輩既義均一體宜協力同心事有不安可極言無隱儻君臣相疑不能備盡肝膈實為國之大害也（按通鑑是年康國求內附太宗因有是言）

魏徵曰內外治安臣不以為喜惟喜陛下居安思危耳

呂氏祖謙曰魏徵之於太宗救其惡多矣而未嘗不將順其美焉故其言曰內外治安臣不以為喜惟喜陛下居安思危耳夫既將其居安思危之美俾其居安思危之心永永不忘則其將順正救之道豈不兩盡乎

（愚按太宗謂治國與養病無異竊嘗因其言而推之天下猶一身也人君為元首大臣為心腹其次為股肱又其次為耳目又其次為爪牙天下之疾瘝殘疾則癢痾疾痛舉切吾身者也唐虞三代康强無事之時也春秋戰國病困危篤之時也三國南北朝病跛盩㾓躄者也隋亡唐興其病愈新起之時乎慎其起居節其飲食兢兢焉保護之可也一有觸犯不惟病之復作且不可復愈矣雖然先儒嘗言仁者以天地萬物為一體認得為己何所不至若不屬己如手足痿痹氣已不貫嗚呼使太宗而知此義又豈特貞觀之治而已）

貞觀六年太宗謂侍臣曰看古之帝王有興有衰猶朝之有暮皆為蔽其耳目不知時政得失忠正者不言邪諂者日進既不見過所以至於滅亡朕既在九

重（平聲君門九重）不能盡見天下事故布之卿等以為朕之耳目莫以天下無事四海安寧便不存意書曰可愛非君可畏非民（虞書舜告禹之辭言君可愛而民可畏也）天子者有道則人推而為主無道則人棄而不用誠可畏也魏徵對曰自古失國之主皆為居安忘危處理忘亂（處上聲）所以不能長久今陛下富有四海內外清晏能留心理道常臨深履薄（詩曰如臨深淵如履薄冰喻可畏之甚也）國家歷數（歷數者帝王相繼之次第猶歲月氣節之先後也）自然靈長臣又聞古語云君舟也人水也水能載舟亦能覆舟陛下以為可畏誠如聖旨

（愚按書曰詢于四岳闢四門明四目達四聰所以通下情而防壅蔽也太宗以廷臣為耳目有合於此歟又曰民惟邦本本固邦寧天下愚夫愚婦一能勝予所以畏民心而保君位也魏徵以水能載舟覆舟有得於此歟君臣之相儆戒如此誠有天下者之鑑也）

貞觀六年太宗謂侍臣曰古人云危而不持顛而不扶焉用彼相（焉於虔切相去聲見君道篇註）君臣之義得不盡忠匡救乎朕嘗讀書見桀殺關龍逢（音旁桀夏桀見君道篇註關龍逢夏之賢大夫諫桀被殺）漢誅鼂錯（上音潮下音措鼂錯潁川人漢景帝時為御史大夫請諸侯之罪過削其地與楚七國遂

反袁盎請帝斬錯遂斬於東市）未嘗不廢書歎息公等但能正詞直諫裨益政教終不以犯顏忤旨（忤音午逆也）妄有誅責朕比來（比音鼻）臨朝斷決亦有乖於律令者公等以為小事遂不執言凡大事皆起於小事小事不論大事又將不可救社稷傾危莫不由此隋主殘暴身死匹夫之手率土蒼生罕聞嗟痛公等為朕思隋氏滅亡之事（為去聲後同）朕為公等思龍逢鼂錯之誅君臣保全豈不美哉

（林氏之奇曰君臣之間其安危禍福之所在未嘗不相與共之也夏桀為一己之欲故不恤關龍逢之死

龍逢既誅而桀亦不免於亡虞世基為一己之計故不諫煬帝之禍煬帝既亡而世基亦不免於禍夫夏桀之殺龍逢世基之媚煬帝豈不以在己之意為自得哉及其危禍之至而俱以不免此太宗所以戒其臣使之為己思煬帝之亡也亦為之念龍逢之死也由是古之君之納諫臣之進諫豈非相為謀而後能相保乎

愚按君臣一心則君體其臣臣體其君上下交泰之時也君臣二心則君不恤其臣臣不恤其君上下不交否之時也太宗欲為羣臣思龍逢鼂錯之誅是君能以臣之心為心也又使羣臣為己思隋氏滅亡之事是臣能以君之心為心也君以臣之心為心臣以君之心為心其上下之交泰乎宜其致貞觀之治也

貞觀七年太宗與秘書監（唐制秘書省置監一人掌邦國經籍圖書之事有二局曰著作曰太史皆率其屬而修其職少監為之貳）魏徵從容論自古理政得失（從即容切從容和緩貌）因曰當今大亂之後造次不可致理（造七到切後同造次急遽也）徵曰不然凡人在危困則憂死亡憂死亡則思理思理則易教（易以豉切後同）然則亂後易教猶饑人易食也 太宗曰善人為邦百年然後勝殘去殺（勝平聲去上聲此述論語之辭）大亂之後將求致理寧可造次而望乎徵曰此據常人不在聖哲若聖哲施化（施平聲）上下同心人應如響不疾而速朞月而可信不為難三年成功猶謂其晚（論語曰苟有用我者朞月而已可也三年有成）太宗以為然封德彝（名倫以字行觀州人初仕隋為起居舍人佐虞世基以諂承主意後與宇文士及降唐以秘策干高祖為秦王參謀軍事貞觀初拜右僕射卒謚曰明後以邪佞改謚繆）等對曰（按通鑑無等字作非之曰）三代以後（以一作之）人漸澆訛（上古聊切薄也下五禾切謬也）故秦任法律（謂秦之治專用刑法律令言尚酷也）漢雜霸道（謂漢之治以王道霸道雜施之言不純也）皆欲理而不能豈能理而不欲若信魏徵所說（一作論）恐敗亂國家徵曰五帝（史記謂黃帝顓頊帝嚳唐堯虞舜為五帝孔安國書序以少昊顓頊高辛唐虞為五帝未詳孰是）三王（夏殷周創業之主禹湯武王是也）不易人而理（易如字）行帝道則帝行王道則王在於當時所以化之而已考之載籍可得而知昔黃帝與蚩尤七十餘戰其亂甚矣既勝之後便致太平（黃帝姓公孫名軒轅號有熊氏蚩尤古諸侯之無道者蚩尤作亂黃帝徵師諸侯與戰於涿鹿之野遂擒殺之而萬國和）九黎亂德顓頊征之既克之後不失其理（九黎蚩尤之屬也顓頊號高陽氏黃帝之孫也國語楚觀射父曰少皞氏之衰也九黎亂德人神雜糅不可方物顓帝承之乃命南正重司天以屬神火正黎司地以屬人）桀為亂虐而湯放之在湯之代即致太平（桀夏王名履癸湯殷主名履桀不務德而賊傷百姓湯遂率兵伐之桀走鳴條遂放而死湯乃踐位）

（平定四海）紂為無道武王伐之成王之代亦致太平（紂殷王名受武王周文王之子名發紂淫亂日甚百姓怨望武王遂率諸侯伐之紂死於鹿臺武王克殷二年太子誦立是為成王）若言人漸澆訛不及純樸至今應悉為鬼魅（應平聲當也）寧可復得而教化耶德彝等無以難之（難去聲駁也）然咸以為不可（以上文按通鑑係在四年）太宗每力行不倦數年間海內康寧突厥破滅（突陀沒切厥九勿切突厥阿史那氏古匈奴北部也居金山之陽夏曰獯鬻商曰鬼方周曰獫狁其別部凡二十八等皆世其官與中國抗衡歷代為患悉臣服於唐）因謂羣臣曰

貞觀初人皆異論云當今必不可行帝道王道惟魏徵

勸我既從其言不過數載遂得華夏安寧遠戎賓服突厥自古以來常為中國勍敵（勍音鯨强也）今酋長（酋慈由切長音掌番國之長也）並帶刀宿衛部落皆襲衣冠使我遂至於此皆魏徵之力也顧謂徵曰玉雖有美質在於石間不值良工琢磨與瓦礫不別（礫音的小石也別彼列切）若遇良工即為萬代之寶朕雖無美質為公所切磋（七多切詩曰如切如磋如琢如磨言其治之有緒而益致其精也）勞公約朕以仁義弘朕以道德使朕功業至此公亦足為良工爾（按史傳曰帝納其言不疑於是天下大治蠻夷君長襲衣冠帶刀宿衛東薄海南踰嶺戶閭不閉行旅不賫糧取給於道帝謂羣臣曰此徵勸我行仁義既效矣惜不令封德彝見之）

孫氏甫曰帝王興治道在觀時而為之觀時在至明至明在至公至明則理無不通至公則事無不正通於理故能變天下之弊正其事故能立天下之教弊變教立其治不勞而成矣孔子曰如有用我者期月而已可也三年有成則聖人之意可見矣但後之為天下者雖欲興起治道多非聖哲之才不能通究時弊以道變之務速其功以行一時之事故所為駁雜莫復前古之治也觀魏公之論誠得聖人之意文皇能納其言而不惑姦人之論力變時弊以行王道嗚呼明哉大亂之後興立教法不急其功致時太平德流於後嗚呼公哉

范氏祖禹曰太宗可謂能審取捨矣魏徵仁義之言也欲順天下之理而治之封德彝刑罰之言也欲咈

天下之性而治之夫民莫不惡危而欲安惡勞而欲息以仁義治之則順以刑罰治之則咈矣欲治天下則順之而已咈之而能治之未之聞也太宗從魏徵而不從德彝行之數年遂致太平仁義之效如此其速也故治道在人主所力行耳孰不可為太宗乎及其成功復歸於下此前世帝王之所不及也

胡氏寅曰德彝言三代以還人漸澆訛未為甚失魏徵言若果澆訛當為鬼魅則非也以書契以來觀之三代之時固不若唐虞之世周之文勝又不若虞夏之質而漢風俗豈敢望周而唐室風俗又安能及漢邪若謂民常淳樸無有澆訛是結繩之治可以易約劑土鼓之樂可以變絲竹矣要之一治一亂天地之大數也亂極人少則氣厚而人淳治極人多則氣漓而人澆淳漓一變而天地之氣盈虛消息後世誠不及古遠矣若夫人之所以為人出於本心不可泯滅者則古猶今耳是故可以懷之以仁理之以義先之

以敬讓示之以好惡也魏徵有見於饑渴者易為飲食而無見於人心之未亡者故其效止於斗米數錢外戶不閉則無以進矣固不能使人人有士君子之器也

愚按仁者心之德而愛之理義者心之制而事之宜二者皆出於天理之本然人心之固有也古之聖人體之於心行之於身措之於家國天下操存於未發之時持守於隱微之地終始如一無須臾之離也表裏如一無毫髮之間也故能使天地自位萬物自育氣無不和四靈畢至此豈可以僞而為之襲而取之哉周道既衰聖學榛塞孟子於戰國之時汲汲然以仁義說齊梁之君則見謂迂闊而莫之行也自時厥後則自謂馬上得之安事詩書者有之矣崇尚黃老不信儒術者有之矣自謂本雜霸道不喜書生者有之矣其視仁義不過尊之以美名待之以虛器而已寥寥千載唐太宗以

英武間世之姿當撥亂反正之運獨能黜抑封倫之言力行魏徵之請故能致斗米三錢外戶不閉行旅野宿幾於刑措亦可謂仁義之效矣然太宗之於仁義也慕其名而不得其實喜其文而不究其本知求之於紀綱政事而不知反之於吾身方寸之間知求之於外廷朝著而不知行之於宮闈隱微之際故始以從諫為美而終不免仆碑之失外以出宮女為名而內不免懷巢之累內外扞格終始衡決其於聖人之仁義蓋外似而內違名同而實非也夫自成康八百餘年而後有漢漢八百餘年而後有太宗天之生賢君如此其不數數也幸而有力行仁義之君而較之於聖人之道則又若碱砆之於美玉稊稗之於美稼焉豈非聖道不明有君無臣之所致乎嗚呼惜哉

貞觀八年太宗謂侍臣曰隋時百姓縱有財物豈得保此自朕有天下已來存心撫養無有所科差人人皆得營生守其資財即朕所賜向使朕科喚不已雖數資賞賜數音朔亦不如不得魏徵對曰堯舜在上百姓亦云耕田而食鑿井而飲含哺鼓腹而云帝何力於其間矣堯時有老人擊壤於路曰吾日出而作日入而息鑿井而飲耕田而食帝何力於我哉今陛下如此含養百姓可謂日用而不知又奏稱晉文公晉春秋時國名文公晉君名重耳出田逐獸於碭徒浪切入大澤迷不知所出其中有漁者文公謂曰我若君也道將安出我且厚賜若漁

者曰臣願有獻文公曰出澤而受之於是送出澤文公曰今子之所欲教寡人者何也願受之漁者曰鴻鵠保河海厭而徙之小澤則有矰丸之憂矰音曾矢也黿鼉保深淵厭而出之淺渚必有釣射之憂射音石今君逐獸碭入至此何行之太遠也文公曰善哉謂從者記漁者名從去聲漁者曰君何以名為君尊天事地敬社稷保四國慈愛萬人薄賦斂去聲輕租稅臣亦與焉與去聲君不尊天不事地不敬社稷不固四海外失禮於諸侯內逆人心一國流

亡漁者雖有厚賜不得保也遂辭不受太宗曰卿言是也舊本此章附忠義篇今按其言於政體尤切故附於此

愚按惠王移民移粟孟子不許其仁子產濟人溱洧孟子譏其不知為政夫使梁國有九年之儲子產有與梁之政安用區區之小惠哉善乎太宗曰人得營生即朕所賜若科差不已雖賞賜不如不得此可謂知為政之本矣愚觀後世之君有賜民今年田租者有賜民爵賜民帛者夫耕田鑿井之民尚不知帝力之何有彼有限之賜何足以周無窮之民乎

貞觀九年太宗謂侍臣曰往昔初平京師師衆也周都鎬京後世因以天子建都之地曰京師此指長安隋之都而言也宮中美女珍玩無院不滿煬

帝意猶不足徵求無已徵平聲召也兼東西征討窮兵黷武黷音瀆百姓不堪遂致滅亡此皆朕所目見故夙夜孜孜並音茲篤意也惟欲清淨使天下無事遂得徭役不興年穀豐稔百姓安樂樂音洛後同夫治國猶如栽樹夫音扶本根不搖則枝葉茂榮榮一作盛君能清淨百姓何得不安樂乎

愚按孟子曰其為人也多欲雖有存焉者寡矣人莫不然而君天下者尤甚焉夫峻宇雕墻本於宮室酒池肉林本於飲食淫虐嚴酷本於刑罰窮兵黷武本於征伐自古亡國喪家之君未有不由多欲者也桀以多欲而亡成湯反之而興紂以多欲而亡武王反之而興煬帝多欲而亡太宗反之而興夫太宗之寡欲非能如湯武也不過勉強行之耳猶能身致盛治歷年數百況於真知實踐者乎

貞觀十六年太宗謂侍臣曰或君亂於上臣理於下或臣亂於下君理於上二者茍逢何者為甚特進魏徵對曰君心理則照見下非誅一勸百誰敢不畏威盡力若昏暴於上忠諫不從雖百里奚伍子胥之在虞吳不救其禍敗亡亦繼繼一作促虞吳二國名百里奚虞之賢臣晉假道於虞以伐虢欲并取虞百里奚知虞公之不可諫而去之秦後果為晉所滅伍子胥名員楚人吳之賢臣吳王夫差伐越越請和子胥諫吳王不聽與越平復欲伐齊子胥以為不可吳王又不聽太宰嚭譖子胥於王王賜劍使自死後吳為越王勾踐所

滅太宗曰必如此齊文宣昏暴楊遵彥以正道扶之得理何也齊文宣姓高名洋東魏臣襲其父歡位封齊王受魏禪國號齊楊遵彥名愔仕齊為尚書令文宣以功業自矜遂嗜酒淫泆肆行強暴而能委政楊愔總攝機衡百度修飭時人皆言主昏於上政清於下徵曰遵彥彌縫暴主救理蒼生纔得免亂亦甚危苦與人主嚴明臣下畏法直言正諫皆見信用不可同年而語也

林氏之奇曰君者臣之綱君正則臣正未有綱之不正而能使其目之正者然則君茍自亂安能使其臣之治也鄭公之言可謂得夫正綱之道而太宗乃以齊文宣得楊遵彥為君亂臣治之比殊不知彼之所

為才能救其亡耳烏足以為治哉孔子言衛靈公之無道康子曰夫如是奚而不喪孔子曰仲叔圉治賓客祝鮀治宗廟王孫賈治軍旅夫如是奚其喪是亦君亂而臣治然止於不喪而已安能以興邦乎

愚按書曰后克艱厥后臣克艱厥臣政乃乂黎民敏德君臣相須以成至治此元首股肱所由以取喻也太宗之言未為知要夫君亂臣理此李世之所見也求之古先盛時太甲欲敗度縱敗禮可以言亂必有元聖大臣如伊尹之匡救遂終為賢君降此則魏徵所謂才得免亂耳若夫君理臣亂尤無是理君能理矣明其政刑臣何自亂臣之亂政由君之未理也

貞觀十九年太宗謂侍臣曰朕觀古來帝王驕矜而取敗者不可勝數上平聲下上聲不能遠述古昔至如晉武平吳

見君道篇註隋文伐陳陳後主之世隋滅之已後心逾驕奢自矜諸己臣下不復敢言政道因茲弛紊上音矢下音汶散亂也朕自平定突厥破高麗已後麗平聲凡言高麗並同高麗東夷國名本扶餘別種居遼東周封箕子之國也今為鎮東省兼并鐵勒席卷沙漠以為州縣鐵勒匈奴苗裔其種類多居西海之北突厥北部也太宗既平其國即其部落列置州縣號為羈縻以其首領為都督刺史皆得世襲凡四夷內屬者皆然也夷狄遠服聲教益廣朕恐懷驕矜恒自抑折音舌日旰而食旰音幹晚也坐以待晨每思臣下有讜言直諫讜音黨亦直也可以施於政教者施平聲當拭目以師友待之一無友字如此庶幾於時康道泰爾幾平聲

愚按是時魏徵既死諫諍之臣漸少高麗雖破忿兵之興未已既破鐵勒自謂雪恥酬百王除兇報千古其驕矜滿溢之意固形於歌咏矣然猶能日旰而食坐以待晨俾羣臣讜言直諫欲以師友待之嗚呼此所以克終盛治不失令名有晉武隋文之功而無晉武隋文之禍歟

太宗自即位之始霜旱為災米穀踊貴突厥侵擾州縣騷然帝志在憂人銳精為政崇尚節儉大布恩德是時自京師及河東古冀州之域今河東道河南古兗州之域今河南等處隴右古梁州之域今陝西等處饑饉尤甚饑音飢饉音僅穀不熟曰饑菜不熟曰饉一匹絹纔得

一斗米百姓雖東西逐食未嘗嗟怨莫不自安至貞觀三年關中豐熟漢書關中左殽函右隴蜀太宗分天下為十道此為關西唐建都之地也今陝西省咸自歸鄉竟無一人逃散其得人心如此加以從諫如流雅好儒術一作學好去聲孜孜求士務在擇官改革舊弊興復制度每因一事觸類為善初息隱海陵之黨息隱高祖長子也名建成初立為皇太子海陵高祖第四子也名元吉初封齊王建成荒色嗜酒畋遊無度見秦王功高與元吉謀害秦王秦王知之遂殺二人既即帝位乃封建成為息王謚曰隱元吉為海陵王謚曰刺同謀害太宗者數百千人事寧後引居左右近侍心術豁

然不有疑阻時論以為能斷決大事得帝王之體深惡
官吏貪濁惡烏去聲有枉法受財者必無赦免在京流外有
犯贓者皆遣執奏隨其所犯寘以重法由是官吏多自
清謹制馭王公妃主之家大姓豪猾之伍皆畏威屏跡
屏音餅無敢侵欺細人商旅野次無復盜賊囹圄常空囹音
零圄音語周獄名也馬牛布野外戶不閉又頻致豐稔米斗三四
錢行旅自京師至於嶺表五嶺之外今二廣之地自山東至于滄
海山東古冀州之域今濟南等路滄海東海之名也皆不賫糧取給於路入山

東村落行客經過者過平聲必厚加供待供平聲或發時有
贈遺去聲饋送也此皆古昔未有也
歐陽氏修曰盛哉太宗之烈也其除隋之亂比迹湯
武致治之美庶幾成康自古功德兼隆由漢以來未
之有也至其牽於多愛復立浮屠好大喜功勤兵於
遠此中材庸主之所常為然春秋之法責備賢者是
以後世君子欲成人之
美者莫不歎息於斯焉
曾氏鞏曰太宗之為君也屈已從諫仁心愛人可謂
有天下之志以租庸任民以府衛任兵以職事任官
以才能任職以興義任俗以尊本任衆賦役有定制
兵農有定業官無虛名職無廢事人習於善行離於
末作使之操於上者要而不煩取於下者寡而易供
民有農之實而兵之備存有兵之名而農之利在事

之分有歸而祿之出不浮材之品不遺而治之體相
承其廉恥日以篤田野日以闢以其法修則安且治
廢則危且亂可謂有天下之材行之數歲粟米之賤
斗至數錢居者有餘蓄行者有餘資人人自厚幾於
刑措可謂有治天下之效有是三者而不得與先王
並者法度之行禮樂之具田疇之制庠序之教擬之
先王未備也躬親行陣之間戰必勝攻必取天下莫
不以為武而非先王之所尚也四夷萬里古所未及以
政者莫不服從天下莫不以為盛而非先王之所
務也太宗之為政於天下者如此其得失可睹矣
司馬氏光曰太宗文武之才高出前古驅策英雄網
羅俊乂好用善謀樂聞直諫拯民於水火之中而措
之袵席之上使盜賊化為君子呻吟轉為謳謠衣食
有餘刑措不用突厥之渠繫頸闕庭北海之濱悉為
州縣蓋三代以還中
國之盛未之有也

范氏祖禹曰太宗以武撥亂以仁勝殘其才畧優於
漢高而規模不及也恭儉不若孝文而功烈過之矣
迹其性本彊悍而能畏義而好賢屈已以從諫刻厲
矯揉力於為善此所以致貞觀之治也夫人主之所
行其善惡是非在後世當其時不可得辨也老子曰
善人者不善人之師不善人者善人之資人君擇其
善者而從之足以得師其
不善而戒之足以為資矣
程氏祁曰太宗舉兵五年定海內率天下於仁壽富
庶之域者亦以天下之才為天下之務而已觀其任
王珪魏徵於仇讐任褚亮李百藥於降虜起劉洎馬
周於疏遠起張玄素孫伏伽於耆舊委之以政責之
以功諫無不從謀無不獲且太宗之才固非天下之
所能及然而不以此驕天下之士惴惴然常若有所
不逮此其所以能
為三百年之基也

愚按太宗之為君可以為賢矣貞觀之治可以為盛矣今即其行事觀之內除羣雄外定四夷身經百戰未嘗負北後世君人之功未有高焉者也其人君之大德有三一曰謙虛納諫二曰知人善任三曰恭儉愛民後世人君之德未有過焉者也定祖庸調以為取民之制定府兵十六衛以為養兵之制任官則有職爵勲階之制用刑則有笞杖徒流之制後世制度之美莫能加也命房杜以為相英衛以為將王魏之諫爭褒鄂之驍勇虞褚之詞翰下至孫思邈之醫樂李淳風之歷數袁天綱之相法莫不至精至妙度越千古後世人才之盛莫能及也夫功也德也制度也人才也其盛如此而卒不得與于二帝三王之盛者何哉蓋嘗觀之古先帝王雖其天資之美未有不由學問而成者也二帝三王之事尚矣其所從學猶班班可考若高宗之學于古訓而有獲成王之學有緝熙于光明

泰和盛治冠冕百王有以也夫太宗外覩瀛洲之賢內立弘文之館未嘗不學也特非二帝三王之學耳使其能從事於二帝三王之學又豈特貞觀之治而已哉

貞觀政要卷一

欽定四庫全書

貞觀政要卷二

唐 吳兢 撰

元 戈直 集論

任賢第三 凡八章

房玄齡名喬以字顯父彥謙仕隋歷刺史玄齡少警敏通經史善屬文開皇中隋方盛容白父曰上無功德徒以周近親妄誅殺亂嫡庶競僭侈終當滅亡父驚曰無妄言年十八舉進士授羽騎尉校讎秘省侍郎高孝基曰此郎當為國器恨不見其聳壑昂霄耳中原方亂慨然有憂天下之志既事秦王王曰漢光武得鄧禹今我得玄齡猶禹也餘見下文齊州臨淄人也齊州今濟南路隸山東臨淄縣名今屬益

都路初仕隋為隰城尉隰音習隰城今隰州隸河東唐制縣置尉掌親理庶務分判衆曹割斷追催收率課調令之佐也坐事除名徙上郡太宗徇地渭北渭水之北今陝西之地玄齡杖策謁於軍門太宗一見便如舊識署渭北道行軍記室參軍唐制掌軍府表啟書疏之職玄齡既遇知已遂罄竭心力是時賊寇每平衆人競求金寶玄齡獨先收人物致之幕府及有謀臣猛將與之潛相申結各致死力累授秦王府記室兼陝東道今河南等處大行臺考功郎中唐制掌百官功過善惡之職玄齡在秦府十餘年恒典管記隱太

子巢刺王以玄齡及杜如晦(詳見下章)為太宗所親禮甚惡之(惡烏去聲)譖之高祖(諱淵字叔德)由是與如晦並遣驅斥及隱太子將有變也太宗召玄齡如晦令衣道士服(令平聲衣去聲)潛引入閤謀議及事平太宗入春宮(東宮也武德九年六月太宗初為皇太子)擢拜太子左庶子(唐制東宮左春坊左庶子掌侍從贊相禮儀駮正啟奏之職)貞觀元年遷中書令(唐制中書省之長掌佐天子執大政而總判省事宰相也)三年拜尚書左僕射監修國史(唐制史館有監修國史皆宰相兼領)封梁國公實封一千三百户(唐爵九等一曰王食邑萬户二曰郡王食邑五千户三曰國公食邑三千户四

曰開國郡公食邑二千户五曰開國縣公食邑千五百户六曰開國縣侯食邑千户七曰開國縣伯食邑七百户八曰開國縣子食五百户九曰開國縣男食三百户此言千三百户者實封數也後倣此)既總任百司虔恭夙夜盡心竭節不欲一物失所聞人有善若已有之明達吏事飾以文學審定法令意在寬平不以求備取人不以已長格物隨能收敘無隔踈賤論者稱為良相焉(相去聲後同)十三年加太子少師(少去聲唐制太子少師少傅少保掌曉三師德行以諭皇太子奉觀三師之德)玄齡自以一居端揆(揆舜使禹宅百揆端揆者相位也)十有五年頻抗表辭位優詔不許十六年進拜司空

(唐制太尉司徒司空為三公佐天子理陰陽平邦國無所不統)仍總朝政依舊監修國史玄齡復以年老請致仕太宗遣使(使去聲)謂曰國家久相任使(相如字)一朝忽無良相(朝音昭)如失兩手公若筋力不衰無煩此讓自知衰謝當更奏聞玄齡遂止(按史傳玄齡抗表陳辭太宗遣使謂之曰昔留侯讓位竇融辭榮自懼盈滿知進能退善自止足前代美之公亦欲齊蹤往哲實可嘉尚然國家久相任使一朝忽無良相如失兩手玄齡遂止)太宗又嘗追思王業之艱難佐命之匡弼乃作威鳳賦以自喻因賜玄齡其見稱類如此(按新舊唐書皆曰太宗追思王業艱難佐命之力作威鳳賦以賜無忌俱載長孫無忌傳

參之通鑑亦然政要作賜玄齡未詳孰是愚謂其所紀姓名雖不同而太宗眷命功臣之意則一也今録其賦於此以備觀覽焉其辭曰有一威鳳憩翮朝陽晨遊紫霧夕飲玄霜資長風以舉翰戾天衢而遠翔西翥則煙氛閉色東飛則日月騰光化垂鵬於北裔訓羣鳥於南荒彌亂世而方降應明時而自彰俛翼雲路歸功本樹仰喬枝而見猜俯脩條而抱蠧同林之侶俱嫉共餘之儔並忤無桓山之義情有炎洲之凶度若巢葦而居安獨懷危而履懼鴟鴞嘯乎側葉燕雀喧乎下枝慙已陋之至鄙害它賢之獨奇或聚咮而交擊乍分羅而見羈戢凌雲之逸羽韜偉世之清儀遂乃蓄情宵影結志晨暉霜殘綺翼露點紅衣嗟憂患之易結歎矰繳之難違期畢命於一死本無情於再飛幸賴君子以依以恃引此風雲濯斯塵滓披蒙翳於葉下發光彩於枝裏仙翰屈而還舒靈音摧而復起眄八極以遐翥臨九天而高峙庶廣德於衆禽非崇利於一已是以徘徊感德顧慕

懷賢憑明哲而禍散託英才而福全荅惠之情彌結報
功之志方宣非知難而行易思令後而終前俾賢德之
流慶畢萬
葉而芳傳
朱氏黼曰人主以任相為職宰相以任人為職使宅
百揆所以命禹也旁招俊乂列於庶位傅說所以
相高宗也太宗嘗謂玄齡當廣求賢人隨材授任可
謂知任相矣玄齡聞人有善若己有之不以求備取
人不以己長格物可謂知相職矣是以居端揆十五
年有司庶府皆稱其職也竊嘗論之宰相非量材受
任為難而為國用人之不易貞觀之盛羣材蟻附一
財計之任雖賤有司且能之玄齡特以度支闕天下
利害寧虛其位而不以與人寧任於已而不庀凡士
蓋以民力所繫不當委衰刻之吏國計所本不可付
聚斂之臣故寧抱乏材之歎而不容苟且以具員寧
受吝權之譏而不忍冒昧以與下此其所以號稱名

欽定四庫全書　貞觀政要　卷二　四

相歟
呂氏祖謙曰房玄齡之相太宗王魏以善諫而司直
英衛以善兵而立功玄齡乃斷斷於上而為一時之
名相可謂無它技而能有容足以任天下之事矣觀
其以度支係天下利害嘗有缺求其人未得乃自領
之其材固足以辦天下之事而能不自用也由是言
之無它技而有容固足為貴至於材不自用而能用
人之材則玄齡之賢
所以為不可及也
真氏德秀曰梁文昭公佐太宗定天下及終相位凡
三十三年其持身也敬其謀國也忠蓋庶乎古大臣
之風矣至於用人則委諫争於王魏付征伐於英衛
使衆善畢集於君退然若無能為者此一節蓋秦漢
以來未有能及之者後之君子
其于梁公之用心當端拜師之

愚按昔漢高祖初入關也諸將争走金帛財物之府
而蕭何獨收相府律令圖書竟為開基之根本夫蕭
何起秦刀筆吏而高見遠識如此為興王名相豈偶
然之故哉房玄齡杖策謁軍門太宗一見如舊識賊
寇每平衆人争求金寶玄齡獨先收人物致之幕府
其知所先務與蕭何收相府圖書同一高見遠謀興
王相業蕭不專美於漢風雲感召
此豈人力也哉非天其孰能使之

杜如晦字克明少英爽以風流自命內負大節臨機輒斷隋世預吏部選高孝基異之曰君當為棟梁用願保令德餘見下文京兆萬年人也京兆郡名今奉元路萬年縣名今咸寧縣隸陝西
武德初為秦王府兵曹參軍唐制掌王府武官簿書考課儀衛假使等事俄
遷陝州令仍舊隸河南總管府長史長音掌唐制邊要之地置總管以統軍長史其貳職

欽定四庫全書　貞觀政要　卷二　五

也
時府中多英俊被外遷者衆太宗患之記室房玄齡
曰府僚去者雖多蓋不足惜杜如晦聰明識達王佐才
也若大王守藩端拱無所用之必欲經營四方非此人
莫可太宗自此彌加禮重寄以心腹遂奏為府屬嘗參
謀帷幄時軍國多事剖斷如流深為時輩所服累除天
策府從事中郎武德四年高祖以秦王功高古官號不足以稱乃加號天策上將位在王公上
開府置官屬從事中郎其屬職也兼文學館學士太宗為天策上將亂稍平乃嚮儒宮城西
作文學館收聘賢才詢訪討論學士其職也隱太子之敗如晦與玄齡功第

一遷拜太子右庶子唐制東宮右春坊右庶子掌侍從左右獻納啟奏宣傳令旨之政俄遷兵部尚書唐制兵部掌武選地圖車馬甲械之政尚書其長也進封蔡國公實封一千三百戶貞觀二年以本官檢校侍中唐制檢校其官者皆詔除而非正命三年拜尚書右僕射兼知吏部選事唐制吏部掌文選勳封考課之政知猶主也仍與房玄齡共掌朝政至於臺閣規模典章文物皆二人所定甚獲當代之譽時稱房杜焉按史傳如晦進僕射久之以疾辭職薨贈司空謚曰成手詔虞世南為碑文言痛悼意它日食瓜美輟其半奠焉後夢如晦若平生明日勅所御饌往祭勞問妻子恩禮無少衰後詔功臣世襲贈密州刺史徙國萊

柳氏芳曰房杜佐太宗天下號為賢相然無迹可尋德亦至矣故太宗定禍亂而房杜不言功王魏善諫諍而房杜讓其賢英衛善將兵而房杜行其道理致太平善歸人主為唐宗臣宜哉

劉氏昫曰房杜皆以命世之才遭逢明主謀猷允協以致升平議者以比漢之蕭曹信矣然杜之見用房之所舉也太宗嘗與玄齡圖事則曰非如晦莫能籌之及如晦至竟如玄齡之策蓋房知杜之能斷大事杜知房之善建嘉謀裨諶草創東里潤色相須而成俾無悔事賢達用心良有以也若以往哲方之房則管仲子產杜則鮑叔罕虎矣

宋氏祁曰太宗取孤隋攘羣盜天下已平用房杜輔政大亂之餘紀綱彫弛而能興仆植僵使號令典刑粲然罔不完可謂名宰相然求所以致之之迹殆不可見何哉雖然宰相代天者也輔贊彌縫而藏諸用使斯人由而不知彼揚己取名瞭然使戶曉者殆房杜之細耶

張氏九成曰太宗身屬櫜鞬以基帝業閫外之臣皆以功為尚而房杜隱然為國名臣自後世觀之任公竭節身處要地如玄齡者誰人也臨機獨斷吐胸中之奇若如晦者誰人也

呂氏祖謙曰房杜輔相太宗成貞觀之治而後世觀之無迹可尋此則近於無聲無臭之至矣是故漢之文景紀無可書之事而為西都之仁君唐之房杜傳無可載之功而為貞觀之賢相

唐氏仲友曰太宗與房杜君臣之契深矣謂之明良相遇可矣而古之王者必有師臣湯之於伊尹武王之於尚父是也是故能以道正君格其非心以登堯舜之盛故曰成王畏相房杜之於太宗可以為名相矣未可以為畏相也

愚按蘇文忠公有言唐之房杜傳無可載之功今以史傳攷之則褚遂良嘗謂玄齡自義旗之始翼贊聖功武德之季冒死決策貞觀之初選賢立政人臣之勤玄齡為最高祖謂玄齡論事千里外猶對面長孫后謂玄齡奇謀祕計未嘗宣泄是玄齡之功猶可得而知也至於如晦之為人則世稱玄齡善謀如晦善斷每有大事玄齡輒曰非如晦不能斷及如晦至卒用玄齡之策是如晦之斷初不能出於玄齡之謀也故如晦之功不可得而知也然世豈以如晦為不及玄齡哉嗚呼後之大臣幸而與賢者同列恥己之短而求加於人者真如晦之罪人也哉

魏徵字玄成孤貧落拓有大志不事生業出家為道士好讀書尤屬意縱橫之說大業末李密見徵所為文召之徵進十策密奇之而不能用後竇建德攻陷黎陽獲徵署為起居舍人及竇建德就擒與裴矩西入關

隱太子聞其名引直洗馬甚禮之餘見下文鉅鹿人也鉅鹿郡名今順德路鉅鹿縣隷河東近徙家相州之內黃相去聲相州今彰德路隷腹裏內黃縣名今屬滑州武德末為太子洗馬洗音跣洗馬漢有是職太子出則當直者前驅清道唐制東宮左春坊司經局置洗馬掌經史子集四庫圖籍刊緝之事凡天下之圖書上東宮者皆受而藏之見太宗與隱太子陰相傾奪每勸建成早為之謀太宗既誅隱太子召徵責之曰汝離間我兄弟何也間去聲衆皆為之危懼徵慷慨自若從容對曰從即容切皇太子若從臣言必無今日之禍太宗為之斂容厚加禮異擢拜諫議大夫數引之卧內數音朔訪以政術徵雅有經國之才性又抗直無所屈撓太宗每與之言未嘗不悅徵亦喜逢知己之主竭其力用又勞之曰勞去聲慰喻也卿所諫前後二百餘事皆稱朕意稱去聲非卿忠誠奉國何能若是三年累遷秘書監叅預朝政深謀遠筭多所宏益太宗嘗謂曰卿罪重於中鉤我任卿逾於管仲中去聲管仲名夷吾齊卿也初齊襄公被弒議立君高國先陰告公子小白於莒魯亦發兵送公子糾而使管仲別將兵遮魯道射中小白帶鉤糾至齊小白已立是為桓公管仲請囚鮑叔牙請公用之公以為大夫後為相遂霸天下近代君臣相得寧有似我

於卿者乎六年太宗幸九成宮隋仁壽宮也宴近臣長孫無忌曰長音掌凡言長孫並同長孫複姓無忌其名也字輔機文德皇后之兄從太宗征討有功累擢比部郎中貞觀初遷吏部尚書封齊國公復進策司空為太子太傅高宗時以沮立武后削官爵置黔州卒王珪魏徵往事息隱臣見之若讐不謂今者又同此宴太宗曰魏徵往者實我所讐但其盡心所事有足嘉者朕能擢而用之何慙古烈徵每犯顏切諫不許我為非我所以重之也徵再拜曰陛下導臣使言臣所以敢言若陛下不受臣言臣亦何敢犯龍鱗觸忌諱也史記韓非傳曰諫說之士不可不察夫龍可擾狎而馴也然喉下有逆鱗徑寸嬰之必殺人人主亦有逆鱗說之者能無嬰人主逆鱗則幾矣太宗大悅各賜錢十五萬七年代王珪為侍中累封鄭國公尋以疾乞辭所職請為散官太宗曰朕拔卿於讎虜之中任卿以樞要之職見朕之非未嘗不諫公獨不見金之在鑛古猛切金璞也何足貴哉良冶鍛而為器冶陶鑄匠也便為人所寶朕方自比於金以卿為良工雖有疾未為衰老豈得便爾耶徵乃止後復固辭聽解侍中授以特進仍知門下省事十二年太宗以誕皇孫詔宴公

卿帝極歡謂侍臣曰貞觀以前從我平定天下周旋艱險玄齡之功無所與讓貞觀之後盡心於我獻納忠讜安國利人成我今日功業為天下所稱者惟魏徵而已古之名臣何以加也於是親解佩刀以賜二人庶人承乾（太宗初立長子承乾為太子後以罪廢為庶人）在春宮不修德業魏王泰（字惠褒太宗第四子封魏王好士善屬文後貶王濮謚曰恭）寵愛日隆內外庶寮咸有疑議太宗聞而惡之（惡烏去聲）謂侍臣曰當今朝臣忠謇無如魏徵我遣傅皇太子用絕天下之望十七年遂授太

子太師（唐制太子太師太傅太保為三師掌以道德輔導皇太子）知門下事如故徵自陳有疾太宗謂曰太子宗社之本須有師傅故選中正以為輔弼知公疹病可臥護之徵乃就職尋遇疾徵宅內先無正堂太宗時欲營小殿乃輟其材為造（為去聲）五日而就遣中使（使去聲）賜以布被素褥遂其所尚後數日薨太宗親臨慟哭（臨去聲）贈司空謚曰文貞太宗親為製碑文復自書於石特賜其家食實封九百戶太宗後嘗謂侍臣曰夫以銅為鏡可以正衣冠以古為鏡可以知

興替以人為鏡可以明得失朕常保此三鏡以防己過今魏徵殂逝遂亡一鏡矣因泣下久之乃詔曰昔惟魏徵每顯予過自其逝也雖過莫彰朕豈獨有非於往時而皆是於茲日故亦庶僚苟順難觸龍鱗者歟所以虛己外求披迷內省（省悉井切）言而不用朕所甘心用而不言誰之責也自斯已後各悉乃誠若有是非直言無隱（按史傳徵疾甚藥膳賜遺無算上親問疾語終日後復與太子至徵加朝服拖帶上悲慟撫之將以衡山公主降其子叔玉時公主從上曰公強視新婦徵不能謝及旦薨帝臨哭罷朝五日太子舉哀西華堂詔內外百官朝集

皆赴喪晉王奉詔致祭陪葬昭陵上登苑西樓望哭盡哀）

劉氏眴曰魏公與文皇討論政術往復應對凡數十萬言其匡過弼違能近取譬博約連類皆前代爭臣所不至者其實身正而心勁上不負時主中不阿權倖內不侈親族外不為朋黨不以逢時改節不以圖位賣忠前代爭臣一人而已

宋氏祁曰君臣之際顧不難哉以徵之忠而太宗之睿身沒未幾猜譖遽行始徵之諫至君子小人未嘗不反覆言之以邪佞之亂忠也久猶不免故曰皓皓者易汙嶢嶢者難全自古所歎云

曾氏鞏曰太宗屈己以從羣臣之議而魏公之徒喜遭其時感知己之過事之大小無不諫諍雖其忠直所自至亦得君以然也

呂氏祖謙曰或謂三代遺直者言其以至公為心而不以事形迹為美以後言為戒而不以即應為嫌任强直之責而不顧擅權之議為忠讜之論而不畏誹謗之譏此太宗貞觀之治獨歸於徵勸行仁義之效者其以此歟

唐氏仲友曰責難於君謂之恭陳善閉邪謂之敬吾君不能謂之賊此孟子之諫爭徵有之矣

真氏德秀曰魏公始終以規諫為己任唐史以為前代爭臣一人而已豈不信哉然攷其學問淵源殆不可見文中子世家謂魏徵嘗從其學受王佐之道先儒疑之觀其勸太宗行仁義則必有所本然嘗論之有仁義之體有仁義之用正其心修其身而達之於國家天下無往而非仁義此二帝三王之所行兼體用之全者也心未必正身未必修假仁義以行之而不免於利欲之雜然其愛人利物之功禁暴止亂之

政亦有補於世教此齊桓晉文之所行依倣於仁義之用而體則未純故其用亦未盡也太宗除隋之難身致升平可謂偉矣然由心而身由身而家皆有慚德觀魏公之所論諫即事而言者多即心而論者少正救於已形者多而變化於未形者少君臣之間相與策勲者遲勉於仁義之用而已故貞觀之治雖有志於三王迄未能大異於五伯魏公正君之功雖秦漢以下所難及而揆之伊傅周召則猶可憾焉或以為出於縱横之學則又有未然者蓋戰國策士多邪謟之言而魏公所陳皆正大之論是豈可同日語哉叔玠以王魏並稱考觀本末蓋亦其流亞云

愚按魏鄭公之諫自兩漢以來一人而已史稱為三代遺直豈不信哉然嘗聞之孟子曰人不足與適也政不足閒也惟大人為能格君心之非蓋吏一獘政是一獘政而已去一小人是一小人而已非心存焉吾恐不勝其去不勝其吏也今觀魏公之諫疏大槩能裨益於政事而不能匡正於本原能規諫於臨時而不能涵養於平昔律以孟子之言殆所謂過謫用人之非非閒行政之失而已無乃於格心之道猶有所未至乎故程子謂其能正君而不能養德真氏謂其即事而言者多即心而論者少正救於已形者多變化於未形者少其知言哉

王珪字叔玠志量隱正能安於貧賤交不苟合開皇末為奉禮郎季叔頗坐事被誅珪當從坐遂亡匿積十餘歲高祖入關相府司録李綱薦珪貞諒有器識引為世子府諮議參軍及東宮建除中舍人尋轉中允餘見下文太原祁縣人也太原郡名今冀寧路隸河東祁縣今仍舊武德中為隱太子中允唐制東宮官屬掌侍從贊相駁正啓奏總司經典膳藥甚為建成所禮

後以連其陰謀事流於嶲州嶲音髓武德末高祖以太子與秦王有隙責珪等不能輔導皆被流貶嶲州屬羅羅斯地今為建昌路隸雲南建成誅後太宗即位名拜諫議大夫每推誠盡節多所獻納珪嘗上封事切諫封事實封言事也太宗謂曰卿所論皆中朕之失中去聲自古人君莫不欲社稷永安然而不得者秖為不聞己過為去聲或聞而不能改故也今朕有所失卿能直言朕復聞過能改何慮社稷之不安乎太宗又嘗謂珪曰卿若常居諫官朕必永無過失顧待益厚貞觀元年遷黄門侍郎參

預政事兼太子右庶子二年進拜侍中時房玄齡魏徵李靖（詳見下章）温彦博（字大臨并州人警悟而辯隋末幽州總管羅藝以州降彦博預謀召入為郎戰突厥被執貞觀初始得還尋檢校吏部侍郎時譏其煩碎後遷尚書右僕射卒追贈特進謚曰恭）戴胄（字玄胤相州人性明正善簿最王世充謀篡胄以大義說之秦王引為府士曹參軍貞觀初遷大理少卿又遷尚書左丞號稱職拜諫議大夫杜如晦遺言請以選舉委胄遂檢校吏部尚書卒謚曰忠）與珪同知國政嘗因侍宴太宗謂珪曰卿識鑒精通尤善談論自玄齡等咸宜品藻（定其差品文質也）又可自量孰與諸子賢（量平聲）對曰孜孜奉國知無不為臣不如玄齡每以諫諍

為心耻君不及堯舜臣不如魏徵才兼文武出將入相臣不如李靖（將相並去聲）敷奏詳明出納惟允臣不如温彦博處繁理劇衆務必舉臣不如戴胄（處上聲）至如激濁揚清嫉惡好善（好去聲）臣於數子亦有一日之長太宗深然其言羣公亦各以為盡己所懷謂之確論（按史傳珪後進爵郡公八年拜禮部尚書十一年正定五禮兼魏王師十三年卒上素服舉哀詔魏王泰率百官臨哭贈吏部尚書謚曰懿）

劉氏昫曰王珪履正不回忠讜無比君臣時命胥會于兹易曰自天祐之吉無不利叔玠有之矣

陳氏惇修曰太宗嘗歷數諸臣之得失以孝大於一已而復使王珪商搉人物珪亦盡因是而進戒曰知人之道堯以為難陛下不當以知人為能子貢方人夫子謂不暇臣亦不敢以知人自負昔皋陶陳謨分為九德亦欲多方而參攷之以示所難之意也今陛下安可輕問而臣亦安可輕對惜乎珪不知此且復一二而為之商搉遂使太宗謂吾之知人如此其易而珪之品藻如此其當天下之賢否善惡皆不足辨而邪佞之言所以乘間而入也然則太宗之為君固有愧於帝堯而王珪之徒蓋亦有愧於皋陶者矣

愚按太宗既正位東宮首以魏徵為詹事主簿珪為諫議大夫是珪為諫官在徵之先也是時前宮齊府之黨多懷反側不安珪首請太宗坦懷待之以示無間是珪之論諫在徵之先也厥後與徵上下其論卒得與徵齊名豈偶然哉然嘗觀宋末真氏論後世賢臣悉以四事律之一曰正己二曰正

君三曰謀國四曰用人以唐初諸賢臣觀之則論謀國用人王魏不如房杜論正己正君房杜不如王魏四賢如耳目股肱相資為用其致貞觀之治不亦宜乎

李靖（字藥師姿貌魁奇少有文武材每曰大丈夫若遇主逢時必當立事立功以取富貴其舅韓擒虎號名將每與論兵必曰可與言孫吳者仕隋為長安縣功曹歷駕部員外郎揚素牛弘皆器之餘見下文）京兆三原人也（京兆見前註三原縣名今屬耀州路隸陝西）大業末為馬邑郡丞（大業隋煬帝年號馬邑郡今朔州路隸河東丞守之貳也）會高祖為太原留守靖觀察高祖知有四方之志因自鎖上變詣江都（今揚州路江都縣隸淮東）至長安（即關中）道塞不通而止高祖克京城執靖將

斬之靖大呼曰呼去聲公起義兵除暴亂不欲就大事而以私怨斬壯士乎太宗亦加救靖高祖遂捨之武德中以平蕭銑輔公祏功銑音跣祏音石蕭姓銑名後梁宣帝曾孫也隋末起兵巴陵自稱梁王靖陳十策高祖命副趙郡王孝恭討之遂降輔姓公祏名為淮南道行臺僕射武德中據丹陽反叛又詔靖副孝恭討之擒獲遂平歷遷揚州大都督府長史長音掌揚州見上註唐制總十州者為大都督長史其上佐也太宗嗣位名拜刑部尚書唐制刑部掌律令刑法徒隸按覆讞禁尚書其長也貞觀二年以本官檢校中書令三年轉兵部尚書為代州行軍總管代州今仍舊隸腹裏唐制武德初置行軍總管以統軍

進擊突厥定襄城破之定襄郡名今忻州隸腹裏突厥諸部落俱走磧北走音奏沙土曰磧地在塞北北擒隋齊王暕之子暕古限切楊道政及煬帝蕭后送于長安突利可汗來降汗音韓凡言可汗並同降下江切後同可汗蕃王之稱猶漢時稱單于中國稱天子也突利可汗始畢可汗之子名什鉢苾嘗自結於太宗靖入朝太宗禮見良厚拜右衛將軍頡利可汗處羅可汗之弟名莫賀咄設牙直五原北太宗因其地置伊西州僅以身遁太宗謂曰昔李陵提步卒五千不免身降匈奴李陵字少卿漢武帝時為侍中將兵伐匈奴無救而敗遂降匈奴尚得名書竹帛卿以三千輕騎深入虜庭尅復定襄威振北狄實

古今未有足報往年渭水之役矣以功進封代國公此後頡利可汗大懼四年退保鐵山西北之地遣使入朝謝罪使去聲後同請舉國內附又以靖為定襄道行軍總管往迎頡利頡利雖外請降而心懷疑貳詔遣鴻臚卿秦官典客漢武時更名大鴻臚郊廟行禮讚道九賓鴻聲臚傳之也唐制掌賓客及凶儀之事唐儉字茂約并州人開隋政日亂說秦王建大計為天策長史攝戶部尚書唐制戶部掌天下土地人民錢穀之政貢賦之差尚書其長也詔除而非正命謂之攝將軍安修仁安姓修仁名慰諭之靖謂副將將去聲張公謹字弘慎魏州人仕王世充為洧州長史挈城歸高祖授檢校鄗州別駕李勣等啟秦王引入府貞觀初為代州都督謀破頡利有功封鄒國公改封州都督以忠政聞七年卒曰詔使

到彼虜必自寬乃選精騎齎二十日糧引兵自白道襲之公謹曰既許其降詔使在彼未宜討擊靖曰此兵機也時不可失遂督軍疾進行至陰山在西北之極綿亘數百里遇其斥候千餘帳皆俘以隨軍頡利見使者甚悅不虞官兵至也靖前鋒乘霧而行去其牙帳七里頡利始覺列兵未及成陣單馬輕走虜衆因而潰散斬萬餘級殺其妻隋義成公主俘男女十餘萬斥土界自陰山至于大漠

北邊虜漢之地遂滅其國尋獲頡利可汗於別部落餘衆悉降
太宗大悅顧謂侍臣曰朕聞主憂臣辱主辱臣死往者
國家草創突厥强梁太上皇以百姓之故稱臣於頡利
朕未嘗不痛心疾首志滅匈奴坐不安席食不甘味今
者暫動偏師無往不捷單于稽顙單音蟬漢時蕃王之號猶可汗也耻
其雪乎羣臣皆稱萬歲漢武帝禮祭中嶽太室從官在山下聞若有言萬歲者三後世
臣下稱萬歲者本此尋拜靖光祿大夫尚書右僕射賜實封五百
戶又為西海道行軍大總管征吐谷渾胡昆切吐谷渾西域國名本遼

東鮮卑徒河涉歸長子之名其孫葉延遂以其名為氏大破其國改封衛國公及
靖身亡有詔許墳塋制度依漢衛霍故事衛青霍去病皆漢武時為
大將軍討匈奴有大功去病尚公主及亡詔與主合塋起冢象盧山築闕象突厥內燕然
山燕平聲吐谷渾內積石二山以旌殊績按史傳十四年靖妻卒故有墳
塋之詔及靖身亡四字疑誤十八年上幸其第問疾上將伐遼東靖入閤賜坐謂曰公南平吳會北清沙漠西
定慕容惟東有高麗未服公意如何對曰臣往者憑藉天威薄展微效今殘年朽骨唯擬此行陛下若不棄老
臣病其瘳矣上愍其羸老不許二十三年薨贈司徒謚曰景武
張氏九成曰當隋氏喪鹿之際承唐祖騰龍之時而能依乘風雲勤功帝籍者豈有它哉特以根于忠智

故功名若是其顯也觀其用兵善于料敵速于應機故所嚮有功南平吳北破突厥西走吐谷渾功大寵
盛乃能闔戶自守以謝過從可謂能自全矣始能免俘戮終能保厥躬勝於韓信遠矣
愚按太宗天資英武善戰無敵一時羣臣皆不足以仰望清光帝之所推服而師問者獨李靖一人
而已蓋自孫武以來能將法度之師者獨諸葛武侯與靖耳今世傳武經雖未必出靖之手要必有
近似者其論霍邑之戰謂建成幾敗為奇兵太宗旁擊為正兵大意謂唐之戰勝特暗合兵法耳亦
猶韓信謂漢高天授非人力是也異時太宗伐遼無功而歸謂靖曰吾以天下之力屈於小夷何也
靖不答所問顧曰茲事道宗知之蓋指駐蹕之戰請分兵襲平壤之事也嗚呼即其所至而論靖可
謂知兵之聖者欲世以英衛並稱要之李勣非靖之匹彙倫伍也

虞世南字伯施性沈靜寡欲篤意學問與兄世基仕隋俱有重名時人方晉二陸累遷至秘書郎起居
舍人從宇文化及至聊城又陷于竇建德僞授黃門侍郎太宗後滅建德引為秦府參軍餘見下文會稽
餘姚人也會音檜稽音基會稽郡名今紹興路餘姚縣名今陞為州隸浙東貞觀初太
宗引為上客因開文館館中號為多士咸推世南為文
學之宗授以記室與房玄齡對掌文翰嘗命寫列女傳
去聲以裝屏風於時無本世南暗書之一無遺失貞觀七
年累遷祕書監太宗每機務之隙引之談論共觀經史
世南雖容貌懦弱如不勝衣懦乃亂切一音儒勝字平聲而志性抗

烈每論及古先帝王為政得失必存規諷多所補益及高祖晏駕漢書曰宮車晏駕註謂天子當晨起早作而方崩殞故稱晏駕者臣子之心猶謂宮車晚出也按高祖以貞觀九年五月崩太宗執喪過禮喪平聲後同哀容毀顇久替萬機文武百寮計無所出世南每入進諫太宗甚嘉納之益所親禮嘗謂侍臣曰朕因暇日每與虞世南商搉古今朕有一言之善世南未嘗不悅有一言之失未嘗不悵恨其懇誠若此朕用嘉焉羣臣皆若世南天下何憂不理太宗嘗稱世南有五絕一曰德行去聲二曰忠

直三曰博學四曰詞藻五曰書翰及卒子聿切太宗舉哀於別次哭之甚慟喪事官給仍賜以東園秘器葬具也贈禮部尚書唐制禮部掌禮儀祭享貢舉之政尚書其長也凡既沒而加之以官曰贈謚曰文懿太宗手敕魏王泰曰虞世南於我猶一體也拾遺補闕無日暫忘實當代名臣人倫準的吾有小善必將順而成之吾有小失必犯顏而諫之今其云亡石渠東觀之中無復人矣觀去聲漢置石渠閣東觀皆藏圖籍秘書之所痛惜豈可言耶未幾平聲太宗為詩一篇追思往古理亂之道既而歎曰

鍾子期死伯牙不復鼓琴列子曰鍾子期與伯牙為友伯牙鼓琴子期善聽子期死伯牙絕絃以世無知音者朕之此篇將何所示因令平聲後同起居官名唐制門下省置起居郎中書省置起居舍人掌錄天子之動作法度以修記事之史書以授之于國史焉褚遂良字登善杭州人博涉經史工楷隸累遷起居郎十五年拜諫議大夫兼起居事後授太子賓客高宗時拜僕射因沮立武后后立被貶卒詣其靈帳讀訖焚之其悲悼也若此又令與房玄齡長孫無忌杜如晦李靖等二十四人圖形於凌煙閣按史傳十七年詔趙國公長孫無忌河間元王孝恭萊國成公杜如晦鄭國文貞公魏徵梁國公房玄齡鄂國公尉遲敬德衛國公李靖宋國公蕭瑀褒忠壯公段志玄夔國公劉弘基蔣忠公屈突通

鄖節公殷開山譙襄公柴紹邳襄公長孫順德鄖國公張亮陳國公侯君集郯襄公張公謹盧國公程知節永興文懿公虞世南渝襄公劉政會莒國公唐儉英國公李勣胡壯公秦叔寶二十四人可並圖畫於凌煙閣

張氏九成曰世南始以文翰馳譽陳隋間兄弟長安方之二陸在唐以五絕見稱而論議規諷固多忠稱補過弼違有犯無隱上贊明聖之德下植生民之利宜其眷眷勤密而見於夢想君臣之情何其厚哉

愚按世南信為德行忠直文章之士唐興之儒臣也終身以正事君將順匡救其弘多矣雖君臣相得之深而未臻大用太宗止歎息以石渠東觀之中無復人亦可惜也矣

李勣本名世勣字茂功永徽中以犯太宗諱單名勣焉餘見下文曹州離狐人也曹州今仍舊隸腹裏離狐縣名後改南華今廢本姓徐初仕李密為左武侯大將

軍（李密字元邃其先遼東人大業末韋城人翟讓聚衆為盜勣往從之密初從楊玄感起兵謀事及玄感敗亡命雍丘勣說讓奉密為主號魏公密後殺讓而人心始離武德初入關見高祖拜光祿卿復以反誅）密後為王世充所破（王世充字行滿本西域人姓支幼從母嫁王氏因冒其姓仕隋為民部侍郎陰結豪傑自為太尉矯隋主侗策禪位殺侗自立武德初破李密高祖詔秦王攻之擒歸長安族徙于蜀）擁衆歸國勣猶據密舊境十郡之地（密舊境東至於海南至于江西至汝州北至魏郡時未有所附勣並據之）武德二年謂長史郭孝恪（長音掌郭孝恪許州人初附密為長史後謁秦王上策擒竇建德拜上柱國後遷大總管破龜茲國為流矢所中而卒）曰魏公既歸大唐今此人衆土地魏公所有也吾若上表獻

之則是利主之敗自為己功以邀富貴是吾所恥今宜具錄州縣及軍人戶口總啟魏公聽公自獻此則魏公之功也不亦可乎乃遣使啟密（使去聲後同）使人初至高祖聞無表惟有啟與密甚怪之使者以勣意聞奏高祖方大喜曰徐勣感德推功實純臣也拜黎州總管（黎州今濬州隸腹裏）賜姓李氏附屬籍於宗正（唐制宗正府掌親屬以別昭穆宗室居之）封其父蓋為濟陰王（濟上聲瀆名）固辭王爵乃封舒國公授散騎常侍（唐制掌規諷過失侍從顧問之職）尋加勣右武候大將軍（唐制武衛之職）及李密反叛伏誅勣發喪行服（喪平聲）備君臣之禮表請收葬高祖遂歸其屍於是大具威儀三軍縞素（三軍上軍中軍下軍也）葬於黎陽山（在今濬州）禮成釋服而散朝野義之尋為竇建德所攻陷於建德又自拔歸京師（竇建德貝州人世為農材力絕人大業中募兵伐遼補隊長後據渤海自立為夏王建元置官屬武德初擒化及於魏縣進兵攻勣力屈降之收勣父為質令勣復收黎陽三年勣自拔歸京師四年從太宗平建德於是獲而斬之）從太宗征王世充竇建德平之貞觀元年拜并州都督（并州即太原唐制武德七年改總管曰都督立府置佐）令行禁止號為稱職（稱去聲）突厥甚加

畏憚太宗謂侍臣曰隋煬帝不解精選賢良（解音懈）鎮撫邊境惟遠築長城廣屯將士（將去聲）以備突厥（隋大業三年詔發丁男百餘萬築長城西距榆林東至紫河旬而畢工）而情識之惑一至於此朕今委任李勣於并州遂得突厥畏威遠遁塞垣安靜豈不勝數千里長城耶其後并州改置大都督府又以勣為長史（長音掌）累封英國公在并州凡十六年召拜兵部尚書兼知政事勣時遇暴疾驗方云鬚灰可以療之太宗自剪鬚為其和藥（為和並去聲後同）勣頓首見血泣以陳謝太

宗曰吾為社稷計耳不煩深謝十七年高宗居春宮轉太子詹事唐制東宮官掌統三寺十率府之政加特進仍知政事太宗又嘗宴顧勣曰朕將屬以孤幼屬音囑思之無越卿者公往不遺於李密今豈負於朕哉勣雪涕致辭因噬指流血俄沉醉御服覆之覆音副其見委信如此勣每行軍用師籌筭臨敵應變動合事機自貞觀以來討擊突厥頡利及薛延陀北狄國名本延陀部與薛種雜居號薛延陀貞觀中拔灼立勣滅其國置為州縣高麗等並大破之太宗嘗曰李靖李勣二人古之韓白漢將韓信秦將衛霍註見前豈能及也

按史傳二十三年帝疾謂太子曰李勣才智有餘然汝與之無恩恐不能懷服我今黜之若其即行俟我死汝用為僕射親任之若徘徊顧望當殺之乃授疊州都督受詔不至家而去高宗立名進僕射後欲立武昭儀為后畏大臣異議未決帝密訪勣勣曰此陛下家事無須問外人帝意遂定詔勣率冊立武氏總章二年卒贈太尉謚曰貞武

范氏祖禹曰太宗以勣為何如人哉以為愚也則不可託幼孤而寄天下矣以為賢也當任而弗疑何乃憂後嗣之不能懷服先黜之而後用之是以犬馬畜之也豈堯舜親賢之道乎利祿之士可得而使也

又曰高宗欲廢立而猶難於顧命大臣取決於勣之一言勣若以為不可則武氏必不立矣勣非惟不諫又勸成之孽后之立無忌遂良之死唐室中絕皆勣之由其禍豈不博哉太宗以勣為忠故託以幼孤而其大節如此知人帝其難之信矣

胡氏寅曰古者不盟結言而退蓋人不爽其情相命而信喻矣逮德下衰疑阻猜貳至於刑牲歃血曾未旋踵又已背之是故孔子於春秋不貴盟誓而善胥命取荀息欲人之惇信而不食言也若李勣齧指出血以受太宗之託若不為負義者而於王武廢興之際以一言喪邦則不必待如里克然後為隳大節也夫以言許人者猶恐非其本心勣受託而無一言徒齧指出血而已使當堯舜之智豈得逭乎

呂氏祖謙曰太宗以勣守邊可謂善用人矣至其任以託孤之寄則非其所能也按吳起與田文論功起曰將三軍使士卒樂死敵國不敢謀子孰與起文曰不如治百官親萬民實府庫子孰與起文曰不如此二者皆出吾下而位加吾上何也文曰主少國疑大臣未附百姓不信方是之時屬之子乎屬之我乎起

默然良久曰屬之子矣蓋勣之賢於長城是亦吳起之所長而太宗以之處田文之任宜其敗也

葉氏適曰勣本無甚所長只是不負人夫不負人固可任以事至於關朝廷之重則非不負者能之如立武氏之說彼豈有意於負太宗者奈何利害所在彼其不學誠不識此噫以周勃之少文幾陷呂氏之禍以霍子孟之重厚猶有所不免皆不學無術所以致也況勣以一言之失豈知他日之禍如此哉

愚按太宗英武將畧優於漢高至於知人料事不及漢高遠矣其間章章較著者李勣之事是也自今觀之勣之為人外若純慤內任術數非特太宗不能知至今人不能知何也勣始事翟讓讓為李密所誅勣不能死後為竇建德所敗屈伏請降復不能死勣始與單雄信誓同死生雄信誅又不能死其名節如此獨於李密之敗生則推功死則收葬太宗信其區區之小節遂謂可以託孤過矣太

宗之將終也黜勣為疊州都督謂太子曰勣若即行汝用為相若不即行汝必殺之勣聞命不辭家而去夫太宗之術數可謂精矣孰知勣之術數又高出於其上哉厥後武氏之立竟以勣一言而定而唐之子孫幾盡於武氏之手蓋太宗以術數待勣故勣亦以術數報之固不暇為唐社稷計也勣之將死告其弟曰我見房杜辛勤起家皆為不肖子所敗吾後子孫有交遊非類者汝必殺之異時敬業舉兵覆宗至毀冢而暴骨嗚呼勣所任之術數至是而無所施其巧矣是以君子惡任智而大居正也

馬周字賓王家貧嗜學資志曠遠武德中補州助教不治事而去客州趙仁本高其才厚贈使入關留汴為浚儀令崔賢所辱遂感激而西舍新豐逆旅主人不之顧周命酒一斗八升悠然獨酌衆異之餘見下文

博州茌平人也茌士疑切博州今東昌路茌平縣名今仍舊隸山東貞觀五年至京師舍於中郎將去聲唐制中郎將太子府屬掌校尉旅帥及親勳翊衛之屬常何之家常姓何名史無傳時太宗令百官上書言得失令平聲後同周為何陳便宜二十餘事為去聲令奏之事皆合旨太宗怪其能問何何對曰此非臣所發慮乃臣家客馬周也太宗即日召之未至間凡四度遣使催促使去聲及謁見與語甚悅令直門下省授監察御史唐制掌分察百寮巡按州郡獄訟軍戎祭祀營作太府出納皆隸焉累除中書舍人唐制掌侍進奏參議表章周有機辯能敷奏深識事端故動無不中去聲太宗嘗曰我於馬周暫時不見則便思之十八年歷遷中書令如字兼太子左庶子周既職兼兩宮處事平允處上聲甚獲當時之譽又以本官攝吏部尚書太宗嘗謂侍臣曰周見事敏速性甚慎至一作貞正至於論量人物量平聲直道而言朕比任使之比音鼻多稱朕意稱去聲既寫忠誠親附於朕實藉此人共康時政也按史傳帝嘗以飛白書賜周曰鸞鳳冲霄必假羽翼股肱之寄要在忠力周疾甚詔使視護躬為調藥周以所上章奏悉焚之曰管晏暴君之過取身後名吾不為也二十二年卒按此章曰貞觀五年

周為何陳便宜與舊史同通鑑考異曰五年不見有詔令百官上封事唐歷曰三年六月詔文武官言得失馬周代常何陳事舊史或本於政要而吳氏所紀是也

宋氏祁曰周之過太宗顧不異哉由一介草茅言天下事若素宦於朝明習憲章者其自視與築巖釣渭亦何以異迹夫帝銳於立事而周所建皆切一時君宰間不膠漆而固恨相得晚宜矣然周才不逮傅說呂望使後世未有述焉惜哉

唐氏仲友曰觀太宗待遇馬周過于房杜王魏如四使催趣飛白之賜皆異寵也惜周不及四子功業止此史氏謂君宰不膠漆而固信矣然周之才豈獨不及說望而已哉

林氏之奇曰魏無知之在漢常何之在唐其才能技業初無大過於人而無知以舉陳平而獲賞常何以

舉馬周而受賜故無知之名託於陳平常何之名託於馬周以為萬世不朽之傳由此觀之人之有善豈必盡出於己哉

愚按自耕莘飯牛築巖釣渭由匹夫而陞朝著君臣相得建事立功者不多見於後世矣太宗覽常何之奏而知其非何所為何又能以實告遂以布衣起新豐逆旅濟濟清要卒如覽奏之所見若馬周固偉矣太宗之知人得不尤偉矣乎周固未可以並驅先哲而太宗則可謂有古先哲王之遺風焉

求諫第四 凡十一章

太宗威容儼肅百僚進見者見音現皆失其舉措太宗知其若此每見人奏事必假顏色冀聞諫諍知政教得失

貞觀初嘗謂公卿曰人欲自照必須明鏡主欲知過必藉忠臣主若自賢臣不匡正欲不危敗豈可得乎故君失其國臣亦不能獨全其家至於隋煬帝暴虐臣下鉗口鉗巨淹切卒令不聞其過卒子聿切令平聲遂至滅亡虞世基等尋亦誅死前事不遠公等每看事有不利於人必須極言規諫

愚按太宗之求諫可謂切矣而其納諫亦可以為難矣非惟能容人之諫又導人之諫非惟不怒人之諫又賞人而使之諫故一時之臣非特大臣能諫小臣如皇甫德參無不諫也非特內臣能諫外臣如李大亮無不諫也非特文臣能諫武臣如尉遲敬德亦無不諫也非特廷臣能諫宮妾如充容徐惠亦無不諫也賢臣而能諫固也佞臣如裴矩亦諫焉中國之臣能諫固也夷狄之臣如契苾何力亦諫焉蓋自三代而下求諫之誠納諫之美未能或之先也觀其貞觀之初自以威容儼肅故嘗假人以顏色深鑒煬帝滅亡故嘗求人使諫諍夫能鑒隋之亡則內有樂諫之實假人以色則外無拒諫之容故能化及一時大小咸諫雖古昔謗木諫旌之盛無以加焉蓋由初年二者實有以感召之也史臣置此於求諫之首其有深意哉

貞觀元年太宗謂侍臣曰正主任邪臣不能致理正臣事邪主亦不能致理惟君臣相遇有同魚水則海內可

安朕雖不明幸諸公數數音朔相匡救冀憑直言鯁議鯁音梗刺在喉也致天下太平諫議大夫王珪對曰臣聞木從繩則正后從諫則聖商書傅說告高宗之辭明諫之不可不受是故古者聖主必有爭臣七人言而不用則相繼以死爭讀曰諍孝經曰天子有爭臣七人雖無道不失其天下陛下開聖慮納芻蕘愚臣處不諱之朝處上聲實願罄其狂瞽太宗稱善詔令自是宰相入內令平聲相去聲平章國計必使諫官唐制諫官左右散騎常侍四人常規諷過失侍從顧問左右諫議大夫八人掌諫諭得失侍從贊相左右補闕十二人掌供奉諷諫大事廷議小事則上封事左右拾遺十二

(人學同補闕)隨入預聞政事有所開說必虛己納之(按通鑑曰詔諫官隨中書門下同三品官入閣)

孫氏甫曰太宗之任諫官眞得其道夫天下之務至廣也軍國之機至要也雖明主獨斷賢相謀謨思慮之失亦不能免當君相論事之際使諫官預聞得以開說或有缺失從而正之豈不美乎然大臣論事規正於人君之前安有不從之議諫亦制馭大臣使之無過之術耳若以諫官小臣不可預聞國謀必衆知缺失方許諫正事或已行而不可救過或已彰而不可言故剛直之臣有激訐不顧以爭之者君從之猶掩其過或不從則君之過大臣之罪愈大矣太宗任諫官可謂眞得其道

胡氏寅曰有失職許諫官諫止貞觀致治之本凡有天下者皆可行是為王者師也雖然諫官盡如魏徵

褚遂良王珪之徒則上不懾人君威嚴下不承大臣風旨而言可聽矣苟徒有聽諫之名而不擇忠直識治之士則或訐或比陰行其私而人主不之覺其弊有甚於不置諫官者故耳目之任以得人為要也

尹氏起莘曰夫官以諫為名所言必本於公而宰相制天下事豈必盡能無失誠使諫官得隨事言之則不待命令已行而後救之於末流矣雖然諫官入閣或非大臣之所樂也必有英明之君體而行之則貞觀之治可復見矣

愚按唐制入閤儀最為後世美稱蓋天子既御紫宸殿復移仗御便殿百官隨入曰入閤太宗用王珪言詔諫官隨中書門下同三品入閣夫君相一體固也而宰相入內必使諫官隨之則君臣舉無過矣茲太宗所以致治之美歟愚有望後世之君人也

貞觀二年太宗謂侍臣曰明主思短而益善暗主護短而永愚隋煬帝好自矜誇(好去聲)護短拒諫誠亦實難犯忤虞世基不敢直言或恐未為深罪昔箕子佯狂自全孔子亦稱其仁(箕國名子爵也紂之諸父見紂無道諫之紂囚之為奴箕子因佯狂而免孔子曰殷有三仁焉謂微子去之箕子為之奴比干諫而死也)及煬帝被殺世基合同死否杜如晦對曰天子有諍臣雖無道不失其天下仲尼稱直哉史魚邦有道如矢邦無道如矢(仲尼孔子字史官名魚衛大夫名鰌如矢言直也史魚自以不能進賢退不肖既死猶以尸諫事見家語)世基豈得以煬帝

無道不納諫諍遂杜口無言偷安重位又不能辭職請退則與箕子佯狂而去事理不同昔晉惠帝(姓司馬名衷武帝次子也西晉昏庸之主)賈后(惠帝之后後為趙王倫所廢矯詔賜死)將廢愍懷太子(名遹惠帝太子為賈后所殺趙王倫後謚曰愍懷)司空張華(司空三公之官張華字茂先范陽人也惠帝時為丞相)竟不能苦爭阿意苟免及趙王倫(字子彝晉宣帝第九子後以篡逆誅死)舉兵廢后遣使收華(使去聲後同)華曰將廢太子日非是無言當不被納用(當去聲後同)其使曰公為三公太子無罪被廢言既不從何不引身而退華無辭以答遂斬

之夷其三族古人有云危而不持顛而不扶則將焉用彼相（焉於虔切相去聲）故君子臨大節而不可奪也（皆論語之辭）張華既抗直不能成節遜言不足全身王臣之節固已墜矣虞世基位居宰輔在得言之地竟無一言諫諍誠亦合死太宗曰公言是也人君必須忠良輔弼乃得身安國寧煬帝豈不以下無忠臣身不聞過惡積禍盈滅亡斯及若人主所行不當臣下又無匡諫苟且阿順事皆稱美則君為暗主臣為諛臣君暗臣諛危亡不遠朕今

志在君臣上下各盡至公共相切磋以成理道公等各宜務盡忠讜匡救朕惡終不以直言忤意輒相責怒

愚按太宗之問歸咎於君如晦之對歸罪於臣可謂兩得其道矣蓋君知所以歸咎於君則為君也必能盡君之道臣知所以歸咎於臣則為臣也必能盡臣之道矣太宗君臣辭令之間豈非兩得其道哉然太宗因是而求言於臣謂終不以直言忤意輒相責怒可謂尤賢也已況斯時也正年穀豐熟百姓樂生邇安內肅上恬下熙太宗方以行帝王道有既效之語固宜望侍臣以匡救之益也制治於未亂保邦於未危此古先哲王處治安之大猷也太宗有焉

貞觀三年太宗謂司空裴寂（字玄真蒲州人仕隋為晉陽宮副監秦王方建大計未敢白高祖以寂最善遂以情告之寂乃以宮人私侍高祖脅從之武德初拜僕射呼裴監不名貞觀初進拜司空後坐罪放靜州會羌反或言寂為主既而寂率家僮破羌帝念寂詔入朝會卒封河東公）曰比（比音鼻）有上書奏事條數甚多朕總黏之屋壁出入觀省（悉井切）所以孜孜不倦者欲盡臣下之情每一思政理或三更方寢（更平聲）亦望公輩用心不倦以副朕懷也

愚按成湯之聖昧爽丕顯坐以待旦周公之聖思兼三王夜以繼日經綸萬化皆是心也聖哲猶爾況賢主乎太宗每思政理或至三更猶望羣臣同心不倦是心也坐以待旦之心乎夜以繼日之心乎

貞觀五年太宗謂房玄齡等曰自古帝王多任情喜怒喜則濫賞無功怒則濫殺無罪是以天下喪亂莫不由此朕今夙夜未嘗不以此為心恒欲公等盡情極諫公等亦須受人諫語豈得以人言不同已意便即護短不納若不能受諫安能諫人

胡氏寅曰太宗俾大臣受諫蓋欲大臣知諫之難受欲之難違以明已之不易然其言則善矣非惟責其臣以諫君又訓其臣以正已切磋之義也三代人君必有師友後世師難其人得端良正直之士使講論經訓規箴闕失如三益之友則亦可以成德而寡過太宗勉此不怠其致昇平之治宜哉

愚按太宗之納諫其三代以下之所無有也已能納諫可以為賢矣而又勸其臣使受人之諫可不謂尤賢乎哉且其言曰不能受諫安能諫人至哉言乎蓋必已能遷善而後能告其君以善已能改過而後能正其君之過是故曹參成清靜之治資蓋公之一言仁傑成中興之功賴行冲之藥石傳曰惟善人能受直言已不能受人之直言而望其直言於主不亦難乎

貞觀六年太宗以御史大夫唐制以掌刑法典章糾正百官之罪惡御史臺之長也韋挺京兆人少與隱太子善後為太子宮臣武德七年或言太子與宮臣謀逆帝專責宮臣遂流巂州貞觀初王珪數薦之拜御史大夫俄兼魏王府事復改太常卿帝討遼東命挺主餉料運渠塞不通挺以待凍泮帝怒廢為民中書侍郎唐制貳令之職也朝廷大政參議焉臨軒冊命則為使以授之四夷來朝則受其表疏而奏之獻贄幣則受以付有司杜正倫相州人隋世舉秀才貞觀初魏徵薦之擢兵部員外郎遷知起居注累進中書侍郎後行左庶子漏泄帝語太子廢坐流驩州顯慶初遷中書令出為橫州刺史卒秘書少監少去聲唐制秘書監之貳職也虞世南著作郎唐制秘書省屬官也掌修撰碑志祝文祭文與佐郎分判局事姚思廉名簡以字行京兆人仕隋為河間郡司法遷代王侍讀高祖定京師府僚皆奔獨思廉侍王帝義之授秦王府文學王即位改弘文館學士遷著作郎等上封事稱旨稱去聲召而謂曰朕歷觀自古人臣立忠之事若值明主便宜盡誠規諫至如龍逄比干龍逄桀之賢臣比干紂之賢臣皆以忠諫見殺不免孥戮一作仇戮孥子也戮殺也謂併妻子而戮之也為君不

易以豉切為臣極難朕又聞龍可擾而馴音循然喉下有逆鱗卿等遂不避犯觸各進封事常能如此朕豈慮宗社之傾敗每思卿等此意不能暫忘故設宴為樂音洛仍賜絹有差

唐氏仲友曰此太宗見諫者悦而從之之一事也有功見之猶悦况諫諍而見知乎設宴賜帛謂思至意故舉酒相樂具有鹿鳴燕嘉賓之意亦太宗行王道之一端也

愚按太宗以廷臣上封事稱旨設宴賜帛所以獎進激勸之道可謂至矣而且以觸鱗為喻使臣下知觸忤之必無罪則將犯顏而進諫也且龍逄比干之誅事無道之君而然也以太宗之聰明英叡夫豈有是哉而能以無道之君戮諫臣以為戒亦聖王兢懼之意歟

太常卿唐制掌禮樂郊廟社稷之事韋挺嘗上疏陳得失太宗賜書曰所上意見極是讜言辭理可觀甚以為慰昔齊境之難難去聲夷吾有射鉤之罪蒲城之役勃鞮為斬袂之仇而小白不以為疑重耳待之若舊重平聲夷吾射鉤事見任賢篇注勃鞮晉寺人披也重耳晉文公名晉獻公使勃鞮殺重耳重耳踰垣勃鞮遂斬其衣袪重耳奔狄後重耳歸晉即位為晉君懷公之黨欲弑之勃鞮欲以告求見辭前罪文公使人讓之勃鞮曰臣不能以二心事君故得罪君已反國其無蒲狄乎於是見之豈非各吠非主漢書桀犬吠堯堯非不仁特吠非其主耳志在無

二卿之深誠見於斯矣若能克全此節則永保令名如其怠之可不惜也勉勵終始垂範將來當使後之視今亦猶今之視古不亦美乎朕比（比音鼻）不聞其過未覩其闕賴竭忠懇數進嘉言（數音朔）用沃朕懷一何可道（舊本此與上章通為一章今按不同分為二章）

愚按太宗賜書韋挺示至公用人之道而舉齊之管仲晉之勃鞮為喻夫齊晉二伯主置射鉤斬袪而用二子二子亦能盡忠于其君矣然嘗觀之懷公入國狐突之子毛及偃從重耳懷公命突名其子狐突曰子之能仕父教之忠策名委質貳乃辟也狐突寧死而毛偃事文公不二若以狐突之言律之則管仲勃鞮又若之何而可哉

貞觀八年太宗謂侍臣曰朕每閒居靜坐則自內省（省悉井切）恒恐上不稱天心（稱去聲）下為百姓所怨但思正人匡諫欲令（令平聲）耳目外通下無怨滯又比見（比音鼻）人來奏事者多有怖慴（慴音輒懼也）言語致失次第尋常奏事情猶如此況欲諫諍必當畏犯逆鱗所以每有諫者縱不合朕心朕亦不以為忤若即嗔責深恐人懷戰懼豈肯更言

愚按昔漢賈山曰人主之威非特雷霆也勢重非特萬鈞也開導而求諫和顏色而受之人猶恐懼不敢自盡況震之以威怒乎太宗每以上不厭天心下為百姓所怨以自省固宜開導人言和顏聽納也為人君者思賈山之言充太宗之量何慮人臣之不忠諫哉

貞觀十五年太宗問魏徵曰比來（比音鼻）朝臣都不論事何也徵對曰陛下虛心採納誠宜有言者然古人云未信而諫則以為謗已信而不諫則謂之尸祿（論語子夏曰信而後諫未信則以為謗已也尸祿謂尸位而竊祿）但人之才器各有不同懦弱之人懷忠直而不能言疏遠之人恐不信而不得言懷祿之人慮不便身而不敢言所以相與緘默俛仰過日太

宗曰誠如卿言朕每思之人臣欲諫輒懼死亡之禍與夫（夫音扶）赴鼎鑊（鑊音霍）冒白刃亦何異哉故忠貞之臣非不欲竭誠竭誠者乃是極難所以禹拜昌言（語見虞書益稷謨）豈不為此也（為去聲）朕今開懷抱納諫諍卿等無勞怖懼遂不極言

朱氏黼曰言路通塞關君德之盛衰人主因言者之多寡固可自察其身之得失也諫者多必吾之能聽諫者直必吾之能容犯顏而不憚必吾無拒人之色苦口而無隱必吾無好佞之心一或反是則是吾德之不進吾心之不大吾之好佞而惡直樂諛而畏忠也太宗即位之初虛心訪納故論諫者步隨袂接表

諫之進苟溢凢盈一日萬幾在今猶昔而論事之誠
拂倘鉗滅帝而内省當必有以致此者始導諫中悅
從終勉強徵屢諍矣今猶此間徵以受則畏非為告
益欲使帝自悟耳帝以此雖胃力為開說之比終不
能深自克責
開為數求也
愚按貞觀十五年魏徵謂陛下欲善之志不及於
昔時聞過必改少虧於曩日十三年又謂陛下志
業比貞觀初漸不克終者凢十事則君德亦少睽
矣尚幸勉強欲善之意猶能自克故能開導聽納
至謂羣臣近來都不論事則又在魏徵戒不克終
之後得無或如徵之言乎後之人君所宜慎始而
敬終
也

貞觀十六年太宗謂房玄齡等曰自知者明信為難矣

如屬文之士屬音囑伎巧之徒皆自謂己長他人不及若
名工文匠商畧詆訶蕪詞拙跡於是乃見由是言之人
君須得匡諫之臣舉其僁過僁與愆同一日萬幾一人聽斷
雖復憂勞安能盡善常念魏徵隨事諫正多中朕失中去聲
如明鏡鑒形美惡必見因舉觴賜玄齡等數人勗之勗吁玉切勉也
愚按魏徵以貞觀十七年春正月卒太宗謂玄齡
嘗念魏徵隨事諫正如鏡照形美惡必見舉觴賜
玄齡等數人以勗之蓋欲羣臣亦如徵之極言無
隱也然此言恐在徵卒之後未必在十六年也

貞觀十七年太宗問諫議大夫褚遂良曰昔舜造漆器
漆木名可以髹物也傳說漆器自舜始禹雕其俎俎為肉之器雕鏤飾也當時諫者
十有餘人食器之間何須苦諫遂良對曰雕琢害農事
纂組傷女工組音祖綬作也首創奢淫危亡之漸漆器不已必
金為之金器不已必玉為之所以諍臣必諫其漸及其
滿盈無所復諫復音去太宗曰卿言是矣朕所為事若有
不當去聲或在其漸或已將終皆宜進諫比見前史比音鼻
或有人臣諫事遂答云業已為之或道業已許之竟不

為停改為去聲此則危亡之禍可反手而待也舊本此與前章通為
一章今按不同分為二章仍
按通鑑標年於此章之首
范氏祖禹曰所貴乎賢者為其能止亂於未然閑邪
於未形也若其已然則衆人之所能知也何賴於賢
乎危亡之言惟明主能信闇主忽焉是以自古無事
之時常患乎諫之難入也故聖主能從諫于未然賢
主能改過於已然諫而不聽斯為下矣忠臣之事上
君也亦諫其未然事中君也多諫其已然事闇君也
救其横流故有以諫殺身者矣唐虞之時羣聖聚於
朝無過舉矣憂其所當憂戒其所當戒故常有儆懼
之言其慮患豫防也至于後世令王其賢臣多諫其
已然而防其未然太宗求諫於羣臣其有意於防未
然者
乎

唐氏仲友曰遂良之對是矣抑猶有說舜禹大聖纖過必改與太保旅獒同意荀卿謂事聖君有聽從無諫爭豈知言哉

愚按昔商紂始為象箸箕子歎曰彼為象箸必不盛以土簋將為犀玉之杯玉杯象箸必不羹菽藿衣短褐而舍於茅茨之下則錦衣九重高臺廣室稱此以求天下不足矣遠方珎恠之物輿馬宮室之漸自此而始故吾畏其卒也遂良之言其意蓋亦若此也然所謂滿盈無所復諫則似非忠臣愛君之語幸太宗之言有足以救斯言之失也

納諫第五

凡十章直諫另為一類附此篇之後

貞觀初太宗與黃門侍郎王珪宴語通鑑作貞觀二年十二月以黃門侍

郎王珪為守侍中上嘗閒居與珪語時有美人侍側美人女官九員充世婦之數本廬江王瑗之姬也廬江王名瑗太祖生蔚蔚生哲哲生瑗武德末為幽州都督右領軍王君廓誘瑗反後瑗傳首至京師瑗敗籍沒入宮太宗指示珪曰廬江不道賊殺其夫而納其室暴虐之甚何有不亡者乎珪避席曰陛下以廬江取之為是邪為非邪太宗曰安有殺人而取其妻卿乃問朕是非何也珪對曰臣聞於管子曰管仲著書十八篇曰管子齊桓公之郭國齊桓公名小白郭小國齊滅之之猶往也問其父老曰郭何故亡父老曰以其善善而惡惡也惡惡上烏去聲下如字後同桓公曰若子之言乃賢君也何至於亡父老曰不然郭君善善而不能用惡惡而不能去所以亡也去上聲後同巳上王珪述管子之言以為喻也今此婦人尚在左右臣竊以為聖心是之陛下若以為非所謂知惡而不去也太宗大悅稱為至善遽令以美人還其親族令平聲按新舊史皆云帝雖不出此美人而甚重其言與此異通鑑考異曰太宗賢主既重珪言何得反棄而不用乎且美人汎侍左右又非嬖寵著名之人太宗何愛而留之此章為是也

唐氏仲友曰王珪納諫皆人主情慾之際人所難言可謂無憾於規徵矣

愚按春秋傳曰人誰無過過而能改善莫大焉王珪之直言無諱言人之所難言太宗之改過不吝改人之所難改王珪進諫之誠太宗納諫之美方之古昔何以尚茲

貞觀四年詔發卒修洛陽之乾元殿洛陽古成周之地今河南路乾元殿隋所建以備巡狩孟子曰天子適諸侯曰巡狩巡狩者巡所守也給事中唐制掌侍左右分判省事之官察弘文館繕寫校讐之課大事覆奏小事署而行之張玄素蒲州人仕隋為景城縣戶曹竇建德陷景城將殺之邑人號泣曰此清吏殺之是無天也遂釋之貞觀初名問以政道歷太子詹事遷左庶子會東宮廢坐罪為民頃之召授刺史麟德初卒上書諫曰陛下智周萬物囊括四海令之所行何往不應志之所欲何事不從微臣

竊思秦始皇之為君也藉周室之餘因六國之盛將貽之萬葉及其子而亡周之季世天下大亂秦并吞之六國齊楚燕韓趙魏也始皇曰朕為始皇帝後世以數計二世三世至于萬世傳之無窮始皇歿二世立而趙高弑之子嬰立而遂降于漢諒由逞嗜奔慾逆天害人者也是知天下不可以力勝神祇不可以親恃惟當宏儉約薄賦斂去聲慎終始可以永固方今承百王之末屬凋弊之餘必欲節以禮制陛下宜以身為先東都未有幸期即令補葺令平聲諸王今並出藩又須營搆興發數多豈疲人之所望其不可一也

陛下初平東都之始層樓廣殿皆令撤毀天下翕然同心傾仰豈有初則惡其侈靡惡烏去聲今乃襲其雕麗其不可二也每承音旨未即巡幸此乃事不急之務成虛費之勞國無兼年之積何用兩都之好兩都東都洛陽西都長安也勞役過度怨讟將起其不可三也百姓承亂離之後財力凋盡天恩含育粗見存立粗平聲饑寒猶切生計未安三五年間未能復舊奈何營未幸之都而奪疲人之力其不可四也昔漢高祖將都洛陽婁敬一言即日西駕漢高祖姓劉名邦沛人伐秦得天下國號漢婁敬齊人高祖在洛陽敬說曰陛下取天下與周異宜入關而都按秦之故上未決張良言入關便即日駕西都長安賜敬姓劉氏拜郎中豈不知地惟土中貢賦所均但以形勝不如關內也伏惟陛下化凋弊之人革澆漓之俗為日尚淺未甚淳和斟酌事宜詎可東幸其不可五也臣嘗見隋室初造此殿楹棟宏壯大木非近道所有多自豫章採來豫章郡名今龍興路隸江西二千人拽一柱其下施轂皆以生鐵為之中間若用木輪動即火出略計一柱已用數十萬則餘費又過倍於此臣聞阿房成秦人散房音旁見政體篇註章華就楚衆離楚靈王為章華之臺納亡人以寔之

乾元畢工隋人觧體且以陛下今時功力何如隋日承凋殘之後役瘡痍之人費億萬之功襲百王之弊以此言之恐甚於煬帝遠矣深願陛下思之無為由余所笑由余西戎人戎王使由余觀秦繆公示以宮室積聚由余曰鬼為之則勞神矣人為之亦苦民矣公怪之問曰中國以詩書禮樂法度為政然尚時亂今戎夷無此何以為治由余笑曰此乃中國所以亂也云云出史記則天下幸甚矣太宗謂玄素曰卿以我不如煬帝何如桀紂對曰若此殿卒興卒子聿切所謂同歸於亂太宗歎曰

我不思量平聲遂至於此顧謂房玄齡曰今玄素上表洛陽實亦未宜修造後必事理須行露坐亦復何苦所有作役宜即停之然以卑干尊古來不易以豉切非其忠直安能如此且衆人之唯唯並音葦不如一士之諤諤可賜絹五百匹魏徵歎曰張公遂有回天之力可謂仁人之言其利溥哉

按史傳此疏有曰臣聞東都始平太上皇詔宮室過度者焚之陛下謂瓦木可用請賜貧人事雖不從天下稱為盛德今復度而營之是隋役又興不五六年間一捨一取天下將謂何帝顧玄齡曰洛陽朝貢天下中朕營之意欲便四方百姓今玄素言如此使後必往雖露坐庸何苦即詔罷役

范氏祖禹曰上之所好者下之所競也太宗虛己以求直言故羣臣爭救其失惟恐其言之不切太宗不惟悅而從之又賞以勸之此人君之所難能也夫如是何患於有過乎

張氏九成曰古人以片言干知己以疏賤投至貴非至誠切直豈足以遇合始玄素以小吏在擾攘閒蒙天子訪問隋唐興替之由遂獲寵遇洛陽之役懇切疏諫遂有回天之力惜乎匪人淫慢厭疾忠誨功無成而遷播之禍至此忠良所以於邑而痛哭也

呂氏祖謙曰堯舜天下之至善也故人情莫不欲為之桀紂天下之至惡也故人情莫不恥言之世之為人君者未嘗不是堯舜而未為堯舜之所為亦未嘗不非桀紂而未必不為桀紂之所為如是則雖知以堯舜自名而未必不為桀紂之歸也惟聖明之君知所以為堯舜者在於力行而不在於空言苟其行之未善人雖被以桀紂之名而不怒夫然後可以進於堯舜則漢高祖唐太宗其人也高祖問周昌曰我何如主對曰桀紂之主太宗謂玄素曰我何如桀紂對曰此役不息同歸於亂夫二君三代以下之英主也雖其臣比之桀紂而二君受之雖不能盡如堯舜而亦堯舜之徒耳此無他知以桀紂自儆故不敢為桀紂之歸也

愚按洛邑為土中以四方貢賦道里均也周之都鎬京也洛為東都於此而朝諸侯焉漢之都長安也洛有南宮於此而臨幸焉唐都長安視洛陽與周漢同天下既平修治洛邑若未甚害也然洛陽多隋宮室制度過侈非所宜修太宗納玄素之諫遂令罷役善矣它日飛仙翠微玉華之役又非洛陽陪京之事勢能追思玄素之言則尤善矣

太宗有一駿馬特愛之恒於宮中養飼無病而暴死太宗怒養馬宮人將殺之皇后長孫氏諫曰昔齊景公以馬死殺人齊景公名杵臼晏子請數其罪云數上聲晏子名嬰字平仲齊大夫爾養馬而死爾罪一也使公以馬殺人百姓聞之必怨吾君爾罪二也諸侯聞之必輕吾國爾罪三也公乃釋罪陛下嘗讀書見此事豈忘之邪太宗意乃解又謂房玄齡曰皇后庶事相啓沃極有利益爾

愚按晏子諫齊景公有三罪之說其意美矣今觀太宗欲殺宮人之事蓋亦有三失焉何也不實賢

而實駿馬則實非其實矣不任牧人而任宮人則任非其任矣以馬死而欲殺人則刑非其刑矣向非文德皇后之諫豈不為盛德之累乎史稱太宗有壯馬不能御則天時為宮人進而言曰妾有三物能御之一曰鐵鞭鞭其背二曰鐵檛檛其首三曰匕首斷其喉太宗壯之夫太宗使宮人養馬不過一時溺於嗜好而已孰知宮人之中有善御馬如則天者已潛擬於其後乎吁可畏哉

貞觀七年太宗將幸九成宮隋仁壽宮也散騎常侍姚思廉進諫曰陛下高居紫極寧濟蒼生應須以欲從人應平聲不可以人從欲然則離宮遊幸此秦皇漢武之事始皇姓嬴名政國號秦武帝姓劉名徹國號漢故非堯舜禹湯之所為也言甚切至

太宗諭之曰朕有氣疾熱便頓劇故非情好遊幸好去聲甚嘉卿意因賜帛五十段

愚按漢元欲乘樓船以薛廣德之言而止則天欲觀舍利以狄仁傑之言而止夫漢元庸君則天女主尚能改過不吝況如太宗之素號納諫者乎思廉九成之諫非不切也太宗氣疾之諭亦近於飾非矣且既不從其言復多賜之帛是人君之過可以賄賂而免人臣之直諫可以賄賂而移也太宗之賜思廉之受胥失之矣

貞觀三年李大亮京兆人有文武才高祖入關自歸授土門令擊盜皆降擢金州司馬貞觀初授太府卿復出為涼州都督俄為西北道安撫大使以綏諸部降者八年討吐谷渾有功進爵為公拜右衛將軍臨終表請罷遼東役為涼州都督涼州今西涼州隸甘肅嘗有臺使至州境使去聲後同見有名鷹諷大亮獻之大亮密表曰陛下久絕畋獵而使者求鷹若是陛下之意深乖昔旨如其自擅便是使非其人太宗下書曰以卿兼資文武志懷貞確故委藩牧藩屏牧守也當茲重寄比在州鎮比音鼻聲績遠彰念此忠勤豈忘寤寐使遣獻鷹遂不曲順論今引古遠獻直言披露腹心非常懇到覽用嘉歎不能已已有臣若此朕復何憂宜守此誠終始若一詩云靖恭爾位

好是正直神之聽之介爾景福好去聲詩小雅小明篇之辭古人稱一言之重侔於千金卿之所言深足貴矣今賜卿金壺缾金椀各一枚雖無千鎰之重鎰音益重二十四兩為鎰是朕自用之物卿立志方直竭節至公處職當官處上聲每副所委方大任使如字以申重寄公事之閑宜觀典籍兼賜卿荀悅漢紀一部荀悅字仲豫潁川人後漢時為秘書監撰漢紀三十卷此書敘致簡要論議深博極為政之體盡君臣之義今以賜卿宜加尋閱舊本此章之首曰貞觀初今按通鑑標年

張氏九成曰事君必以忠立忠必以才行己必以誠三者全備可謂賢矣大亮文武才幹而諫獻鷹近於忠太宗親任之篤蓋才兼文武而濟之以忠誠耳房喬稱有陵勁之節詎不信夫

愚按太宗之朝臺閣侍從之臣獻可替否必開諭亹亹不啻如饑渴之於飲食是宜列在外服之臣亦不肯順旨曲從敢踰位而言也若李大亮求鷹之諫太宗非惟悦從之又賞賚之盛哉太宗之納諫也然廷臣進諫猶曰朝夕論思日月獻納也遠方藩臣不在君側寧咈旨而不顧身若大亮者可謂忠臣也已此尤藩臣之所當則效也

貞觀八年陝縣丞陝縣今仍舊屬陝州隸河南皇甫德參皇甫複姓德參名也上書忤旨太宗以為訕謗訕所諫切侍中魏徵進言曰昔賈

誼當漢文帝上書云云可為痛哭者一可為長歎息者六漢文帝名恒高祖次子也賈誼洛陽人文帝名為博士後為梁懷王傅上書陳事多所匡建其畧曰臣竊惟事勢可為痛哭者一可為流涕者二可為長太息者六自古上書率多激切若不激切則不能起人主之心激切即似訕謗惟陛下詳其可否太宗曰非公無能道此者令賜德參帛二十段令平聲

按通鑑中牟丞皇甫德參上言修洛陽宮勞人收地租厚斂俗好高髻蓋宮中所化上怒謂房玄齡等曰德參欲國家不役一人不收一租宮人皆無髪乃可其意耶欲治訕謗之罪魏徵諫曰云云上曰朕罪斯人則誰敢言乃賜絹二十四匹它日徵奏言陛下近日不好直言雖勉强含容非曩時之豁如上乃更加優賜拜監察御史與此章雖小異而詳故附見焉

胡氏寅曰無常者惟人心乎太宗初下洛陽毀隋宮室惡其侈也即欲修建雖為諫少輟然意終不已竟使成之最後并怒諫者欲加之罪何其一念之難回也太宗克己從諫終自勉焉其心術有蔽不能自袪猶如此況不能克己從諫者宜如何則亦觸情縱欲猶蒹葭萑葦寧有既耶

愚按為人上者甚矣虛心聽諫之難也以太宗之始怒皇甫德參而欲罪之復從徵言德參遂擢高官膺厚賞始也怒人之言終也從人之諫不貴無過而貴改過太宗之謂矣然忤旨之怒其中心之發見耶抑一時之激而然也向非徵之忠鯁其為君德之累豈少哉德參區區一縣丞耳乃能奮不自顧如此尤可為微臣之則效也

貞觀十五年遣使詣西域使去聲後同西域西夷之國也立葉護可汗未還葉音攝葉護突厥大臣之號也本曰葉護統葉護嗣其兄射匱可汗乃號葉護可汗是年葉護數遣使入貢秋七月左領軍將軍張大師持節即其所號立為可汗賜以鼓纛又令人多賫金帛令平聲後同歷諸國市馬魏徵諫曰今發使以立可汗為名可汗未定立即詣諸國市馬彼必以為意在市馬不為專立可汗不為之為去聲可汗得立則不甚懷恩不得立則生深怨諸蕃聞之且不重中國但使彼國安寧使字如字則諸國之馬不求自至昔漢文帝有獻千里馬者曰吾吉行

日三十吉行謂巡幸祭祀也凶行日五十凶漢書作師凶行謂出兵行師也鸞輿在前與漢書作旗屬車在後屬音囑漢因秦制大車八十一乘相屬也吾獨乘千里馬將安之乎乘平聲之猶往也乃償其道里所費而返之又光武名秀漢中興之君有獻千里馬及寶劒者馬以駕鼓車劒以賜騎士今陛下凡所施為施平聲皆邈過三王之上邈音莫奈何至此欲為孝文光武之下乎又魏文帝姓曹名丕操之子也受漢禪國號魏求市西域大珠蘇則曰蘇姓則名字文師扶風人仕魏為侍中若陛下惠及四海則不求自至求而得之不足貴也陛

下縱不能慕漢文之高行去聲可不畏蘇則之正言耶太宗遽令止之舊本此章之首曰貞觀中今按通鑑標年

唐氏仲友曰魏徵之諫不使蠻夷窺中國也先王內中夏而外四夷其待之固有其道矣後世不為所亂則為所窺皆起於喜功貪利之故太宗聖明猶不免此徵之所言切中其病而終唐之世困於亂華可不戒哉

愚按禹貢曰織皮崑崙析支渠搜西戎即敘因其織皮之貢而即敘之此大禹之撫四夷也漢武因名馬通大宛而致連年之師光武卻名馬閉玉關而絕西域之使二君之得失蓋可觀矣是宜魏徵之進諫太宗克從之也

貞觀十七年太子右庶子高季輔名馮以字行德州人以孝聞貞觀初拜監察御史不避權要累轉中書舍人列上五事後除是職遷吏部侍郎及卒謚曰憲上疏陳得失特賜鍾乳一劑鍾乳產於石食之使人生氣通胃謂曰卿進藥石之言謂其言有益於國猶藥石有益於病也故以藥石相報按史傳季輔後為吏部侍郎善銓敘人物帝賜金背鏡一以況其清鑒焉

唐氏仲友曰書曰德懋懋官功懋懋賞人主勉進臣下之功德欲其不怠如此太宗兩賜季輔得懋賞之意然以季輔文武正直不至宰輔未為盡其才也

愚按藥石所以愈膏肓之疾金鏡可以別媸妍之形太宗嘉人臣之進言比之為藥石望人臣之清鑒比之于金鏡可為君臣相與之盛事也

貞觀十八年太宗謂長孫無忌等曰夫人臣之對帝王夫音扶多順從而不逆甘言以取容朕今發問不得有隱宜以次言朕過失長孫無忌唐儉等皆曰陛下聖化道致太平以臣觀之不見其失黃門侍郎劉洎字思道荆州人貞觀七年為治書侍御史遷右丞號稱職十七年遷日直東宮遷侍中太宗征遼東詔輔太子監國洎曰願無憂大臣有罪當按法誅之帝恠其言及還遂賜死對曰陛下撥亂創業實功高萬古誠如無忌等言然頃有人上書辭理不稱者稱去聲或

對面窮詰無不慚退恐非獎進言者太宗曰此言是也當為卿改之為去聲按通鑑是年夏四月上至太平宮因有是問無唐儉名又載馬周曰陛下比來賞罰微以喜怒有所高下此外不見其失上皆納之

林氏之奇曰仁人君子之事君當夫治安之世而危敗禍亂之言未嘗一日而忘於口者蓋不如是不足以維持其治安而保養其聰明也舜襲堯之位行堯之道可謂治世矣然益曰罔失法度禹曰無若丹朱傲皐陶曰元首叢脞哉夫舜豈有是哉而禹益皐陶則不可以無是言也太宗之德固未能盡如堯舜貞觀之治固未能盡如唐虞之時而欲自聞其過則其心猶足為堯舜之心也惜夫太宗有堯舜好問之心而長孫無忌之徒無禹益皐陶箴規之戒可勝嘆哉

愚按貞觀末年魏徵既死在廷羣臣類多諛說之風其間諛說之特甚者長孫無忌是也太宗欲羣臣直言無忌則曰陛下無失太宗欲知其過無忌則曰陛下武功文德臣等將順之不暇太宗欲問破高麗之計無忌則曰諸將奉成筭而已嗚呼孔子所謂言而莫予違者其無忌之謂乎向非劉洎輩面折廷爭庶幾魏徵之風則貞觀之政難乎令終矣

太宗嘗怒苑西監掌宮苑之官穆裕穆姓裕名命於朝堂斬之時高宗為皇太子高宗名治初封晉王十七年立為皇太子遽犯顏進諫太宗意乃解司徒長孫無忌曰自古太子之諫或乘間從容而言乘平聲間去聲從即容切今陛下發天威之怒太子申犯顏之

諫誡古今未有太宗曰夫人久相與處夫音扶處上聲自然染習自朕御天下虛心正直即有魏徵朝夕進諫自徵云亡劉洎岑文本字景仁鄧州人貞觀初除秘書郎奏籍田頌擢中書舍人號善職遷侍郎十七年文本不欲兼東宮官乃詔五日一參東宮後遷中書令卒馬周褚遂良等繼之皇太子幼在朕膝前每見朕心說諫者因染以成性故有今日之諫舊本此章與前章通為一章今按不同分為二章

愚按高宗之處東宮也不惟已能納諫又能諫於其父何其賢哉及其在位既久艷后擅權諫臣結舌李善感一言至比之鳳鳴朝陽其不能納諫可知矣夫以一人之身始則能諫終則拒諫其故何哉蓋嘗以唐史觀之高宗以久不聞諫問於李勣勣對曰陛下所為盡善無事可諫嗚呼高宗始之能諫蓋由太宗之德有以化之終之拒諫豈非李勣輩實進君之惡哉

直諫附凡十章

貞觀二年隋通事舍人隋制掌引納通奏鄭仁基女年十六七容色絕姝當時莫及文德皇后長孫氏喜圖傳尚禮法性約素嘗著女則十篇又為論斥漢馬后不能檢抑外家使與政事乃戒其車馬之侈此謂開本源恤末事臨終請帝納忠諫勿受讒省遊畋作役訪求得之請備嬪御太宗乃聘為充華唐制女官號九嬪之一詔書已出策使未發使去聲後同魏徵聞其已許嫁陸

氏方遽進而言曰陛下為人父母（書曰元后作民父母）撫愛百姓當憂其所憂樂其所樂（樂並音洛）自古有道之主以百姓之心為心故君處臺榭（處上聲後同）則欲民有棟宇之安食膏粱則欲民無饑寒之患顧嬪御則欲民有室家之歡此人主之常道也今鄭氏之女久已許人陛下取之不疑無所顧問播之四海豈為民父母之道乎（道一作義）臣傳聞雖或未的然恐虧損聖德情不敢隱君舉必書所願特留神慮太宗聞之大驚手詔答之深自克責遂停策使

乃令女還舊夫（令平聲後同）左僕射房玄齡中書令溫彥博禮部尚書王珪御史大夫韋挺等云女適陸氏無顯然之狀大禮既行不可中止又陸氏抗表云其父康在日與鄭家往還時相贈遺資財初無婚姻交涉親戚並云外人不知妄有此說大臣又勸進太宗於是頗以為疑問徵曰羣臣或順旨陸氏何為過爾分疏徵曰以臣度之（度待洛切）其意可識將以陛下同於太上皇太宗曰何也徵曰太上皇初平京城得辛處儉婦稍蒙寵遇處儉時為太子舍人（唐制東宮右春坊置舍人掌行令書表啟）太上皇聞之不悅遂令出東宮為萬年縣（見任賢篇註）每懷戰懼常恐不全首領陸爽（陸氏名）以為陛下今雖容之恐後陰加譴謫（音摘責也）所以反覆自陳意在於此不足為怪太宗笑曰外人意見或當如此然朕之所言未能使人必信乃出勅曰今聞鄭氏之女先已受人禮聘前出文書之日事不詳審此乃朕之不是亦為有司之過授充華者宜停時莫不稱歎

朱氏黼曰人主以改過為德而以恥過作非為戒人臣以格非為職而以順非逢惡為罪太宗嘗曰前世帝王拒諫者多矣或曰業已為之又曰業已許之終不為改如此欲無危亡得乎是以終身導人使諫從善如流未嘗少有靳吝也聘陸氏已聘之女是誠不知而作也聞魏徵一言遂罷已停策可謂更也人皆仰之矣玄齡輩一時名臣宜有以將順其美正救其惡有以格君心之非可也乃曰大禮既行不可中止雖妾婦所以愛主不當如是況大臣乎太宗有改過之德而玄齡輩不免有逢惡之罪若魏徵其賢矣哉

愚按古者天子一后三夫人九嬪二十七世婦八十一御妻蓋天子所娶之國嫡為正后庶為娣媵正后既終則其娣媵攝行后職故曰天子諸侯不再娶大柢六宮之職一定則不可改移不可增益也後世正家之道不明正后之立亦多以色而舉況妃嬪乎故姝麗之所在不遠千里求之雖有夫

之婦有不暇恤以太宗之為君文德之為后亦不能免魏徵之諫勉強從之而已厥後士彠之女亦以色選孰知牝晨之禍已兆於此乎蓋之戒舜曰罔淫於樂仲虺之稱湯曰不邇聲色後之人君亦法乎此而已矣

貞觀三年詔關中免二年租稅關東給復一年關東潼關以東也尋有勑已役已納並遣輸納明年總為準折為去聲後同給事中魏徵上書曰伏見八月九日詔書率土皆給復一年老幼相歡或歌且舞又聞有勑丁已配役即令役滿折造餘物亦遣輸了待明年總為準折道路之人咸失所望此誠平分百姓均同七子但下民難與圖始日用不足皆以國家追悔前言二三其德臣竊聞之天之所輔者仁人之所助者信今陛下初膺大寶易大傳曰聖人之大寶曰位億兆觀德始發大號便有二言生八表之疑心失四時之大信縱國家有倒懸之急猶必不可況以泰山之安而輙行此事為陛下為此計者為此之為如字於財利小益於德義大損臣誠智識淺短竊為陛下惜之伏願少覽臣言詳擇利益冒昧之罪臣所甘心簡點使去聲後同右

僕射封德彝等並欲中男十八已上簡點入軍勑三四出徵執奏以為不可德彝重奏重平聲今見簡點者云次男內大有壯者太宗怒乃出勑中男已上雖未十八身形壯大亦取徵又不從不肯署勑太宗召徵及王珪作色而待之曰中男若實小自不點入軍若實大亦可簡取於君何嫌過作如此固執朕不解公意解音懈徵正色曰臣聞竭澤取魚非不得魚明年無魚焚林而畋非不獲獸明年無獸若次男已上盡點入軍租賦雜徭將何取給且比年比音鼻國家衛士不堪攻戰豈為其少但為禮遇失所遂使如字後同人無鬬心若多點取人還充雜使其數雖衆終是無用若精簡壯健遇之以禮人百其勇謂一人可當百夫也何必在多陛下每云我之為君以誠信待物欲使官人百姓並無矯偽之心自登極已來大事三數件皆是不信復何以取信於人太宗愕然曰所云不信是何等也徵曰陛下初即位詔書曰逋私宿債欠負官物並悉原免即令平聲所司列為事條秦府國司亦非官

物陛下自秦王為天子國司不為官物其餘物復何所有又關中免二年租調(去聲)關外給復一年百姓蒙恩無不歡悅更有勅旨今年白丁多已役訖若從此放免並是虛荷國恩(荷去聲)若已折已輸令總納取了所免者皆以來年為始散還之後方更徵收(徵平聲後同)百姓之心不能無怪已徵得物便點入軍來年為始何以取信又共理所寄在於刺史(唐制武德初罷郡為州改太守曰刺史掌宣德化歲巡屬縣觀風俗録囚恤鰥寡)縣令(唐制縣置令掌導揚風化撫字黎甿敦民業崇地利養鰥寡恤孤貧審寃屈親獄訟)常年貌稅並悉委之至於簡點即疑其詐偽望下誠信不亦難乎太宗曰我見君固執不已疑君蔽此事今論國家不信乃人情不通我不尋思過亦深矣行事往往如此錯失若為致理乃停中男賜金甕一口賜珪絹五十匹

愚按孔子曰去食去兵無信不立湯之有天下也首曰彰信兆民武王之有天下也首曰惇信明義三代之得天下未有不以信為先者也太宗即位之初首欲以誠信待物可謂能以湯武為法者矣然徒知其為信不知其所以信故魏徵歷陳其目謂原免逋債而秦府不與一不信也給散租調已散復徵二不信也簡點丁男不任守令三不信也太宗欣然從徵之言君臣魚水實始於此終致貞觀之盛有以也哉

貞觀五年持書侍御史(唐制舉劾官品本作治書避高宗諱故改曰持)權萬紀(權姓萬紀名京兆人性悻直為治書侍御史魏徵奏黜之後數年復是官)侍御史(唐制掌糾舉百寮及入閣承詔推彈雜事)李仁發俱以告訐譖毀(訐居謁切)數(數音朔見)蒙引見(音現)任心彈射(彈平聲後同)肆其欺罔令(令平聲)在上震怒臣下無以自安內外知其不可而莫能論諍給事中魏徵正色而奏之曰權萬紀李仁發並是小人不識大體以譖毀為是告訐為直凡所彈射皆非有罪陛下掩其所短收其一切乃騁其姦計附下罔上多行無禮以取强直之名誣房玄齡(玄齡嘗掌內外官考萬紀劾其不平)斥退張亮(鄭州人初玄齡薦為車騎將軍詳見公平篇註)無所肅厲徒損聖明道路之人皆興謗議臣伏度(度待洛切)聖心必不以為謀慮深長可委以棟梁之任將以其無所避忌欲以警厲羣臣若信狎回邪猶不可以小謀大羣臣素無矯偽空使臣下離心以玄齡亮之徒猶不可得伸其枉直其餘踈賤孰能免其欺罔伏

願陛下留意再思自驅使二人以來有一弘益臣即甘心斧鉞受不忠之罪陛下縱未能舉善以崇德豈可進姦而自損乎太宗欣然納之賜徵絹五百疋其萬紀又姦狀漸露仁發亦解黜萬紀貶連州司馬（連州今仍舊隸廣東司馬州僚佐也）朝廷咸相慶賀焉

愚按中庸曰敬大臣則不眩先儒曰信任專而小臣不得以間之故臨事而不眩也自古英明之君若漢之武宣隋之高祖宋之孝宗既任委大臣而復信小臣之言其意蓋慮大臣之專權而恃小臣之察以防之也太宗之於萬紀輩亦若是而已矣雖玄齡之親密猶得而間之況其餘乎大夫天下之

權初無定在專在於大臣固足以致亂移於小臣尤非所以為治也唯持敬則足以增一已之聰明窮理則足以察他人之邪正人君亦勉於此而已徒恃小臣之察欲廣已之耳目者何其惑之甚哉

貞觀六年有人告尚書右丞魏徵言其阿黨親戚太宗使御史大夫溫彥博案驗其事乃言者不直彥博奏稱徵既為人所道雖在無私亦有可責遂令彥博謂徵曰（令平聲後同）爾諫正我數百條豈以此小事便損衆美自今已後不得不存形迹居數日太宗問徵曰昨來在外聞有何不是事徵曰前日令彥博宣勅語臣云因何不存形迹此言大不是臣聞君臣同氣義均一體未聞不存公道惟事形迹若君臣上下同遵此路則邦國之興喪或未可知太宗瞿然改容曰（瞿厥縛切驚悟貌）前發此語尋已悔之實大不是公亦不得遂懷隱避徵乃拜而言曰臣以身許國直道而行必不敢有所欺負但願陛下使臣為良臣勿使臣為忠臣太宗曰忠良有異乎徵曰良臣使身獲美名君受顯號子孫傳世福祿無疆忠臣身受誅夷君陷大惡家國並喪獨有其名以此而言相去遠

矣太宗曰君但莫違此言我必不忘社稷之計乃賜絹二百疋（按通鑑徵又曰稷契皋陶良臣也龍逄比干忠臣也）

胡氏寅曰忠良一道也未有優於忠而劣於良者亦未有備於良而短於忠者魏公之言過為分別不若曰臣願為稷契皋陶諫行言聽不願如龍逄比干身誅國亡如此自足以警帝意也夫稷契比干所謂易地則皆然也後世事君者柔和獻納不敢強諫曰吾效稷契皋陶苟有犯顏苦口面折廷爭者則戒非之曰爾何以桀紂事吾君而欲為忠臣乎則魏公之說啟之矣

林氏之奇曰自古君明臣良猶腹心手足之一體徹然無間而后朝廷之政無不舉豈拘拘形迹之末以自為疑外者太宗之於魏公雖曰言必聽諫必從而責之以宜存形迹則仆碑之兆已見於此

呂氏𦩍曰魏公之對誠足以警動太宗之心矣何則臣諫而君從之則可以為稷契臯陶之良不從則亦不失其為龍逢比干之忠則是忠之與良固未甚相遠也若乃君之聽諫從之則為堯舜不從之則為桀紂其相去不啻霄壤則太宗於此安得而不警乎

愚按魏徵忠良之論美矣然考之文義則有不然者何也文武之臣身獲美名君受顯號專謂之良臣可也而問命則曰咸懷忠良商紂之臣身受誅夷君陷大惡專謂之忠臣可也而武王則曰焚炙忠良此猶渾而言之也子文仕為令尹身得令終可以為良臣矣夫子則稱之為忠奄息殺身殉葬以從其君可以為忠臣矣詩人則稱之為良然則徵之言豈得為定論哉先儒有言忠良一道也未有優於忠而劣於良者亦未有偏於良而短於忠者言不可易矣

貞觀六年匈奴克平遠夷入貢符瑞日至年穀頻登岳牧等屢請封禪（去聲封禪者封土於山禪祭於地也）羣臣等又稱述功德以為時不可失天不可違今行之臣等猶謂其晚惟魏徵以為不可太宗曰朕欲得卿直言之勿有所隱朕功不高耶曰高矣德未厚耶曰厚矣華夏未安耶曰安矣遠夷未慕耶曰慕矣符瑞未至耶曰至矣年穀未登耶曰登矣然則何為不可對曰陛下功高矣民未懷惠德厚矣澤未旁流華夏安矣未足以供事（供平聲後同）遠夷慕矣無以供其求符瑞雖臻而罻羅猶密（罻音蔚）積歲豐稔而倉廩尚虛此臣所以竊謂未可臣未能遠譬且借近喻於人有人長患疼痛不能任持療理且愈皮骨僅存便欲負一石米日行百里必不可得隋氏之亂非止十年陛下為之良醫除其疾苦雖已乂安未甚充實告成天地臣竊有疑且陛下東封（謂東封泰山也在今泰安州）萬國咸萃要荒之外（要平聲要服荒服蠻夷之地也）莫不奔馳今自伊洛之東暨乎海岱（岱泰山也）萑莽巨澤茫茫千里人煙斷絶雞犬不聞

道路蕭條進退艱阻寧可引彼戎狄示以虛弱竭財以賞未厭遠人之望（厭音淹足也）加年給復不償百姓之勞或遇水旱之災風雨之變庸夫邪議悔不可追豈獨臣之誠懇亦有輿人之論太宗稱善於是乃止（按通鑑是年正月文武官請封禪上曰卿輩皆以封禪為帝王盛事朕意不然若天下乂安家給人足雖不封禪庸何傷乎昔秦始皇封禪漢文帝不封禪後世豈以文帝之賢不及始皇耶且事天掃地而祭何必登泰山之顛封數尺之土然後可以展其誠敬乎羣臣猶請之不已上亦欲從之魏徵獨以為不可云云會河南北數州大水事遂寢）

孫氏甫曰封禪之文不著於經典秦漢諸儒用管仲說以為帝王盛德之事無大此禮故秦皇漢武行之

儀物侈大自謂光輝無窮然封禪之後災異數至天下多事蓋繁費生靈干動和氣所致則崇尚此禮惡足以當天意哉況此禮不著於經典也司馬遷作封禪書引經典之文但巡守之禮耳帝王巡守每至方嶽必燔柴以告至非謂自陳功於天也帝王治天下能以功德濟生民致時太平則天必佑之以永久之福郊祀之禮足伸其報何待自告其功也太宗嘗謂事天至敬掃地而祭何必登山封土此實至論

范氏祖禹曰古者天子巡守至於方岳必告祭柴望所以尊天而懷柔百神也後世學禮者失其傳而謟諛者為說以希世主謂之封禪實自秦始古無有也且三代不封禪而王秦封禪而亡不法三代而法秦以為太平盛事亦已謬矣太宗方明朝多賢而佞者猶倡其議獨魏徵以為時未可而亦不以其事為非也其後使顏師古議其禮玄齡裁定之徵亦與焉貞觀之末欲東封以事而止高宗明皇遂踵行之

終唐之世惟柳宗元以為非以韓愈之賢猶勸憲宗則其餘無足怪者嗚呼禮之失也久矣世俗之惑可勝救哉

胡氏寅曰自孟子沒聖學不傳學者以天人為二致不能監觀休咎之符凡天事尚象往往以道遠難知置於冥漠而不省昧者無足怪矣以太宗之明房杜王魏並侍左右正旦日食天變為大不聞其胥訓告胥教誨以消陰沴復陽德而羣臣獻謟侈蕩上心請登太山明示德意太宗曰雖不允實欲從之至稱功高德厚偃然自足徵雖以空虛勞費為言若非數州大水亦未必為止也夫大水者陰氣沴也日食者陽氣微也二者君象尤當儆懼而不知戒焉豈非以天人為二致不學不知道之過歟

愚按文中子曰封禪其秦漢之侈心乎聖人復起不易斯言矣虞舜之制五載一巡守成周之盛六年一時巡肆覲羣后大明黜陟望秩山川蓋所以盡報本之誠明命討之公也豈泥金刻玉升中告成之謂哉善乎太宗之言曰秦始皇封禪漢文帝不封禪後世豈以文帝不及始皇耶厭後惑於謟佞自背其言為魏徵計者惟當援古據經正名定論于以復先王之常禮于以掃秦漢之謬說不亦偉歟顧以罽羅猶塞倉廩尚虛孰為未可夫以為未可行則必有可行之時也嗚呼大道不明禮學無據為君者昧於上為臣者惑於下不有聖人出焉孰能袪其謬而反諸正乎

貞觀七年蜀王名愔太宗第六子也妃父楊譽在省競婢都官郎中唐制刑部官掌配役徒隸簿錄俘囚以給衣糧藥料以理訴競雪冤凡公私良賤必周知之凡反逆相坐沒其家為官奴婢薛仁方留身勘問未及予奪予音與其子為千牛後魏官名隋有千牛刀人主防身刀也其職本掌御刀蓋取莊子庖丁為惠文君解牛十九年所割者數千牛而刀刃若新發硎石言此刀可以脩身因以名官唐制左右千牛衛將軍掌宮殿侍衛及供御儀仗左右執弓箭宿衛於殿庭陳訴云五品以上非反逆不合留身以是國親故生節目不肯決斷淹留歲月太宗聞之怒曰知是我親戚故作如此艱難即令平聲後同杖仁方一百解所任官魏徵進曰城狐社鼠皆微物為其有所憑恃故除之猶不易為去聲後同易以豉切古語城狐不灌社鼠不燻謂其所棲穴者得所憑恃也故譏者率謂人君左右近習為城狐社鼠況世家貴戚舊號難理漢晉以來不

能禁禦武德之中已多驕縱陛下登極方始肅條仁方既是職司能為國家守法豈可枉加刑罰以成外戚之私乎此源一開萬端爭起後必悔之將無所及自古能禁斷此事惟陛下一人備豫不虞為國常道豈可（為如字）以水未橫流（橫去聲）便欲自毀隄防臣竊思度（待洛切）未見其可太宗曰誠如公言嚮者不思然仁方輙禁不言頗是專權雖不合重罪宜少加懲肅乃令杖二十而赦之

（愚按仁方之問楊譽雖申屠之屈鄧通董宣之抗湖陽不是過也太宗不惟不能賞之又欲加刑焉其視孝文光武何其遠哉且既從魏徵之諫免仁方之罪可也顧猶杖二十而後赦之是猶紾兄臂而曰姑徐云爾攘鄰雞而曰請俟來年以五十步笑百步而已從諫之道豈如是乎）

貞觀八年左僕射房玄齡右僕射高士廉（名儉齊清河王岳之孫初隱居終南山武德初秦王領雍州牧舉為治中及居東宮授右庶子遷益州都督長史勵風俗有聲入為吏部尚書拜僕射卒贈司徒）於路逢少府監（少去聲唐制掌百工繕作之政）竇德素問北門近來更何營造德素以聞太宗乃謂玄齡曰君但知南衙事我北門少有營造何預君事玄齡等拜謝魏徵進曰臣不解陛下責（解音懈後同）亦不解玄齡士廉拜謝

玄齡既任大臣即陛下股肱耳目有所營造何容不知責其訪問官司臣所不解且有利害役工多少陛下所為善當助陛下成之所為不是雖營造當奏陛下罷之此乃君使臣臣事君之道（論語孔子對魯定公曰君使臣以禮臣事君以忠）玄齡等問既無罪而陛下責之臣所不解玄齡等不識所守但知拜謝臣亦不解太宗深愧之

（朱氏黼曰宰相之職無所不統冢宰以九式均節財用固於朝廷庶務無不當預也作洛之役周名經營未央之成蕭何綜理焉有營繕之小而宰臣不知乎以將軍為內廷以宰相為外廷正漢人體統之紊太宗方鼎新三省復修六典獨欲使宰相專立南牙政事不預北門營造是分朝廷為二岐內外為兩以一司而處相臣也微魏徵盡言則唐之相職豈正哉）

（愚按王者以天下為一家其大臣宗子之家相也故天下之事天子無不當與宰相亦無不當與者豈有南衙北門之分乎太宗責非其所當責玄齡等謝非其所當謝微魏徵之言君臣蓋莫知其失也唐中葉以後以中書門下為南衙以樞密中尉為北司軍機之密策立之重宰相遂不得與聞太宗之失言實啟之矣）

貞觀十年越王（名貞太宗第八子也）長孫皇后所生太子介弟聰明絕倫太宗特所寵異或言三品以上皆輕蔑王者意

在諧侍中魏徵等以激上怒上御齊政殿引三品已上入坐定大怒作色而言曰我有一言向公等道往前天子即是天子今時天子非天子耶往年天子兒是天子兒今日天子兒非天子兒耶我見隋家諸王達官已下皆不免被其躓頓我之兒子自不許其縱橫（縱平聲）公等所容易過得相共輕蔑（易以豉切後同）我若縱之豈不能躓頓公等玄齡等戰慄皆拜謝徵正色而諫曰當今羣臣必無輕蔑越王者然在禮臣子一例傳稱（傳去聲）王人雖微

列於諸侯之上諸侯用之為公即是公用之為卿即是卿若不為公卿即下士於諸侯也今三品已上列為公卿並天子大臣陛下所加敬異縱其小有不是越王何得輒加折辱若國家紀綱廢壞臣所不知以當今聖明之時越王豈得如此且隋高祖不知禮義寵樹諸王使行無禮尋以罪黜不可為法亦何足道太宗聞其言喜形於色謂羣臣曰凡人言語理到不可不伏朕之所言當身私愛（當去聲）魏徵所論國家大法朕嚮者忿怒自謂理在不疑及見魏徵所論始覺大非道理為人君言何可容易召玄齡等而切責之賜徵絹一千匹

愚按齊桓殊會王世子于首止春秋大之胡氏釋之曰自天王而言欲屈遠其子使次乎其下示謙德也自臣下而言欲尊敬王世子則序乎其上正分義也然則由胡氏分義之說觀之魏徵之言非耶曰皆是也胡氏之言謂在外諸侯也魏徵之言謂在內公卿也胡氏之言謂世子也魏徵之言謂諸王也為大臣者苟不能權其輕重隨時以取中又豈足與論春秋之義哉

貞觀十一年所司奏凌敬乞貸之狀（凌平聲凌姓敬名初仕竇建德為祭酒）太宗責侍中魏徵等濫進人徵曰臣等每蒙顧問常

具言其長短有學識強諫諍是其所長愛生活好經營是其所短（好去聲）今凌敬為人作碑文（為去聲）教人讀漢書因茲附托回易求利與臣等所說不同陛下未用其長惟見其短以為臣等欺罔實不敢心伏太宗納之

愚按夫子曰孟公綽為趙魏老則優不可為滕薛大夫夫才有所長尺有所短人君用其所長棄其所短可也善乎魏徵之言曰有學識強諫諍凌敬之所長也愛生活好經營凌敬之所短也太宗既不能用其所長顧欲因其所短責及舉者豈用人之道乎向非鄭公之諫太宗好賢之意荒矣

貞觀十二年太宗謂魏徵曰比來所行得失政化（比音鼻）

何如往前對曰若恩威所加遠夷朝貢比於貞觀之始不可等級而言若德義潛通民心悅服比於貞觀之初相去又甚遠太宗曰遠夷來服應由德義所加應平聲往前功業何因益大徵曰昔者四方未定常以德義為心旋以海內無虞旋平聲漸加驕奢自溢所以功業雖盛終不如往初太宗又曰所行比往前何為異徵曰貞觀之初恐人不言導之使諫三年已後見人諫悅而從之一二年來不悅人諫雖勉強聽受而意終不平諒有難也

太宗曰於何事如此對曰即位之初處元律師死罪處上聲後同元姓律師名孫伏伽貝州人武德中上言三事帝稱之曰諍臣貞觀中拜御史遷大理卿諫曰法不至死無容濫加酷罰遂賜以蘭陵公主園直錢百萬人或曰所言乃常事而所賞太厚答曰我即位來未有諫者所以賞之此導之使言也徐州司戶柳雄徐州令仍舊隸河南司戶州屬戶曹柳姓雄名於隋資妄加階級人有告之者陛下令其自首令平聲首去聲後同不首與罪遂固言是實竟不肯首大理推得其偽將處雄死罪少卿戴胄奏法止合徒少去聲唐制徒刑五一年至於三年陛下曰我已與其斷當訖當去聲但當與死罪胄曰陛下既不然即付臣法司罪不合死不可酷濫陛下作色遣殺胄執之不已至於四五然後赦之乃謂法司曰但能為我如此守法為去聲豈畏濫有誅夷此則悅以從諫也往年陝縣丞皇甫德參上書大忤聖旨陛下以為訕謗臣奏稱上書不激切不能起人主意激切即似訕謗于時雖從臣言賞物二十段意甚不平難於受諫也太宗曰誠如公言非公無能道此者人皆

苦不自覺公向未道時都自謂所行不變及見公論說過失堪驚公但存此心朕終不違公語

胡氏寅曰天下之理不進則退不退則進以天地日月四時之運與萬物之盈虛消長觀焉則見矣人之德慧智術何獨不然太宗自謂今所為猶往年也是則不逮往年也譬之日焉雖在晨晡未嘗不明若語其嚮於熙盛豈若禺中之時乎是故乾之象曰君子以自強不息湯之盤銘曰苟日新日日新又日新知從事於此者惟持忠存誠以堯舜為法豈不可及勉焉日有孜孜斃而後已是則湯所以入聖域而成功不殊惜乎太宗之未學也

愚按隋文帝失天下之道不一而莫大於拒諫唐太宗得天下之道不一而莫大於納諫夫太宗之

納諫豈其天性之本然哉良由目覩煬帝之亡矯拂勉强而行之也故貞觀之初天下未安則能導人使諫中年天下漸安尚能悅人之諫末年天下已安則勉强從人之諫矣昔者舜之舍己從人出之聞善則拜湯之從諫弗咈終其身於一日果何道哉蓋聖人之納諫由於志氣之自然故無始終之異太宗之納諫由於血氣之矯拂故少而銳老而衰也然則人君欲盡納諫之道者可不孳孳而務聖人之學哉

貞觀政要卷二

欽定四庫全書

貞觀政要卷三

唐 吳兢 撰
元 戈直 集論

君臣鑒戒第六 凡七章

貞觀三年太宗謂侍臣曰君臣本同治亂共安危若主納忠諫臣進直言斯故君臣合契古來所重若君自賢臣不匡正欲不危亡不可得也君失其國臣亦不能獨全其家至如隋煬帝暴虐臣下鉗口卒令不聞其過（卒子聿切 令平聲）遂至滅亡虞世基等尋亦誅死前事不遠朕與卿等可得不慎無為後所嗤

愚按太宗常以隋煬帝為戒而欲其臣以虞世基為戒形之於言者數矣夫人雖至愚未有不愛吾身者也煬帝之縱欲肆志未必不曰吾知愛吾身而已不暇憂吾民也世基之緘默保位未必不曰吾知愛吾身而已不暇憂吾君也豈知江都西閣之變君臣俱不免也哉故君以煬帝為戒則凡吾之容受直言非以愛其臣也所以為吾身計也臣以世基為戒則凡吾之盡忠無隱非以愛其君也所以為吾身計也君臣各為其身計則炎涼寒燠無一時不愛吾身也寧可以須臾之不謹乎髮膚齒甲無一處之非吾身也寧可以細微之不謹乎然則君臣胥吁相與嘉惠蒼生者非以利天下國

家也各愛其身而已太宗斯言推其意若出於一己之私盡其義乃所以成天下之公也

貞觀四年太宗論隋日魏徵對曰臣往在隋朝曾聞有盜發（曾音層）煬帝令於士澄捕逐（令平聲後同於如字姓也士澄名為隋將以魏郡降唐）但有疑似苦加拷掠枉承賊者二千餘人並令同日斬決大理丞（隋獄官之貳職）張元濟怪之試尋其狀乃有六七人盜發之日先禁他所被放纔出亦遭推勘不勝苦痛（勝平聲）自誣行盜元濟因此更事究尋二千人內惟九人逗遛不明（逗音豆遛音留逗遛延也）官人有諳識者就九人內四

人非賊有司以煬帝已令斬決遂不執奏並殺之太宗曰非是煬帝無道臣下亦不盡心須相匡諫不避誅戮豈得惟行諂佞苟求悅譽（譽平聲）君臣如此何得不敗朕賴公等共相輔佐遂令囹圄空虛願公等善始克終恒如今日

愚按大學曰為人君止於仁為人臣止於敬此言君臣各盡其道也虞廷賡歌帝舜先言股肱皐陶先言元首此言君臣更相責難也各盡其道所以明上下之分更相責難所以明上下之交也今觀前章太宗自以煬帝為戒欲羣臣以世基為戒此君臣各盡其道者也此章論隋世濫刑則魏徵歸過於君太宗歸過於臣此君臣更相責難者也二章之旨實相為用史臣以此居鑒戒之首豈非貞觀致治之本歟

貞觀六年太宗謂侍臣曰朕聞周秦初得天下其事不異然周則惟善是務積功累德所以能保八百之基秦乃恣其奢淫好行刑罰（好去聲後同）不過二世而滅豈非為善者福祚延長為惡者降年不永朕又聞桀紂帝王也以匹夫比之則以為辱顏閔匹夫也（顏回字子淵閔損字子騫皆孔子弟子以德行稱）以帝王比之則以為榮此亦帝王深恥也朕每

將此事以為鑒戒常恐不逮為人所笑魏徵對曰臣聞魯哀公（魯君名蔣）謂孔子曰有人好忘者移宅乃忘其妻孔子曰又有好忘甚於此者丘見桀紂之君（丘孔子名）乃忘其身願陛下每以此為慮庶免後人笑爾

愚按桀紂帝王也以匹夫比之則以為辱何辱焉人心之惡惡也顏閔匹夫也以帝王比之則以為榮何榮焉人心之善善也孜孜為善顏閔之徒也以匹夫而天下後世所企敬匹夫而帝王矣孜孜為惡桀紂之徒也以帝王而天下後世所羞稱帝王而匹夫矣太宗所論亦知言哉而魏徵之對又明桀紂之所以為桀紂也愚則曰欲知桀紂顏閔之分善與惡之間也

貞觀十四年太宗以高昌平（高昌西域國名都交河城漢車師之地其王麴文泰是年文泰卒子智盛立平謂征討平定也）召侍臣賜宴於兩儀殿謂房玄齡曰高昌若不失臣禮豈至滅亡朕平此一國甚懷危懼惟當戒驕逸以自防納忠謇以自正（謇音蹇直言也）黜邪佞用賢良不以小人之言而議君子以此慎守庶幾於獲安也（幾平聲）魏徵進曰臣觀古來帝王撥亂創業必自戒慎採芻蕘之議從忠讜之言天下既安則恣情肆欲甘樂諂諛（樂音洛）惡聞正諫（惡烏去聲）張子房漢王計畫之臣及高

祖為天子將廢嫡立庶子房曰今日之事非口舌所能爭也（張子房名良漢封留侯高祖欲廢太子盈立趙王如意或謂呂后曰留侯善畫計上信用之后刼良曰君為上謀臣今上欲易太子君安得高枕而卧良曰始上在急困中幸用臣策天下已定以愛欲易太子雖臣等百人何益后强要曰為我畫計良曰此難以口舌爭遂為太子請四皓為輔翰以不廢）終不敢復有開說（復音症）況陛下功德之盛以漢祖方之彼不足準即位十有五年（太宗以武德九年即帝位至是十有五年）聖德光被今又平殄高昌屢以安危繫意方欲納用忠良開直言之路天下幸甚昔齊桓公（齊君名小白）與管仲鮑叔牙甯戚（三人皆齊相）四人飲桓公謂叔牙曰盍起為寡人壽乎（為去聲諸侯自稱曰寡人言寡德之人也）叔牙奉觴而起曰（奉音捧）願公無忘出在莒時（桓公初出奔於莒鮑叔為之傅）使管仲無忘束縛於魯時（桓公立謂魯曰管仲讐也請得甘心醢之管仲請囚叔牙迎受之及堂阜而脫桎梏）使甯戚無忘飯牛車下時（甯戚嘗候桓公出扣牛角歌曰南山矸白石爛中有鯉魚長尺半生不遭堯與舜禪短布單衣纔至骭從昏飯牛至夜半公遂召之為相）桓公避席而謝曰寡人與二大夫能無忘夫子之言則社稷不危矣太宗謂徵曰朕必不敢忘布衣時公不得忘叔牙之為人也（按通鑑十三年高昌王麴文泰遏絶西域朝貢

伊吾既內屬高昌又與西突厥共擊之上徵其臣阿史那矩文泰不遣中國人在突厥者或奔高昌詔使歸之亦不遣又與西突厥共破焉耆上遣使責之文泰語不遜於是詔侯君集等擊之遂降由此唐地東極于海西至焉耆南盡林邑北抵大漠皆為州縣凡東西九千五百一十里南北一萬九百一十八里為唐之極盛焉）

愚按唐虞之世雍熙泰和帝治之極盛也聖君賢相都俞吁咈於一堂之上凜乎儆戒之言以聖君賢相夫豈有是哉茲所以保雍熙泰和之盛也今觀高昌既平土宇極盛太宗有兢兢保治之言魏徵有諄諄鑒戒之意茲所以成貞觀太平之盛也然古帝王傳心之學其要在於欽而儆戒之際尤謹於欽之一辭蓋敬者萬化之本原一心之妙用聖神之能事學問之極功帝王授受之懿在此其發於言者皆由於心也故能無怠無荒謹終如始為上人者佩太宗君臣鑒戒之言體帝王心學之

(要則豈惟貞觀可以進於三代之上矣)

貞觀十四年特進魏徵上疏曰臣聞君為元首臣作股肱齊契同心合而成體體或不備未有成人然則首雖尊高必資手足以成體君雖明哲必藉股肱以致理禮云人以君為心君以人為體心莊則體舒心肅則容敬(禮緇衣篇之辭)書云元首明哉股肱良哉庶事康哉元首叢脞哉股肱惰哉萬事墮哉(墮音隳虞書皐陶賡歌之辭)然則委棄股肱獨任胸臆具體成理非所聞也夫君臣相遇(夫音扶後同)自

古為難以石投水千載一合以水投石無時不有其能開至公之道申天下之用內盡心膂(音旅)外竭股肱和若鹽梅(商書高宗命傅說曰若作和羹爾惟鹽梅)固同金石者非惟高位厚秩在於禮之而已昔周文王遊於鳳皇之墟韈系解顧左右莫可使者乃自結之豈周文之朝盡為俊乂聖明之代獨無君子者哉但知與不知禮與不禮耳是以伊尹有莘之媵臣韓信項氏之亡命殷湯致禮定王業於南巢漢祖登壇成帝功於垓下若夏桀不棄於伊尹項羽垂恩於韓信寧肯敗已成之國為滅亡之虜乎(媵音增垓音該)(伊姓尹字也伊尹名摯湯三聘之遂佐湯伐桀放桀於南巢之地有莘國名送女曰媵湯妃有莘氏之女也史記謂伊尹欲行道以致君而無由乃為有莘氏之媵臣說湯致於王道蓋戰國時有為此說者韓姓信名也淮陰人數以策干項羽羽弗聽信亡歸漢高祖用蕭何言於是擇日齋戒設壇場拜信為大將後圍羽於垓下之地)又微子骨肉也受茅土於宋箕子良臣也陳洪範於周仲尼稱其仁莫有非之者(微箕二國名子爵也微子紂之庶兄諫紂不聽遂去之武王克商封微子於宋箕子紂之諸父諫紂不聽被囚為奴武王即位訪之箕子為陳洪範九疇論語曰微子去之箕子為之奴比干諫而死孔子曰殷有三仁焉)禮記稱魯穆公問於子思曰(穆公魯君名顯子思孔子之孫名伋)為舊君反服古歟(歟為去聲)子思曰古之君

子進人以禮退人以禮故有舊君反服之禮也今之君子進人若將加諸膝退人若將隊諸泉(隊音墜泉禮作淵蓋避高祖諱故以泉代淵)毋為戎首不亦善乎又何反服之禮之有(禮檀弓篇之辭)齊景公問於晏子曰忠臣之事君如之何晏子對曰有難不死(難去聲後同)出亡不送公曰裂地以封之疏爵而待之(疏平聲)有難不死出亡不送何也晏子曰言而見用終身無難臣何死焉諫而見納終身不亡臣何送焉若

言不見用有難而死是妄死也諫不見納出亡而送是詐忠也春秋左氏傳曰（傳去聲春秋孔子所作而左氏為傳）崔杼弑齊莊公（崔杼齊臣崔武子也莊公名光）晏子立於崔氏之門外其人曰死乎曰獨吾君也乎哉吾死也曰行乎曰吾罪也乎哉吾亡也故君為社稷死則死之（為去聲後同）為社稷亡則亡之若為已死為已亡非其親暱誰敢任之門啟而入枕尸股而哭興三踊而出（枕去聲踴音勇事見左傳襄公二十五年）孟子曰君視臣如手足臣視君如腹心君視臣如犬馬臣視君如國人

君視臣如糞土臣視君如寇讎（孟子告齊宣王之辭）雖臣之事君無二志至於去就之節當緣恩之厚薄然則為人主者（為如字後同）安可以無禮於下哉竊觀在朝羣臣當主樞機之寄者或地隣秦晉或業與經綸（與音預）並立事立功皆一時之選處之衡軸（處上聲）為任重矣任之雖重信之未篤則人或自疑人或自疑則心懷苟且心懷苟且則節義不立節義不立則名教不興名教不興而可與固太平之基保七百之祚未之有也又聞國家重惜功臣不

念舊惡方之前聖一無所間（去聲）然但寬於大事急於小罪臨時責怒未免愛憎之心不可以為政君嚴其禁臣或犯之況上啟其源下必有甚川壅而潰其傷必多欲使凡百黎元何所措其手足此則君開一源下生百端之變無不亂者也禮記曰愛而知其惡憎而知其善（禮曲禮篇之辭）若憎而不知其善則為善者必懼愛而不知其惡則為惡者實繁詩曰君子如怒亂庶遄沮（詩小雅巧言篇之辭）然則古人之震怒將以懲惡當今之威罰所以長姦（長音掌後同）

此非唐虞之心也非禹湯之事也書曰撫我則后虐我則讎（周書武王誓師之辭）荀卿子（名況趙人御者時人相尊之號著書曰荀子）曰君舟也人水也水所以載舟亦所以覆舟（此本家語之辭而荀子述之也）故孔子曰魚失水則死水失魚猶為水也故唐虞戰戰慄慄日慎一日安可不深思之乎安可不熟慮之乎夫委大臣以大體責小臣以小事為國之常也為理之道也今委之以職則重大臣而輕小臣至於有事則信小臣而疑大臣信其所輕疑其所重將求至理豈可得乎又

政貴有恒不求屢易今或責小臣以大體或責大臣以小事小臣乘非所據（乘平聲）大臣失其所守大臣或以小過獲罪小臣或以大體受罰職非其位罰非其辜欲其無私求其盡力不亦難乎（難如字）小臣不可委以大事大臣不可責以小罪任以大官求其細過刀筆之吏順旨承風舞文弄法曲成其罪自陳也則以為心不伏辜不言也則以為所犯皆實進退惟谷莫能自明則苟求免禍大臣苟免則譎詐萌生譎詐萌生則矯偽成俗矯偽

成俗則不可以臻至理矣又委任大臣欲其盡力每官有所避忌不言則為不盡若舉得其人何嫌於故舊若舉非其任何貴於疏遠待之不盡誠信何以責其忠恕哉臣雖或有失之君亦未為得也夫上之不信於下必以為下無可信矣若必下無可信則上亦有可疑矣禮曰上人疑則百姓惑下難知則君長勞（禮緇衣篇之辭）上下相疑則不可以言至理矣當今羣臣之內遠在一方流言三至而不投杼者（秦甘茂告秦王曰魯人有與曾參同姓名者殺人人告其母母織自若三人告之其母投杼下機踰墻而走臣之賢不及曾參王之信臣不如其母疑臣者非特三人臣恐大王之投杼也）臣竊思度（待洛切）未見其人夫以四海之廣士庶之衆豈無一二可信之人哉蓋信之則無不可疑之則無可信者豈獨臣之過乎夫以一介庸夫結為交友以身相許死且不渝況君臣契合寄同魚水若君為堯舜臣為稷契（音泄稷農官舜命棄曰汝后稷播時百穀命契曰汝作司徒敬敷五教）豈有遇小事則變志見小利則易心哉此雖下之立忠未有明著亦由上懷不信待之過薄之所致也豈君使臣以禮臣事

君以忠乎以陛下之聖明以當今之功業誠能博求時俊上下同心則三皇可追而四（三皇史記謂庖犧氏女媧氏神農氏也孔安國書序以伏羲神農黃帝為三皇一說謂天皇地皇人皇未詳孰是）五帝可俯而六矣夏殷周漢夫何足數（上聲）太宗深嘉納之

范氏祖禹曰昔衛獻公捨大臣而與小臣謀故失國出奔且大臣之所任者大小臣之所任者小而以小謀大以遠謀近此人君偏聽之蔽鮮有不敗事者也

唐氏仲友曰此魏徵論聽納任用之要人君必先知此然後能任君子去小人納忠諫察奸言以太宗之聰明惟其見道之淺至於聽言任用之間數領鄭公之諫而非諫之左挈右提則移於小人惑於奸言多

矣此徵最有功於貞觀者於格非近之矣

愚按太宗於是臨御久矣魏徵竭誠進諫惓惓於慎終如始之言至此疏復以君臣同心一體詳譬而曲陳之甚若致戒於庸君常主之前其愛君亦云至矣且終之曰三皇可追而四五帝可俯而六夏殷周漢夫何足數皇道尚矣五帝之德蔑以加矣嘗觀典謨所陳都俞吁咈於一堂之上始而克艱之戒終之明良之歌而其要領則在欽哉之一言君臣同心其在是也魏徵四三皇六五帝之說亦所謂責難於君者歟

貞觀十六年太宗問特進魏徵曰朕克己為政仰企前烈至於積德累仁豐功厚利四者常以為稱首朕皆庶

幾自勉幾平聲人苦不能自見不知朕之所行何等優劣徵對曰德仁功利陛下兼而行之然則內平禍亂外除戎狄是陛下之功安諸黎元各有生業是陛下之利由此言之功利居多惟德與仁願陛下自彊不息必可致也

愚按太宗以德仁功利岐而言之而魏徵之對亦未得為知言也蓋德仁本也功利用也有德與仁則功利在其中所謂不求利而未嘗不利也外德與仁而言功利則非聖賢所謂功利矣昔孟子告梁惠王曰王何必曰利亦有仁義而已矣正以仁義乃所以利之言仁義而利在其中也積德累仁則豐功厚利莫大焉政恐未之能爾

貞觀十七年太宗謂侍臣曰自古草創之主至于子孫多亂何也司空房玄齡曰此為幼主為去聲生長深宮長音掌少居富貴少去聲未嘗識人間情偽理國安危所以為政多亂太宗曰公意推過於主朕則歸咎於臣夫功臣子弟夫音扶多無才行行去聲藉祖父資蔭遂處大官處上聲德義不修奢縱是好好去聲主既幼弱臣又不才顛而不扶豈能無亂隋煬帝錄宇文述在藩之功擢化及於高位不

思報效翻行弒逆化及隋相宇文述之子為右屯衛將軍武德初弒煬帝於江都立秦王浩復殺浩自立稱許帝二年竇建德破化及於聊城殺之此非臣下之過歟朕發此言欲公等戒勗子弟使無愆過即家國之慶也太宗又曰化及與玄感即隋大臣受恩深者子孫皆反其故何也玄感隋相楊素之子為大將大業九年起兵黎陽圍東都隋主命宇文述等討之遂敗死岑文本對曰君子乃能懷德荷恩荷去聲玄感化及之徒並小人也古人所以貴君子而賤小人太宗曰然

愚按古者諸侯有世封公卿大夫無世官何也蓋諸侯有大臣輔佐自非甚無道者皆足繼其先世

公卿大夫一非其人民有受其害者矣有周盛世自諸侯入為公卿必若呂伋召虎而後可也自兩漢以來未聞宰相大臣有世官者煬帝無道事不師古玄感化及之禍自取之耳太宗問守成之君何以多亂玄齡以為幼主生長深宮不識人間情偽所以多亂其說是矣太宗迺歸咎於功臣之子弟則愚不知其何說也今觀太宗之後近而高宗中宗之昏庸遠而穆敬懿僖之謬戾馴致亂亡咸其自取豈功臣子弟之罪乎

擇官第七 凡十一章

貞觀元年太宗謂房玄齡等曰致理之本惟在於審量才授職量平聲後同務省官員故書稱任官惟賢才又云官不必備惟其人商周書之辭若得其善者雖少亦足矣其不善者縱多亦奚為古人亦以官不得其才比於畫地作餅不可食也詩曰謀夫孔多是用不集詩小雅小旻篇之辭又孔子曰官事不攝焉得儉焉於虔切論語孔子言管仲之辭且千羊之皮不如一狐之腋史記商君問趙良曰子觀我治秦也孰與五羖大夫賢良曰千羊之皮不如一狐之腋千人之諾諾不如一士之諤諤此皆載在經典不能具道當須更併省官員使得各當所任各當之當去聲則無為而理矣卿宜詳思此理量定庶官員位玄齡等由是所置文武總六

百四十員太宗從之因謂玄齡曰自此儻有樂工雜類假使術逾儕輩者只可特賜錢帛以賞其能必不可超授官爵與夫朝賢君子夫音扶比肩而立比音鼻同坐而食遺諸衣冠以為恥累良偽切按通鑑唐初士大夫以亂離之後不樂仕進官員不充省符下諸州差人赴選勒赴省選集者七千餘人吏部劉林甫隨材銓叙各得其所時人稱之上謂玄齡曰官在得人不在員多命併省留文武總六百四十三員百官志曰太宗省內外官定制七百三十員曰吾以此待天下賢才足矣

朱氏黼曰有事則有職有職則有官理也古人以事任人事省則職省故有有職而無官後世以人任官

人增則官增故有有官而無職有職而無官非廢事也或一官而兼數職有官而無職非增事也或一職而任數人周官雖多非皆具員也考之周禮名存而實不備職具而官不除者尚多貞觀之制非不甚美矣然員外之置已見於當時將何以一流品杜將來哉其後宰相或至數人員外官至二千餘員其末流之弊未必非太宗啟之

愚按唐虞稽古建官惟百夏商官倍亦克用乂古之建官簡矣然九官四岳十二牧實二十五人而書稱二十二人蓋亦有以一人而兼二職者也周官三百六十總計六萬三千六百有奇周之建官雖多然周禮者周公未行之書也書稱召公以太保兼冢宰畢公以太師兼司馬蓋亦有以一人而兼二職者也後世建官既冗復無攝事太宗深懲斯弊省內外官文武總六百四十員自後世觀之

可謂省之極矣然房玄齡以僕射而兼領度支魏徵以侍中而兼東宮官蓋亦有以一人而兼二職者矣愚嘗論貞觀之善政當以省官為首何也易於選擇上不至於失人俸禄易供下不憂於厚斂權任專一無避事苟免之患員數不多無紛更生事之憂官冗則四者反是厥後兵部之職分於樞密戶部之職分於三司監軍侵監司之權州將奪太守之任員外之置多於正員墨敕斜封數逾千百而貞觀之善政隳矣夫後世之天下猶貞觀之天下太宗何以致是哉竊謂其大要有二一曰息奔競二曰裁嬖幸蓋奔競之風盛則員多而闕少官不得以不增也嬖倖之門多則私恩無所施官不得以不增也斯二者省官之本也有志於貞觀之治者盍亦反其本而已

貞觀二年太宗謂房玄齡杜如晦曰公為僕射當助朕憂勞廣開耳目求訪賢哲比聞公等比音鼻聽受辭訟日有數百此則讀符牒不暇安能助朕求賢哉因敕尚書省唐制尚書謂之都省置令一人典領百官貞觀中以太宗曾為之故缺而不置其次左右僕射各一人左右丞各一人其屬有六部庶務皆會決焉凡符移關牒必遣於都省乃下天下大事不決者皆上都省細碎務皆付左右丞唐制掌辨六官之儀紀正省內劾御史舉不當者吏戶禮三部左丞總焉兵刑工三部右丞總焉惟冤滯大事合聞奏者關於僕射

范氏祖禹曰太宗責宰相以求賢而不使親細務可謂能任以其職矣書曰惟說式克欽承旁招俊乂列于庶位此相之職也苟不務此而治簿書期會百吏之事豈所謂相乎

胡氏寅曰宰相受詞既非古制然當之者未有以為不可雖賢如房杜亦且行之何也其說有五無經濟之畧姑以是為勤於所職者一也人君明察則不敢當權而以吏事自為者二也才用粗淺熟於有司之務蹴蹐其任益以免免者三也上不知治本而責成於叢脞因以奉承之者四也實侵大權故治文案以助其君者五也若誠知宰相職分必不肯然矣房杜之才非能賢於太宗故太宗如是而止固不能為太甲高宗成王之事也

唐氏仲友曰王省惟歲卿士惟月師尹惟日蓋其位愈尊其事愈要其任愈逸其位愈卑其事愈詳其任愈勞太宗以細務屬左右丞大事關僕射當矣責宰相以廣耳目訪賢才亦當矣雖然廣耳目訪賢才坐論大事在房杜任之尚恐未能無愧古人而參之以封倫楊師道之屬可乎是知宰相之職而未得擇宰相之道也

愚按人主之職在論一相一相之職在任百官此君相之要道也受詞訟非為相之體然大臣慮四方豈惟高虛拱揖以自居哉畢公周之元老大臣也克勤小物弼亮四世小物非細務乎昔陳平不答錢穀決獄之問而曰宰相上佐天子理陰陽下遂萬物之宜此言固大矣然錢穀國計民命所關冢宰之所制者也獄者生民之司命三公之所當參聽者也此皆裁成輔相以左右生民者而曰宰相不當知則所職者何事耶太宗教宰相勿親細務特不可下行有司之事耳克勤小物以弼亮天子有古人之相業在

貞觀二年太宗謂侍臣曰朕每夜恒思百姓間事或至

夜半不寐惟恐都督（唐制武德七年改總管曰都督掌督諸州兵馬甲械城隍鎮戍糧廪總判府事）刺史（見前篇註）堪養百姓與否故於屏風上録其姓名坐卧恒看在官如有善事亦具列於名下朕居深宮之中視聽不能及遠所委者惟都督刺史此輩實理亂所繫尤須得人

愚按自秦罷侯置守之後郡守古諸侯其關繫民生至不輕也漢宣帝謂與我共理者惟良二千石太宗謂治民之本在刺史斯言也真知本者矣然宣帝以刑名繩下故當時固多循吏而未免有酷吏太宗英明仁恕故當時居多循吏而無酷吏此又二帝之優劣也

貞觀二年太宗謂右僕射封德彞曰致安之本惟在得人比來（比音鼻）命卿舉賢未嘗有所推薦天下事重卿宜分朕憂勞卿既不言朕將安寄對曰臣愚豈敢不盡情但今未見有奇才異能太宗曰前代明王使人如器皆取士於當時不借才於異代豈得待夢傅説（音悅傅説商賢相也武丁夢得聖人名曰説以夢所見視羣臣百吏皆非也乃使營求之野得説於巖中立為相）逢吕尚（吕尚太公也本姓姜從其封姓周西伯將出獵卜之曰所獲非龍非彲非虎非羆霸王之輔果遇太公於渭之陽與語大悅遂載與俱歸立為師）然後為政乎且何代無賢但患遺而不知耳德彞慙赧而退（赧奴版切愧態也按史傳繫元年二月帝謂封倫曰大理之職人命所懸此官極須妙選公直倫未對帝曰戴胄忠直每事用心即其人也又謂倫曰云云）

孫氏甫曰大臣之職薦達人才固非細事天下之大羣臣之衆可容一日之才乎然人之才有能有不能器而使之衆職舉矣豈有人主責其舉賢已未推薦但言無奇才異能上欲欺主之明下欲蔽天下之善此真姦人也蓋姦人不樂進賢其情有三保位固寵常懼失之以賢者既用必建立功業掩己之名見己之過名滅過露則位不能保寵不能固其情一也姦人立私必人附己乃引之賢者進退以道不肯趨附姦人以謂不附己而引之則不知己之恩不知恩則不為己之黨其情二也姦人心既不公知人不明雖遇賢才不能深識慮引而進之或有大過為己之累其情三也封倫之情正在於此太宗以前代未嘗乏

人折之使慙懼無辭可謂能照姦人之情者也人主能照姦人之情則賢者進矣

胡氏寅曰舉賢才而效之君大臣職也為大臣而久無所舉人主詰之是也若出此令而委之房杜王魏非惟丕應徯志亦必各得其人矣乃以望於封倫且取人以身不誣之理也倫非賢者安能知賢若舉其類集于朝廷豈非大憂乎是則非特倫無知人之鑒而太宗於倫亦初不知其姦邪也信知人之難哉

愚按封倫諂佞人也其在隋附麗虞世基諂順其主得羣臣表疏則屏而不奏鞫獄用法則峻文深刻論功行賞則抑削就薄故世基之寵日以隆而孤隋之政日以壞皆倫所為也以若所為烏知所謂舉善薦賢之義哉其曰未有奇才異能蓋未有如己者耳是猶以隋事唐也太宗雖愧於知人之明幸不惑其說然之
人也屏斥有餘罪矣

貞觀三年太宗謂吏部尚書杜如晦曰比見（比音鼻）吏部擇人惟取其言詞刀筆不悉其景行（去聲後同）數年之後惡跡始彰雖加刑戮而百姓已受其弊如何可獲善人如晦對曰兩漢取人皆行著鄉閭州郡貢之然後入用故當時號為多士今每年選集（去聲後同）向數千人厚貌飾詞不可知悉選司但配其階品而已銓簡之理實所未精所以不能得才太宗乃將依漢時法令（令平聲）本州辟召會功臣等將行世封事遂止

愚按古者取士之法鄉論秀士升之司徒司徒升之學大樂正升之司馬司馬辨論官材論定然後官之任官然後爵之位定然後祿之蓋未仕之前凡經四級已仕之後又經三級其詳且重如此故嘗謂後世取人之道不能復成周之法皆苟焉而已今觀太宗問如何可獲善人大哉問乎如晦政當告以成周取士之法可也乃以兩漢辟召之事為對何其陋哉厥後竟以將行世封不及施行後世惜焉然使真能行辟召之法又豈足以致成周多士之隆乎

貞觀六年太宗謂魏徵曰古人云王者須為官擇人（為去聲）不可造次即用（造七到切）朕今行一事則為天下所觀出一言則為天下所聽用得正人為善者皆勸誤用惡人不善者競進賞當其勞（當去聲後同）無功者自退罰當其罪為惡者戒懼故知賞罰不可輕行用人彌須慎擇徵對曰知人之事自古為難故考績黜陟（虞書曰三載考績三考黜陟幽明）察其善惡今欲求人必須審訪其行（去聲後同）若知其善然後用之設令此人（令平聲後同）不能濟事只是才力不及不為大害誤用惡人假令強幹為害極多但亂代惟求其才不顧其行太平之時必須才行俱兼始可任用

范氏祖禹曰太宗以治亂在庶官欲進君子退小人王者之言也而魏徵之所謂才行者不亦異乎夫才有君子之才有小人之才古之所謂才者君子之才也後世之所謂才者小人之才也周公制禮作樂孔子以為才此古人所謂才者兼德行而言也後世之所謂才者辯給以禦人詭詐以用兵辟邪險詖趨利就事是以天下多亂職斯人之用於世也王者創業垂統數求哲人以遺後嗣故能長世也豈宜以天下未定而可專用小人之才歟夫有才無行之小人無時而可用退之猶恐其或進也豈可先用而後廢乃取才行兼全之人乎徵之學駁而不純故所以輔導其君者卒不至於三王之治也

愚按春秋傳曰高陽氏有才子八人齊聖廣淵明允篤誠是以才兼德而言之也司馬氏曰德勝才為君子才勝德為小人是以才對德而言之也學者安所折衷哉愚聞之孟子曰若夫為不善非才之罪也程子曰才稟於氣氣有清濁朱子曰孟子專指其發於性者言之故以為才無不善程子兼

指其稟於氣者言之則人才固有昏明強弱之不同矣以事理考之程子之言為密由此觀之春秋傳之言即孟子之意也司馬氏之言即程子之意也然司馬氏之言密矣范氏識魏徵不當言亂代求才不顧其行其說是也然謂才行無所分別則將如程子之言何

貞觀十一年侍御史馬周上疏曰理天下者以人為本欲令百姓安樂令平聲樂音洛惟在刺史縣令縣令既衆不能皆賢若每州得良刺史則合境蘇息天下刺史悉稱聖意稱去聲則陛下可端拱巖廊之上百姓不慮不安自古郡守縣令皆妙選賢德欲有遷擢為將相並去聲後同必先

試以臨人或從二千石漢世郡守曰二千石入為丞相及司徒太尉者朝廷必不可獨重內臣外刺史縣令遂輕其選所以百姓未安殆由於此太宗因謂侍臣曰刺史朕當自簡擇縣令詔京官五品已上各舉一人按史傳此與諫營造奢侈及論太子諸王定分同一疏

孫氏洙曰民者國之本也守令民之本也古者天子列爵頒祿非為臣下皆以為民也故擇其人以牧養之重其任以付責之假其權以安固之厚其祿以寵利之上之責吏一本於民下之報上一本於民則民重矣民重則守令重守令重則天下國家重矣輕守令是輕民也民輕則天下國家輕矣可不慎歟昔漢

制郡守入為三公郎官出宰百里又出諫大夫補郡史有治效者璽書勉勵增秩賜金而不輙遷公卿缺則選其尤異者用之故良吏於是為盛知所重也魏晉以下謂居朝者為要職治外者為左遷故吏多貪殘而風俗日壞失所重也唐之失亦然故內職常遷外選常滯然守宰之植風節者猶班班可言也

胡氏寅曰刺史至多人君安能徧識人才委大臣謹擧可也縣令卑而尤衆近民尤甚尤不可不擇必欲得人使為縣有政績擧其人可也若展轉求之則千百賢令亦可致矣人各有才其用不同則識趣各異京官五品以上安能皆得縣令之才乎

唐氏仲友曰周之意蓋謂察之於已任則民被害不如悉以才德選則所得多矣

愚按聖人以天下為一家朝廷其堂奥州縣其戶庭也唐虞之時百揆統九官四岳統十二牧故曰

內有百揆四岳外有州牧侯伯庶政惟和萬邦咸寧何內外之重輕哉唐有天下於重內輕外之時下至縣令士多不屑為之夫令親民之先者也以輕心處之謂之何哉馬周之言其知體要者歟為天下者莫先於謹擇守令太宗之言固善矣然刺史錄名屏上著政績善惡可以自擇矣九重之尊豈能周知惟當使內外輕重之平均朝堂擇刺史都督刺史都督擧縣令可也

貞觀十一年治書侍御史劉洎以為左右丞宜特加精簡上疏曰臣聞尚書萬機實為政本伏尋此選授任誠難是以八座左右僕射及六部是為八座漢志曰斯乃文昌天府衆務淵藪比於文昌二丞方於管轄二丞左右丞也六典曰掌管轄省事爰至曹郎上應列宿

音秀漢明帝曰郎官上應列宿苟非稱職稱去聲竊位興譏伏見比來比音鼻後同尚書省詔敕稽停稽音朞文案壅滯臣誠庸劣請述其源貞觀之初未有令僕尚書令及僕射也于時省務繁雜倍多於今而左丞戴胄右丞魏徵並曉達吏方質性平直事應彈舉應彈並平聲無所迴避陛下又假以恩慈自然肅物百司匪懈抑此之由及杜正倫續任右丞頗亦厲下比者綱維不舉並為勳親在位為去聲器非其任功勢相傾凡在官寮未循公道雖欲自強先懼囂謗囂音枵浮薄也所

以郎中予奪予上聲惟事諮稟尚書依違不能斷決或糾彈聞奏故事稽延案雖理窮仍更盤下去無程限來不責遲一經出手便涉年載或希旨失情或避嫌抑理勾司以案成為事了不究是非尚書用便僻為奉公莫論當否便論並平聲當去聲互相姑息惟事彌縫且選衆授能非才莫舉天工人代虞書曰天工人其代之言人君代天理物官所治皆天事焉可安加焉於虔切至於懿戚元勳但宜優其禮秩或年高及耄耄音冒八十九十曰耄或積病智昏既無益於時宜當置之以間逸久妨賢路殊為不可將救茲弊且宜精簡尚書左右丞及左右郎中唐制副二丞所轄諸司事署録目勘稽失知省內宿直之事如並得人自然綱維備舉亦當矯正趨競豈惟息其稽滯哉疏奏尋以洎為尚書左丞

張氏九成曰觀洎以章疏白尚書非人之弊務欲擇賢任職整綱維振稽滯此皆詳練治體深達政本惜乎忠誠憂國不容其身宜來者之戒也

愚按唐制三省尚書省居其首樞機之要也尚書令掌典領百官其屬有六左右僕射統理六官為令之貳皆宰相也左丞則總吏部戶部禮部右丞則總兵部刑部工部其所關繫豈小哉劉洎以剛

直果敢之才當糾彈舉劾之任於是而極言委任之弊具陳精簡之方可謂知政本稱厥職矣太宗即以洎為左丞可謂知人也已以太宗之器使人才後之人主所宜為法也

貞觀十三年太宗謂侍臣曰朕聞太平後必有大亂大亂後必有太平大亂之後即是太平之運也能安天下者惟在用得賢才公等既不知賢朕又不可徧識日復一日無得人之理今欲令人自舉令平聲後同於事何如魏徵對曰知人者智自知者明知人既以為難自知誠亦不易易以豉切且愚暗之人皆矜能伐善恐長澆競之風長音

掌不可令其自舉（愚按太宗急於得天下之賢於是有令人自舉之議魏徵以為知人既難自知不易若令自舉恐長澆競之風誠為知言也夫三代盛時比閭族黨州鄉遞進而考其德行道藝賓興于王此所謂鄉舉里選也世道已降此制不復乃曰令人自舉吾見其自鬻而已矣非善論也）

貞觀十四年特進魏徵上疏曰臣聞知臣莫若君知子莫若父父不能知其子則無以睦一家君不能知其臣則無以齊萬國萬國咸寧一人有慶必藉忠良作弼俊乂在官則庶績其凝無為而化矣故堯舜文武見稱前

載咸以知人則哲多士盈朝元凱翼巍巍之功（舜舉八凱使主后土百揆時序舉八元使布五教內平外成）周召光煥乎之美（周公名旦武王之弟召公名奭為周太保二公夾輔成王）然則四岳（唐虞官名掌四岳諸侯之事或一人而總萬之）九官（舜命禹作司空稷播百穀契為司徒皋陶作士垂為共工益掌山澤伯夷為秩宗夔典樂龍作納言是為九官）五臣（論語曰舜有臣五人而天下治謂禹稷契皋陶伯益也）十亂（周書武王曰予有亂臣十人亂治也十人謂周公旦召公奭太公望畢公榮公太顛閎夭散宜生南宮适其一文母論語曰有婦人焉九人而已先儒以為子無臣母之義蓋邑姜也九人治外邑姜治內）豈惟生之於曩代而獨無於當今者哉在乎求與不求好與不好耳（好並去聲後同）何

以言之夫美玉明珠（夫音扶）孔翠犀象大宛之馬（宛平聲大宛西域國漢武時李廣利破其國獲汗血馬以獻）西旅之獒（西旅西夷國武王時貢獒犬高八尺曰獒）或無足也或無情也生於八荒之表塗遙萬里之外重譯入貢（重平聲言語不通必重譯而來也）道路不絕者何哉蓋由乎中國之所好也況從仕者懷君之榮食君之祿率之以義將何往而不至哉臣以為與之為孝則可使同乎曾參子騫矣（曾參字子輿子騫姓閔名損皆孔子弟子孟子曰事親若曾子可也論語曰孝哉閔子騫人不間於其父母昆弟之言）與之為忠則可使同乎龍逄比干矣（龍逄桀臣

比干紂臣皆以忠諫見殺）與之為信則可使同乎尾生展禽矣（莊子曰尾生與女子期於梁下女子不來水至不去抱梁柱而死展禽魯大夫展獲名禽食邑柳下謚曰惠）與之為廉則可使同乎伯夷叔齊矣（伯夷叔齊孤竹國君之二子讓國而逃諫伐而餓）然而今之群臣罕能貞白卓異者蓋求之不切勵之未精故也若勗之以公忠期之以遠大各有職分（去聲）得行其道貴則觀其所舉富則觀其所養居則觀其所好習則觀其所言窮則觀其所不受賤則觀其所不為因其材以取之審其能以任之用其所長掩其所短進之

以六正戒之以六邪則不嚴而自勵不勸而自勉矣故說苑曰（前漢光禄大夫劉向字子政集先王交之後以來傳記行事著說苑二十篇）人臣之行有（去聲）六正六邪行六正則榮犯六邪則辱何謂六正一曰萌芽未動形兆未見（音現）昭然獨見存亡之機得失之要預禁乎未然之前使主超然立乎顯榮之處如此者聖臣也二曰虛心盡意日進善道勉主以禮義諭主以長策將順其美匡救其惡如此者良臣也三曰夙興夜寐進賢不懈數稱往古之行事（數音朔）以厲主意如此者

忠臣也四曰明察成敗早防而救之塞其間（去聲隙也）絶其源轉禍以為福使君終以無憂如此者智臣也五曰守文奉法任官職事不受贈遺（去聲）辭祿讓賜飲食節儉如此者貞臣也六曰家國昏亂所為不諛敢犯主之嚴顏面言主之過失如此者直臣也是謂六正何謂六邪一曰安官貪祿不務公事與代浮沉左右觀望如此者具臣也二曰主所言皆曰善主所為皆曰可隱而求主之所好而進之以快主之耳目偷合苟容與主為樂（音洛後同）不顧其後害如此者諛臣也三曰内實險詖（音詖）外貌小謹巧言令色妬善嫉賢所欲進則明其美隱其惡所欲退則明其過匿其美使主賞罰不當（去聲）號令不行如此者奸臣也四曰智足以飾非辯足以行說（音稅）内離骨肉之親外構朝廷之亂如此者讒臣也五曰專權擅勢以輕為重私門成黨以富其家擅矯主命以自貴顯如此者賊臣也六曰諂主以佞邪陷主於不義朋黨比周（比音鼻）以蔽主明使白黑無別（彼列切）是非無間（去聲）使主惡布

於境内聞於四隣如此者亡國之臣也是謂六邪賢臣處六正之道（處上聲後同）不行六邪之術故上安而下理生則見樂死則見思此人臣之術也禮記曰權衡誠懸不可欺以輕重繩墨誠陳不可欺以曲直規矩誠設不可欺以方圓君子審禮不可誣以姦詐（禮經解篇之辭）然則臣之情偽知之不難矣又設禮以待之執法以御之為善者蒙賞為惡者受罰安敢不企及乎安敢不盡力乎國家思欲進忠良退不肖十有餘載矣徒聞其語不見其人

何哉蓋言之是也行之非也言之是則出乎公道行之非則涉乎邪徑是非相亂好惡相攻好惡並去聲後所惡惡之同所愛雖有罪不及於刑所惡雖無辜不免於罰此所謂愛之欲其生惡之欲其死者也或以小惡棄大善或以小過忘大功此所謂君之賞不可以無功求君之罰不可以有罪免者也賞不以勸善罰不以懲惡而望邪正不惑其可得乎若賞不遺疏遠罰不阿親貴以公平為規矩以仁義為準繩考事以正其名循名以求其實則邪

正莫隱善惡自分然後取其實不尚其華處其厚不居其薄則不言而化朞月而可知矣若徒愛美錦而不為人擇官為去聲有至公之言無至公之實愛而不知其惡憎而遂忘其善狥私情以近邪佞背公道而遠忠良背音倍遠去聲則雖夙夜不怠勞神苦思將求至理不可得也書奏甚嘉納之

愚按大禹曰知人則哲能官人臯陶為陳九德曰載采采言知人在於以德而驗於行事也然德雖有九豈能全哉觀微進求賢審官之說而舉劉向六正六邪之論是則然矣然知人者惟在於辨君子小人邪正之分固難一一以其臣律之也果君子邪則正人也聖良忠智貞直六正之德雖未必備未必不兼也果小人邪則邪人也其諂奸讒賊亡國六邪之惡雖未必備未必不兼也其曰知人則哲則明之極矣君子小人邪正之與何所逃於哲之中乎

貞觀二十一年太宗在翠微宮在長安縣武德八年置貞觀十年廢是年復修方成授司農卿唐制掌倉儲委積之事李緯戶部尚書房玄齡是時留守京城會有自京師來者太宗問曰玄齡聞李緯拜尚書如何對曰但云李緯大好髭鬚更無他語由是改授洛州刺史洛州今河南府路

愚按太宗至是已倦于勤矣玄齡以耆壽佚在厥服矣翠微宴息聞老臣有大好髭鬚之語旋即改授亦可謂留心治道者也愚觀自古人君蓋有聞諫而不能改者聞諫而能改者斯為善矣太宗之用李緯玄齡未嘗諫也特私有所議耳太宗聞而遽改迨近於不諫亦入者眉山蘇氏謂太宗之從諫近於聖詎不信哉

封建第八凡二章

貞觀元年封中書令房玄齡為梁國公兵部尚書杜如晦為蔡國公吏部尚書長孫無忌為齊國公並為第一等食邑實封一千三百戶皇從父淮安王神通從去聲後同神

通與高祖為從兄弟從高祖平京師典兵宿衛封淮安王上言義旗初起臣率兵先至隋大業十三年五月高祖起兵太原六月傳檄稱義師故曰義旗神通自長安入鄠南山舉兵應太原從平京師有功今玄齡等刀筆之人功居第一臣竊不服太宗曰國家大事惟賞與罰賞當其勞當去聲後同無功者自退罰當其罪為惡者咸懼則知賞罰不可輕行也今計勳行賞玄齡等有籌謀帷幄畫定社稷之功所以漢之蕭何雖無汗馬指蹤推轂故得功居第一推他回切漢高祖論功行封羣臣爭功不決帝以蕭何功盛先封酇侯功臣皆曰何無汗馬之勞徒持文墨議論顧居臣等上何也帝曰夫獵追殺

獸者狗也發蹤指示者人也諸君徒能得獸耳功狗也何之功人也羣臣皆莫敢言叔父於國至親誠無愛惜但以不可緣私濫與勳臣同賞矣由是諸功臣自相謂曰陛下以至公賞不私其親吾屬何可妄訴初高祖舉宗正籍弟姪再從三從孩童已上封王者數十人至是太宗謂羣臣曰自兩漢已降惟封子及兄弟其疎遠者非有大功如漢之賈澤漢高祖封從兄弟賈為荊王從祖昆弟澤為燕王並為將軍有功並不得受封若一切封王多給力役乃至勞苦萬姓以養己之親屬於是宗室先封郡王其間

無功者皆降為縣公按本紀降封事係武德九年十一月又按膠東郡王道彥傳云唐興務廣藩鎮故從昆弟子自勝衣已上皆爵郡王太宗即位舉屬籍問大臣曰盡王宗子於天下可乎封德彝曰漢所封惟帝子若親昆弟其屬遠非大功不王如周郇滕漢賈澤尚不得茅土所以別親疏也先朝一切封之爵命崇而力役多以天下為私奉非所以示至公帝曰朕君天下以安百姓不容勞百姓以養已之親於是疏屬王者皆降為公惟有功者不降故道彥等並降封公由是言之其初所封郡王者後所降皆郡公也縣字疑衍

愚按三代有國大封同姓異姓親親賢賢褒表功德示天下以至公也豈為一家之私哉周公至親太公異姓皆祚大國以功德也豈避至親之嫌哉唐封功臣雖非祚土而爵號食邑禮典隆重雖以

皇從父之言而亦示以賞不可私之說猶有褒表功德之遺意至如降封宗族弟姪以明有功尤足以見至公也

貞觀十一年太宗以周封子弟八百餘年秦罷諸侯二世而滅呂后欲危劉氏終賴宗室獲安呂后名雉漢高祖后惠帝母也惠帝崩呂后臨朝欲王諸呂諸呂擅權朱虛侯劉章因侍宴以軍法斬諸呂一人自是諸呂憚之劉氏益彊封建親賢當是子孫長久之道乃定制以子弟荊州都督荊王元景高祖第六子安州都督吳王恪太宗次子也等二十一人又以功臣司空趙州刺史長孫無忌尚書左僕射

宋州刺史房玄齡等一十四人並為世襲刺史禮部侍郎(尚書之貳)李百藥(字重規定州人幼多病祖母趙以百藥名之貞觀初拜中書舍人後遷是職復授右庶子卒謚曰康)奏論駁世封事曰臣聞經國庇民王者之常制尊主安上人情之大方思聞理定之規以宏長代之業萬古不易百慮同歸然命歷有餘促之殊邦家有理亂之異遐觀載籍論之詳矣咸云周過其數(昔成王定鼎卜世三十卜年七百後歷三十七主八百六十七年過其數也)秦不及期(初秦皇謂二世三世至于萬世後二世被弒子嬰降漢不及期也)存亡之理在於郡國周氏以鑒夏殷

之長久遵皇王之並建維城磐石深根固本雖王綱弛廢而枝幹相持故使逆節不生宗祀不絕秦氏背師古之訓(背音倍商書傅說告高宗曰事不師古匪說攸聞)棄先王之道剪華恃險罷侯置守子弟無尺土之邑兆庶罕共理之憂故一夫號呼而七廟隳祀(號平聲禮天子七廟賈誼曰斬華為城因河為津自以關中之固金城千里子孫萬世之業也秦皇沒山東豪傑並起而亡秦一夫作難而七廟隳身死人手為天下笑)臣以為自古皇王君臨宇內莫不受命上玄冊名帝籙締構遇興王之運殷憂屬啟聖之期雖魏武攜養之資(曹操沛人父嵩為漢中常侍曹騰養子不能審其生出本末操子丕受漢禪國號魏追號操為武皇帝)漢高徒役之賤(漢高祖姓劉名邦字季沛人初為泗上亭長為縣送徒驪山徒多道亡自度比至必皆亡乃縱所送徒徒中願從者十餘人由是起兵)非止意有覬覦推之亦不能去也(推他回切)若其獄訟不歸(孟子曰獄訟者不之堯之子而之舜)菁華已竭雖帝堯之光被四表(虞書贊堯之辭謂德之光顯被及于四外也)大舜之上齊七政(虞書曰在璿璣玉衡以齊七政謂日月五星也)非止情存揖讓守之亦不可焉以放勛重華之德(放上聲勛與勳同重平聲放勛者總言堯之德重華者總言舜之德史記因以為堯舜之名)尚不能克昌厥後是知祚之長短必在於天

時政或興衰有關於人事隆周卜世三十卜年七百雖淪胥之道斯極而文武之器尚存斯龜鼎之祚已懸定於杳冥也至使南征不返(周昭王德衰南巡濟于漢人惡之以膠船進王御船至中流膠液船解王沒水中)東遷避逼(周平王東遷雒邑以避戎寇)禋祀闕如郊畿不守此乃陵夷之漸有累於封建焉(累去聲)暴秦運距閏餘數終百六(秦世為閏餘百六為周之阨數也漢王莽傳云餘分閏位陽九之阨百六之會謂莽為閏位百六為漢之阨數也律歷志曰易九厄曰初入元百六注易爻有九六七八百六與三百七十四六乘八之數也六八四十八合為四百八十歲也)受命之主德異禹湯繼世之君

才非啟誦啟夏禹之子誦周武王之子成王也借使李斯王綰之輩咸開四履李斯王綰皆秦丞相四履為諸侯而有四方所履踐之界也將閭子嬰之徒俱啟千乘將閭秦公子為二世所殺子嬰始皇之孫趙高立為秦王後殺高降漢千乘諸侯之國其地可出兵車千乘者也豈能逆帝子之勃興抗龍顔之基命者也漢高祖應赤帝子之讖隆準而龍顔然則得失成敗各有由焉而著述之家多守常轍莫不情忘今古理蔽澆淳欲以百王之季行三代之法天下五服之內盡封諸侯五服者甸侯綏要荒也虞夏制王城之外四面各五百里曰甸服甸服外又各五百里曰侯服侯服外又各五百里曰綏服綏服外又各五百里曰

要服要服外又各五百里曰荒服周制乃分其五服為九見周禮王畿千里之間俱為采地周制天子畿內之地方千里詩曰邦畿千里是也采地者天子之卿大夫邑地也是則以結繩之化行虞夏之朝易大傳曰上古結繩而治後世聖人易之以書契此言雖虞夏之時已不可行上古之法也用象刑之典治劉曹之末虞書曰象以典刑象如天之垂象以示人而典者常也劉漢之姓曹魏之姓言漢魏之時又豈可以帝世之法而為治也紀綱弛紊斷可知焉鍥船求劍未見其可鍥音刻呂氏春秋曰楚人有涉江其劍自舟中墜於水遂刻其舟曰是吾劍所墜水也舟已行而劍不行若此求劍而不其惑乎膠柱成文彌多所惑揚子曰以往聖之法治將來譬猶膠柱而調瑟徒知問鼎請隧有懼霸王之師左傳宣公三年楚子觀兵于周疆定王使王孫滿勞之楚子問鼎之大小輕重對曰在德不在鼎僖公二十五年晉侯朝王王享之請隧弗許曰王章也未有代德而有二王亦叔父之所惡也白馬素車無復藩維之援漢高祖初至霸上使人約降秦王子嬰繫頸以組白馬素車奉天子璽符降軹道旁而降不悟望夷之釁秦相趙高弒二世望夷宮未堪羿浞之災羿音刈浞夏帝相既立后羿有窮氏篡位帝相徙商邱羿眈于畋獵信用寒浞浞後殺羿自立為帝因羿之室生子奡奡弒帝相夏之貴臣殺浞後滅奡立帝相子是為少康既罹高貴之殃罹音離魏高貴鄉公名髦文帝之孫嗣明帝位六年司馬昭擅政遂勒兵誅昭而敗為昭黨所弒寧異申繒之酷周幽王嬖褒姒而廢申后立褒姒之子伯服而黜太子申侯怒與繒及犬戎殺王驪山下此乃

欽明昏亂自革安危固非守宰公侯以成興廢且數世之後王室浸微始自藩屏屏音餅詩曰价人維藩大邦為屏化為仇敵家殊俗國異政強陵弱衆暴寡疆埸彼此干戈侵伐狐駘之役女子盡髽莊華切髽麻髮合結也左傳襄公四年邾人莒人伐鄫臧紇救鄫侵邾敗于狐駘國人逆喪者皆髽魯於是乎髽禮記曰魯婦人髽而弔崤陵之師隻輪不反公羊傳僖公二十二年晉人及姜戎敗秦師于殽匹馬隻輪無反者斯蓋略舉一隅其餘不可勝數上平聲下上聲陸士衡名機晉吳郡人以聖王經國義在封建著五等諸侯論方規規然云嗣王委其九鼎凶族據其天邑嗣王謂周惠王襄王悼王也委

九鼎謂三王棄國出奔也凶族謂王子頹王子帶王子朝也據天邑謂三子據國僭位也天下晏然以治待亂何斯言之謬也而設官分職任賢使能以循良之才膺共治之寄剌舉分竹何世無人漢文帝初與郡守為銅虎符當發兵遣使者至郡合符乃聽受之以代古之圭璋分竹亦其義也至使地或呈祥天不愛寶前漢黃霸為潁川太守政化大行嘉禾生鳳凰集後漢泰彭為潁川太守有甘露嘉禾鳳麟之瑞民稱父母讀曰甫壯前漢召信臣為河南太守視民如子號曰名父後漢杜詩為南陽太守為政清平民為之語曰前有名父後有杜母政比神明後漢孟嘗為合浦太守郡產珠先守多貪珠徙交趾人物無資嘗至革前弊去珠復還百姓反業謂為神明曹元首魏人上六代論感悟曹奐方

區區然稱與人共其樂者樂音洛後同人必憂其憂與人同其安者人必拯其危豈容以為侯伯則同其安危任之牧宰則殊其憂樂何斯言之妄也封君列國藉其門資忘其先業之艱難輕其自然之崇貴莫不世增淫虐代益驕侈離宮別館切漢凌雲或刑人力而將盡或召諸侯而共樂陳靈則君臣悖禮共侮徵舒徵平聲左傳宣公九年陳靈公與孔寧儀行父通于夏姬十年公與二人飲酒于夏氏公謂行父曰徵舒似汝對曰亦似君徵舒病之公出自其廄而殺之二子奔楚徵舒夏姬之子也衛宣則父子聚麀終誅壽朔麀音幽牝鹿也

聚麀謂無禮也衛宣公納子伋之妻是為宣姜生壽及朔朔與宣姜愬伋於公公令伋之齊使賊先待於隘而殺之壽知之以告伋伋曰君命也不可逃壽竊其節先往賊殺之伋至曰君命殺我壽何罪賊又殺之國人哀之作二子乘舟之詩壽朔當作伋壽乃云為己思治豈若是乎為去聲後同內外羣官選自朝廷擢士庶以任之澄水鏡以鑒之年勞優其階品考績明其黜陟進取事切砥礪情深或俸祿不入私門後漢楊秉為豫章太守清儉計日受祿餘俸不入私門妻子不之官舍後漢闞為鉅鹿太守何並為潁川太守每之官妻子不入官舍班條之貴食不舉火後漢左雄為冀州刺史在任不舉煙火常食乾飯剖符之重居惟飲水晉鄧攸為

吳郡太守載米居官惟飲吳水而已南陽太守弊布褁身後漢羊續為南陽太守常敝衣薄食妻子資藏布衾敝祇裯而已萊蕪縣長凝塵生甑長音掌後漢范丹為萊蕪縣令家貧里歌曰甑中生塵范史雲釜中生魚范萊蕪專云為利圖物何其爽歟總而言之爵非世及用賢之路斯廣民無定主附下之情不固此乃愚知所辨安可惑哉至如滅國弒君亂常干紀春秋二百年間略無寧歲春秋始魯隱公元年終哀公十四年凡二百四十二年言二百者舉大數也次睢咸秩遂用玉帛之君睢音綏左傳僖公十九年宋公使邾文公用鄫子於次睢之社睢水名比水受汴入泗有妖神東夷祀之鄫子小國之君乃殺而祭之非禮也

魯道有蕩每等衣裳之會（魯道有蕩詩載驅篇之辭按春秋魯桓公夫人姜氏會齊侯者凡六故齊人作是詩以刺文姜來會齊襄公也）縱使西漢哀平之際（前漢都長安故曰西漢哀帝名欣定陶恭王之子平帝名衎中山孝王之子皆元帝之庶孫）東洛桓靈之時（後漢都洛陽故曰東洛桓帝名志章帝曾孫靈帝名宏章帝玄孫）下吏淫暴必不至此為政之理（為如字後同）可以一言蔽焉伏惟陛下握紀御天膺期啟聖救億兆之焚溺掃氛祲於寰區創業垂統配二儀以立德發號施令（施平聲）妙萬物而為言獨照神衷永懷前古將復五等而修舊制建萬國以親諸侯竊以

漢魏以還餘風之弊未盡勛華既往至公之道斯乖況晉氏失馭寓縣崩離（晉司馬氏初受魏禪後遜于宋）後魏乘時華夷雜處（乘平聲後魏拓拔氏本北夷種改姓元氏）重以關河分阻吴楚懸隔（重平聲）習文者學長短從橫之術（從音蹤）習武者盡干戈戰爭之心畢為狙詐之階彌長澆浮之俗（長音掌）開皇在運（開皇隋文帝年號）因藉外家驅御羣英任雄猜之數坐移明運非克定之功年踰二紀人不見德（文帝在位二十四年）及大業嗣立（大業煬帝年號）世道交喪一人一物掃地將盡雖天縱神武削平

冦虐兵威不息勞止未康自陛下仰順聖慈嗣膺寶歷情深致理綜覈前王雖至道無名言象所紀略陳梗槩實所庶幾（幾平聲）愛敬烝烝勞而不倦大舜之孝也（虞書稱舜曰克諧以孝烝烝乂不格姦）訪安內豎親嘗御膳文王之德也（禮記曰文王之為世子朝於王季日三雞初鳴而衣服至寢門外問內豎之御者曰今日安否何如曰安文王乃喜日中又至亦如之及莫又至亦如之食上必在視寒煖之節食下問所膳）每憲司讞罪尚書奏獄大小必察枉直咸舉以斷趾之法易大辟之刑仁心隱惻貫徹幽顯大禹之泣辜也（讞音碾議也說苑曰禹出見罪人下車問而泣之左

右曰罪人不順道何為痛之禹曰堯舜之民皆以堯舜之心為心寡人之民各自以其心為心是以痛之）正色直言虛心受納不簡鄙訥無棄芻蕘帝堯之求諫也（訥當作陋虞書曰稽于衆舍己從人）弘奬名教勸勵學徒既擢明經於青紫將升碩儒於卿相聖人之善誘也（相去聲論語曰夫子循循然善誘人）羣臣以宮中暑濕寢膳或乖請移御高明營一小閣遂惜十家之產竟抑子來之願不吝陰陽之感以安卑陋之居頃歲霜儉普天饑饉喪亂甫爾倉廩空虛聖情矜愍勤加賑恤竟無一人流離道路猶且食惟藜藿樂徹

簨虡(上音筍下音巨縣鐘鼓之具也皆以木為之橫曰簨縱曰虡)言必悽動貌成癯瘦公旦喜於重譯(重平聲旦周公名史記曰交趾之南有越裳國周公居攝六年制禮作樂天下和平越裳以三象重譯而獻白雉曰道路悠遠山川阻深音使不通故重譯而朝)文命矜其即敘(文命史記以為禹名夏書曰織皮崑崙析支渠搜西戎即敘即就也言雍州水土既平而餘功及於西戎也)陛下每見四夷款附萬里歸仁必退思進省(悉井切)凝神動慮恐妄勞中國以求遠方不藉萬古之英聲以存一時之茂實心切憂勞志絕遊幸每旦視朝(音潮)聽受無倦智周於萬物道濟於天下罷朝之後引進名臣討

論是非(論平聲)備盡肝膈惟及政事更無異辭纔日昃必命才學之士賜以清閒高談典籍雜以文詠間以玄言(間去聲)乙夜忘疲(太宗嘗曰若不甲夜視事乙夜讀書何以為人君)中宵不寐此之四道獨邁往初斯實生民以來一人而已弘茲風化昭示四方信可以朞月之間彌綸天壤而淳粹尚阻浮詭未移此由習之久難以卒變(卒音猝)請待斲雕成器以質代文刑措之教一行登封之禮云畢然後定疆理之制議山河之賞未為晚焉易稱天地盈虛與時消息況於

人乎(易豐卦彖傳之辭)美哉斯言也中書舍人馬周又上疏曰伏見詔書令宗室勳賢(令平聲)作鎮藩部貽厥子孫嗣守其政非有大故無或黜免臣竊惟陛下封植之者誠愛之重之欲其緒裔承守與國無疆可使世官也何則以堯舜之父猶有朱均之子(堯之子曰丹朱舜之子曰商均皆不肖)況下此以還而欲以父取兒恐失之遠矣儻有孩童嗣職萬一驕逸則兆庶被其殃而國家受其敗政欲絕之也則子文之理猶在(子文楚令尹姓鬬名穀於菟其孫克黃使齊復命自拘於司寇王思子文之治曰子文無後何以勸善使復其官)

政欲留之也而欒黶之惡已彰(黶音黯欒姓黶名晉大夫武子之子也晉士鞅曰欒黶汰虐已甚猶可以免其在盈乎黶死武子所施沒矣而黶之怨實章後盈見逐盈黶之子也)與其毒害於見存之百姓(見音現)則寧使割恩於已亡之一臣明矣然則嚮之所謂愛之者乃適所以傷之也臣謂宜賦以茅土(古者天子以五色土為壇封諸侯取其方土苴以白茅授之使立社於其國)疇其戶邑必有材行(去聲)隨器方授則翰翮非強亦可以獲免尤累(良偽切)昔漢光武不任功臣以吏事所以終全其世者良由得其術也願陛下深思其宜使

夫（音扶）得奉大恩而子孫終其福禄也太宗並嘉納其言於是竟罷子弟及功臣世襲刺史

按通鑑貞觀五年上令羣臣議封建魏徵以為若封建則卿大夫咸資俸禄必致厚斂又京畿賦税不多所資畿外若盡封國邑經費頓闕又燕秦趙代俱帶外夷若有警急追兵内地難以奔赴李百藥云云顔師古以為不若分王宗子勿令過大間以州縣雜錯而居互相維持各守其境協力同心足扶京室為置官寮皆省司選用法令之外不得擅作威福朝貢禮儀具為條式一定此制萬代無虞十一月詔宗室勲賢作鎮藩部云云十三年二月于志寧以為古今事殊恐非久安之道上疏爭之馬周亦上疏云云會長孫無忌等皆不願上表固讓稱承恩以來形影相弔若履春冰宗室憂虞如寘湯火細惟三代封建蓋由力不能制因而利之禮樂節文多非己出兩漢罷侯躅除曩弊深恊事宜

今因臣等復有變更恐紊聖朝綱紀且後世愚幼不肖之嗣或抵冒邦憲自取誅夷更因延世之賞致成勦絶之禍良可哀愍願停渙汗之旨賜其性命之恩又因子婦長樂公主固請於上且言臣等披荆棘事陛下今海内寧一奈何棄之外州與遷徙何異上曰割地以封功臣古今通義意欲公之後嗣輔朕子孫共傳永久而公等乃復發言怨望朕豈强公等以茅土耶詔停世封刺史與此章所紀年歲不同今備録于此亦以見唐世議封建之始末云

范氏祖禹曰柳宗元有言曰封建非聖人意也勢也蓋自古以來有之聖人不得而廢也周室既衰併為十二列為六七而封建之禮已亡秦滅六國以為郡縣三代之制不可復矣必欲法上古而封之弱則不足以藩屏彊則必至於僭亂此後世封國之弊也況諸侯之後嗣或賢或不肖而必使之繼世是以一人而害一國也然則如之何記曰禮時為大順次之三代封國後世郡縣時也因時制宜以便其民順也古之法不可用於今猶今之法不可用於古也後世如有王者親親而尊賢務德而愛民慎擇守令以治郡縣亦足以致太平而興禮樂矣何必如古封建乃為盛哉

胡氏寅曰太宗嘗讀周官書辨方正位體國經野設官分職以為民極之言慨然歎曰不井田不封建不足以法三代之治詔羣臣議封建其本於此乎夫封建與天下共其利天道之公也郡縣以天下奉一人人欲之私也魏徵蓋未嘗詳考古制鹵莽甚矣而近世蘇范二氏亦謂封建不可行始皇李斯柳宗元之論聖人不能易也嗚呼豈其然哉宗元之言曰封建非聖人意也勢也誠使上古諸侯以為民害聖人不得已而存之則唐虞之際洪水懷襄民無所定武王周公誅紂伐奄滅國五十皆天下之大變也此數聖

人不能因時之變更立制度以為郡縣乃晝壤列土脩明侯甸之法何哉宗元又曰德在人者死必奉其嗣故封建非聖人意也勢也夫為其德之不可忘是以憫其絶此仁之至義之盡而出於人心之固然者固非聖人之私意而歸之勢可乎宗元又曰諸侯國亂天子不得變其君夫孟子所言貶國削地六師移之之法皆先王之制也烏在其不改變乎漢不能制侯王未萌之惡及大逆不道然後勤兵夷之此非三代故事自漢之失爰盎固言之矣豈可舉此以例禹湯文武所為哉方三代盛時諸侯或自其國入為三公王室有難諸侯或釋位以閒王政至其衰也五伯雖彊大猶且攘夷狄以尊戴天下之共主凡若此類宗元皆略而不稱乃摘取衰微禍亂之一二欲舉封建而廢之是猶見刖者而欲廢天下之屨也宗元又曰湯資三千諸侯以黜夏武資八百諸侯以翦商故不敢變易也是聖人於未舉兵之前要結衆力及成

功之後姑息苟安此六國五代庸主之所行而謂湯武為之乎宗元又曰封建非公之大者公天下自秦始夫謂三代聖王無公心以封建自私是伯夷而為盜跖之事也謂秦無私意以郡縣公天下是飛廉而有比干之忠也一何不類之甚歟宗元又曰諸侯繼世而立又有世大夫食祿采地以盡其封域雖聖賢生于其時無以立于天下天子聖明公卿必得其人諸侯不敢越亂法度世固多賢也而又有鄉舉里選之法有明明側陋之揚何患乎材之不用也若上無明君下無賢臣如周之衰秦之季漢魏隋唐之時在位者無非小人而興邦之良佐悉沈于民伍不見庸也雖守宰偏宇內將何救於此故凡宗元封建論皆無稽而不可信也夫為君如堯舜禹湯亦足矣帝王之治至於唐虞三代亦無以加矣井天下之田使民各有以養其生經天下之國使賢才皆得以施其用人主自治不過千里大小相維輕重相制外無強暴

侵陵微弱不立之患內無廣土眾民奢泰恣肆之失是以義處利均天下之施故曰封建之法天下之公也若秦則始民之兼并而自為兼并兑天下之私以自奉故曰郡縣之制人欲之私也或曰然則封建今可行乎曰何獨封建也二帝三王之法孰不可行者在人而已矣然欲行封建先自井田始范子亦惑於宗元謂今日之法不可用於古猶古之法不可用於今夫後世之私意妄為固不可行於古而為天下者不以二帝三王善政良法為則則又何貴於稽古哉

愚按封建古先哲王公天下之良法美意也後世言治者何敢妄議哉自秦罷侯置守之後田制學制皆非古矣由漢以下封建郡縣參錯若漢七國晉八王挻禍尤甚其間悖逆自恣負強梗化者不可勝數而維垣維翰者亦復不少然終不若郡縣臂指運掉之為得於是封建是非之論興焉河南程子曰有關雎麟趾之意然後可行周官之法度後世無古先哲王治天下之本而用古先哲王治天下之具宜致然也豈封建之失哉愚不揆竊謂柳宗元之論固難盡非而謂封建非聖人意謂公天下自秦始此誠為過不以盛時封建之美處為言而以季世之弊處為說此誠為偏若胡氏以井田封建可行於後世則亦未敢以為知言也封建井田兆於黃帝畫埜分州綿歷幾代大備於周豈一朝夕之故哉居今之世出宗室而分王之取民田而井疆之紛紜轇轕何能有定故以封建為非者昧於古之實也以封建為是者泥於古之名也盍曰彼三代而上之事勢此三代而下之事勢去古既遠權時施宜郡縣不可易也惟當精擇守令拔其有治平之績者加秩而久任之登進而激勸之體古先哲王之美意而行後世之良法可也毋庸曰不井田不封建不足以為治

貞觀政要卷三

貞觀政要卷四

唐 吳兢 撰
元 戈直 集論

太子諸王定分第九 凡四章

貞觀七年授吳王恪齊州都督太宗謂侍臣曰父子之情豈不欲常相見耶但家國事殊須出作藩屏且令其早有定分 令平聲分去聲凡言定分並同 絕覬覦之心我百年後使其兄弟無危亡之患也 按史傳恪初王鬱林貞觀十年始改王吳授安州都督帝賜書曰汝

惟茂親勉思所以藩王室以義制事以禮制心外為之君臣內為之父子今當去膝下不遺汝珍而遺汝以言其念之哉帝後以晉王為太子又欲立恪長孫無忌固爭帝曰公豈以非己甥邪且恪英果類我無忌曰晉王仁厚守文之良主且舉棊不定則敗況儲位乎帝乃止

愚按是時承乾方處東宮凶德未著太宗出吳王使居藩屏欲其早有定分可謂處之盡其道矣其後既立晉王又欲立恪卒陷恪於死地何始終之矛盾邪竊嘗論之漢高祖之欲易惠帝唐太宗之欲易高宗皆為宗廟社稷之遠圖初不可以尋常嫡庶之禮槩論之也合二君之事而觀之則太宗之事近正何也漢高祖之欲易太子是也其欲立趙王則出於溺愛之私矣子房之不立如意是也然遂引致四皓擁護太子以成呂氏之禍杜牧所謂四老安劉反為滅劉者其可不寒心哉故朱子謂高祖若能以天下大計為心則蚤與張陳陵勃謀之以恒易盈可也若吳王恪之在當時內不聞其母有戚姬嬖愛之私外不聞恪有魏王奪嫡之計太宗深知高宗之懦弱不足以承宗廟之重故以社稷大計問之無忌無忌外雖為正大之論內實懷外家之私其後卒以無辜陷恪死地無忌之罪上通於天矣夫以恪之英才幸而嗣聖之際尚存庶幾匡正唐室不致牝晨之禍如此其烈也豈不悲哉然則太宗之事賢於高祖無忌之心則真子房之罪人矣

貞觀十一年侍御史馬周上疏曰漢晉以來諸王皆為樹置失宜 為去聲 不預立定分以至於滅亡人主熟知其然但溺於私愛故前車既覆而後車不改轍也今諸王

承寵遇之恩有過厚者臣之愚慮不惟慮其恃恩驕矜也昔魏武帝寵樹陳思及文帝即位防守禁閉有同獄囚以先帝加恩太多故嗣王從而畏之也 魏武帝曹操也操生四子丕彰植熊丕文帝也植陳思王也植多藝能操愛之文帝既立植寵日衰後以悖慢貶安鄉侯後進王東阿 此則武帝之寵陳思適所以苦之也且帝子何患不富貴身食大國封戶不少好衣美食之外更何所須而每年別加優賜曾無紀極 曾音層 俚語曰 俚音里俚語猶云俗諺也 貧不學儉富不學奢言自然也今陛下以大聖創業豈惟處

置見在子弟而已（處上聲見音現）當須制長久之法使萬代遵行疏奏太宗甚嘉之賜物百段

唐氏仲友曰太宗制古之所不制臣古之所不臣而獨牽於私欲不能自克於嫡庶之際不為遠慮竟使賢才宗支連頸就戮周實有先見之明惜哉言之不力

愚按周官有王世子不會之文王之衆子不與焉夫先王愛子之心豈不欲其周徧哉蓋所以別嫌疑明嫡庶絶覬覦息禍亂也隋文帝既立勇為太子又使晉漢秦蜀四王各據方面恩寵相埒且誇示於人曰前代兄弟相爭者由嫡庶之分也今吾五子同母何憂禍亂哉其後五子互相攘奪無一人得令終者至今為天下笑太宗目覩隋室之禍宜知所鑒矣既立承乾為太子復寵待諸王無所

高下馬周窺見禍亂之端亟以為言太宗雖能嘉賞迄不能改愚觀太宗每事以隋為鑒獨於諸王定分而忘之豈所謂溺愛者不明耶

貞觀十三年諫議大夫褚遂良以每日（一作月）特給魏王泰府料物有逾於皇太子上疏諫曰昔聖人制禮尊嫡卑庶謂之儲君（儲音除副也太子君之副故謂之儲君）道亞霄極甚為崇重用物不計泉貨財帛與王者共之庶子體卑不得為例所以塞嫌疑之漸除禍亂之源而先王必本於人情然後制法知有國家必有嫡庶然庶子雖愛不得超越嫡子正禮特須尊崇如不能明立定分遂使當親者疏當尊者卑則佞巧之徒乘機而動私恩害公或至亂國伏惟陛下功超萬古道冠百王（冠去聲）發施號令（施平聲）為世作法（為去聲）一日萬幾或未盡美臣職諫諍無容靜默伏見儲君料物翻少魏王朝野見聞不以為是臣聞傳曰（傳去聲）愛子教以義方忠孝恭儉義方之謂昔漢竇太后及景帝並不識義方之理遂驕恣梁孝王封四十餘城苑方三百里大營宮室複道彌望積財鏹巨萬計出

警入蹕小不得意發病而死（鏹舉兩切貫錢索也蹕音畢天子出稱警入稱蹕竇太后漢文帝之后生景帝及梁王王名武謚曰孝事見本傳）宣帝亦驕恣淮陽王幾至於敗賴其輔以退讓之臣僅乃獲免（幾平聲淮陽王名欽漢宣帝庶子也謚曰憲事見本傳）且魏王既新出閤伏願恒存禮訓妙擇師傅示其成敗既敦之以節儉又勸之以文學惟忠惟孝因而獎之道德齊禮（論語曰道之以德齊之以禮有恥且格）乃為良器此所謂聖人之教不肅而成者也太宗深納其言

陳氏惇修曰甚哉太宗之不善為父也所以啟泰之邪心者太宗也非泰之罪也太宗既立承乾為太子

而所以眷眷於泰而寵錫之者其禮乃過於承乾其理何邪是時雖未嘗許泰為太子而禮數優異則立泰之意固已見於不言之間矣然則寧免泰之無覬覦而不以計傾承乾者乎及其邪心既啟然後從而裁抑之既幽之復降之是何異誘其入而復閉其門不亦惑乎

愚按古者不以私恩害公義故嫡長之重衆子雖愛不得而並焉所以明尊卑之等杜僭忒之源也太宗以聰明之君而於太子親王之事獨不能定其分異其禮雖深納遂良之言而私愛之心終不能自克卒至於兩廢為其亦可監也夫

貞觀十六年太宗謂侍臣曰當今國家何事最急各為我言之為去聲後為朕同 尚書右僕射高士廉名儉以字行初秦王薦為治中

王為皇太子授右庶子既即位為吏部尚書封許國公後遷僕射攝太傅掌機務二十一年卒 曰養百姓最急黃門侍郎劉洎曰撫四夷急中書侍郎岑文本曰傳稱道之以德齊之以禮義為急傳去聲 諫議大夫褚遂良曰即日四方仰德不敢為非但太子諸王須有定分陛下宜為萬代法以遺子孫遺去聲 此最當今日之急太宗曰此言是也朕年將五十已覺衰怠既以長子守器東宮長音掌 諸弟及庶子數將四十心常憂慮在此耳但自古嫡庶無良何嘗不傾敗家國公等為朕搜訪賢德以輔儲宮爰及諸王咸求正士且官人事王不宜歲久歲久則分義情深非意闚覦分去聲闚音窺覦音俞窺伺貌多由此作其王府官寮勿令過四考令平聲

唐氏仲友曰太宗不知溺愛之在已獨欲責之保傅王者又令王府官不得過四考何也彼誠賢者雖終身而未足誠不賢一日猶不可況四考乎

愚按國家急務養百姓也撫四夷也道德齊禮也若高士廉劉洎岑文本之言皆急務也而褚遂良則以太子諸王須有定分為當今之急考其時承乾之惡已著魏王泰窺伺之情頗露漢王元昌同惡之迹益彰遂良之言宜其為急務也非以養百姓撫四夷道德齊禮為不急也太宗不思所以正

定分而責備於人抑末矣且踰年而有東宮之變矣方且曰公等為朕搜訪賢德以輔儲宮又何益之有哉

尊敬師傅第十凡六章

貞觀三年太子少師少去聲 李綱字文紀觀州人始名瑗慕張綱為人改焉仕隋為太子洗馬擢尚書右丞隋末賊帥何潘仁劫為長史高祖平京師綱上謁既受禪拜禮部尚書太子詹事諫建成不聽遂乞骸骨貞觀初拜是職五年卒謚曰貞 有腳疾不堪踐履太宗賜步輿令三衛舉入東宮令平聲唐制東宮六率府分為上中下三等掌宿衛之事是為三衛 詔皇太子引上殿親拜之大見崇重綱為太子陳為去聲

君臣父子之道問寢侍膳之方見封建篇註理順辭直聽者忘倦太子嘗商略古來君臣名教竭忠盡節之事綱懍然曰懍音凜嚴毅貌託六尺之孤寄百里之命論語曾子之言謂輔幼君攝國政也古人以為難綱以為易以豉切每吐論發言皆辭色懍慨有不可奪之志太子未嘗不聳然禮敬

愚按世子為王之貳天下之本也太宗即位之後蚤建太子以固天下之本而嚴太子尊敬師傅之禮稽之古典允合其宜李綱少慷慨有風節故其發言吐論辭色毅然宜皇儲之所禮敬也古人謂一心可以事百君者綱之謂歟

貞觀六年詔曰朕比比音鼻尋討經史明王聖帝曷嘗無師傅哉前所進令遂不覩三師之位意將未可何以然黃帝學大顛顓頊學錄圖堯學尹壽一作君疇舜學務成昭禹學西王國湯學威子伯文王學子期武王學號叔已上出劉向新序前代聖王未遭此師則功業不著乎天下名譽不傳乎載籍況朕接百王之末智不同聖人其無師傅安可以臨兆民者哉詩不云乎不愆不忘率由舊章詩大雅嘉樂篇之辭夫夫音扶不學則不明古道而能政致太平者未之有也可即著令置三師之位按史志隋廢三師貞觀十一年復置與三公皆不設官屬

愚按周書曰立太師太傅太保曰三公論道經邦燮理陰陽官不必備惟其人少師少傅少保曰三孤貳公弘化寅亮天地豈易其人哉若論其極必皐夔稷契伊傅周召而後可世變無窮隨世升降可也唐以太師太傅太保為三師天子所師法無所總職太尉司徒司空為三公佐天子理陰陽平邦國無所不統此則非古制也以太宗之時固皆元勳碩德居之制雖殊古而名意則同降此則為加官視品秩崇高耳豈皆其人哉人君欲稽古以正名苟捨周官愚未見其可也

貞觀八年太宗謂侍臣曰上智之人自無所染但中智之人無恒從教而變況太子師保古難其選成王幼小周召為保傅賈誼曰成王幼在襁抱之中召公為太傅周公為太保保保其身體傅傅之德義左右皆賢日聞雅訓足以長長音掌仁益德使為聖君秦之胡亥用趙高作傅教以刑法及其嗣位誅功臣殺親族酷暴不已旋踵而亡胡亥秦二世名初始皇使趙高教胡亥決獄胡亥幸之及嗣位高說曰陛下嚴法而刻刑令有罪者相坐誅滅大臣宗室盡除先帝之故臣更置陛下之所親信二世乃更為法律大臣公子有罪輒誅二世卒為高所弒故知人之善惡誠由近習朕今為為去聲太子諸王精選師傅令令平聲其式瞻禮度有所

裨益公等可訪正直忠信者各舉三兩人

愚按太子國家之根本也諸王公族之枝葉也根本安固枝葉茂盛永孚于休則開導而訓告之豈不在師傅乎然三代尚矣自漢以來未嘗不切切於嚴師傅也而諸王之賢求如河間東平何不多見夫世祿之家鮮克由禮以蕩陵德實悖天道況崇高之上者乎為君父者尚慎于玆

貞觀十一年以禮部尚書王珪兼為魏王師（唐因隋制皇叔昆弟皇子為親王者置師掌傅相訓導匡其過失）太宗謂尚書左僕射房玄齡曰古來帝子生於深宮及其成人無不驕逸是以傾覆相踵少能自濟我今嚴教子弟欲皆得安全王珪我久驅

使甚知剛直志存忠孝選為子師卿宜語泰每對王珪如見我面宜加尊敬不得懈怠珪亦以師道自處（上聲）時議善之也

胡氏寅曰為人師者豈徒禮貌云乎哉必有道以授人而道以人倫為至魏王泰是時承寵偏厚於兄弟間漸生興慮防其微而革其心不於師而誰望而王珪告戒之方教訓之道未之聞也魏王卒以窺伺儲位廢斥而死夫豈獨泰之罪哉珪亦與有責矣

愚按太宗以王珪為魏王師且諭玄齡以嚴教之意可謂得人矣然嘗觀太宗愛泰之心甚至固父子之情也乃詔即府置文館得自引博士蘇勗勸泰延賓客著書如古賢王泰撰括地志於是士有文學者多與而貴游因藉其門如市泰之月稟又過太子遠甚褚遂良亦以為言其後卒有奪嫡之罪竟罹幽貶夫傚古賢王著書必如河間東平而後可也且漢武帝為戾太子立博望苑使通賓客識者非之今泰諸王也使之置館引賓客私權勢其毋乃與所謂嚴教之意異歟

貞觀十七年太宗謂司徒長孫無忌司空房玄齡曰三師以德道人者也若師體卑太子無所取則於是詔令（平聲）撰太子接三師儀注太子出殿門迎先拜三師三師答拜每門讓三師三師坐太子乃坐與三師書前名惶恐後名惶恐再拜

愚按太宗制太子接三師儀注委曲尊隆意亦至矣師嚴然後道尊況元良而屈體盡敬於師傅其關繫豈不尤重也然嘗觀賈誼引大戴記之言於政事書曰師道之教訓保保其身體傅傅之德義於是為置三少皆上大夫也三公三少固明孝仁禮義以道習之入學則承師問道退習而考於太傅太傅罰其不則而匡其不及此古昔太子親師傅之實也又不止於儀注之文而已為君父者不可不考於賈誼之書

貞觀十八年高宗初立為皇太子（貞觀十七年四月立晉王治為皇太子是為高宗）尚未尊賢重道太宗又嘗令（平聲後同）太子居寢殿之側絕不往東宮散騎常侍劉洎上書曰臣聞郊迎四

方孟侯所以成德（月令天子立春迎春於東郊立夏迎夏於南郊立秋迎秋於西郊立冬迎冬於北郊按此非王世子之事戴曰周制東西南北之學在於四郊孟長也孟侯謂世子也此說於成德為切迎字疑誤）齒學三讓元良由是作貞（文王世子行一物而三善皆得者其齒於學之謂也故世子齒於學國人觀之曰將君我而與我齒讓曰有父在則禮然然而衆知父子之道矣二曰君在則禮然而衆著於君臣之義矣三曰長長也然而衆知長幼之節矣故父子君臣長幼之道得而國治禮曰一有元良萬邦作貞）斯皆屈主祀之尊（主祀一作嗣主）申下交之義故得芻言咸薦睿問旁通不出軒庭坐知天壤率由茲道永固鴻基者焉至若生乎深宮之中長乎婦人之手（長音掌）未

曾識憂懼（曾音層）無由曉風雅雖復神機不測天縱生知而開物成務終由外獎匪夫崇彼干籥（夫音扶後同籥音約干舞者所執之楯也籥樂管以竹為之三孔長三尺以和衆聲者也）聽茲謠頌何以辨章庶類甄覈彝倫（甄音珍）歷考聖賢咸資琢玉（學記玉不琢不成器人不學不知道）是故周儲上哲師望奭而加裕（周儲謂成王也望太公號奭召公名成王以二公為師保）漢嗣深仁引園綺而昭德（漢嗣謂惠帝盈也高祖欲廢太子盈張良教太子迎四皓高祖置酒太子侍四皓從皆年八十餘上曰煩公幸卒調護太子既去上目送之曰彼四人為之輔羽翼已成難動矣卒不廢四皓東園公綺里季夏黃公甪里先生也）原夫太子宗祧是繫

善惡之際興亡斯在不勤于始將悔于終是以鼂錯上書令通政術（鼂音潮錯音措漢文帝時鼂錯為太子舍人遷博士上書曰人主所以尊顯功名揚於萬世者以知術數也故人主知所以臨制臣下而治其衆則羣臣畏服矣知所以聽言受事則不欺蔽矣知所以安利萬民則海內必從矣知所以忠孝事上則臣子之行備矣此四者臣竊為皇太子急之）賈誼獻策務知禮教（賈誼雒陽人漢文帝時為梁懷王傅上書曰古之王者太子迺生固舉以禮使士負之有司齊肅端冕見之南郊見于天也過闕則下過廟則趨孝子之道也故自為赤子而教已行矣）竊惟皇太子玉裕挺生金聲夙振明允篤誠之美孝友仁義之方皆挺自天姿非勞審諭固以華夷仰德翔泳希

風矣然則寢門視膳已表於三朝（音潮事見封建篇註）藝宮論道宜弘於四術（王制樂正崇四術立四教順先王詩書禮樂以造士）雖富於春秋餙躬有漸實恐歲月易往（易以豉切）墮業興譏取適晏安言從此始臣以愚短幸忝侍從（去聲）思廣儲明暫願聞徹不敢曲陳故事切請以聖德言之伏惟陛下誕叡膺圖登庸歷試多才多藝道著於匡時允文允武功成於纂祀萬方即敘九圍清晏尚且雖休勿休日慎一日求異聞於振古勞叡思於當年（思去聲後同）乙夜觀書事高漢帝（漢紀光武

講論經理夜分乃寐馬上披卷勤過魏王魏紀文帝雖在軍旅手不釋卷陛下自勵如此而令太子優游棄日不習圖書臣所未諭一也加以暫屏機務屏音餅棄也即寓雕蟲揚子曰或問吾子少而好賦曰童子雕蟲篆刻壯夫不為也紆寶思於天文則長河韜映摛玉華於仙札摛音癡則流霞成彩固以錙銖萬代錙音淄銖音殊十黍為絫十絫為銖十銖為錙冠冕百王屈宋不足以升堂屈原名平楚懷王時為大夫作離騷經為詞賦之祖宋玉屈原弟子楚大夫以詞賦名鍾張何階於入室鍾繇字元常魏太尉善草書張芝字伯英後漢太尉臨池學書池水盡黑時稱草聖陛下自好如此好去聲而太子

悠然靜處上聲不尋篇翰臣所未諭二也陛下備該衆妙獨秀寰中猶晦天聰俯詢凡識聽朝之隟與隙同引見羣官降以溫顏訪以今古故得朝廷是非閭里好惡凡有巨細必關聞聽陛下自行如此而令太子久趨入侍不接正人臣所未諭三也陛下若謂無益則何事勞神若謂有成則宜申貽厥詩曰貽厥孫謀蔑而不急未見其可伏願俯推叡範訓及儲君授以良書娛之嘉客朝披經史觀成敗於前蹤晚接賓遊訪得失於當代間以書札間去聲

繼以篇章則日聞所未聞日見所未見副德愈光羣生之福也竊以良娣之選徧於中國仰惟聖旨本求典內冀防微慎遠慮臣下所知暨乎徵簡人物徵平聲則與聘納相違監撫二周監平聲監撫謂監國撫軍也未近一士愚謂內既如彼外亦宜然者恐招物議謂陛下重內而輕外也古之太子問安而退所以廣敬於君父異宮而處上聲所以分別於嫌疑別彼列切今太子一侍天闈動移旬朔師傅已下無由接見假令供奉有隟供平聲暫還東朝拜謁既疎

且事俯仰規諫之道固所未暇陛下不可以親教宮寀無因以進言寀音采寮屬也雖有具寮竟將何補伏願俯循前躅音燭跡也稍抑下流弘遠大之規展師友之義則離徽克茂帝圖斯廣凡在黎元孰不慶賴太子溫良恭儉聰明叡哲含靈所悉臣豈不知而淺識勤勤思効愚忠者願滄溟益潤日月增華也太宗乃令洎與岑文本馬周遞日往東宮與皇太子談論按通鑑此疏係十七年又按高宗諫誅穆裕太宗歸功洎等事在十八年則洎上此疏當在十七年

唐氏仲友曰劉洎此疏足見其為剛直果敢之士太宗以太子諫誅穆裕歸功諫臣則洎接正人聞正論之說驗矣惜太子不足有為也

又曰古之制命士以上父子異宮意甚深矣易子而教責善則離還東宮近師傅之諫當矣

愚按太子承乾既廢晉王治初立之後劉洎此疏條陳詳悉誠教世子之至善也太宗以洎言令洎與岑文本馬周遞日往東宮談論可謂得人矣夫修身正家之道敬大臣體羣臣親君子遠小人之要未必不見於談論也出震繼明不旋踵而背之卒基唐家之禍於不忍言其氣化人事之相符乎抑所以輔翼之具未至耶

教戒太子諸王第十一（凡七章）

貞觀七年太宗謂太子左庶子于志寧（字仲謐京兆人貞觀三年為中書侍郎遷左庶子上諫苑戲薰唐事晉王為皇太子復拜左庶子）杜正倫曰卿等輔導太子常須為說（為去聲後為說同）百姓間利害事朕年十八猶在人間百姓艱難無不諳練及居帝位每商量處置（量平聲處上聲）或時有乖疎得人諫諍方始覺悟若無忠諫者為說何由行得好事況太子生長深宮（長音掌）百姓艱難都不聞見乎且人主安危所繫不可輒為驕縱但出敕云有諫者即斬必知天下士庶無敢更發直言故克己勵精容納諫諍卿等常須以此意共其談說每見有不是事宜極言切諫令有所裨益也（令平聲）

唐氏仲友曰太宗誠有知子之明其教之亦云篤矣此數語者即周公無逸之書也至謂若詔天下敢諫者死將無復發言此則煬帝有前鑒矣奈何承乾方欲以殺止諫雖百正倫何益哉

愚按太宗君臨天下方勵精之初容受直言導人使諫蚤建太子命東宮輔臣極言規正令有所裨益蓋望太子亦如己之從諫其意不亦深切哉惜乎承乾不足以副君父之意

貞觀十八年太宗謂侍臣曰古有胎教世子（文王之母太任為人端一誠莊惟德之行及其娠文王目不視惡色耳不聽淫聲口不出敖言生文王而明聖太任教之以一識百卒為周宗而君子謂太任為能胎教）

朕則不暇但近自建立太子遇物必有誨諭見其臨食將飯謂曰汝知飯乎對曰不知曰凡稼穡艱難皆出人力不奪其時常有此飯見其乘馬（乘平聲後同）又謂曰汝知馬乎對曰不知曰能代人勞苦者也以時消息不盡其力則可以常有馬也見其乘舟又謂曰汝知舟乎對曰不知曰舟所以比人君水所以比黎庶水能載舟亦能覆舟爾方為人主可不畏懼見其休於曲木之下又謂曰汝知此樹乎對曰不知曰此木雖

曲得繩則正為人君雖無道受諫則聖此傅說所言說音悅。商書傅說告高宗曰惟木從繩則正后從諫則聖可以自鑒

愚按太宗懲承乾之失德望儲君之近德於是遇事必誨其愛儲君者所以愛百姓也將飯而戒則知民生之艱難矣乘馬而戒則知民力之困乏矣乘舟而戒則知民心之無恒矣休曲木而戒則知立身之必從正矣觀前代教誡太子之辭未有切於此者稽之古禮經教世子之道亦不過如是也迨夫高宗臨御其於子庶民猶知所以保養之意惟疎遠老臣失德宮闈竟忘王業之艱難毋乃雖誨諄諄而聽藐藐乎

貞觀七年太宗謂侍中魏徵曰自古侯王能自保全者

甚少皆由生長富貴長音掌後同好尚驕逸好去聲多不解音懈親君子遠小人故爾遠去聲後同朕所有子弟欲使見前言往行去聲冀其以為規範因命徵錄古來帝王子弟成敗事名為自古諸侯王善惡錄以賜諸王其序曰觀夫音扶後同膺期受命握圖御宇咸建懿親藩屏王室布在方策可得而言自軒分二十五子國語黃帝之子二十五人其同姓者二人青陽與夷鼓是也其同生而異姓者十四人別為十二姓姬酉祁己滕箴任荀僖姞儇依是也舜舉一十六族即八元八凱見擇官篇註爰歷周漢以逮陳隋分裂山河大啟磐石者衆矣或保乂王家與時升降或失其土宇不祀忽諸然考其隆替察其興滅功成名立咸資始封之君國喪身亡多因繼體之后其故何哉始封之君時逢草昧見王業之艱阻知父兄之憂勤是以在上不驕夙夜匪懈或設醴以求賢漢楚元王敬禮申公等穆生不嗜酒元王每置酒嘗為穆生設醴或吐飧而接士周公戒伯禽曰我於天下亦不賤矣然我一沐三握髮一飯三吐哺猶恐失天下之賢人子之魯慎無以國驕人故甘忠言之逆耳家語曰忠言逆耳利於行得百姓之懽心孝經曰治國者不敢侮於鰥寡故得百姓之懽心樹至德於生前流遺

愛於身後暨夫子孫繼體多屬隆平生自深宮之中長居婦人之手不以高危為憂懼豈知稼穡之艱難周書曰相小人厥父母勤勞稼穡厥子乃不知稼穡之艱難昵近小人昵與暱同疎遠君子綢繆哲婦傲狠明德犯義悖禮淫荒無度不遵典憲僭差越等恃一顧之權寵便懷匹嫡之心矜一事之微勞遂有無厭之望厭平聲棄忠貞之正路蹈姦宄之迷塗宄音鬼書曰寇賊姦宄注在外曰姦在內曰宄愎諫違卜愎音僻往而不返雖梁孝齊冏之勳庸梁孝名武漢文帝子也封梁王七國反先擊梁殺虜有功謚曰孝齊冏姓司馬名冏晉齊

王攸子也為大司馬封齊王以功遷游擊將軍淮南東阿之才俊淮南名安漢武帝諸父也封淮南王好書鼓瑟招賓客喜文辭後坐反誅自殺謚曰厲東阿見定分篇注摧摩霄之逸翮成窮轍之涸鱗棄桓文之大功齊桓公晉文公皆春秋諸侯之伯有尊王室匡天下之功就梁董之顯戮梁冀漢桓帝時為大將軍後為反謀冀與妻皆自殺董卓漢獻帝時自為太尉相國作亂被誅夷三族垂為炯戒可不惜乎皇帝以聖哲之資拯傾危之運耀七德以清六合左傳楚子曰夫武禁暴戢兵保大定功安民和衆豐財者也故使子孫無忘其章注云此武王七德之義總萬國而朝百靈懷柔四荒親睦九族九族高祖玄曾之親也念華蕚於棠棣棠棣詩小雅篇

名燕兄弟之樂歌也寄維城於宗子心乎愛矣靡日不思爰命下臣考覽載籍博求鑑鏡貽厥孫謀臣輒竭愚誠稽諸前訓凡為藩為翰有國有家者其興也必由於積善其亡也皆在於積惡故知善不積不足以成名惡不積不足以滅身然則禍福無門吉凶由己惟人所召豈徒言哉令錄自古諸王行事得失分其善惡各為一篇名曰諸王善惡錄欲使見善思齊足以揚名不朽聞惡能改能一作知庶得免乎大過從善則有譽改過則無咎興亡是繫可不勉歟太宗覽而稱善謂諸王曰此宜置于座右用為立身之本

愚按人性皆善也而惡則豈人之性哉習於善則善習於惡則惡耳況太子諸王乎嘗觀漢諸侯王恪謹以守國者何少放逸以失國者何多今太宗命集往古之事為諸侯王善惡錄使知善之足以成名惡之足以滅身昭然可鑒矣然唐室興王之初其諸王如道宗道玄孝恭道彥皆相與艱難共成大勲賢德著聞此善之可稱者也暨有天下之後諸王皆身享富貴福澤順境而喪德者何多耶蓋太宗家廷之內恩常揜義訓教之言雖切佩服之心蓋寡毋乃居移氣養移體有以汩其本然之善乎豈人性之惡哉

貞觀十年太宗謂荊王元景漢王元昌吳王恪魏王泰等曰自漢已來帝弟帝子受茅土居榮貴者甚衆惟東平及河間王東平王名蒼漢光武子也好經書有智思文稱典雅明帝問處家何事最樂王曰為善最樂謚曰憲河間王名德漢景帝子也博學有德武帝時奏對推道術而言得事之中謚曰獻最有令名得保其祿位如楚王瑋之徒瑋音韋楚王瑋晉武帝第五子也元康中掌兵權剛狠好殺因矯詔殺太宰汝南王亮太保衛瓘賈后遂執瑋下廷尉斬之謚曰隱覆亡非一並為生長富貴為去聲後同好自驕逸所致好去聲汝等鑒誡宜熟思之揀擇賢才為汝師友須受其諫諍勿得自專

我聞以德服物信非虛說比嘗（比音鼻）夢中見一人云虞舜我不覺竦然敬異豈不為仰其德也向若夢見桀紂必應斫之（應平聲）桀紂雖是天子今若相喚作桀紂人必大怒顏回閔子騫（顏回字子淵閔損字子騫皆孔子弟子以德行稱）郭林宗黃叔度（二人皆後漢時高尚之士郭林宗名泰太原人也范滂稱之曰隱不違親身不絕俗天子不得臣諸侯不得友黃叔度名憲汝南人也郭林宗稱之曰汪汪若千頃陂澄之不清淆之不濁不可量也）雖是布衣今若相稱贊道類此四賢必當大喜故知人之立身所貴者惟在德行（行去聲後德行同）何必要論榮貴汝等位列

藩王家食實封更能克修德行豈不具美也且君子小人本無常行善事則為君子行惡事則為小人當須自剋勵使善事日聞勿縱欲肆情自陷刑戮

貞觀十年太宗謂房玄齡曰朕歷觀前代撥亂創業之主生長人間（長音掌）皆識達情偽罕至於敗亡逮乎繼世守文之君生而富貴不知疾苦動至夷滅朕少小以來（少去聲）經營多難備知天下之事猶恐有所不逮至於荊王諸弟生自深宮識不及遠安能念此哉朕每一食便念稼穡之艱難每一衣則思紡績之辛苦諸弟何能學朕乎選良佐以為藩弼庶其習近善人得免於愆過爾

貞觀十一年太宗謂吳王恪曰父之愛子人之常情非待教訓而知也子能忠孝則善矣若不遵誨誘忘棄禮法必自致刑戮父雖愛之將如之何昔漢武帝既崩昭帝嗣立燕王旦素驕縱譸張不服（譸音舟譸張狂貌）霍光遣一折簡誅之則身死國除（漢武帝名徹既崩少子弗陵立是為昭帝燕王名旦武帝第三子也霍光為大將軍輔昭帝燕王與上官桀等潛謀不軌事敗桀等伏誅乃賜燕璽書責之因以綬自絞賜謚

曰刺）夫為臣子（夫音扶）不得不慎

（愚按太宗之教戒諸王也其辭旨諄諄矣既以漢河間東平之善楚王瑋之惡以曉之復以虞舜之聖桀紂之惡與夫漢霍光誅燕王旦之事以曉之又謂玄齡選良佐以為藩弼使其能佩服斯訓何以尚茲然愚觀太宗教戒之辭誠諄諄毋乃以言教乎所與言者荊王元景漢王元昌吳王恪魏王泰也其後荊王與房遺愛同反漢王與承乾同反魏王以謀奪嫡而廢吳王亦以嫌疑為高宗所殺四人無得令終者豈富貴驕奢有以移其本性邪抑太宗教敕之言雖切而表率之道未至耶）

貞觀中皇子年小者多授以都督刺史諫議大夫褚遂良上疏諫曰昔兩漢以郡國理人除郡以外分立諸子

割土封疆雜用周制皇唐郡縣粗依秦法（粗去聲）皇子幼年或授刺史陛下豈不以王之骨肉（王去聲）鎮扞四方聖人造制道高前古臣愚見有小未盡何者刺史師帥人仰以安得一善人部內蘇息遇一不善人闔州勞弊是以人君愛恤百姓常為擇賢（為去聲後為立同）或稱河潤九里京師蒙福（漢光武時潁川盜起徵拜漁陽太守郭伋為潁川太守召見帝勞曰賢能太守去帝城不遠河潤九里冀京師并蒙福也伋到郡招懷羣盜皆降）或與人興詠生為立祠（漢明帝時王堂拜巴州太守時西羌為寇堂討平之巴庸清靜生為立祠）漢宣帝（名詢武帝曾孫衛太子之孫也）云與我共理者惟良二千石乎如臣愚見陛下子內年齒尚幼未堪臨人者請且留京師教以經學一則畏天之威不敢犯禁二則觀見朝儀自然成立因此積習自知為人審堪臨州然後遣出臣謹按漢明章和三帝（後漢明帝名莊章帝名炟和帝名肇）能友愛子弟自茲以降以為準的封立諸王雖各有土年尚幼小者各留京師訓以禮法垂以恩惠訖三帝世諸王數十百人惟二王稍惡（二王謂楚王英廣陵思王荊也皆以謀逆自殺）自餘皆沖和深粹惟陛下詳察太宗嘉納

其言（唐氏仲友曰遂良之諫切中太宗之病太宗十八舉義兵以已撥人不問幼小曾不知人才不同未知稼穡之艱難乃使之臨民何止未能操刀而使割也況膏粱之性難正古人病之而況於帝子乎遂良欲養成德器審堪臨州然後除遣真良策也然帝子之重土地不足藩維磐石之宗使臨一州亦何益哉賢乎適足以勞之不賢適足以累之而已惜哉唐之君臣其見之未及此也　愚按昔封建之世固有年幼而祚土者何則一國而有卿大夫士上焉者命於天子下焉者命於其國國君之齒少則正卿當國法制秩然成王封小弱弟於唐其後卒開大國之迹此封建之世之事也唐都督刺史古方伯諸侯之職而事體不同非如建國之有卿大夫士以相參佐也而使皇子之年小者居之非懦弱不自樹立則驕泰以取敗耳非司牧之道也遂良之疏誠為龜鑑）

規諫太子第十二（凡四章）

貞觀五年李百藥為太子右庶子時太子承乾（字高明太宗長子也生承乾殿即以命之貞觀初立為皇太子甫八歲特敏惠及長過惡浸聞十七年廢為庶人十八年卒封常山王諡曰愍）頗留意典墳（孔安國曰伏羲神農黃帝之書謂之三墳言大道也少昊顓頊高辛唐虞之書謂之五典言常道也）然閑讌之後嬉戲過度百藥作贊道賦以諷焉其詞曰下臣側聞先聖之格言嘗覽載籍之遺則伊天地之玄造洎皇王之建國曰人紀與人綱資立

言與立德履之則率性成道違之則罔念作忒望興廢
如從鈞視吉凶如糾纆音墨至乃受圖膺籙握鏡君臨因
萬物之思化以百姓而為心體大儀之潛運閱往古於
來今盡為善於乙夜惜勤勞於寸陰淮南子曰聖人不貴尺璧而重寸之
陰時難得而易失也故能釋層冰於瀚海變塞谷於蹛林蹛都賴都例二
切唐之思結地置蹛林州漢書注云蹛林匈奴繞林而祭也總人靈以胥悅極穹壤
而懷音赫矣聖唐大哉靈命時維大始大讀曰泰運鍾上聖
天縱皇儲固本居正機悟宏遠神姿凝映顧三善而必

弘見教誡篇注祇四德而為行去聲易文言傳曰君子行此四德者故曰元亨利貞每
趨庭而聞禮論語伯魚曰鯉趨而過庭曰學禮乎曰未也鯉退而學禮常問寢而資
敬奉聖訓以周旋誕天文之明命邁觀喬而望梓商子曰喬
仰父道也梓俯子道也即元龜與明鏡自大道云革禮教斯起以
正君臣以篤父子君臣之禮父子之親盡情義以兼極
諒弘道之在人論語曰人能弘道豈夏啟與周誦亦丹朱與商
均既雕且琢温故知新惟忠與敬曰孝與仁則可以下
光四海上燭三辰日月星也昔三王之教子兼四時以齒學

將交發於中外乃先之以禮樂樂以移風易俗禮以安
上化人非有悅於鍾鼓將宣志以和神寧有懷於玉帛
將克己而庇身生於深宮之中處於羣后之上處上聲羣后諸
侯也未深思於王業不自珍於匕鬯上音比下音唱匕所以載鼎實鬯香酒灌
地以求神者也謂富貴之自然恃崇高以矜尚心恣驕狠動愆
禮讓輕師傅而慢禮儀狎姦謟而縱淫放前星之耀遽
隱心三星中為君前為太子後為少子少陽之道斯諒震為少陽長子之道也雖天
下之為家蹈夷險之非一或以才而見升或見讒而受

黜足可以自省厥休咎省悉井切觀其得失請粗略而陳之
粗去聲覩披文而相質相去聲在宗周之積德乃執契而膺期
賴昌發而作貳昌文王名發武王名啟七百之鴻基逮扶蘇之副
秦非有虧於聞望聞去聲以長嫡之隆重長音掌監偏師於
亭障監平聲扶蘇秦始皇長子也始皇欲坑諸生扶蘇切諫始皇怒使北監蒙恬上郡始皇崩公子胡亥
詐受遺詔自立賜扶蘇死始禍則金以寒離左傳閔公二年晉侯使太子申生伐東山皐落
氏衣之偏衣佩之金玦狐突歎曰衣之尨服遠其躬也佩以金玦棄其衷也尨涼冬殺金寒玦離胡可恃也金
玦環也厥妖則火不炎上五行傳曰棄法律逐功臣殺太子以妾為妻則火不炎上言火

失其性而為灾也既樹置之違道見宗祀之淪喪伊漢氏之長
世固明兩之遞作易曰明兩作離大人以繼明照于四方高慼戚而寵趙
以天下而為譴患結皓而因良致羽翼於寥廓並見教戒篇註
景有慙於鄧子成從理之淫虐終生患於強吳由發怒
於爭博漢景帝名啟文帝太子也鄧子名通文帝倖幸臣也強吳高祖兄仲之子吳王濞也文帝嘗病
癰鄧通常為帝吮之帝曰天下誰最愛我通曰宜莫如太子太子入問病帝使吮癰吮而色難之已而聞通嘗
為帝吮心慙由此怨通及即位鄧通免太子又嘗與吳太子飲博吳太子素驕博爭不恭太子引博局提吳太
子殺之吳王由是怨望捎失藩臣禮徹居儲兩時猶幼沖防哀年之絕議

識亞夫之矜功故能恢弘祖業紹三代之遺風徹漢武帝名
儲兩為太子時也亞夫周勃之子仕至丞相景帝甚重之帝欲廢栗太子亞夫不可帝由是疏之帝嘗目之曰此
鞅鞅非少主臣也據開博望其名未融哀時命之奇舛遇讒賊
於江充雖備兵以誅亂竟背義而凶終背音倍據戾太子名漢武帝子
也帝為太子立博望死使通賓客趙人江充與太子有隙見帝年老恐他日為所誅因言帝疾祟在巫蠱帝乃
使充入宮治之充云太子宮木人尤多又有帛書所言不道太子遂捕充斬之長安軍亂因言太子反上怨太
子自經宣嗣好儒大猷行闕嗟被尤於德教美發言於忠
謇始聞道於匡韋終獲戾於恭顯好去聲宣嗣漢元帝也名奭好儒術文辭

用韋玄成匡衡相繼為丞相多所獻納復以弘恭石顯相繼擅權用事蕭望之京房賈捐之等皆以言顯短而
死太孫雜藝雖異定陶馳道不絕抑惟小善猶見重於
通人當傳芳於前典漢成帝名驁字太孫元帝太子也定陶共王元帝庶子也成帝博好
經書為太子時帝急召之太子出龍樓門不敢絕馳道西至直城門得絕乃度還入作室門上遲之問其故以
狀對帝悅乃詔太子得絕馳道其後帝以定陶王有材藝欲立為嗣賴侍中史丹輔助太子得無廢中興
上嗣明章濟濟俱達時政咸通經禮極至情於敬愛惇
友于於兄弟是以固東海之遺堂因西周之繼體光武為漢
中興之君太子莊是為明帝號顯宗明帝太子炟是為章帝號肅宗東海王明帝之兄極相友愛史贊顯宗丕

承業業兢兢危心恭德政察姦勝肅宗濟濟天性豈弟於穆后德諒惟淵體五官在魏無聞
德音或受譏於妲己且自悅於從禽雖才高而學富竟
取累於荒淫累去聲魏文帝姓曹名丕初為五官中郎將見袁熙妻甄氏美而悅之太祖為之聘
焉及受漢禪嘗出射雉謂群臣曰射雉樂哉辛毗對曰於陛下甚樂於群臣甚苦暨貽厥於明
皇搆崇基於三世得秦帝之奢侈亞漢武之才藝遂驅
役於群臣亦無救於凋弊明皇名叡魏文帝太子也嗣帝位侍中劉曄稱之曰秦始
皇漢孝武之儔才具微不及耳景初元年起土山於芳林園使公卿群僚皆負土栽木於其上捕禽驅獸於其
中群臣皆面目垢黑由是百姓凋弊四海分崩中撫寬愛相表多奇重桃符而

致惑納鉅鹿之明規竟能掃江表之氛穢舉要荒而見羈相去聲要音腰晉武帝姓司馬名炎晉王昭之子也仕魏為中撫軍桃符武帝弟齊王攸之小名也初晉王欲以攸為世子何曾裴秀曰中撫軍聰明神武人望既茂天表如此固非人臣之相也晉王由是意定立炎為世子嗣晉王位受魏禪國號晉惠處東朝察其遺跡在聖德其如初實御床之可惜處上聲晉惠帝名衷武帝第三子東朝為太子時也是時朝野咸知太子昏愚不堪為嗣尚書令衛瓘欲陳啟而未敢發會侍宴凌雲臺瓘陽醉跪帝前欲言而止者三因以手撫床曰此座可惜悼愍懷之云廢遇烈風之吹沙盡性靈之狎藝亦自敗於凶邪安能奉其粢盛承此邦家粢音咨盛音成晉愍懷太子名遹惠

帝長子也有令譽賈后忌之使閹官輩媚之為非於是慢弛益彰賈后遂設計譖於帝廢為庶人惟聖上之慈愛訓義方於至道同論政於漢幄修致戒於京部音鎬地名鄗韓子之所賜晉元帝好任刑法以韓非子賜太子重經術以為寶洛政理之美惡亦文身之黼藻庶有擇於愚夫慙乞言於遺老致庶績於咸寧先得人而為盛帝堯以則哲垂謨虞書曰知人則哲能官人文王以多士興詠詩曰濟濟多士文王以寧取之於正人鑑之於靈鏡量其器能量平聲審其檢行去聲必宜度機而分職度待洛切不可違方以從政若其惑於聽受暗

於知人則有道者咸屈無用者必伸讒諛競進以求媚玩好不召而自臻好去聲直言正諫以忠信而獲罪賣官鬻獄以貨賄而見親鬻音育於是虧我王度斁我彝倫斁音妬亂也九鼎遇姦回而遠逝九鼎周之寶器周沈泗水中始皇求之不能出萬姓望撫我而歸仁此一節述任用之戒蓋造化之至育惟人靈之為貴獄訟不理有生死之異塗冤結不伸乖陰陽之和氣士之通塞屬之以深文命之修短懸之於酷吏是故帝堯畫像陳恤隱之言虞書曰象以典刑又曰惟刑之恤哉漢書唐虞畫像而民不犯注畫

像者畫衣冠異章服象五刑也犯黥者皂其巾犯劓者丹其服犯宮者雜其屨大辟之罪誅殛之刑布其衣裾無領緣夏禹泣辜盡哀矜之志見封建篇注此節述刑罰之戒一因取象於大壯易大傳曰上古穴居而野處後世聖人易之以宮室上棟下宇以待風雨蓋取諸大壯乃峻宇而雕墻將瑤臺以瓊室桀作瑤臺紂作瓊室豈畫棟以虹梁或凌雲以遐觀世說魏作凌雲臺極精巧隨風搖動終無崩隕或通天而納涼漢武帝作神明通天之臺於林光宮高五十丈極醉飽而形人力命瘻蹷而受身殃瘻音逶蹷音鱖是以言惜十家之產漢帝以昭儉而垂裕漢文帝欲作露臺召匠計之直百金帝曰百金中人十家之產也吾奉先帝宮室常恐羞之何以臺為雖

成百里之囿周文以子來而克昌孟子曰文王之囿方七十里此言百里者舉成數言也囿者蕃育鳥獸之所詩曰經始勿亟庶民子來經之營之不日成之○此一節述營繕之戒彼嘉會而禮通重旨酒之為德儀狄作酒禹飲而甘之曰後世必有以酒亡國者遂疏儀狄而絕旨酒出戰國策至忘歸而受祉在齊聖而温克若其酗醟以致昏酗音昫醟音詠酣怒也酖湎而成忒酖音眈湎音沔嗜飲也痛殷受與灌夫亦亡身而喪國殷紂名受以酒為池竟亡其國漢灌夫醉酒罵坐遂誅其身是以伊尹以酣歌而作戒商書伊尹作訓曰敢有恒舞于宫酣歌于室時謂巫風周公以亂邦而貽則周書周公作誥曰越小大邦用喪亦罔非酒○此一節述甘酒之戒咨幽閑之令淑實好逑於君子好上聲逑匹也詩曰窈窕淑女君子好逑辭玉輦而割愛固班姬之所恥漢成帝遊於後庭嘗欲與班倢伃同輦辭曰觀古圖畫聖賢之君皆有名臣在側三代末主乃有嬖女今欲同輦得無近似之乎帝善納其言而後止脫簪珥而思愆亦宣姜之為美宣姜周宣王后也王嘗晏起后乃脫簪珥待罪於永巷使傅母通言於王曰王樂色而忘德失禮而晏起亂之興自婢子始敢請罪王曰寡人不德實自生過非夫人之罪也自是勤於政事早朝晏罷卒成中興之主乃有禍晉之驪姬晉獻公伐驪戎獲驪姬愛之生奚齊公有子八人惟太子申生重耳夷吾賢驪姬佯譽太子而陰令人譖之欲立其子太子自殺又譖二公子於是重耳走蒲夷吾走屈竟以亂晉喪周之褒姒周幽王嬖愛褒姒生子伯服王竟廢

申后及太子宜臼以褒姒為后伯服為太子後因取褒姒笑失信於諸侯西夷犬戎殺王驪山下虜褒姒盡取周賂而去盡妖妍於圖畫極凶悖於人理傾城傾國思昭示於後王麗質冶容宜永鑒於前史此一節述色荒之戒復有蒐狩之禮蒐音搜禮春曰蒐田冬曰狩田馳射之場不節之以正義必自致於禽荒匪外形之疲極亦中心而發狂老子曰馳騁田獵令人心發狂夫高深不懼夫音扶胥靡之徒韝緤為娛小豎之事韝音鉤鷹幘也緤音爤所以繫犬者以宗社之崇重持先王之名器與鷹犬而並驅凌艱險而逸轡馬有銜橛之理橛音厥相如諫獵書時有銜橛之變獸駭不存之地猶有覦於獲多覦音腴愍也獨無情而內愧此一節述禽荒之戒以小臣之愚鄙忝不貲之恩榮擢無庸於草澤齒陋質於簪纓遇大道行而兩儀泰喜元良會而萬國貞以監府之多暇每講論而肅成仰惟神之敏速歎將聖之聰明自禮賢於秋實足歸道於春卿芳年淑景時和氣清華殿邃兮簾幃靜灌木森兮風雲輕花飄香兮動笑日嬌鸎囀兮相哀鳴以物華之繁靡尚絕思於將迎思去聲猶允蹈而不倦極耽翫以研精命庸才以載筆

謝摛藻於天庭異洞簫之娛侍漢元帝為太子時好吹洞簫自度聲被歌調王褒上洞簫賦乃令後宮貴人皆誦讀之殊飛盖之緣情魏文帝為世子時曹植賦詩曰清夜遊西園飛蓋相追隨闕雅言以贊德思報恩以輕生敢下拜而稽首願永樹於風聲奉皇靈之遐壽冠振古之鴻名冠去聲太宗見而遣使去聲謂百藥曰朕於皇太子處見卿所作賦述古來儲貳事以誡太子甚是典要朕選卿以輔弼太子正為此事為去聲大稱所委稱去聲但須善始令終耳因賜廐馬一匹綵物三百段

愚按此東宮毓德之初羣工贊善之始承乾頗留意典墳然燕閒之後嬉戲無度昔賈誼言輔翼太子有曰少成若天性習慣如自然蓋愛子教之以義方亦孰不欲教之於其初其後乃爾相遠耶夫子所謂下愚不移者乎抑所以輔翼之具有未至乎然肅觀李百藥贊道賦一篇歷述秦漢魏晉以來儲貳之善惡與夫任賢去邪之道明刑慎罰之方峻宇雕墻甘酒嗜音內作色荒外作禽荒之戒莫不畢具事實切當文辭流麗光輔前星者足為典訓也

貞觀中太子承乾數數音朔虧禮度侈縱日甚太子左庶子于志寧撰諫苑二十卷諷之是時太子右庶子孔穎達字仲達冀州人八歲就學日記千餘言隋世舉明經高第貞觀初數進忠言為右庶子嘗撰五經義疏號為詳博每犯顏進諫承乾乳母遂安夫人謂穎達曰太子長成長音掌何宜屢得面折對曰蒙國厚恩死無所恨諫諍愈切承乾令撰令平聲孝經義疏穎達又因文見意愈廣規諫之道太宗並嘉納之二人各賜帛五百匹黃金一斤以勵承乾之意按史傳各賜帛百匹黃金十斤

愚按于志寧撰諫苑以形匡救之益孔穎達疏經義以廣規諫之道太宗又賜賚二臣以寓激勵之意君父師友之責盡矣是時承乾雖虧禮侈縱而於文史規誨猶未咈拒毋亦不難於知而難於行耶

貞觀十三年太子右庶子張玄素以承乾頗以遊畋廢學上書諫曰臣聞皇天無親惟德是輔周書蔡仲之命之辭苟違天道人神同棄然古三驅之禮非欲教殺將為百姓除害為去聲故湯羅一面天下歸仁湯出見野張網四面祝曰自天下四方皆入吾網湯曰嘻盡之矣乃去其三面祝曰欲左左欲右右不用命乃入吾網諸侯聞之曰湯德至矣及禽獸今苑內娛獵雖名異遊畋若行之無恒終虧雅度且傅說曰學不師古匪說攸聞說音悅商書傅說告高宗之辭然則弘道在於學古學古必資師訓既奉恩詔令孔穎達侍講令平聲後同

望數存顧問(數音朔後同)以補萬一仍博選有名行學士(行去聲)兼朝夕侍奉覽聖人之遺敎察既往之行事日知其所不足月無忘其所能此則盡善盡美夏啓周誦焉足言哉(焉於虔切)夫為人上者(夫音扶)未有不求其善但以性不勝情(勝平聲後同)耽惑成亂耽惑既甚忠言盡塞所以臣下苟順君道漸虧古人有言勿以小惡而不去(上聲)小善而不為故知禍福之來皆起於漸殿下地居儲貳當須廣樹嘉猷既有好畋之淫(好去聲後同)何以主斯匕鬯愼終如

始猶恐漸衰始尚不愼終將安保承乾不納玄素又上書諫曰臣聞稱皇子入學而齒冑者欲令太子知君臣父子尊卑長幼之道(長音掌後同見教誡篇註)然君臣之義父子之親尊卑之序長幼之節用之方寸之内弘之四海之外者皆因行以遠聞假言以光被伏惟殿下睿質已隆尚須學文以飾其表竊見孔穎達趙弘智等非惟宿德鴻儒亦兼達政要望令數得侍講開釋物理覽古論今增輝睿德至如騎射畋遊酣歌妓翫苟悅耳目終穢心神

漸染既久(漸音尖)必移情性古人有言心為萬事主動而無節即亂恐殿下敗德之源在於此矣承乾覽書愈怒謂玄素曰庶子患風狂耶十四年太宗知玄素在東宮頻有進諫擢授銀青榮祿大夫行太子左庶子時承乾嘗於宮中擊鼓聲聞於外(聞去聲)玄素叩閤請見(見音現)極言切諫乃出宮内鼓對玄素毁之遣戶奴伺玄素早朝(朝音潮)陰以馬檛擊之(檛音查)殆至於死是時承乾好營造亭觀(去聲)窮極奢侈費用日廣玄素上書諫曰臣以愚蔽竊位

兩宮在臣有江海之潤於國無秋毫之益是用必竭愚誠思盡臣節者也伏惟儲君之寄荷戴殊重(荷上聲)如其積德不弘何以嗣守成業聖上以殿下親則父子事兼家國所應用物不為節限恩旨未踰六旬用物已過七萬驕奢之極孰云過此龍樓之下惟聚工匠望苑之内不覩賢良今言孝敬則闕侍膳問豎之禮語恭順則違君父慈訓之方求風聲則無學古好道之實觀舉措則有因緣誅戮之罪宮臣正士未嘗在側羣邪淫巧昵近

深宮愛好者皆遊伎雜色施與者並圖畫雕鏤在外瞻仰已有此失居中隱密寧可勝計哉（勝平聲）宣猷禁門不異闤闠（上音環下音會）朝入暮出惡聲漸遠右庶子趙弘智經明行修（行去聲）當今善士臣每請望數召進與之談論庶廣徽猷令旨反有猜嫌謂臣妄相推引從善如流尚恐不逮飾非拒諫必是招損古人云苦藥利病苦口利行伏願居安思危日慎一日書入承乾大怒遣刺客將加屠害俄屬宮廢（按後一書通鑑係十三年詔自今皇太子出用庫物所司勿為限制於是太子

發取無度故玄素上疏十七年承乾廢）

胡氏寅曰周官有王及后世子不會之文以愚度之莫尊於王次曰后次曰世子用物不會是尊貴之故得肆為費侈豈節以制度自家刑國之道哉正使周官饍夫酒正內府有此文然冢宰之職量入為出得以九式均節財用則雖曰不會而會在其中特不使有司以法沮止若自下而制上耳太宗之詔太子於是大失諸贒在朝不聞以為不可獨張玄素止於末流幾於被害豈非君臣之交失乎

唐氏仲友曰太宗於玄素可謂不察矣玄素力諫太子至于一再至于三四承乾諱其切至遣戶奴楇擊遣刺客伺之其脫死者幸矣乃與他宮僚同坐至除名為民起為刺史訖不復親近太宗於此刑濫害及善人矣可不悲哉事與于志寧同而賞罰異太宗何所見而然耶

愚按隋太子勇唐太子承乾皆以罪廢雖二人不肖有以自取亦文帝太宗所以處之失其道也何也文帝既立勇為太子而復寵待煬帝太宗既立承乾為太子而復寵待魏王煬帝攘奪於其初魏王效尤於其後承乾目覩庶人勇之禍故為是不得已之邪謀向使太宗於太子諸王之間早有定分則承乾雖不肖不至如是之甚也今既不能消其不平之忿乃賞擢張玄素于志寧之流使救正於言語章疏之末果何益之有哉

貞觀十四年太子詹事（唐制東宮置詹事府掌統三寺十率府之政）于志寧以太子承乾廣造宮室奢侈過度耽好聲樂（好去聲）上書諫曰臣聞克儉節用實弘道之源崇侈恣情乃敗德之

本是以凌雲槩日戎人於是致譏（秦繆公夸示宮室之盛為西戎由余所笑）峻宇雕墻夏書以之作誡（詳見納諫篇註 五子之歌曰甘酒嗜音峻宇雕墻有一於此未或不亡）昔趙盾匡晉（盾晉靈公大夫即趙宣子也）呂望師周（望太公也為周太師）或勸之以節財或諫之以厚斂（去聲）莫不盡忠以佐國竭誠以奉君欲使茂實播於無窮英聲被乎物聽咸著簡策用為美談且今所居東宮隋日營建覩之者尚譏其侈見之者猶歎其華何容於此中更有修造財帛日費土木不停窮斤斧之工極磨礱之妙且丁匠官奴入

內比者（比音鼻）曾無復監（曾音層）此等或兄犯國章或弟罹王法往來御苑出入禁闈鉗鑿緣其身椎杵在其手監門本防非慮（監平聲）宿衛以備不虞直長既自不知（長音掌直長官名）千牛又復不見（千牛官名見納諫篇註）爪牙在外廝役在內所司何以自安臣下豈容無懼又鄭衛之樂古謂淫聲（鄭衛二國名樂記曰鄭衛之音亂世之音也比於慢矣桑間濮上之音亡國之音也其政散其民流誣上行私而不可止也）昔朝歌之鄉迴車者墨翟（朝音昭翟音狄朝歌殷之邑名漢書鄒陽書曰邑號朝歌墨子回車）夾谷之會揮劍者孔丘（夾谷魯地名家語曰定公與齊侯會于夾谷孔子攝相事齊使萊人以兵劫定公孔子歷階而進以公退曰裔不謀夏夷不亂華俘不干盟兵不偪好齊侯心怍麾而避之齊奏樂俳優侏儒戲於前孔子曰匹夫熒惑侮諸侯者罪應誅於是斬侏儒齊侯懼有慙色）先聖既以為非通賢將以為失頃聞宮內屢有鼓聲大樂伎兒入便不出聞之者股栗言之者心戰往年口勑伏請重尋（重去聲）聖旨殷勤明誡懇切在於殿下不可不思至於微臣不得無懼臣自驅馳宮闕已積歲時犬馬尚解識恩（解音懈）木石猶能知感臣所有管見敢不盡言如鑿以丹誠則臣有生路若責其忤旨則臣是罪人

但悅意取容臧孫方以疾疢犯顏逆耳春秋比之藥石（臧孫魯大夫名紇即臧武仲也左傳襄公三十三年臧孫曰季孫之愛我疾疢也孟孫之惡我藥石也美疢不如惡石夫石猶生我疢之美其毒滋多）伏願停工巧之作罷久役之人絕鄭衛之音斥羣小之輩則三善允備萬國作貞矣承乾覽書不悅十五年承乾以務農之時召駕士等役不許分番人懷怨苦又私引突厥羣豎入宮志寧上書諫曰臣聞上天蓋高日月光其德明君至聖輔佐贊其功是以周誦升儲見匡毛畢（毛叔鄭畢公周之輔臣）漢盈居震取資黃綺（見定分篇注）姬旦抗法於伯禽（姬周之姓旦周公之名伯禽周公子也禮曰成王幼不能涖阼周公相踐阼而治抗世子法於伯禽成王有過則撻伯禽所以示成王世子之道也）賈生陳事於文帝（賈生即賈誼也見納諫篇注）咸殷勤於端士皆懇切於正人歷代賢君莫不丁寧於太子者良以地膺上嗣位處儲君（處上聲後同）善則率土霑其恩惡則海內罹其禍近聞僕寺司馭駕士獸醫始自春初迄茲夏晚常居內役不放分番或家有尊親闕於溫清（禮記曰子之事父母冬溫而夏清）或室有幼弱絕於撫養春既廢其耕墾夏又妨其播殖事乖

存有恐致怨嗟儻聞天聽後悔何及又突厥達哥支等咸是人面獸心豈得以禮義期不可以仁信待心則未識於忠孝言則莫辯其是非近之有損於英聲昵之無益於盛德引之入閤人皆驚駭豈臣庸識獨用不安殿下必須上副至尊聖情下允黎元本望不可輕微惡而不避無容略小善而不為理敦杜漸之方須有防萌之術屏退不肖狎近賢良如此則善道日隆德音自遠承乾大怒遣刺客張師政紇干承基紇音鶻紇干虜複姓就舍殺之

是時丁母憂起復為詹事二人潛入其第見志寧寢處苫廬禮居父母之喪者寢苫枕塊竟不忍而止及承乾敗太宗知其事深勉勞之勞去聲按前一書通鑑係十四年舊史曰承乾敗後推鞫具得其事太宗謂志寧曰知公數有規諫事無所隱深加勉勞右庶子令狐德棻等以無諫書皆從貶責

胡氏寅曰詹事東宮官之尊也太子於是學為父子焉學為君臣焉于志寧不當起復太宗不當奪其喪也人臣有奪喪者惟金革之事耳詹事輔導儲君以忠以孝乃從金革之例冒哀居官則何以訓太子宜太子之不納諫也雖然自太子言之從欲肆情又將殺諫臣是兩刺客之不如其不能終宜哉

愚按自古臣子之事君親能盡其道者可以感發人之善心也嘗觀春秋傳晉靈公不君趙宣子驟諫公患之使鉏麑賊之晨往寢門闢矣盛服將朝麑退曰不忘恭敬民之主也賊民之主不忠是宣子以敬於君而免於難也今觀承乾無道于志寧上書諫之承乾怒遣刺客張師政紇干承基殺之時志寧母憂起復二人潛入其第見寢處苫廬不忍而止是志寧以孝於親而脫於禍也之二人者庶幾無愧於鉏麑矣承乾之為曾不如刺客之有人心也然亦未聞有寢苫枕塊而仕於人之國當輔翼太子之任者太宗志寧胥失之矣

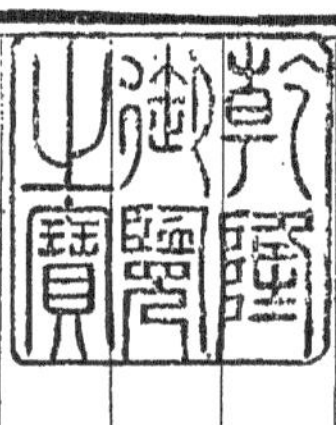

貞觀政要卷四

欽定四庫全書

貞觀政要卷五

唐　吳兢　撰

元　戈直　集論

仁義第十三 凡四章

貞觀元年太宗曰朕看古來帝王以仁義為治者國祚延長任法御人者雖救弊於一時敗亡亦促既見前王成事足是元龜今欲專以仁義誠信為治望革近代之

澆薄也黃門侍郎王珪對曰天下彫喪日久陛下承其餘弊弘道移風萬代之福但非賢不理惟在得人太宗曰朕思賢之情豈捨夢寐給事中杜正倫進曰世必有才隨時所用豈待夢傳說(音悅)逢呂尚然後為治乎太宗深納其言

愚按太宗即位之初知古帝王以仁義為治欲以誠信行之此其所以致貞觀之盛也然嘗聞之正其心修其身而達之於家國天下此二帝三王仁義之事也心未必正身未必修而其愛人利物之功禁暴止亂之效亦有補於當世此齊桓晉文假仁義之事也太宗芟除禍亂身致昇平可謂偉矣然由心而身由身而家皆有慚德凡魏徵之所諫太宗之所行不過軀勉於仁義之功而已故雖有志於三王迄未能大異於五霸也王珪謂非賢不理惟在得人斯言是已然所謂得人者必得周召孔孟其人而後可也夫苟得周召孔孟而用之則能施其致君澤民之術盡其格心養德之方而仁義之全體備於君身仁義之大用周於天下後世矣

貞觀二年太宗謂侍臣曰朕謂亂離之後風俗難移比觀(比音鼻)百姓漸知廉恥官人奉法盜賊日稀故知人無常俗但政有治亂耳是以為國之道必須撫之以仁義示之以威信因人之心去其苛刻不作異端自然安靜公等宜共行斯事也

愚按風俗有古今人心無古今人心之不如古以風俗之不如古也然而美風俗者則在於正人心人心正而風俗美矣太宗云比觀百姓漸知廉恥故知人無常俗但政有治亂耳斯言也其魏徵勸行仁義畧效之時乎夫太宗之所行不過仁義之似而已其明效大驗如此況於真知實踐正己以正人心者乎

貞觀四年房玄齡奏言今閱武庫甲仗勝隋日遠矣太宗曰飭兵備寇雖是要事然朕惟欲卿等存心理道務盡忠貞使百姓安樂(音洛)便是朕之甲仗隋煬帝豈為甲仗不足(為去聲)以至滅亡正由仁義不修而羣下怨叛故

也宜識此心

愚按周頌之美武王曰載戢干戈載櫜弓矢我求懿德肆于時夏允王保之下武右文信矣武王能保天下也太宗身履行陣芟除羣雄即位之四年謂不以甲仗之備為美戒廷臣以德義相輔亦信矣其能保天下之道歟

貞觀十三年太宗謂侍臣曰林深則鳥棲水廣則魚游仁義積則物自歸之人皆知畏避災害不知行仁義則災害不生夫仁義之道夫音扶當思之在心常令相繼令平聲俊同若斯須懈怠去之已遠去如字猶如飲食資身恒令

腹飽乃可存其性命王珪頓首曰陛下能知此言天下幸甚

唐氏仲友曰仁義是帝王之道然必如中庸九經與大學自誠意達之明明德於天下方為醇粹太宗言仁義本乎魏徵之勸然所謂仁義乃在制度紀綱而已

愚按太宗之言曰林深則鳥棲水廣則魚游仁義積則物自歸之此言真善喻也謂仁義之道當思之在心如飲食資身恒令腹飽此固欲不忘乎仁義者然不知仁義乃吾心固有之理孟子所謂根於心者也又何待思之在心哉

論忠義第十四 凡十五章

馮立馮翊人武德中為東宮率音律唐制東宮置左右率府掌兵仗宿衛之政令總諸曹之事甚被隱太子親遇太子之死也左右多逃散立歎曰豈有生受其恩而死逃其難難去聲於是率兵犯玄武門苦戰殺屯營將軍敬君弘絳州人謂其徒曰微以報太子矣遂解兵遁於野俄而來請罪太宗數之曰數上聲汝昨者出兵來戰大殺傷吾兵將何以逃死立飲泣而對曰飲去聲立出身事主期之効命當戰之日無所顧憚因歔欷上音虛下音希悲歎貌悲不自勝勝平聲太宗慰勉之授左屯衛中

郎將將去聲俊同唐制掌宿衛之屬立謂所親曰逢莫大之恩幸而獲免終當以此奉答未幾幾平聲突厥至便橋率數百騎與虜戰於咸陽殺獲甚衆所向皆披靡太宗聞而嘉歎之時有齊王元吉府左車騎謝叔方萬年人率府兵與立合軍拒戰及殺敬君弘中郎將呂衡將去聲史作呂世衡此避太宗諱除世字王師不振秦府護軍尉唐制掌宿衛之職尉遲敬德尉音蔚尉遲複姓名恭以字行朔州人為劉武周將武德初舉地降為右府統軍後從討隱巢有功封鄂國公卒贈徐州都督乃持元吉首以示之叔方下馬號泣號平聲拜辭而遁明日出

首去聲太宗曰義士也命釋之授右翊衛郎將唐制掌供奉侍衛之職○按通鑑武德九年六月馮立聞建成死乃與副護軍薛萬徹屈咥直府左車騎謝叔方帥東宮齊府精兵二千馳赴玄武門張公謹多力獨閉關以拒之不得入敬君弘掌宿衛兵屯玄武門挺身出戰與呂世衡大呼而進皆死之守門兵與萬徹等力戰良久萬徹欲攻秦府尉遲敬德持建成元吉首示之宮府兵遂潰萬徹亡入終南山馮立遂解兵逃於野高祖既赦天下馮立謝叔方皆自出萬徹亡匿屢使諭之乃出秦王曰皆忠於所事義士也釋之馮立後授廣州都督卒于官敬君弘後贈左屯衛大將軍呂衡贈右驍衛將軍

唐氏仲友曰若立者所謂一心可事百君忠義勇敢兼有之觀其於隱太子之死能不避難然君弘世衡既死則解兵而去不為已甚則異乎徒勇者蓋可知也然立之與叔方俱可謂見危致命者矣較其人品

叔方其立之亞歟

愚按馮立之言曰豈有生受其恩而死逃其難此子路所謂食焉而不避其難者也謝叔方亦有慷慨殺身從容受死之意二人雖皆受爵然亦可謂忠義也已太宗旌之此正興王之所宜然也若薛萬徹亦可謂忠於所事始焉與馮謝無異也然知進而不知退終以邪謀就誅寧不有愧乎史臣是編書馮謝於忠義之首萬徹乃削而不書厥有旨哉

貞觀元年太宗嘗從容從即容切言及隋亡之事慨然歎曰姚思廉不懼兵刃以明大節求諸古人亦何以加也思廉時在洛陽因寄物三百段并遺遺去聲其書曰想卿忠節之風故有斯贈初大業末思廉為隋代王侑侍讀代王侑隋元德太子之子煬帝十三年南巡以侑留守長安高祖克長安立侑為帝及義旗尅京城時代王府僚多駭散惟思廉侍王不離其側離去聲兵士將昇殿思廉厲聲謂曰唐公高祖初封唐公舉義兵本匡王室卿等不宜無禮於王眾服其言於是稍却布列階下須臾高祖至聞而義之許其扶代王侑至順陽閤下思廉泣拜而去見者咸歎曰忠烈之士仁者有勇此之謂乎

張氏九成曰君子以仁存誠以義為勇白刃在前不能懼凶暴之氣不能懾蓋不在力之武由忠義之壯

也觀隋之亡亂兵入京侍臣駭潰思廉以微軀奮不顧以全君親之生即甲兵之衆顧輕於一言哉誠以仁在其中也易曰能止健大正也惜乎大厦傾而一木不支矣懍懍風義激懦夫之志爾

唐氏仲友曰姚思廉節義學問之士孟子論為人寡欲雖有不存焉者寡矣思廉之謂歟學問惟寡欲能精節義惟寡欲能立

説見第四章

貞觀二年將葬故息隱王建成海陵王元吉尚書右丞魏徵與黄門侍郎王珪請預陪送上表曰臣等昔受命太上委質東宮出入龍樓垂將一紀前宮結釁宗社得

罪人神臣等不能死亡甘從夷戮負其罪戾寘錄周行（音杭）徒竭生涯（音牙）將何上報陛下德光四海道冠前王（冠去聲）陟岡有感追懷棠棣明社稷之大義申骨肉之深恩卜葬二王遠期有日臣等永惟疇昔忝曰舊臣喪君有君雖展事居之禮宿草將列未申送往之哀瞻望九原義深凡百望於葬日送至墓所太宗義而許之於是宮府舊僚吏盡令送葬（令平聲）

> 愚按王珪魏徵請送息隱海陵之喪太宗義而許之二子可謂篤於義矣孟子曰生亦我所欲也義亦我所欲也二者不可得兼捨生而取義者也珪徵名臣也詎容輕議哉自有文公朱子之論斷在焉昔管仲不死於子糾而相桓公子貢子路以問夫子夫子稱其功論語集註引程子之言因論管仲而及於王珪魏徵之事朱子謂管仲有功而無罪故聖人獨稱其功王魏先有罪而後有功則不以相掩可也斯言盡之矣

貞觀五年太宗謂侍臣曰忠臣烈士何代無之公等知隋朝誰為忠貞王珪曰臣聞太常丞（卿之佐也）元善達在京留守見羣賊縱橫（縱平聲）遂轉騎遠詣江都諫煬帝令還京師（令平聲）既不受其言後更涕泣極諫煬帝怒乃遠使

追兵身死瘴癘之地有虎賁郎中（賁音奔）獨孤盛（獨孤複姓盛名）在江都宿衛宇文化及起逆盛惟一身抗拒而死太宗曰屈突通為隋將（屈區勿切將去聲後同屈突虜複姓通名仕隋為虎賁郎將初代王遣通守河東高祖兵圍之通守節不降後被擒帝勞之泣曰臣不能盡人臣之節故至此為本朝羞帝曰忠臣也授兵部尚書從討王世充時通二子在洛帝曰以東畧屬公如何通曰二兒死自其分終不以私害義帝曰烈士徇節吾今見之貞觀初卒）共國家戰於潼關（在今華州華陰縣隸陝西省）聞京城陷乃引兵東走（走去聲）義兵追及於桃林（今陝州桃林縣隸河南）朕遣其家人往招慰遽殺其奴又遣其子往乃云我蒙隋

家驅使已事兩帝今者吾死節之秋汝舊於我家為父子今則於我家為仇讎因射之其子避走所領士卒多潰散通惟一身向東南慟哭盡哀曰臣荷國恩（荷去聲）任當將帥智力俱盡致此敗亡非臣不竭誠於國言盡追兵擒之太上皇授其官每託疾固辭此之忠節足可嘉尚因敕所司採訪大業中直諫被誅者子孫聞奏

> 唐氏仲友曰屈突通不死於稠桑更盡力於唐尚得為節義乎曰隋運已亡河東之守力戰不屈天命有歸通如之何斬家奴射其子兵敗力屈而後擒亦足以報隋矣商之亡也雖如箕子猶陳洪範封朝鮮而

欲責人以必死不亦難乎若通之
竭力於所事亦足以為節義矣
愚按太宗稱奬隋世忠義之臣於文臣則姚思廉於武臣則屈突通也或曰二子隋臣而仕於唐國亡皆不能死可以為忠臣乎愚應之曰否不同也思廉仕隋不過諸王講讀之官耳於軍國之重事社稷之大計固不與聞也國亡諸人皆去思廉獨不去呵叱亂兵辭嚴義正又能扶掖舊君泣拜而別其後代王竟得善終思廉講讀調護之職可謂無負矣曷為而死哉至於通則不然通仕隋文已躋貴顯迨乎煬帝尊寵加隆楊諒玄感之亂嘗立大功名聞天下煬帝南行付以關中之任身受重寄手握彊兵國亡師敗通安所辭其死哉並二子之事觀之庸夫能斷其是非矣然則太宗之奬忠義其得於思廉而失於屈突乎

貞觀六年授左光祿大夫陳叔達字子聰陳宣帝子也武德初判納言始建成兄弟鬩閒太宗帝惑之叔達極意救辨及建成誅高祖謂裴寂等曰不圖今日乃見此事當如之何蕭瑀陳叔達曰建成元吉本不預義謀又無功於天下疾秦王功高望重共為姦謀今秦王已討而誅之秦王功蓋宇宙率土歸心陛下若處以元良委之國務無復事矣上曰善此吾之夙心也禮部尚書因謂曰武德中公曾曾音層進直言於太上皇明朕有克定大功不可黜退云朕本性剛烈若有抑挫恐不勝勝平聲憂憤以致疾斃之危今賞公忠謇有此遷授叔達對曰臣以隋氏父子自相誅戮以至滅亡豈容目覩覆車不改前轍臣所以竭誠進諫太宗曰朕知公非獨為朕一人實為為去聲後同社稷之計
胡氏寅曰人臣之義無私交而況藩王與太子有隙之時乎言所左右疑所集也而陳叔達無是心特以秦王有功不可黜恐生後悔是皆天下之公論亦初無贊高祖廢立之意於秦王非私交也以叔達端良自宜在親近之地苟欲叙遷何患無名而太宗乃舉武德中直言是以危疑向背誘臣下為後日計豈君道哉
愚按時平先長嫡世亂先有功陳叔達當時之直言意固有在矣誠公論非私計也太宗於是臨御已六年矣揚其忠謇而遷秩之雖用得其人而心若私也言者心之聲可不慎哉

貞觀八年先是桂州今仍舊隸廣西都督李弘節以清慎聞及身歿後其家賣珠太宗聞之乃宣於朝曰此人生平宰相皆言其清相去聲今日既然所舉者豈得無罪必當深理之不可捨也侍中魏徵承閒言曰閒去聲陛下生平言此人濁未見受財之所今聞其賣珠將罪舉者臣不知所謂自聖朝以來為國盡忠為去聲後同清貞慎守終始不渝屈突通張道源而已張道源并州人初守并州賊平拜大理卿時何稠得罪籍家屬以賜羣臣道源曰禍福無常安可利人之亡取其子女自奉仁者不為也更資以衣食遣之家無貲産比亡餘

粟二斛通子三人來選去聲有一匹羸馬道源兒子不能存立未見一言及之今弘節為國立功前後大蒙賞賚居官殁後不言貧殘妻子賣珠未為有罪未為如字審其清者無所存問疑其濁者旁責舉人雖云疾惡不疑是亦好善不篤好去聲臣竊思度後洛切未見其可恐有識聞之必生枉議太宗撫掌曰造次不思造七到切遂聞此語方知談不容易以豉切並勿問之其屈突通張道源兒子宜各與一官舊本此章附直諫類今附入此

愚按臯陶之稱堯舜有曰罰弗及嗣賞延於世蓋善善之意長惡惡之心短也太宗知屈突道源之善而不能錄其子弟聞弘節曖昧之過則遽欲罪及舉官此豈唐虞賞罰之道乎向非魏徵之言亦足為太宗君德之累矣

貞觀七年太宗將發諸道唐分天下為十道一曰關內二曰河南三曰河東四曰河北五曰山南六曰隴右七曰淮南八曰江南九曰劍南十曰嶺南皆因山川形便而併省之也黜陟使去聲後同將命而出掌黜陟臧否故曰黜陟使畿內道唐建都之地即關內道也未有其人太宗親定問於房玄齡等曰此道事最重誰可充使右僕射李靖曰畿內事大非魏徵莫可太宗作色曰朕今欲向九成宮亦非小寧可遣魏徵出使朕每行不欲與其相離者適為其見朕是非得失為去聲公等能正朕不可因輒有所言大非道理乃即令李靖充使令平聲按通鑑貞觀八年太宗欲分遣大臣為諸道黜陟使未得其人李靖薦魏徵上曰徵箴規朕失不可一日離左右乃命靖與蕭瑀等凡十三人分行天下察長吏賢不肖問民疾苦禮高年振窮乏褒善起滯淹俾使者所至如朕親睹與此小異

愚按太宗嘗問羣臣魏徵與諸葛亮孰賢岑文本對曰亮才兼將相非徵所及斯言是已然嘗論之太宗有餘於才而不足於德勇於敢為而不能不為當時能攻其所短救其所偏惟徵一人而已使

徵生於三國之時未必能勝武侯之任然使武侯生於太宗之時不過為徵之所為耳故以唐之時勢觀之則二子政未易優劣也李靖之才兼資文武非徵所能及也然貞觀之時可以無靖不可以無徵何也蓋靖之才能不過增太宗之所有餘徵之諫爭乃能補太宗之所不足也是以畿內之使太宗寧使靖而不使徵豈非自知之明哉

貞觀九年蕭瑀為尚書左僕射嘗因宴集太宗謂房玄齡曰武德六年已後太上皇有廢立之心我當此日不為兄弟所容實有功高不賞之懼蕭瑀不可以厚利誘之不可以刑戮懼之真社稷臣也乃賜詩曰疾風知勁

草板蕩識誠臣瑀拜謝曰臣特蒙誡訓許臣以忠諒雖死之日猶生之年舊本此章首曰貞觀中與第五章合為一章今按通鑑標年附入于此又

按史傳魏徵曰臣有逆衆持法主恕之以公孤特守節主恕之以介昔聞其言乃今見之使瑀不遇陛下庸自保邪

范氏祖禹曰太宗以蕭瑀無二心於己而嘉之可謂能知臣矣且太子在而私於藩王者明君之所甚惡也或誘以利或脅以死而從之者不亦多乎惟瑀介然自立有隕無二太宗所以知其臨大節而不可奪也人君以此取人豈不得忠正之士乎

唐氏仲友曰若以隱巢之事不可以利怵死懼亦可以為社稷臣矣然太宗此言盍亦有為瑀初以切諫

房杜廢又以痛劾房杜罷至此復參知政事太宗賜詩欲羣臣知委任之意也魏徵之言亦以發明太宗之意若以瑀較楊子雲近世社稷臣之論則猶有愧云

愚按武德季年高祖立秦王為皇太子竟決於瑀之一言瑀以躁狹之量剛勁之氣罷黜者三而卒預大政太宗實能容之者豈非念夫此耶瑀嘗劾奏魏徵之過矣今觀徵所言若未嘗有隙者所謂以義相與不以少嫌置胸中徵之謂矣然可不謂尤賢乎

貞觀十一年太宗行至漢太尉楊震墓楊震字伯起弘農人也好學明經諸儒稱為關西夫子漢安帝時為刺史號清白吏後徵為太常遷太尉為內戚讒譖遣歸震曰死者人之常分吾蒙恩居上司姦臣狡猾而不能誅嬖女傾亂而不能禁何面目復見日月飲酖而卒傷其以忠非命親為文以祭之房玄齡進曰楊震雖當年夭枉數百年後方遇聖明停輿駐蹕親降神作一作玉趾可謂雖死猶生沒而不朽不覺助伯起幸賴欣躍於九泉之下矣伏讀天文且感且慰凡百君子焉敢不勖勵名節焉於虔切知為善之有效

愚按太宗經異代名臣之墓親為文以祭之是可以見其惓惓於忠貞之臣矣異世相望且企敬如此況凡百君子列于庶位者乎

貞觀十一年太宗謂侍臣曰狄人殺衛懿公名赤盡食其

肉獨留其肝懿公之臣弘演呼天大哭自出其肝而內懿公之肝於其腹中內讀曰納今覓此人恐不可得特進魏徵對曰昔豫讓為智伯報讎為去聲後同豫讓智伯之臣智伯名瑤號襄子晉智宣子之後為韓趙魏所滅欲刺趙襄子名無恤晉趙簡子之後襄子執而獲之謂之曰子昔事范中行氏乎春秋之世晉有范氏中行氏與智氏韓氏魏氏趙氏為六卿春秋之末晉公室卑六卿強各據采地更相攻伐貞定王十一年智氏魏氏趙氏韓氏共伐范氏中行氏滅之而分其地智伯盡滅之子乃委質智伯不為報讎今即為智伯報讎何也讓答曰臣昔事范中行范中行以衆

人遇我我以衆人報之智伯以國士遇我我以國士報之(事見史記趙世家)在君禮之而已亦何謂無人焉

愚按夫子曰君使臣以禮臣事君以忠孟子曰君之視臣如手足則臣視君如腹心夫子之言涵容孟子之言激切大概忠臣義士何代無之在上之人有以感召之則在下之人興起矣太宗嘉古之忠臣以為今覓此人恐不可得斯言固所以激勸天下忠義之士而謂世無其人則不可宜魏徵引智伯豫讓之事以為譬也雖然為人臣者之分君之待我者或有未至而我之所以事君者其可不盡心乎

貞觀十二年太宗幸蒲州(今為解州隸河東)因詔曰隋故鷹擊郎將(將去聲隋制親侍置鷹揚府有鷹揚郎將後改副郎將為鷹擊郎將)堯君素(魏郡人煬帝為晉王時君素以左右從及嗣位累遷鷹擊郎將及天下大亂君素所部獨全後從屈突通守河東通敗通誘之降君素責通不義卒無降心其妻誘之降乃引弓射殺之嘗曰大義不得不死後為左右所害)往在大業受任河東固守忠義克終臣節雖桀犬吠堯(漢書曰桀犬吠堯堯非不仁特吠非其主耳)有乖倒戈之志(周書曰前徒倒戈言衆服周仁政無有戰心前徒倒戈自攻于後也)疾風勁草實表歲寒之心爰踐茲境追懷往事宜錫寵命以申勸奬可追贈蒲州刺史仍訪其子孫以聞

愚按漢高祖赦季布唐太宗褒堯君素皆帝王盛德事也然合二子而論之則君素為賢何也季布身為楚將數窘沛公此人臣之常事國亡不能死而逃何足深取哉唐室方興兵精將勇戰無不勝攻無不破君素以區區一城之衆外無彊援徒以忠義激勵士卒自義寧元年至武德三年始終四載唐朝凡易數將僅能克之此不唯忠義可嘉其知勇才能亦古今所罕有也嗚呼難哉太宗不惟褒贈又訪錄其子孫忠義之士其有不興起者乎

貞觀十二年太宗謂中書侍郎岑文本曰梁陳(梁姓蕭氏受齊禪陳姓陳氏受梁禪)名臣有誰可稱復有子弟堪招引否文本奏言隋師入陳百司奔散莫有留者惟尚書僕射袁憲獨在其主之傍王世充將受隋禪羣僚表請勸進憲子國子司業承家託疾獨不署名此之父子足稱忠烈承家弟承序今為建昌令(建昌縣名今屬南康路隸江西)清貞雅操實繼先風由是召拜晉王友兼令侍讀(令平聲唐制諸王友掌陪侍遊居規諷道義侍讀掌講道經學)尋授弘文館學士

唐氏仲友曰古人云一心可以事百君其袁氏子弟之謂歟忠謹風操不忍負主雖不欲之為人臣乎為之者勉之而已

愚按梁陳於唐相距頗遠猶有招引名臣子孫之言太宗之意深遠矣岑文本謂隋師入陳袁憲有

獨侍其主之忠王世充受禪憲之子獨不署名其弟又清貞雅操一門父子兄弟忠義傳家而不著聞向非太宗心存忠義之臣而興言及此非文本之公忠不掩人善如此則袁氏之忠節何由著聞哉

貞觀十五年詔曰朕聽朝之暇觀前史每覽前賢佐時忠臣狥國何嘗不想見其人廢書欽歎至於近代以來年歲非遠然其胤緒或當見存（見音現）縱未能顯加旌表無容棄之遐裔其周隋二代名臣及忠節子孫有貞觀已來犯罪配流者宜令（平聲）所司具錄奏聞於是多從矜

宥（舊本此章在刑法篇今附入于此）

愚按太宗好賢可以為至矣不唯尊榮其朝臣又能上及於前朝焉不唯登崇其一身又能下及於後裔焉是故祭比干之靈封楊震之墓褒贈君素之官爵錄用諸儒之子孫令也又詔周隋名臣之後配流者悉從矜宥則凡列在庶位者孰不知所勸乎宜其忠良之士彬彬輩出有以開三百年之休運也嗚呼盛哉

貞觀十九年太宗攻遼東安市城（今為安市州隸鎮東）高麗人衆皆死戰詔令耨薩延壽惠真等降（音杭耨薩高延壽北部耨薩高惠真南部）衆止其城下以招之城中堅守不動每見帝幡旗必乘城鼓譟（乘平聲）帝怒甚詔江夏王道宗（高祖從兄弟字承範年十七從秦王討賊有功初封任城後封江夏郡道宗好學接士不倨于貴為宗室最賢）築土山以攻其城竟不能尅太宗將旋師嘉安市城主堅守臣節賜絹三百匹以勸勵事君者（舊本此章與第十二章合為一章今按通鑑標年附入于此又按通鑑太宗親征遼東令李勣攻安市安市人望見旗蓋輒乘城鼓譟上怒勣請克城之日男子皆阬之安市人聞之益堅守久不下江夏王道宗築土山於城東漫逼其城城中亦增高其城以拒之又衝車礮石壞其城堞城中隨立木柵以塞之築山晝夜不息凡六旬用功五十萬山頹壓城崩城中數百人出戰遂奪據土山而守之諸將攻二日不克上以天寒糧盡先拔遼蓋二州戶口渡遼乃耀兵城下而旋城中皆屏跡不出城主登城拜

辭上嘉其固守賜縑百匹）

愚按遼東之役與前日義師有間矣夫以太宗之英武戡定禍亂於羣雄競起之日天戈所指夷狄不能嬰其鋒而晚年悉乃心力不能制服一遠國何哉退而嘉安市城主堅守之節賞賜以旌之以勵事君者斯意固美矣然不若不黷武之尤全美也

孝友第十五（凡五章）

司空房玄齡事繼母能以色養（去聲）恭謹過人其母病請醫人至門必迎拜垂泣及居喪（平聲）尤甚柴毀（言毀瘠如柴也）太宗命散騎常侍劉洎就加寬譬遺（去聲）寢床粥食鹽菜

愚按孝經傳曰事親孝故忠可移于君蓋天理根於人心其發見於事親者此理也發見于事君者此理也忠孝豈二道哉故求忠臣于孝子之門未有事親孝而事君不忠者思修身不可以不事親未有身不修而可以治國平天下者房玄齡唐之名相而孝之至固宜忠之盡也且昔之以孝聞者如閔損王祥之類皆繼母也夫是之謂孝玄齡其知此矣

虞世南初仕隋歷起居舍人隋制掌書王言動作之事以為國志宇文化及殺逆之際殺讀曰弒其兄世基時為內史侍郎隋改中書為內史將被誅世南抱持號泣號平聲請以身代死化及竟不納世南自此哀毀骨立者數載時人稱重焉

愚按虞世基兄弟出于吳中嘗從顧野王學一時文學才譽人比之晉二陸入隋而俱登班列世基與宇文化及之難世南不愛其身求代其兄其孝友可尚已世南歸唐為唐名卿蓋其溫恭豈弟出於天性云

韓王元嘉高祖第十一子也少好學藏書至萬卷皆以古文參定同異當世稱之貞觀初史作六年為潞州刺史潞州今仍舊隸河東時年十五在州聞太妃有疾太妃韓王之母隋大將軍宇文述之女也為昭儀有寵高祖即位欲立為后固辭不受韓王以母有寵而為帝所愛便涕泣不食及至京師發喪平聲哀毀過禮太宗嘉其至性屢慰勉之元嘉閨門修整有類寒素士大夫與其弟魯哀王靈夔高祖第十九子韓王同母弟也好學善音律後以謀欲起兵應接越王貞父子事洩自縊謚曰哀甚相友愛兄弟集見如布衣之禮其修身潔己內外如一當代諸王莫能及者

霍王元軌高祖第十四子也多才藝出為刺史所至閑閣讀書與處士劉玄平為布衣交或問王所長玄平曰王無不備吾何以稱之武德中初封為吳王武德六年封蜀王八年徙封吳王貞觀七年為壽州刺史壽州今為安豐路隸淮西屬高祖崩去職毀瘠過禮自後常衣布服衣去聲示有終身之戚太宗嘗問侍臣曰朕子弟孰賢侍中魏徵對曰臣愚暗不盡知

其能惟吳王數與臣言數音朔臣未嘗不自失太宗曰卿以為前代誰比徵曰經學文雅亦漢之間平漢河間獻王德東平憲王蒼也至如孝行去聲乃古之曾閔也曾參閔損也由是寵遇彌厚因令妻徵女焉令平聲妻去聲

愚按孟子言性善堯舜至于塗人一也王孫公子之貴其性豈與人異哉孟子所謂其居使之然也觀太宗諸弟若韓王元嘉霍王元軌天性之孝友居處之儉約操履之修潔有一介之士所難能者可謂賢也已矣是尤見人性之初無爾殊也彼昏不知者乃自絕其天理耳

貞觀中有突厥史行昌突厥阿史那氏此因以史為姓行昌其名也直玄武

門（玄武北方宿名取以名門也）食而捨肉人問其故曰歸以奉母太宗聞而歎曰仁孝之性豈隔華夷賜尚乘馬一疋（乘去聲尚乘主車乘之官）詔令給其母肉料（令平聲）

愚按一直門之士夷貊之人也而有孝于其母之心事聞於萬乘獲仁孝之褒優賜之厚則有人心者孰不感發於孝乎

公平第十六（凡八章）

太宗初即位中書令房玄齡奏言秦府舊左右未得官者並怨前宮及齊府左右處分之先已（處上聲分去聲先並去聲）太宗

曰古稱至公者蓋謂平恕無私丹朱商均子也而堯舜廢之（堯知子丹朱之不肖不足授天下卒授舜舜之子商均亦不肖乃以天下授禹）管叔蔡叔兄弟也而周公誅之（管叔名鮮蔡叔名度皆文王之子也武王既克殷封鮮于管封度于蔡相紂子武庚祿父治殷遺民武王崩成王少周公旦專王室叔疑之乃挾武庚作亂周公承王命遂誅武庚殺管叔流蔡叔）故知君人者以天下為公無私於物昔諸葛孔明小國之相（相去聲諸葛複姓字孔明名亮琅琊人為蜀丞相）猶曰吾心如稱（與秤同）不能為人作輕重（為去聲後同）況我今理大國乎朕與公等衣食出于百姓此則人力已奉於上而上恩未被於下今所以擇賢才者蓋為求安百姓也用人但問堪否豈以新故異情凡一面尚且相親況舊人而頓忘也才若不堪亦豈以舊人而先用今不論其能不能而直言其嗟怨豈是至公之道耶

貞觀元年有上封事者請秦府舊兵並授以武職追入宿衛太宗謂曰朕以天下為家不能私於一物惟有才行是任（行去聲）豈以新舊為差況古人云兵猶火也弗戢將自焚汝之此意非益政理

愚按書曰天視自我民視天聽自我民聽天無視聽以民為視聽一至公而已太宗踐祚之初首發至公無私之論古帝王憲天聰明用是道也房玄齡言秦府未得官者共怨前宮齊府左右之先已則曰用人惟才不論舊故不如是則私故府之士矣有請秦府舊兵授以武職追入宿衛則曰唯有才行是任豈以新舊為差不如是則私故府之兵矣君天下者每以至公存心何往而不當于人心乎

貞觀元年吏部尚書長孫無忌嘗被名不解佩刀入東上閤門出閤門後監門校尉始覺尚書右僕射封德彝議以監門校尉不覺罪當死無忌誤帶刀入徒二年罰

銅二十斤太宗從之大理少卿（少去聲卿之貳也）戴冑駮曰校尉不覺無忌帶刀入內同為誤耳夫臣子之於尊極（夫音扶）不得稱誤准律云供御湯藥飲食舟船誤不如法者皆死陛下若錄其功非憲司所決若當據法罰銅未為得理太宗曰法者非朕一人之法乃天下之法何得以無忌國之親戚便欲撓法耶更令定議（令平聲後同）德彝執議如初太宗將從其議冑又駮奏曰校尉緣無忌以致罪於法當輕若論其過誤則為情一也（為情如字）而生死頓

殊敢以固請太宗乃免校尉之死是時朝廷大開選舉或有詐偽階資者太宗令其自首（首去聲後同）不首罪至於死俄有詐偽者事洩冑據法斷流以奏之太宗曰朕初下敕不首者死今斷從流是示天下以不信矣冑曰陛下當即殺之非臣所及既付所司臣不敢虧法太宗曰卿自守法而令朕失信耶冑曰法者國家所以布大信於天下言者當時喜怒之所發耳陛下發一朝之忿（朝音昭）而許殺之既知不可而寘之以法此乃忍小忿而存大信臣竊為陛下惜之（為去聲）太宗曰朕法有所失卿能正之朕復何憂也

張氏九成曰法者天下公共雖天子喜怒不得輕重冑為大理之議可謂用法平允矣守所司之法不顧天子之詔救上之失達君之聽使四海取信民不冤濫為吏若此國家何所患哉

唐氏仲友曰書曰無虐煢獨而畏高明蓋小人之情必虐煢獨而畏高明君子反是向無冑之言則太宗為失刑背皇極之訓矣其為利害豈淺哉

愚按封德彝隋之佞人也及唐之興以秘策而見用遂移其所以事隋者事唐勸用法律之說若行則仁義之效民生不覩於貞觀之世矣今觀德彝與戴冑論無忌校尉之罪用捨之間其得失視仁

義法律之說未相輕重也為國在于用人用人豈容輕哉非戴冑執法之公太宗從善之速其不寬人者幾希矣

貞觀二年太宗謂房玄齡等曰朕比見（比音鼻）隋代遺老咸稱高熲善為相者（相去聲後同高熲字昭玄隋之賢相煬帝以其忠諫為謗訕誅之）遂觀其本傳（傳去聲）可謂公平正直尤識治體隋室安危繫其存沒煬帝無道枉見誅夷何嘗不想見此人廢書欽歎又漢魏以來諸葛亮為丞相亦甚平直嘗表廢廖立（字公淵武陵人仕蜀為長水使者）李嚴（字正方南陽人仕蜀為中都說）於南中立聞亮

卒泣曰吾其左衽矣嚴聞亮卒發病而死故陳壽晉人撰三國志稱亮之為政開誠心布公道盡忠益時者雖讎必賞犯法怠慢者雖親必罰卿等豈可不企慕及之朕今每慕前代帝王之善者卿等亦可慕宰相之賢者若如是則榮名高位可以長守玄齡對曰臣聞理國要道在於公平正直故尚書云尚如字無偏無黨王道蕩蕩無黨無偏王道平平周書洪範篇之辭又孔子稱舉直錯諸枉則民服錯讀曰措孔子對魯哀公之辭今聖慮所尚誠足以極政教之源盡至公之要囊括區宇化成天下太宗曰此直朕之所懷豈有與卿等言之而不行也

愚按昔傅說告高宗曰事不師古以克永世匪說攸聞太宗謂朕每慕前代帝王之善者卿等可慕宰相之賢者其有合於師古者乎前代帝王之善者若堯舜禹湯文武成康降是則漢七制之主是已前代宰相之賢者若皋夔稷契伊傅周召降是則蕭曹丙魏是已高熲之公平正直亦可謂賢相矣惜昧于不可則止之義諸葛亮王佐才也誠有古良相之遺風三代而下所不常見太宗令相臣企慕之亦知人哉嗚呼二帝三王之相不得而見之矣得見如武侯者斯可矣

長樂公主樂音洛公主太宗第五女封長樂郡下嫁長孫沖文德皇后所生也

貞觀六年將出降謂下嫁也敕所司資送倍於長公主長音掌後同通鑑作永嘉長公主乃高祖之女也魏徵奏言昔漢明帝欲封其子帝曰朕子豈得同於先帝子乎可半楚淮陽王楚王英淮陽王昞皆光武子前史以為美談天子姊妹為長公主天子之女為公主既加長字良以尊於公主也情雖有殊義無等別彼列切若令公主之禮令平聲有過長公主理恐不可實願陛下思之太宗稱善乃以其言告后后歎曰嘗聞陛下敬重魏徵殊未知其故而今聞其諫乃能以義制人主之情真社稷臣矣妾與陛下結髮為夫妻曲蒙禮敬情義深重每將有言必候顏色尚不敢輕犯威嚴況在臣下情疏禮隔故韓非謂之說難韓非戰國時刑名之學者東方朔稱其不易以豉切東方朔字曼倩平原人漢武帝時為大夫良有以也忠言逆耳而利於行有國有家者深所要急納之則世治杜之則政亂誠願陛下詳之則天下幸甚因請遣中使去聲齎帛五百匹詣徵宅以賜之

愚按易之歸妹曰帝乙歸妹其君之袂不如其娣之袂良蓋謂王姬下嫁位雖至貴不事容飾也娣

縢以容飾為事而衣袂所以為容飾者也尚禮而不尚飾故其袂不及其娣之袂良以儉德也太宗于公主之降敕所司資送倍長公主雖以后之所生毋乃牽于愛而不節以制度乎是道之以踰禮越法矣幸魏徵之忠諫太宗之聽從而文德皇后又從而褒賞之也若后之德雖漢之陰馬亦不能及可謂無愧周之任姒邑姜者矣正家而天下定后之謂歟

刑部尚書張亮坐謀反下獄亮為相州刺史假子公孫節以讖有弓長之主當別都亮自以相舊都弓長其姓陰有怪謀陝人常德告發其謀幷言亮養假子五百太宗曰正欲反耳遣房玄齡謂曰法者天下平與公共為之公不自修乃至此將奈何于是斬之籍其家詔令百官議之令平聲後同多言亮當誅惟殿中少監少去聲唐制殿中監掌天下服御之事少

監其貳也李道裕奏亮反形未具明其無罪太宗既盛怒竟殺之俄而刑部侍郎有闕侍郎尚書之貳令宰相妙擇其人相去聲累奏不可太宗曰吾已得其人矣往者李道裕議張亮云反形未具可謂公平矣當時雖不用其言至今追悔遂授道裕刑部侍郎

唐氏仲友曰道裕議張亮反形未具太宗不暇省歲餘乃以刑部命道裕太宗可謂能改過道裕可謂善議刑矣

愚按因李道裕議張亮之獄遂有刑部侍郎之除不唯見太宗悔過之心亦足見太宗擇人之術又所以示天下以明慎用刑之意開人臣以有過必諫之路也唐之刑部周官司寇掌邦禁之職妙擇其人而不輕授帝舜之命皋陶由此其選也太宗是舉衆善集焉

貞觀初太宗謂侍臣曰朕今孜孜求士欲專心政道聞有好人則抽擢驅使而議者多稱彼者皆宰臣親故但公等至公行事勿避此言便為形迹古人內舉不避親外舉不避讎而為舉得其真賢故也但能舉用得才雖是子弟及有讐嫌不得不舉

愚按祁奚舉賢不避祁午謝安舉將不避謝玄大臣之用人唯其公而已矣苟得其人雖子弟可也

況親戚乎太宗謂侍臣但能舉用得才勿避形迹斯言當矣異時或告魏徵阿黨親戚太宗命案驗無狀乃使謂徵曰自今宜存形迹則又與斯言相戾矣使非鄭公直言不撓果得以踐斯言否乎

貞觀十一年時屢有閹官充外使閹音淹使去聲後同妄有奏事發太宗怒魏徵進曰閹豎雖微狎近左右時有言語輕而易信易以豉切浸潤之譖為患特深今日之明必無此慮為子孫教不可不杜絕其源太宗曰非卿朕安得聞此語自今已後充使宜停魏徵因上疏曰臣聞為人君者在乎善善而惡惡上烏去聲下如字後同近君子而遠小人遠去聲後

同善善明則君子進矣惡惡著則小人退矣近君子則朝無粃政遠小人則聽不私邪小人非無小善君子非無小過君子小過蓋白玉之微瑕小人小善乃鉛刀之一割鉛刀一割良工之所不重小善不足以掩衆惡也白玉微瑕善賈之所不棄賈音古小疵不足以妨大美也善小人之小善謂之善善惡君子之小過惡烏去聲謂之惡惡此則蒿蘭同嗅玉石不分屈原所以沉江屈原名平楚懷王大夫王信讒而不見用乃自沉汨羅江而死卞和所以泣血者也卞和楚人得玉璞獻厲王

王以爲僞刖其足和抱璞而泣繼之以血既識玉石之分又辨蒿蘭之臭善善而不能進惡惡而不能去去上聲此郭氏所以爲墟事見納諫篇史魚所以遺恨也家語曰史魚病將卒命其子曰吾臣不能正其君也生不能正其君則死無以成禮我死汝置屍牖下其子從之靈公弔其子以告公公曰寡人之過也命殯之客位進遽伯玉而用退彌子瑕而遠之孔子曰古之諫者死則已矣未有如史魚死而屍諫忠感其君者也可不謂直乎陛下聰明神武天姿英叡志存泛愛引納多塗好善而不甚擇人好去聲後同疾惡而未能遠佞又出言無隱疾惡太深聞人之善或未全信聞人之惡以爲必然雖有獨見之明猶恐理或未盡何則君子揚人之善小人訐人之惡聞惡必信則小人之道長矣長音掌後同聞善或疑則君子之道消矣爲國家者急於進君子而退小人乃使君子道消小人道長則君臣失序上下否隔否音粃亂亡不卹將何以理乎且世俗常人心無遠慮情在告訐好言朋黨夫以善相成夫音扶後同謂之同德以惡相濟謂之朋黨今則清濁共流善惡無別彼列切以告訐爲誠直以同德爲朋黨以之爲朋黨則謂事無可信

以之爲誠直則謂言皆可取此君恩所以不結於下臣忠所以不達於上大臣不能辯正小臣莫之敢論遠近承風混然成俗非國家之福非爲理之道適足以長姦邪亂視聽使人君不知所信臣下不得相安若不遠慮深絕其源則後患未之息也今之幸而未敗者由乎君有遠慮雖失之於始必得之於終故也若時逢少隳往而不返雖欲悔之必無所及既不可以傳諸後嗣復何以垂法將來且夫進善黜惡施於人者也施平聲後同以古

作鑒施於已者也鑒貌在乎止水鑒已在乎哲人能以古之哲王鑒於已之行事則貌之妍醜宛然在目事之善惡自得於心無勞司過之史不假芻蕘之議巍巍之功日著赫赫之名彌遠為人君者可不務乎臣聞道德之厚莫尚於軒唐仁義之隆莫彰於舜禹欲繼軒唐之風將追舜禹之跡必鎮之以道德弘之以仁義舉善而任之擇善而從之不擇善任能而委之俗吏既無遠度必失大體惟奉三尺之律以繩四海之人欲求垂拱無

為不可得也故聖哲君臨移風易俗不資嚴刑峻法在仁義而已故非仁無以廣施（如字）非義無以正身惠下以仁正身以義則其政不嚴而理其教不肅而成矣然則仁義理之本也刑罰理之末也為理之有刑罰猶執御之有鞭策也人皆從化而刑罰無所施馬盡其力則有鞭策無所用由此言之刑罰不可致理亦已明矣故潛夫論（夫如字後漢王符字節信著書號潛夫論）曰人君之理莫大於道德教化也民有性有情有化有俗情性者心也本也俗化者行也末也（行去聲後同）是以上君撫世先其本而後其末順其心而履其行心情苟正則姦慝無所生邪意無所載矣是故上聖無不務理民心故曰聽訟吾猶人也必也使無訟乎（孔子之辭）道之以禮務厚其性而明其情民相愛則無相傷害之意動思義則無畜姦邪之心若此非律令之所理也此乃教化之所致也聖人甚尊德禮而卑刑罰故舜先敕契以敬敷五教（契音泄舜臣名五教謂父子有親君臣有義夫婦有別長幼有序朋友有信）而後任咎繇以五刑也（咎繇與皋陶同五刑謂墨劓剕宮大辟也）

凡立法者非以司民短而誅過誤也乃以防姦惡而救禍患檢淫邪而內正道（內讀曰納）民蒙善化則人有士君子之心被惡政則人有懷姦亂之慮故善化之養民猶工之為麴豉也六合之民猶一廕也黔首之屬（秦稱民曰黔首）猶荳麥也變化云為在將者耳遭良吏則懷忠信而履仁厚遇惡吏則懷姦邪而行淺薄忠厚積則致太平淺薄積則致危亡是以聖帝明王皆敦德化而薄威刑也德者所以循已也威者所以理人也民之生也猶鑠

金在爐方圓薄厚隨鎔制耳是故世之善惡俗之薄厚皆在於君世之主誠能使六合之内舉世之人感忠厚之情而無淺薄之惡各奉公正之心而無姦險之慮則醇醲之俗醇音淳醲音驗言俗如酒味之和也復見於兹矣後王雖未能遵專尚仁義當慎刑卹典哀敬無私故管子曰聖君任法不任智任公不任私故王天下王去聲理國家貞觀之初志存公道人有所犯一一於法縱臨時處斷上上聲下去聲或有輕重但見臣下執論無不忻然受納民知罪之無

私故甘心而不怨臣下見言無忤故盡力以効忠頃年以來意漸深刻雖開三面之網見規諫篇注而察見川中之魚取捨在於愛憎輕重由乎喜怒愛之者罪雖重而強為之辭強上聲惡之者過雖小而深探其意惡烏去聲後同探平聲法無定科任情以輕重人有執論疑之以阿偽故受罰者無所控告當官者莫敢正言不服其心但窮其口欲加之罪其無辭乎又五品已上有犯悉令令平聲曹司聞奏本欲察其情狀有所哀矜今乃曲求小節或重其罪使

人攻擊惟恨不深事無重條求之法外所加十有六七故頃年犯者懼上聞得付法司以為多幸告訐無已窮理不息君私於上吏姦於下求細過而忘大體行一罰而起衆姦此乃背公平之道背音倍乖泣辜之意見封建篇注欲其人和訟息不可得也故體論云夫淫泆盜竊百姓之所惡也我從而刑罰之雖過乎當當去聲百姓不以我為暴者公也怨曠饑寒亦百姓之所惡也遁而陷之法我從而寬宥之百姓不以我為偏者公也我之所重百姓

之所憎也我之所輕百姓之所憐也是故賞輕而勸善刑省而禁姦由此言之公之於法無不可也過輕亦可私之於法無可也過輕則縱姦過重則傷善聖人之於法也公矣然猶懼其未也而救之以化此上古所務也後之理獄者則不然未訊罪人則先為之意及其訊之則驅而致之意謂之能不探獄之所由生為之分探平聲而上求人主之微旨以為制謂之忠其當官也能其事上也忠則名利隨而與之驅而陷之欲望道化之隆亦

難矣凡聽訟吏獄必原父子之親立君臣之義權輕重之序測淺深之量悉其聰明致其忠愛疑則與衆共之疑則從輕者所以重之也故舜命咎繇曰汝作士惟刑之恤（出虞書）又復加之以三訊（周禮以三刺斷庶民獄訟之中一曰訊羣臣二曰訊羣吏三曰訊萬民）衆所善然後斷之是以為法參之人情故傳曰（傳去聲）小大之獄雖不能察必以情而世俗拘愚苛刻之吏以為情也者取貨者也立愛憎者也右親戚者也陷怨讐者也（怨平聲）何世俗小吏之情與夫古人之懸遠

乎有司以此情疑之羣吏人主以此情疑之有司是君臣上下通相疑也欲其盡忠立節難矣凡理獄之情必本所犯之事以主不敢訊不旁求不貴多端以見聰明故律正其舉劾之法參伍其辭所以求實也非所以飾實也但當參伍明聽之耳不使獄吏鍛鍊飾理成辭於手孔子曰古之聽獄求所以生之也今之聽獄求所以殺之也故析言以破律任案以成法執左道以必加也又淮南子（漢淮南王安著書曰淮南子）曰豐水之深十仞金鐵在焉則

形見於外（見音現）非不深且清而魚鱉莫之歸也故為者以苛為察以功為明以刻下為忠以訐多為功譬猶廣革大則大矣裂之道也夫賞宜從重罰宜從輕君居其厚百王通制刑之輕重恩之厚薄見思與見疾其可同日言哉且法國之權衡也時之準繩也權衡所以定輕重準繩所以正曲直今作法貴其寬平罪人欲其嚴酷喜怒肆志高下在心是則捨準繩以正曲直棄權衡而定輕重者也不亦惑哉諸葛孔明小國之相（相去聲）猶曰吾

心如秤不能為人作輕重（為去聲）況萬乘之主（天子畿內之地方千里出車萬乘故曰萬乘之主）當可封之日（唐虞之世比屋可封）而任心棄法取怨於人乎又時有小事不欲人聞則暴作威怒以弭謗議若所為是也聞於外其何傷若所為非也雖掩之何益故諺曰欲人不知莫若不為欲人不聞莫若勿言為之而欲人不知言之而欲人不聞此猶捕雀而掩目盜鐘而掩耳者秪以取誚將何益乎臣又聞之無常亂之國無不可理之民者夫民之善惡由乎化之厚薄故禹

湯以之理桀紂以之亂文武以之安幽厲以之危是以古之哲王盡己而不以尤人求身而不以責下故曰禹湯罪己其興也勃焉桀紂罪人其亡也忽焉左傳臧文仲告魯君之辯為之無己深乖惻隱之情實啟姦邪之路溫舒恨於曩日溫舒前漢人嘗上書言獄吏之害臣亦欲惜不用非所不聞也臣聞堯有敢諫之鼓通歷曰堯定四岳置諫鼓舜有誹謗之木淮南子曰舜立誹謗之木湯有司過之史淮南子曰湯有司直之人武有戒慎之銘太公述丹書之言曰敬勝怠者吉怠勝敬者滅義勝欲者從欲勝義者凶武王聞之退而為戒乃書於几鑑盂槃為銘出

大戴禮此則聽之於無形求之於未有虛心以待下庶下情之達上上下無私君臣合德者也魏武帝云有德之君樂聞逆耳之言犯顏之諍樂音洛親忠臣厚諫士斥讒慝遠佞人者遠去聲後同誠欲全身保國遠避滅亡者也凡百君子膺期統運縱未能上下無私君臣合德可不全身保國遠避滅亡乎然自古聖哲之君功成事立未有不資同心予違汝弼者也昔在貞觀之初側身勵行謙以受物蓋聞善必改時有小過引納忠規每聽直言喜形顏色故凡在忠烈咸竭其辭自頃年海內無虞遠夷懾服志意盈滿事異厥初高談疾邪而喜聞順旨之說空論忠讜而不悅逆耳之言私嬖之徑漸開至公之道日塞往來行路咸知之矣邦之興衰實由斯道為人上者可不勉乎臣數年以來每奉明旨深懼羣臣莫肯盡言臣竊思之自比來比音鼻人或上書事有得失惟見述其所短未有稱其所長又天居自高龍鱗難犯在於造次造七到切不敢盡言時有所陳不能盡意更思重竭重平聲

其道無因且所言當理當去聲未必加於寵秩意或乖忤將有恥辱隨之莫能盡節實由於此雖左右近侍朝夕堦墀事或犯顏咸懷顧望況疏遠不接將何以極其忠款哉又時或宣言云臣下見事秖可來道何因所言即望我用此乃拒諫之辭誠非納忠之意何以言之犯主嚴顏獻可替否所以成主之美匡主之過若主聽則惑事有不行使其盡忠讜之言竭股肱之力猶恐臨時恐懼莫肯效其誠款若如明詔所道便是許其面從而又

責其盡言進退將何所據欲必使乎致諫在乎好之而已（好去聲後同）故齊桓好服紫而合境無異色楚王好細腰而後宮多餓死（言上有好者下必有甚之意）夫以耳目之玩人猶死而不違況聖明之君求忠正之士千里斯應信不為難若徒有其言而內無其實欲其必至不可得也太宗手詔曰省前後諷諭（省悉井切）皆切至之意固所望於卿也朕昔在衡門尚惟童幼未漸師保之訓（漸音尖）罕聞先達之言值隋主分崩萬邦塗炭惵惵黔黎（惵音蝶）庇身無所朕

自二九之年有懷拯溺發憤投袂便提干戈蒙犯霜露東西征伐日不暇給居無寧歲降蒼昊之靈稟廟堂之略義旗所指觸向平夷弱水流沙（今屬甘肅）並通輶軒之使（輶去聲輕車也）被髮左衽（四夷之人也）皆為衣冠之域正朔所班無遠不屆及恭承寶歷寅奉帝圖垂拱無為氛埃靖息於茲十有餘年斯蓋股肱罄帷幄之籌爪牙竭熊羆之力協德同心以致於此自惟寡薄厚享斯休每以撫大神器憂深責重常懼萬幾多曠四聰不達戰戰兢兢坐以待旦詢於公卿以至隸皁推以赤心庶幾明賴一動以鍾石淳風至德永傳於竹帛克播鴻名常為稱首朕以虛薄多慙往代若不任舟楫豈得濟彼巨川不藉鹽梅安得調夫五味（商書高宗命傅說曰若濟巨川用汝作舟楫又曰若作和羹爾惟鹽梅）賜絹三百匹

愚按春秋之世衛至弱也季子知其後亡齊至強也周公知其後多篡弒夫所貴乎聖賢者以其見禮知政而前知于未然之先也善乎魏徵之言曰閹宦雖微為患特深今日之明必無此慮為子孫計不可不杜絕其源厥後唐之中葉竟以宦者而亂及其末世遂以宦者而亡徵之明見雖周公季

子何遠之有哉太宗斯時正當著之為令俾後之子孫世世無得使宦者與政可也乃不過傳其充使是特一時之計耳豈貽厥孫謀者耶徵既言閹宦之禍復上疏數千言極陳當時之失史稱徵諫疏二百餘篇其見於世者則此其最詳者也太宗答詔丁寧寵賜優渥君臣相與之際何其盛哉

誠信第十七（凡四章）

貞觀初有上書請去佞臣者（去上聲）太宗謂曰朕之所任皆以為賢卿知佞者誰耶對曰臣居草澤不的知佞者請陛下佯怒以試羣臣若能不畏雷霆直言進諫則是正人順情阿旨則是佞人太宗謂封德彝曰流水清濁

在其源也君者政源人庶猶水君自為詐欲臣下行直是猶源濁而望水清理不可得朕常以魏武帝多詭詐深鄙其為人如此豈可堪為教令謂上書人曰朕欲使大信行於天下不欲以詐道訓俗卿言雖善朕所不取也

范氏祖禹曰太宗可謂知君道矣夫君以一人之身御四海之廣應萬務之衆苟不以至誠與賢而役其獨智以先天下則耳目心智之所及者其能幾何是故人君必清心以涖之虛己以待之如鑑之明如水之止則物至而不能罔矣夫權衡設而不可欺以輕重者唯其平也繩墨設而不可欺以曲直者唯其正

也我以其正彼以其頗我以其真彼以其偽何患乎邪之不察佞之不辨而必行詐以試之哉一為不誠則心且蔽矣邪正何能辨乎是故鑑垢則物不能察也水動則形不能見也已不明故也且待物以誠猶恐其不動也況不誠而能動物乎夫為君而使左右前後之人皆莫測其所為雖欲不欺不可得也唯能御以至誠則忠直者進而憸邪者無自入矣

愚按昔夫子答顏淵為邦之問終之曰遠佞人佞人殆甚矣佞人之足以喪家國也禹之答臯陶曰知人則哲何畏乎巧言令色孔壬蓋人主一心攻之者衆一有所偏則讒邪而詖之人乘隙而進儻君心虛明旁燭無疆則正邪自不能逃吾水鑑矣太宗謂君自為詐欲臣下直是猶源濁而望水清欲使大信行於天下不欲以詐真王言哉

貞觀十年魏徵上疏曰臣聞為國之基必資於德禮君之所保惟在於誠信誠信立則下無二心德禮形則遠人斯格然則德禮誠信國之大綱在於君臣父子不可斯須而廢也故孔子曰君使臣以禮臣事君以忠（孔子對魯定公之辭）又曰自古皆有死民無信不立（孔子答子貢之辭）文子（姓辛名鈃一名計然濮上人師事老子著書十二篇名之曰通玄真經）曰同言而信信在言前同令而行誠在令外然則言而不行言無信也令而不從令無誠也不信之言無誠之令為上則敗德為下

則危身雖在顛沛之中君子之所不為也自王道休明十有餘載威加海外萬國來庭倉廩日積土地日廣然而道德未益厚仁義未益博者何哉由乎待下之情未盡於誠信雖有善始之勤未覩克終之美故也昔貞觀之始乃聞善驚歎暨八九年間猶悅以從諫自茲厥後漸惡直言（惡烏去聲後惡利同）雖或勉強（強上聲）有所容非復曩時之豁如謇諤之輩稍避龍鱗便佞（便平聲）之徒肆其巧辯謂同心者為擅權謂忠讜者為誹謗謂之為朋黨雖忠

信而可疑謂之為至公雖矯偽而無咎彊直者畏擅權之議忠讜者慮誹謗之尤正臣不得盡其言大臣莫能與之爭（爭讀曰諍）熒惑視聽鬱於大道妨政損德其在此乎故孔子曰惡利口之覆邦家者蓋為此也（為去聲）且君子小人貌同心異君子掩人之惡揚人之善臨難無苟免（難去聲）殺身以成仁小人不恥不仁不畏不義唯利之所在危人自安夫苟在危人則何所不至（夫音扶後同）今欲將求致理必委之於君子事有得失或訪之於小人其待

君子也則敬而踈遇小人也必輕而狎狎則言無不盡踈則情不上通是則毀譽在於小人（譽平聲）刑罰加於君子實興喪之所在可不慎哉此乃孫卿所謂使智者謀之與愚者論之使修潔之士行之與汙鄙之人疑之欲其成功可得乎哉夫中智之人豈無小慧然才非經國慮不及遠雖竭力盡誠猶未免於傾敗況內懷奸利承顏順旨其為禍患不亦深乎夫立直木而疑影之不直雖竭精神勞思慮其不得亦已明矣夫君能盡禮臣得竭忠必在於內外無私上下相信上不信則無以使下下不信則無以事上信之為道大矣昔齊桓公問於管仲曰吾欲使酒腐於爵肉腐於俎得無害霸乎管仲曰此極非其善者然亦無害於霸也桓公曰如何而害霸乎管仲曰不能知人害霸也知而不能任害霸也任而不能信害霸也既信而又使小人參之害霸也晉中行穆伯（中行氏穆伯晉卿也）攻鼓（城名）經年而弗能下餽間倫（間去聲後同）曰鼓之嗇夫間倫知之請無疲士大夫而鼓可得穆伯

不應左右曰不折一戟（折音去）不傷一卒而鼓可得君奚為不取穆伯曰間倫之為人也佞而不仁若使間倫下之吾可以不賞之乎若賞之是賞佞人也佞人得志是使晉國之士捨仁而為佞雖得鼓將何用之夫穆伯列國之大夫管仲霸者之良佐猶能慎於信任遠避佞人也如此（遠去聲）況乎為四海之大君應千齡之上聖而可使巍巍至德之盛將有所間乎若欲令（令平聲）君子小人是非不雜必懷之以德待之以信厲之以義節之以禮然

後善善而惡惡上烏去聲下如字後同審罰而明賞則小人絕其私佞君子自強不息無為之治何遠之有善善而不能進惡惡而不能去上聲罰不及於有罪賞不加於有功則危亡之期或未可保永錫祚胤將何望哉太宗覽疏歎曰若不遇公何由得聞此語按史傳係十一年是歲大雨穀洛溢毀官寺十九漂居人六百家故徵上疏陳事帝手詔嘉答於是廢明德宮玄圃院賜遭水者疏文比此章尤多

唐氏仲友曰徵論基於德禮保于誠信然而道德未益厚仁義未益博由待下之情未盡誠信最中太宗之病道德仁義禮倘皆以誠信行之則終始唯一時乃日新豈至有善始之勤無克終之美哉

愚按天下之理一而已矣德者得此理者也禮者履此理者也而誠信者實此理者也魏徵之諫疏並舉德禮誠信而言之其要主於誠信其間如文子管仲中行穆伯之言皆出于誠信而言之也夫誠信者實心也有德有禮而以實心行之則固善始而善終矣何憂于危亡哉徵之言於是乎知本矣

太宗嘗謂長孫無忌等曰朕即位之初有上書者非一或言人主必須威權獨任不得委任羣下或欲耀兵振武懾服四夷惟有魏徵勸朕偃革興文布德施惠施平聲中國既安遠人自服朕從此語天下大寧絕域君長皆來朝貢長音掌九夷重譯相望於道重平聲凡此等事皆魏徵之力也朕任用豈不得人徵拜謝曰陛下聖德自天留心政術實以庸短承受不暇豈有益於聖明

愚按先儒論學問以變化氣質為先論克己以性偏難克為始夫豈徒學者之事為然哉大臣正君之道亦如是而已矣愚觀太宗天資英武明敏不患其不能為而患其過于為不患其不能斷但患其過于斷當貞觀即位之初或勸其獨運威權或勸其懾服四夷此皆太宗之所已能所謂以水濟水以火濟火者也魏徵獨勸以偃武興文布德施惠損其有餘益其不及茲非變其氣質而克其偏者歟甚矣徵之能正君也不然貞觀之治太宗何以獨歸功于徵哉

貞觀十七年太宗謂侍臣曰傳稱去食存信傳去聲去上聲孔子曰人無信不立並孔子答子貢之辭昔項羽既入咸陽已制天下向能力行仁信誰奪耶項羽引兵屠咸陽殺秦降王子嬰燒秦宮室收其貨寶婦女而東秦民大失望房玄齡對曰仁義禮智信謂之五常廢一不可能勤行之甚有裨益殷紂狎侮五常武王奪之周書武王誓師之言曰今商王受狎侮五常項氏以無信為漢高祖所奪誠如聖旨

愚按董子曰仁義禮智信五常之道王者所宜修飾也先儒謂此因武帝何修何飭之問而言其意

雖甚正惜其剖析未明使武帝知若何而為仁若何而為義其修飾之方又孰先孰後也可為仲舒惜今觀太宗猶能以去食存信語羣臣而玄齡之對謂五常廢一不可誠是已儻能一一而明辨之使太宗知人之性情心之體用本然全具而各有條理必當反求默識而擴充之不亦善乎愚于是復為玄齡惜

貞觀政要卷五

貞觀政要卷六

唐　吳兢　撰
元　戈直　集論

儉約第十八　凡八章

貞觀元年太宗謂侍臣曰自古帝王凡有興造必須貴順物情昔大禹鑿九山禹貢曰九山刊旅蔡氏注九州之山也如冀州則梁岐之類通九江禹貢曰九江孔殷蔡氏注即今之洞庭也今沅水漸水元水辰水敘水酉水澧水資水湘水皆合於洞庭故曰九江漢志所謂九江非是用人力極廣而無怨讟者物情所欲而衆所共有故也秦始皇營建宮室而人多謗議者為徇其私欲為去聲不與衆共故也朕今欲造一殿材木已具遠想秦皇之事遂不復作也復音缶古人云不作無益害有益周書旅獒之辭不見可欲使民心不亂老子之辭固知見可欲其心必亂矣至如雕鏤器物鏤音陋珠玉服玩若恣其驕奢則危亡之期可立待也自王公已下第宅車服婚嫁喪葬喪平聲準品秩不合服用者宜一切禁斷由是二十年間風俗簡樸衣無錦繡財帛富饒無饑寒之弊

貞觀二年公卿奏曰依禮季夏之月可以居臺榭禮記仲夏之月毋用火南方可以居高明可以遠眺望可以升山陵可以處臺榭今夏暑未退秋霖方始宮中卑濕請營一閣以居之太宗曰朕有氣疾豈宜下濕若遂來請糜費良多昔漢文將起露臺而惜十家之產見教戒篇注朕德不逮于漢帝而所費過之豈為人父母之道也固請至于再三竟不許

朱氏黼曰財用之贏縮關於侈儉風俗好尚本之人主以儉約為先則公卿大夫不敢踰制朝廷以儉約為先則士庶人不敢越分尊卑上下事事物物皆尚質崇樸自然家給人足貨財不可勝用矣苟或反是則朝廷百官誇多鬬靡四方士民歆羨倣傚天地之生物有限上下之財力有涯烏能周贍而普足哉漢文帝惜十家之產基址既成而一臺不築於是成富庶之功唐太宗監秦人之敝材用既具而一殿不為於是成貞觀之治撙節於一身者甚微而功利之及一世者甚大窒遏一時之欲者甚微而培養數百年之基本者甚著人主其可不察哉

愚按太宗可謂知化民之本矣一殿之建材木已具監秦皇之侈而亟己之一閣之營公卿所請慕漢帝之儉而竟不許其所以致貞觀之富庶也宜哉

貞觀四年太宗謂侍臣曰崇飾宮宇遊賞池臺帝王之所欲百姓之所不欲帝王所欲者放逸百姓所不欲者

勞弊孔子云有一言可以終身行之者其恕乎己所不欲勿施於人施平聲後同論語之辭勞弊之事誠不可施於百姓朕尊為帝王富有四海每事由己誠能自節若百姓不欲必能順其情也魏徵曰陛下本憐百姓每節己以順人臣聞以欲從人者昌以人樂己者亡樂音洛隋煬帝志在無厭平聲惟好奢侈好去聲後同所司每有供奉營造供平聲小不稱意稱去聲則有峻罰嚴刑上之所好下必有甚競為無限遂至滅亡此非書籍所傳亦陛下目所親見為其無道為去聲故天命陛下代之陛下若以為足今日不啻足矣啻音翅若以為不足更萬倍過此亦不足太宗曰公所奏對甚善非公朕安得聞此言

貞觀十六年太宗謂侍臣曰朕近讀劉聰傳傳去聲劉聰字玄明元海第四子本新興匈奴以漢高祖嘗以宗女妻冒頓故子孫冒劉姓元海於晉永興中立國是為前趙聰殺兄自立聰將為劉后為去聲后太保劉殷之女為左貴嬪後立為后起鳷儀殿廷尉陳元達廷尉獄官也元達字長宏後部人本姓高以生月妨父改姓陳切諫聰大怒命斬之劉后手疏啟請辭情甚切聰怒乃解而甚愧之晉載

記劉聰將起殿於後庭陳元達切諫聰大怒曰吾為萬幾主豈問汝鼠子乎將出斬之時在逍遥園李中堂劉后聞之密勑停刑上手疏曰今宮室已備宜愛民力廷尉之言四海之福也陛下宜加封賞而更誅之四海謂陛下如何哉陛下今興工費廣為妾營殿而殺諫臣使天下罪妾妾何以當之願賜死以塞陛下之過聰覽之命引元達謝之曰外輔如公內輔如后朕復何憂更命園曰納賢園堂曰愧賢堂人之讀書欲廣聞見以自益耳朕見此事可以為深誡比者比音鼻欲造一殿仍構重閣重平聲今於藍田藍田縣名今仍舊屬奉元路採木並已備具遠想聰事斯作遂止

愚按隋煬帝窮土木之工極宮室之麗迨有甚於紂之傾宮鹿臺卒致家國不保然亦隋文帝有以

啟之也文帝興王之君也天下既平而仁壽之役民不勝困是以後嗣傚之殆有甚焉太宗取狐隋殘弊之天下所宜休息卒而營造之事或納人言而止或監前古而止其過隋文遠矣觀其言曰帝王所欲者放逸百姓所不欲者勞弊以聖人之所謂恕而推己所不欲勿施於人之心君人者而味斯言也豈惟崇飾宮宇池臺為然哉樂聲色也求神仙也闢土地也事畋獵也肆遊觀也凡非百姓之所欲者一以恕之一言行之祈天永命之道也魏徵之復其君曰陛下若以為足今日不啻足矣若以為不足更萬倍過此亦不足此言尤為君人之格言也或曰太宗之言固善矣飛仙翠微玉華之作何居蓋飛仙之作既有魏徵之諫而翠微玉華以有疾避暑而即其舊以修之未可以是而求其備也

貞觀十一年詔曰朕聞死者終也欲物之反真也葬者藏也欲令人之不得見也令平聲上古垂風未聞於封樹後世貽則乃備於棺槨易大傳曰古之葬者厚衣之以薪葬之中野不封不樹喪期無數後世聖人易之以棺槨譏僭侈者非愛其厚費美儉薄者實貴其無危是以唐堯聖帝也穀林有通樹之説呂氏春秋堯葬穀林通樹之秦穆明君也橐泉無丘隴之處秦穆公名任好史記注穆公葬雍州橐泉宮祈年觀下仲尼孝子也防墓不墳孔子合葬親於防曰吾聞古也墓而不墳延陵慈父也嬴博可隱吳延陵季子名札適齊而返其子死葬於嬴博之間不歸鄉里斯

皆懷無窮之慮成獨決之明乃便體於九泉非徇名於百代也洎乎闔閭違禮珠玉為鳧鴈闔閭吳王名葬虎丘山下發士十萬人治葬穿土為川積壤為丘銅棺三重澒池六尺以黃金珠玉為鳧鴈始皇無度水銀為江海秦始皇葬於驪山吏徒數十萬曠日十年合采金石被以珠玉水銀為江海人膏為燈燭季孫擅魯斂以璵璠斂去聲璵音與璠音煩季孫魯大夫季平子也左傳定公五年季平子行東野還未至卒于房陽虎將以璵璠斂仲梁懷弗與曰改步改玉陽虎欲逐之告公山不狃不狃曰彼為君也子何怨桓魋專宋葬以石槨魋音頹桓魋宋向戌之孫為司馬禮記子游曰昔者夫子居於宋見桓司馬自為石槨三年而不成夫子曰若是其靡也死不如速朽之愈也莫不因多藏以

速禍由有利而招辱玄廬既發致焚如於夜臺(玄廬夜臺墓之別名也)黃腸再開同暴骸於中野(漢梁商薨賜以東園朱壽之器銀鏤黃腸注云器棺也以朱飾之以銀鏤之以柏木黃心為椁曰黃腸也)詳思曩事豈不悲哉由此觀之奢侈者可以為戒節儉者可以為師矣朕居四海之尊承百王之弊未明思化中宵戰惕雖送往之典詳諸儀制失禮之禁著在刑書而勲戚之家多流遁於習俗閭閻之內或侈靡而傷風以厚葬為奉終以高墳為行孝遂使衣衾棺椁極雕刻之華靈輀冥器窮金玉之飾富者越法度以相尚貧者破資産而不逮徒傷教義無益泉壤為害既深宜為懲革(宜為之為去聲)其王公已下爰及黎庶自今已後送葬之具有不依令式者仰州府縣官明加檢察隨狀科罪在京五品已上及勲戚家仍録奏聞(舊本此章在慎終篇今附入此)

愚按漢文帝嘗曰以北山為椁用紵絮斮陳漆其間豈可動哉張釋之對曰使其中有可欲者雖錮南山猶有隙也異時文帝之遺詔曰厚葬以破業吾甚不取霸陵山川因其故毋有所改斯言也其有感於釋之之言乎唐太宗初作獻陵務存隆厚猶文帝初年之意也虞世南諫而不能止十一年之詔豈非世南之言啟之歟愚嘗合二君之詔觀之則文帝之詔專為己之一身而已太宗之意則欲使天下之人同為儉約之歸以免於暴骸之禍此又文帝之所未及也

岑文本為中書令宅卑濕無帷帳之飾有勸其營産業者文本歎曰吾本漢南一布衣耳竟無汗馬之勞徒以文墨致位中書令斯亦極矣荷俸祿之重(荷去聲)為懼已多更得言産業乎言者歎息而退(舊本自此下四章並在貪鄙篇今附入于此)

愚按儉約者人之所難能也何曾之先見而日食萬錢謝安之相業而不忘聲色儉約豈可易能哉雖然有其道矣孟子曰志士不忘在溝壑勇士不忘喪其元士之仕於人之國者唯不忘其貧賤之時則自無侈靡之失矣岑文本身為中書令而能不忘其為漢南布衣時茲所以能不營産業而為唐名相歟

戶部尚書戴胄卒(胄子聿反)太宗以其居宅弊陋祭享無所令有司特為之造廟(令平聲為去聲)

溫彥博為尚書右僕射家貧無正寢及薨(公侯死曰薨)殯於旁室太宗聞而嗟歎遽命所司為造(為去聲)當厚加賻贈

魏徵宅內先無正堂及遇疾太宗時欲造小殿而輟其

材為徵營構五日而就遣中使去聲齎素褥布被而賜之以遂其所尚此章重出任賢篇

愚按奢侈者常情之所同樂儉約者中人之所不堪自非為人君者於奢儉之際有以抑此揚彼則為人臣者何憚而去其所同樂趨其所不堪乎戴胄居宅卑濕太宗為之造廟溫彥博死殯旁室太宗為之造正寢魏徵宅無正堂太宗輟其材而營之三臣之儉德行於下太宗之褒賞加於上天下之士其有不聞風興起者哉

謙讓第十九凡三章

貞觀二年太宗謂侍臣曰人言作天子則得自尊崇無

所畏懼朕則以為正合自守謙恭常懷畏懼昔舜誡禹曰汝惟不矜天下莫與汝爭能汝惟不伐天下莫與汝爭功虞書大禹謨之辭又易曰人道惡盈而好謙惡好並去聲易謙卦彖辭凡為天子若惟自尊崇不守謙恭者在身儻有不是之事誰肯犯顏諫奏朕每思出一言行一事必上畏皇天下懼羣臣天高聽卑何得不畏羣公卿士皆見瞻仰何得不懼以此思之但知常謙常懼猶恐不稱天心及百姓意也稱去聲魏徵曰古人云靡不有初鮮克有終鮮上聲詩大雅蕩篇之辭願陛下守此常謙常懼之道日慎一日則宗社永固無傾覆矣唐虞所以太平實用此法

呂氏祖謙曰無逸之書稱商三宗之享國而周公蔽之以一言曰畏而已蓋惟天子之尊苟以無所畏之心而自恃則治易忘亂安易忘危危亂而不自知矣惟能以有畏為心則上焉天心享之下焉臣民歸之如是而不安者未之有也太宗貞觀之治所以致之者固有其道而大要莫先於此

愚按昔史臣贊堯曰允恭克讓光被四表贊舜曰濬哲文明溫恭允塞夫堯舜五帝之盛帝也聖德輝光在謙讓而已易之謙曰天道下濟而光明天道而非下濟則亢矣何自而見其光明哉太宗謂天子不當自尊崇正合謙恭此帝王之盛德也魏徵於此時不將順其美而舉詩之靡不有初鮮克

有終望其君謂常謙常懼日慎一日唐虞所以太平實用此法是固有以知太宗之心矣蓋以堯舜之所以謙讓終始如一非一時之言也後之人君志於帝王之道者勉之哉

貞觀三年太宗問給事中孔穎達曰論語云以能問於不能以多問於寡有若無實若虛何謂也論語曾子之言穎達對曰聖人設教欲人謙光己雖有能不自矜大仍就不能之人求訪能事己之才藝雖多猶病以為少仍就寡少之人更求所益己之雖有其狀若無己之雖實其容若虛非惟匹庶帝王之德亦當如此夫音扶帝王內蘊神

明外須玄默使深不可知故易稱以蒙養正易蒙卦彖辭曰蒙以養正以明夷莅衆莅音隸易象傳曰明入地中明夷君子以莅衆用晦而明若其位居尊極炫耀聰明以才陵人飾非拒諫則上下情隔君臣道乖自古滅亡莫不由此也太宗曰易云勞謙君子有終吉易謙卦九三爻辭誠如卿言詔賜物二百段

胡氏寅曰太宗之問疑其不必如是蓋其為人已有善惟恐人之不知故於不矜不伐未能有行焉孔穎達所對亦足以箴之矣雖然吾友從事於斯之意則未易曉也夫既能矣不自以為能可也而又問於不能既多矣不自以為多可也而又問於少彼不能與少者將何益我不幾於偽以下人者乎是不然惟善

學者志不倦心不盈一善之不聞一義之不知歉然如飲食之不飽也此何所為而然哉故曰學然後知不足夫聖如孔子猶曰我好古敏以求之我學不厭誠以道無量理無極而事無方太宗知之庶乎少進矣

唐氏仲友曰太宗之失正在矜伐穎達之對箴其膏肓太宗儻得此道雖帝王可及也惜其資矯拂勉强之力故時有用賢納諫之益亦蹈飾非拒諫之悔也

愚按論語載曾子之言曰以能問於不能以多問於寡有若無實若虛蓋惟知義理之無窮不見物我之有問學者之所難能也故朱子集註以為吾友謂顏淵也太宗以天下之君舉此為問而孔穎達因而發明之以聖門為學之方勉進於帝王之德蓋以太宗英明之資雄傑之才易致炫耀淩慢之失聞穎達之言有勞謙有終之語穎達其善於格君心歟

河間王孝恭太祖之子也佐高祖多進圖策獨存方面功寬恕退讓太宗親重之宗室莫比武德初封為趙郡王累授東南道行臺尚書左僕射孝恭既討平蕭銑輔公祏遂領江淮及嶺南北皆統攝之專制一方威名甚著累遷禮部尚書孝恭性惟退讓無驕矜自伐之色時有特進江夏王道宗尤以將略馳名兼好學將好並去聲敬慕賢士動修禮讓太宗並加親待諸宗室中惟孝恭道宗莫與為比一代宗英云

愚按自古國家之將興也天必生英傑奇偉之才於其子弟族屬之間所以昌大其門戶而光啓其運祚也周之興也有周公康叔漢之興也有朱虛東牟降及魏晉六朝蓋莫不然唐起晉陽本支尤盛孝恭之威名與李靖相亞道宗之將略與李勣齊肩又能好學習禮退讓不伐求之布素之士有不可多得者雖未可方之周公之才之美其亦康叔朱虛之流輩歟嗚呼盛哉

仁惻第二十凡四章

貞觀初太宗謂侍臣曰婦人幽閉深宮情實可愍隋氏末年求採無已至於離宮別館非幸御之所多聚宮人此皆竭人財力朕所不取且灑掃之餘更何所用今將

出之任求伉儷（上音抗敵也下音麗耦也）非獨以省費兼以息人亦各得遂其情性於是後宮及掖庭前後所出三千餘人

按通鑑貞觀二年九月天少雨中書舍人李百藥上言往年雖出宮人竊聞太上皇宮及掖庭宮人無用者尚多豈惟虛費衣食且陰氣鬱積亦足致旱上曰云云於是遣尚書左丞戴胄給事中杜正倫於掖庭西門簡出之前後所出三千餘人

孫氏甫曰隋煬荒虐自古無此強取良家女置後宮者固無其數高祖初入關放離宮之人還親屬此特美事之一節及受禪安然有其後宮欲不荒恣得乎賴聖子承之立矯其過討出三千之衆使天下聳動歌詠唐之盛德也

尹氏起莘曰按禮天子立后固有六宮三夫人九嬪二十七世婦八十一御妻矣然未聞千百其數也昔晉武平吳之後掖庭殆將萬人遂殞其軀而亡其國今太宗即位首放宮女三千餘人可謂盛德之事遂使後人流之歌詠不一而足也

愚按仁哉太宗之心也茲事不見於武德之初而見於貞觀之初論者謂聖子承統行父之所未能行誠可謂仁也然司晉陽之管鑰遂犯分於宮闈此謀臣因以迫之以興師也有天下之後安其後宮猶晉陽之心也昔漢祖入秦宮室能無所幸識者知其智不在小奄奠區宇規模宏遠矣非唐祖所及也太宗其殆庶幾乎

貞觀二年關中旱大饑太宗謂侍臣曰水旱不調皆為人君失德（為去聲）朕德之不修天當責朕百姓何罪而多遭困窮聞有鬻男女者（鬻音育賣也）朕甚愍焉乃遣御史大夫杜淹（字執禮如晦叔也材辯多聞秦王引為文學館學士及即位名為御史大夫俄檢校吏部尚書所薦引贏四十人後皆知名）巡檢出御府金寶贖之還其父母

愚按齊宣不忍牛之觳觫而就死地孟子曰是心足以王矣然惜其愛物之心重愛民之心輕欲其舉斯心加諸彼也太宗處九重之崇高撫四海之廣大而能軫念饑人之子女出御府金寶以贖之其愛民之心重矣夫萬姓至繁也博施濟衆聖人猶病饑人子女豈能人人獲所哉然是心也足以王矣貞觀之盛孰謂非此心所致乎

貞觀七年襄州都督（襄州今為襄陽隸河南）張公謹卒太宗聞而嗟悼出次發哀有司奏言準陰陽書云日在辰不可哭泣此亦流俗所忌太宗曰君臣之義同於父子情發於中安避辰日遂哭之（按通鑑係六年夏四月辛卯襄州都督鄒襄公張公謹卒明日上出次發哀云云）

唐氏仲友曰太宗辰日哭張公謹謂君臣猶父子義感人心駕馭之畧高矣

愚按君於卿大夫比葬不食肉比卒哭不舉樂非私恩也蓋公義也是故衛之柳莊既死而獻公祭弔論者是之晉之荀盈未葬而晉侯飲樂膳宰識之太宗於張公謹之卒雖辰日不為之輟哭可不

謂賢君乎

貞觀十九年太宗征高麗次定州（今中山府隸腹裏）有兵士到者帝御州城北門樓撫慰之有從卒一人（從去聲後同）病不能進詔至床前問其所苦仍勅州縣醫療之是以將士（將去聲後同）莫不欣然願從及大軍回次柳城（屬營州今廢）詔集前後戰亡人骸骨設太牢致祭（牛羊豕曰太牢）親臨哭之盡哀（臨去聲）軍人無不灑泣兵士觀祭者歸家以言其父母曰吾兒之喪天子哭之死無所恨太宗征遼東攻白巖城

（唐置巖州今廢）右衛大將軍李思摩（頡利族人諸部納款思摩獨留高祖封和順郡王與秦王結為兄弟賜姓李為化州都督統頡利故部為可汗思摩遣使謝曰望世世為國一犬守天子北門如延陀侵逼願入保長城太宗詔許之居三年不得其衆入朝從伐遼）為流矢所中（去聲）帝親為吮血（為去聲吮粗兖切）將士莫不感勵

（愚按太宗親征葬戰亡之骨吮思摩之瘡可謂仁恕也已然遠國強臣雖不義而未至於虔劉邊鄙也若以偏方不霑王化自有大司馬九伐之制在何至躬率六師乎思遼水之無極慮扈從之匪輕仁恕一念油然發生於中則可以已矣惻隱之心何待形於遂事之後乎）

慎所好第二十一（凡四章）

貞觀二年太宗謂侍臣曰古人云君猶器也人猶水也方圓在於器不在於水故堯舜率天下以仁而人從之桀紂率天下以暴而人從之下之所行皆從上之所好（好去聲後同）至如梁武帝父子志尚浮華惟好釋氏老氏之教武帝末年頻幸同泰寺親講佛經百寮皆大冠高履乘車扈從終日（乘平聲後同從去聲）談論苦空（佛教也）未嘗以軍國典章為意及侯景率兵向闕（見君道篇）尚書郎已下多不解乘馬（解音懈）狼狽步走（狼似犬銳首白頰高前廣後狽狼屬生子或欠一足二足相附而行離則顛故猝遽謂之狼狽）死者相繼於道路武帝及簡文（簡文名綱武帝第三子侯景廢之）卒被侯景幽逼而死（卒被聿切）孝元帝（名繹武帝第七子起兵討侯景即帝位）在于江陵（郡名今中興路隸荆湖）為萬紐于謹所圍（梁承聖三年元魏遣萬紐于謹將兵五萬入寇攻江陵）帝猶講老子不輟（元帝好玄談嘗於龍光殿講老子聞魏師至停講開報帖然復開講）百寮皆戎衣以聽俄而城陷君臣俱被囚縶（音贄）庾信（為梁將軍留於西魏）亦歎其如此及作哀江南賦乃云宰衡以干戈為兒戲縉紳以清談為廟略此事亦足為鑒戒朕今所好者惟在堯舜之道周孔之教以為

如鳥有翼如魚依水失之必死不可暫無耳胡氏寅曰太宗不好釋氏而好堯舜周孔之道可謂知所去取矣而以為如魚有水鳥有翼失之必死不可暫無者則未知其誠能然乎抑徒意之云爾也夫允執厥中者堯舜之盛也而始於道心欲不踰矩者孔子之盛也而始於志學志者非讀書記誦之謂道心之微又與老釋玄妙之言何以别乎自此而入庶乎其知道矣孔子曰知之者不如好之者知之如是則能好之矣未嘗知之而以為我好堯舜周孔之道云者妄也夫道非有一物可把玩而好之也百姓日用而不能離亦猶鳥之有翼魚之依水顧不自知耳真氏德秀曰太宗之言可謂知所擇矣然終身所行未能無愧者以其嗜學雖篤所講者不過前代之得失而於三聖授受之微旨六經致治之成法未之有聞其所親者雖或一時名儒而姦諛小人亦廁其列

安得有佛時仔肩之益故名為希慕前聖而於道實無得焉其亦可憾也夫

愚按太宗知老釋之虛無空寂不適於用知堯舜之道周孔之教不可暫無斯言也三代而下君人者所罕聞也中庸曰率性之謂道修道之謂教道者率性而已聖人以此道垂訓於天下後世則謂之教堯舜之道此道也周公孔子之教以堯舜之道為教也又曰道也者不可須臾離也可離非道也不可暫無其不可須臾離者乎太宗未足以進此也而言則然也

貞觀二年太宗謂侍臣曰神仙事本是虛妄空有其名秦始皇非分愛好分好並去聲為方士所詐乃遣童男童女數千人隨其入海求神仙方士避秦苛虐因留不歸始皇猶海側踟躕以待之踟音遲躕音廚遲回貌還至沙丘而死始皇東遊海上方士徐市等上書請得與童男女入海求三神山不死藥始皇從之明年復遊海上後三年遊碣石考入海方士從上郡歸後五年復至海上冀遇仙藥不得還到沙丘崩沙丘在今順德路鉅鹿縣漢武帝為求神仙為去聲乃將女嫁道術之人事既無驗便行誅戮漢武帝元鼎四年欒成侯登薦方士欒大上見之大悅大言曰黃金可成河決可塞不死之藥可得神仙可致時上方憂河決而黃金不就迺拜大為五利將軍賜列侯甲第童千人又以衛長公主妻之後竟坐誣罔腰斬據此二事神仙不煩妄求也

愚按漢儒有言明於天地之性者不可惑以神怪通於萬物之情者不可罔以非類太宗深懲秦皇

漢武之失謂神仙虛妄空有其名可謂不惑於神怪不罔於非類者矣然晚年深信婆羅門娑婆寐之說使之合長生之藥則又何所見而然耶

貞觀四年太宗曰隋煬帝性好猜防好去聲專信邪道大忌胡人乃至謂胡牀為交牀胡瓜為黃瓜築長城以避胡終被宇文化及使令狐行達殺之令去聲令狐複姓行達其名時為校尉又誅戮李金才名渾為將軍有方士言曉圖讖謂帝曰當有李氏為天子渾與宇文述有隙述因誣搆之於是盡誅渾族及諸李殆盡卒何所益卒子聿切且君天下者惟須正身修德而已此外虛事不足在懷

愚按桑穀生於朝而大戊以興雉升鼎而雊而殷道復盛讖緯之書雖有定數然人君能至誠修德未有不轉禍為福改妖為祥者也太宗謂君天下者惟須正身修德譏煬帝枉殺李金才等其說是也然晚年竟以女主武王之讖淫刑及於功臣則又何邪

貞觀七年工部尚書唐制工部掌山澤屯田工匠之事尚書其長也段綸段姓綸名奏進巧人楊思齊至太宗令試令平聲綸遣造傀儡戲具傀古委切儡魯猥切木偶戲也世傳運機子起漢祖平城之圍其城一面即冒頓妻閼氏兵強於三面陳平訪之閼氏妬忌造木偶人運機關舞埤間閼氏望見謂是生人慮下城冒頓必納遂退軍後翻為戲具太宗謂綸曰所進巧匠將供國事供平聲卿令先造此物是豈

百工相戒無作奇巧之意耶乃詔削綸階級並禁斷此戲舊本此章在儉約篇今附于此

愚按中庸曰日省月試既廩稱事所以勸百工也朱子釋之曰日省月試以程其能既廩稱事以饋其勞則不信度作淫巧者無所容矣段綸奏進工人首令試造傀儡非所謂作奇技淫巧者乎太宗既削綸階級且令禁斷此戲可謂知所先矣

慎言語第二十二凡三章

貞觀二年太宗謂侍臣曰朕每日坐朝欲出一言即思此一言於百姓有利益否所以不敢多言給事中兼知起居事唐制起居郎及舍人掌天子起居法度貞觀初以給事中諫議大夫兼之執事紀錄杜正倫進曰君舉必書言存左史春秋左氏傳也臣職當兼修起居注不敢不盡愚直陛下若一言乖於道理則千載累於聖德累音類非止當今損於百姓願陛下慎之太宗大悅賜綵百段

唐氏仲友曰太宗言不敢多言意在史筆正倫之一言兩得將順正救之美宜乎太宗悅而賜之也

愚按易大傳曰君子居其室出其言善則千里之外應之出其言不善則千里之外違之況其邇者乎甚矣人君之言尤不可不慎也一言之善行之當世不惟天下蒙其利後世亦以為訓一言之不

善行之當世不惟天下受其害後世亦以為戒人君之言可不慎哉太宗之言雖意在史筆其關於君道則甚重也

貞觀八年太宗謂侍臣曰言語者君子之樞機談何容易以豉切凡在衆庶一言不善則人記之成其恥累音類況是萬乘之主不可出言有所乖失其所虧損至大豈同匹夫我常以此為戒隋煬帝初幸甘泉宮泉石稱意稱去聲而怪無螢火敕云捉取多少於宮中照夜所司遽遣數千人採拾送五百轝於宮側小事尚爾況其大乎魏

徵對曰人君居四海之尊若有虧失古人以為如日月之蝕人皆見之實如陛下所戒慎愚按易大傳曰言出乎身加乎民行發乎邇見乎遠言行君子之樞機樞機之發榮辱之主也可不慎乎蓋能知所以慎言則知所以慎行矣行之不慎尚何望其慎言太宗謂言語者君子之樞機衆庶猶爾況於萬乘可謂知所慎言矣魏徵謂人君有失如日月之蝕人皆見之實如陛下所戒慎則足以兼慎言慎行之意也

貞觀十六年太宗每與公卿言及古道必詰難往復難去聲散騎常侍劉洎上書諫曰帝王之與凡庶聖哲之與

庸愚上下相懸擬倫斯絕是知以至愚而對至聖以極卑而對極尊徒思自強不可得也陛下降恩旨假慈顏凝旒以聽其言虛襟以納其說猶恐羣下未敢對揚況動神機縱天辯飾辭以折其理援古以排其議欲令凡蔽令平聲何階應答臣聞皇天以無言為貴聖人以不言為德老子稱大辯若訥莊子稱至道無文此皆不欲煩也是以齊侯讀書輪扁竊議桓公讀書於堂上輪扁斲輪於堂下釋椎鑿而上曰君之所讀者古人之糟魄已夫以臣之事觀之斲輪徐則甘而不固疾則苦而不入不疾不徐得之於手應之於心口不能言有數存焉古之人與不可傳也出莊子漢皇慕古張儒陳譏漢張良嘗圯下邳見老父授之以書曰孺子可教故稱良曰張孺項羽圍漢王於滎陽王與酈食其謀撓楚食其曰昔湯武伐桀紂皆封其後請立六國後王曰善具以告張良良曰誰為陛下畫此計陛下事去矣為陳八不可之說見史此亦不欲勞也且多記則損心多語則損氣心氣內損形神外勞初雖不覺後必為累累音類後同須為社稷自愛為去聲豈為性好自傷乎好去聲竊以今日升平皆陛下力行所至欲其長久匪由辯博但當忘彼愛憎慎茲取捨每事敦朴無非至公若貞觀之初則可矣至如秦政

強辯失人心於自矜魏文宏材虧衆望於虛說此才辯之累皎然可知累音類伏願畧茲雄辯浩然養氣孟子曰我善養吾浩然之氣簡彼緗圖緗淺黃色緗圖圖書也澹焉怡悅固萬壽於南岳詩云如南山之壽不騫不崩齊百姓於東戶則天下幸甚皇恩斯畢

太宗手詔答曰非慮無以臨下非言無以述慮比有談論比音鼻遂至煩多輕物驕人恐由茲道形神心氣非此為勞今聞讜言虛懷以改按通鑑係十八年上好文學而辯敏羣臣言事者多引古今以折之多不能對洎上書云云上飛白荅之

張氏九成曰君子以謹密成德而疏直致患而況處重之地可不戒哉洎每剛直敢言始以受知終以速禍蓋太宗英明剛武以取天下挾振矜之態雖議論及於羣臣而是正之語或不容下或往復詰難或面折其短才辯自逞氣驕於人夫以咫尺之威生殺在手非剛直之徒孰與抗哉而洎遠引聖人不言大辯若訥深為勸戒所以恢寛厚之德廣進言之路觀其所陳若有優柔樂易之性矣及其發言處身或不自處夫以太宗之明竟不深察何知之不審始卒有異乎抑疑似之詰有以啟之也

唐氏仲友曰上執其議下輸其直此議論之體也以緜之不才堯獨知之然從試可乃已之論則人君之言豈務求勝太宗以智辯自居往復窮詰此最足以害從諫之美洎而言之切中其病孟子所謂拒人於千里外者也答詔猶有反覆是非之言則太宗自聖之病頗亦難瘳賴洎言之不已使太宗許以能改不

然其去德豈遠乎哉一鑑既往獨洎能出此言不亦賢乎

愚按劉洎諫疏想見太宗以英雄之姿逞神機縱天辯未免有輕物驕人之失儻非能尅己自勵勉強從諫則所謂智足以拒諫辯足以飾非由此乎生矣今聞讜言虛懷以改其得為賢君也宜哉

杜讒邪第二十三 凡七章

貞觀初太宗謂侍臣曰朕觀前代讒佞之徒皆國之蟊賊也蟊音矛蟊之害稼者或巧言令色朋黨比周比音鼻若暗主庸君莫不以之迷惑忠臣孝子所以泣血銜冤故叢蘭欲茂秋風敗之王者欲明讒人蔽之此事著於史籍不能具道至如齊隋間讒譖事耳目所接者畧與公等言之斛律明月斛律複姓明月其字名光後齊朝兼行將相有名譽鄰敵所憚齊朝良將去聲威震敵國周家每歲斲汾河冰慮齊兵之西渡及明月被祖孝徵名珽密為謠言讒斛律光殺之讒構伏誅周人始有吞齊之意高熲隋之賢相有經國大才為隋文帝贊成霸業為去聲後蓋為同知國政者二十餘載天下賴以安寧文帝惟婦言是聽特令擯斥令平聲及為煬帝所殺刑政由是衰壞又隋太子勇文帝太子名勇後廢為庶人撫軍監國監平聲凡二十年間固

亦早有定分去聲楊素玄感之父為隋相欺主罔上賊害良善使父子之道一朝滅於天性朝音昭楊素揣知獨孤后意盛言太子不才文帝於是禁太子勇部分收其黨與楊素舞文巧詆以成其獄廢勇立晉王廣為皇太子是為煬帝逆亂之源自此開矣隋文既混淆嫡庶竟禍及其身社稷尋亦覆敗古人云代亂則讒勝誠非妄言朕每防微杜漸用絕讒構之端猶恐心力所不至或不能覺悟前史云猛獸處山林處上聲藜藿為之不採直臣立朝廷姦邪為之寢謀此實朕所望於羣公也魏徵曰禮云戒慎乎其所不

睹恐懼乎其所不聞（中庸首篇之辭）詩云愷悌君子無信讒言讒人罔極交亂四國（詩小雅青蠅篇之辭）又孔子曰惡利口之覆邦家（惡烏去聲）蓋為此也臣嘗觀自古有國有家者若曲受讒譖妄害忠良必宗廟丘墟市朝霜露矣願陛下深慎之

恩按自古讒邪之為惑人主非有知人之明不能辨也太宗援據古今以責望於其臣魏徵敷述經訓以致戒於其君可謂極君臣之契讒邪無得而間矣厥後有毀徵阿黨者使溫彥博按之雖足以直徵之枉而左右之為讒者竟不聞顯正其罪固非止讒之道及徵之卒乃因杜正倫之黜復以阿黨疑之疑情一萌讒言遽入謂徵錄諫辭示史官有賣己直彰君過之意者遂有停婚仆碑之令何不察之甚耶使太宗亡日無征遼東之悔尚得為明主乎信夫知人之難也

貞觀七年太宗幸蒲州刺史趙元楷課父老服黃紗單衣迎謁路左盛飾廨宇修營樓雉以求媚又潛飼羊百餘口魚數千頭將饋貴戚太宗知名而數之曰（數上聲）朕巡省河洛（省上聲）經歷數州凡有所須皆資官物卿為飼羊養魚（為去聲）雕飾院宇此乃亡隋弊俗今不可復行（復音缶）當識朕心改舊態也以元楷在隋邪佞故太宗發此言以戒之元楷慙懼數日不食而卒（卒子聿反舊本此章在貪鄙篇今附入此）

恩按元楷仕隋為歷陽郡丞以獻異味超遷江都郡丞迹其邪佞蓋與高德儒之指野鳥為鸞無異太宗縱不能誅之豈可復使為民之父母乎興時潛飼羊魚盛飾廨宇蓋猶以事隋者而事唐也太宗數而責之是矣然使能黜其官致其罪布告天下咸以為戒豈不尤偉矣乎

貞觀十年太宗謂侍臣曰太子保傅古難其選成王幼小以周召為保傅左右皆賢足以長仁（長音掌）致理太平稱為聖主及秦之胡亥始皇所愛趙高作傅教以刑法及其篡也誅功臣殺親戚酷烈不已旋踵亦亡以此而

言人之善惡誠由近習朕弱冠（冠去聲）交遊惟柴紹（紹字嗣昌臨汾人以任俠聞高祖妻以平陽公主武德初拜左翊衛大將軍累從戰伐而有功）竇誕等（誕外戚也貞觀為宗正卿太宗與語昏謬失對以光祿大夫罷）為人既非三益（論語曰益者三友友直友諒友多聞）及朕居茲寶位經理天下雖不及堯舜之明庶免乎孫皓高緯之暴（孫皓三國吳主是為烏程侯降于晉高緯北齊後主為周所虜）以此而言復不由染何也魏徵曰中人可與為善可與為惡然上智之人自無所染陛下受命自天平定寇亂救萬民

之命理致升平豈紹誕之徒能累聖德（累音類）但經云放鄭聲遠佞人（遠去聲論語孔子荅顏淵問為邦之辭）近習之間尤宜深慎

太宗曰善（按自誠由近習已上文重出師傅篇舊本此章在直諫篇今附入于此）

愚按帝堯與共驩同處而不為共驩之所化周公與管蔡同處而不為管蔡之所化夫上智不移唯堯與周公為能耳然堯猶畏孔壬周公猶懼流言豈恃其資質之美而謂惡人不能染哉下此則善人之芝蘭惡人之鮑魚未有不與之俱化者也唐太宗少與柴寶為友而不能昏太宗之德世莫不疑焉以愚觀之太宗之所以為太宗以其資質之過人也其不能進於三代之君者以柴竇輩為之累也雖然太宗少年之事爾及其君臨天下雖房杜王魏並居輔相而封權宇文之流亦得厠乎其

間此貞觀之治所以止於如是也然則太宗所謂不由漸染者其然豈其然乎

尚書左僕射杜如晦奏言監察御史陳師合（史無傳）上拔士論兼人之思慮有限一人不可總知數職以論臣等

太宗謂戴胄曰朕以至公理天下今任玄齡如晦非為勳舊以其有才行也（為行並去聲）此人妄事毀謗正欲離間我君臣（間去聲）昔蜀後主昏弱（名禪先主之子）齊文宣狂悖然國稱理者以任諸葛亮楊遵彥（並見前注）不猜之故也朕今任如晦等亦復如法於是流陳師合于嶺外（舊本自此已下三章在貪鄙篇今附入此）

孫氏甫曰人主之任大臣不可不專亦不可專若深知其人可付國事不專任之何以責成功蓋專任則責重責重則人必盡其才力也若知人未至而專任之苟無成功則有敗事又或竊擅威福有難制之患二者惟在人主審之不可一失失則事機難追矣太宗可謂能審知人之術者也知房杜之賢而付以國事房杜方盡心職事已著功效陳師合以平常之見欲移主意如晦奏其事意似不廣然慮小臣間言漸害於事公言之爾太宗不惑師合之言房杜荷信任如是敢不盡其才力乎此所以成太平之治也然有太宗之明房杜之賢則可專任而不容人言人主知人未至當審其付任不可執此為法說見後章

貞觀中太宗謂房玄齡杜如晦曰朕聞自古帝王上合天心以致太平者皆股肱之力朕比開直言之路者（比音鼻）庶知冤屈欲聞諫諍所有上封事人多告訐百官（訐音結）細無可採朕歷選前王但有君疑於臣則下不能上達欲求盡忠極慮何可得哉而無識之人務行讒毀交亂君臣殊非益國自今已後有上書訐人小惡者當以讒人之罪罪之

魏徵為祕書監有告徵謀反者太宗曰魏徵昔吾之讐

祇以忠於所事吾遂拔而用之何乃妄生讒搆竟不問徵遂斬所告者

范氏祖禹曰太宗欲聞直言而惡告訐不惟堲譖讒而又罪之可謂至明且遠矣此為君為長之道

愚按上封事者訐人小惡而太宗罪之讒人告魏徵謀反而太宗誅之此可謂明也已陳師合上拔士論謂一人不可總知數職斯乃天下之確論也如晦遂以為譏論臣等太宗遂以為毀謗離間至流師合於嶺外亦可謂寃也已然則合三事而觀之太宗得其二而失其一乎

貞觀十六年太宗謂諫議大夫褚遂良曰卿知起居比來（比音鼻）記我行事善惡遂良曰史官之設君舉必書善

既必書過亦無隱太宗曰朕今勤行三事亦望史官不書吾惡一則鑒前代成敗事以為元龜二則進用善人共成政道三則斥棄羣小不聽讒言吾能守之終不轉也

唐氏仲友曰太宗所言皆君道然謂守而不失亦望史官不書吾惡則有護過之意矣伐遼之監不遠而窮兵用魏徵而仆碑於身後知宇文士及佞而游言自解謂守而不失未免自矜也

愚按善惡直書而義自見此史臣之職也揜其不善而著其善此人情之常也為人上者其於言行之際知善而力行之知惡而力改之在我而已史臣直筆吾不知也太宗嘗欲觀史矣而復問起居所記之行事是欲史臣每有以彰其善而有不善者則削而不書也所行果出於善始終如一史臣豈得而揜其善乎勤行三事之言雖為君道之善而表襮於起居注之臣則似有矜善之意矣

悔過第二十四章（凡四）

貞觀二年太宗謂房玄齡曰為人大須學問朕往為（去聲）羣兇未定東西征討躬親戎事不暇讀書比來（比音鼻）四海安靜身處殿堂（處上聲）不能自執書卷使人讀而聽之君臣父子政教之道共在書內古人云不學牆面莅事惟煩（周書周官之辭）不徒言也却思少小時行事（少去聲）大覺非

也

愚按夫子於易之益曰君子以見善則遷有過則改釋者謂見善能遷則可以盡天下之善有過能改則無過矣益於人者無大於是夫遷善改過學者之所難而太宗定天下之亂處帝王之尊乃能知讀書之善而能遷之知少時之過而能改之可謂知為益之道矣充是心也為益之道豈有窮際乎

貞觀中太子承乾多不修法度魏王泰尤以才能為太宗所重特詔泰移居武德殿魏徵上疏諫曰魏王既是陛下愛子須使知定分（分去聲）常保安全每事抑其驕奢不

處嫌疑之地也今移居此殿使在東宮之西海陵昔居時人以為不可雖時移事異猶恐人之多言又王之本心亦不寧息既能以寵為懼伏願成人之美太宗曰我幾不思量甚大錯誤（幾量並平聲）遂遣泰歸於本第

愚按古者世嫡之位既定而衆子各有定分觀於周官之衣服膳羞之不會者必曰惟王及后世子王及后固也而世子與焉者所以示尊隆絕覬覦也太宗之時既知承乾不修法度矣乃重魏王泰之才固以踰分越制矣又使居武德殿他日而廢之事寧非太宗有以啟之也雖以魏徵之言覺大錯誤終非宜為矣重天下之本者慎之哉

貞觀十七年太宗謂侍臣曰人情之至痛者莫過乎喪親也故孔子云三年之喪（平聲後同）天下之通喪（孔子答宰我之辭）自天子達於庶人也又曰何必高宗（商君武丁也）古之人皆然（孔子答子張之辭）近代帝王遂行不逮漢文以日易月之制（漢文帝行短喪以日易月）甚乖於禮典朕昨見徐幹中論（後漢徐幹撰中論二十篇）復三年喪篇義理甚深恨不早見此書所行大踈畧（踈平聲）但知自咎自責追悔何及因悲泣久之

愚按孟子曰三年之喪齊疏之服飦粥之食自天子達於庶人三代共之夫三年之喪者子生三年然後免於父母之懷故父母之喪必以三年古今貴賤通行之禮也然自漢文短喪以日易月歷代因之恬不知改天子遂無三年之喪人紀廢壞綱常不明莫甚於此太宗雖不能丞遵經訓躬行其禮而能引咎自責追悔悲泣抑亦可以為孝矣後之人君所宜遵復古制以詔後世俾子孫守之永永無斁罔使蹈漢文之失貽太宗之悔豈不卓冠千古哉

貞觀十八年太宗謂侍臣曰夫（音扶）人臣之對帝王多承意順旨甘言取容朕今欲聞己過卿等皆可直言散騎常侍劉洎對曰陛下每與公卿論事及有上書者以其不稱旨（稱去聲）或面加詰難（去聲）無不慙退恐非誘進直言之道太宗曰朕亦悔有此問難當即改之（此章重出納諫篇直諫類比此為詳）

奢縱第二十五（一章）

貞觀十一年侍御史馬周上疏陳時政曰臣歷覩前代自夏殷周及漢氏之有天下傳祚相繼多者八百餘年（史記注周凡三十七主八百六十七年）少者猶四五百年（史記注從禹至桀十七君十四世有王與無王凡歲四百七十一年殷凡三十一世六百二十九年東西兩漢共二十四帝凡四百二十四年見漢書）皆為（去聲後同）積德累業恩結於人心豈無僻王賴前

哲以免禍自魏晉已還降及周隋多者不過五六十年少者纔二三十年而亡(三國蜀二主四十五年魏五主四十五年吳四主五十九年西晉四主五十三年南齊七主二十二年蕭梁四主五十六年陳五主二十三年東晉十一主一百三年劉宋八主六十年元魏十二主一百一十九年東魏一主十七年西魏三主二十二年北齊五主二十八年後周五主二十五年隋三主三十七年)良由創業之君不務廣恩化當時僅能自守後無遺德可思故傳嗣之主政教少衰一夫大呼(去聲)而天下土崩矣今陛下雖以大功定天下而積德日淺固當崇禹湯文武之道廣施德化(施平聲)使恩有餘地

為子孫立萬代之基豈欲但令政教無失(令平聲後同)以持當年而已且自古明王聖主雖因人設教寬猛隨時而大要以節儉於身恩加於人二者是務故其下愛之如父母仰之如日月敬之如神明畏之如雷霆此其所以卜祚遐長而禍亂不作也今百姓承喪亂之後比於隋時纔十分之一而供官徭役道路相繼兄去弟還首尾不絕遠者往來至五六千里春秋冬夏略無休時陛下每有恩詔令其減省而有司作既不廢自然須人徒行

文書役之如故臣每訪問四五年來百姓頗有怨嗟之言以陛下不存養之昔唐堯茅茨土階夏禹惡衣菲食如此之事臣知不復可行於今漢文帝惜百金之費輟露臺之役集上書囊以為殿帷所幸夫人(慎夫人也)衣不曳地至景帝以錦繡纂組妨害女工特詔除之所以百姓安樂至孝武帝雖窮奢極侈而承文景遺德故人心不動向使高祖之後即有武帝天下必不能全此於時代差近事迹可見今京師及益州諸處(益州今仍舊隸四川)營造供奉器物(供平聲)并諸王妃主服飾議者皆不以為儉臣聞

昧旦丕顯後世猶怠作法於理其獘猶亂陛下少處人間(少去聲處上聲)知百姓辛苦前代成敗目所親見尚猶如此而皇太子生長深宮不更外事(長音掌更平聲)即萬歲之後固聖慮所當憂也臣竊尋往代以來成敗之事但有黎庶怨叛聚為盜賊其國無不即滅人主雖欲改悔未有重能安全者凡修政教當修之於可修之時若事變一起而後悔之則無益也故人主每見前代之亡則知其政

教之所由喪而皆不知其身之有失是以殷紂笑夏桀之亡而幽厲亦笑殷紂之滅（周幽王名宮涅厲王名胡皆無道之主）大業之初又笑周齊之失國然今之視煬帝亦猶煬帝之視周齊也故京房（京房字君明漢東郡人治易）謂漢元帝云臣恐後之視今亦猶今之視古此言不可不戒也往者貞觀之初率土荒儉一匹絹纔得粟一斗而天下帖然百姓知陛下甚憂憐之故人人自安曾無謗讟自五六年來頻歲豐稔一匹絹得十餘石粟而百姓皆以陛下不

憂憐之咸有怨言以今所營為者頗多不急之務故也自古以來國之興亡不由蓄積多少唯在百姓苦樂（音洛）且以近事驗之隋家貯洛口倉而李密因之東都積布帛王世充據之西京府庫亦為國家之用至今未盡向使洛口東都無粟帛即世充李密未必能聚大衆但貯積者固是國之常事要當人有餘力而後收之若人勞而彊斂之（斂去聲）竟以資寇積之無益也然儉以息人貞觀之初陛下已躬為之故今行之不難也為之一日則天下知之式歌且舞矣若人既勞矣而用之不息儻中國被水旱之災邊方有風塵之警狂狡因之竊發則有不可測之事非徒聖躬旰食晏寢而已（旰居案切日晚也）若以陛下之聖明誠欲勵精為政不煩遠求上古之術但及貞觀之初則天下幸甚太宗曰近令造小隨身器物不意百姓遂有嗟怨此則朕之過誤乃命停之（按史傳通鑑此與論諸王定分刺史縣令同一疏）

范氏祖禹曰紂積鉅橋之粟武王發之人主不務德而務聚斂者民散而國亡太宗在位寖久將外事四

夷內治宮室聚財積穀欲以有為馬周先事而諫欲如初年之節儉可謂順其美而救其惡矣

胡氏寅曰馬周所言四五事太宗從其一而已其要曰陛下當隆禹湯文武之業豈得但持當年而已此最太宗之病也豈特太宗凡三代已後得天下者皆然皆不知治蠱先甲後甲之義前弊未盡革而後患已生矣汲黯謂武帝內多欲而外施仁義太宗嬪御不為稀營造不為少窮兵黷武以收遠畧在位十餘年矣年豐食足而百姓怨咨馬周言之帝未改也豈非經濟之術已殫無所可為乎

愚按馬周此疏以三代帝王取天下保天下之道望之太宗可謂能責難於其君矣夫禹湯文武之道修之於身推之於家國天下而後道洽政治澤潤生民非可以勉強而為之也太宗為唐賢君謂其行事有合於禹湯文武則可繫以禹湯文武之道則未之盡也孟子曰王者之民皞皞如也營造

器物而百姓怨嗟與皥皥之氣象有間矣幸而因周之言即命停罷具足以保貞觀之盛也以此若夫廣施德化為子孫立萬代之基此王者必世後仁之事未能進於是矣三代之所以長治久安者其必有道也夫

貪鄙第二十六凡六章

貞觀初太宗謂侍臣曰人有明珠莫不貴重若以彈雀豈非可惜況人之性命甚於明珠見金錢財帛不懼刑網徑即受納乃是不惜性命明珠是身外之物尚不可彈雀何況性命之重乃以博財物耶羣臣若能備盡忠

直益國利人則官爵立至皆不能以此道求榮遂妄受財物贓賄既露其身亦殞實可為笑帝王亦然恣情放逸勞役無度信任羣小踈遠忠正遠去聲有一於此豈不滅亡隋煬帝奢侈自賢身死匹夫之手亦為可笑

愚按周禮天官以聽官府之六計弊羣吏之治必察之以廉甚矣貪之足以禍其身也夫利所以資身利積而身敗則利乃所以殞身也可不戒哉然自昔戒貪之言多矣善乎太宗之言曰明珠身外之物尚不可以彈雀何況性命之重乃以博財物此可為有官君子之箴終之曰帝王亦然是不惟有以戒其臣而亦以自戒也可不謂賢君乎

貞觀二年太宗謂侍臣曰朕嘗謂貪人不解愛財也解音懈後同至如內外官五品以上祿秩優厚一年所得其數自多若受人財賄不過數萬一朝彰露祿秩削奪此豈是解愛財物規小得而大失者也昔公儀休公儀複姓休名魯相也性嗜魚而不受人魚其魚長存且為主貪必喪其國為臣貪必亡其身詩云大風有隧貪人敗類詩大雅桑柔篇之辭固非謬言也昔秦惠王即秦惠公僭稱王是為惠文王欲伐蜀不知其逕乃刻五石牛置金其後蜀人見之以為牛能便金便平聲蜀王使五丁力士拖牛入蜀道成秦師隨而伐之蜀

國遂亡事見蜀記漢大司農漢制掌諸錢穀金帛貨幣之職田延年字子賓齊諸田之後漢昭帝時為大司農贓賄三千萬事覺自死時茂陵富人焦氏賈氏以數千萬積財炭葦諸葬物昭帝大行用度未辦延年奏言豫收不祥物冀疾用以求利非臣民所當為請沒入官奏可富人皆怨出錢求延年罪初大司農取民牛車三萬兩為僦車直千錢延年詐增二千凡六千萬盜取其半焦賈告其事時議以延年廢昌邑王時嘗發大議當以功覆過霍光曰往就獄公議過延年曰我何面目入牢獄遂刎死如此之流何可勝記勝平聲朕今以蜀王為元龜卿等亦須以延年為覆轍也

愚按書曰凡厥正人既富方穀中庸曰忠信重祿所以勸士蓋分田制祿所以養其愧恥之心而厲其忠廉之節也太宗謂當時五品已上祿秩自厚若受財不過數萬其知所以勸矣自以蜀王為監以千金而亡國欲臣下以田延年為監以贓賄而殞身非特以此戒臣下且以此律其身則列於庶位者寧不知所懲哉

貞觀四年太宗謂公卿曰朕終日孜孜非但憂憐百姓亦欲使卿等長守富貴天非不高地非不厚朕常兢兢業業以畏天地卿等若能小心奉法常如朕畏天地非但百姓安寧自身常得驩樂音洛古人云賢者多財損其

志愚者多財益其過此言可為深誡若徇私貪濁非止壞公法損百姓縱事未發聞中心豈不常懼恐懼既多亦有因而致死大丈夫豈得苟貪財物以害及身命使子孫每懷愧恥耶卿等宜深思此言

愚按詩云上帝臨女毋貳爾心自古聖人拳拳於畏天者豈謂人君尊無與敵借天以壓之哉蓋兢業祇懼是乃天心之所存而堯舜禹湯所傳之大原也太宗自謂常兢兢業業以畏天地又使羣臣當如朕畏天地是真能合乎聖人畏天之學矣然太宗之所謂天者蒼蒼之天耳昊天曰明及爾出王昊天曰旦及爾游衍何往而非天哉一息之間斷非畏天也一事之作輟非畏天也詩曰文王之德之純聖人之所以事天者純而已矣愚觀太宗之行事知諱刑矣而復濫殺知尚文矣而復慕武知任賢矣而復聽讒知斷恩矣而復牽愛甚矣其雜而不純也此豈足為畏天之實哉

貞觀六年右衛將軍陳萬福自九成宮赴京違法取驛家麩數石太宗賜其麩令自負出以恥之令平聲

愚按大學引孟獻子之言曰與其有聚斂之臣寧有盜臣蓋君子寧亡己之財而不忍傷民之力故也陳萬福違法取驛家麩非有取於民者其盜臣之謂乎太宗賜其麩令自負出以愧其心而不加罪可謂寬仁也已

貞觀十年治書侍御史權萬紀上言宣饒二州宣州今為寧國

路饒州今仍舊並隸江東諸山大有銀坑採之極是利益每歲可得錢數百萬貫太宗曰朕貴為天子是事無所少乏惟須納嘉言進善事有益於百姓者且國家賸得數百萬貫錢何如得一有才行人行去聲不見卿推賢進善之事又不能按舉不法震肅權豪惟道稅鬻銀坑以為利益昔堯舜抵璧於山林投珠於淵谷由是崇名美號見稱千載後漢桓靈二帝後漢桓帝名志靈帝名宏好利賤義好去聲漢靈帝時開西邸賣官自關內侯虎賁羽林入錢各有差私令左右賣公卿公千萬卿五百萬又賣關內侯假金印紫綬傳世入

五百萬為近代庸暗之主卿遂欲將我比桓靈耶是日勅放令萬紀還第令平聲

孫氏甫曰太宗所以能斥言利之臣者無它內能節用外謹制度絕權倖抑恩寵無妄費耳官中欲修一殿則想秦皇之過公卿請營一閣則念文帝之儉將修洛陽殿則聽張玄素之言而遂止嫁送長樂則納魏徵之諫而從薄宮人罷遣而出者三千此其謹身節用天下已陰受其賜矣而文武官止六百四十三員府兵止六十萬又皆散之農畝以自給天子惟務德義以致治平薄賦斂以厚風俗而已此言利之臣所以不能合也

胡氏寅曰大學之教曰長國家而務財用者必自小人矣與其有聚斂之臣寧有盜臣故治國不以利為

利而以義為利也自事言之國家歲得數百萬緡非因頭會箕斂而取之山澤似亦未有害者太宗不惟置其利又且黜其人而專以進賢利民為急以桓靈私藏為戒審所取舍明示好惡可為人君法矣

愚按大學曰治國家不以利為利而以義為利也觀太宗卻權萬紀銀坑之奏真能不以利為利者蓋當是時宮室服用每能慎乃儉德是宜諄諄訓下無愧辭也夫表正而景隨源清則流清表未正而求正於景源未清而求清於流無是理也是故欲臣下屬廉名當自人君之崇儉德始

貞觀十六年太宗謂侍臣曰古人云鳥棲於林猶恐其不高復巢於木末魚藏於水猶恐其不深復穴於窟下然而為人所獲者皆由貪餌故也今人臣受任居高位食厚祿當須履忠正蹈公清則無災害長守富貴矣古人云禍福無門惟人所名然陷其身者皆為去聲貪冒財利與夫音扶魚鳥何以異哉卿等宜思此語為鑒誡舊本此章重出鑒戒篇今按此章喻貪為切故去彼存此

愚按太宗訓臣下廉潔之為美貪利之為害者數矣魚鳥之喻尤其明白痛切令人讀之竦然誠足懲創人之逸志也可不戒哉

貞觀政要卷六

欽定四庫全書

貞觀政要卷七

唐 吳兢 撰

元 戈直 集論

崇儒學第二十七（凡六章）

太宗初踐阼即於正殿之左置弘文館精選天下文儒令以本官（令平聲）兼署學士給以五品珍膳更日宿直（更平聲）以聽朝之隙引入内殿討論墳典（論平聲）商略政事或至夜分乃罷又詔勳賢三品已上子孫為弘文學生（舊本此與後三章通為一章今按崇儒雖同典故則異分為三章又按通鑑武德九年九月上於弘文殿聚四部書二十餘萬卷置弘文館於殿側精選天下文學之士虞世南褚亮姚思廉歐陽詢蔡允恭蕭德言等並以本官兼學士云云又取三品已上子孫充弘文館學生）

真氏德秀曰後世人主之好學者莫如唐太宗當戰攻未息之餘已留情於經術召名儒學士以講磨之此三代以下之所無有也既即位置弘文館於殿之側引内學士番宿更休聽朝之暇與討古今論成敗或日昃夜艾未嘗少怠此三代以下之所又無也故陸贄舉之以告德宗謂言及稼穡艱難則務遵節儉言及閭閻疾苦則議息征徭此所以致貞觀之治也後之人君有志於帝王之事業則貞觀之規模不可以不復

愚按太宗之好學可謂至矣其未即位也廣招瀛洲之賢其既即位也大啟弘文之館討論墳典商略政事蓋自三代以下人君講學之勤未能或之先也然嘗論之太宗之所講學豈真堯舜禹湯文武孔顏之學也夫允執厥中堯之學也危微精一舜禹之學也建中建極湯武之學也忠恕一貫孔門師友之學也瀛洲諸賢之所講亦嘗及於此乎愚不得而知也弘文諸儒之所講亦嘗及於此乎愚不得而知也愚獨怪夫君臣問答之際詔令章疏之間一事之微無不講也一物之細無不講也獨於統宗會元之地逈無一語及之是則太宗之學學其所學非堯舜禹湯文武孔顏之學也嗚呼周公沒而百世無善治孟軻死而千載無真儒詎不信哉

貞觀二年詔停周公為先聖始立孔子廟堂於國學稽式舊典以仲尼為先聖顏子為先師兩邊俎豆干戚之容始備于茲矣是歲大收天下儒士賜帛給傳（傳去聲驛傳也）令詣京師（令平聲後同）擢以不次布在廊廟者甚衆學生通一大經已上咸得署吏（署吏職入仕也）國學增築學舍四百餘間國子太學四門廣文亦增置生員其書算各置博士學生以備衆藝（唐制國子太學廣文四門律書算凡七學皆置博士國子掌教三品以上及國公子孫從二品以上曾孫為生者太學掌教五品以上及郡縣公子孫從三品曾孫為生者廣文館掌領國子學生業進士者四門館掌教七品以上侯伯子男為生及庶人子為俊士生者律學書學算學掌教八品以下

及庶人子為俊士生者又有五經博士掌以其經教國子太宗又數幸國學（數音朔）令祭酒司業（凡會同饗醼必尊長先以酒祭先故曰祭酒長者之稱也唐制國子監祭酒掌邦國儒學訓導之政兼領諸學凡釋奠則為初獻司業貳其職也）博士講論畢各賜以束帛四方儒士負書而至者蓋以千數俄而吐蕃及高昌高麗新羅等諸夷酋長（長音掌）亦遣子弟請入于學於是國學之內鼓篋升講筵者（篋方竹器所以盛書籍者）幾至萬人（幾平聲）儒學之興古昔未有也

（按儒學傳貞觀十四年名天下惇師老德以為學官數臨幸觀釋菜廣學舍千二百區益生員至三千二百自屯營飛騎皆給博士受經能通經者聽入貢限四方秀艾挈集京師於是新羅高昌百濟吐蕃高麗等羣酋長並遣子弟入學鼓笥踵堂者凡八千餘人雖三代之盛所未聞也）

（范氏祖禹曰古之教者家有塾黨有庠遂有序國有學士修之於家而後升於鄉升於鄉而後升於國升於國而後達於天子其教之有素其養之有漸故成人有德小子有造賢才不可勝用由此道也後世鄉里之學廢人君能教者不過聚天下之士而烏合於京師學者衆多眩燿於一時而已非有教養之實也唐之儒學惟貞觀開元為盛其人才之所成就者亦可睹矣孟子曰學所以明人倫也無學則人倫不明故有國者以為先如不復三代之制未知其可也）

（愚按昌黎韓子原道曰堯以是傳之舜舜以是傳之禹禹以是傳之湯湯以是傳之文武周公孔子然周公而上得位與時者也孔子不得位與時者也得位與時者其道見之於事不得位與時者其道託之於言而宰我曰以予觀於夫子賢於堯舜遠矣夫堯舜而至周公去夫子之時邈矣正道日以榛蕪非得夫子則堯舜之道何由而明於後世哉六經之訓如日行天夫子之功也先儒周子謂宜乎後世無窮王祀夫子報德報功之無盡焉夫周公因為先聖而立孔子廟堂於國學以夫子為先聖實始於太宗遂為萬代之定制廟祀徧天下人知尊夫子之道即知尊堯舜禹湯文武周公之道矣太宗聰明英睿之君真特見也王封起於開元亦太宗有以致之）

貞觀十四年詔曰梁皇侃（苦旦切皇姓侃名明三禮為散騎侍郎一作皇甫侃者非）褚仲都（明周易）周熊安生（字植之長樂人為國子博士）沈重（字子厚通春秋羣書為五經博士）陳沈文阿（字國衛通三禮春秋為五經博士）周弘正（字思行晉周顒之後為國子博士）張譏（字直言武城人為國子博士）隋何妥（字栖鳳西城人為國子祭酒）劉炫（字光明河間人為太學博士）並前代名儒經術可紀加以所在學徒多行其講疏宜加優賞以勸後生可訪其子孫見在者（見音現）錄姓名奏聞二十一年詔曰左丘明（左丘明見於論語程子謂古之聞人唐啖趙氏謂孔子所言左丘明在孔子前則左氏傳非丘明所為亦有姓左而不得其名者為此傳也或問朱子朱子曰未可知也先友鄭著作考姓氏書曰蓋左丘姓而名明傳春秋者乃左氏耳然則太宗詔從祀諸儒以左丘明為首而寘於公穀之列者蓋漢晉以來相傳誤以左氏為左丘明也）卜子夏（名商孔子弟子以文學稱序詩傳易禮春秋）公羊高（公羊姓高名子夏弟子傳春秋）穀梁赤

穀梁姓亦名子夏弟子傳春秋伏勝濟南人為秦博士漢文時求治尚書者聞伏生能治之欲召時年九十餘詔使往受之秦時焚書伏生藏於屋壁兵起流亡獨得二十九篇教于齊魯之間高堂生魯人前漢為博士得儀禮十七篇傳於世為漢言禮宗戴聖前漢為九江太守得禮記三十六篇傳於世號小戴記毛萇趙人為漢河間獻王博士治詩孔安國孔子之後漢武帝時為博士至臨淮太守為古文尚書之宗劉向字子政漢楚元王之後成帝時為光祿大夫校五經鄭衆後漢為大司農卿杜子春後漢河南人馬融字季長扶風人漢桓帝時為南郡太守著春秋三傳異同說盧植字子幹後漢為北中郎將鄭玄字康成北海人後漢為大司農卿著易書詩禮論語孝經國語乾象歷天文等書服虔字子慎後漢為九江太守何休字邵公後漢為諫議大夫解春秋公羊傳

孝經論語等書王肅字子雍三國時為魏太常蘭亭侯注孔子家語王弼字輔嗣三國時為魏尚書郎注易杜預字元凱晉惠帝時為鎮南大將軍當陽侯注春秋左氏傳范甯西晉時為豫章太守注春秋穀梁傳等二十有一人並用其書垂於國胄既行其道理合褒崇自今有事於太學可並配享尼父廟堂父音甫魯哀公誄孔子之稱其尊儒重道如此

唐氏仲友曰梁周陳隋之際吾道窮矣儒於此時猶守先王之經有如劉炫之徒至於流離饑餓而不悔其所發明有以資後學之講習太宗能引擢其子孫以報之至於左丘明等二十一人用其書行其道者則又配享於夫子以褒大之先儒子孫蒙引擢之恩又有得配夫子之祀者則今之諸儒能不加勉又足為後世故實太宗二舉豈不美哉

愚按太宗既以夫子為先聖立廟堂於國學後數年復優異梁周陳隋名儒之子孫雖其經術學行未採聖賢之閫奧然亦可以風厲天下矣又後數年復詔以左丘明等二十一人配享孔廟左氏諸儒注釋經義考論制度使後世有所依據誠足以當此秩祀遂為不刊之典太宗是舉亦前帝王所未及行也夫儒之近者恩沾於子孫儒之遠者禮秩於配享太宗之崇儒重道顧不美歟

貞觀二年太宗謂侍臣曰為政之要惟在得人用非其才必難致治今所任用必須以德行去聲後同學識為本諫議大夫王珪曰人臣若無學業不能識前言往行豈堪

大任漢昭帝時昭帝名弗陵武帝幼子有人詐稱衛太子名據武帝太子衛皇后所生聚觀者數萬人衆皆致惑雋不疑雋音吮姓也不疑其名字曼倩渤海人時為京兆尹斷以蒯聵之事蒯古貫切蒯聵春秋時衛靈公世子也出奔于宋靈公卒孫出公輒立晉又納蒯聵于戚父子爭國後十五年蒯聵入是為莊公輒乃出奔昭帝曰公卿大臣當用經術明於古義者昭帝始元五年有男子乘黃犢車詣北闕自謂衛太子詔公卿識視皆不敢言雋不疑後到叱從吏收縛曰昔蒯聵出奔輒拒而不納春秋是之衛太子得罪先帝亡不即死今來自請此罪人也遂詔送獄帝嘉之廷尉驗治竟得姦詐此則固非刀筆俗吏所可比擬上曰信如卿言

愚按賈子有言移風易俗使天下回心而鄉道類非俗吏之所能為也昔漢霍光因夏侯勝之言而重經術之士昭帝因雋不疑之事謂公卿大臣當用明於古義者夫漢之諸儒要非真儒也而明效大驗如此況真知道者哉太宗謂任人須用德行學識為本王珪謂人臣若無學業豈堪大任其說美矣此貞觀之治所由致也然太宗王珪之所稱道者又果真儒也哉

貞觀四年太宗以經籍去聖久遠文字訛謬詔前中書侍郎顏師古名籀具先琅琊人博學善屬文隋世李綱薦之授安養尉高祖入關謁見授朝散大夫遷中書舍人詔令一出其手貞觀中釐正五經拜祕書少監後撰五禮成進爵為子於祕書省考定五經及功畢復詔尚書左僕射房玄齡集諸儒重

加詳議重平聲時諸儒傳習師說舛謬已久皆共非之異端蠭起而師古輒引晉宋已來古本隨方曉答援據詳明皆出其意表諸儒莫不歎服太宗稱善者久之賜帛五百匹加授通直散騎常侍晉以員外常侍與散騎常侍通直故號通直後世因之頒其所定書於天下令學者習焉令平聲太宗又以文學多門章句繁雜詔師古與國子祭酒孔穎達等諸儒撰定五經疏義凡一百八十卷名曰五經正義付國學施行舊本五經疏義另為一章今合為一章

唐氏仲友曰五經出於煨燼之餘諸儒習傳不勝異說當其並行之初是非當否之說持未定也世傳既久其迂怪淺陋之學稍稍堙滅其能盛行於世者如王弼之易孔安國之書毛鄭之詩鄭氏之三禮杜預之左氏何休之公羊范甯之穀梁皆卓然顯行於世而其他不勝異說之數十百家為之盡廢然為數子之學者又各持異見太宗始命名儒為義疏以統一之豈可謂無益於經哉然亦崇其教而已道未也又曰自漢以來經學分析傳習不同重以南北之分浸益訛舛師古家世齊周乃能通晉宋舊文故能釐正南北之謬其有益於學者多矣

愚按自經籍僅遺於秦火之餘漢儒修補掇拾而專門名家之學紛紜轇轕學者不勝考也太宗興起斯文命顏師古考定五經孔穎達撰定疏義易主於王弼書主於安國詩主於毛鄭三禮主於康

成杜預之左傳何休之公羊范甯之穀梁皆卓然顯行於世而其他數十百家盡廢唐之疏義可謂有功於經矣然嘗論之古者易有田氏焦氏費氏數家自唐以王弼為正而秦漢象數之學晦矣古者書有歐陽氏大小夏侯氏數家自唐以安國為正而古文今文之本亂矣古者詩書之序不附於正經易之十翼不附於爻象自唐之疏義既出而經傳殽亂不可復考矣由此論之則明六經之道者疏義也晦六經之道者亦疏義也雖然名物度數之詳字義音釋之備毫分縷析使後世有考焉此則其功之不可誣者也

太宗嘗謂中書令岑文本曰夫人雖稟定性夫音扶必須博學以成其道亦猶蜃性含水待月光而水垂蜃音腎大蛤也

海上月明蜃吐氣如樓閣之狀木性懷火待燧動而焰發燧取火之木也春取榆柳之火夏取棗杏之火夏季取桑柘之火秋取柞楢之火冬取槐檀之火人性含靈待學成而為美是以蘇秦刺股刺音漆蘇秦字季子雒陽人師鬼谷子得太公陰符伏而誦之讀書欲睡引錐自刺其股血流至踵簡練揣摩至期年而成後遊說佩六國相印董生垂帷董生名仲舒廣川人漢景帝時為博士治春秋下帷講誦弟子以次相授或莫見其面三年不窺園其精如此學者皆師尊之武帝即位舉賢良對策三篇擢為江都王相不勤道藝則其名不立文本對曰夫音扶人性相近情則遷移必須以學飭情以成其性禮云玉不琢不成器人不學不知道禮學記之辭所以

古人勤於學問謂之懿德

愚按學之為言效也人性皆善覺有先後後覺者必效先覺之所為而後可以明善而復其初也由此論之善者吾性之所本有非學則無以復之也猶水者蜃性之所本有非月則無以成之也火者木性之所本有非燧則無以發之也太宗此論雖後世醇儒不能遠過文本斯時正當告之曰陛下既知性善之具於己則性無內外之分不當外而息於內也性無始終之異不當謹於始而息於終也于以攻其邪心格其非心庶乎疾之有瘳矣顧乃泛引學記之言無所匡救道之不明有君無臣豈不可歎之甚哉

文史第二十八 凡四章

貞觀初太宗謂監修國史房玄齡曰比見比音鼻前後漢史載録揚雄甘泉羽獵揚雄字子雲成都人漢成帝時有薦雄文似相如者上方郊祠甘泉泰畤汾陰后土以求繼嗣召雄待詔承明之庭從上甘泉還奏甘泉賦以風後上羽獵雄從以為非堯舜成湯文王三驅之意故作羽獵賦以風司馬相如子虛上林司馬複姓相如名成都人著子虛賦漢武帝讀而善之乃召問相如相如曰此乃諸侯之事未足觀請為天子遊獵之賦相如以子虛虛言也欲明天子之義故虛藉為辭以推天子諸侯之苑囿為子虛上林賦其卒章歸之於節儉因以諷諫班固兩都等賦班固字孟堅彪之子也漢明帝時為校書郎繼父業著西漢書後遷玄武司馬作西都東都賦此既文體浮華無益勸誡何假書之史策其有上

書論事詞理切直可裨於政理者朕從與不從皆須備載

胡氏寅曰凡人之心已以為是則欲天下皆是已以為非則欲天下皆非太宗於此其心廣矣不敢自以為是而沒人之善使後有考焉雖然切直之言猶瞑眩之藥將以已疾也如其可服舍而不服而姑存其方豈若勉而從之以收益身之用乎

愚按春秋者諸史之本也褒善貶惡進君子退小人進中國退夷狄一言一字皆足為後世法後世之史表年紀事而已固難律之以春秋之法要使其善足為勸惡足為戒可也無益之文何必厠於其間哉太宗謂漢史載甘泉等賦文體浮華無益勸戒其說是也近時司馬氏作通鑑於韓文載文

暢序於柳文載梓人傳取其有益於世教也較之舊史載進學解等文相去遠矣司馬氏之書真太宗之遺意哉

貞觀十一年著作佐郎鄧隆（通鑑作鄧世隆避太宗諱除世字）表請編次太宗文章為集太宗謂曰朕若制事出令有益於人者史則書之足為不朽若事不師古亂政害物雖有詞藻終貽後代笑非所須也祇如梁武帝父子（武帝及昭明太子統）及陳後主（名叔寶字元秀高宗長子也國號陳多與狎客賦詩後為隋所滅封長城公）隋煬帝亦大有文集（如玉樹後庭花曲清夜遊西園曲之類）而所為多不法宗社皆須臾傾覆凡人主惟在德行（去聲）何必要事文章

耶竟不許（按通鑑係十二年）

愚按昔史臣贊堯曰欽明文思贊舜曰濬哲文明未嘗不言文也夫子之言堯曰煥乎其有文章朱子謂文者德之著乎外者也其經緯天地者乎後世帝王於是乎有文集矣若梁武帝父子陳後主隋煬帝之所謂文文與行乖何足云也太宗謂人主惟在德行何必事文章此言固為要論然蘊之為德行發之為文辭昭回天章光被萬物如帝堯之文章尚何厭於文哉

貞觀十三年褚遂良為諫議大夫兼知起居注太宗問曰卿比知起居（比音鼻）書何等事大抵於人君得觀見否朕欲見此注記者將卻觀所為得失以自警戒耳遂良曰今之起居古之左右史（禮天子動則左史書之言則右史書之）以記人君言行（去聲）善惡畢書庶幾人主不為非法（幾平聲）不聞帝王躬自觀史太宗曰朕有不善卿必記耶遂良曰臣聞守道不如守官臣職當載筆何不書之黃門侍郎劉洎進曰人君有過失如日月之蝕人皆見之設令（平聲）遂良不記天下之人皆記之矣

范氏祖禹曰人君言行被於天下炳若日月衆皆睹之其得失何可私也欲其可傳於後世莫若自修而

已矣何畏乎史官之記必自觀之耶劉洎謂天下亦皆記之斯言足以儆其君心全其臣職矣

愚按古者天子動則左史書之言則右史書之所以約飭人君之身心使之無言動之失而已唐制雖不盡古而意則猶古必得其人以舉厥職則庶乎其有儆也若遂良之言可謂能守其職矣劉洎之言則兩盡之也賢矣哉

貞觀十四年太宗謂房玄齡曰朕每觀前代史書彰善癉惡（癉音亶病也）足為將來規誡不知自古當代國史何因不令（平聲）帝王親見之對曰國史既善惡必書庶幾（平聲）人主不為非法止應（平聲）畏有忤旨故不得見也太宗曰朕

意殊不同古人今欲自看國史者蓋有善事固不須論若有不善亦欲以為鑒誡使得自修改耳卿可撰録進來玄齡等遂刪略國史為編年體撰高祖太宗實録各二十卷表上之太宗見六月四日事武德九年六月丁巳秦王殺太子建成齊王元吉語多微文乃謂玄齡曰昔周公誅管蔡而周室安見公平篇注季友鴆叔牙而魯國寧鴆直禁切毒鳥也以羽歷飲食即殺人春秋時魯莊公有三弟長慶父次叔牙次季友莊公娶孟任生子班欲立之及病問嗣於叔牙叔牙曰慶父可為嗣公患之問季友季友請立班季友以公命使人飲叔牙以鴆朕之所為義同此類蓋

所以安社稷利萬人耳史官執筆何煩有隱宜即改削浮詞直書其事侍中魏徵奏曰臣聞人主位居尊極無所忌憚惟有國史用為懲惡勸善書不以實後嗣何觀陛下今遣史官正其辭雅合至公之道

范氏祖禹曰古者官守其職史書善惡君相不與焉故齊太史兄弟三人死於崔杼而卒不沒其罪此姦臣賊子所以懼也後世人君得以觀史而宰相監修欲其直筆不亦難乎司馬遷有言文史星歷近乎卜祝蓋止於執簡記事直書其實而已非如春秋有褒貶賞罰之文也後之為史者務褒貶而忘事實失其職矣人君任臣以職而宰相不與史事則善惡庶乎其可信也

又曰昔者象日以殺舜為事舜為天子也則封之管蔡啟商以叛周周公為相也則誅之其迹不同而其道一也舜知象之將殺己也故象憂亦憂象喜亦喜盡其誠而親愛之而已矣象得罪於舜故封之管蔡流言於國將危周公以間王室得罪於天下故誅之非周公誅之天下之所當誅也周公豈得而私之哉後世如有王者不幸而有害兄之弟如象則當如舜封之是也不幸而有亂天下之兄如管蔡則當如周公誅之是也舜處其常周公處其變此則聖人所以同歸于道也若夫建成元吉豈得罪於天下者乎茍非得罪於天下則殺之者已之私也豈周公之心乎

愚按唐世臨湖之事先儒論之詳矣太宗至是乃自比於周公誅管蔡為同類尤不能逃儒者之譏馬文公朱子謂只消以公私斷之周公全以周家天下為心太宗則假仁義以濟私欲斯言盡之矣

愚謂使建成有泰伯固讓之心而太宗得如王季因心之友則至德在建成聖德在太宗可以掩絕千古矣是可為歎息也

禮樂第二十九 凡十二章

太宗初即位謂侍臣曰準禮名終將諱之前古帝王亦不生諱其名故周文王名昌周詩云克昌厥後春秋時魯莊公名同十六年經書齊侯宋公同盟于幽唯近代諸帝妄為節制特令生避其諱令平聲理非通允宜有改張因詔曰依禮二名義不偏諱尼父達聖非無前指近

世以來曲為節制兩字兼避廢闕已多率意而行有違經語今宜依據禮典務從簡約仰效先哲垂法將來其官號人名及公私文籍有世及民兩字不連讀並不須避

愚按春秋傳曰周人以諱事神名終將諱之禮曰不諱嫌名二名不偏諱者在禮經昭然可法諱名所以示尊事之意也降及後世諱益繁而愈重有偏有旁有嫌甚至改易聖經之字遂失其義甚非古也太宗灼見近代之失去其繁文二名不偏諱允合古義

貞觀二年中書舍人高季輔上疏曰竊見密王元曉等（高祖第二十一子也）俱是懿親陛下友愛之懷義高古昔分以車服委以藩維須依禮儀以副瞻望比見（比音鼻）帝子拜諸叔諸叔亦即答拜王爵既同家人有禮豈合如此顛倒昭穆（昭如字古者宗廟之次左為昭右為穆而子孫亦以為序說見朱子中庸或問）伏願一垂訓誡永循彝則太宗乃詔元曉等不得答吳王恪魏王泰兄弟拜

唐氏仲友曰詩書所載必起宗族家之未正其如邦何正帝子諸叔之昭穆豈惟得敘族之禮亦以明本支見尊無二上之義

愚按禮曰天子之元子士也天下無生而貴者入學齒胄所以尚敬也矧以帝諸子而受諸叔之答拜殊失親親之殺豈禮也哉季輔之言太宗之詔誠為彝則

貞觀四年太宗謂侍臣曰比聞（比音鼻）京城士庶居父母喪者（喪平聲）乃有信巫書之言辰日不哭以此辭於弔問拘忌輟哀敗俗傷風極乖人理宜令（平聲）州縣教導齊之以禮典

愚按太史公謂陰陽家使人拘而多畏降及後世其說愈長其術愈衍而拘畏愈甚令人欲遠絕而不能然嘗觀傳曰辰在子卯謂之疾日君徹宴樂從古以來有是說此又何也以子卯而不樂亦猶

辰日而不哭也太宗嘗以辰日哭張公謹矣此固足以破時俗之惑而天下至有辰日而不哭父母者夫父天母地之傾摧號天叩地之不及乃以辰日而不哭此情果何為哉太宗令州縣教導齊之以禮典善矣然陰陽之說流弊于今豈惟辰日不哭而已哉傷風敗俗乖亂人理者尤多上之人道之以德齊之以禮庶幾其少改乎

貞觀五年太宗謂侍臣曰佛道設教本行善事豈遣僧尼道士等妄自尊崇坐受父母之拜損害風俗悖亂禮經宜即禁斷仍令（平聲）致拜於父母

愚按張子西銘曰乾稱父坤稱母人藐焉而中處則天地其大父母也書曰天子作民父母以為天

下王則天子者天下之父母也詩曰父兮鞠我母兮育我則育我鞠我者一家之父母也僧道二字三代無是名也後世而有其名有其人矣獨非上乾下坤而處於中者乎獨非為天下父母者之民乎獨非一家父母之子乎而曰出世間矣上而不拜君王下而不拜父母其不在君臨之內歟不出鞠育之中歟吾不知其何心也若唐世至於坐受父母之拜尤為不經之甚太宗勑之禁斷仍令致拜父母允合民彝誠可為後世之法也

貞觀六年太宗謂尚書左僕射房玄齡曰比有（比音鼻）山東崔盧李鄭四姓雖累葉陵遲猶恃其舊地好自矜大稱（好去聲）為士大夫每嫁女他族必廣索聘財以多為貴論數定約同於市賈（音古）甚損風俗有紊禮經既輕重失宜理須改革乃詔吏部尚書高士廉御史大夫韋挺中書侍郎岑文本禮部侍郎令狐德棻等（棻音汾令狐複姓德棻名也宜州人博貫文史武德初起居舍人嘗建言論次隋周正史貞觀三年詔德棻等撰周齊梁陳隋史書成遷禮部侍郎）刊正姓氏普責天下譜牒兼據憑史傳（傳去聲）剪其浮華定其真偽忠賢者褒進悖逆者貶黜撰為氏族志士廉等及進定氏族等第遂以崔幹為第一等太宗謂曰我與山東崔盧李鄭舊既無嫌為其世代衰微（為去聲）全無

官宦猶自云士大夫婚姻之際則多索財物或才識庸下而偃仰自高販鬻松檟（音賈）依託富貴我不解（音懈）人間何為重之且士大夫有能立功爵位崇重善事君父忠孝可稱或道義清素學藝通博此亦足為門戶可謂天下士大夫今崔盧之屬惟矜遠葉衣冠寧比當朝之貴公卿已下何暇多輸錢物兼與他氣勢向聲背實（背音倍）以得為榮我今定氏族者誠欲崇樹今朝冠冕何因崔幹（通鑑作崔民幹避太宗諱除民字）猶為第一等祇看卿等不貴我官爵耶不論數代已前祇取今日官品人才作等級宜一量定用為永則遂以崔幹為第三等至十二年書成凡百卷頒天下又詔曰氏族之美實繫於冠冕婚姻之道莫先於仁義自有魏失御齊氏云亡市朝既遷風俗陵替燕趙古姓多失衣冠之緒齊韓舊族或乖禮義之風名不著於州閭身未免於貧賤自號高門之胄不敦匹嫡之儀問名唯在於竊貲結褵必歸於富室乃有新官之輩豐財之家慕其祖宗競結婚姻多納貨賄有如販

鬻或自貶家門受屈辱於姻婭或矜其舊望行無禮於舅姑積習成俗迄今未已既紊人倫實虧名教朕夙夜兢惕憂勤政道往代蠹害咸已懲革唯此弊風未能盡變自今已後明加告示使識嫁娶之序務合禮典稱朕意焉 稱去聲按通鑑凡二百九十三姓千六百五十一家

唐氏仲友曰古者重氏姓故有同姓異姓庶姓之別以天拼時拼土拼為之禮眞繁世辨昭穆史氏學之豈容少有混淆自秦罷侯封而命氏別族之禮廢自魏有中原而華夷之姓雜然無辨唐承南北之弊氏族之書安得不作又出英斷以定高下不幸遭許李挾艷后以焚信書至見目為勳格而又納幣踰制禁昏成敝使太宗之美意不得一傳可勝歎哉

林氏之奇曰善惡貴賤之在天下猶白黑之不相揜初不可以一時之私見而決之也班孟堅作古今人物表止曰羲皇至于西漢凡善惡之目別為九等而錙銖之遂使後世之議紛然而起此無他善惡之在天下自有公論而非一時私見所得而決之故也太宗之論可謂正當世之失以合夫天下之公論矣然猶以一時品秩之高下而為後世門戶之貴賤則太宗所見猶未免於徇流俗之情也孰若付之公論使貴者自貴賤者自賤乎

愚按人之賢否不同善惡萬狀初不可以家世而求之也以堯舜為父而有朱均以瞽鯀為父而有舜禹伊尹自耕稼而佐成湯傅說自版築而相武丁太公自漁釣而為周太師此豈以家世而求之

邪況自魏有中原華夷之姓雜然無辨赫連托始於夏后拓跋推本於軒轅李氏以玄元為祖崇韜認汾陽為宗書史失傳譜牒無據至若唐之崔盧李鄭矜其門地販鬻婚姻無所不至太宗深疾斯弊思欲革而正之是矣然猶以一時品級之高下而為後世門戶之貴賤則滋惑也姑以當時言之當時名臣無過房杜厥後遺愛與公主為非杜荷與承乾造逆將以其父祖之賢德而取之乎抑以其子孫之叛逆而黜之乎然此猶在易世之後也若侯君集與凌烟之圖而身為叛逆許敬宗與登瀛之選而心極奸邪又將何以處之乎夫物之不齊物之情也奈何欲定以一時之私見哉宜其紛紛而卒無補於事也

禮部尚書王珪子敬直尚太宗女南平公主珪曰禮有婦見舅姑之儀自近代風俗弊薄公主出降此禮皆廢主上欽明動循法制吾受公主謁見豈為身榮所以成國家之美耳遂與其妻就位而坐令公主親執巾行盥饋之道 令平聲盥音管饋音匱盥以盤水沃手也左傳奉匜沃盥饋以食為餉也易家人主中饋言婦人職乎中饋巽順而已 禮成而退太宗聞而稱善是後公主下降有舅姑者皆遣備行此禮

唐氏仲友曰有父子則有舅姑漢以來尚主者以貴降其父可謂逆人倫滅天理矣唐興猶不行婦禮王珪正之不亦宜乎

愚按古者王姬下嫁於諸侯車服不繫其夫下王后一等猶執婦道以成肅雝之德降及後世而此禮失矣夫人主以一身為人倫之主居億兆之上斯則尊無二上也帝女下降則婦道也豈宜以天子之女而壞五常之大倫乎太宗能善王珪之言使公主行婦禮可謂庶幾乎人倫之主也

貞觀十二年太宗謂侍臣曰古者諸侯入朝有湯沐之邑古者諸侯京師有朝宿之邑泰山有湯沐之邑蓋朝宿亦名湯沐諸侯來京師主為朝王故名朝宿從王巡狩主為助祭祭必沐浴故名湯沐隨事立名爾芻禾百車芻茭也禾稈也所以供軍馬待以客禮晝坐正殿夜設庭燎燎音療大燭也諸侯將朝則司烜以物百枚并而束之設於門內也思與相見問其勞苦又漢家京城亦為為去聲後同諸

郡立邸舍頃聞考使去聲後同即朝集使也至京者皆賃房以坐與商人雜居纔得容身而已既待禮之不足必是人多怨歎豈肯竭情於共理哉乃令平聲就京城閑坊為諸州考使各造邸第及成太宗親幸觀焉

愚按漢世於京師置諸侯王邸第諸侯王朝會寓焉上計吏到京寓焉太宗為諸州考使各造邸第允合古制及其成親幸臨觀尤見優異之意孰不竭情於共理哉

貞觀十三年禮部尚書王珪奏言準令三品已上遇親王於路不合下馬今皆違法申敬有乖朝典太宗曰卿輩欲自崇貴卑我兒子耶魏徵對曰漢魏已來親王班皆次三公下今三品並天子六尚書九卿為王下馬為去聲王所不宜當也求諸故事則無可憑行之於今又乖國憲理誠不可帝曰國家立太子者擬以為君人之修短不在老幼設無太子則母弟次立母弟同母之弟也以此而言安得輕我子耶徵又曰殷人尚質有兄終弟及之義自周已降立嫡必長長音掌所以絕庶孽之窺窬塞禍亂之源本為國家者所宜深慎太宗遂可王珪之奏

愚按昔漢賈誼治安之書曰禮不敢齒君之路馬蹵其芻者有罰見君之几杖則起遭君之乘車則下又曰王侯三公之貴皆天子之所改容而禮之也古天子之所謂伯父伯舅也然則臣之所以致敬於其君君之所以禮貌於其臣各盡其道而已王珪之奏固然而未免啟太宗輕我子之疑而太宗之言亦豈貴貴尊賢之道哉且當是時儲位之定久矣太宗至是而有設無太子則母弟次立之語固一時遠慮之言也如魏王泰輩之妄想寧不兆於此言邪可不慎哉

貞觀十四年太宗謂禮官曰同爨尚有緦麻之恩而嫂叔無服又舅之與姨親踈相似而服之有殊未為得禮宜集學者詳議餘有親重而服輕者亦附奏聞是月尚

書八座與禮官定議曰臣竊聞之禮所以決嫌疑定猶豫別同異（別，彼列切）明是非者也非從天下非從地出人情而已矣人道所先在乎敦睦九族（九族者高祖至玄孫之親舉近者以該遠五服異姓之親亦在其中）九族敦睦由乎親親以近及遠親屬有等差故喪紀有隆殺（喪，平聲。殺，音賽）隨恩之薄厚皆稱情以立文（稱，去聲，後同此）原夫（夫音扶）舅之與姨雖為同氣推之於母輕重相懸何則舅為母之本宗姨乃外戚他姓求之母族姨不與焉（與音預）考之經史舅誠為重故周王念齊是稱舅甥

之國（左傳成公二年晉侯使鞏朔獻齊捷于周王弗見使單襄公辭曰夫齊甥舅之國也寧不亦淫從其欲抑豈不可諫）秦伯懷晉實切渭陽之詩（詩秦渭陽篇曰我送舅氏曰至渭陽朱子註舅氏秦康公之舅晉公子重耳也出亡在外穆公名而納之時康公為太子送之渭陽而作此詩渭水名秦時都雍至渭陽者蓋東行送之於咸陽之地也）今在舅服止一時之情為姨居喪五月（為，去聲，後同。喪，平聲，後喪紀同。五月小功之服）徇名喪實逐末棄本此古人之情或有未達所宜損益寔在茲乎禮記曰兄弟之子猶子也蓋引而進之也嫂叔之無服蓋推而遠之也（推，他回切。遠，去聲。並後同。禮喪記篇之辭）禮繼父同居則為之期未嘗同

居則不為服從母之夫（從，去聲，後同）舅之妻二人相為服或曰同爨緦麻然則繼父且非骨肉服重由乎同爨恩輕在乎異居固知制服雖係於名文蓋亦緣恩之厚薄者也或有長年之嫂（長音掌）遇孩童之叔劬勞鞠養情若所生分饑共寒契闊偕老（契音挈）譬同居之繼父方他人之同爨情義之深淺寧可同日而言哉在其生也乃愛同骨肉於其死也則推而遠之求之本源深所未喻若推而遠之為是（為如字，後同）則不可生而共居生而共居為是

則不可死同行路重其生而輕其死厚其始而薄其終稱情立文其義安在且事嫂見稱（稱如字）載籍非一鄭仲虞則恩禮甚篤（名均後漢時人好義篤實養寡嫂孤兒恩禮敦至兄子長令別居並門盡推財與之）使得一顏弘都則竭誠致感（名含晉時人嫂樊氏因疾失明含盡心奉養醫須蚺蛇膽含憂歎累時有童子持囊授含開視乃膽也藥成嫂病愈）馬援則見之必冠（馬援字文淵扶風人後漢伏波將軍奉嫂致恭不冠不敢入盧見）孔伋則哭之為位（孔伋孔子之孫字子思禮記檀弓篇曾子曰子思之哭嫂也為位）此蓋並躬踐教義仁深孝友察其所行之旨豈非先覺者歟但于時上無哲王禮非

下之所議遂使深情鬱於千載至理藏於萬古其來久矣豈不惜哉今陛下以為尊卑之敘雖煥乎已備喪紀之制（喪平聲）或情理未安爰命秩宗詳議損益臣等奉遵明旨觸類旁求採摭羣經討論傳記（論平聲傳去聲）或抑或引兼名兼實損其有餘益其不足使無文之禮咸秩敦睦之情畢舉變薄俗於既往垂篤義於將來信六籍所不能談超百王而獨得者也謹按曾祖父母舊服齊衰三月（齊讀曰咨衰七雷切齊衰五服之第二等衣長六尺博四寸裳下緝曰齊衰）請加為齊衰五月嫡子婦舊服大功（服九月）請加為期衆子婦舊服小功今請與兄弟同為大功九月嫂叔舊無服今請服小功五月其弟妻及夫兄亦小功五月舅舊服緦麻請加與從母同服小功五月詔從其議（詔從如字）此並魏徵之詞也

范氏祖禹曰人莫不有本自高祖以上推而至於無窮苟或知之何可忘其所從來也既遠矣則服有時而絶先王之意豈以服盡而親絶乎而後世不達於禮者或益之或損之出於私意不足為法也嫂叔之無服古之人豈於其嫂獨無恩乎傳曰其夫屬乎父道者妻皆母道也其夫屬乎子道者妻皆婦道也至於嫂不可以為母無屬乎父道者也故推而遠之以明人倫加之而無義不若不加之為愈凡喪服從先王之禮則正矣

愚按古之制禮尚矣嘗聞之師曰凡喪禮制為斬衰功緦之法者其文也不飲酒不食肉不處內者其實也中有其實而外飾以文是為情文之稱徒服其服而無其實則與不服等爾雖不服其服而有其實者謂之心喪心喪有隆而無殺服制之文有殺而有隆古之道也蓋服制一以周公之禮為正後世有所增改者皆溺乎其文昧乎其實而不究古制禮之意者也如從父之妻名以母之黨而服從子之妻名以婦之黨而服兄弟之妻不可名以妻之黨其無服者推而遠之也然兄弟有妻之服已之妻有娣姒之服已雖無服必不華靡於其躬宴樂於其室如無服之人也同㸑且服緦麻朋友尚加麻鄰喪里殯猶無相杵巷歌之聲奚獨於兄嫂弟婦之喪而恝然待之如行路人乎古人制禮之意必有在而未易以淺識窺也夫實之無所不隆者仁之至文之有所或殺者義之精古人制禮之意蓋如此後世意欲加厚於古而不知古者之制未嘗薄也大抵古人所勉者喪之實也自盡於已者也後世所加者喪之文也可號於人者也誠偽之相去為何如嗚呼安得起唐之君臣而與語斯義哉

貞觀十七年十二月癸丑太宗謂侍臣曰今日是朕生日俗閒以生日可為喜樂（樂音洛後同）在朕情翻成感思君臨天下富有四海而追求侍養（養去聲）永不可得仲由懷負米

之恨家語子路曰昔者由也事二親之時常食藜藿之食為親負米於外親沒之後南遊於楚從車百乘積米萬鐘願欲食藜藿為親負米不可復得也良有以也況詩云哀哀父母生我劬勞上音渠病苦也詩蓼莪篇之辭奈何以劬勞之辰遂為宴樂之事甚是乖於禮度因而泣下久之通鑑係二十年十二月癸未

胡氏寅曰劬勞之日父母存置酒為壽因以自慶可也父母既亡於是焉大為宴樂有人心者宜于此焉變矣天子者天下之表儀也太宗念親不宴而泣去之數百歲讀其言猶使人惻然有感而後世流獘之遠取於百姓而為人臣報上之忠必如太宗一掃除之則人主孝慕之志彰而臣子諂諛之習革矣

愚按以己之生日而念劬勞君上之至情也以君之生日而上朝賀臣子之至情也君上教天下以

孝臣子訓天下以忠而盡其情可也

太常少卿少去聲祖孝孫祖姓也孝孫名奏所定新樂初隋用黃鐘一宮惟擊七鐘其五鐘設而不擊謂之啞鐘至是叶律郎張文收乃依古斷竹為十二律命與孝孫吹調五鐘叩之而應由是十二律皆用而孝孫又以三十一曲旋相為六十聲八十四調雅樂成調無出七聲七聲一宮二商三角四變徵五正徵六羽七變宮本宮旋相用唯樂章則隨律定均合以笙磬節以鐘鼓太宗曰禮樂之作是聖人緣物設教以為撙節撙祖本切治政善惡豈此之由御史大夫杜淹對曰前代興亡實由於樂陳將亡也為玉樹後庭花陳後主奢淫日甚每飲酒使妃嬪與押客共賦詩采其艷麗者被以新聲選宮女千餘人習而歌之分部迭進其曲有玉樹後庭花臨春樂大略皆美諸妃嬪之容色君臣相酣歌自夕達旦以此為常由是覆滅齊將亡也而為伴侶曲齊東昏侯時作伴侶曲後為蕭衍所滅行路聞之莫不悲泣所謂亡國之音以是觀之實由於樂太宗曰不然夫音聲豈能感人夫音扶歡者聞之則悅哀者聽之則悲悲悅在於人心非由樂也將亡之政其人心苦然苦心相感故聞而則悲耳何樂聲哀怨能使悅者悲乎今玉樹伴侶之曲其聲具存朕能為公奏之為去聲知公必不悲耳尚書右丞魏徵進曰古人稱

禮云禮云玉帛云乎哉唐史無此九字樂云樂云鐘鼓云乎哉論語孔子之辭樂在人和不由音調調去聲太宗然之按通鑑係貞觀二年祖孝孫以為梁陳之音多吳楚周齊之音多胡夷於是斟酌南北考以古聲作唐雅樂凡八十四調三十一曲十二和詔協律郎張文收與孝孫同修定六月乙酉孝孫等奏新樂上曰云云

司馬氏光曰禮者聖人之所履也樂者聖人之所樂也聖人履中正而樂和平又思與四海共之百世傳之於是作禮樂焉夫禮樂有本有文中和者本也容聲者末也二者不可偏廢先王守禮樂之本未嘗須臾去其心行禮樂之文未嘗須臾遠於身興於閨門著於朝廷被於鄉遂比鄰達於諸侯流於四海自祭祀軍旅至於飲食起居未嘗不在禮樂之中如此數千百年然後治化周浹鳳凰來儀也苟無其本徒有

其未一日行之而百日舍之則雖韶夏濩武之音亦
不能有以化一夫矣況齊陳淫昏之主亡國之音聲
奏於庭烏能變一世之哀樂乎而太宗遽云治之
隆替不由於樂何其發言之易而果於非聖人也
朱氏黼曰樂生於人心未嘗不與政通也發於外者
雖本於人心之喜怒哀樂而作於外者亦足以感其
心之逆順邪正世有治亂故其音有安樂怨怒之别
而其音噍殺嘽緩粗厲勁直亦足為其民之思憂康
樂剛毅肅敬之殊聞韶濩之音不覺和易聽鄭衛之
曲不期流靡事有固然是豈經傳謾云哉如太宗所
言則聖人移風易俗之具防情教和之理皆妄誕也
聖人曰鐘鼓云蓋傷後世徇器而忘情知末而喪本
耳魏徵知太宗之非不諫而反執是以
順其音不惟不知樂固亦不知經義也
愚按古者聖人之作樂也功成治定德洽仁浹衆
賢和於上萬民和於下然後定律本制器物立曲

調習舞節作為一代之樂以養情性育人才事神
祇和上下其體用功效廣大深切如此是故黎民
時雍韶樂之本也然非后夔制樂何以致鳳凰來
儀之盛綏萬邦屢豐年武樂之本也然非周公制
樂何以致清廟肅雝之盛蓋樂本於聖人之德而
樂之成也又有以輔聖人之德樂本於天地之和
而樂之成也又有以名天地之和先王重其本而
未嘗遺其末也蓋其實而未嘗舍其文也徒有其
樂而無其德固無以為美教化成風俗之本徒有
其德而無其樂則亦何以為感神人和上下之具
哉唐之君臣謂樂在人和亦可謂知樂之本矣然
遽謂治政善惡豈此之由則是先王制作皆為具
文矣豈不悖哉嗚呼自秦滅典籍樂經最為殘缺
今其可知者百不存一後之人君汲汲而求之猶
懼其漫滅難考而況訾為無用之具乎司馬
氏識其發言之易而果於非聖人詎不信哉

貞觀七年太常卿蕭瑀奏言今破陳樂舞陳音陣破陳樂即七德舞
也太宗為秦王時破劉武周軍中相與作破陳樂用樂
工百二十八人被銀甲執戟而舞凡三變每變為四陣
象剌左圓右方先偏後伍交錯曲伸以象魚龍鵝鸛
者莫不扼腕踴躍元日冬至朝會慶賀常奏後舞人改
用進賢冠虎文袴螣蛇帶烏皮靴二人執旌居前更號
神功破陣樂七德者取左傳武有七德名之也所以示
其發揚蹈厲之容也天下之所共傳然美盛德之形容尚有所未
盡前後之所破劉武周馬邑人隋世為鷹揚校尉義寧初據馬邑郡起兵附于突厥突
厥立武周為定楊可汗稱帝改元後太宗敗之于并州奔突厥為突厥所斬薛舉蘭州人隋末起兵自
號西秦霸王建元後僭帝號于蘭州太宗降舉于高墌
城未幾死子仁杲代立秦王率諸將討之以仁杲及其

黨歸京師斬之竇建德王世充等臣願圖其形狀以寫戰勝攻
取之容太宗曰朕當四方未定因為天下為去聲我為同後救
焚拯溺故不獲已乃行戰伐之事戰一作攻所以人間遂有
此舞國家因茲亦制其曲然雅樂之容止得陳其梗概
若委曲寫之則其狀易識易以豉切朕以見在將相見音現將相並
去聲多有曾經受彼驅使者曾音層既經為一日君臣今若
重見其被擒獲之勢重平聲必當有所不忍我為此等所
以不為也蕭瑀謝曰此事非臣思慮所及按史志太宗令魏徵與李

百樂等更製破陣樂名曰七德舞舞初成觀者皆踴躍諸將上壽羣臣皆稱萬歲蠻夷在庭者請相率以舞自是朝會慶賀與九功舞同奏

愚按古之樂莫善於韶舞韶舞尚矣今不可得而知矣夫子之論武舞有曰武始而北出再成而滅商三成而南四成而南國是疆五成而分周公左召公右六成復綴以崇天子其發揚蹈厲之容進退擊刺之節不過以象其克殷紂服荆蠻之事而已固未聞圖畫亡國之君而陳之也唐七德之舞銀甲執戟先偏後伍交錯屈伸以象魚龍鵝鸛之陣雖不能上法三代蓋亦庶幾武舞之遺意矣蕭瑀以為未盡請圖畫劉武周等形狀以識之夫君子於所不知蓋闕如也瑀何所據而云耶太宗謂今日將相有嘗為其臣者觀之有所不忍此特言當時之情耳要之瑀之論非特不便於當時蓋亦無稽於往古也

貞觀政要卷七